民國思潮讀本

| 第三卷 |

主　编　　田晓青

策　划　　徐　晓

主编助理　纪　彭

作家出版社

目　录

帝国主义与苏俄

敬告爱国商人 ……………………………………………………… 独　鹤 / 2

敬告爱国工人 ……………………………………………………… 独　鹤 / 3

我们反对布尔札维克 ……………………………………………… AD / 4

一九二〇年之俄国苏维埃政府（节录）……… 罗素著　刘麟生 译 / 8

国际的中国 ………………………………………………………… 胡　适 / 14

前途的乐观 ………………………………………………………… 代　英 / 18

帝国主义 …………………………………………………………… 心　史 / 22

经济绝交 …………………………………………………………… 虎 / 24

我们该怎样应付上海惨杀事件？ ……………………………… 梁启超 / 25

关于沪案性质的辨正 …………………………… 北京大学教职员同人 / 29

高调与责任 ………………………………………………………… 丁文江 / 33

上海不宜继续罢市 ………………………………………………… 马寅初 / 38

怎样对赤俄？怎样对帝国主义？ ……………………………… 勉　己 / 40

论对俄问题 ………………………………………………………… 梁启超 / 45

致陈独秀 …………………………………………………………… 胡　适 / 47

论国之保护与奖励 ………………………………………………… 梁启超 / 49

对中东路问题的意见

　　——致中共中央常委同志的信 ……………………………… 陈独秀 / 52

对于中东路事件之感想

　　——中华民国十八年八月十九日在中央军官学校讲演 ……… 蒋介石 / 54

国民党与共产党

纠正对于马克思学说的一种误解 ………………………………… F. M. / 58

无产阶级与无业阶级 ……………………………………… 梁启超 / 60

怎样了解中国的阶级斗争？ ………………………………… 超　麟 / 62

民族革命中的共产党 ……………………………………… F. M. / 66

国民党与阶级争斗 ………………………………………… 代　英 / 70

评戴季陶先生的中国革命观（节录） ……………………… 存　统 / 74

关于阶级斗争问题的讨论 ………………………………… 梁明致 / 78

我们的政治意见书（节录） ……………………………… 陈独秀 等 / 90

关于所谓"红军"问题（节录） ………………………… 陈独秀 / 103

东西文化论争、中国本位与全盘西化

欧游心影录（节录）

　　——欧游中之一般观察及一般感想 …………………… 梁启超 / 112

东西文化及其哲学（节录） ……………………………… 梁漱溟 / 129

评《东西文化及其哲学》（节录） ……………………… 严既澄 / 138

论"比较中西"（节录）

　　——为谈中西文化及民族性者进一解 ………………… 冯友兰 / 144

中国文化与西方（节录） …………………… 罗素 著　枢乾 译 / 148

科学精神与东西文化………………………………………… 梁启超 / 153

互助的文化观……………………………………………… 坚　瓠 / 160

读梁漱溟先生的《东西文化及其哲学》（节录） ……… 胡　适 / 161

吾国人思想习惯的几个弱点 ……………………………… 唐　钺 / 170

进化与调和 ………………………………………………… 孤　桐 / 173

儒家哲学是什么…………………………………………… 梁启超 / 176

为什么要研究儒家哲学…………………………………… 梁启超 / 180

我们对于西洋近代文明的态度 …………………………… 胡　适 / 184

西方文明与中国…………………………………………… 张东荪 / 193

《吴虞文录》序…………………………………………… 胡　适 / 195

论今日切要之学…………………………………………… 章太炎 / 198

论六经不够作领袖人才的来源

　　——答孟心史先生 …………………………………… 胡　适 / 202

历史之重要 ………………………………………………… 章太炎 / 205

中国本位的文化建设宣言 ……………………………… 王新命 等 / 209

充分世界化与全盘西化 …………………………………… 胡　适 / 213

试评所谓"中国本位的文化建设" …………………………… 胡　适 / 216

西化问题之批判 …………………………………………… 张佛泉 / 220

国粹与西洋文化 …………………………………………… 陶孟和 / 228

自信力与夸大狂 …………………………………………… 梁实秋 / 232

全盘西化的辩护 …………………………………………… 陈序经 / 236

答陈序经先生 ……………………………………………… 胡　适 / 242

科学与人生观的论争

人生观 ……………………………………………………… 张君劢 / 246

玄学与科学（节录） ……………………………………… 丁文江 / 252

孙行者与张君劢 …………………………………………… 适　之 / 260

人生观与科学

　　——对于张、丁论战的批评 ………………………… 梁启超 / 263

科学与人生观序（节录） ………………………………… 陈独秀 / 268

答陈独秀先生 ……………………………………………… 胡　适 / 272

人生观之论战序（节录） ………………………………… 张君劢 / 274

实验主义与革命哲学 ……………………………………… 瞿秋白 / 277

新月派与人权运动

《人权与约法》的讨论 ………………………………… 胡适　等 / 284

论人权 ……………………………………………………… 罗隆基 / 287

告压迫言论自由者

　　——研究党义的心得 ………………………………… 罗隆基 / 292

我们要我们的自由 ………………………………………… 胡　适 / 301

专家政治（节录） ………………………………………… 罗隆基 / 303

汪精卫论思想统一 ………………………………………… 罗隆基 / 307

对于言论自由之初步认识 ……………………………《大公报》社评 / 310

保障人权之谓何？ ……………………………………《大公报》社评 / 312

发起中国民权保障同盟宣言 …………………………… 宋庆龄　等 / 315

思想自由与文化 …………………………………………… 张东荪 / 317

民权的保障 ………………………………………………… 胡　适 / 330

中国为什么没有舆论？ …………………………………………………… 政 之 / 334

政府与提倡道德 ………………………………………………………… 傅孟真 / 339

为报界向五中全会请命！ ………………………………………… 《大公报》社评 / 342

论统制之宜审慎 ………………………………………………………… 张佛泉 / 344

"第三种人"与左翼文艺运动

文学与革命（节录） ……………………………………………………… 梁实秋 / 354

论思想统一 ……………………………………………………………… 梁实秋 / 359

文学是有阶级性的吗？（节录） ………………………………………… 梁实秋 / 364

"丧家的""资本家的乏走狗" ……………………………………………… 鲁 迅 / 370

党治与民治 ……………………………………………………………… 华 声 / 372

阿狗文艺论（节录） ……………………………………………………… 胡秋原 / 375

勿侵略文艺 ……………………………………………………………… 胡秋原 / 378

"自由人"的文化运动

　　——答复胡秋原和《文化评论》 ………………………………… 瞿秋白 / 380

论"第三种人" …………………………………………………………… 鲁 迅 / 384

到底是谁不要真理，不要文艺？（节录）

　　——读《关于〈文新〉与胡秋原的文艺论辩》 ………………… 周起应 / 387

训政与宪政

制宪问题 ………………………………………………………………… 张慰慈 / 394

三权分立与我国 ………………………………………………………… 邹德高 / 398

一党专政与吾国 ………………………………………………………… 立 斋 / 403

辟训政说 ………………………………………………………………… 立 斋 / 409

论中国的共产 …………………………………………………………… 罗隆基 / 418

宪政问题 ………………………………………………………………… 胡 适 / 429

论国民政治负担 ………………………………………………………… 张佛泉 / 432

宪草中之国民大会 ………………………………………………… 《大公报》社评 / 441

舛误的民治观念与立宪 …………………………………………… 《大公报》社评 / 444

论宪法初稿 ……………………………………………………………… 胡 适 / 447

从立宪谈到社会改造 …………………………………………………… 张佛泉 / 451

个人自由与社会统制 …………………………………………………… 张佛泉 / 455

训政应该结束了 …………………………………………………… 罗隆基 / 467

宪法与国民大会 ………………………………………… 《大公报》社评 / 473

我们究竟要什么样的宪法? ……………………………………… 张佛泉 / 475

现代化、民主与独裁

我们走哪条路(节录) ……………………………………………… 胡　适 / 480

敬以请教胡适之先生 ……………………………………………… 梁漱溟 / 487

答梁漱溟先生 ……………………………………………………… 胡　适 / 494

我们要什么样的政治制度(节录) ………………………………… 罗隆基 / 496

我们要财政管理权

　　——什么是预算制 …………………………………………… 罗隆基 / 504

资本主义欤?共产主义欤? ……………………………………… 马寅初 / 510

中国现代化问题专辑 ………………………… 杨端六　陶孟如　张良辅 / 512

建国问题引论 ……………………………………………………… 胡　适 / 516

革命与专制 ………………………………………………………… 蒋廷黻 / 522

建国与专制 ………………………………………………………… 胡　适 / 527

再论建国与专制 …………………………………………………… 胡　适 / 531

论专制并答胡适之先生 …………………………………………… 蒋廷黻 / 536

民主政治乎?极权国家乎? ……………………………………… 瑞　升 / 541

政治统一的途径 …………………………………………………… 胡　适 / 552

建国与政制问题 …………………………………………………… 张佛泉 / 558

民主政治与独裁政治 ……………………………………………… 丁文江 / 566

答丁在君先生论民主与独裁 ……………………………………… 胡　适 / 569

中国无独裁的必要与可能 ………………………………………… 胡　适 / 572

民治与独裁

　　——对于丁文江先生《民主政治与独裁政治》的批评 ……… 陶孟和 / 577

一年来关于民治与独裁的讨论 …………………………………… 胡　适 / 581

从民主与独裁的讨论里求得一个共同政治信仰 ………………… 胡　适 / 593

政制改革的大路 …………………………………………………… 胡　适 / 596

我为什么相信民治 ………………………………………………… 张熙若 / 605

新生活运动

为新生活运动进一解 ……………………………………………… 胡　适 / 610

新生活运动纲要 ……………………………………… 蒋介石 / 613

在国民党中央党部孔子诞辰纪念会上的讲演词 ………… 汪精卫 / 622

在孔子诞辰纪念会上的演说 ……………………………… 章太炎 / 626

国民人格之培养 …………………………………………… 张熙若 / 628

再论国民人格 ……………………………………………… 张熙若 / 632

新启蒙运动、中国社会史及社会性质的论争

封建制度论（节录） ……………………………………… 王亚南 / 638

通信（节录） ……………………………………………… 秋　原 / 650

中国经济的分析及其前途之预测（节录） ……………… 刘镜园 / 653

研究中国社会史方法论的几个先决问题（节录） ……… 陈伯达 / 662

中国日前的文化运动（节录） …………………………… 艾思奇 / 667

中国资本主义的发展过程（节录） ……………………… 何干之 / 670

论新启蒙运动

　　——第二次的新文化运动——文化上的救亡运动 ……… 陈伯达 / 675

什么是新启蒙运动 ………………………………………… 艾思奇 / 680

帝国主义与苏俄

敬告爱国商人

原载《新闻报》1919 年 6 月 10 日

独　鹤

　　商家罢市，已经五天了，秩序非常整齐，精神也非常充满。足见吾同胞爱国的决心，与自治的能力。不过照这样坚持下去，有几种问题，也有不能不慎重考虑的地方。第一是金融机关，各银行各钱庄停业，汇兑不通，商家周转不灵，市面就非常危险。第二是售米粮柴炭油盐什物等店家，以及小菜场等，都是居民日用所需，不可一日或缺的，倘然长此停止售卖，颇类自绝生机，断难持久。所以这个罢市的风潮，能够早得一适当解决之道，最是地方幸福。设或一时万难开市，则金融机关，与售粮食杂物等店家，自当通融办理，万不能永久停滞的。

敬告爱国工人

原载《新闻报》1919年6月10日

独　鹤

这两天罢工的风说，一天盛似一天，工界的人，如此爱国，自足令人钦敬。不过照各方面观察起来，罢工一层，恐怕很多流弊。第一，工人中贫苦的居多，都恃工资为生活，一旦罢工，生计上恐怕难以维持。第二，工界人数过多，罢工以后，平添上这许多闲散的人，未免于地方秩序，大有可虑。第三，现在抵制日货，正宜精研制造多出国货，以应社会上所需求，倘若大家罢起工来，机器也停了，货物也不能造了，岂非自绝希望。

至于火车轮船等交通机关，电灯自来水等重要供给，倘然也一律罢工，却变成了交通断绝，生活不灵，一定要人心恐慌，酿成事故，恐怕于爱国主义，无益有损。

总之，我们此刻，反对他人，须要拣那足以抵制他人的地方，着力做去。倘若他人未必受损，自己倒反吃苦，这是断断犯不着的。我很钦佩诸公爱国的热心，略有所见，不能不竭诚供献，诸公以为何如？

我们反对布尔札维克

AD

我不像中国的大总统、督军、内务部，发几道通电，出几张告示，拿过激派作无政府党，指熊希龄为过激派；边防上忙煞了鲍贵卿、孙烈臣、杨增新。我又不像日本帝国的原敬首相，深怕过激派的势力侵过东部西伯利亚，就想用大兵征服他。我又不像美国政府，检查三十五个大都市，捉去五十多名布尔札维克【今译布尔什维克，下同】党。我是一个无强权的学生，也没有这样的大力量。我所以反对"布尔札维克"的理由，一不是像美国：美国是资本主义最发达的国家，所以反对主张劳动者专政的布尔札维克派；二不是像日本：日本是万世一系的帝国，所以反对说"皇帝快到末日了"的过激派；三不是像中国：中国是挂了九年共和假招牌的民主国家，所以为"敷衍面子"起见，当然也反对最爱捣乱的过激派。我呢？又穷，又不想做皇帝，又不愿背一面假招牌；我所以反对布尔札维克的理由，完全是从学理上着眼；这一点请阅者注意，不要误会。

但是，革命后的俄罗斯的真情，我们很不容易知道。报纸上登载的新闻，不是讹传，就是捏造，毫不足信；我们所据为知道比较清楚确实的，只有几本新出版的游记论文等，其他关于替布尔札维克宣传的杂志和布尔札维克党自己所著的书都未见得十分可信，我们知道他的真情，仅仅如此，那么，所以反对他的证据、理由，自然不能充足，这是没法子的事情。但是，前门关得紧紧的，我们可以打破他的后门直入他的堂奥。这个后门，就是我据以反对布尔札维克的一个方便门，这个后门，就是布尔札维克遵守的马克思主义，却不是我现在住的"后门"。

我们反对布尔札维克，可以从两方面立论，就是：（一）从原理上反对布尔札维克主义，换一句话，就是反对马克思主义。（二）从方法上说布尔札维克的施设，行动，我们有不满意的地方。我们知道布尔札维克是马克思主义的实行者，他对于马氏学说，真是"奉命唯谨"；所以说马克思主义的不对，就无异乎说布尔札维克的不对。正如打破后门，直入堂奥，前门——不是"正阳门"——自然不能保守了；何况我们前后夹攻呢！

（一）马克思主义，在二十世纪世界上，也算出了一点"风头"，但是马氏学说，不满人意的地方甚多，现在据我所知道的，指摘出来，看大家的感想，是怎么样？

（1）从哲学上：马克思的经济学，表面上虽是"一元的"，其实是"二元的"。既然说唯物史观是巩固经济组织的原动力，而又承认在劳力价值说之下，从劳力所发生的余剩价值；说这种余剩价值，当然要与资本的集积起冲突革命，那么，我要问，资本是自然的集积吗，是心理的集积？从经济心理上说，价值的发生，不仅是劳力，是因生命那个玩意儿，在各方面活跃才发生价值的。马氏只着眼在小小的劳力范围以内，全不顾生命——心理的价值，这就是马氏劳力价值说的缺点。他不知道唯物史观的系统，与劳力价值说的系统，是完全不能调和的；所以他虽是标榜"一元论"，却变成了"二元论"。

（2）从历史上：马氏说经济资本集中后，穷的越穷，富的越富；但是自欧战以来，工人的生活程度，因工价增高，反增长起来了。并且资本家因受战争恶影响，渐渐地穷起来了；这一层却与事实完全相反。他又说社会主义的国家，必定在经济组织很完备的国家之中才能实现。照此说法，那么最先实现社会主义的国家，只有美国和德国；却不料在家庭经济时代的俄国，反早实现了！

如上所言：马克思主义，在哲学上的根据，既如此薄弱；在历史上的见解，又如此错误；只举出这两件，就可以从根本上动摇他的学说。其他，如没有心理学、伦理学、自然科学为主张的根柢，都是他的大毛病，现在不能详说罢了。

（二）马老先生的儿子中，要算布尔札维克最能"扬名声"，"显父母"。他是一位最孝的儿子，我们因为他"孝"所以才反对他。我们也有我们所以反对的理由，现在写在后边：

（1）为什么还要国家呢？英国革命论者斯马尼氏说：政府完全是资本主义的组织的一部分。我要进问一句：现在的国家不是资本主义组织成的吗？所以克鲁泡特金也说过："国家的存在，不外帮助资本发展，资本主义越盛，国家的权力与基础，亦越巩固。"布尔札维克既主张劳动者专政既实行阶级战争，可见他们的敌人，就是资本主义，但是为什么只打倒资本家，不打倒由资本主义组织成的国家呢？即退一步言，劳农政府，是完全由工人组织成的，与资本主义没有什么关系。这话又陷于"二重矛盾"了，为什么呢？现在布尔札维克所奉行的，明明是马克思主义，明明是集产主义，要将所有财产，十之七八，归国家管理，故其结果，资本主义的个人，虽渐消灭，资本主义的国家，又发生了。所以我说布尔札维克第一个矛盾就是自己想打破资本主义，却不料小资本家——个人——没有完全打消，大资本家——国家——反而完全成立。第二个矛盾，就是自己变成资本主义的国家，却还大张旗鼓，攻击他人的资本主义的国家。那么以子之矛，攻子之盾，岂不甚妙？布尔札维克真要讲什么主义，就应早早废止劳农政府，不要再将国家两个字抬出来，出自己的丑，不然，你们的主义，是不彻底的，你们的成功，也不过一时的。你们天天要打人家，恐怕另有第三者出来打你们！

（2）强权是什么东西！我们不承认资本家的强权，我们不承认政治家的强权，我们一样的不承认劳动者的强权，"强权"这个东西，早就应该"伸腿"！各人有各人的自由，并无所谓"强权"。卫薄【今译韦伯】说：使没有权力的阶级承认其条件，这叫做"强制的自由"……不是真的自由，真的自由，不是自然的本能的权利，是发展个人能力最大的社会生存之条件。这种自由不独和"德谟克拉西"两立，并且"德谟克拉西"，是确保这种自由的唯一器具。我素来不满意卫薄的渐进的社会主义，绅士派的社会主义，然对于他这几句语，却很赞成。我们反看布尔札维克是怎么样？即如现在俄国的劳农政府，应该对于农人，怎样爱惜，怎样使他自由？然据俄罗斯一位农人所与孟札维克斯派【今译孟什维克】首领 Martov【今译马尔托夫】的信，说："我们取那些土地，也不要多，只要刚够我们耕种就行了；那些没有锄过的，我们把它锄了；如果现在归为社会所有，那些不做工的懒人，必定走进来，坐收我们工作的利益。"这就是因为俄国中央政府，曾出告示，实行强迫主义，要将土地收归国有，不顾农民的生计如何；其他如干涉婚姻、教育、言论及出版，布尔札维克党，无所不用其强权手段，束缚人民的自由，这种违反"德谟克拉西"的强权，我真想不到实现在革命后的俄国！列宁很不满意卫薄的，说他要做一位资本家。据我看来：要是布尔札维克仍用强权，或者列宁曾变成"俄罗斯共和国的大皇帝"，亦未可知。

（3）他们居然提倡战争！有许多人替马克思辩护，说马氏所谓"阶级战争"不过就社会进化的程序而论，并无提倡的意思。我说：你不用辩护了；马氏在他与延克斯【今译恩格斯】起草的《共产党宣言》书中，最后不是有一句："世界的劳动者，都快起结合哟！"为什么要结合，当然是反抗资本家；怎样去反抗，当然是提倡"阶级战争"。我们且不讲马克思有这样意思，就是现在俄国劳农会里边的人也这样说过："我们现在绝对站在劳农政府的舞台了！但是我们想这样一个形式，是不能长久的。我们以为劳农会是一个阶级战争的完全工具，但不是一个'政府的完全形式'。"这真所谓"不打自招"，用不上诸位先生们替他辩护了。最可笑的，就是那些劳农会的人，还梦想什么"政府"，什么"国家"呢！又有人说："他们提倡阶级战争，是万不得已，不然，怎样可以实行他们的主义呢？"这种调和的论调，我真不爱听，什么是"不得已"？老实说：他们的主义我早就反对了；所以对于实行他们主义的手段，也只有一个"否"字。我们人类吃战争的亏真不浅，最近的欧洲大战，即与我们以最好的教训。我们知道战争是动物近衰灭时的一种性癖，我们可以预言机械力发达的结果，将来战争是完全不可能的（从 Elcch 说），所以趁这世界改造的潮流，我们要大呼军备全部撤废，那么对于主张用兵的，不管是"赤卫军"、"白卫军"都是反对；对于主张战争的，不管是阶级战争，国际战争，国内战争，都是反对。我们所希望的、赞成的，只是"和平"与"人道"。

其他关于布尔札维克的施设，与我们以反对的证据很多，因篇幅有限，往后慢慢再说吧！总而言之，我们的反对，完全是根据学理与事实，决不是中国式、美国式、日本式那样的反对，我们既宣言反对了，那么任凭布尔札维克党的势力遍布全球，我们仍然是反对。又假使美国、日本、中国，都投降布尔札维克，扯几张大白旗，欢迎赤卫军，或是像哈尔滨的居民，送布尔札维克党一些面包，以表欢迎之意，我们仍是反对。我们总觉得布尔札维克主义，在新世纪中，不过是"昙花之一现"，决不是我们理想的主义，并且与我们的理想相反，所以我们反对它。

一九二〇，二，十

原载《奋斗》二号，一九二〇，二，二四

一九二〇年之俄国苏维埃政府（节录）

罗素自俄国调查后所著

刘麟生 译

......

二　宝雪维几【今译布尔什维克，下同】党之理论

共产党对于国际问题之理论，异常简单，马克思所预测之革命，以为铲除世界资本主义之用，本欲先在美国试验，不谓居然在俄国实现。共产党之唯一职务，即在未有此种革命之国家中，促进其实现。实则与资本国家磋商之条件，乃暂时之计，必永远无真正和平之影子。一国无流血之革命，不能有真实之利益，英国劳工或幻想平和之进化为可能之事，唯久之彼等必知其谬点所在。蓝宁【今译列宁，下同】告我：彼甚希望英国有劳工政府，并可得彼僚友之助力，俾将来英国劳工界，皆能证实议院制度之无用，欲得真实之利，非使劳工社会武装，中等社会解除武装不可，鼓吹他种学说之人，非社会上蟊贼，即至愚之徒。

我对于以上议论，仔细思量一番，觉彼等攻击中等社会的资本主义，是完全无错，唯彼等主张，我极力反对。譬如彼等有一种组织，名第三国际党，专引起阶级战争，促进各地方之革命。我非谓资本主义之害处，不至如宝党所言之甚；吾反对之意，实因社会主义欲借武力发展，必无甚优点，且将减其声价。战争之祸甚大，为不可免之事实，内乱更是如此，至于战胜之利益，也在疑问之中。当鏖战之时，国内遗传之文化，必有所损失，而憎恶、疑忌、残忍诸性，遂成人类来往中之常态。况且欲战争得胜利，非集权不可，集权所生之流弊，与资本家集富所生之弊，适为一物，既有此数大原因，吾便不能赞助世界革命之运动。一国如有革命，其文化上所受之损失，尚可用未经革命之一国中文化

来补救；若全世界有大变动，其文化颓败，非千年后不救。我虽不主张世界革命，然我敢下一断语，现在大资本国家所做之事，无一不是助其实现。他国不论，专说英国；英若滥用权势，去反对德俄及印度，恐英亦将一蹶不振，且将产出宝党仇敌所最惧之恶果。

真正共产党人极表同情于国际诸问题。如蓝宁为人，以我所知，不仅关心于俄之利益，各国之事，亦皆在其心目中。此时俄为社会革命中主要角色，以社会革命方面言之，彼甚有功于世界，设有他种反动发生，蓝宁将宁可牺牲俄国，不可牺牲革命，此种态度极其纯正，领袖人物往往如此。然国家主义为本能上自然所独有，俄人经历革命之胜利，即共产党人心理中，亦不能不再生此种观念。自与波兰交战，宝雪维几党有全国感情作后盾，其地位亦大加巩固。

……

三　共产主义与苏维埃宪法

吾未往俄之先，即推想此行乃考察一种新奇有趣之代议政府，凡喜研究宝雪维几主义之人，无不知彼选举上次序，从村镇会议直至全俄苏维埃（全俄劳兵农会议）。然后由全俄苏维埃，产生人民委员会。吾侪又当记俄有职业选举区等等，皆属新颖完善之法，使得人民公意，确有发展之处。我等欲研究者，即苏维埃制度，是否高于议院制度？

唯此种问题，吾人不能研究，因苏维埃制度，已届其临终时候。本来自由选举制度内，无论是乡村或城镇，皆无法可想，使得共产党人，获得多数之票，因此设种种方法，俾胜利可归于政府中候选人：第一，投票用举手法，于是反对政府之人，便为当道所注意。第二，除共产党候选人外，无能得印刷品，因印刷事业，皆被政府操纵。第三，候选人无法集会演说，因大会场皆为政府产业。新闻事业亦完全官办，私立之报馆，不得设立。虽有以上情形，少数党竟能在莫斯科苏维埃一百五十位置中，占四十票，此盖由于彼等在大工厂中，颇得声望，又能用口舌运动所致。

莫斯科苏维埃似为最高政权所在之地，唯就实际言之，乃选举人之团体，由此团体选四十人为行政委员会，再由此委员会选出九人为总裁会议，每日聚集一次，大权皆在其手中。莫斯科苏维埃是每星期开会一次，我在莫斯科未能值其开会。政府对于选举行政委员会，及总裁会议中人物，欲用势力压制，甚为易事。自由言论与自由出版之权利，多被完全束缚，故有效之抗议，为不可能之事。因此莫斯科苏维埃所选之总裁会议，尽为纯粹共产党人所组织。

莫斯科苏维埃之议长加梅利夫告我：撤回官吏之权，屡用不止；在莫斯科一处，平均而计，每月须撤回官吏三十次。吾遂问其何故？彼言有四种：一饮酒，二赴战场（因此不免旷职），三选举人政策之改变，四不能作两星期一次之报告给选举人，此亦苏维埃中职员人人应做之事。照最后方法而论，人人是均不免于罪。政府当然可利用撤回官吏权，施行压力，唯彼究有无此项目的，吾已无暇讨论。

乡村里所用方法，稍形不同。其苏维埃几于无共产党人。我向其村人询问：彼等如何选举代议士往佛罗斯特（稍大之区域）？或者往古伯尼亚（更大之区域）？彼等均言无代表之人物。吾不能证其言之确否，恐彼亦言过其实。唯有一事，实可与彼所言符合者，即彼等如举一人，非共产党，此人虽为代议士，必难在铁路通过，因此决不能赴高级区域之苏维埃会议。吾在沙拉陀夫，曾见苏维埃开会一次，觉代议方面，工人比农夫占优势还甚，然许多农业区域，农民实太稀少。

全俄苏维埃乃宪法上最高机关，人民会对之负责，唯会议时期太少，渐成为形式上一物。以我调查所得，彼之唯一职务，即不假讨论，批准共产党以前议决诸案件，此种案件，为宪法上载明，必待共产党解决之问题，其中以外交议案占多数。

政府实权皆归共产党掌握。俄民约计有一亿二千万人，彼党占六十万人。我从未偶然遇见一共产党人。街头巷尾所见之人，可以谈话者，皆言自己无党。有三四农夫之答辞，与前大异，甚至于直供为保皇党。彼等不悦宝党之原因，并不十分适当，盖多人常谓农夫状况远胜于前，吾已证得此语非虚。乡村间男女老幼，衣食都无不足之现象。彼等因大地主丧失其田土之前，颇有所获。唯城市与车队，仍旧缺乏滋养料，政府以纸币购农民之食料，农民皆不悦。尚有一事甚奇，即旧政府卢布之价值，高于新卢布十倍，并极其普通。旧卢布虽不合法，然市上公然陈列之皮夹，皆满置旧卢布。以我推论，农民未必真盼望复辟，特为习惯及恋旧心所激励而起。彼等绝未耳闻有所谓封锁政策，甚至有人不知目下俄波战争方在进行中，故政府不能供给彼等以必需之衣服及农具，彼等亦均莫明其妙。彼等既有土田，又茫然莫知外事，故愿有独立之村镇，而最恨政府之需索。

　　……

四　蓝宁、托落知几【今译托洛茨基，下同】与高克【今译高尔基，下同】

吾初到莫斯科，即与蓝宁晤谈一小时，彼操英语甚佳，其旁虽有一译员，并未时时请其通译。

……

我首先问彼，对于英国经济上、政治上特殊之状况，承认不承认。吾意盖欲知主张大革命是否为联络第三国际党之必需条件，当时已有人以此事正式与彼交谈，故吾便不直接问彼。彼之答辞，令我殊不能满意。蓝宁之意，以为现在英国并无何种革命之机会，而且工人亦未十分厌恶议院制之政府，彼唯希望将来有劳工执政，此事即可实现。彼言设汉德孙【今译哈德逊】为总理，必无大事业可观，然后有组织之劳工界，自会酿成革命。依彼之希望，赞成宝雪维儿主义之英国，当出力使劳工界占国会中之多数；彼不主张放弃国会选举之竞争，并要参与其中，令人人知国会之可鄙。激烈之革命，吾人每觉其尚不需此，皆因有种种原因，蓝宁谓此种原因无足轻重，仅中等社会之成见。我又暗示蓝宁，英国可用不流血之举动，成功以上诸事业。彼摇首不谓然，谓吾偏于幻想。彼本来对于英国，缺少知识上印象及心理上想象。实则马克思主义倾向，完全反对心理上想象，因其以政治上种种事物，尽诿诸纯粹物质上原因。

我又问蓝宁在一农民占大多数之国家中，如何能行共产主义，安稳无事。彼亦承认此事之难。又笑农夫被逼，不得不以农产易无甚价值之纸币。然使有他种货物给农民，此问题当然可以解决。蓝宁此语，其确无疑。因此之故，蓝宁一方面谋工业上电气事业，彼言此为俄国工艺上必需之事，十年后方可完全告成。蓝宁一班人对于用土煤生电计划，极其热心，彼意取消封港政策为根本救俄之法，然非各国皆经一番革命，必无彻底计划可以施行永久。蓝宁又言，宝雪维儿政府与各国媾和决不能巩固，协约国或厌倦彼此之互相憎恨，暂时同俄议和，其和必不能久。我觉蓝宁与其他共产党要人之希望议和及取消封锁政策，转无吾侪之急切。彼相信只有世界革命与资本主义之废除，能有真实之利益。吾意彼对于与资本国家恢复通商一事，必不相信其有利益，或视为一种治标方法。

蓝宁又述农民中贫富分级制，谓政府政策是助贫抑富，因此有激烈之行动。彼甚觉其有趣。蓝宁之意，在农民方面，狄克推多制宜施行稍为久远，因农民极愿有自由贸易。彼谓从统计表观察，二年来农夫所获粮食，比前为多，何转反对政府。吾问蓝宁，有人谓君在乡村所创设者，乃农业上地主制度，非共产主义。对于此批评，作何解说？彼言此语不识此中真相，然而真相为何蓝宁亦未及说。

我最后问蓝宁之语，即俄国苟与资本国家恢复通商，得无惧资本势力创立根据地，而共产主义，亦难于保守乎？吾想热心共产主义之人，必畏与世界上有商业交通，以致邪说可由此输入，而现行制度，即不免动摇。吾欲知蓝宁是否有此种意念，故问之。彼谓商业上发生之困难，减不能免，然较之战争所产生者必稍好。彼又言两年前彼与同人抵抗全世界之反对，居然未致失败，殊不及料。此固由各资本国家意见不一，互相猜忌，亦由传播宝雪维几主义之势力。蓝宁又谓德国前此笑宝党不用枪炮战争，用传单战争，然传单势力，今竟不小。彼似不知英国劳工与社会党在此中之功劳。当时英国劳工之态度，暗中使政府有种种牵制，不能大举攻俄，又弥缝其说，不着痕迹。

蓝宁对于英国诺夫克立勋爵之攻击论调，非常愉悦，因其有宣传宝党主义之功，故蓝宁欲给彼一奖章。蓝宁言告发政界之抢掠手段，与中等社会有大影响，于劳动社会适得其反。

设我遇蓝宁而不知其为谁，则吾将不能决其为伟人；彼似喜固执己见，亦非绝端纯正之人。然我揣测其势力之来源，必由于彼为人正直勇敢，不改变其信仰——彼宗教之信仰，即用马克思训言替代基督教徒所希冀之天堂，特其信仰更无自尊之习。彼不大爱自由，有似前此基督徒，基督徒受罗马皇之虐待，后此得势，仍如此待人。爱自由恐与深信一种万应药不同，后者对于人类百病，皆可以医。若此语不误，则吾甚喜西方人之有怀疑态度。吾到俄国，即相信自己亦为一共产党人，然与一班深信共产主义之人来往后，我之疑念转加一千倍，不惟不信共产主义，即人类最崇拜之一切信条，并可以为它广受痛苦者，吾亦不敢相信。

托落知几在共产党中，无蓝宁之名望，从智能与人格方面观之——品性方面不讲——我脑中有彼之印象甚深。我晤彼之时间甚短，故仅有表面之观察。彼两目有神采，颇有军人态度，并夹带敏捷英豪之丰采。其人容貌甚美，发如波涛起伏，妇女见之，当无有不心折者。我未遇彼暴躁时候，故觉其人有谈笑风生之概。彼之虚荣心恐较彼爱权势之心更大——或与美术家及演剧家之心理相似，有人以彼与拿破仑相较。其人主张主义之力量若何，我不得悉，恐其信仰极深。

高克与前二人丝毫不类。吾在彼得格勒，匆匆晤彼一次。彼方卧榻上，一见知其心痛不可救药。彼恳我谈及俄国问题时，须注重俄国所受之痛苦。彼扶助政府——设吾为俄人，亦当如此——并非为现政府无谬误之处，乃因他项反动，有损无益。人见高克，即可知俄人之爱心若何，是项爱人，令俄人殉道之行为，达于难堪地步，且可阻止纯粹马克思党之狂热的信仰。吾觉高克为一最可爱最可表同情之俄人。吾颇欲多悉其观念，惜彼谈话极困难，常因咳嗽中断，吾遂不敢久留。我所遇之一班曾受痛苦学者，无不感激彼平生之助力。历史上唯物观念，诚然甚妙，然监护文化中高等事物，乃一种救济方法。人常言宝雪维几党于美术上有大贡献，然以我所调查者，觉彼等亦仅保存已有之物。吾曾以此询宝党中人，彼闻之颇不自在，答曰："我辈无暇创造新美术，犹之我辈无暇创造新宗教也。"美术为无治性质，与有组织者相抗拒，故现在空气，不容有美术发达。高克已尽彼一人之力，保存俄国学术上及美术上生活。然彼已逝者，恐此种生活，亦将随逝世矣。

……

国际的中国

胡　适

中国共产党近来发出一个宣言，大意是说他们现在愿意和资产阶级的民主主义革命运动联合起来，做一个"民主主义的联合战线"，这件事不可不算是一件可喜的事。但他们的宣言里有许多很幼稚的，很奇怪的议论。我们引一段做例：

> 最近的奉直战争，在吴佩孚方面，英美帝国主义者站在他的后面……在张作霖方面，自然是日本帝国主义者为其后盾。……吴佩孚战胜以后，北京政府渐渐落在亲美派的官僚手里，这是美国实现对华政策一个绝好的机会。但是美国并不愿意吴佩孚——是一个较进步的军阀——制造一个统一的政府，因为吴佩孚所主张废督裁兵如果现实的统一，是与中国资产阶级以极大的利益而易于发展，与外国资本帝国主义的侵略进行是极不利的。美国帝国主义者便转头过来，与日本强颜携手，企图共同利用张作霖曹锟和其他顽固的军阀官僚（如安福系交通系等），以免日美互相掣肘，而造成一个可以共同利用的中国傀儡政府。

这种观察很像乡下人谈海外奇闻，几乎全无事实上的根据。当奉直战争时，大津有一家英国报纸，曾表示偏袒吴佩孚的论调。当时我们知道北京英国使馆曾派人去劝他，说这是中国的内争，英国的报纸应该持中立的态度，不应该偏袒一方。至于事实上的援助，更是没有的。如果英国人真肯援助吴佩孚，京奉铁路上的运输决没有那样便利的。至于说美国不愿意吴佩孚的废督裁兵计划的实现，那更是说梦话了。吴佩孚至今并不曾表示他想实行废督裁兵，可是中国政府自从周自齐内阁以来所有一点裁兵废督的计划，差不多大部分都是美国学者做的！至于说美国现在转过头来与日本携手，企图共同利用曹锟张作霖和安福系交通系等，这更是笑话了。现在中国想利用"曹锟张作霖安福交通"这个奇怪大联合的，恐怕确有人在！但我们稍知道美国的历史和国情的，可以断定美国决不会有这种奇怪的政策。

我们并不想替外国的"资本帝国主义者"作辩护，不过我们实在看不过这种瞎说的国际形势论。我们要知道：外国投资者的希望中国和平与统一，实在不下于中国人民的希望和平与统一。自从辛亥革命以来，世界列强对中国的态度已有一种很明显的变迁了。民国初年，外人"捧"袁世凯的故事，我们应该总还记得。外人所以捧袁，大部分是资本主义者希望和平与治安的表示。我们可以说他短见，但不能说全是出于恶意。这六七年以来，欧洲的国家已到了很窘迫的境地，他们自己已不能料理自己，在远东更没有侵略的余力了。远东的国际局面自然只是英美日三国的问题。欧战期间，英美两国都不能顾及远东，所以让日本在远东自由扩张他的势力。但是日本的政策挑起了中国民族的自觉和反感，故这六七年之中，日本在中国地位并不曾远胜欧战以前，而中国民族的自觉心反因此更发达成形了，中国资产阶级经营的工商业也在这个时期之中渐渐地造成一个可以自己立脚的地位了。巴黎和约是美国的大失败，中国的权利也被断送掉了；然而巴黎的失败竟连累了一个空前大政客——威尔逊——跟着一倒不复振，而美国的政局遂生一大变化。美国共和党向来是资产阶级的政党，他的帝国主义的色彩比民主党浓厚得多。他们是有外交政策的——不比民主党只有理想——所以他们恢复政权以后，就召集那裁减军备的国际会议。这个会议确不是为替中国伸冤而召集的，然而中国的国民外交和美国的舆论竟能使华盛顿会议变成一个援助中国解决一部分中日问题的机会。会议的结果虽未必能完全满足我们的希望，但我们稍知当时情形的人，都该承认当日热心援助中国代表团的许多学者、舆论家，并不是替"资本帝国主义"做走狗的。就以资产阶级而论，新银行团的组成，无论如何无力，确已有了消极的阻止某一国单独借款给中国政府的大效果。中国共产党尽管说新银行团是一个"四国吸血同盟"，然而我们试回想民国七八年的日本独借的惊人大款，再看看新银行团成立以后这几年的消极的效果，就可以明白美国资产阶级对中国的未必全怀恶意了，我们更想想这几年国内的资产阶级，为了贪图高利债的利益，拼命地借债给中国政府，不但苟延了恶政府的命运，并且破坏了全国的金融。使中国金融界呈现今日的危机。我们平心而论，不愿意使中国和平统一的人，究竟是那三年不借一文给中国政府的新银行团呢？还是那北京政府的无数高利债主呢？

况且投资者的心理，大多数是希望投资所在之国享有安宁与统一的。欧战以前，英国铁路的股票大多数在美国资本家的手里。这种投资双方面企受利益，英国也不用顾虑投资的危险，美国也决不愁英国"资本帝国主义"的侵略。这样的国际投资是不会发生国际问题的，因为这种投资就和国内投资一样。国际投资所以发生问题，正因为投资所在之国不和平，无治安，不能保障投资者的利益与安全。故近人说，墨西哥、中国、波斯、近东诸国，可叫做"外交上的孤注，国际上的乱源"。优势的投资国家要想这些弱国与乱国有和平与治安，只有两条路子：一是征服统治他们，一是让本国人民早日做到和平与统一的国家。十年以前，列强对中国自然是想走第一条路的，所以有势力范围的划分、瓜分地图的拟议。但日俄战争以后，因日本胜利而远东局面一变；辛亥革命以后，因民族的自觉而远东局面再变；欧战期间，因日本的独霸而远东局面几乎大变；欧战结局以后，又因中国新的自觉而远东局面又经一次大变。老实说，现在中国已没有很大的国际侵略的危险了。巴黎的一闹，华盛顿的再闹，无论怎样无结果，已够使全世界的人知道中国是一个自觉的国家了。稍明白事理的政治家，大概都晓得那第一条路——征服统治中国——是做不到的了。现在无论是哪一国——日本，美国，或英国——都不能不让中国人民解决本国的政治问题，来建设本国的统一国家，近来因为有几笔外债到期，中国政府不能付款，所以我们偶然听见什么"共同管理"的论调。但这种论调其实同近日中国银行家要求安格联在十一年八厘公债票上签字，是同样心理，我们只得由他们唱去。事实上我们自己若能整顿国事，理出一个头绪来，造出一个新国家来，把这一点比较很轻微的国债（比英国每人担负少一百倍，比法国少二百倍）担负下来，这种论调也就都没有了。

所以我们现在尽可以不必去做哪怕国际侵略的噩梦。最要紧的是同心协力地把自己的国家弄上政治的轨道上去。国家的政治上了轨道，工商业可以自由发展了，投资者的正当利益有了保障了，国家的投资便不发生问题了，资本帝国主义也就不能不在轨道上进行了。

我们的朋友陈独秀先生们在上海出版的《向导周报》，标出两个大目标：一是民主主义的革命，一是反抗国际帝国主义的侵略。对于第一项，我们自然是赞成的。对于第二项，我们觉得这也应该包括在第一项之内。因为我们觉得民主主义的革命成功之后，政治上了轨道，国际帝国主义的侵略已有一大部分可以自然解除了。他们指出国际帝国主义的各种压迫是：

（1）北京东交民巷公使团简直是中国之太上政府；

（2）中央政府之大部分财政权不操诸财政总长之手而操诸客卿总税务司之手；

（3）领事裁判权及驻屯军横行于首都及各大通商口岸；

（4）外币流通于全国；

（5）海关权及大部分铁路管理权都操诸外人之手；

（6）银行团及各种企业家一齐勾串国内的卖国党，尽量吸收中国的经济生命，如铁路矿山和最廉价的工业原料等；

（7）利用欺骗中国人的协定关税制度，钳制中国的制造业不能与廉价的外货竞争，使外国独占中国市场，使中国手工业日渐毁灭，使中国永为消费国家，使他们的企业尽量吸收中国的现金和原料。

这七项都是和国内政治问题有密切关系的。政治纷乱的时候，全国陷入无政府的时候，或者政权在武人奸人的手里的时候，人民只觉得租界与东交民巷是福地，外币是金不换的货币，总税务司是神人，海关邮政权在外人手里是中国的幸事！至于关税制度，国内无数的商人小百姓困压在那万恶的厘金制度之下，眼看一只江西瓷碗运到北京时成本不能不十倍二十倍于远从欧洲日本来的瓷碗；他们埋怨的对象自然不是什么国际主义而是那些卡员扦子手了。所以我们很诚挚的奉劝我们的朋友们努力向民主主义的一个简单目标上做去，不必在这个时候牵涉到什么国际帝国主义的问题。政治的改造是抵抗帝国侵略主义的先决问题。

选自《胡适文存》二集三卷

十一，十，一

前途的乐观

代　英

革命主张的一致　民族精神的复活

民国十二年已经过去了。凡欲将民国十二年内政外交的大事综述一下的人，总不免有"不堪回首"的悲感。

在黎元洪初被拥戴复职的时候，亦还有些人以为政局当有一点希望。然而在这一年间，一月为罗案逼走了蔡元培，已可见司法独立成了空话。三月为保洛两方的强迫，下了闽粤督理命令，又可见废督裁兵只是梦想。到了六月，王怀庆冯玉祥居然把黎元洪赶出北京；到了七八月，参众两院居然自行延长任期，极力进行"最高问题"的丑交易；到了十月，全国宣传贿选的罪犯，居然当选做新华宫的主人。于是法统重光的骗局，已经揭破；"合法国会""正式宪法"再亦不复为稍知自爱的人挂诸齿颊了。

对于外交，在华盛顿会议以后，亦有些人想到中国得了英美的援助，可以缓和日本的侵略，是一个绝路逢生的机会。然这一年间庚子赔款展缓之期既满，而退还之说总只是口惠而实不至，法意比西甚至要求改以金佛郎支付赔款，意图加增我们几倍负担。关税增加至七五，在华会已有成议，但迄不开会实行。租借之地，日本则于大连旅顺背不交还；英国交还威海卫，却强迫我们承认有损主权的交还条件。至五月临城案发生，英国利用机会，鼓吹护路案，美国法国亦进行长江联合舰队的组织。最近广东要收回广州关余，不许解交北京，居然英美舰队驶入内河，举行示威运动。华会以后，中国的国势更形危险。英美对中国只有比日本更恶辣可怕，现在稍有知识的人亦都承认了。

在这样腐败危亡的中国，我们要觉着"不堪回首"，自然是不足奇异的事。不过这都是表面的现象。实际这些现象，在中国一方仍生出许多好的影响。过去的一年中间，显然可见的，便是国民精神已经不是像从前那样散漫昏沉。这种国民精神的进步，明明是中国复兴的佳兆。

以前有人崇拜袁世凯，有人崇拜段祺瑞，有人崇拜吴佩孚。总之以前有人崇拜北洋军阀中有实力的人。然而自从近年"打倒军阀"的口号盛行，吴佩孚想统一四川广东福建等省的迷梦，闹了一年不能成功，他的常胜将军的威信亦失落干净。此次曹锟勉强上台，不但他自身受了唾骂，无论什么曲学阿世之徒，亦不敢像阿谀袁段那样为他捧场，便那盗名欺世的冯玉祥吴佩孚，亦因助他为恶，被国民所贱恶。这一年的经验，已经证明没有一个实力派能够收拾中国的时局。他们的实力，便想混一全国为他们自己打"家天下"的基础，亦只是做不到的空想。他们恰只好彼此永远的这样割据纷扰，为真正民治的妨碍。要求真正的民治，推翻这些实力，是第一件要事。

在前年黎元洪入京的时候，一时大闹起"法统重光"，北京教授先生们居然亦喁喁望治，发表了他们的"好政府"主张。他们只要一个好政府，他们不肯投身革命，他们说：他们要"为好政府而奋斗"，然而自从蔡先生出京，他们奋斗的成绩已够我们领教了。那时胡适之先生不责蔡先生出京是正犯了"好人笼着手，恶人背起走"的弊病。他说，这是什么"不合作主义"。他相信中国不一定要革命，只要个个人像蔡先生那样不与恶政府合作，便可以拆恶政府的台，然而话虽如此，蔡先生离北京将一年了，北京恶政府的丑恶我们数不清楚，现在居然"曹大总统"荣登大宝，亦算在历史上少有的怪现象了。然而蔡先生所骂的"机械式""胥吏式"的学者教授们，还是死赖着北京，不曾看见走动。最近虽闻有所谓八校关门之说，眼见只要曹酋稍能散几个钱下来，必然仍不至实行的。这显然可见不合作只是比较志行纯洁，而又不愁饭吃的人才做得到，不能以此希望普通的人。要救时局，而亦救这一般普通的人，决不是什么不合作主义，老实说只有革命以求政治的改造。在去年的初期，联省自治的主张，亦曾有些人极力鼓吹。四川福建等省，都忙于制定省宪，然而这种割据的计谋，在这一年中，前后都归失败。四川既终不能不降附革命政府，湖南广东名为自治，而实与北派相勾结。到现在大家都知联省自治只是一出滑稽戏了。还有更可喜的，十二年来国人迷信宪法，以为唯一太平基础的。自所谓"法统重光"以来，国会猪仔既延挨不为早行决定，到了贿选成功以后，急急忙忙的竟通过了，用为他们遮羞的物品。国民这才知道宪法不过是一纸具文，并无何等效用。近来虽亦有一般"贤人"主张这等宪法可由国民揿票复决，这亦不过是那些"唯心派哲学家"试验他们自己脸厚，胆大，欺骗国民的能力。无论如何，再总不能像从前那样说得不吃力了。

现在只有昧着良心的人才会说中国除了革命还有别的法子。现在大家心目中已经知道革命是必然即会发生的事。张绍曾的南北会议，久已被人看为与吴佩孚的武力统一，是一样的梦想。何东的和平会议，虽然外面看来是赞成的函电交驰，然实际这都不过一为敷衍"大英爵士"，二为大家不愿居不赞成和平的恶名罢了。实际大家都知道这只是一笔应酬账。乌烟瘴气的闹过一阵，便一齐散场，何东亦兴尽而反了。现在让我们展开革命的旗子——全国人都再找不出怀疑的理由了。

对外呢，我们向来只知作排日运动，对于比日本十倍可怕的英国美国，我们常因受了他们的欺骗，对他们表示好感。然而这一年来，克门案美使态度既极强横，威海卫案英国手段又十分卑劣。至临案以后，到美舰在广州示威，英美的祸心已非那些圆滑的教士，洋迷的留学生，所能遮蔽国民的耳目了。向米恃英美奥援以打倒日本的顾维钧，在巴黎和会后曾享一时盛名，到了临案屈服，国民才知他只是英美的傀儡。他与王正廷、顾惠庆等不惜冒全国的大不韪，为曹酉供外交使令国人才知道所谓外交系只是无廉耻，无气节，勾结外力以图把持政权的团体。在前一年里胡适之的学识都嗤笑说英美侵略中国是句奇谈。然而到驱黎以后，便以《申报》之老成，《时事新报》之反动，都知道国际压迫之宜反抗，外交系之宜抨击。自广州海关问题发生，居然如《商报》、《中华新报》等公然揭沉痛的正论，各地亦知拥护广东政府所为。这决非前一年的麻木状况可比。

中国有志的人，由五四的群众运动，转入新村或工读互助团等的社会运动，再转入文艺或哲学的学术运动，从自由浪漫的社会运动进到科学的社会主义，于是发生劳工运动，共产运动，已经是大踏一步。而过去的一年中，又因顾及中国实际情形复转入民主革命与民族独立运动，这史是切近本题了。以我所知，中国共产党显然主张应与国民党合作。少年中国学会议决用"求中国民族独立，到青年中间去"的标语。最近国民党为须承担眼前革命的历史使命，毅然号召全国大会，进行改组与扩充事务，亦公然认为应对"外国经济的帝国主义"奋斗。由这可见革命主张的渐趋一致，民族精神的已经复活。民国十二年并不是"不堪回首"，他实在是中华民国最可纪念的一年。

民国十三年中间，我们希望更能完成过去的一年未竟的功业。现在还有许多思想落伍的青年，我们希望大家来努力把他们引得上进。革命思想越普遍，宣传革命的人越多，时局便会大动。我们还希望这一年中间，大家多注意研究切实的革命计划与建设政策。时候到了，我们须研究下手的地方。

酝酿了十余年的革命潮流，现在它有力的急流，将要找着河堤的缺口了。我们祝革命成功万岁！

原载《中国青年》一卷十二号，一九二四，一，五

帝国主义

原载《申报》1924 年 6 月 22 日

心 史

近日言论家，以帝国主义各大罪，发源于俄国之宣言。有所谓反帝国主义云者，乃至北京贿选机关，亦有宣言，自命为反帝国主义，以责难世界各国。夫各国之恃强不合公理，诚所非难。然此是否即为对我之帝国主义，我国是否即可承认其为以帝国主义对我是当原帝国之名义所由来，与俄人所谓放弃帝国主义之意为之一讨论焉。

英吉利本王国也，自兼印度，乃对印度则称帝，于是谓之大英帝国。其后凡国有属地者皆谓之帝国。日本以兼琉球朝鲜之故，亦曰日本帝国。我国在未革命前，则称大清帝国。在世界以此见称，非以我国其时之有皇帝也。正以当时各国称我已设行省之地为中国本部，而蒙藏等处为藩属。有合于世界帝国之体例，故以帝国名之。自五族共和以来，约法规定，宪法草案承之由五族代表共同制定合为一体，无藩部之名称。盖今之中华民国已非帝国，非谓其政体之为民主也。国内不以区域为阶级，五族人民皆有公民权，皆有被选为议员及总统之权，犹之俄之苏维埃，联合国宪法上不以俄罗斯共和国为一尊，不以乌克兰以下各共和国为属地。故以反帝国主义之苏俄，未尝不联合诸族而成一国也。

若其以主义言，俄当厌战。而革命之后，波兰芬兰次第分裂。苏联宣言此后为平等民族自愿之结合，各国亦可自由退出，亦可自由加入。盖已厌倦于力征经营之事，深斥从前帝国时代主义之非。初立国时之劳动群众宣言第三章，专表示此反帝国主义，其一条云：此次大战，陷世界于杀人流血之惨，而其起因，厥在资本之财政政策与帝国主义。本会议表示决心，拯起世界人群，以自拔于此两主义。故对于现在苏维埃所采密约公表之政策，对垒敌军之农工交欢政策，以革命达到非合并，非赔偿与民族自决之议和政策完全赞同。其二条为反资本主义，无庸赘述。其三条为反帝国主义。文云：本会议对于现在人民委员宣告波兰独立，撤退波斯军队，与夫允许亚美尼亚自治之政策，完全赞成。此在俄国所反者为己国以前之帝国主义。言外或亦不以世界之帝国为然。然不云己国受他国帝国主义之待遇，谓他国以属地待我，与我之不愿为他国属地云云也。

若夫世界已成帝国之国，其国中思想最新之党派，决不以反对资本主义之故，并欲自毁其既得之殖民地。其最分明者，英国国会近日正讨论帝国优待之案。其宗旨为属地之货物，若无花果、葡萄干之类，可于输入英本土时免税，他国同种类之物输入时则不予免税之利。所谓帝国优待云者，即优待其属地之谓，此案据昨日路透电已被否决。工党执政之国并无放弃属地之意。即俄人亦以反其前政府之所为，又方尽力于摧陷其社会，无暇拘束其因乱脱退之部族。以故为是宣言。若其疮痍已复，国力已充，俄之为俄正未可睹。而吾国又已经五族共和，国体正如大联合之共和苏俄，与世界列国之有帝国规模者大异。则由我国民而自称为反帝国，对国内为无的放矢，对国外则又非国人所应言。若以他国之对我非理为帝国主义，他国尚未之敢承，岂我国民反承其为将以属地视我耶？至斥各国之未放其帝国主义者为罪，则各国有殖民地者，将缘世界有一俄国世界，有一中俄之协定，原有之殖民地，皆应抛弃，不抛弃即为罪恶。即为我与俄既订协定之后，必合力而与之相反，此吾之所不能索解者矣。

又或以国内武人之纷争，亦误谓为帝国主义。吾国自清中叶以后，只有日蹙其国之势，久无帝国主义可言。惟其屡次割让之所余，犹有本部与藩属之别，故在当时尚称为帝国。迨入民国约法，一泯其界限，五族同合为一共和国，从此无帝国之痕迹，更何暇发生帝国主义？于内争不息之时，夫军阀擅权，以黩武自喜，在理应恢张其国，使为帝国，其于世界为功为罪，乃别一义，要为军阀本色应尔。吾国则不然，肘腋之间，日夜自相吞噬，所犯者乃内乱之罪，国民有力，固当执刑律以处之，与帝国主义何涉？且约法以米规定之国土，规定之五族中一部分，如外蒙之守备专责，亦坐视而不能理。旷官失职正是蹙国主义，亡国主义，徒以其敢犯内乱罪名，乃以帝国主义褒之。吾国有帝国主义者，古称秦皇汉武，后则唐太宗最盛，则元太祖清一代康雍乾三世，尚有可称，皆史册所谓光荣之事。而前世之反其主义者，大约以宋儒为持此一家之说。牛僧孺弃维州，逆悉怛谋于吐蕃而诛之，与李德裕构党同伐异之忧，宋儒或有祖牛而抑李者，一时之国论，未足以定是非。十余年前之军国民主义，及今有此反动，固亦受世界战祸之影响。然帝国之不终未可，循其名而不思其议论者，以为何如？

经济绝交

原载《晨报》1925年6月4日

虎

上海此次惨祸，国人无不愤激，年来民气销沉，全国不啻一墟墓。回顾清末之国会请愿，抵制美货，热心禁烟，恍如隔世。数年来民气之不绝如缕者，厥维学界，五四运动，奸人胆裂，全国快心。现在上海学界，受英日之凌虐，较之美禁华工，及二辰丸事件等，重大奚啻倍蓰。我国国势不振，政府又处积岁之下，欲求其以外交手腕，达交涉之目的，何异缘木求鱼。吾侪不能不奋起决策，为生死存亡之争。然仅持一时意气，罢工罢市，虽足以激励民心，而裨益于事实极少。最简易、最有效者，莫如经济绝交，征之抵制美货，抵制日货之往事，彼国官私记载，历言其受损之烈，以此反证，可见著效，列强在我国地位，均以经济地位为根据，英日两国之于我国，格外恃强之故，亦由于经济关系。现在世界战争，虽仍以血肉相搏，而所搏者，亦唯经济地位之胜败耳。故苟以经济绝交为工具，则虽有强敌，何敌不克。现在学生联合会既有经济绝交之宣言，而上海亦有人计议及此者，尚望国人三思之。尚除此而外，别无善策，则速宜仿往时抵制美日货时之成例，（一）国人绝对与该两国断绝贸易，不购其出品。（二）拒绝收受该两国关系银行钞票。（三）该国商轮，不再搭乘。（四）公司机关雇用之该国人，一律解雇。全国一致，坚持到底，则该国在我国之地位，不出一年，决不能保现状，是可断言也。

我们该怎样应付上海惨杀事件？

原载《晨报》1925 年 6 月 10 日

梁启超

关于上海惨杀事件，我曾随同住在天津的几位朋友，用英文发表一篇宣言，对于惨杀责任所归，及办理交涉最公平的手续，与夫外国人应具之根本觉悟，都有所论列。那篇宣言，是预备给外国人看的，有许多话不便说。事件一日未了结，对手方一日未觉悟，只有继续我们的工作，以求达最后目的。我们的工作该怎样做法？我也有一点意见，试写出来求国人商榷：

（甲）作战计划

我们现在与强敌相持，完全在"平和的战争"之状态中，一着不能松，一步不能错。怎样才能"为不可胜以待敌之可胜"，我们须有一定的计划。

（一）战略　战略要取攻势，自无待言。但攻势要取最有效的——能攻着敌人要害的，所以游行示威不能算攻势，只有罢工才是真攻势。现在上海差不多已达到总罢工程度，可谓深得战略要领。我们应该以全力援助罢工，增加他强硬和持久的程度。唯上海方面，却不必再为罢工以外之示威行动，不独是血肉之躯，犯不着和虎狼相搏，尤恐群众聚集，感情冲动，万一闹出点事，给敌人加我们以暴动的罪名，有理反成无理，那却值不得了。至于上海以外的援助运动，对于这一点，尤宜兢兢注意。

（二）战线　战线广漠，非唯难得照顾，而且易生破绽，所以范围愈缩小愈好——后方援助，固然以多为贵；前线对垒，总要集中一点——我们要认清题目，这个悲愤是专对"上海英捕房"。所以：（1）英国以外的外国人，当然不是我们敌人。作战计划，总要神不外散，战锋专向英国一国。总而言之，能减少一个敌人，则我们多得一分利益。（2）上海以外之任何都市，我们绝不拿来做阵地——这回事件，纯属上海市民自由权之争，犯罪的是上海租界行政当局，故此我们不得不忍痛加以惩创。至于住在上海以外的，虽英国人，倘使他不支持海英捕房之所为而和我们表同情，我们原乐得认他为友；即使他没有什么表示，我们亦可以暂且不认为敌。所以各都市宣传事业经过唤起各地市民合力援助上海市民，我以为是必要的；若在上海以外各租界各自和英人宣战，在他们可以说罚不当其罪；在我们则势分力薄，倒反会把上海松劲了。所以对上海以外之英人罢工，我以为也不必鼓吹。至于上海以外各都市之罢市，我不能不极端昌言反对。上海法租界尚且不罢市，华界更不用说，此外都市罢市，究竟目的何向？若说借此对英人示威，试问北京南京等地罢市，于英人有何损失？他怕你什么？我们要知道：一个地方罢市一天所招的损失，最少足够供给上海罢工工人一天伙食而有余，三十个都市各罢市一天，便是减少援助上海工人三十天的力量！我们何苦消耗自己实力为敌人取笑呢？至于"罢课为学生自杀"，这句话早已经多人提醒。若说借此为示威手段，则敌人最愿意我们的青年从此不进学校，他们总得有永远驯良的奴隶！他只有拍手大笑，点头赞成，何威之可示？所以我以为上海以外各都市之市民，只宜努力于宣传事实与募集战费，若在本市直接作战，无论采何种战术，都是无益有害。

（三）战费　我们既认定罢工为唯一的战略，则此次战争之胜负，自当以罢工之持久力如何为决定。据上海电报，现在罢工者已有二十五六万人，这些人都是我们前敌唯一的战士，我们还盼望人数再加多，则战斗力再加厚。但是饿着肚子打仗，为义愤所激，一天半天犹自可，过此如何能挨下去！以现在战地形势论，断非短时间内所能决胜；而敌人财雄势大，又远非我所及；若后方给养不继，则此饥疲之卒，终必有全线崩溃之一日！如此，则前功尽弃，永远无翻身之望了。须知此战虽在上海，其胜败结果，则全国共之。第一，勿误认为仅属学生之战；第二，勿误认为仅属工人之战；第三，勿误认为仅属上海一隅之战。学生工人不过站在前线，以上海为战场，若全国人不做后援，结果必至失败！后援之法，除了"经济总动员"外更无别路。我们只有鼓起全副精神向这方面尽力，别的都是废话。

（乙）媾和条件

战争不过一种手段，为什么战争？当然有最终目的。非达到目的不肯停战，目的所表现出来的便是媾和条件。战争胜负虽不能预期，媾和条件则不可不早决定。

现在政府虽提出抗议，却未提出条件，我们不能知其主张何如。以政府立于有责任的地位，具体条件不容轻易提出，我们很能为政府原谅。但此次属市民自动的奋战，政府交涉，不过替市民作承转机关，所以决定条件这件事，在市民实责无旁贷。

各界所提条件见于报纸者已经不少，大约可分为二类：

这些条件，都是全国人心理所同然，我更不能有丝毫异议。但是，我们会要价，人家也会还价，结果我们总不能不有所说。该让哪部分？让到什么程度？我们不能不定出个不能再让的最低条件。

拿根本条件和枝叶条件相比较，自然是枝叶轻而根本重。若经过这回战争，竟不能替将来开出一线光明之路，仅仅补一补这回事变的直接伤痕而止，然则我们所受的牺牲，岂非白饶吗？所以我以为若到必须让步的时候，宁可在枝叶条件上让步，不可在根本条件上让步（枝叶条件让步，当然也须有最低限度，不必多说了）。根本条件，如收回租界等等，一了百了，当然爽快。但刚才说过，我们会要价，人家也会还价，到底还是采"漫天要账不买拉倒"的态度好呀？或是采"格外克己言无二价"的态度呢？此中颇费商量。依我看，与其卖不成，宁可吃亏卖。据我个人私见，该提出不能再让的根本条件三条如下：第一，租界内须有一个完全立法机关，纳税华人须与西人有同等的选举权——租界本是像殖民地非殖民地的一种畸形怪物，将来必要达到收回目的，自无待言。但一日未收回，我们便对他本身的恶劣组织一日不能放过，就算是殖民地吧，印度埃及，财政权尚且操诸本地人所选举的议会；上海为我们领土，租税收入，我们所担负占最大部分，"不出代议士不纳租税"，任凭你是怎样凶恶魔王，总不能有话来拒绝我们这种正常要求。

第二，废止会审公堂。人人都说领事裁判权是耻辱。领事裁判权就算耻辱吗？还有甚于此者！上海租界内非惟外国人不受中国裁判，连中国人也不受中国裁判，司法权都在那万恶的会审公堂，会审公堂制度，并非条约所规定，不过因前清官吏糊涂鹘突，以惰性的习惯而得存在，民国以来，我们提议废止，不知几次，英人虽无词以拒，但是死皮赖脸借故延宕。现在废止领事裁判权纵使办不到，这个魔宫，非一拳打碎，我们誓不甘休。

第三，租界内任何国人所设工厂，关于劳工待遇，都要遵守我们政府所颁的劳工法令。——各国资本家纷纷到我们领上开设工厂，利用我们丰富的原料和低廉的工钱谋他们过当的利益，恃租界为护符，无法无天地驱使我们同胞当牛马，平日厂内的黑关鬼域，我们丝毫不能监察，闹出事来，便责备我们替他弹压，我们实在负不起这种责任。这个现代最重大最艰险的劳资问题，不是你一个厂的利害关系，乃是我们全国乃至世界全人类的利害关系，我们万不能坐视。你们若不愿意服从我们法律，就请别要来，若来，非服从不可。

以上三个条件，或为各界所已提及，或未提及。依我看，这回事变，本来在上海而起，因争市民自主权而起，因抗议关税而起，因援助劳工而起，我们要认清脉络，抱定本题，方为名正言顺，不为虚名，专求实益，所提者为对手方没有可以驳回之理由的条件，而办到后，我们国际地位可以改善几分，以全力持之，务求必得，如此才不枉费气力。我所提这三件作为不能再让之根本条件者以此。是否妥当，还须全国人士精诚讨论，督促政府宣行。

关于沪案性质的辨正

原载《晨报》1925 年 6 月 16 日

北京大学教职员同人

> 沪案不单是一个法律问题
>
> 沪案根本上是一个政治问题
>
> 我们要根本的打破英人在中国的特权地位
>
> "会审委员会"的办法决不能达到我们的目的
>
> "会审委员会"的办法徒然淆乱沪案的真相

　　帝国主义的英人，仗着他们在中国领土上占有的特权地位，把他们对待殖民地土人惯用的残杀手段，施之于上海租界内无抵抗的工人与学生们。我们为租界内同胞争自由，为国民争人格，为世界争正义人道，对于这次沪案交涉决不能敷衍了事。我们认定了我们的目标，不是仅仅在处分租界行凶的吏役个人，而在根本的打破这大英帝国在中国之特权的地位。所以今日之事不仅仅一个法律问题，而多着政治的关系在内。实则政治方面远重于法律方面。有些人看过了政治的方面，而把沪案缩小到一个极简单的法律问题。于是有主张"赶紧组织会审凶手的机关"的提议。（见梁启超在本月十三日《晨报》时论栏发表的一文）。我们认为这种态度根本错误，不能不坚决地表示反对。我们不是说惩办凶手不是沪案要求的一部分，我们也不是说惩凶手不应先行公平调查事实，我们更不是说调查事实不可以如梁氏所提议的，组织国际性质的委员会。我们是反对把法律的解决来抹杀根本主要的政治问题。沪案发生已经有了两星期之久，可是公共租界当局的淫威丝毫没有减缩。现在英人的野蛮行为，又扩张到汉口租界。大英帝国的海军公然在那里用机关枪惨杀我们赤手空拳的同胞。在英国负责任的公使领事之监督之下，在英国军舰之掩护下，英国管下的军警人员，竟继续在中国领土上惨杀中国人民。这明明不是仅仅租界行凶的军警个人的责任问题，而根本的属于英国国家行为，涉及英国政府责任。而在中国方面，则全国人民对于沪案，激昂达于极点。空前的大规模的罢市，罢工，罢课，排货，绝交运动，不但实行于肇事地点之上海，而且有蔓延到全国的势子。全国各方面的要求亦俱侧重于改变英国在中国现存的地位。鉴于这些事实，便可断定这次的事决不是仅仅一个法律问题，而全国国民心理，也没有把他仅仅当做一个法律问题看待。

那么，倘若专靠法律的手段去解决沪案，倘仅仅于法律所能容许的范围以内以求解决的条件，便要完全抹煞国民的重要争点。外人在中国领土上所占之特权地位，是引致这次沪案的主题。这种特权地位不打破，同样的事变还要继续发生的。我们这次要争回中国主权打消或抑制英人势力，则其势且不张，不变更现存的约章或打破现存的习惯不行。这当然是一种政治的要求，而不适用法律解决之办法。梁氏以为除了战争解决之外，唯有他提议的组织会审委员会的办法，有解决沪案之可能。这未免把问题看得太简单了。我们敢断言，这种办法，决不能达到我们所要的解决。在国际关系上，平和解决争端，本来有调停、仲裁及调查委员会诸种方法。梁氏主张的委员会，像是重在调查事实，当然不能达到政治的目标。就令诉诸仲裁方法，也不能满足我们政治的要求。依梁氏的办法，充其极不过是能达到依法惩办凶手及得租界当局以赔偿责任。至于我们所要的根本打破租界外人权力，收回国权之目的，全说不到。今日全国人民奔走呼叫，从事种种抵抗运动，所为何事？若是仅仅依法惩办租界吏役个人，纠问工部局责任，又何必不惜重大牺牲而进行如斯普通的抵制和示威运动。上海三十万工人的罢工，天安门五万群众的演说游行，代表四千六百万团员的伦敦国际工团联合会的应援电报，不都成了小题大做吗？我们对于沪案交涉，要认清步骤。我们即要使用司法性质的调查程序，也当在政治问题交涉就绪以后。现在沪案政治的一面之重要超过法律的一面。我们决不可集中注意于法律之点而冷淡了政治方面。我们应当先办到政治方面之先决条件一面后再谈到司法调查之枝节问题。至少政治的谈判和司法的调查也要同时并举。首先专讲法律解决，而搁置政治的条件，不但是给对手国政府以避脱重大的政治责任之机会，而且阻抑现今热烈的民众运动的进行。所以对于梁氏的法律解决的主张，彼利于缩小问题范围，减免自己责任之英国当局"已露可以勉从之意"，自是意中事。而向来持省事主义的我外交当局"也颇赞成此说"，那是更不足怪的了。可是，这种不揣其本而齐其末之敷衍枝节的办法，岂独"学界反对"，一般国民又能承认吗？

国际关系上，有国际调查委员会之制度，有些关于事实问题争执之国际争端，当可依委员会之公平调查以得平和解决。这层是我们承认的。但我们不承认这种手段能适用于一切性质的国际事端。尤其像今日沪案之重大的政治的争议。调查事实"确定罪名"这只可以定个人法律责任问题，只可以解决"杀人偿命"之一点。难道关于变更英人在中国占有的特权之种种政治问题，也可由委员会解决，或仅据委员会所调查的事实而解决吗？巡捕杀人的事实固然要细细调查清楚，英人在中国享有特权，以及英人特权为此次事变发生之根本原因，难道亦须调查吗？上海公共租界第一天杀人的事实也许可辩为租界吏员何人的暴行。但是后来数天租界当局的"戒严令"，外人军警对于华人的继续残杀行为及其他非法的不人道的种种高压横暴手段，并其后汉口英租界的残杀手段，英军舰的机关枪之惨杀陆地人民，难道也是个人行为吗？那是不是明明英国当局成心为拥护他的帝国主义的权威之一种惯常手段？对于这些事情当然用不着什么调查。像梁氏一派主张的委员会调查办法，只是和事老调停的办法，决不是国民自己抵御外国侵略欺侮的办法。此种调停办法，出于第三者的法、美各国，还可以说是睦邻息争，出于身受压迫戕害，理应反抗的中国，简直是自甘屈辱。

梁氏曾有宣言，注重缩短战线。但是缩短战线是一问题，缩短战线的范围，应判若何程度，又另是一问题。英国人说我们是排外，以激起法英等国对于中国的反感。我们对于这一层是应当辩驳的。英国人说此次事变，是缘于赤化的影响以耸动世界有产阶级（包括中国有产而言）的听闻，我们对于这一层，也是应当辨明事实的。所以缩短战线，我们也赞成——我们决不是对于英日以外的国家（纵令也是帝国主义者）漫加攻击。况且十一日汉口英舰惨杀同胞，是英国单独的暴行。我们更赞成特别对英严重交涉。这是我们所主张的缩小范围的限度。但是我们决不能再往前缩小，把这次上海汉口的惨剧认为是上海租界一个巡捕头和汉口英舰上一个司令的责任。我们要郑重宣言，这是英国国家的行为，这是英国政府的责任，这是英国人摧残中国国权，侮辱中国国民的问题。这不是仅仅一个英国人打死一个或若干中国人的问题。若是按梁氏等法律解决方法做去，至多不过办到惩办几个外国人赔偿死伤，甚或还要像印度（Amnitrot）案件一样，连这样结果也办不到。总之沪案不是仅仅一个法律问题，我们不要误信了法律解决的议论，看过了对外政治的根本问题，宽懈了国民对外抵抗的运动。我们要一面要求政府当局立时杜绝外国军警在我领土上的暴力行为，对于英政府为强硬的交涉。提出关于铲除租界事变根本祸因，争回国权，恢复国民名誉之几种先决条件。至于个人刑事责任问题，司法程序问题，不过是谈判问题中之极小部分罢了。我们一面还要继续宣传运动，唤起国民的义愤与决心，取罢工绝交的其他一切抵制手段，和那大英帝国的帝国主义作长期的决斗。

十四年六月十五日

高调与责任

原载《晨报》1925 年 6 月 19 日

丁文江

梁任公说，"社会上只爱听慷慨激昂的话，不爱听条分缕析的话"。我要大胆的再引申几句说，我们的知识阶级最喜欢唱高调，不知道负责任！

知识阶级喜欢唱高调，社会只爱听慷慨激昂的话，不是从今天起的。甲午那年，作者八岁，已经勉强认识几个字，巴结着看《申报》了。当战事没有起的时候，一班以清流自居的人，没有一个不主战的，却是怎样战法，没有人愿意研究。等到战事开了，先母每天把《申报》讲给我听。每逢有中国打败了的消息，先母就给我说："这是不可相信的——这恐怕是汉奸造的谣言。"等到打败了的事实已经证明得千真万确，大家便异口同声地骂李鸿章，说他是私通日本的卖国贼。台湾割给日本的时候，先母异常地愤怒，一个人坐在家里垂涕。我忽然从街上买到一本《刘大将军百战百胜图纪》，高兴得了不得：一面看，一面叫："母亲你不要愁，刘永福打了胜仗了！"庚子那年我是十四岁，知识渐渐地开了。当时南方的舆论，虽不如北方的狂热，然而要杀洋鬼子，是大家心底里的话；不过许多人对于义和拳有点怀疑。有一位同族的前辈，常常到我家里来谈天。他极力地主张"扶清灭洋"，破口地骂刘坤一张之洞卖国。我问他道，"洋鬼子原是该杀的，但是义和团杀得了他们吗?"他就义形于色地朗诵五月二十五日的上谕；到了"与其苟且图存，贻羞万古，孰若大张挞伐，一决雌雄。……彼尚诈谋，我恃天理，彼凭悍力，我恃人心"那一段，他就闭着眼、摇着头，一面拍桌子，一面破开嗓子狂叫。

我不料过了这么许多年，知识阶级的程度竟同甲午庚子的时候差不许多——大家争先恐后地唱高调：除去了唱高调以外，一点责任不负。

唱高调的人只用感情，不顾利害；只凭理想，不讲办法，只图目前说得痛快，不管将来如何结果。这一次上海的惨杀案，我认为是不难解决的——不难得到胜利的；无奈因为全国人好唱高调，已经把很好的机会错过了一半，把难得的同情丧失了许多。若是照这样相持下去，枝节越多，交涉越没有结果，我们又如何对得住流血的学生，失业的工人？

唱高调第一步的失败，就是上海的罢市。对外群众运动，不外乎两个目的：一个是对于敌人表示一种严重的抗议；一个是使得敌人受实际的损失。罢市不过是抗议的表示，外国人的损失小，我们的损失大，所以能暂而不能久；罢工则两种的都有，而且外国人的损失大，我们的损失小，但是一定要能持久，总可以发生效力。所以当日上海方面应该只罢市一天或两天。使得外国人知道，上海全体的市民对于此件案子，一致愤慨。然后工商学三界联合起来，运动罢工，组织有统系的机关来救济工人。如此见上海的中国商人，依然可以营业，几可以有余力来补助罢工，罢工几可以持久。无奈当日上海的学生，把罢市罢工当做一件事，同时举发，同样延长，到了现在已经两个礼拜，最有力量援助工人的商人，同时精疲力尽。再不开市，则营业损失，无法可以支持，况且端午节就在目前，节前各家都要结账。若是开市，则明明示人以弱，交涉的后援，自然要受重大的影响。则不是只用用感情，不顾利害的结果吗？

唱高调第二步的损失，是北京方面不赞成组织中外会查委员会，使外交当局乱了步骤。当上海事变才发生的时候，梁启超、朱启钤、顾维钧等主张这种办法。因为我们既然不能向人家开战，自然要用交涉的手续来解决这种问题。不但我们自信上海惨杀的案子，我们方面万分有理，不怕调查；而且我们认为会查的办法对方不能不承认，承认了以后，中立的友邦才有机会帮我们出力，我们的要求才有了确实的根据，所以会查是贯彻我们主张的最利害的手段。况且上海工部局向来是无法无天，不受监督的。会查的性质，同前清查办差不多。他们一承认会查，就是承认我们政府可以干涉租界当局的行为。在外交上就开了一个绝好的先例。哪知道北京方面的舆论完全不了解这种办法的利害，先说事实已经确定，用不着查；以后又说上海的案子，是法律问题，解决不解决，没有多大的关系，最要紧的是先解决政治问题，先收回租界，先废除不平等条约。（参观十六日《晨报》北大教职员宣言）我先不承认上海案子是法律问题——果然是法律问题，我们政府就不能加入会查的机关——租界巡捕所以敢枪杀中国的徒手市民，直接的原因，是因为租界的中国人没有选举权，不能监督巡捕，会审公堂不是中国政府的机关；这本来是政治问题的一部分。现在北京许多人的态度，以为政治问题全部不解决，哪一部分都用不着解决，同时又绝对没有解决全部问题的具体办法和手段。结果外交部变成内交部，除去了向公使团发照会，敷衍国民以外，一点之手腕没有：眼看见上海罢市罢工渐渐不能支持，坐等着外国人由恐慌变成轻视，把大好的光阴虚掷于笔墨官司。外交当局的责任固然是不能逃的，但是这种责任唱高调的人至少也得负着一半。难道他们真真相信，收回租界，取消不平等条约，是一时三刻可以办得到的，是上海罢市罢工时期以内可以有头绪的吗？这不是只凭理想不讲办法的结果吗？

我知道主张根本解决的人一定要说，"什么，没有具体办法，没有手段？我们是主张经济绝交的"。经济绝交是最近的新名词：以前只有抵制外货。我以为抵制外货还有几成可以实行，经济绝交是绝对做不到的。我们和人家的经济关系是从供给需要发生的，是一个很复杂的问题。当时要和人家绝交，人家的损失固然很大，我们的损失也就不小。譬如我们卖给日英两国的货物每年在两万万两以上。忽然把日英两个大市场放弃了，从哪里找相当的市场来替代他们？找不着的期间，用什么方法来补救我们的损失？就是抵制外货我们又何尝没有损失？外货中最应该抵制的莫如纸烟，但是若是我们立刻大家不吸"前门""哈德门"牌，山东种烟叶子的人今年就要损失二百多万，因为这种牌子是山东烟草做的。所以我说抵制外货，还有几成可以实行，并不是说于我们没有损失，不过我们的损失比较的小点；而且假使实行抵制的时候，有相当的知识，完备的组织，这种损失也许可以设法减少。提倡经济绝交的人，似乎忘记我们并没有对人家宣战。战争的时候，以法律言，对敌通商是有极重的罪名，政府可以尽力强制，以公道言，全国的人大家牺牲生命财产，损失不是限于对敌绝交的商人。目前我们政府既然不能强迫商人经济绝交，或是抵制外货，而绝交或是抵制的损失，完全在国内一部分的商人身上。这班商人要问我们，劝人家绝交或是抵制的人牺牲的什么？有这两种原因，绝交是做不到的，抵制是仅可以做到几成——做到几成也就可以使外国商人有重大的影响。所以抵制外货，的确是我们的一种武器，但是这种武器，也是外交的后援，不是可以替代外交的，是最后的办法，不到最后的时候，不可以拿出来的。单凭着抵制外货，必定没有结果：诸君只要想想，我们也曾为禁止华工抵制过英货；为废除二十一条抵制过日货，至今直接发生了什么效力？

高调中最奇怪的，要算北京主战的舆论。上海惨杀的消息才到北京，就有人向政府要求，叫英日两国公使下旗回国。随手拿前天的《晨报》来一看：题目里面有"战线愈扩大愈好"，"我政府对沪上残杀案应采之方针"。后面这一篇要求政府：（一）赶派得力军队赴沪，卸除巡捕武装，（二）沪上应由我同军队维持秩序，禁止外兵登陆，（三）每省应预备生力军两师以资中央调遣……假如政府照这样实行起来，岂不是又要把庚子的悲剧来再演一番？外国人听见这种舆论，一方面要笑话我们是小孩子，一方面又要借这种机会，说我们是排外，是闹拳匪。使我们既能丧失中立人的同情，又减少舆论界的身份。

还有一种高调，可以叫做"主义高调"。好几年前胡适之在《每周评论》上做一篇文章，题目是"问题与主义"；劝人家多研究些问题，少谈些主义，这一次上海惨杀案发生，有一班人不去研究经过的事实，具体的办法来解决这件问题，却口口声声谈某某主义——骂人家是帝国主义、资本主义；我们是反帝国主义、反资本主义。甚至于有北大的一位教员对人说，"上海被杀的学生越多越好，再多死几个，就有办法了!"在他们的意思，为了主义，什么都可以牺牲，不过牺牲的是旁人，不是他们自己。

上面所列举的高调，都是只图目前说得痛快，不管将来有何结果；换言之，就是不负责任。唱高调固然可怕，不负责任尤其可怕，我最痛恨的是有一班人躲在安稳的地方，大声疾呼地鼓动人家出面。这一次上海汉口两处死伤的人，不是学生，就是工人；没有一个知识阶级年纪稍大的人在里面。牺牲是必要的，无益的牺牲不是必要的。上海的罢工是必要的牺牲，汉口的被杀是无益的牺牲。我们现在同心竭力，维持上海失业工人的生活，还恐怕来不及；又如何可以把罢工罢市之政策，遍及于全国？唱这种论调的人，如果他真正有牺牲的决心，最好到上海去对准了公共租界的巡捕用工夫。若是自己不肯牺牲，却提倡人家罢工暴动，这种人真是没有人心。

我要以最诚实最严重的态度，劝告国人：慎用感情，研究利害，放下理想，讨论办法，少谈主义，专讲问题，外交总可以有成功的希望。我更大胆以负责任的态度，提出一个具体的办法，供国人讨论：

（一）政府应该立刻照会各国公使，提议组织中外会查委员会，到上海用公开的力法，自由详细调查关于惨杀案直接间接的事实——直接的就是这一次开枪杀人，先后经过详细的情形；间接的是公共租界巡捕房同会审公堂的黑幕。这两个机关的性质历史，是这一件肇事的根本原因，趁此机会，把他的黑幕和盘托出，以便做交涉的根本。

（二）各国公使若是承认这种办法，上海应该即日开市，工部局同时取消戒严，但是上海的外国工厂依然可以接续罢工：全国人应该以全力救济失业的工人，为长期的奋斗。

（三）会查委员会的责任，以搜集事实证据为限；所有的交涉，应请由外交部向各国公使直接办理，千万不可以这种重大的责任，脱卸于在上海的外交官。

因为上海是肇事的地点，双方感情趋于极端；在上海的外国人，利害关系最切，眼光最短，不如在北京的外交官，还可以受明白大势利害的外国人的影响。况且在上海的外交官事事必请命于政府使馆，徒然虚费时日。

（四）假如各国使馆对于我们第一条的提议，不肯承认，或是会查的结果，和以后的交涉，却不能达到我们最低的限度，那么我们可以主张抵制英货，为最后的牺牲。

我自信以上的办法，不是不能实行的。若是开始交涉的时候，就如此提出，至如今已经有了相当的结果。若是再不提出，过几日上海开了市，开了工，学生放了假，不负责任的政府乐得含糊拖延，使外交上又多一重悬案。那时候追悔也就迟了。

梁任公说学生罢课是自杀，这句话我们当然是承认的。然而平心而论，学生这种举动，也是知识阶级不负责任激出来的。假如上海这件事体发生以后，学生以外的知识阶级，立刻有一种具体的组织，努力地为政府后援，那么学生方面，觉得国家大事，已经有年纪大一点的人负责任去担任，用不着他们出头运动，到现在还依然上课也未可知。现在这班人既不能替代学生出头任事，又不能指导学生，使他们不至于白费精神，而且还要迎合青年的心理，说许多一无结果的感情用事的话，真正要令人痛哭。

学生何尝不知道读书要紧，但是他们竟觉得爱国运动比读书还要紧，所以才主张罢课。不过他们的爱国运动，却又是上了知识阶级的当。中国国家弄到这般田地，完全是知识阶级的责任。知识阶级如果有爱国的诚心，有爱国的能力，我们何至于受外国人的欺负？但是知识阶级向来不愿负责任的，所以他们口口声声说是国民程度不够，教育不普及，好像我们的国家是被拉洋车的弄坏了的！学生上了他们的当，所以放下书来不读，每天向群众去讲演，劝拉洋车的爱国，劝开小铺子的捐钱。不知道劝化了一百个拉洋车的，不如感动了一个坐洋车的；向一百小铺子捐款，不如请一个大财主解囊。学生的爱国运动要完全用在知识阶级身上，罢课方是值得；知识阶级要学生不罢课，必须要挺身出头，真正的运动救国方才对得住学生！

上海不宜继续罢市

原载《晨报》1925 年 6 月 24 日

马寅初

此次上海英捕惨杀华人案发生后，举国哗然，上海罢工罢市以示威，全国罢学以表同情，物质上损失虽大，而精神上之得益实不小。虽然，罢市可暂而不可久，况上海为全国金融之中心，商业之枢纽，一旦罢市，不啻全国罢市，影响于国家财政，国民生计，至深且大，请申其说。

譬如浙江之宁波，亦为吾国商埠之一，与上海仅一夕之隔，所有进口货物，运至宁波本埠，必付约定之物价。但宁波是一转账码头，本埠各号往来，不用现银，而用划账方法。故宁波无现银可运，唯有将宁波土产与海产，装运出口以相交换。假定货到上海，而已罢市，当无销路，即有销路，亦无法卸货，而欠上海之进口货价，遂无法清偿。上海之进口商，势必设法催促（洋商在此时或故意追索），否则无以自保其收支之均衡。在此种情形之下，宁波商号，立于两难之间，欲付则无现可付，不付则信用攸关，其恐慌之状态，非一言一语所能形容。唯为自卫计，只有向自己之顾客追索旧欠，而此类顾客，又散居于杭州绍兴温州各处，则杭绍温等处，亦陷于恐慌之状态矣。如是，恐慌之区，逐日扩大，非至全国破产不止，此从宁波进口货方面推论之结果也。

假定宁波先运土产海味出口，以便在上海交换外国货或他省出品，运甬出售，兹土货已去，而他货不来（因上海罢市），故宁波商店无货可卖，遂致商业停顿，生意萧条，无异于罢市。若上海之罢市继续延长，则宁波之无形罢市，亦随之延长，铺主为免于破产起见，不得不收缩营业范围，或辞退工人，或催收账目，结果，引起市面阢陧不安之象，此从宁波出口货方面推论之结果也。宁波一埠，与上海之关系如此，其余各埠，可以类推。从而可知上海之罢市，无异于全国罢市，经济命脉，不绝如缕，对英交涉，尚能操必胜之左券耶？

以上所述专就上海与他埠（如宁波汉口天津等埠）之相互关系而言也。若夫他埠与他埠之关系，如江西之南昌与四川之重庆，其债权债务之清理，亦非假手于上海不可，例如南昌布庄与药材庄在上海设有坐庄，派一庄客，专为代理款项出纳之事（此系吾国商界之普通习惯），南昌布庄在上海应收之款，请庄客代收，存入银行或钱庄，此代收之款项也。南昌之药材庄，向四川办进药材，应付款项，请庄客代付，此亦代付之款项也，庄客即以前次存入钱庄之南昌布庄的款项，付与四川，使收付相抵，如有不足，即向钱庄透支，一面函告南昌药材庄交款于南昌布庄，其事遂竣。而四川之药材庄，在上海亦设有坐庄，代理收付事宜，收到之后，即存入钱庄，以备日后之用，用之有余或汇解四川（重庆），或办货运渝，均无不可，此四川与江西之交易，不得不假手于上海之处也。若上海继续罢市，渝赣两省之商业，势必连带受停业之影响。江西之布，既不能出境，四川之药材，遂无从输入，商轮不转，百业停顿，全国之经济生命，危在旦夕，尚能望其源源接济耶？此种自杀政策，予国人以打击，予英人以后援，其愚真不可及也。

今日吾国对英日之唯一武器，是实行抵制英日货，此层吾已反复言之。英国输入中国之货，以棉货为第一，如能实行抵制，则英之兰开斯 Lancastire 一大市，必根本动摇。兰开斯以织布为专业，工人不下三四十万，所投资本，尤不可胜数。一旦吾国销路断绝，全市濒于破产，工人失业，资本消灭（固定资本等于无用），工资两党，势必大闹。况英国之失业工人，尚有一百数十万之多，无法安插，国内已形不安之象。加以欧洲各国自大战以后，各采保护政策，提高关税以阻外货输入，而德奥俄等国，又因元气斫丧，不易恢复，对于英货，无购买能力。故英国剩余之货物，不得不销之于东亚，以中国为尾闾。倘我拒绝其货，势必陷兰开斯于万劫不复之地，工资两党，必群起向英政府责问，英政府之命运，危乎殆矣。英政府不怕华人之抵制，乃畏本国工资两党之捣乱，此抵制英货之秘诀也，望国人共起血斗之。若大上海罢市，则自杀之道，幸勿坚持。

怎样对赤俄？怎样对帝国主义？

原载《晨报》1925 年 10 月 14 日、15 日

勉　己

　　我已经写了一篇《应怎样对苏俄》登在十日副刊，连我对陈启修张奚若两先生论文的感想，但"应怎样对苏俄"的本题，还未曾详细讨论；稿送副刊主任徐志摩先生时，还烦他做了一篇文章，同时他代表债权者来要账，并且还是现货！我的债务今日方才应付的原因，也不妨在此稍为声明。（一）对俄问题是涉及政治外交全局的问题，很复杂，很微妙，不是几句门面话说得了。（二）这不是单纯在正张做社论，或为刊张撰论文，这是对于陈张二先生的评论之评论，所以发表意见，要格外审慎，免再打了无谓的笔墨官司；我因此反复阅读两先生的文章，原稿篡改两次，我相信良心上所要说的话差不多已说完，只剩《我为什么反对赤色共产主义》一文，改日再发表。

　　在发表我的见解以前，应先将陈张两先生的论点摘要介绍如下：

　　陈启修先生文章的头三段，系从理论上证明赤色共产主义没有帝国主义的可能，他的论据是现代式的帝国主义只有伴着资本主义而生的经济的帝国主义，苏俄不是资本财政的国家，也不是扩张殖民地的国家，所以赤色帝国主义这句话，理论上不能成立。末一段则谓"帝国主义系我们的敌人，我们即或不认苏联为友，也不应该因为不认其为友，而失掉我们真正的敌人"，是陈先生全文大意。

　　张奚若先生反驳陈先生的文章，题为"苏俄究竟是不是我们的朋友？"他声明过，本来要先做一篇"帝国主义果无赤色和白色之别吗？"后因陈文的主旨，是要告诉我们："苏俄毕竟是我们的朋友，我们不应该反对他"，因此"避虚击实，只论仇友问题"。张先生的结论是，"赤色的苏俄不但和白色帝国主义一样是我们的敌人，其为害于我们中国的地方，更甚于帝国主义式的敌人"，因此我们"防备他比防帝国主义式的敌人更应严密一点"。他的论据，是"帝国主义的

国家，仅仅吸取我们的资财，桎梏我们的手足，苏俄竟然收买我们的良心，腐蚀我国的灵魂……"至应如何防备苏俄，张先生未曾说到。

我以为对俄问题，应分三层研究。

（一）赤色的共产主义——即苏俄——究竟有无帝国主义的可能性？

（二）所谓赤祸究竟有没有？与白祸孰为轻重？

（三）最后对赤俄应怎样？对帝国主义应怎样？

第一，赤色共产主义究竟有无帝国主义的可能性，这个前提，和赤俄为友为敌的问题颇有关系，不是仅仅"打什么赤白闲话的"。张先生预告我们还有一篇专栏未做的"帝国主义果无赤色和白色之别吗？"我盼望此文早日发表，因为除非把"赤色共产主义没有帝国主义的可能性"这个理论，根本推翻，那么，陈先生所认为"帝国主义乃是真正敌人"的结论，就也不能抹杀了。

对于陈先生"赤色共产主义没有帝国主义的可能性"这个论断，我觉得无可反对，陈先生根据的理由很透切，不用我为解释，当然赤色共产主义是以世界的赤色革命为自身生存发达之事件，并且为实现这个目的，对外不辞间接诉诸暴力，也可以说是采用帝国主义手段之一部，然而他的本身决不是政治的帝国主义，也不是经济的帝国主义，因为领土侵略和经济侵略，都是和赤色共产主义本身不能并立的；世界的赤色革命的理想，不能说就是帝国主义，犹如中国古代"王天下"的理想，不能说就是帝国主义。

然而实际上"赤色帝国主义"这个名词，各国也偶用，这个通俗用语是民主党急进派反对共产派而又不愿赞成帝国主义的一种政治上外交上的作战的口号罢了。

赤色共产主义，虽没有帝国主义的可能性，然而单就他间接用暴力煽动世界的革命这一点而言，其影响于对手国的内政，已很不小；因为他简直要求汝们无条件的反叛国家，无条件的破坏一切社会制度；什么通敌，卖国，在这时候都用不着顾忌了。今日世界民族，还没有解放到如此田地，所以赤色共产派在各国数极寥寥，就是富有国际性的社会党，也和他分道扬镳！羞与为伍，这是列国劳动运动破裂衰颓的大原因。又因为赤色暴力政策的反动，所以政基薄弱的国家，战后每有法西底党【今译法西斯】帝制派专政之事；在政制比较稳定各邦，国家主义的潮流，也非常激烈；可见赤色宣传，影响于一国内政，很为重大，尤其在武力横行、纪纲废弛、民生凋敝、兵匪满地的中国，应当加意防备的。年来国中军阀政客一部，曾倡所谓武力国民联合之说，他们假冒共产的招牌，利用赤色的手段，志在攫取势力，主义云云，原非所问。苏俄对此情形，了如观火，明知真正共产运动，在今日中国势必不行，然而都喜假手此辈，谋在中国政治社会上，树其赤帜，并且间接牵制帝国主义各邦，迫其让步，这是苏俄手段恶辣的地方，不容放过的。

陈先生论文中，只辨赤色帝国主义之有无，而对于赤俄暴力政策所及于一国内政的影响，未曾论及，也毋怪反共产主义者相惊以伯有，把他的前提都一并否认了。

第二赤色共产主义之足以为祸于内政，前已说过，然而以较历年帝国主义的侵略和压迫，其轻重强弱，实不可同日而语。今为便利起见，即借张奚若先生所用的标准来作比较。

张先生说："帝国主义的国家仅仅吸取我们的资财，桎梏我们的手足，苏俄竟然收买我们的良心，腐蚀我国的灵魂……"张先生用仅仅两字，已表示取舍从违之意。这层我的见解，却有不同。我不是赤色共产主义信徒，然而我敢昌言：单就帝国主义者"吸取资财""桎梏手足"而言，其祸害已甚于毒蛇猛兽，是较任何为烈的。汝想，血液被吸取，手足被束缚，我们还能自由发展吗？我们的"良心""灵魂"都不至受了影响吗？我们若知道为什么泰戈尔还是亡国的诗人，为什么甘地主义始终未能贯彻，便知帝国主义祸害之如何猛烈了。帝国主义者既往以力征威迫的手段，"吸取我们的资财""桎梏我们的手足"，直到如今，还隐着暴力主义之下，维持其政策，扩张其政策，五卅惨案，就是一个国民绝大的教训，什么关税会议、法权会议，岂不是又要白开了吗？

说到此，我们也不能专责帝国主义了，自中俄协定成立之后，苏俄借防御白党和帝国主义者的题目，驻兵外蒙擅捕华人，延宕会议等等，其手段恶辣，使人不胜大彼得主义复生之感，然而平心而言，苏俄这种恶戏，不能和帝国主义混为一谈。假设中国局面稍为统一，苏俄还在那里捣乱，我们毅然和他断交，把蒙古赤军驱逐出境，亦非难事，莫斯科的红党，是万无力量来袭，国际也保不生问题的。若在赤色革命以前，我们能断行这个手段吗？岂不也和沪案一样饮泣吞声了吗？这便是赤祸和白祸之差了。

张先生说："帝国主义者仅仅暗中帮助北方军阀，苏俄竟明目张胆地在广东做我们的高级军官"，这也是事实。然而我们要知道，所谓暗助明助，多半分不清，并且暗助的作用，有时较之明助还大。试看中国历年内乱，哪一次不有帝国主义的痕迹？他们一面参加乱事，一面还摆起不干涉的面孔，挟着"国际承认"的权威，对于僭权者予取予求，毫无忌惮，他们因为利益冲突，彼此牵制，尚有所惮而不为，到了什么"协调"之后，也就明目张胆地干涉起来了，什么沪案再查，什么国际共管，岂不是彰明较著的事实？我们终究能道一字"不"吗？

张先生说："赤色共产主义者收买我们的良心，腐蚀我们的灵魂，所以其害更大。"我以为这是偏宕之论，一国的领土物资是可以侵略的，而一国民的心灵是不容易买收的。人到了连心灵都被腐蚀那便已不能自立了，便无外患也得亡国了；其咎就不在敌人，而在社会的中坚人物了。

要而言之，赤俄的压迫，毕竟不外精神上的压迫，帝国主义者的压迫，是物质实力的压迫，摆脱精神上的压迫，只要社会中坚人物奋然自立，不受敌人收买便够了，这是为不为的问题，不是能不能的问题。反之，摆脱物质实力的压迫，就非有恒久的大规模的国民牺牲不可，不是朝夕所能奏效的了。

第三，我们既已比较赤祸白祸之轻重，那么，应如何对苏俄及对帝国主义者的问题，便可得相当的答案了。

（甲）赤色共产主义在不能为帝国主义这一点，外交上终究是我们一致的朋友，就是反共产主义者也不容仇视他，也用不着仇视他。然而在帝国主义势力范围中的中国，苏俄对我们不免时时弄把戏，我们不能因他借口防御帝国主义者遂放松了他，我们要时时刻刻防备他，遇必要时，不妨用严厉手段对待他，这是载在中俄协定里面的，我们千万不要放弃这个权利。

赤色共产主义以暴力煽动世界的革命这一点，在内政上是我们大多数的仇敌，是应该抵制的。抵制的方法，关于对内为多，可以分为治标与治本，治标的办法，就是按国法取缔共产派的行动，但关于思想上的宣传，是应当放任，不应当学军阀一样黑白不分的。治本的办法，也可分为一般个别两种；前者是整肃纲纪综复名实，使假冒撞骗之徒，无道以自存；其次即标明反共产的旗帜，对国计民生通盘筹划，确立方策，以为真正共产之抵制。今日中国不在主义之病，而在无主义之病，惟其无主义，所以一切稗贩流行的思想，皆得侵入。以正攻邪，是拔本塞源之道。由上看来，我们外交上不必疏俄，而内政上却要排俄，这不是矛盾的政策，年来日本即本此进行并且着着奏效的。中国政治社会制度和日本不同，对俄分际，更易决定。我们若仅因赤色运动对我内政有害，便认苏俄为不共之仇，那就是外交自杀政策。

（乙）帝国主义者，不但侵略我们，压迫我们，而且内政上还要隐然显然的干涉我们，他是我们真正之敌，前已说过了。那么，我们便对他宣告为敌吗？不，这一来可义上了赤色宣传之当。这里不是谈哲学，是讨论实际政治外交问题，有许多地方，不能尽凭逻辑的妄想，赤色共产主义者迫着实际上的必需，还要和正面的敌人派使通商，何况非共产主义的外交，哪能如此斩钉截铁？为什么对帝国主义者不能干脆地宣告为敌？

（1）简单一句话，我们不能战，说来真惭愧，又如何？须知此战是国与国之战，是一国对多数帝国主义国之战，是现代科学之战，汝哪有胜算？

（2）就让汝摇身一摆，变成一个赤裸裸红色共产主义国，汝仍旧不能战，帝国主义者已盘踞着汝们的腹心，汝若他何？赤俄能够安然实行其主义，不是红军特别能干，是叮着他的元祖帝国主义巨魁大彼得大王之余泽，我们不要羡慕也。不错，共产主义是四海一家的，就让莫斯科红军开来吗，就请杜洛斯基（托洛茨基）当前敌司令吗，为什么不可？然而你要假手他们抵制帝国主义者，简直是梦想。赤色弟兄们纵肯舍身来救汝，他家的门户教谁去看守？

（3）降了帝国主义者吗？不，不，当然要干，怎么干？要全国大规模大牺牲地干；对外不合作，……抵货与罢工，这就是平和的抵抗，五卅曾经尝试而无终的。汝不要丧气，仍旧不断地干下去，迟早是有功效的。

（4）不要只在诅咒帝国主义，按着时代的潮流，他是不能久存的。况且他的老巢中，不见得没有你的朋友，许比赤色弟兄更笃实，现时渐渐地抬起头来了，汝不妨等等。

最后千万不要忘了一件事：对碧眼黄髯的先生们，什么博爱仁义……都是白说的，他们先天就有这种感受性，帝国主义先生这样，共产主义先生也是这样的。汝第一干，第二干，干……干……干……只要干，什么主义都是汝的朋友了。

论对俄问题

选自《饮冰室合集·文集之四十三》

梁启超

勉己足下：

我当回你信以前先和你说一段笑话：晚明的智识阶级最会拌嘴，那时讲"良知"正是最时髦的名词，有人说良知即"赤子之心"，有人说良知像一张白纸，于是发生"良知赤白问题"。朱舜水集里头有句话："我不管良知是赤是白"，就是由此而来。良知赤白没闹得清楚，满洲人却已进关了。现在打的帝国主义赤白官司，恰好和那时遥遥相对。

你要我在《对俄专刊》上做篇文字，我老实告诉你：这几天看见报上笔墨官司打得热闹，已经把我的"晚明遗传习气"惹动，心痒难熬，想加入拌嘴团体来了。但是，头一件，因为要讨论这问题，须得先把自己对于经济制度的主张拿出来，立论才有根据，我不是没有主张，但把它写出来也要费好几天工夫，我现在被学校功课绊住，竟没有半点空闲时候。第二件，我要讲的话，好些被别人抢着讲去了，因此把我插嘴的兴会打断许多，我的文章所以许久做不成。

为此，你要逼我说话吗？那么，最少我得先把我的经济主张标出个题目来。我的主张是很平凡的——或者也可以说很顽固的，也许连你都不赞成。我不懂得什么人类最大幸福，我也没有什么国家百年计划，我只是就中国的"当时此地"着想，求现在活着的中国人不至饿死。因此提出极庸腐的主张是："在保护关税政策之下，采劳资调节的精神，奖励国产。"不妨害这种主张——无论中国人外国人我都认为友，妨害的都认为敌。因此，一方面，普通所谓帝国主义者，不用说当然是我们大敌。因为他物既是不能分离的东西，然则极端的唯心论换一方面看，同时也便是极端的唯物论了。他说："心无体，以万物之感应是非为体。"以无的心而做心学，除却向"涉着于物"处用力，更有何法？夫曰"行是知的功夫"，"行是知之成"。此正实验主义所凭借以得成立也。

十四年十月十一日复刘勉己书

致陈独秀

1925 年 12 月《胡适文集》第 7 卷

胡　适

独秀兄：

前几天我们谈到北京群众烧毁晨报馆的事，我对你表示我的意见，你问我说："你以为《晨报》不该烧吗？"

五六天以来，这一句话常常来往于我脑中。我们做了十年的朋友，同做过不少的事，而见解主张上常有不同的地方，但最大的不同莫过于这一点了。我忍不住要对你说几句话。

几十个暴动分子围烧一个报馆，这并不奇怪。但你是一个政党的负责领袖，对于此事不以为非，而以为"该"。这是使我很诧怪的态度。

你我不是曾同发表一个"争自由"的宣言吗？那天北京的群众不是宣言"人民有集会结社言论出版的自由"吗？《晨报》近年的主张，无论在你我眼睛里为是为非，决没有"该"被自命争自由的民众烧毁的罪状；因为争自由的唯一原理是："异乎我者未必即非，而同乎我者未必即是；今日众人之所是未必即是，而众人之所非未必真非。"争自由的唯一理由，换句话说，就是期望大家能容忍异己的意见与信仰。凡不承认异己者的自由的人，就不配争自由，就不配谈自由。

我也知道你们主张一阶级专制的人已不信仰自由这个字了。我也知道我今天向你讨论自由，也许为你所笑。但我要你知道，这一点在我要算一个根本的信仰。我们两个老朋友，政治主张上尽管不同，事业上尽管不同，所以仍不失其为老朋友者，正因为你我脑子背后多少总还同有一点容忍异己的态度。至少我可以说，我的根本信仰是承认别人有尝试的自由。如果连这一点最低限度的相同点都扫除了，我们不但不能做朋友，简直要做仇敌了，你说是吗？

我记得民国八年你被拘在警察厅的时候，署名营救你的人中有桐城派古文家马通伯与姚叔节。我记得那晚在桃李园请客的时候，我心中感觉一种高兴。我觉得这个黑暗社会里还有一线光明：在那反对白话文学最激烈的空气里，居然有几个古文老辈肯出名保你，这个社会还勉强够得上一个"人的社会"，还有一点人味儿。

但这几年以来，却很不同了。不容忍的空气充满了国中。并不是旧势力的不容忍，他们早已没有摧残异己的能力了。最不容忍的乃是一班自命为最新人物的人。我个人这几年就身受了不少的攻击和污蔑。我这回出京两个多月，一路上饱读你的同党少年丑诋我的言论，真开了不少的眼界。我是不会怕惧这种诋骂的，但我实在有点悲观。我怕的是这种不容忍的风气造成之后，这个社会要变成一个更残忍更惨酷的社会，我们爱自由争自由的人怕没有立足容身之地了。

论国之保护与奖励

原载《晨报副镌》1925 年 11 月 17 日

梁启超

我做这篇文的动机，全因讨论共产主义及对俄问题而起。

第一，我根本不相信"万应灵药式"的什么什么主义，可以适用于任何国家。政治原理可以有世界性，政治问题及政策，只是国别的，不会有世界性。哲学、科学上问题可以有普遍且永久性，政治上问题，只是"当时此地"的，不会有普遍且永久性。所以侈谈外国流行的时髦主义，不管那主义本身好坏如何，纵令好极，也不过是学堂里的"洋八股"！也不过是由横文译出来的"井田封建论"！共产主义在俄国是否实行，行得好不好，我们不深知，亦不必多管；纵令实行，行得好，万不能因为俄国人吃大黄芒硝治好了病，便把大黄芒硝硬给中国人吃。如其有这样"头脑冬烘"的主张，无论他的动机如何纯洁，我们只能上他个徽号"墨（莫）斯科贡院里出身的洋举人"！共产主义能否为将来人类造最大幸福，我们不知道；纵令能，却不能因为人参是补身子的药，便随便找一个发大寒热的人也灌他参汤。如其有这样纯任理想的主张，我们只能上他个徽号"坐城楼读《周易》却敌兵的书包军师"！

第二，我根本不相信专制政治可以叫做良政治，尤其不相信无产阶级专制可视为得到良政治的一种手段。专制总是政治上最大罪恶，无论专制者为君主，为贵族，为僧侣，为资产阶级，为无产阶级，为少数，为多数。我相信"专欲难成"这句格言。我相信无论政治上、社会上、经济上种种问题，国内总不免有一部分人和他部分人利害冲突。冲突的结果，当然不免抗争，抗争的结果，总要双方有觉悟，裁制自己利益的一部分，承认对方利益的一部分，以交让互助的精神而得较圆满的解决。二次、三次抗争，亦复如是。如是递迭交争交让之结果，自由幸福的质和量都随而加增。尤其是经济事项，非在"两利俱存"的条件之下，万无健全发展之望。若一方面得势便将别方面尽量地摧残压抑，其势只能循环报复，陷国家于长期的扰乱。尤其是言论、集会、出版、罢工各种自由，若全被禁压——像苏俄现政府所行为，我以为只能令国民良心麻痹，精神萎痊，能力减杀，不能不认为是绝对的恶政治。

第三，我根本不相信中国有所谓有产阶级与无产阶级相对峙。若勉强要找中国阶级的分野，或者有业阶级和无业阶级还成个名词。有业阶级，如真的农人、工人、商人和在官厅、学校、公司……里拿自己的脑筋或气力换饭吃的，这些人无论有产无产、产多产少，都谓之有业。无业阶级，如阔军人、阔官僚、阔少爷……乃至租界里的流氓，学堂里及其他演说场里高谈什么时髦主义的政客们并不见得都无产——也许自命代表无产阶级的人便有不少的产，这些人通通叫做无业阶级。如其说中国必须有阶级战争吗？那么，只能有业阶级起而奋斗，打倒无业阶级，便天下太平；若无业阶级得意横行，国家便永沉地狱。至于从"洋八股"里贩来有产、无产阶级这个名词，在中国我认为绝对不适用。

第四，我根本不相信"全民革命"事业可以用宣传呐喊及其他煽动手段得来。全民政治成立之条件有二：一须全民为自己切身利害有深切的自觉和不得已的自动；二、须全民有接管政治的相当能力。这两个条件都非仓猝间所能造成，必须指导社会的人们很耐烦，肯下水磨工夫，慢慢地启发他们扶植他们；而且要社会在比较的安宁状态之下，才有着手的余地。换句话说：我们若盼望全民政治出现，总要给全国人民补药吃，培养好他们的体子，令他们有气力，那么，什么"内除国贼、外抗强权"，他们都会自动地办，而且包可以办到。如其不然，专用兴奋剂去刺激他们，他们吃醉了狂叫乱舞一阵，酒气过后，躺下便像死人一般，闹得几次连兴奋性也失掉；若要加分量去兴奋，或者如赵飞燕的妙药活活送了汉成帝一条命，亦未可知。再者，一群醉汉乱叫乱闹，闹不成功也还罢了，一定把全场秩序搅得稀烂，令不醉人无从插手。所以煽动式的革命论和革命手段，只是野心家利用群众心理弱点，造成"趁火打劫"的机会。这些人不惟不是全民政治之友，换一方面看，还可以说是全民政治之敌。

第五，我根本不相信一个国民的政治活动可以和别个国民合作；尤其不相信今日的中国有联某国某国之可能或必要。既有两个国家存立在世界，当各有各的利害不相容地方，一国民想改革自己的政治，而借重别国人的指导或帮助，我敢斩钉截铁地说一句，除了甘心做吴三桂、李克用的人，不该有这种丧心病狂的举动。这种话若在国内流行，便是国民品性堕落到十二万分的表示，这个国家简直已经宣告死刑了！至于外交呢，除却绝交宣战的场合外，无论对何国保相当的友谊是应该的，却没有什么联与不联。联人须有本钱，中国配吗？拿什么去联？若说我有一个大敌，要联别个来制他，譬如绵羊怕老虎，跑去和狼拜把，老虎撵得走撵不走，是另一回事，自己除了送给豺狼当点心，怕没有第二条路！朋友们请睁眼一看，清末联日、联俄、联英、联法闹得乌烟瘴气，哪一回不是送一份大礼物完事！我真不料在民国第十四个年头，还有道光间《海国图志》派的"以夷制夷论"发现于社会，且成为一个问题，重劳知识阶级之讨论！与论界之耻辱，真莫此为甚了。

对中东路问题的意见

——致中共中央常委同志的信

原载《中国革命与机会主义》1929 年 10 月上海民志书局发行

陈独秀

中央常委同志们：

现在关于时局之当面的危机，无过于中东路问题，这一问题不是简单的中俄两国间的纠纷，而是国际纠纷问题之导火线。由这导火线而至爆发战争，也许是慢性的（因为中俄都不利于轻率开战，尤其是帝国主义间都还未曾充分准备好，现在谁都不敢断然取独占的形式，会需要经过一些曲线的斗争）。然除了恢复中东路原有的状态即中俄共管形式，国际纠纷是要继续发展的。

这种纠纷发展到爆发战争，有两种可能形势：一是苏俄始终取强硬政策，帝国主义者必然在援助中国名义之下，共同向苏联进攻，不但在远东，近东也是一样；一是苏俄若取退让政策，帝国主义者之间必然因互夺中东路迟早要导入第二次大战。无论是哪一种，都要在中国做战场，把中国做成塞尔维亚，在战争中最受直接蹂躏的自然是中国人民。

帝国主义的走狗国民党政府，对于收回中东路的宣传，是戴着拥护民族利益的假面具来欺骗民众，并且收了效果，不但小资产阶级的群众，甚至有许多劳动群众也受了欺骗，或者在受了欺骗而迷惑的严重空气之下，不敢别持异议。这种情形不用说是于我们不利的。

此事在中国发生，事件本身又和中国社会有直接利害关系，民众多数心理又是这样，我们如何宣传才能获得广大的民众同情，这些实际情形，都不能让我们闭着眼睛不理，而可以自由前进的。

在这样情形之下，我们的宣传方法，似乎不能像别国的兄弟党那样简单，即是说单是世界革命的大道理，不能够解答群众心中所需要解答的实际问题。因此，我觉得我们的宣传，太说教了，太超群众了，也太单调了，对于中东路收回这一具体问题，没有正确的解释（"苏联在中国的权利，仅只是在中东路没有完全放弃，唯一原因是因为中东路是进攻苏联之一个有力的军事根据地。"七月十二日的宣言中这句话，显然有几层语病），只是拿世界革命做出发点，拿"反对进攻苏联""拥护苏联"做动员群众的中心口号；而未曾详细指出：在未推翻帝国主义宰制以前，中国真能自己收回中东路是怎样的一个幻想，而且这一幻想必然酿成中国民族实际的莫大灾难。此时中国大多数民众，尚在眼前的具体的民族利益蒙蔽之下，这二层必须向他们解释清楚，使他们在实际利害上权衡一下，他们明白了中国自己收回中东路，在此时的确是有害无利的幻想，他们才能够了解苏俄和帝国主义不同，才能够了解苏俄是反帝国主义的大本营，才能够了解苏俄是被压迫民族联合战线的领导者。离开具体问题说教式的单调宣传，只有最觉悟的无产阶级分子能够接受，而不能够动员广大的群众，反而使群众误会我们只是卢布作用，而不顾及民族利益，并且使国民党很便当地简单明了地把他们"拥护中国"的口号和我们"拥护苏俄"的口号对立起来，听群众自己选择一个。

帝国主义间的第二次大战在中国做战场，或是帝国主义利用中国进攻苏俄所加于中国民族的灾难，都是实际可能的前途，稍有常识的人，一经指出，都能懂得，即不倾向革命的中立分子，也能了解，而且只有这样的宣传，才能够把国民党拥护民族利益的假面具打得粉碎，然后提出反对国民党政府对于中东路的卖国政策或"误国政策"（这个名词更能使群众亲切地了解），然后提出反对帝国主义利用国民党，借中东路问题向苏联进攻的阴谋，才能够得到广大民众的同情。

第四十二号中央通告说："并且帝国主义对苏联战争开始的时候，毫无疑问地要引起本国工人阶级的革命，造成世界革命的高潮，这样便是中国革命更有利的条件，而更可促成全国革命高潮更快地到来。"这只是在客观上也许会演成事实，但我们是根本上反对一切反动的国际战争的党，尤其是止当极力动员群众反对帝国主义进攻苏联的紧急关头，决不应该向同志这样宣传，使同志们会很自然地做出奇怪的结论："原来帝国主义进攻苏联还有这些好处，我们让他赶快向苏联进攻吧！"因此，我主张中央赶快补发一通告，取消这几句话。

我估料现在的情形和从前稍有不同，或不至因我的发言引起大家的误会与揣测，所以我以后对于重要问题，都想有点意见贡献于党；并且希望能够把我的意见全文都在党报上发表出来。

此致革命的敬礼！

独秀　七月二十八日

对于中东路事件之感想

——中华民国十八年八月十九日在中央军官学校讲演

1929 年 8 月 19 日

蒋介石

一、俄国侵略中国，不自今日始，其轻视中国人之心理，深值我们警惕猛省！

二、中东路事件，是她以政治力量与主义方法侵略中国不成而施行的武力恫吓。

三、革命政府不为帝国主义者的暴力所屈服。

四、大家要团结一致，准备一切，誓必废除不平等条约，驱逐帝国主义者的侵略暴力。

前一星期，外交上政治上所经过最大的事情，就是中东铁路的中俄交涉，俄国欺侮我们中国，不是从今天起，外国帝国主义者压迫我们中国人，看轻我们中国人，亦不是从这次中东铁路问题起头，他们早看我们中国没有人的了。他们，尤其是俄国，对于我们中国的批评，是怎么说？说我们中国人统统是乌托邦的人。什么叫乌托邦的人呢？就是说这种国民通是空想的，要是我讲国家民族思想，讲政治或讲团体生活，他们就以为不应该有这样的人，这一句话，简单地讲，就是我们中国人没有秩序、条理，不肯守纪律、受训练；随便的自由，毫无政治知识能力，不知国家民族为何物，所以随便给外国人来欺侮了。今天失了一块土地，他的国民是完全不晓得的。今天我们中国人被外国人打死，他们中国人还是同过路人一样，没有一点血性、志气，一任外人的欺侮，还是莫名其妙。所以他们外国人就敢于这样的来欺侮我们中国，尤其是中国几百年来，养成功一个懦弱的习惯，驼了背、弯了腰、浪漫腐败，衣服都穿不了！街上乱走，没有一点纪律，毫无精神，如同沉疴病夫一般，差不多外国人都当作我们中国人是一个远东病夫，不配同他们去打的，尤其是俄国人批评我们中国人是乌托邦，这话最毒。就是说天下没有这种人，无论一个人要生在世界上，一个国家要立在世界上，一个民族要存在世界上，一定要守国家的法令，一定要守党的纪律，有血性志气，不许人家来压迫一点，欺侮一点；大家精神团结起来，同心一志地来抵抗外国的侵略，这才算得是在中国民族中的一个国民。现在几百年来，这种精神衰颓了，便使得俄国人目无中国，他自己违反了条约，他自己来压迫我们，来侵略我们中国，反还讲是我们中国人不对，随便的派兵到我们中国国境来，骚扰我们土地，打死我们同胞，是可忍，孰不可忍？大家要是承认自己是一个中国人，承认你是中国人的祖宗父母所生下来的子孙，我们就要保存祖宗父母遗下来的国土，保护我们四万万的同胞。我们对于外国人，尤其是俄国人这样的横暴欺凌，应该作何感想？如果我们大家是一个好男儿，爱国家、爱民族的，那么，应该如何磨练我们的志气，如何团结我们的精神，誓达收回中东铁路，废除一切不平等条约，完成我们国民革命目的。我们已经到了现在这步田地，这等外侮临头，假使还不能争口气，洗净我们的奇耻大辱，那就不能算得一个革命党员，不能算是中国国民，也就不能算是人了。

上一个星期，俄国拿了军队来侵略我们煤窑一带边境，又来占领了满洲里方面几个村庄，一来骚扰之后，随即便退了。我们明明白白晓得，俄国人的这种伎俩，也早已洞如观火。前几年他们俄国人到中国来的一种阴谋，要危害我们政府的情形，非口舌所能罄述的种种举动，当时我们就晓得俄国人别有野心了！现在居然在军事上暴露了出来，前天竟自打过来了！要是它不这样现出狰狞面目，不免还有些人上它假面具的当，还以为它是帮我们中国的忙，不应同他绝交，那真是活葬在虎口里都不知道了。各位学生同志们，要晓得俄国人起头想来侵略我们中国，拿政治的力量，主义的方法，用尽种种诡计阴谋，实行捣我们中国的乱，搅了好几年都没有办法，所以最后只有拿武力来恫吓我们，想这么就屈服我们，现在我们革命的政府，怎么能给人家吓倒呢？绝对不会为哪一个帝国主义者的武力所威胁的，他们还把我们当做革命前的中国看待，想以横暴的方法劫夺我们，那简直是做梦！设使我国而可给他随便来欺侮，那他们从前的阴谋早已成功了，他们俄国人从前的种种阴谋，比现在何止大十倍、凶十倍，但终不能损及我们中国毫末，便证明它是早已破产了。现在犹复装腔作势，张牙舞爪，抬出他的纸老虎来吓人，可见其不自量力罢了。我们革命政府是历尽困难危险，从洪炉百炼出来，正如铁打金刚一般，绝对不会为帝国主义者的武力所屈服，并且我们相信俄人也绝没有这种力量可来侵略我们中国。所以它一侵进来，只须我们一打就退了，不敢多逗留。只是到处地骚扰恐吓，想这样就吓倒我们，此外就无所施其伎了！它挑衅至今，已经有一个月了，我们毫不为动，可还有什么方法呢？所以我常常讲，我们大家是中国的国民，要完成我们的国民革命，来打倒帝国主义，我们并不要用什么多大的武力去打倒，只要我们自己能够自强。体格、精神、行动、态度，时时刻刻均能强健，改过一切不良的习惯，做一个堂堂中华大国民，我们不自侮，还有谁敢欺侮我们？我们最要洗雪这个乌托邦的耻辱，不可各人只讲个人自由了！这样的自由就要亡国，就是乌托邦，就是不爱国家，不爱民族，就不是人，甘心给外国人来欺侮了！现在国家困难的情形，一天一天暴露出来了，无论赤色帝国主义者，白色帝国主义者，一起来环攻我们了。凡是我们中国国民党党员，中国的国民，有血性、有志气的好男儿，应该从这次中东铁路的问题起，时时互相勉励，磨砺自己的志向，健全自己的体格，以后要取消不平等条约，还不晓得要比收回中东铁路难过几多倍，更不是驼了背弯了腰所可以收回来的。一定要充实我们的精神力量，同心一志地来为国家民族，也就是为我们自己来奋斗。在我们国民党领导之下，共同一个目标来对付帝国主义者。我们相信，前回同你们讲过的，多则五年，少则三年之内，我们一定就可以取消不平等的条约，在我们心目中间，不废除不平等条约，不驱逐帝国主义者在中国的这种横暴势力，誓不甘休，除非牺牲死了为止。我们一天还没有死，还要准备牺牲我们的一切，来完成我们的国民革命。

国民党与共产党

纠正对于马克思学说的一种误解

原载《中国青年》3 卷 67 号，1925 年 2 月 21 日

F. M.

马克思在《经济学批评》序文中，曾说："凡一社会组织，非俟其生产力尽量发展后，决不倾覆；崭新而进步的生产方式，非俟该物质所必需之条件孕育于旧社会之母胎内，决不贸然发生；所以人类公认为有问题者，必须到自能解决之时机，方得成为问题。"

这几句话本来是很确当的。这说明了现在全世界共产主义运动的意义。现在，旧社会的生产力已尽量发展了，资本主义不但在它本国里大逞其剥削无产阶级的威风，而且发达到了它的最后阶段——帝国主义的时期，一切经济落后的殖民地民众，亦与它本国的无产阶级同样的受它的压迫蹂躏。在这个时候，资本主义已经孕育了发生新生产方式所必需的条件，它已经一方造成了极大数量的打倒资本主义的无产阶级军队，一方又造成了无数万可以与这种军队合作的贫农与殖民地被压迫人民，同时，它亦使拥护资本主义的资本阶级自身，一天天变成更少数寄生的"独夫"：它像这样，预备了必然产生社会革命的各种必需的条件。既然已经有了这些条件，那便旧社会组织的倾覆，与新生产方式的产生，已经是到了自能解决的时机了，因此，全世界的共产党才一天天更能接近群众，共产主义运动才成为轰动全世界的问题。

然而一些笨牛般的"学者"，永远不会了解这种意思。他们（举诸青来做一个例）看了马克思的这几句话，不但不了解中国共产党引导被帝国主义压迫的中国民众，与世界先进的无产阶级合作，这是恰恰适合于马克思所指示的途径；他们反转歌颂社会民主党与少数派，认为照马克思的意思，经济落后的中国，旧社会的生产力毫未发展，这必须先以资本主义求其尽量发展，才说得上什么共产主义。他们鼠眼寸光，单单看见中国，而且他们以为中国是与全世界没有一点关系的地方，看不见帝国主义在中国加于旧社会生产力的影响。"井蛙

不足以语海"！把眼睛睁开些吧！不然，再读十年书有何用处？

中国旧社会生产力毫未发展，不错。但是在西欧，在美国，在日本，那些已经尽量发展的生产力，早已笼罩了一切经济落后的地方，使他们再没有发展生产力之余地，这种显然的事实，居然会看不见吗？欧美日本生产力的尽量发展，已经为全世界旧社会组织的倾覆，与全世界新生产方式的发生，预备了一切必需的条件。全世界的无产阶级军队已经可以提携着全世界的贫农与殖民地被压迫人民，以倾覆那种"独夫"的资本阶级。所以共产主义运动是全世界的，中国共产党的工作，是全世界共产主义运动的一部分。单单看见中国，以为中国是与全世界没有一点关系的地方的人，是不会了解这种意义的。

帝国主义既已将先进国资本主义的势力，普遍到经济落后的殖民地国家中间，这使经济落后的殖民地国家，都可以起来与全世界无产阶级协力一致，以参与倾覆旧社会组织的革命；而且非与全世界无产阶级协力一致以倾覆旧社会组织，这种殖民地国家亦无法打倒帝国主义的压迫。所以因为中国是一种经济落后的殖民地国家，引导着中国人民去直接参与全世界的无产阶级革命，像中国共产党所指导的，这是最正确适当的事情。因为中国是一种经济落后的殖民地国家，却不肯照着中国共产党所指导，希望不问世界无产阶级的革命，不问帝国主义的压迫，而能使中国用资本主义以求生产力的尽量发展：这只是梦想罢了！

无产阶级与无业阶级

1925 年 5 月 1 日

梁启超

我近来极厌闻所谓什么主义什么主义，因为无论何种主义，一到中国人手里，都变成挂羊头卖狗肉的勾当。

今日是有名的劳动纪念节。这个纪念节，在欧美社会，诚然有莫大的意义。意义在哪里？在代表无产阶级——即劳动阶级的利益，来和那些剥夺他们利益的阶级斗争。

阶级斗争是否社会上吉祥善事，另属一问题，且不讨论。

但我们最要牢记者，欧美社会，确截然分为有产、无产两阶级，其无产阶级，都是天天在工厂、商场做工有正当职业的人，他们拥护职业上勤劳所得或救济失业，起而斗争，所以斗争是正当的，有意义的。

中国社会到底有阶级的分野没有呢？我其实不敢说，若勉强说有，则我以为有产阶级和无产阶级不成对待名词，只有有业阶级和无业阶级成对待名词。什么是有业阶级？如农民（小地主和佃丁都包在内）、买卖人（商店东家和伙计都包在内）、学堂教习、小官吏以及靠现卖气力吃饭的各种工人等，这些人或有产，或无产，很难就"产"上划出个分野来。什么是无业阶级？如阔官、阔军人、政党领袖及党员、地方土棍、租界流氓、受外国宣传部津贴的学生、强盗（穿军营制服的包在内）、乞丐（穿长衫马褂的包在内）以及其他之贪吃懒做的各种人等，这些人也是或有产，或无产，很难就"产"上划出个分野来。

中国如其有阶级斗争吗？我敢说：有业阶级战胜无业阶级便天下太平，无业阶级征服有业阶级便亡国灭种。哎，很伤心，很不幸，现在的大势，会倾向于无业胜利那条路了。

无业阶级的人脸皮真厚，手段也真麻利，他们随时可以自行充当某部分人民代表。路易十四世说"朕即国家"，他们说"我即国民"。

他们随时可以把最时髦的主义顶在头上，靠主义做饭碗。

记得前年上海报上载有一段新闻说，一位穿洋装戴着金丝眼镜的青年，坐洋车向龙华去，一路上拿手杖打洋车夫带着脚踢，口中不绝乱骂道："我要赶着赴劳工大会，你误了我的钟点，该死该死。"这段话也许是虚编出来挖苦人，其实像这类的怪相也真不少。

前几年，我到某地方讲学，有一天农会、商会、工会联合欢迎到了几十位代表，我看着都不像农人、商人、工人的样子，大约总是四民之首的"士"了。我循例致谢之后，还加上几句道："希望过几年再赴贵会，看见有披蓑衣、拿锄头的农人，有刚从工厂出来满面灰土的工人。"哎，这种理想，何年何月才能实现啊！

可怜啊可怜，国内不知几多循规蹈矩的有业阶级，都被他们代表了去，还睡在梦里。

可怜啊可怜，世界上学者呕尽心血发明的主义，结果做他们穿衣吃饭的工具。

劳动节吗，纪念是应该纪念，但断不容不劳动的人插嘴插手。如其劳动的人没有懂得纪念的意义，没有感觉纪念的必要，我以为倒不如不纪念，免得被别人顶包剪绺去了。

欧美人今天的运动，大抵都打着"无产阶级打倒有产阶级"的旗号，这个旗号我认为在中国不适用，应改写道：

"有业阶级打倒无业阶级！"

怎样了解中国的阶级斗争？

原载《中国青年》79 期 1925 年 5 月 9 日

超　麟

　　梁启超最近在《时事新报》发表《无产阶级与无业阶级》一文，其大意：（一）欧美社会确截然分有产无产两阶级，其无产阶级都有正当职业，他们为维护职业上勤劳所得或为救济失业而起来斗争，是正当而有意义的。（二）中国社会的阶级分野若勉强说有，则只是有业阶级和无业阶级之分，而不是有产阶级和无产阶级之分。（三）中国的阶级斗争是：有业阶级战胜无业阶级便天下太平，无业阶级战胜有业阶级便亡国灭种。（四）中国"五一"纪念的旗号，应该写："有业阶级打倒无业阶级。"

　　这篇论文，是要毁弃固有的阶级理论，而代以新发明的梁启超式的阶级理论。梁启超这种企图，现在并不是第一次，三四年前他曾经发挥其有枪阶级和无枪阶级斗争说，来代替有产阶级和无产阶级斗争说；那次的尝试没有成功，现在他再来做第二次的尝试了。

　　梁启超的错误，首先在乎他做惯了中国式的八股文章，学会了西洋式的"文字游戏"（Le jeu de Mots），纯粹着眼在单个的字眼上头："产""业""枪"……

　　Bourgeo isie 和 Proletaiat（有产阶级和无产阶级）的区别果真完全在乎一个有"产"一个无"产"吗？叫化子无"产"，可是常识上"无产阶级专政"这一个术语是指叫化子夺取政权统治"员外""富翁"……的意义吗？不是的，绝对不是的。叫化子不参加社会生产，他们在"无产阶级专政上没有位置。在社会生产关系上，有产阶级的形成和无产阶级的形成各有其特别的社会条件；有产阶级和无产阶级的差别实有更深一层的意义，为中国式的"非利斯第恩"（Philistine：庸人）所领会不到的，而且也不是中国式的"非利斯第恩"所能够了解的。

什么是阶级？阶级的差别应该根据何种标准？阶级的差别是在社会生产上头的。"一切过去社会的历史都是阶级斗争的历史"，这就是说，自原始共产社会解体以来一直到现在，人类在社会生产上并不是站在平等的地位，无论哪一个时代，总是这一部分人统治那一部分人：统治者垄断生产机关，被统治者自己没有生产机关，只好替统治者做工，受统治者剥削与压迫；统治者和被统治者的斗争演成了一切过去的历史。占有生产机关的一部分人和没有生产机关的一部分人，便是两个不同的阶级。阶级差别的标准便在生产关系里头。社会的生产关系本身便可决定社会的分配关系，阶级差别表面上是社会财富分配不平均，而其实所以分配不平均，乃是因为各阶级在社会生产上的作用不同；占有生产机关的阶级自然要剥削没有生产机关的阶级所创造出来的财富。因此，同一阶级的人便是在生产上有同样作用的一部分人，在生产过程中对于社会其他部分人的关系是一致的，这种关系而且表现在物质上头（生产机关的占有或缺少）。阶级的差别根本上并不在乎有"枪"或无"枪"，并不在乎有"业"或无"业"，甚至并不在乎有"产"或无"产"，而是在乎是否在生产上有同样的作用，是否这阶级的每个分子在生产过程中对于其他阶级的关系是一致的。

再进一层，有"枪"或无"枪"，有"业"或无"业"，有"产"或无"产"，不仅不足为区分阶级的标准，而且自己受决定于各阶级在生产上作用的不同。社会财富（"产"）的分配，其实很显然的是生产上生产机关分配的结果，前面已经说过了。占有生产机关的人为保护这个占有权势必至依靠军队及其他工具如法律等，于是"枪"的有无又是受决定于各阶级在生产上的作用。有"业"或无"业"难道能逃过这个决定吗？这里正是我们分析这个梁启超式的新发明的阶级理论的时候了。

梁启超也承认"欧美社会确截然分为有产无产（即按 Bourgeoisie 和 Proletarat，不是有"产"和无"产"）两阶级"，但说到中国来，则"以为有产阶级和无产阶级不成对待名词，只有有业阶级和无业阶级成对待名词"。为什么缘故呢？难道"精神文明""东方文化"的中国果真无需要生产吗？不然便是在生产上生产机关没有垄断的关系，中国人在中国社会生产上的作用都是一样吗？我们认定中国社会的发展也受社会科学的因果律支配：中国社会也需要生产才能生存；中国社会在生产上，也是一部分人占有生产机关，一部人没有生产机关，只好替占有者做工，受占有者剥削与压迫。在帝国主义未侵入以前，中国社会生产机关大部分操在地主手里，农民是地主剥削压迫的对象，当时社会的基本阶级是地主和农民，而现在的中国社会，帝国主义侵入逐渐资本主义化了之后，生产机关大部分操在外国的和本国的资产阶级手里，一部分仍旧操在地主手里，工人、农民、小手工业者、小资产者是他们剥削压迫的对象，现时中国社会的基本阶级是外国的本国的资产阶级与无产阶级，过渡阶级是地主与农民、小手工业者……其余中国阶级、混合阶级、落伍阶级等也都应有尽有。现时中国社会的资本主义化，比起"欧美社会"只是程度上的不同，而不是性质上的不同。梁启超不敢以其新发明的阶级理论去解释欧美社会的阶级斗争，同样他也切莫以其"理论"来解释中国社会的阶级斗争。不错，梁启超看见阔官、阔军人、研究系领袖、研究系党员，下而至于强盗乞丐这一班"无业阶级"搅扰了中国社会的"安宁""秩序"，但他知这中国社会为什么产出这许多捣乱的"无业阶级"吗？中国失业人数之增多，是帝国主义侵略破坏了旧式生产关系的结果，大多数农民、小手工业者破产，一部分无产阶级化了，其他部分又因新式生产关系尚未能充分收纳，只好流落成了"丘八""强盗""乞丐"，同时，旧时小资产者、小地主智识分子，及一部分的统治者也趋向于破产失业，他们便只好去逢迎新的统治者而为其工具，成了阔官、阔伟人、研究系领袖等，其中自然有一小部分人看出新兴的中国无产阶级有伟大的将来，而投降于无产阶级。"无业阶级"搅扰了中国社会的"安宁""秩序"吗？不错！可是产生这许多"无业阶级"，是中国社会生产关系更变，由封建的过渡到资本主义的途中必有的现象，这搅扰中国社会的"安宁""秩序"的责任，应该归资本主义的生产关系去负担——这就是说明中国社会失业者数量增多及其捣乱性之扩大，乃形成中国资产阶级与无产阶级的过程中必然的现象，梁启超式的新发明的阶级理论固然不能解释欧美社会的阶级斗争，也不能解释中国社会的阶级斗争。

我们更进一层去分析梁启超为什么偏要于"五一"这世界无产阶级向世界有产阶级示威的纪念日，在研究系的机关报——《时事新报》——上发表他新发明的这一篇阶级理论，企图毁灭"有产阶级和无产阶级对待名词"而代以"有业阶级和无业阶级对待名词"！这种分析是很有趣的。

梁启超是研究系的领袖，而研究系代表中国社会的某一部分分子。梁启超的"理论"，我们切莫看做是梁启超个人偶然的发明，而应该看做是研究系所代表的一部分社会分子之见解。研究系代表哪一部分社会分子呢？他是中国封建社会里因帝国主义侵略而破产的一部分智识分子，旧时所谓"士大夫阶级"。中国的士大夫本来是与"皇帝"贵族阶级相依为命，帮着贵族剥削压迫平民的。他们没有强固的经济基础，在封建社会里是中等的阶级，小地主、小官僚、绅士等。帝国主义侵入之后，中国封建社会开始破产，他们亦开始破产；可是因特殊关系，帝国主义在中国造成了官僚资本家如梁士诒和买办阶级如陈廉伯，这二部分人不仅不因中国封建社会破产而破产，反而因封建社会破产而发财，于是这班"士大夫"便摇身一变从依附皇帝贵族的状态而为直接依附官僚资本家和买办阶级，间接依附帝国主义的状态，但同时又与封建军阀暗度陈仓，脱离不了关系，所以这班"士大夫"在破产途中仍得维持其社会地位，仍得过其中等阶级的生活。

这一部分社会分子经济上既然必须依附统治阶级才能生存，自然不能够有政治的独立性。我们看他们从"士大夫"蜕化为半新不旧的"智识阶级"之后，这种政治依赖性仍然保存着。戊戌变政之后，他们颂圣戴德的保皇，鼓吹君主立宪，与真正的革命派民主派为敌，他们那时的代表便是康有为和梁启超。革命违反了他们的意志而把满清政府推倒了，于是他们丢弃了君主立宪的主张而仍勾结封建遗孽的北洋军阀，由保皇党而变成进步党再变成研究系，由保卫光绪皇帝而拥护袁世凯而参加贿选，谄媚曹吴而奉承"段执政"。他们的政治生活好比墟墓间的游魂，必须附着于强有力者才能存在。他们依赖封建军阀，依赖官僚资本家的状态早就很显然，即最近依附买办阶级勾结工贼的事实亦昭昭在人耳目。帝国主义在中国的第一个工具是军阀官僚，第二个工具是买办阶级，第三个工具便是工贼。研究系及中国其他类似的政党，是这三个工具的辅助物，是帝国主义的次等的、间接的工具。

既然是这样，既然研究系经济上附属于中国的统治者——帝国主义及其三个工具，政治上依赖于这些统治者，那么他们便自然要仇视中国的被统治者，仇视中国的工农，仇视中国的民族解放革命运动，仇视孙中山，仇视代表中国无产阶级利益的共产党，仇视中国民众之友苏联——这些都是有事实可以证明的，这些仇视的言论都是可以在《时事新报》中找得出的。

梁启超这一篇文字便是研究系替其主人——帝国主义及其工具——欺罔中国无产阶级的一种言论。梁启超要中国无产阶级丢弃其明了正确的阶级觉悟，去信仰他新发明的混沌的"理论"。梁启超要改变中国无产阶级纪念"五一"的真意义，他说："如其劳动的人没有懂得纪念的意义，没有感觉纪念的必要，我以为倒不如不纪念"，我敢这样答复梁启超：中国劳动的人永远不会懂得梁启超式的"五一"纪念的意义，永远不会感觉到梁启超式的"五一"纪念的必要，可是中国劳动的人决不因此便不纪念"五一"的革命意义，及"五一"的革命必要。你看全国第二次劳动大会正在广州开幕啊！

民族革命中的共产党

原载《中国青年》89 期 1925 年 8 月 24 日

F. M.

人们对于一种秘密的革命党，每每不免发生许多猜疑与误会，何况有帝国主义者散布的毁议？何况有帝国主义走狗编造的谣言？何况有浅见而狭隘的人帮助他们，发出许多似是而非的言论，以紊淆大家的耳目呢？不过我们脑筋更冷静清醒些，我相信这般猜疑与误会，没有什么不容易清楚明白的事情。

在这几年中间，中国共产党的努力，已经令全中国有知识的人都承认他们的勇敢与劳瘁了。但还有许多比较流行的怀疑之点，我可以列述解答如下：

（一）有人说，无论共产党怎样努力，中国现在总是不能够实行共产主义的。然而谁看见，共产党在"现在"要实行共产主义？在"现在"，共产党又有什么神奇的法子，能在这种大部分仍陷于封建的农业社会中间，来实行共产主义呢？苏俄在今天亦只能采用"向共产主义"的新经济政策，中国共产党在"现在"，甚至于连新经济政策都还不敢希望一定能够实现，他们只希望先实现联合各阶级的打倒帝国主义运动——将时局向前推进一步，然后再以无产阶级的实力谋实现无产阶级的政权，以渐进于共产主义。只有老顽固到"将来"亦不要实现共产主义，只有大空想家在"现在"便居然要实现共产主义。

（二）有人说，共产党将来要主张无产阶级专政，是于"民治主义"有妨害的。然而一个真诚坦白的分子，为什么要怕"将来"有无产阶级专政的一天呢？我假定你们提倡发达民权与保障民生等口号，都是真心为全民的利益说话的，你们敢断言在所谓全民之中，将来不会有阶级利益的冲突，使无产阶级必须靠自己的实力才能争夺自己的利益吗？只要有大的或小的资产阶级，只要这些资产阶级有人不能真心接受你们的"民治主义"，他们的所谓发达民权，决不许农民工人与缙绅之士有一样的选举或被选举权，以破坏了他们的体统；他们的所谓保障民生，决不许有人去节制他们的资本，或是平均他们的地权，以侵犯了他们的自由权利。所以这种"民治主义"，结果至多能给予农民工人以投票权，使他们好为缙绅之士"抬轿子"凑票数，或是给予农民工人些微的恩惠，使他们能享受资产阶级在革命中所得利益万分之一的余沥，如是而已。谁应当禁止不满意于这种"民治主义"的人要求无产阶级专政，以无产阶级的实力根本压倒资产阶级的这种反民治的行为呢？我再退一万步，假定真有把握能在那时不至于有资产阶级反民治的行为发生，假定你们真能发达民权保障民生至少像你们口中所说的那样好，那便无产阶级都会心满意足，不感觉有自己专政的必要，纵然共产党一天到黑喊叫无产阶级专政，亦没有什么关系。只有什么人怕共产党主张无产阶级专政呢？只有在革命以前本无真心为全民利益说话的人，与革命以后甘愿纵容甚至帮助资产阶级反民治行动的人。

（三）有人说，共产党在今天主张阶级争斗，有妨害于各阶级联合的民族革命。各阶级都是为自己的利益而联合起来以从事革命，只须他们认识为自己的利益非联合起来从事革命不可，为什么怕他们因为阶级争斗而不肯联合起来呢？任何时的阶级争斗，都是为的工人反抗剥削的资本家，或是为的农民反抗剥削的地主；为什么因为要联合起来从事革命，便应当宽纵这种资本家或地主，便应当使农民工人牺牲他们的反抗的正当权利呢？阶级之间的有争斗，是从古已然的，只要一天还有资本家地主剥削工人农民的事，这种争斗亦是无法避免的。只有为这种资本家地主做走狗的人应当反对这种争斗。你们只知反对这种争斗，为什么不肯负责纠正这种剥削工人农民的地主资本家？对于你们自己无法纠正的地主资本家，怎么不能说出一个对付他们的切实办法呢？

（四）有人说，共产党既是有自己的主张，不应当都加到国民党里面，用国民党的名义做各种活动；倘若一定要用国民党的名义活动，这便证明共产党的不光明磊落，或是共产党的运动不适合于中国的需要，所以不好把他们的名义拿出来。说这种话的人，一定是连国民党的三民主义亦不了解，或者根本不懂革命是什么东西，否则至少亦是夹有客气偏见，所以总说出这种可笑的话来。共产党因为见到要渐进于共产主义，必须先联合各阶级打倒帝国主义，为打倒帝国主义而加入以民族主义为号召的国民党，这是他们自己的主张，亦便是国民党的主张，为什么他们不可以用国民党的名义做各种活动呢？不错，共产党现在只希望国民党能忠于为民族主义奋斗，对于民权主义民生主义，不一定希望国民党能够切实做得到，然这只是因为共产党相信非有无产阶级的实力，压倒资产阶级，不能保证农民工人政治经济上的安全，他们并不要根本反对民权主义民生主义，国民党若真有把握不要无产阶级的实力而能全实现三民主义，尽可以努力做出来给共产党看，用不着反对共产党这种更进一步为农民工人利益而奋斗的主张，便是在国民党内部亦没有理由不许有抱着共产党这种信念的党员。至于共产党的光明磊落，在于他的服从党的纪律，尽其全力钻到农民工人乃至一般青年群众的深处，以扩大革命的宣传与组织，他们是帝国主义军阀绅士们所嫉恶的，他们是统治阶级舆论所污蔑的，他们决不能一天只顾到大庭广众中间拍拍胸膛，说明他们自己是共产党，好让侦探警察来拘捕，以博取这个光明磊落的美名。凡是比较秘密的革命党都是如此的，例如辛亥以前的同盟会员决不能到处公开地活动，亦决不能说它既是不能公开的活动，便一定是不合于中国的需要。有人说，共产党员今天是借国民党的屋躲雨，自然共产党是在风雨中间过日子的，便在国民党的屋下面，并不敢稍存苟且偷安的心理，不天天预备去同风雨奋斗。我便很奇怪国民党要做一个真正的革命党，为什么可以不到风雨中间去奋斗？为什么会有躲雨的屋？一般国民党员倘若不愿意将这个屋借给共产党躲雨，请问国民党员躲在屋里做什么？我们很希望统治阶级有一天要恐怖国民党像今天恐怖共产党一样，我们很希望国民党员都能够很勇敢地到风雨中过真正的革命生活，那时候国民党决没有屋子供人家躲雨，便自然知道革命党是什么东西，革命党能够光明磊落到什么地步了。

（五）有人说，共产党员既加入国民党，不应当在国民党中为共产党吸收党员，更不应在国民党中有挑拨的事情。这更是奇怪了！共产党在国民党中吸收党员，犹如他们在任何地方吸收党员一样；假如共产党的理论与主张，敌不过国民党，为什么国民党员会被他们吸收去？假令共产党的理论与主张，确实比国民党要好些，有什么力量能够禁止共产党在国民党中吸收党员呢？一般军阀绅董与腐败教育家，生怕国民党到他们地方的中间去活动吸收党员，这种恐怖只令我们看成笑话。然而国民党员对于共产党，亦居然会有这一样的恐怖，这不更是一场大笑话吗？至于说到挑拨，请问指的什么事体？倘若指的共产党人有些攻击国民党右派督促国民党中派，请问右派是否应该攻击，中派是否需要督促，经过这种攻击与督促以后，国民党究竟得着什么坏处或好处？国民党包含许多敷衍妥协的元素，这是十余年之中不能完成民族革命之使命的原因。为什么不应当对于这种敷衍妥协痛痛快快地加以打击，使国民党全部的精神都振作起来？为什么要打击这些元素，还要负挑拨的罪名呢？从前国民党被宋教仁等污损了，被糊涂的右派——一般政客官僚败坏了，所谓好的老党员只知道消极，只知道袖手悲叹甚至只知道置之不闻不问，以醇酒妇人消磨自己的日子；等到人家把这些黑幕揭开了，国民党群众的判断力比较进步了，这些人又钻出头来一面承认宋教仁等右派确实是不好，然而一面又说人家是挑拨，想在这中间游移取巧，以取自己的地位。为什么不应当"挑拨"呢？我们还应当挑拨国民党员起来反对那种卖淫妇样的杨庶堪，我们还应当继续"挑拨"国民党员起来反对在广东妨害军政统一财政统一的各军阀，我们还应当继续挑拨国民党员时常纠正中派领袖怯懦游移的态度！是真诚要求革命的人，应当嫌恶这种挑拨吗？

国民党与阶级争斗

原载《中国青年》90 期 1925 年 8 月 25 日

代　英

国家主义者亦敢赞成国民党对于阶级争斗的态度吗?

向来在国民党中讨论阶级争斗,是容易引起误会,而且很难得十分恰如其分的。现在好了! 这一次浙江国民党省党部全体会议对于这个问题有一个议决案,规定浙江党员宣传工作上对于阶级争斗应取之态度,上海国民党执行部认其议决为完全正确,并望所属党部切实负责将此义晓示各党员,俾宣传及行动有所遵循,我们从这里可以使天下人都了然于国民党对于阶级争斗的真正态度了。

浙江省党部指出国民党中一切错误的倾向,是十分确实的。他说:"右倾的倾向,即一触阶级争斗而避之若浼,并阶级二字而不敢纳诸见闻,甚至深恶痛绝,左倾之错误,即在专力于阶级争斗,而忽略国民革命联合战线之工作。"这一方指出隐讳阶级冲突的事实,妄欲逃避阶级争斗的错误;一方亦抉破不顾及无产阶级之实力,妄欲以无产阶级单独担负国民革命工作的空想。一个人真正懂得这种道理,对于国民党中为什么可以容纳共产党(因为并不反对阶级争斗),共产党人为什么一定要加入国民党(因为并不能专从事于阶级争斗),自然不至于发生任何疑问。

原文又说:"吾党唯尽最善之努力,唤醒各阶级成员之觉悟,以革命的方法,实现三民主义之国家组织,以防止争斗之害,消弭阶级之别,而非欲奖励阶级争斗。"国民党为各阶级有革命觉悟之分子组成,其责任便在唤醒而且指导各阶级成员,为三民主义而奋斗;既是国民党为三民主义而奋斗,所以一切妨害民族革命的急进的空想是应当防止的,同时一切妨害农工势力发展的妥协的俗论亦是应当反对的。有人要说,既说要防止争斗,消弭阶级,而非奖励阶级争斗,这不是妥协的态度吗? 我敢说这决不是妥协。要证明我的话,最好看浙江省党部议决的四条宣传标准。

我现在将这四条标准列述而加以解释如下：

第一条的要旨，在说明国民党对于为帝国主义基础之个人主义的资本主义，须从政治上经济上努力防止其势力之膨胀，这便是防止争斗消弭阶级之最初条件。这一条将国民党之反对个人资本主义，说得再明显没有了；一切还不肯反对个人资本主义，甚至于还要帮助他发展的，决不是忠实的国民党员。这一条并说明所谓防止争斗消弭阶级，最要是防止个人资本主义的发展，所以国民党应当用一切可能的方法防止个人资本主义的发展，因为这是国民党最重要的责任，这一件事若无功效，个人资本主义仍旧会发展起来，那便争斗无法防止，阶级无法消弭，三民主义都只好徒托空谈了。怎样去防止个人资本主义的发展呢？浙江省党部的方法，是要对资本家与地主，诱发其仁爱的性能，使接受三民主义，这自然是很好的。不过我可以加一句，假定资本家地主的仁爱性能竟诱发不起来，他们竟不接受三民主义，或虽名为接受三民主义而不肯切实照三民主义的精义做事呢？国民党自然应当用农民工人以及各阶级表同情于农人工人之分子的力量去遏制他们，甚至于打倒他们，褫夺他们的政权。对于这，你亦可以说是阶级争斗，或是无产阶级夺取政权，但国民党若非这样做便不能防止个人资本主义发展的时候，忠实的党员决不应畏怯不前；因为国民党所以要这样做，并不是要奖励阶级争斗，但非如此便不能达到防止争斗消弭阶级的目的。

第二条的主旨是在说明对国际帝国主义已完全发展之国家，应促其国民之阶级觉悟，使与被压迫民族联合作战。这是对于世界革命运动之相互关系确有所见的话。我在这里亦应当补充一句，便是既然在帝国主义国家直接受其本国资本家之害的，应当对于其本国资本家厉行阶级争斗，自然在我们被帝国主义压迫蹂躏的中国，直接受国内外国资本家之害的，亦应当对于外国资本家厉行阶级争斗。现在国内外国资本家所经营的事业很多，煤矿有抚顺、本溪湖、开滦、福中等处（民国九年外资及中外合资之矿产煤占全额百分之四十六），铁矿有本溪湖、鞍山站等处，纱业有内外棉、日华、怡和等厂（民国十一年英日厂铁数占全额百分之五十八），面粉有满洲、青岛等处，此外外厂或中外合资的尚多，其由中国资本家出面办理而有外人股款或借款的更不胜数。国民党是认定要对于已完全发展之帝国主义作战的，所以决不应当防止中国无产阶级对于此等外国资本家的阶级争斗，并且应当毫不畏怯地去促成此等无产阶级的阶级觉悟，而且毫无疑惑地应当奖励此等阶级争斗。

第三条的主旨，说国民党员是要负责使农人工人结成有组织有训练之团体，以促进地主资本家的觉悟，完成三民主义之革命工作。这是极正确的指导。但假如地主资本家阻碍此等组织与训练呢？国民党应当诱发地主资本家仁爱的性能，假令地主资本家的仁爱性能无从诱发呢？自然这种事是可以有的：孔子遇着了齐景公卫灵公，亦将他无可如何（而且实际在孔子周游列国时，所遇的君相，无非是一班昏蛋，所以孔子都无从诱发其仁爱的性能），国民党自然亦不能有十分把握，可以诱发每个地主资本家的仁爱性能。但国民党决不能等候地主资本家的仁爱性能被诱发以后，再去组织训练农人工人。国民党在此时应当预备与阻碍农人工人以组织训练的地主资本家相奋斗。遇必要时，为发展农人工人之组织与训练，便遏制乃至于打倒这种反动的地主资本家，亦是没有不可以的。这种遏制或打倒地主资本家的行为，乃为防止争斗消弭阶级所必需的，这决不可以说是奖励阶级争斗。

第四条是说，在已发现阶级争斗时，国民党员应即刻站在农人工人方面，并且纠正地主资本家，使他们不对农人工人取争斗之态度与手段，这是每个国民党员应当记得的。我们若是要得着农人工人的同情，使他们都站在国民党旗帜之下来进行革命的工作，那便不但不应当对于已发现之阶级争斗，借口"农人工人胡闹"，或是说"有共产党在中间煽动"，而持一种反对厌恶的心理；对于这种阶级争斗，我们应当毫无疑惑地立刻去做农人工人的友军，尽力解除地主资本家的武装，使他们不取争斗的态度与手段。

有人要说，照我上面所说的，国民党不真要赤化了吗？我敢断言是不会有这事的。浙江省党部不已经明白指出国民党的色彩是青白两色，不已经明说要造成全国之青白化吗？我上面所说的，是每个革命党自然应当那样做的，要那样做，才配得上说是一个三民主义的党员。若是不去防止个人资本主义的发展，不去鼓励国内外国工厂的无产阶级厉行阶级争斗，若是不去负责发展农人工人的组织训练，若是在已发现之阶级争斗中不敢站在农人工人方面，便是一个反革命分子，应当在国民党中撵出去。国民党对于地主资本家要诱发其仁爱的性能，但决不能只顾去诱发他们仁爱的性能，把上述即刻要做的事都停着去等候这种诱发性能的功效；更决不能于这种诱发性能的工作不能生效的时候，便束手无策，不去防止个人资本主义的发展，或不去负责发展农人工人的组织训练。所以到那时候，若不肯用农人工人以及各阶级表同情于农人工人之分子的力量，去遏制这种不觉悟的地主资本家，甚至于打倒他们，褫夺他们的政权，便是一个虚伪怯懦的假革命党员，国民党亦不应当存留这种分子。国民党要这样做，自然是不免于使一切反动势力畏怯而嫉忌的，他们自然要为国民党造出许多谣言，纵然国民党员自己说一万声我是青白化，他们亦是要胡乱加以赤化头衔的。但若因为怕赤化两个字，便想借浙江省党部青白化之名，与所谓防止争斗，消弭阶级，诱发地主资本家仁爱的性能，并非奖励阶级争斗等语，以掩饰自己怯弱妥协的魂态，这决不是浙江省党部之所期望的，更不是上海执行部所期望的。一个忠实的国民党员，一定要预备着恒久不倦地与各种反动的（或者说是不觉悟的）势力相战斗，因为怕赤化的嫌疑，便要借种种说法来回避战斗，根本便不配做一个国民党员。

我重新说，倘若有人不知联合各阶级以从事国民革命，而只知专力于阶级争斗，这是左派的幼稚病，无论你是属于什么主义什么党，这种态度都是根本错误的。但是，"教学者如扶醉人，扶得东来西又倒"。倘若因此便怯弱妥协的人可以借一种话来回避战斗，这更是一个严重值得注意的危险。浙江省党部的训令只是明确说国民党对于阶级争斗应取的态度，这个训令要更使国民党一般右派分子无法隐讳他们怯弱妥协的罪恶，决不容反被他们利用了拿去做隐讳他们罪恶，反对一切阶级争斗的工具。

评戴季陶先生的中国革命观（节录）

存　统

……

季陶先生为了中国国民革命的前途，努力著述的许多书，其动机与热忱，我都十分谅解，并且十分敬佩，认为中国国民革命及国民党中一个进步的必然的现象。季陶先生为了国民党，用心之苦，奋斗之勤，现在可算是第一个人，谁都应该对他表示相当的敬意。可是从客观上观察，季陶先生这种用心与奋斗，决不能得到他所期望的效果，并且有供反动派反革命派利用之可能，将来实际上会发生很大的危险，足以阻碍中国国民革命的进行与发展。这种危险，季陶先生自己现在是不觉着的，并且绝对不愿不忍这样想的，因为这样想了，一想到将来，便会立刻摇动他自己的信仰，更无论要将这信仰套在别人头上。可是我们为中国国民革命的前途起见，却不能不指出他的危险性，以便引导国民革命人正当的道路。

当季陶先生的《孙文主义之哲学的基础》出版时，问我的意见，我当时回答他道："第一，照你的意思说来，革命家差不多就是慈善家，多劝几个知识分子、资本家、地主、军阀们来做慈善家亦是好的（这本书可说是一本专对"上层阶级"讲道的书），可是工人农民却不会懂得这个理论；第二，一个党员若接受了孙先生的全部重要思想（尤其是理想与目的），他必然地要相信马克思主义，因为只有照马克思主义的方法才能达到孙先生的理想与目的（大同共产社会），只有照唯物史观方行得通，不然，只有抛弃孙先生的理想与目的而一意努力于反共产。"季陶先生当时因事匆匆，只说了两句，头一句是"革命家是要慈善心的"，第二句"也许是的，可也要看将来情形"，便同着一人走了。我自己相信，我这两句话对于这本小册子的批评，仍旧是对的。

后来季陶先生的《国民革命与中国国民党》出版，我又去拿了一本来看，看完了很觉气愤，甚怪季陶先生杀抹 CP（共产党）CY（共产主义青年团）加入国民党后扩大国民党促进国民革命的功绩，而只一味以挑战的态度，用离间、挑拨、造谣的手段来损害 CP 与 CY。后来仔细一想，便很原谅季陶先生的苦心，他要争得国民党一个正统派的地位，便不得不极力反对 CP 排斥 CY，不惜分裂国民革命的势力，排斥最革命的分子。这是季陶先生的地位使然，仍旧可以用唯物史观来解释的。

季陶先生这一本书的结果，将逼他去代表资产阶级的利益，将使全国反共产分子联合起来，组成一个反共产大联盟，借季陶先生的理论做他们行动的护符，孙文主义变成了反共产主义，平时不要三民主义，到了要反对共产派，不能不用三民主义，你亦说三民主义，我亦说三民主义，只要拿了三民主义的大帽子便可以把共产派打伏下去，再用不着什么别的理由，这时孙文主义不但做了资产阶级的工具，并且会做了帝国主义与军阀的工具。虽然季陶先生自己亦声明反革命派不能假借"反共产"三个字来遮掩自己不能革命的罪恶，元冲先生且郑重申说季陶先生不想排斥哪一派人，而实际这些话都是不会发生多大效力的，最能发生效力的还是季陶先生书中到处流露的"排斥共产派"五个大字。我们很希望季陶先生为减轻国民革命中的罪过起见，能够及早起来矫正这一种反动的倾向。至于共产派，在帝国主义、军阀官僚、大商买办、国家主义者以外，再加一个国民党右派的反对，亦算不了什么一回事。即如季陶先生以土耳其国民党来威吓，我们亦只有听其自然，如果中国国民党右派能够做出此种行为，亦许就是一个进步。

……

季陶先生不能否认阶级的存在，不能否认阶级斗争的事实，便不能否认阶级及阶级斗争的理论；因为阶级及阶级斗争的理论，是从阶级及阶级斗争的事实中产生的。中国既有工人阶级与资本阶级的存在，既有农民阶级与地主阶级的存在，即使没有阶级斗争的理论，亦必然要发生阶级斗争的事实。历次的罢工，都不是先有理论而后发生的，阶级斗争的理论不过是证明罢工的正当，助壮工人的勇气而已。历史的证明，工人要改良自己的生活及劳动条件，除了自己实行阶级斗争外，没有第二条办法。中国的资本家，并不慈善于外国资本家，即使加入国民党的南洋烟草公司老板，亦不能因孙先生伟大的人格，仁爱的主张，而稍减其对于工人的压迫。所以尽管季陶先生天天念佛念经，亦决不能挽回守财奴为富不仁的心。依此情形，季陶先生既然主张为工人农民谋利益，试问除了唤起他们阶级的觉悟，以自力求改良生活外，还有何种高明的方法？难道季陶先生主张工人农民暂时忍耐，等到国民革命成功，再由政府想法救济吗？

可惜远水救不得近火，肚子饿是等不得的呵！所以季陶先生除非索性不谈工人农民利益，除非不说"现代的革命是工农阶级自己要求解放的革命"；不然，便没有理由和资格来反对共产派宣传阶级斗争！如果一面说为工农谋利益，一面又拼命反对代表工农利益的共产派宣传及实行阶级斗争，那不是自己证明自己的虚伪吗？这样的高深哲理，工农群众是决不会理会的！

……

还有，季陶先生以为国民党是包含各阶级分子的，在党内更不应提倡或主张阶级斗争。所以他想以仁爱为中心，拿一个思想将他统一起来，对于各阶级都敷衍得好好儿的。实际，决不能达到他的目的。国民党既是包含各阶级分子的党，则各阶级分子的地位利害不同，其思想自然亦不会一致，分出左、中、右等派别亦是当然的事。对于这些阶级不同的分子，而欲以同一远大的理想目的规律之，根本上是不可能的事，中山先生在时尚然，何况中山先生死后，已失了思想的重心，各有各的解释？国民党所能够规律党员约束党员的，只应是目前打倒帝国主义打倒军阀的革命的工作，因为只有这是革命的各阶级所共同要做的。过此以往，各阶级的要求必然不能一样，分化分裂必然进行，这非人力所能挽回，亦用不着叹息与悲伤。国民党党员的标准，是要看他行动是否忠实于打倒帝国主义与军阀的革命工作，而不应问及他的阶级关系与最后主义的信仰。凡是忠实于打倒帝国主义与军阀的革命工作以求中华民族之解放的，都是真的国民党员；不然，就是假国民党员。季陶先生若没有勇气承认国民党是代表资产阶级的政党，"虽然客观上将来会变成纯粹资产阶级的政党"，亦与我们一样地承认国民党是各阶级联合的革命的党，那便没有理由及资格排斥共产党派加入国民党，更没有理由要求以他的理论统一全党的党员，而且绝对没有这个可能。中国的国民革命运动，并非由理论产生，乃是由帝国主义的势力逼成的。现在季陶先生在这"五卅"运动反帝国主义的高潮中，特别用力于反对共产派的运动，与全国反共产的反革命空气相呼应，不论季陶先生动机怎样高洁，而其结果以阻碍国民革命是无疑的。季陶先生若以为代表工农利益的共产派，在国民党中做国民革命的工作，不是国民党，其结果便不得不承认代表资产阶级利益的资本派才是国民党了！我想季陶先生一定不肯承认这话，一定要说我胡闹，他是代表全民的利益，所以右边的资本派，左边的共产派，他都要反对！这话自然是很冠冕堂皇的，但其情形与季陶先生自己以前所嘲笑的三益主义一样！以一个懂得唯物史观的季陶先生，在这阶级的社会中，我想是建设不起"全民"二字的信仰的！

由以上所说的看来，季陶先生对于《国民革命与中国国民党》的意见，动机虽然是很好的，而其结果却是使国民党变成纯粹资产阶级的政党，不但把孙先生的目的理想丢得干干净净，且使孙先生的平均地权节制资本亦无从实行（因为不站在工农阶级的基础上），而最近且有被反革命派利用之可能，这是非常之可惜危险的。我希望一切忠实的国民党员，一切决心打倒帝国主义的朋友，一切热求中国民族解放的同胞，大家都要清楚地认明这一个危险性，而想方法消灭这一种危险性。大家要平心静气地想一想，现在中国最热心做反帝国主义运动争民族生存的是哪一些人？拼命排斥最革命的分子，是不是阻碍国民革命的进行，为反革命派帮忙？季陶先生！这个责任是很大的，不是容易负担的呵！

　　最后，我们愿意对季陶先生及一切读者声明：

　　1. 我们是马克思主义的信徒，我们绝对没有跳过"必经阶段"的妄想，中国此刻未具共产条件，我们绝没有想立即实行共产；

　　2. 我们承认中国目前的革命是国民革命，国民革命的目的是打倒帝国主义与军阀以实现国家独立与人民自由，我们认定这个革命于中国全民族有益且为世界革命的第一步，所以我们的确诚心诚意心口如一的来做国民革命；

　　3. 我们加入国民党是为了集中国民革命的势力促进国民革命的发展，绝不是为利用国民党政治的保护力及经济的维持力来发展自己的势力，国民党永远是国民党，决不会变成共产党。

　　我希望季陶先生，以后不要再把人家再三否认的话拿来做反对的根据，尤其希望季陶先生不要以为我们没有公开发言的机会而任意加我们以许多罪名。国民党是有纪律的，如果认为我们行动有违反第一次全国大会宣言或与帝国主义军阀官僚相勾结实行反革命的，尽可依照纪律办理，我们决无半句怨言。为革命而加入国民党，若为革命而被开除，那更非我们所怕的。不过我总觉得孙先生死了不久，孙先生为集中革命势力而容留的共产派，现在竟被以正统派自居的季陶先生如此排斥，不能不说是一桩可惜的事。

　　其他许多批评，且等有空时慢慢写出来。

　　希望季陶先生为革命而努力！

原载《中国青年》九一、九二期合刊，一九二五，九，一

关于阶级斗争问题的讨论

梁明致

对于阶级斗争之一个疑问

独秀先生：

顷读大著《什么是国民党左右派》一文说，右派只反对三件事：一、共产党，二、联俄，三、阶级争斗。前两项弟暂且不说；若反对后一项，在弟浅见，简直是无谓的举动，不能发生效力的。盖阶级斗争是一个事实，不是一个理想，现在才要人去信仰的。人类自有历史以来，社会里有了阶级，便有利害冲突，有了利害冲突，便有争斗。若是冲突之程度不高，那想做和事老的人，去劝劝两方，不必争斗，或者可以收"息事宁人"的功效。但若彼此利害冲突太甚，已成为压迫者与被压迫者之关系，不惟不能劝服，且不能反对，不惟不能反对，且不可反对。对压迫者阶级说，或可启其悔改，戢其野心，若对被压迫者阶级说，是等于教人永为奴隶，永沉沦海，安有此理？例如吾人主张国民革命，岂不是说"打倒军阀"？然打倒军阀，亦是阶级争斗，即合全国国民与军阀阶级争斗。如果阶级争斗可以反对，则打倒军阀亦可以反对，这是当然的逻辑，无可疑的。

这样浅显的道理，略一想想，应该无人不晓得的。何以现在的人一谈及这四个字，便大惊小怪呢？据弟个人观察，全出于如下误会：即以为阶级争斗，即是劳工专政，劳工专政，即是想将劳工阶级一变为压迫人的阶级。既然想抬高一个阶级，以压倒其他各阶级，无论那被抬高的阶级多数抑少数，总是违背平等原则。结果，大家都讲阶级，都讲争斗，岂不是大家互相残杀、以人食人吗？而且现在我们都正苦军阀之祸，日在水深火热之中，则除军阀及其走狗以外，大家就应该消去各阶级间的怨恶和猜忌，共同立在一战线上，与军阀作战，安可内部自行分裂？譬如欧洲十九世纪之初期，各国地主尚极得势时候，劳动家就不妨与资本家联合，以推倒地主，当时英国的取消谷例大同盟（Anti - Corn - law league）即其一例。又如现在冯玉祥，因为他表面上总还谈谈民意，虽是一个军阀，大家就生一种取人为善之心，想同他联络。难道其他阶级，就不可联络，必定与之争斗吗？故阶级争斗一词，若解为扶助劳工，提高他们的地位，保护或增进他们的利益，是无人可以反对的，纵使反对，亦无效的。但若解为借劳工多数之力以摧残或压迫其他阶级，恐怕说不通吧。况且一个人的关系，并不止经济一种，同是一个人或有两个或两个以上的阶级。假如有二人，在经济上说，固同属于劳动阶级，然在别方面说，则又各属于正相反对之阶级，那么，主张阶级争斗者，究竟教他们两个相亲呢，还是相仇呢？

弟想以上所说的话，是大多数人心中所未了解的，他们不必即是反对阶级争斗，不过未甚明白罢了。先生为吾国今日劳动运动领袖，想对于这事，必有一个很确切的解释，以启人疑惑。故敢一请教焉。端此顺颂著祺

如有惠函，请寄广大法科便妥，因弟仍在该校任教授也。又及。

弟梁明致手书十二月二十八日

明致先生：

来书谓"社会里有了阶级，便有利害冲突；有了利害冲突，便有争斗"。足见先生了解了阶级争斗，不像现在一般阶级和平论者动辄说阶级争斗是共产党提倡出来扰乱社会秩序的。但来书又提出一个疑问，要求得着一个很确切的解释。我们从先生提出的疑问看来，觉得先生虽然了解阶级争斗是一个事实不是一个理想，但尚未了解什么是阶级，纵然了解阶级争斗是事实不是理想，但却不能了解什么是阶级。所以不免要发生来书中所提出的疑问。

阶级不是一件抽象笼统的事物。阶级是有物质根源的。社会的阶级分化根本由于物质生产机关的分配。在封建社会，生产机关如土地等操在地主手中，农民则依靠地主的生产机关才能从事于生产，故在封建社会，地主是压迫者阶级，农民是被压迫者阶级。在资本主义社会，生产机关如工作机器等操在资本家手中，工人依靠资本家的生产机关才能从事于生产，故在资本主义社会，资本家是压迫者阶级，工人是被压迫者阶级。其他的阶级亦看各人对生产机关的关系怎样及其在生产中的作用如何而定。总而言之，阶级的根基是建筑在经济上面的。先生不了解这点，所以发生底下的误解。

首先，先生便误以为"一个人的关系并不止于经济一种，同是一个人或有两个或两个以上的阶级"。实际上，这是错的。阶级的根基是建筑在经济上面

的。无论哪一个人都各属于某一阶级。在某一定的时期，一个人只属于一个阶级。就先生的假设来说，有两个人在经济上即同属于劳动阶级，那他们自然不能各属于正相反对之阶级。如果在政治上，甲加入代表劳动阶级利益的共产党，而乙则加入研究系保皇党，这也是常见的事；但这并不能说是甲乙在经济上是同阶级在政治上又各属于正相反对的阶级，这只能说是乙背叛了自己的阶级利益而跑到敌人的营垒投降去了。我们主张阶级斗争者，只有教劳动者共产党员甲去攻击背叛自己阶级利益的研究系乙。

其次，先生又误以为阶级的关系是平等的。先生因为不了解阶级的经济上的根基，故以为资本家压迫工人固然不对，但工人压迫资本家亦是不对。"既然想抬高一个阶级压迫其他各阶级，无论那被抬高的阶级多数抑少数，总是违背平等原则。"实际上，这也是错的。资本家阶级和工人阶级不但在经济上政治上文化上不是平等，即在社会进化的意义上亦不是平等；工人是差不多全体的民众，而资本家只是极少数的人，资产阶级专政是为自己的利益剥削全社会，而无产阶级专政则是打倒少数人的压迫以解放全人类，至少亦是催促社会向前进步。被压迫者阶级的解放，人类才能平等。无产阶级专政不仅没有违背平等原则，而且正是过渡到完全平等社会的必要的条件。

再其次，先生又误以为阶级争斗与阶级间的联合战线不能并立。实际上，这也是错的。在阶级争斗之中，必要时，利害有相同之点的几个阶级仍然可以暂时联合战线，共同反对别的阶级。在英国取消谷例大同盟的一例中，劳动者不妨与资本家联合战线共同反对地主，但同时劳动者并非自卖给资本家，他们并没有忘记了自阶级的利益，他们并没有放弃了向资本家的阶级争斗。在中国目前革命状况的一例中，即许地主资本家愿意联合工农反对帝国主义和军阀，工农自然不拒绝与他们联合战线；但工农为自己日常的衣食等生活的要求并不能因此忍受地主或资本家的压迫，而不思向资本家要求加资减时，或向地主要求减租。中国工农联合地主和资本家做国民革命，一面为全民族利益，但同时又不忘记自己的利益。譬如民众联络冯玉祥共同反对反动的奉直军阀，但民众并不因此而忘记了要求一切民主政治的自由。

先生说："现在我们正苦军阀之祸，日在水深火热之中，则除军阀及其走狗以外，大家都应该消去各阶级间的怨恶和猜忌，共同立在一战线上，与军阀作战，安可内部自行分裂？"这在理想上是很高的。但实际上，先生既然承认现在中国也是一个社会，也便有阶级，也便有利害冲突，也便有争斗，而中国的阶级争斗，也是事实不是理想，何以又能劝服中国工农和中国地主资本家间消去阶级间的怨恶和猜忌呢？而且从五卅运动中，我们很明显看出，国民革命联合战线内部分裂的责任，并不在中国的工农，乃在中国的地主和资本家。上海资产阶级首先背叛民族的利益，删改工人学生的要求去向帝国主义求妥协，转而勾结军阀封闭工会，秘密枪毙工人首领。这就是一个最好的例，证明中国资本家于危急之时，并不愿对于中国工人消去其怨恶和猜忌，此时若劝服工人不向资本家取阶级争斗，则正如先生所言，"等于教人永为奴隶，永沉沧海"了。先生主张阶级争斗一词应解为"扶助劳工提高他们的地位，保护和增进他们的利益"。这是不错的。但资本家是否应许劳工的地位提高起来呢？换言之，即劳工利益之保护或增进是否与资本家痛痒毫无相关呢？先生若了解劳工在经济上受资本家压迫的地位，便可以明了所谓劳资间的阶级争斗不外是一面劳工欲提高自己的地位，保证或增进自己的利益，一面资本家则欲降低劳工的地位，摧残劳工的利益。结果造成近代各国的劳动运动，结果自然要达到"借劳工多数之力以摧残或压迫其他（压迫劳工的）阶级"。先生若有经济上的阶级观念，就可知道，这并不是"说不通"的。

记者代答

对于阶级斗争的讨论

记者足下：

我致陈仲甫先生的函，蒙代答复，并于请益诸点阐发详明，至深铭感。

先生已于"劳资间阶级斗争为不外劳工欲提高自己的地位，保护或增进自己的利益"，与鄙意正同，我自没有话说了。

先生又以阶级斗争可与阶级间的联合战线并行不悖。此则我所渴望而馨香祷祝，但未敢确信其必然者也。盖吾人目前工作，当以打倒军阀与帝国主义者为先。换言之，即当以专心致志努力国民革命为先。军阀与帝国主义者一日不倒，什么事都无从说起。然同时先生又引出五卅运动中劳资分裂一段故事来。那么，阶级斗争与阶级联合，事实上恐怕还是"二者不可得兼"吧。我不是一味反对阶级斗争的人，我实在很希望劳动阶级的地位能够提高。但是处在今日产业落后、军阀与帝国主义者正在恣肆横行的中国，恐怕斗争的程度，也应该有些分寸吧。

先生再三申言，社会阶级分化有经济的背景，而以生产机关为标准。这是不错的。这是社会主义者所主张，现今最流行最简单的一个阶级定义。稍习经济学者，当能知之。然阶级之分，只限于一个标准耶？生产机关一物以外，即无可为分野之界线者耶？据我所知，以职业或以习惯与教育之差异等为界线者，西儒已有行之者矣。或且主张不分阶级，阶级二字废而不用。这为什么呢？就是因为很难得一个彻底的标准。就只从经济上着想，马克思之分为有产与无产两大阶级，此从财产所有权而言之也。正统派经济学者是分为地主资本家工人二大阶级，当时马克思亦以为甚当。现在的人乃把资本家再拆为企业家与放利者（Rentier），此从分配上而言之也。又有将全社会能做事的人分为雇东、雇工、独立生产者、官吏、婢仆等者，此从生产上而言之也。可见阶级分法，原不一端。究竟哪个好，是另一问题。我想凡一国的阶级应如何划分，当从本国社会的实际情形上，找一个比较适当的标准，不能执一。若把先生假设之研究系也真作为一个阶级，那就太滑稽了。闲话少提，言归正传。我对于这点，说得太多了。因为我们所欲讨论的，不是阶级应如何分的问题，乃阶级斗争于吾国国民革命十分迫切这一刹那当中，是否适合的问题。仲甫先生说：非对劳动阶级奖励阶级斗争，安能叫他们从事国民革命（大意如此，非其原文）。这句话，除了以经济为饵以外，我实在不明他的意思。

今假定以先生之主张为主张，单纯以生产机关去分社会阶级，则人除了阶级关系以外，就没有别的关系吗？不是的，人是有许多关系的。人已有许多关系，则人的行为只要完全以阶级关系，或阶级利益为原则呢？还是不然呢？这是一个极饶趣味，且极重要的问题。从先生"我们主张阶级斗争者，只有教劳动者共产党员甲去攻击背叛自己阶级利益的研究系乙"这句话来看，好像先生是想完全以阶级利益为立身处世之原则。那么，人之阶级关系以外，还有一个顶要的关系，即国家关系；先生对此，将如之何？我常看见许多期刊痛骂共产党卖国，不惜断送蒙古以联俄。我极为之叫屈。因为我想共产党断不是卖国者，亦不是不爱国者。否则，他们恐怕不来做革命运动了。革命是快乐的事，亦是要牺牲的事，非徒为招摇撞骗之把戏可以成功的。但是蒙古亦为今日时事中一个重要问题。究竟先生与先生的一班同志对此态度怎样？按国民党第一次全国代表大会宣言第二段中有云："国民党敢郑重宣言，承认中国以内各民族之自决权，于反对帝国主义及军阀之革命获得胜利以后，当组织自由统一的（各民族自由联合的）中华民国。"我读了这几句，便老早觉得其中有些毛病，盖中华民国已经由汉满蒙回藏五大民族组织而成，安待自决。现在已经是一整个的国家，安待联合，又安有自由联合之可言？已可自由联合，即可自由不联合。已经联合，则无所谓自由。故依这几句话，直解起来，不惟蒙古可受俄人煽惑，而自由联合于俄；即满洲亦不难受日人煽惑，而自由联合于日；西藏亦不难受英人煽惑，而自由联合于英。是欲求统一，而反得分割也。心中疑虑至此，所以近来某一天访黄埔军官学校中一个要人，谈及此事，我便叩其意见。他说："近二三百年中，蒙古是很可怜的。满清政府昔日对他完全取消灭政策，所以使他至今日政治上军事上经济上的能力，几乎摧残净尽。今蒙古革命已告成功了，嗣后当任其自决。如联俄利欤？任他向俄去。如联中利欤？任他向中来。吾人不怕俄人煽惑，怕亦无益。"这些话真说得漂亮慷慨了。我虽然不是反对联俄，但我仍是不能超脱国家观念的人，故听了大不以为然。当时在座还有一位朋友，也大有"恶！是何言！"之慨。这些事本来不是阶级斗争本身的问题，我可以不说，但因先生对于阶级斗争的态度似乎与他有密切关系。且蒙古亦是当今重要问题，而为共产党人最受攻击的原因，所以不禁把那日萦我脑海中的事，光明正大地写出来。望先生也能够光明正大地答复我。先生答复了我，至少能辟许多谣言，而增长国人对于共产党的信仰。端此顺颂著祺

梁明致手启二月二十六日于广州广大法科

明致先生：

综括来书，先生此次提出讨论者，约有：阶级斗争与阶级间联合战线问题，阶级分野的标准问题，阶级与国家问题，蒙古问题等四点。兹依次答复如下：

阶级斗争与阶级间联合战线　我在前次复信中说过："在阶级斗争中，必要时，利害有相同之点的几个阶级仍然可以暂时联合战线，共同反对别的阶级。"先生不能确信其必然。先生并未说明所以不能确信其必然的理由，就拿五卅运动中上海资产阶级向工人进攻的事件，说明阶级斗争与阶级间的联合战线是"二者不可得兼"的。其实，这次事件证明出来，不仅没有否定了我在前次复信中所说的活，而且愈加显示在阶级间联合战线之时，阶级斗争仍是必要的。当五卅运动初起的时候，代表上海中等资产阶级的上海商总会即与工人学生联合，而代表上海大资产阶级的上海总商会在商人工人学生协迫之下亦不得不宣布罢市；此时，即五卅运动开始至所谓总商会的"革命"，事实上，上海的民族运动就是各阶级间的联合战线。因此联合战线的确能增长上海以至全国的革命潮流。此时，工人为自己的阶级利益而斗争，资产阶级亦为自己的阶级利益而斗争，因为反帝国主义运动对于这二阶级同是有利的，随后，这一联合战线怎样破坏呢？事实指示我们，首先是大资产阶级与帝国主义妥协，修改了商人工人学生的要求条件，而退出了联合战线；中等资产阶级上海商总会继续到工商学联合

委员会解散时才退出；而工人学生的联合战线继续到现在。上海资产阶级的行为固然是向工人阶级进攻；同时亦即是背叛全民族的利益。这个事件前一部分证明，"必要时"各阶级间"暂时"可以联合战线，后一部分又证明，在中国民族运动中，资产阶级所为的仅仅是自己阶级的利益，所以容易与敌人——帝国主义妥协，背叛民族利益，破坏各阶级间的联合战线。先生说："吾人目前工作当以打倒军阀与帝国主义者为先。"但如果在我们的营垒里，发现了通敌的内奸，则我们必不能专心致志去打倒军阀与帝国主义者，我们于打倒军阀与帝国主义者当中，必须肃清内奸，这样肃清内奸，先生如认为是工人阶级向资产阶级的阶级斗争，则我可以答复：这种的阶级斗争不仅适合于"吾国国民革命十分迫切这一刹那"，而且非此斗争，国民革命必不能发展以至于成功。这亦是国民革命中应该努力的。先生主张阶级斗争的程度应该有些分寸；但我以为这种劝告，先生应该向资产阶级面前去说。

阶级分野的标准　以生产关系之占有为阶级分野的标准，先生承认，是不错的。但同时，先生又以为阶级分野尚有其他标准，例如先生所列举之职业、习惯、教育等。这是错的。我们马克思主义者，我们的观点是唯物史观的观点，我们认定社会经济结构是其他一切社会现象——社会物的基础，而阶级分化是社会经济的一重要的元素，阶级分化根本的标准只是生产机关的占有，不是职业（职业的差别只因工作性质不同，而不是利益的不同），更不是属于习惯教育等。这是马克思的阶级分野的标准。先生因为 Bouregeoisie 和 Proletqiat 字中国文译成有产阶级和无产阶级，因这"产"字，便误会为马克思区分社会阶级不是根据生产机关的占有，而是根据财产所有权——这自然是"望文生义"的错误；即照先生所解释，这里的财产二字亦应当是指生产机关而言。

这里，先生自能反问，阶级分野的标准何以有这许多呢？因为除来信中所列举者外，还有许多"标准"，先生未曾举出，甚至于有人以每星期进款数目为标准而区分社会为几百乃至几千的阶级者，更甚至于有人"主张不分阶级，阶级二字废而不用"，更甚至于"东儒"孙传芳先生此次在东南大学演说："吾国本无阶级之分，更何争斗之有。"这些，都能使人发生对于阶级根本的怀疑。我的答复是很简单的，被统治阶级的阶级觉悟，根本对于统治阶级是不利的，统治阶级明白知道它自己阶级的使命，而不愿意被统治阶级觉悟它是一个阶级，亦犹统治阶级不断地向被统治阶级施行阶级斗争，而禁止被统治阶级说出阶级斗争的话。这里，为统治阶级的利益，自然要说社会没有阶级，或者要说出许多标准，以搅混阶级的观念。先生的意思，要先从本国社会的实际情形上，找一个比较适当的标准，然后再去区分本国的社会阶级。不知先生找到这个标准吗？不知先生将于何时找到？先生以为中国社会有哪几种阶级，或者甚至于完全没有阶级？这里附带说一句，我在前次复信中，并未曾说研究系是个阶级，我只指研究系是个政党——代表某种阶级利益的政党。

阶级与国家　人除了阶级的关系之外，还有其他的社会关系，这是不错的。但一切社会关系都是由生产关系推演而出；在这阶级的社会中，生产关系所表现的是人压迫人的制度，是这些阶级压迫那些阶级，所以建立在这阶级社会上的一切社会关系都带着阶级性，根本就是建立在阶级关系上面。拿国家来说尤为明显。国家是什么？国家就是统治阶级维持其统治的工具。国家是阶级社会里一种特殊的产物。但我们是共产主义者不是无政府主义者，我们绝不否认国家在现社会的存在。尤其是在现在的中国，只有共产党人才真正是爱国者，只有他们看清了中国在世界革命中所占的地位，只有他们才知道中国怎样去找到一条出路。谁利用中国这个工具呢？帝国主义者。帝国主义者利用军阀等剥削中国的工农阶级，即从这块肥美殖民地剥削所得去延长自己的寿命，去扑灭并阻止世界革命的发展。我们应该推翻帝国主义的统治。所以中国革命的问题，不外是阶级斗争的问题：对内是中国工人农民学生商人等大多数民众联合向帝国主义和军阀等斗争，对外是全世界被压迫阶级和被压迫民族联合向全世界帝国主义的资产阶级的斗争。我们不像国家主义者，我们的国家不是一个空洞的抽象的国家，乃是大多数人民的国家；中国大多数人民的利益需要打倒帝国主义，需要与世界无产阶级势力联合起来，做到中国的独立，再进一步做到世界的大同。

蒙古　根据以上所说则我们对于蒙古问题的态度是很明显的。蒙古亦是一种民族，和汉族一样。我们反抗帝国主义侵略中国，则我们亦应该放弃中国历来对于蒙古的传统的政策。蒙古民族有其自己的意志。我们不自认中国是苏俄煽惑起来脱离帝国主义的统治，我们自然不能说苏俄煽惑蒙古，使之自由联合于俄。实际上，俄蒙的关系，和日本之于朝鲜，英国之于西藏，是完全两样，我这里不多说，请先生参考本期《告国民党党员书》中关于蒙古的一段便可明白了。

记　者

三论阶级斗争

——什么是阶级？——记者足下：

先生第二次复词，误会甚多，早欲解答，适忙于别务，迁延至今，兹再述管见如下，幸恕其哓渎也。

一、第一我要声明的，是当初我提出阶级斗争来与先生讨论，纯然想从理论上实际上把这问题弄到清楚，使大家对他有个明了观点，免得生出许多误点，许多无谓的纠纷，而影响到国民革命；并非想为何阶级说话。故无所谓应该向什么阶级劝告不劝告，这层意思，千万请先生明了。

二、肃清内奸并非阶级斗争问题。任何团体行动，如遇着内奸，都只有大肃清特肃清一法，固不问其为同阶级，抑为异阶级也。各阶级共同行动中，发现内奸，是很寻常的事。同阶级间发现内奸，也不是希罕的事。假如五卅运动，竟有工人团体先行投降敌人，背叛民族利益，我想先生也一定想主张抛弃他，肃清他，无所迟疑。

三、先生驳我没曾说明阶级斗争与阶级联合所以不能相容的理由。这理由是很简单的，何消说呢？只就二个人讲，如果彼此终日叫打叫杀，互相猜忌，互相仇恨，怎样去教他们和衷共济呢？或者先生相信"兄弟阋于墙，外御其侮"的教言。可是相异阶级不同兄弟，纵然因一时利害关系，苟且混合，敌人稍稍离间或利诱，这联合战线也就破坏了。先生或只求暂时的结合，我记不清楚，五卅运动中总商会等经过几时才退出工商学联合委员会（总商会自身始终未加入工商学联合委员会。记者附注），大约总不出二三个月，如先生的暂时，只望二三个月，则"求仁得仁"，我也自无话可说了。但国民革命不是这样短时间可能完成。

四、马克思有产无产之分，当然是指生产机关之有无，何待详说。我所以谓它从财产所有权着想者，原意重在有无，遂未暇明言，其产之当为何义。这种文字粗松的错误，我自承认。生产机关当然也是一种财产，但财产不止生产机关。全穷苦的工人至少也有一套衣服，这衣服也是财产，难道我们就可叫他为有产阶级吗？我虽不学，也不至这样糊涂。我还要进一步说，生产机关也要从其近世的意义解释，换言之，也要是指近世产业的生产关系才没有问题。不然，乡下木匠也有锯有刨，铁匠也有锤有风箱，从其辅助生产之性质言，这锯、这刨、这锤、这风箱，也是生产机关，难道我们可叫木匠铁匠为有产阶级吗？

五、先生以生产机关为阶级分野最根本的标准。若是资本主义发达到极点，在一个社会里只有二部分人：一是有生产机关能够雇人做工以图利者，一是无生产机关只能卖其劳力以谋生者——那有产无产的分界自然很彻底了。可是这地步，不惟十之八九还是手工业生计的中国望尘莫及，就欧美资本主义最发达的国家也远没曾达到。盖除有产阶级与无产阶级以外，还有中等阶级，可以独立生产的。这中等阶级，在最近二三十年，人数日见增多，势力日见膨胀，是欧美生计界一个很显明很普遍的现象，是马克思当时没有预料到的。我们现在不能抹杀他，也不能轻视他。他于劳资斗争上，很有举足轻重的影响。欧美社会尚且不能强分为二大阶级：一有产，一无产，判若鸿沟；我们中国更何能这样分呢？我说中国大底是手工业。什么是手工业？就是生产者尚用手工工具，尚没有大工厂来用大机器，换言之，就是没有近世产业的生产机关。为此之故，所以大家都比较能够独立。有手工工具的生产者，其压迫人的力量，也就比较小。我说这些话，未曾忽略中国几个通商之埠也有多少近世工业，也未曾否认这些工业中有有产阶级与无产阶级之分。但是这种阶级究有几人呢？于中国人口上究占几许成分呢？假如几万万人聚在一起，由先生下令：有资本者（指其资本数量多可以经营近世工业之人）向右迁去，无资本者（即雇工）向左迁去，其不至彷徨歧路，无所适从者，究有几人呢？阶级之形成自然不以人数之多寡为其唯一要素。人数以外，还要看他们的势力如何。像英国苏格兰一省的土地，仅瓜分于七十个地主，其势力遂莫之与京。势力大，才能够压迫人；能够压迫人，才有斗争问题发生。中国近世工业里，雇东曾压迫雇工，是很明显的事实，谁也不敢否认。共产党出来打不平，支持雇工去反抗雇东，也是很正当很侠义行动，谁也不敢非难。我们所未承认的，是想强分中国为有产与无产，必执行之，恐不免有削趾适履之诮矣。

然则中国究竟还有什么阶级呢？究竟怎样分才适当呢？这是先生很"什宪克"的诘问，不容我不赘论一下。有些人说：中国没有阶级。这是错的。然其错在何处？第一以为中国无贵族。马叙伦致冯玉祥电有曰："世乡久废华族无存"，此其例也。但压迫人者不止贵族，是其说之无当可知也。第二以为中国实业不兴，资本家绝少。马叙伦电一再致意于此。即孙中山先生民生主义中亦云：中国只有大贫与小贫之分。其言是也。然而资本家虽绝少，并非全无。大贫亦可压迫小贫。是此说之无当，亦可知也。然则中国究竟谁为压迫者，谁为被压迫者呢？今试请分析一下。今之人最痛恨的，非军阀、官僚、政客、土豪、劣绅、地主、资本家乎？什么是军阀？简言之，可曰武官。官僚政客可曰文官。那么，军阀、官僚、政客，可总称之曰官。土豪、劣绅，可总称之曰绅。大体说，官无论大小新旧，无有不是害人的。"一朝权在手，便把势来行。"走遍中国，奚能逃此公例，绅也足。大体说，无有不虐民的。然官绅怎样能够害人呢？因为他们有资本吗？或是生产机关吗？不是的。中国数十年来，统治阶级不外官绅。官绅出身，大抵是读书（发了财才变为官自然也有，但总是少数。捐纳是士君子之所羞为，而叔季之世所常见者）。读书人大抵是穷措大，他们都是做了官绅，才有资产。并不是先有资产，才去做官做绅。那么，中国压迫人的阶级，并不是完全筑在资产基础之上，换句话说，就不是只限于有资产的人。有资产的人实且常常受人凌虐。先生不信，请听听回国来的南洋美洲华侨的哀音，就明白了。官之所以能虐民，因为他们有官权。绅之所以能虐民，因为他们有绅权。何谓绅权？当然不是法律上有什么规定。不过他们弄其狡猾手段，遂无形中生出一种权威罢了。故官绅阶级，可简称之曰有权阶级。这里我们应该注意的，是有权阶级，不必先有钱，亦不必将来定有钱。自然，他们得了权后，许多就会逐渐有钱，不然，恐怕没有这样多人去争官，争做绅士了。有钱的人不必就有权。

地主、资本家，可算为有产阶级。然地主也须是大地主，资本家也须是大资本家，才能立在压迫人的地位。若是只有几亩田的自耕农，或只有一间月租不过十元八元的屋主，或只有一万八千元的商人，他们是只有受人压迫，断不会去压迫人的。故高喊打倒地主资本家口号的人，对于这些地方，最要明辨。譬如有些大佃户，其强横是十倍百倍于地主的（广东有许多是纳铁租的佃户。铁租云者，是每年无论丰歉，只纳一定量的租谷。土地永久归彼耕种；地主不得收回或换佃。由是日久，佃户便能把土地出卖或按押。租谷亦可延欠，地主无如之何），难道我们可算他为被压迫吗？

总上所谈，中国压迫人的阶级，是有权兼有钱的人，并不只是有钱的人。若阶级斗争不是为无意义的行动，就要以无权的人反抗有权的人，以无钱的人反抗有钱的人，不惟无产有产之争而已也。中国数千年来的历史充满了这种反抗。每代鼎革之际，莫不是无权无钱的阶级与有权有钱的阶级斗争。这种斗争，丑形之：曰铤而走险，美言之：则曰革命，实言之：是被统治者起而争统治权，被压迫者起而争压迫人也。先生谓国家带着阶级性是人压迫人的制度，是不错的。是时厥后，能否新开局面，消灭这互争统治权的循环现象，是目前一个很重要的问题。

夫官、绅、大地主、大资本家，已为压迫阶级，则谁为被压迫阶级呢？先生要算工人、农民、学生、商人。严格算起来，农民只算农佣（即雇来耕种的）、大佃户、小自耕农，商人只算小商人，学生则不是一个阶级。学校读书，不过人生一段过程，算不得阶级，更算不得被压迫阶级。依他们现在的声势、气焰，只有凌人，断不至凌于人。况且学生团体，更难断其为有产，抑为无产。

故先生与一般同志的共产党，只能说是代表无权无钱的人之利益的党，不能说是只代表真正无产阶级的利益的党，如果无产阶级四个字，用欧洲的意义解释，即 Proletariat。抑犹有言者：如先生等是领导所有无权无钱的人去革命，则这种革命一定可以成功，历史已昭示吾人，可无疑的。但如先生等只以真正无产阶级为基础，想去实行共产革命，则必遭失败。

最后附说几句：先生以职业不同，只是工作不同，非利益不同。似甚反乎普通经验，至足骇人。先生似甚非笑以所得分阶级但在中国所得是很重要的。虽是无资产的人，一旦每周进款稍厚，便常常一跃而为绅士，他的地位，便根本改变了。

蒙古问题复杂，当更端论之，兹不赘此。颂著安。

梁明致谨启四月十二日于广州

我们的政治意见书（节录）

《中共中央文件选集》（5）中央档案馆编

中共中央党校出版社出版　1929 年 12 月 15 日

陈独秀 等

一　中国过去革命失败的原因——国际机会主义的领导

自从列宁同志患病和逝世，在季诺维也夫、史大林、布哈林主持之下的共产国际及联共领导机关，发生了机会主义的绝大危机，即是在政治上，以一个国家建设社会主义的保守理论代替了无产阶级的国际主义，以苏联的官僚外交策略代替了各国革命的阶级斗争，以和上层领袖谋妥协结合的策略代替了推动下层革命群众斗争的策略，以联合并拥护资产阶级之孟塞维克的策略代替了无产阶级独立领导农民革命之布尔什维克的策略，以少数派机械的阶段论代替了不断革命论；在组织上，以官僚威权的形式主义代替了无产阶级的民主集中主义，因此消灭了无产阶级战士政治自觉的积极活动。在这种根本错误的政治路线、组织路线之下，先后断送了一九二三年的德国革命和保加利亚的革命，断送了英国的革命工人运动，使英国的改良派在工人群众中的统治意外巩固，并且造成了苏俄的大危机。在史大林布哈林机会主义的领导之下，失败最惨的，要算是一九二五——二七年的中国大革命。

一九二五——二七年中国革命失败之总的原因，是由于对资产阶级革命性和国民党的阶级性认识之根本错误，有了根本错误的认识，遂发生了错误的策略，主要的就是帮助并且拥护资产阶级，不使中国无产阶级有它自己的真正独立政党领导革命到底。

中国国民党，无论在其行动的历史上，在其三民主义的政纲上，在其建设中国实业计划上，在其上层领导成分上，都是一个资产阶级的政党，而且自始即带有不少的反动性（如希求帝国主义的帮助及不主张没收土地及大贫小贫论）；至于其中的下层群众含有不少的工农分子，在欧洲各国资产阶级的政党中不乏此例，决不能改变其党的资产阶级性。无论其如何口头上主张世界革命，拥护工农利益和联合苏俄。凡在一个革命运动高潮中，羽毛还未丰满的资产阶级往往采用一部分迎合无产阶级的口号，甚至于拿出社会主义的幌子，以猎取无产阶级的同情与拥护，这是资产阶级的常态，是在欧洲革命运动史中所常见的。无产阶级在没有独立的政党时，常常受了资产阶级的欺骗，常常是简单的替资产阶级服务，无条件的为资产阶级去推翻封建的统治，而马上即被资产阶级践踏。中国的无产阶级不幸也在共产国际及中共错误的幻想的政策领导之下，不自觉的做了中国资产阶级国民党简单的工具，以苦力的资格替它们推翻了代表官僚买办资本的北洋派的统治，以与帝国主义妥协。资产阶级的国民党刚一抬头即以空前的白色恐怖摧残它们的昨日的拥护者——无产阶级。我们加入国民党和长期留在国民党的结果是：在无产阶级群众面前掩饰了国民党之资产阶级的反革命性，松懈了工农群众对国民党的戒备，提高了国民党的政治地位，组织和强固了资产阶级反对工农的统治，终至国民党对工农不断的大批屠杀和它的政权意外巩固。我们在国民党的政策，因为希望留在国民党内，保持长期的阶级联盟，所以不惜不断地让步：一九二四年国民党的中央全会，国际代表及中共中央代表允许国民党组织国际联络委员会，监督我们与第三国际的关系，凡国际所给中共的政策和命令须先交该委员会看过；一九二六年三月二十日蒋介石政变，围剿省港罢工委员会及缴苏俄顾问和苏俄视察团的卫队枪械，逮捕大批共产党党员后，复以国民党党务整理决议案的形式，令共产党及青年团将加入国民党的党员团员名单缴存国民党，禁止我们批评孙中山的三民主义，令我们同志退出军事学校或退出共产党；这些事实已经是资产阶级公开地强迫无产阶级服从它的领导与指挥，而不是什么联盟。在这样的情形之下，国际的政策不但不因资产阶级进攻使无产阶级自己更加独立起来，反而采用了最可耻的投降政策，严厉地阻止中共退出国民党，连准备退出都不许，继续极力武装蒋介石。国际代表还极力主张我们应将所有的力量帮助并拥护蒋介石的军事独裁。从此无产阶级更进一步完全投降了资产阶级，不啻自己正式宣告为资产阶级的附属品。一九二七年四月十二日蒋介石开始大屠杀，国际对国民党的政策仍然是继续拥冯拥汪，说冯玉祥是工人出身，说汪精卫是土地革命的领袖，反对中共退出国民党，反对组织苏维埃。并且在蒋介石叛变以前，曾命令我们以劳资仲裁代表罢工斗争，命令我们避免与蒋介石的军队冲突。在蒋介石叛变以后，曾命令我们在土地革命中不得侵犯军官们的土地，命令我们以党部的力量制止工农的"过火"行动,最后,全部国民党已公然反革命,还命令我们退出国民政府而不退出国民党,直到南昌暴动,还是在左派国民党旗帜之下举行的。这样的政策,分明是使中共撕碎了自己的旗帜,服从国民党的领导,变成了国民党约束工农的工具;这样的政策,分明是自始至终从头到尾一贯的空前未有的最可耻的机会主义,分明是出卖阶级的政策,完全不是一九〇五年布尔什维克坚决的反对资产阶级妥协,独立的领导农民,准备武装暴动,夺取政权,实现工农民主专政的政策。关于阶级联盟问题,列宁常常引用巴尔夫斯的话说:"我们无论何时都不应忘记的条件是:共同奋斗,分别走路,不混合组织,看同盟者犹如看敌人一样。"国际既强制中共混合在国民党组织之内,复大喊"推倒国民党的领导是超越阶级(段)的危险"。事后却责备中共不应损失其组织上及政治上的独立;其实使中共加入国民党,根本已毁坏其独立,更不能执行其独立政策。中共要执行国际这些机会主义的政策,则步步投降资产阶级,毁灭中共组织上政治上的独立,乃必然的逻辑。难道除了这些实际问题外,还有悬在空中的独立吗?

共产国际对国民党这样破产的政策,是根据他们对殖民地的资产阶级和帝国主义关系之根本错误的认识。他们认为殖民地的资产阶级因受帝国主义的压迫需要革命,因此帝国主义对中国的压迫,可以团结中国国内进步的各阶级,形成国民革命的联合战线。这种联合战线的方式便是国民党,国际称它为"各阶级联盟"或"四个阶级的联盟"。这分明是组织上的阶级混合,而不是在某一时期某一运动中两个独立政党行动上的联盟。他们不懂得帝国主义对中国商品与资本侵略之深入,使中国的资产阶级在经济上政治上非依赖帝国主义不能生存。这种依赖外力而生存的幼稚的中国资产阶级,必须靠更残酷的剥削工农,才能勉强抵制住和资本技术更高的帝国主义国家工商业竞争,才能够维持自己的生存发展,因此使中国的资产阶级和工农的冲突更为不可调和,更易于爆发阶级战争。资产阶级最初参加民族革命,乃是企图利用能够在他们控制的条件(过去国际的政策正是对资产阶级担保这种条件)下的工农群众声势向帝国主义做买卖,好取得于它们自己阶级的那几种利益,一看到工农群众根据其本身利益,侵犯资产阶级的利益领导革命时,资产阶级便马上感到工农革命比帝国主义对它更是根本的危险,所以中国的资产阶级很快的反对革命,乃是其阶级性质必然。由此我们可以得到的结论,就是帝国主义的压迫,只有使国内的阶级斗争加紧,决不能因此促成阶级联合和缓阶级斗争。国民党是一种资产阶级欺骗利用民众的工具,用抽象的"国民革命"的口号(在我们不进行对资产阶级斗争的状况之下）麻醉住工农群众意识，不组织自己的独立的武装，而只是无条件的为资产阶级夺取江山，资产阶级独享胜利之果，而且马上回过头来屠杀工农群众，这是一件白日经天的事实，谁都不能否认。

我们加入及留在国民党的另一理由，便是要经过国民党去争取小资产阶级的群众而与它联盟，这也是机会主义的模范的表现之一。无产阶级之最可靠的同盟者，只是下层小资产阶级群众即城市及乡村的贫民。固然，无产阶级随着革命发展之现实的环境，要团聚一切革命势力，但无论如何我们的着眼是在群众，尤其是下层劳苦群众，而不是在资产阶级或小资产阶级上层所领导的民主政党。我们要团结广大的劳苦群众在自己方面来，首要的就是无产阶级自己要有独立的政治地位与鲜明的旗帜。有时可以甚至必须在一定的明确的行动纲领上与资产阶级的民主派建立联盟；但这个联盟之根本作用，是在以自己独立的政治立场，去揭破资产阶级民主派的妥协与欺骗，以夺取广大劳苦群众在自己的政治影响方面来，而不在掩藏自己的政治面目，迁就资产阶级的民主派，更不可在组织上与它混合起来，以"集中革命势力"！从前第二国际即主张俄国的社会民主党应与资产阶级的社会革命党合并，他们常说：不懂得在落后的俄国为什么多数派少数派和社会革命党分而为三。列宁则坚持只能和社会革命党有政治上的联盟，而不能在组织上和它混合。德国一八四八年革命后，小资产阶级的民主党，尚保持和劳动者同盟对封建党及大资产阶级的党作革命的反抗；马克思在一八五〇年三月以中央委员会名义致共产主义同盟的信，严厉地指出这一同盟者的危险性，指出它们号召一切民主派联成一大反对党之欺骗，极力主张无产阶级要有自己的独立政党。他说："即为对付共同敌人，亦不必有特殊的共同组织，对敌直接斗争时，两党利害一时一致的，自然而然有一时的结合。"过去共产国际对国民党的政策，完全抛弃了马克思列宁的遗教，而是采取了从前第二国际的意见，特意把国民党装成一个狮子灯，我们都钻在里面去舞。像这样混合组织的联盟，则遇事掣肘和混乱了我们自己的政治面目，不但不能经过他们争取其下层群众，并且要丧失我们自己阶级的群众。

在革命高潮中，无产阶级和小资产阶级下层群众即城市乡村的贫民联合之最好的形式，便是苏维埃，即是由工农贫民兵士的广大群众选举代表组织的苏维埃，它的任务是武装群众及指挥群众的政治斗争夺取政权的机关。共产国际的领导，在革命高潮中，为要跟着大资产阶级或小资产阶级的上层跑，做那种无希望的同盟梦，于是根本抛弃代表城市乡村贫民的利益，在斗争上服从国民党的政纲，越此便是"过火"；在组织上把农民协会及店员小商人的组织工作统统交给国民党，不许组织苏维埃。他们竟至说："中国的国民党对现时中国革命的作用与一九〇五年的苏维埃对俄国革命作用是一样"，"武汉国民党为革命运动的中心"，"武汉政府是革命的政府"，"若现在即刻建立苏维埃，拒绝拥护武汉政府，提出二重政权的口号，推翻武汉政府，便是对蒋介石和张作霖予以直接的援助"（史大林）。"在将来过渡到无产阶级革命的时候，还可以利用国民党作为无产阶级专政的国家组织形式"（布哈林）。他们的错误，完全由于迷信少数派的阶段论遮住了眼睛，不去观察国民党国民政府的内容和当时民众革命斗争急激进展的环境，以至盲目地反对建立苏维埃；他们完全不认识不但南京的国民党已公然反革命，即武汉的国民党和国民党政府也已日渐走向反革命，尤其在马日事变后，他们和蒋介石张作霖已经没有区别，此时国民党资产阶级（凡是剥削劳动者的大小资产阶级都包含在内）参加民主革命的历史已经告终；同时从共产国际到中国国民党一致承认"过火"的工农运动，已经打破了各阶级联盟，超过了资产阶级民主革命的范围，开始由民主阶段，走向社会主义革命阶段，即革命性质已经开始转变了。无产阶级的政党，至少在三月二十日事变后即应退出国民党而独立，在北伐开始时就应该在北伐军所到的地方组织苏维埃，至少在四月十二日事变后即应建立苏维埃与国民党政府对抗，由二重政权进到推翻反革命的国民政府，由无产阶级专政，一面完成民主革命的任务，一面走向社会主义的道路。共产国际的领导不是这样，而是始终拘泥民主革命的阶段，始终迷信国民党，始终想用大资产阶级及上层小资产阶级的民主政党代替工人与乡村城市贫民群众的苏维埃。中共中央此时未能力争退出国民党，建立苏维埃，推倒国民党领导，反而在国际代表所起草的宣言中及农民部通告中，都承认农民有"过火"行动；并且自行取消汉口总工会纠察队的武装，以避免和国民党军队冲突；这都是莫大的错误。一直到国民党全部公然反革命，革命运动已经一败涂地，此时反而突然想起用苏维埃的口号，作夺取政权的冒险尝试。

一个革命的政党，不但要善于进攻，也要善于退守，上海广州长沙汉口的共产党党员及工农群众相继被屠杀后，没有一点有力的反攻，自由主义的资产阶级已完全走到反动营垒，国内外一切反动势力都已经结合起来，革命分明是失败了，此时即应马上采取退守政策以保存阶级的战斗力，整理我们的队伍，积聚我们的力量，做改守为攻的准备。当时党的政策恰与此相反。联共及国际领导者史大林布哈林此时企图以无产阶级的武装暴动挽回其机会主义政策之绝望，以抵制反对派的非难，乃特派心腹代表到中国，以国际名义包办"八七会议"。在此会议中，既未便根本的系统的指出改正机会主义（仍旧说留在国民党有四大理由，仍旧主张站在国民党左派青天白日旗帜之下），又加以从莫斯科带来的事实："中国革命浪潮还在一直高涨"，"中国已经到了直接革命的形势"，经过翻译员瞿秋白周恩来利瓦伊汉之手，造成了盲动主义。当时党的领导者以为，只有武装暴动才是布尔什维克的正确路线，只有自己和与自己同一意见的才是真正布尔什维克主义者，如有同志对于革命高潮及中央政策路线表示有一点怀疑，对暴动有一点审慎，便要拿"机会主义的残余""观念不正确"等罪名加以严重的打击，严厉地命令各级党部改组并实行新的政治路线即所谓"武装暴动的总方针"，凡不赞成此新的路线者即不许其登记，甚至开除已登记的同志。不仅命令党部，而且命令群众，命令他们无条件的乱动；以至盲动的情绪和大大小小的暴动普遍了全国所有我们党有组织的地方。从"八七会议"到"六次大会"乃是整个的暴动时期，在此时期中，党的领导机关之唯一的工作，"是根据共产国际的指示"用中央绝对正确的路线，客观上帮助国民党把工农群众的组织力量打得骨断肢脱伤残委地，至今不能立起来从事战斗；党的本身更加溃散，党的政治地位更加堕落，变成了单纯的"杀人放火"之象征。

机会主义是使中国革命失败，盲动主义是彻底完成这个失败，六大以后的路线是继续巩固这个失败，并为下次革命准备新的失败！

二 党的现状与危机——机会主义、盲动主义与官僚主义

在共产国际直接指导之下的中国共产党第六次大会，对于机会主义的批评，并未曾把中共中央在革命高潮中所执行的机会主义政策之根本错误（没有及时退出国民党，服从国民党的领导，没有组织苏维埃等）指摘出来，因为这样便要侵犯到国际对中国革命政策之本身，而只是指出中国党三种主要的错误（一、缺乏独立性与批评性，二、不能了解从一阶段到另一阶段的转变，三、党没有成为广大群众革命力量的中心）。这不过是说中国党执行国际的机会主义政策在技术上太不高明，所以共产国际指示六次大会所议决的新的政治路线：将来的中国革命仍旧是资产阶级的民主革命；将来的政权性质应该是工农民主专政；富农还没有消失革命性，应联合富农而不应该加紧对富农的斗争。他们虽然口上大喊反对机会主义，而这些实际政策，仍然没有转变到另一阶段，仍然是十足的机会主义的政治路线。对于盲动主义的批评，虽然口头上大喊反对盲动主义，也同样因为要掩护国际自身的盲动主义，未便指出中国党在革命失败后，

按照当时全国总的形势采用暴动政策是根本错误，而只是指摘中国党对暴动政策机械的应用，没有事先组织好，玩弄暴动等等。这也不过是说中国党执行国际暴动政策在技术上太不高明，所以六次大会政治决议案公开地说："八七紧急会议，是根据共产国际的指示……定出武装暴动的总方针……走向革命的大道。"并且要说："新的革命高潮之象征已经可以看见"，"新的革命高潮快要到来"（六大决议案），"我们的面前是一个大的全国革命的高潮"（国际代表的政治报告），所以第六次大会后中共中央第一个政治通告，开口便说"新的革命高潮快要到来"。最近国际要进一步训令中国党说中国革命复兴已经成熟。这分明是国际自从"八七会议"一直到现在极力供给中国党以盲动主义之前提。对于机会主义的错误不探本溯源地把整个的机会主义路线指摘出来，便不能得到过去革命失败的教训，因此现在党的政治路线，仍旧沿着机会主义进行；对于盲动主义的前提即革命潮流没有正确的估量，便不能了解目前的革命形势，因此现在党的工作路线，仍旧沿着盲动主义进行；政治路线工作路线，事实上日益证明破产，因此现在党的组织路线，便不得不日益效法联共的现行党制，厉行官僚主义，借以钳制党员群众的异议，来保持领导机关少数人的威信。这一切一切都不是中国的国货，都是史大林布哈林所主持的国际领导机关之所赐。没有相当时期经过马克思主义及阶级斗争锻炼的中国党，自己本没有发明理论决定政策的能力；过去及现在错误的根本政策与理论，自然都来自国际。但过去党的领导机关对于机会主义没有一点认识与抗议，忠实地可耻地执行了国际机会主义政策，这是应该负责任的；现在党的领导机关仍旧继续执行国际机会主义盲动主义的路线，经反对派明白指出，依然毫无觉悟，而且自觉地掩护错误，这简直是罪恶了！我们对于过去革命之失败，只简单地承认错误还不够，重要的是深刻地了解错误，彻底地改正错误，并且坚决地参加反机会主义及盲动主义的斗争，对于革命才有实际意义，这才是我们正当的道路。

现在机会主义的政治路线所表现的是：国际及中共中央一直主张将来中国革命的性质仍旧是资产阶级的民主革命，而不是无产阶级的社会革命；将来的政权应该是工农民主政府，而不是无产阶级专政。他们的理由是说中国资产阶级并未掌握政权，中国还是封建势力的统治，并且中国还是封建社会或半封建社会，或封建势力占优势。现在的国内战争还是资产阶级对封建势力的战争。这样的说法，简直是和第三党改组派以至蒋介石都站在一条战线，因为他们都正在大喊反封建势力。第三党最近发表的政治主张说："中国社会的性质……是半封建社会，而掌握国家政权的便是封建势力，支配社会关系的……最明显的亦是封建阶级的剥削。因此，分明的表现，中国革命还没有通过民主革命的阶段"。"反动统治势力的政治中心便是下级的封建势力，构成反动势力大联合"，"社会革命的对象是资产阶级，而民主革命的对象是封建阶级，中国目前的革命运动，如果不针对着封建势力，可以说绝对收不到集中革命势力的实效，必归失败。"这些话和共产国际的意见及中共六次大会的政治决议案没有两样。

我们认为：说中国现在还是封建社会和封建势力的统治，把资产阶级的反动性及一切反动行为都归到封建，这不但是说梦话，不但是对于资产阶级的幻想，简直是有意地为资产阶级当辩护士！其实，在经济上，中国封建制度之崩坏，土地权归了自由地主与自由农民，政权归了国家，比欧洲任何国家都早。自国际资本主义打破了中国的万里长城，银行工厂铁路电线轮船电灯电话等所有资本主义社会的形式，都应有尽有，已经形成了官僚买办的资本主义。到了欧战前后，更进入了民族的大工业资本时代，商品的生产与消费及货币经济，连穷乡僻壤都达到了，自然经济已扫荡殆尽。并且全国一切形式的经济之最高统治，都在本国的一万五千万元以上银行资本依赖外国的五十八万万元以上银行资本的支配之下，因此资本主义的作用及其特有的矛盾形态，不但占领了城市，而且深入了乡村，乡村主要部分经济都直接间接隶属于市场，因此城市经济绝对地支配了乡村，因此一切封建残余的政治势力都不得不力求资本主义化以自存。土地早已是一种个人私有的资本而不是封建的领土，地主已资本家化，城市之所以留一些封建式的剥削乃是资本主义袭用旧的剥削方法（以前美国的黑奴及现在南洋群岛的猪仔，还是封建前奴隶制度）；至于城市乡村各种落后的乡贤，也并不是封建产物；若因此认为资本主义的经济关系在中国不占绝对优势地位，则只是常识的判断，而不是科学的观察。在政治上资产阶级经过两次革命，已经掌握政权，社会阶级势力之转变，更是异常明显。在民众斗争发展上，已经"过了资产阶级民主主义的火"；并且广州上海汉口的工人和两湖的农民，已经有过相当的二重政权的形式。广州暴动中且出现过无产阶级专政的苏维埃，开始了社会革命的行动；这些都是不可否认的事实。总之，一九二五——一九二七年中国革命已经是将来第三次中国大革命的预演，在第三次革命中各阶级的行动与变化，给了我们许多丰富的材料，使我们能预测第三次中国革命的远景。中国资产阶级的民主革命任务（民族独立与国家统一及土地革命）必须由无产阶级领导城市及乡村的贫民取得政权，才能彻底完成，换言之，中国资产阶级的民主革命之完成，应走俄国十月革命的道路，中国的资产阶级，在城市及乡村中都与帝国主义经济及现在的土地关系有很密切不可分离的联系，它绝不能彻底地反对帝国主义和以土地给贫农，而且当革命高潮时必然坚决地反对工农运动"过火"，无产阶级没有与他们合作的可能。其次，在城市中，为推翻资产阶级的经济基础，为巩固无产阶级专政，无产阶级在取得政权的第二日即应进行没收中外银行及大工厂企业，打破私有财产制。在农村中，因为土地在资本家化的地主之手，富农多兼高利贷与商业剥削者的资格，是贫农与雇农仇视的中心，是农村贫民革命对象，当然在乡村中更无与富农联合战线之可能；我们应该领导贫农，反对富农，使中农中立。当下次革命高潮初起时，我们即应动员群众为无产阶级专政奋斗，而不是为与小资产阶级联合站在私有财产基础之上的民主专政奋斗。民主专政政党联合，是阻碍群众革命运动发展的理论根据。共产国际及中共中央依据这样的机会主义的理论根据和政治路线，已经演了过去可耻的悲惨的失败，现在又在准备重演将来更可耻更悲惨的失败。

现在盲动主义的政治路线和工作路线所表现的是：不承认资产阶级是胜利了，不承认过去的革命是完全失败了；在"革命高潮快要到来"的前提之下，强迫罢工，每个小的经济斗争都要任意强迫扩大到大的政治斗争，不断地命令党员代替群众上街示威，召集小组或支部会议时，都照例不讨论政治问题，不讨论日常生活斗争的工作方法，只简单地传达上级机关命令上街示威，散传单，贴标语，无处无事不采用盲动政策，无处无事不实行"自己失败主义"，弄得党内党外群众都感觉没有一点出路，党的下级干部同志都感觉着在中央路线之下无法工作，党内工人同志都一天一天感觉着党的政策和行动绝对不适合工人群众目前的需要与可能，尤其是盲动的命令逼得他们一批一批的与党无形脱离，因此各生产机关的支部已凋零不堪，党员数量及无产阶级的基础已削弱殆尽，像汉口、长沙、广州，这样重要的中西都市，连党的组织都没有了。党和无产阶级群众的联系，更等于零：铁路、矿山、纱厂、丝厂、五金等重要产业工人都没有群众的组织，就有点组织也都在国民党领导之下，海员方面也只仅仅有点线索，在这样状况之下，革命高潮怎么会从天上掉下来！

我们认为：自从机会主义的政策断送了上次大革命，又加上盲动主义根本破坏了工农组织，减弱了工人阶级之阶级斗争的力量，形成了没有革命局势的现阶段。我们在现阶段中，应一面采取防御战略，反省过去失败的教训，溶化过去革命伟大的经验与教训，以锻炼我们的党，重新团结离散的队伍，在日常生活的斗争中，恢复和工农群众的联系，恢复群众的组织，以集聚自己阶级的力量，一面重新估量现阶段中新的客观局势，即因革命失败后，资产政权相当稳定和经济相当恢复而产生出来的资产阶级与其政党军人间之冲突，特别是小资产阶级民主主义与资产阶级军事专政间之冲突而开始的民主立宪运动之趋势。我们应利用这种趋势，而力争彻底的民主主义做我们目前过渡时期政治斗争形式，重新闯进政治舞台，由现在的政治斗争，缩短反革命的现阶段，开辟新的革命环境，走向将来的第三次革命。民主要求口号，现时不但小资产阶级群众以至工人群众还需要，即无产阶级的先锋队自身，也须有相当的政治自由才能够实现其力量发展所需要的组织上之民主集中制。因此，我们在没有革命局势的现阶段，应力争彻底民主的国民会议，并且必须与"国民会议"同时提出"八小时工作制"、"没收土地"和"民族独立"，做我们在过渡时期中四个不可分离的民主要求口号，以充实国民会议的内容，必须如此才能够动员广大的劳动群众，参加公开的现实政治斗争，不断地扩大斗争，由要求资产阶级的彻底的民主主义，走到无产阶级的民主主义，即拥护劳动大众——全国多数民众权利的苏维埃政权。我们对于国民会议的态度，是主张积极地号召及参加，力争其彻底民主化，而不主张消极地空喊苏维埃来抵制。因为"苏维埃政权"必须由"武装暴动"来产生，在目前只是教育宣传口号，而不是行动口号。在主观客观条件都未成熟时，若发出"武装暴动"和"苏维埃政权"做行动口号，号召工人群众马上行动起来，为这些口号奋斗，不仅得不着群众的应声，而且更加扩大党的盲动情绪，离开群众，削弱党的力量。同时，我们更不是主张用国民会议来代替苏维埃，而是要利用国民会议的斗争来发动广大的下层民众反对国民党资产阶级的军事专政，走向"武装暴动"和"苏维埃政权"。

现在的中央，一面大喊中国革命复兴已经成熟，大喊苏维埃政权，大骂承认中国革命已经失败的人，大骂提出国民会议口号的人是取消派或反动派，并且发出"变军阀战争为推翻军阀的革命战争"和"以群众的革命暴动来消灭军阀战争"的口号；同时一面又声明："现在客观的革命形势并未高涨起来，所以现在决不能马上号召群众暴动，推翻国民党军阀统治。"这就是说我们的党现在没有号召群众行动的政治号召，只有盲动，只有继续长期地离开政治舞台。

最近党的政策，不但极力发挥国际对于中国现局势盲动主义的观察之谰言，丝毫不了解民主运动在两个革命间过渡时期的政治斗争上有重大作用，而且是机会主义的军事投机和盲动主义的不断示威双管齐下，表面上说是采取失败主义，实际上是命令同志帮助改组派做"反蒋运动"，并且在香港参加各派的反蒋会议。不领导民众作公开的政治斗争，而跟随改组派将军们的军事投机，这不但是离开政治舞台，而且是葬送党的政治生命！

官僚主义的组织路线所表现的是：以委派制度与绝对的命令主义消灭了党

内德谟克拉西；以夸大的虚伪的报告，从国际直到中国党各级机关，上下互相欺骗，以欺骗群众。团结无原则的系统，如周恩来所领导的黄埔系，项英所领导的全总系，拥护个人的势力，各自庇护私人，互相排挤，任意摧残有政治自觉的党员；以大批开除党员的手段来解决党内的政治问题；置领导机关少数人的威信于全党全阶级的利益之上，以借口"敌人进攻"、"时局紧张"、"秘密工作"、"铁的纪律"等，钳制党员对于政治问题的讨论，变布尔什维克热烈争辩的精神为官僚的盲目服从，从支部到国际活像君主专制之下从地保到皇帝一样，只许说一声"是！"，否则马上便有不测之祸，因此所有党员都不敢说一句心中所想说的话。

现在党的统治机关的官僚们钳制党员之最大的武器，要算是"铁的纪律"；党员也因此迷信这一武器自己束缚了自己，对于官僚们的统治，心知其非而口不敢言。我们认为："铁的纪律"自然是无产阶级政党领导革命战胜资产阶级的基本条件之一；可是列宁曾告诉我们："铁的纪律之基础第一是无产阶级先锋队之觉悟及其对于革命之忠诚，能自主，勇敢牺牲；第二是它在某种程度上和无产阶级以至半无产阶级广大的劳苦群众融成一片；第三是极广大的群众在自己的经验中相信它的策略与战略是正确的。没有这些条件，一切要创造这个纪律的企图，都必定变成废话、矫饰、欺诈。"关于服从组织纪律的限度的问题，列宁又说过："我们曾经屡次确定对于工人政党的队伍中纪律之重要与见解。行动统一，讨论和批评的自由，这就是我们的定义。只有这样的一个纪律，才配称先进阶级的民主政党。……所以无产阶级，若没有讨论和批评的自由，即不承认有任何行动的统一。所以有阶级觉悟的工人永不应该忘记有非常严重的原则之违犯，竟至逼令我们必须与一切组织的关系决裂。"现在党的官僚们的所谓"铁的纪律"，恰恰和列宁的遗教相反，恰恰是群众在自己的经验中已经明知党的策略与战术是错误的，而他们还不顾一切地继续执行，恰恰是不许党员对于他们错误的策略与战术有讨论和批评的自由，恰恰是官僚们用为掩护自己错误的维持官僚统治的工具；这样的"铁的纪律"，除废话、矫饰与欺诈而外，没有别的意义。

我们的党，始而在机会主义指导之下，未能使全党党员群众参与到党的政治生活及接近马克思列宁主义的基本知识，因此党内一般政治水平线非常之低；继而又在盲动主义指导之下，党的组织弄到残破不堪：第六次大会后更是机会主义与盲动主义交互错杂，不能进前一步。处此情形之下，党的领导机关要想恢复党的基础，形成党的纪律，必须根本改变政治路线和组织路线，以民主集中制代替官僚集中制，实行讨论和批评的自由，产生能够使群众在自己的经验中相信是正确的策略与战术，以接近广大的劳动群众；必如此，才可形成真正的行动统一，抵御进攻。现在党的官僚统治机关，反而利用党内一般水平线之低落，党员群众对于党的生活之隔阂及党的组织之残破实行任意操纵，欺骗与威吓，实行以金钱维系党以及空洞的工会机关和雇人示威，实行制止党内的讨论和批评，以国际威信和党的权威强迫党员强迫群众相信"中央政治路线是绝对正确的"，并且胆敢凭借敌人进攻做护符以恐吓党。这样的领导机关如果听它们仍旧存在下去，我们的党，无数同志热血造成的党，必然要名存而实亡，一切有政治自觉的分子，都应当及时奋起，从党内推翻它，才能够将我们的党从堕落而危亡的现状中拯救出来！

……

五　我们的态度与建议

反对派的责任是在使全体党员明了机会主义的危险，摆脱机会主义的领导，而回转到马克思列宁主义的路线。在真正民主集中的党中，党内政治不同的意见本可由公开讨论的方法来解决，不但不会使党分裂，并且使党更加巩固。反过来，官僚主义的压制与蒙蔽，势必使党崩坏与分裂；反对派为拥护真正无产阶级的路线，为实现布尔什维克列宁主义的统一，不能不与机会主义的领导有组织的作坚决的斗争。机会主义已迭次在中国宣告其可耻的破产，中国无产阶级已付了过重的代价，直至现在接近到马克思列宁主义的路线。

我们下列签名的人，认为我们站在恢复列宁主义的国际，巩固苏联无产阶级专政，拥护中国无产阶级革命的观点上，都应该起来根本反对史大林派机会主义的政治路线和官僚主义的组织路线，国际的苏联的中共的现行政策和党制，都需要根本改变。我们相信在中国的反对派运动得到党内多数同志同情时，史大林也会采用反对派一部分主张和口号或更换一部分领导者，以图统驭群众的左倾；但是我们所争的乃是整个路线之根本改变，而不仅不是一时策略上的转折，更不是简单那几个人的问题。我们认为中共受史大林派机会主义官僚主义之害最为酷烈，应当是国际各国党中站在最前线勇敢地反对现在国际机会主义官僚主义的领导。因此，我们提出下列建议，希望全党同志一致坚决地要求并督促中央以中共名义向国际并直接向各国兄弟党提出，同时我们应该在国际左派反对派的旗帜之下团结起来，为下列各项奋斗到底：

（一）召回托洛斯基同志等反对派，释放在监狱中和流放在西伯利亚土耳其斯坦等处的联共及其他各国反对派同志，恢复其党籍，并恢复托洛斯基同志的领导工作。

（二）公布五六年来反对派对联共及国际政策发表的各种文件，公布列宁遗嘱及其他被史大林隐藏着的列宁遗著。

（三）重新审查五六年来联共中央及国际领导机关所犯政治上的组织上的错误，并重新决定联共中央及国际领导机关所犯政治上的组织上的错误，并重新决定联共的政策及国际政策。

（四）恢复中国党因反对中央机会主义路线而被开除的同志之党籍，并立即公开地讨论根本政治问题。

（五）重新审查中国革命过去的教训，并决定新的政治路线。

（六）改组联共及国际与各国支部的领导机关。

签名者：王阿荣　王永庆　王芝槐　王视民　王　畅　王绍华　王季平
王大昌　尹　宽　左　斌　史文学　江鸿生　汪常师　江又容　李果夫
李　季　李　轩　李静涛　朱崇文　朱继熹　朱天章　何炳根　何资深
杜　谦　杜发义　杜　琳　汪泽楷　汪复兴　汪复盛　林金生　余　伟
吴季严　吴若萍　吴琢辅　岑舜乡　马玉夫　马　图　徐竹林　段　浩
段震亚　孙平州　高语罕　梁筱山　庄季贞　陈　洪　陈碧兰　陈独秀
陈其昌　张　虚　张以森　张素秋　张胜秋　张阿宝　屠景山　屠维纳
陆　沉　程裕和　汤　正　彭桂生　彭桂秋　彭述之　单直夫　叶录堂
董江素　刘右山　刘静真　刘伯庄　刘　毅　刘逢鼎　潘希真　潘伯华
蔡振德　郑　重　郑超麟　蒋石甫　钱又萱　薛农山　罗世藩　韩治臣
顾幸到　顾　满

（附记）以上是我们签名者今后的集体意见，以前个人所发表的言论，概由个人负责。

关于所谓"红军"问题（节录）

4 月 13 日　1930 年 7 月 1 日《无产者》第二期

陈独秀

　　昂格斯【今译恩格斯，下同】曾在《德国农民战争》序文中说：游民无产阶级——由各阶级脱离出来之破落分子的渣滓堆——乃是所有同盟中之最劣者。此辈绝对易于被人收买，且是极累人的厌物。法国工人纵然在每次革命中每家榜其门曰："处盗匪以死刑！"而且曾杀过一大批，这并不是由于热衷保护私有财产，而是因为法国工人很正确地懂得：应该首先和此辈土匪分别开来。每个工人领袖，他若要利用游民无产阶级为卫军，且企图在他们当中找着自己的支柱，只此便证明他是出卖工人运动的叛徒。

　　世界几十国的共产党，一向都是遵守昂格斯的遗训，不敢采用利用游民无产阶级的政策，列宁在世时所领导的共产国际第四次世界大会中，法国党因为有接近此种秘密会党的倾向，曾受了严重的批评，现在中国工人运动的叛徒……【有十个字模糊难辨】正在利用此种游民无产阶级为卫军为支柱，简直把它当做无产阶级革命运动中的主要力量，企图扩大凭借在游民无产阶级（土匪与溃兵）基础之上的所谓"红军"来领导农民做游击战争来"影响到大城市"。他们公然地说：

　　军阀崩溃的基点——兵变，它显示了在殖民地军阀制度统治的国家中，兵士具有更大的革命作用，他不但在军阀制度下养成了的生活，而且在军阀制度下锻炼了一副钢锤铁铸的获有惊人技术的好身手，这副好身手就成为毁灭军阀制度的主要武器。（无产阶级想必只算得是次要的武器了！）这（指兵变）是军阀制度急剧崩溃的明证，这是革命高潮的象征。

　　红军是推动革命高潮到来的主要条件之一，……而且促进革命局势的开展。

　　至于全国广大无比的灾民，半农半匪的武装以及土匪、神兵、红枪会、大刀会等农民群众组织，……是必然会走上游击战争的道路而生长成为红军的。

我们更相信在中国或者是全世界尚没有而且永远不会有任何一种力量，能够障碍着这一伟大的且有强有力的社会基础的红军力量之发展的前途。（以上见第七十二期《红旗》）

在江苏已有无数次刀匪群众的武装暴动，而仍有人怀疑到在南京政府直接管理之下，游击战争是否可能。（见第七十六期《红旗》）

"兵变是毁灭军阀的主要武器"，"灾民、土匪、神兵、红枪会、大刀会、刀匪，是生长成为红军的社会基础"。凭借这种社会基础的"红军"来推动革命高潮，这就是叛徒们的革命策略，也就是他们自己对于现在所谓"红军"的内容之分析。他们更公然很得意地说：

据十二月三十一日《申报》载："如皋境内土匪与共产党结合，聚众三千余人，抗纳捐税，民间自卫枪弹，悉被缴劫、势焰甚张，……"在帝国主义和国民党统治的大本营附近，又发生了流氓、土匪、地痞的武装行动，反对派真要气死了！（以上见第六十七期《红旗》）

统治阶级骂我们是共匪和匪共并称，都不足为异；所可异者一个先进阶级的政党，竟以与土匪结合自豪，向列宁主义者的反对派夸耀，我们多数同志热血造成的党被叛徒们使之堕落至如此地步，我们反对派安得不"真要气死"！

不错，中国的土匪运动是有它的社会基础，而且有广大的社会基础，因长期的生产力发展之停滞，造成了大量的过剩人口，流为游民盗贼，形成定期的战争，这本是中国历史上主要的现象，自外国资本主义的商品侵入中国，破坏了中国的农业和手工业经济，更加增多了中国的游民，尤其是在农村中。这种无业游民之来源，最多的是农民，其次是手工业工人，官僚后裔、小地主、小商人堕落其中者亦不少，此即昂格斯"所谓由各阶级脱离出来之破落分子的渣滓堆"。他们的出路是：移植国外，进工厂做工，当苦力，当兵，这只是一部分，充其量不过一千万乃至两千万人，其大部分便是当土匪。其中最有组织力的，如北方的红枪会、大刀会、小刀会等，中部的红帮、青帮等，南方的三合会等，他们不但盘踞农村，在城市中也有很大的势力。此外，各种名目的零星股匪，布满了全中国的乡村镇市，这当然是一个严重的问题，并且是非至社会生产力有高度发展而不能解决的问题。这样巨大数量的游民无产阶级，在中国历史上每当统治阶级内部有了纷争动摇时，他们便要大规模的骚动一次，从赤眉、黄巾到白狼、老洋人，都是这种把戏；这还是失败的部分，成功的帝王当中有许多都是凭借这种势力。但在城市发达和武器战术进步尤其是城市产业无产阶级出现的现代，游民无产阶级在政治上的作用，遂和前代大大的不同了。

它们是由各阶级脱离出来之破落分子的渣滓堆，是绝对易于被人收买的厌物，他们反复无常，只要有利可图，无论革命反革命他们都可以钻进去鬼混，所以即使资产阶级的革命党，虽然能够拿金钱官位利用他们，也不能专凭借他们的力量得到成功。孙中山的同盟会以多数资产阶级的革命青年加入新军，才能够推倒满清。民国十三年国民党改组后，利用工农势力，才能够得到北伐的成功，这便是明显的例证。在无产阶级已经登过大革命舞台的今天，我们无产阶级的党，还拾取孙中山的老政策，企图结合土匪，凭借土匪势力来扩大"红军"区域，来建立"苏维埃"政权，"只此便证明他们是工人运动的叛徒！"有些政治意识浅薄的党员，受了叛徒们胡吹乱喊的宣传，竟以为现时红军区域扩大是事实：我们也许能够得到胜利，中央的政策也许是对的，这班人是被"红军"、"苏维埃"这些金字招牌所眩惑，并未仔细想想现有的所谓"红军"、所谓"苏维埃"其内容究竟是怎样。我们应该知道：所谓"红军"的区域之扩大固然是事实，土匪猖獗遍荡了全中国更是事实，而且并不是新的事实，它们之扩大与猖獗，本来就有它们的社会基础，再加上农业日益荒废，金价米价日渐高涨及统治阶级内部纷争动摇的近因，叛徒们甘心把共产党变为土匪党。除现有的所谓"红军"的区域外，将来还有扩大之可能，例如闽匪何金标支配了闽东几十县，也可以于现有的八军外，生长成为"红军"第九军；湖匪郭老大等，以太湖为根据地，洗劫遍了江浙两省沿湖数十县的乡镇，已组织天下第一军、第二军，这也可以生长成为"红军"第十军。此外还有更庞大的大刀会、小刀会和神兵，红枪会本来就有什么"红军"的组织，所谓"红军"区域凭借着这种社会基础扩大起来，自然是前程远大。土匪及所谓"红军"之骚扰扩大，自然也增加资产阶级统治之困难，然因此便想凭借他们为革命的主要武器，当做革命高潮的主要条件，这是绝对的错误。因为这种由各阶级脱离出来之破落分子的渣滓堆，这班绝对易于被人收买的厌物，在他们有利的条件之卜，今天戴起红帽子便是袁文才与王佐，明天换上白帽子便是樊憧秀与孙殿英。倘凭借这种势力可以生长成为真正红军，可以建立真正工农苏维埃政权，那么，真如史大林派所说："全国危机和革命浪潮有中国式的特点"，而马克思、昂格斯、列宁的革命理论在中国能否应用竟成了问题！

军队，尤其是中国的雇佣军队，大部分是游民无产阶级所构成，他们不但离开了生产，并且因为一种特殊生活形成了一种特殊意识，所谓官兵即是合法的土匪。即便是最好的军队，也必须具备如下两个条件，在革命斗争中才有作用：（一）必须城市工人斗争已进展到成立苏维埃，尤其在工人群众已经起来武装暴动中，兵士走到群众方面来，才更有作用；（二）并且必须是统治阶级所直接依赖的军队才是对于它们致命的打击。现在是怎样？第一个条件，谁也知道还没有；第二个条件也没有。第七十二期《红旗》所列举的三十六处兵变，没有一处是统治阶级所直接依赖的军队，并且大部分还是它们所正要排除的。这种兵变，不能算是军阀急剧崩溃的明证。兵士也是游民无产阶级之一种，这本是中国之整个的社会问题。兵变的现象，虽然不像土匪是一时不能解决的问题，但在统治阶级内部未能统一安定和财政稳固以前，当然是不能免的现象。若以为凭借这种势力能够代替城市产业无产阶级的力量，来建立红军与苏维埃政权，除了叛徒们所谓"有中国式的特点"外，不能有其他的解释。

不错，我们还知道所谓"红军"中多少也有些武装农民，并且有些还是参加过上次革命的积极分子；可是他们在数量上比起土匪溃兵的成分来，简直是喧宾夺主，并且经过了长期的游击战争，这部分武装的农民已经离开生产，和土匪溃兵过同样的流寇生活，其势必至一天天游民无产阶级化。游击战争式的战术，用之某城市武装暴动时，好过死守堡垒，列宁曾称之为"新的巷战战术"；若在农村中长期的作游击战争便是中国的老把戏："流寇而已"，这种流寇的游击战争所得之恶结果是：（1）使原有的武装农民离开生产，过和土匪同样的生活而堕落腐化；（2）使农村所有的革命分子及我们积极的党员都不得不集中到军事组织和军事投机方面，如接纳土匪溃兵等。民众运动的组织与领导，必然要落在无足轻重的分子手中；（3）农民的组织与斗争连所谓"苏维埃"也在内，都随着游击战争的武装势力而生灭，使农民群众只有依赖一种武装的特殊势力即所谓"红军"为长城，而不相信自己的组织力量能够斗争；（4）游击战争所经过的地方，强有力的农民只有跟着"红军"走，留下的懦弱分子经过白色的镇压与报复，这地方的组织与斗争必然要推迟若干年都没有希望。这样的游击战争，真是断送革命之最有效的方法。

赤卫军是城市工人武装暴动时的群众组织，红军是工人取得政权后的军事组织，现在全国各大城市工人都还在反革命势力统治之下被压迫着动弹不得，我们的党不把力量集中在这方面，刻苦工作，而因利乘便的在离开政治中心的乡村中，纠合一些土匪散兵以及失业农民，冒充红军。想用这样的红军来"产生"革命，而忘记了真正红军乃是革命产生的。苏维埃是工农群众斗争高潮中所涌现出来的公开组织，现在全国苏维埃区域代表大会，现在上海租界秘密召集，只此已充分说明其性质与作用。先进国许多制度，一到中国便有名无实，现对所谓"红军"，及所谓"苏维埃"也是这样，这才真是"中国式的特点"呵！

中国革命之再起，主要的是靠城市工人阶级的斗争来决定，单是统治的资产阶级内部纷争动摇是不够的。游民无产阶级固然不是工人革命之卫军与支柱，即农民虽然在农业国革命中有很大的作用，然它们从来不能有独立作用及独力的成功。尤其在资本主义关系统治的社会，只有两个阶级（有产与无产）的力量决定一切。在经济生活上，农村已走出了自足经济时代而隶属于城市，离开了城市，便根本不能自存；农村的多数武装队及政权，更无法日久维持其独立的存在。没有城市工人革命运动的高潮来领导，农民暴动是没有出路的，而且会走到反对工人阶级，没有工人阶级的政权，彻底的土地革命是不会实现的，没收一切土地不但资产阶级的议会政治办不到，即农民暴动也办不到。历史告诉我们：只有俄国的十月革命，彻底解决了土地问题，其余的农民暴动，都只是为富农即乡村资产阶级开辟了道路。列宁说："分析目前革命中的阶级对比，是革命政党主要任务。"目前，中国城市工人斗争中所表现的阶级力量对比是怎样呢？叛徒们说：现在全国的罢工潮流不是在汹涌地向前发展吗？不是日益脱离国民党黄色工会的影响，而走向坚决的革命斗争吗？上海、天津、青岛、唐山、哈尔滨、武汉、广州，到处爆发巨大的罢工，这正是中国革命浪潮复兴的主要象征。（见第七十一期《红旗》）

如果真是这样，革命高潮即在面前，我们便应该集中全力准备城市工人的武装暴动，为什么反而跑到乡村里组织土匪溃兵和失业农民的"红军"呢？其实我们的党在城市中还很软弱，统治的资产阶级还正在加紧向工人进攻：加时，减薪，开除工人，掉通班，严定厂规，具保结，不断地雇流氓巡捕毒打工人（如最近上海的永安、新怡和、申新第七厂），以至不断地枪杀工人（如最近上海的安迪生电泡厂、祥昌棉织厂、三星棉织厂），而工人的斗争还未曾由防御走到进攻，由经济罢工转到政治罢工，主要的是因为工人阶级自从遭遇了上次革命之严厉的失败，至今尚未恢复其组织，不但工人还没有自己的工会，即国民党黄色工会也没有群众，两年以来，对于资本进攻不断的经济罢工，大半因为是无组织的斗争而失败。史大林派的盲动政策（每个小的斗争，都要任意强迫扩大到大的政治罢工），更是加速其失败，加重其失败，因此工人群众往往自动的斗争起来而不愿意接近共产党。在金价米价日渐高涨的现在，工人经济斗争早迟必然要普遍的起来；然对此方兴的斗争，若加以过分的估量，以为即此已是革命复兴，而采用盲动政策来领导，会铲除此方兴的斗争之萌芽，而延迟革命高潮之到来。叛徒们自己也并不真是相信城市工人革命高潮复兴已经可以领导农村的暴动，他们自己也说：

革命的主观力量还不充实，尤其是党的组织力量还不健全。（《中央通告》

第六十八号)

就是史大林派的国际也说：赤色工会的大多数（其实哪里有半个赤色工会！）还不是群众的组织，国民党黄色工会的影响还是很大，国民党改组派在（北方）黄色工会里尤其有影响，共产党在国民党黄色工会里的工作，还没有认真的实行，共产党还没有能够在生产里，把主要的革命工人干部，团结在自己的周围，争取工人阶级大多数的任务，共产党当然是更加没有解决。（一九二九年十月二十六日国际政治秘书处致中共中央信）

城市中既然还没有群众的组织，党的组织力量也不健全，更未能争取工人阶级大多数，并未能团结主要的革命工人干部在党的周围，在这样状况之下，怎样会有工人革命高潮来领导农村暴动？怎样会实现无产阶级领导权？说有共产党的领导吗？离了工人群众的组织，共产党还有什么？说有全国总工会领导？全总之下有几个工会呢？差不多全总就是罗章龙，罗章龙就是全总。说有共产党员在"红军"中做领导工作吗？这不仅如几粒盐放在水缸中不能使水变成咸味，并且日久因生活方式及环境关系，也跟着游民无产阶级化流寇化了。叛徒们现在还挂着共产党的招牌，口头上不得不说说："无产阶级的领导"、"游击战争只有获得城市工人的领导——才是唯一的胜利的前途"和"最主要的革命高潮之象征，还是工人运动的复兴"这类话做假面具，而实际上他们另有一个根本理论和这些门面话完全相反。国际政治秘书处致中共中央的信说：

中国的……革命浪潮另外有一个特殊的特点就是农民战争……回民暴动，红枪会等类的暴动，……要坚决地反对党内对于农民斗争以及游击战争估量不足的倾向，多份的要注意士兵里的工作。

因此中央第六十八号通告说：固然，全中国革命高潮将要到来之最主要的象征，还是大城市工人斗争的复兴，但继续两（年）来的农民土地斗争与红军的发展，的确反证了豪绅资产阶级国民党的统治决无稳定可能，而且因军阀战争之继续必然日趋崩溃，苏维埃区域与红军的扩大，的确要成为决定新的革命高潮的主要动力之一，……目前农村苏维埃与红军之发展是处在极苦的斗争时期，……我们要使这一斗争，不仅单发展在许多南方乡村，并要影响到大城市。

又这个通告开始便说：自从一九二七年中国大革命遭了失败，无产阶级受了莫大的损伤，但在南方的农民土地革命却并未因之死灭，反而因中国党脱离了机会主义的领导【缺文】，坚决地领导农民作艰苦深入的反地主豪绅的斗争，于是从湘鄂赣三省的秋收暴动蔓延发展成为整个南方的游击战争，……红军的发展，自朱毛第四军至最近鄂东因大冶兵变而成立的第八军，总共已集中的武力不下五万人，散布在两广、闽、赣、湘、鄂、豫诸省。……这一伟大的革命事实之存在和发展，便连反动统治的报纸都不能予以否认。

第七十二期《红旗》上又说：取消主义者费尽了气力地大声叫喊着：现时中国尚没有革命，中国也就不会有红军。不错，红军是革命产生的，红军是苏维埃政权下的军事组织形式，可是取消主义者根本不懂得中国现时有的是日渐深入与扩大的土地革命，在土地革命的发展上再加上统治阶级矛盾的剧烈，和中国经济的地理的条件，遂建立了布满南中国的苏维埃。在这些苏维埃中，广大农民的游击队伍，各地地方暴动的工农武装【缺文】以及全国普遍发展的兵变，都在围绕着土地革命的深入与扩大上逐渐转变而为红军，这就是取消主义者所不愿了解而且不能了解的事实。

叛徒的理论很明显的是：中国大革命失败了，无产阶级虽然受了莫大的损伤，然而农民仍能够继续担负中国革命的任务，现在更加上变兵、土匪、神兵、回民、红枪会、大刀会等所组成的"红军"日渐发展，就是党的组织力量还不健全，就是城市工人还没有群众的组织，也可以由这班"红军"领导农民游击战争，来影响大城市，决定新的革命高潮，完成土地革命，建立苏维埃政权，这就是所谓"中国式的特点"，而为反对派所不能了解的。这种由"中国式的特点"所推演出的理论，不但屈服于农民的原始情绪，而且很明显的是"以乡村领导城市"、"以游民无产阶级领导工人"的政策，诚然是马克思列宁主义的反对派所万分不能了解的。他们这种理论，是有始终一贯的思想，决不是偶然的。中国的革命有为马克思、昂格斯、列宁所未见到的中国民族的特点，所以中国的资产阶级特别能够领导革命，所以中国的共产党可以加入国民党的组织；所以中国的国民党可以代替苏维埃；以至现在所以斗争能够凭借土匪、散兵、失业农民所组织成的"红军"来代替城市工人阶级的力量来决定革命高潮。所以从前对工人群众宣传欢迎拥护国民党北伐军，现在又对工人群众宣传欢迎拥护"红军"，始终不是教育无产阶级把解放自己阶级以至解放全民族的使命担在自己双肩上，而是教育无产阶级欢迎拥护自身以外的一种特殊武装势力来解放自己。叛徒们这种非马克思主义的理论，非无产阶级的政策，将给工人群众和党员群众以很坏的教育，我们反对派若不及时在工人群众和党员群众面前从原则上公开地指摘出来，简直是罪恶！

不错，从前国民党北伐军之发展和现在游民无产阶级（土匪与溃兵）的"红军"之发展，都是客观的事实；可是我们正因为沉溺在客观事实里而离开了无产阶级之阶级立场的根本原则，这就是机会主义发生的源泉，机会主义和乌托邦主义不同，它不是毫无理由的空想，它有很明显的客观事实之根据，而且这些客观事实之根据，也是马克思主义者所不应该忽视的。倘然没有很明显的客观事实之诱惑可以资为口实，则马克思主义者当中又何至发生机会主义的右派呢？西欧大革命后各国资本主义之和平发展，这是很明显的客观事实，根据这些客观事实为口实而曲解马克思主义，这就是西欧机会主义发生的客观原因；在东方殖民地资产阶级民族民主革命时期中，在客观事实上，自然免不了许多这一民族在历史上在经济上所形成的特殊现象，这里的无产阶级政党在运用策略时当然要十分注意这些现象，但若是根据这些特殊客观事实的需要做出发点，而离开全世界无产阶级革命之阶级立场，必然要走到机会主义。谁不懂得这个，谁便终身不能脱离机会主义的窠臼。

......

没有城市工人革命领导的所谓"红军"，其前途不知是：（一）统治阶级的内部战争一停止，"红军"便要被击溃，或为所收买，（二）因自己内阂而溃散，（三）逐步与农村资产阶级（商人与富农）妥协，变成他们的"白军"或为他们的经济手段所压迫而溃散，此外不能有别的前途。

我们在这里可以预言：将来所谓"红军"的运动失败了（所谓失败并不一定是马上完全消灭，因为中国的土匪问题是一时不能解决的），史大林派的国际，必然又要归罪于中国党，说他们未能遵守国际的训令，"特别注意工人的罢工斗争"、"争取工人阶级大多数"和"争取无产阶级领导权"等等。其实他们教导中国党以"全国危机和革命浪潮有中国式的特点"，和"坚决地反对党内对于农民斗争以及游击战争估量不足的倾向，多份的要注意士兵里的工作"，则游民无产阶级意识和农民小资产阶级意识本来浓厚，惯于军事投机的中国党，受了国际指导机关这样的暗示，自然更加游民无产阶级化、农民小资产阶级化，自然更加集中全力于农村游击战争，自然无法同时"多份的"注意到城市工人群众组织与斗争的工作了。这正是史大林派不可恕的罪恶，也就是他们对于中国革命领导之最后破产！

我们的结论是：游民无产阶级（土匪与溃兵）是一时不能解决的问题，绝对不能做我们的卫军与支柱，缺乏寸地的贫农，在中外资产阶级及地主的几重榨取压迫之下势必起而斗争，我们当然应该和他们有很好的联络，并领导他们的斗争，但仅仅是这个还不是革命的出路，主要的是要加紧城市工人的组织与斗争，必须城市工人革命高潮蜂起（即普遍的政治罢工），才能够得到城市及农村苏维埃及赤卫军的组织，才有转变现有的所谓"红军"的武装为民众之直接的武装势力一部分的可能。

东西文化论争、中国本位与全盘西化

欧游心影录（节录）

——欧游中之一般观察及一般感想

原载 1920 年 3 月 6 日至 31 日《晨报》第七版

梁启超

上篇　大战前后之欧洲

……

二　人类历史的转掠

我想人类这样东西，真是天地间一种怪物：他时时刻刻拿自己的意志，创造自己的地位，变化自己的境遇；却又时时刻刻被他所创所变的地位境遇支配起自己来，他要造什么变什么，非等到造出来变出来，没有人能够事前知道，连那亲手创亲手变的人也不知道。等到创成变成一个新局面，这新局面决非吾人所能料到，大家只好相顾失色，却又从这新局面的基础上，重新又再创再变起来。一部历史，便就是这样的进化，见其进未见其止。试思数年以前，谁敢说那十九世纪初期轰轰烈烈的神圣三角同盟，俄、普、奥三尊大佛，竟会在十几个月内，同时哗啦一声，倒到贴地？谁敢说瑞士荷兰等处乡下地方，同时有几十个大大小小的君主，在那里做亡命客，吃尽当光，形影相吊？谁敢说号称东方猛鹫偌大的一个俄罗斯国，竟会四分五裂，自己摒出国际团体以外，这回怎么大的欧洲和会，简直没有他的份儿？谁敢说九十年前从荷兰分出来的比利时，四十年前从土耳其分出来的塞尔维亚，竟成了两个泱泱大国，在欧洲国际上占一极重要的地位？谁敢说二三百年来几次被人分割的波兰，乃至千余年连根拔尽的犹太，居然还有一日把本号开张大吉的门条张贴起来？谁敢说那牢牢关住大门，在家里讲门罗主义的美利坚，竟会大出风头，管大海对面人家的闲事？谁又敢说从前书呆子摇笔弄舌讲的国际联盟，竟会一章一节的列出条文，由几十个国家的代表共同签认？谁又敢说当二三十年前，各国政府认作洪水猛兽的社会党，到了今日，他在各国国会里头，都占最大势力，各政府中差不多都有了社会党员了？谁又敢说各国时髦政治家公认为无法无天的过激派列宁政府，报纸上日日咒他夭折，他却成了个不倒翁，支持了两年，到今日依然存在，还有许多好奇探险的游客，歌颂他明圣哩？谁又敢说我们素来认为天经地义尽美尽善的代议政治，今日竟会从墙脚上筑筑摇动起来，他的寿命，竟没有人敢替他保险？谁又敢说那老英、老法、老德这些阔老倌，也一个个像我们一般叫起穷来，靠着重利借债过日子？谁又敢说那如火如荼的欧洲各国，他那很舒服过活的人民，竟会有一日要煤没煤，要米没米，家家户户开门七件事，都要皱起眉头来？以上所说，不过就我偶然想到的几件，荦荦大端随手拈出，然而已经件件都足惊心动魄。所以我觉得这回大战，还不是新世界历史的正文，不过一个承上启下的转捩段落罢了。

……

五　社会革命暗潮

前段所说，是从对外的一个国民生计单位着想，觉得他们困难万状。再一转眼将这单位的内部组织仔细看来，那更令人不寒而栗了。贫富两阶级战争，这句话说了已经几十年，今日却渐渐到了不能不实现的时代。这种国内战争，在人类进化史上的价值，绝非前四年来国际战争可比，但现在正当将发未发之时，好像大蛇要蜕壳一般，那痛苦实不难想象。原来欧洲去封建政治未久，各国土地，多在贵族或教会手里。法国大革命后，算是有几国把这土地所有权稍为均分，但内中还有许多国维持旧状，如革命前的俄国就是这样，现在的英国还是这样。这还不打紧，自从机器发明工业革命以来，生计组织起一大变动，重新生出个富族阶级来。科学愈昌，工厂愈多，社会偏枯亦愈甚。富者益富，贫者益贫，物价一日一日腾贵，生活一日一日困难。工人所得的工钱，够吃不够穿，够穿不够住；休息的时间也没有，受教育的时间也没有；生病几天，便要全家绑着肚子，儿女教养费不用说了，自己老来的日子还不晓得怎样过活。回头看那资本家，今日赚五万，明日赚十万，日常享用，过于王侯。他们在那里想，同是上天所生人类，为什么你就应该这么快乐？我就应该这么可怜？再进一步想，你的钱从哪里来？还不是绞着我的汗，添你的油！挖我的疮，长你的肉！他们其实也是和中国人一般，受了苦自己怨命，后来渐渐明白，知道地位是要自己争来，于是到处成立工团，决心要和那资本家挑战。他们的旗帜，是规定最低限的工钱和最高限的做工时刻，而且这两种限是要时时改变的，得一步便进一步。还有些有学问的人，推本究源，说这种现象，都是社会组织不合理生出来，想救济他，就要根本改造。改造方法，有一派还承认现存的政治组织，说要把生产机构收归国有；有一派连现在国会咧政府咧，都主张根本打破，亲自耕田的人准他有田，在哪个厂做工的人就管哪个厂的事，耕田做工的人举出委员，国家大事就由他一手经理。各国普通社会党大半属前一派，俄国过激派便属后一派。前一派所用手段，是要在现行代议政治之下，渐渐扩张党势，掌握政权。现时在各国国会及地方议会，势力都日增一日，好几国机会已成熟，其余的也像快要成熟了。至于后一派，俄国的火盖已自劈开，别国也到处埋着火线。有些非社会党的政治家，眼光敏锐，办些社会主义的立法，想要缓和形势，只是积重难返，补牢已迟。社会革命，恐怕是二十世纪史唯一的特色，没有一国能免，不过争早晚罢了。战胜国人民，一时为虚荣心所掩，还没有什么法外行动，但过后痛定思痛，想起这些胜利光荣，还不是昙花一现！我们打了几十年仗，从战场里拾回这条残命，依然是要穿没穿，要吃没吃！还有那阵亡将士的孤儿寡妇，在这种百物腾贵时候，靠几块抚恤金过日子，只好坐以待毙。你们说奖励国产增进国富是目前第一要义，我还要问一句，国富增进了究竟于我有何好处？你们打着国家的旗号谋私人利益，要我跟着你们瞎跑，我是不来的。这种思想，在战胜国的劳动社会中，已是到处弥漫了。那些资本家却也有他的为难，几年战争，营业已衰落到极地，安能不谋恢复？那政府为一时的国产政策起见，对于现在资本家所经营的事业，亦不能不加以保护，所以两方面总是相持的多，相让的少。我们留欧一年，这罢工风潮，看见的听见的每月总有几次。其中最大的如九月间英国铁路罢工，哪里是两个团体竞争？简直就是两个敌国交战！其实这事何足为奇？如今世界上一切工业国家，哪一国不是早经分为两国？那资本国和劳动国，早晚总有一回短兵相接拼个你死我活。我们准备着听战报吧。

……

六　学说影响一斑

从来社会思潮，便是政治现象的背景。政治现象又和私人生活息息相关，所以思潮稍不健全，全国政治和人事一定要受其敝。从前欧洲人民，呻吟于专制干涉之下，于是有一群学者，提倡自由放任主义，说道政府除保持治安外不要多管闲事，听个人自由发展，社会自然向上。这种理论，能说它没有根据吗？

就过去事实而言，百年来政制的革新和产业的发达，哪一件不叨这些学说的恩惠？然而社会上的祸根，就从兹而起。现在贫富阶级的大鸿沟，一方面固由机器发明，生产力集中变化；一方面也因为生计上自由主义成了金科玉律，自由竞争的结果，这种恶现象自然会演变出来呀。这还罢了，到十九世纪中叶，更发生两种极有力的学说来推波助澜，一个就是生物进化论，一个就是自己本位的个人主义。自达尔文发明生物学大原则，著了一部名山不朽的《种源论》，博洽精辟，前无古人，万语千言，就归结到"生存竞争优胜劣败"八个大字。这个原则，和穆勒的功利主义、边沁的幸福主义相结合，成了当时英国学派的中坚。同时士梯尼（Max Stirner）【今译马克斯·施蒂纳】、卡戛加（Soren Kiergegand）【今译索伦·克尔凯郭尔】盛倡自己本位说，其敝极于德之尼采，谓爱他主义为奴隶的道德，谓剿绝弱者为强者之天职，且为世运进化所必要。这种怪论，就是借达尔文的生物学做个基础，恰好投合当代人的心理。所以就私人方面论，崇拜势力，崇拜黄金，成了天经地义。就国家方面论，军国主义帝国主义，变了最时髦的政治方针。这回全世界国际大战争，其起源实由于此。将来各国内阶级大战争，其起源也实由于此。

七　科学万能之梦

大凡一个人，若使有个安身立命的所在，虽然外界种种困苦，也容易抵抗过去。近来欧洲人，却把这件没有了。为什么没有了呢？最大的原因，就是过信"科学万能"。原来欧洲近世的文明有三个来源：第一是封建制度，第二是希腊哲学，第三是耶稣教。封建制度规定各人和社会的关系，形成一个道德的条件和习惯。哲学是从智的方面研究宇宙最高原理及人类精神作用，求出个至善的道德标准。宗教是从情的意的两方面，给人类一个"超世界"的信仰，那现世的道德，自然也跟着得个标准。十八世纪前的欧洲，就是靠这个过活。自法国大革命后，封建制度完全崩坏，古来道德的条件和习惯，大半不适用于欧洲人的内部生活，渐渐动摇了。社会组织变更，原是历史上常态，生活就跟着他慢慢蜕变，本来没有什么难处。但这百年来的变更却与前不同。因科学发达结果，产业组织从根底翻新起来。变既太骤，其力又太猛，其范围又太广，他们要把他的内部生活凑上来和外部生活相应，却处处措手不及。最显著的就是现在都会的生活和从前堡聚的村落的生活截然两途。聚了无数素不相识的人在一个市场上或一个工厂内共同生活，除了物质的利害关系外，绝无情感之可言，此其一；大多数人无恒产，恃工为活，生活根据，飘摇无着，好像枯蓬断梗，此其二；社会情形太复杂，应接不暇，到处受刺激，神经疲劳，此其三；劳作完了想去耍乐，耍乐未完又要劳作，昼夜忙碌，无休养之余裕，此其四；欲望日日加高，百物日日加贵，生活日日加难，竞争日日加烈，此其五。以上所说，不过随手拈出几条，要而言之，近代人因科学发达，生出工业革命，外部生活变迁急剧，内部生活随而动摇，这是很容易看得出的。内部生活，本来可以凭宗教哲学等力量，离去了外部生活依然存在。近代人却怎样呢？科学昌明以后，第一个致命伤的就是宗教。人类本从下等动物蜕变而来，哪里有什么上帝创造？还配说人为万物之灵吗？宇宙间一切现象，不过物质和它的运动，哪里有什么灵魂？更哪里有什么天国？讲到哲学，从前康德和黑格尔时代，在思想界俨然有一种权威，像是统一天下，自科学渐昌，这派唯心论的哲学便四分五裂。后来冈狄【今译孔德】的实证哲学和达尔文的《种源论》同年出版，旧哲学更是根本动摇。老实说一句，哲学家简直是投降到科学家的旗下了。依着科学家的新心理学，所谓人类心灵这件东西，就不过物质运动现象之一种；精神和物质的对待，就根本不成立；所谓宇宙大原则，是要用科学的方法试验得来，不是用哲学的方法冥想得来的。这些唯物派的哲学家，托庇科学宇下，建立一种纯物质的纯机械的人生观，把一切内部生活下的生活，都归到物质运动的必然法则之上。这种法则，其实可以叫做一种变相的运命前定说。不过旧派的前定说，说运命是由八字里带来或是由上帝注定，这新派的前定说，说运命是由科学的法则完全支配，所凭借的论据虽然不同，结论却是一样。不惟如此，他们把心理和精神看成一物。根据实验心理学，硬说人类精神，也不过一种物质，一样受"必然法则"所支配，于是人类的自由意志，不得不否认了。意志既不能自由，还有什么善恶的责任？我为善不过那"必然法则"的轮子推着我动；我为恶，也不过那"必然法则"的轮子推着我动，和我什么相干？如此说来，这不是道德标准应如何变迁的问题，真是道德这件东西能否存在的问题了。现今思想界最大的危机，就在这一点。宗教和旧哲学，既已被科学打得个旗靡辙乱，这位"科学先生"便自当仁不让起来，要凭他的试验，发明个宇宙新大原理。却是那大原理且不消说，敢是各科的小原理，也是日新月异，今日认为真理，明日已成谬见，新权威到底树立不起来，旧权威却是不可恢复了。所以全社会人心，都陷入怀疑沉闷畏惧之中，好像失了罗针的海船遇着风遇着雾，不知前途怎生是好。既然如此，所以那些什么乐利主义、强权主义越发得势——死后既没有天堂，只好尽这几十年尽量地快活，善恶既没有责任，何妨尽我的手段来充满我个人欲望！然而享用的物质增加速率，总不能和欲望的腾升同一比例，而且没有法子令他均衡。怎么好呢？只有凭自己的力量自由竞争起来，质而言之，就是弱肉强食。近年来，什么军阀，什么财阀，都是从这条路产生出来，这回大战争，便是一个报应。诸君又须知，我们若是终久立在这种唯物论的机械的人生观上头，岂独军阀财阀的专横可憎可恨，就是工团的同盟抵抗乃至社会革命，还不同是一种强权作用？不过从前强权在那一班少数人手里，往后的强权移在这一班多数人手里罢了。总之，在这种人生观底下，那么千千万万人前脚接后脚的来这世界走一趟，住几十年，干什么呢？独一无二的目的就是抢面包吃。不然就是怕那宇宙间物质运动的大轮子缺了发动力，特自来供给他燃料。果真这样，人生还有一毫意味，人类还有一毫价值吗？无奈当科学全盛时代，那主要的思潮，却是偏在这方面。当时讴歌科学万能的人，满望着科学成功，黄金世界便指日出现，如今功总算成了，一百年物质的进步，比从前三千年所得还加几倍，我们人类不惟没有得着幸福，倒反带来许多灾难。好像沙漠中失路的旅人，远远望见个大黑影，拼命往前赶，以为可以靠他向导；哪知赶上几程，影子却不见了，因此无限凄惶失望。影子是谁？就是这位"科学先生"。欧洲人做了一场科学万能的大梦，到如今却叫起科学破产来。这便是最近思潮变迁一个大关键了。

（自注）读者切勿误会，因此菲薄科学，我绝不承认科学破产，不过也不承认科学万能罢了。

……

九　思想之矛盾与悲观

凡一个人，若是有两种矛盾的思想在胸中交战，最是苦痛不过的事，社会思潮何独不然。近代的欧洲，新思想和旧思想矛盾不消说了，就专以新思想而论，因为解放的结果，种种思想同时从各方面迸发出来，都带几分矛盾性。如个人主义和社会主义矛盾，社会主义和国家主义矛盾，国家主义和个人主义也矛盾，世界主义和国家主义又矛盾。从本原上说来，自由平等两大主义，总算得近代思潮总纲领了，却是绝对的自由和绝对的平等，便是大大一个矛盾。分析起来，哲学上唯物和唯心的矛盾，社会上竞存和博爱的矛盾，政治上放任和干涉的矛盾，生计上自由和保护的矛盾，种种学说，都是言之有故持之成理，从两极端分头发展，愈发展得速，愈冲突得剧。消灭是消灭不了，调和是调和不来，种种怀疑，种种失望，都是为此。他们有句话叫做"世纪末"。这句话的意味，从狭义的解释，就像一年将近除夕，大小账务，逼着要清算，却是头绪纷烦，不知从何算起；从广义解释，就是世界末日，文明灭绝的时候快到了。

我们自到欧洲以来，这种悲观的论调，着实听得洋洋盈耳。记得一位美国有名的新闻记者赛蒙氏（他做的战史公认是第一部好的）和我闲谈，他问我："你回到中国干什么事，是否要把西洋文明带些回去？"我说："这个自然。"他叹一口气说："唉！可怜，西洋文明已经破产了！"我问他："你回到美国去干什么？"他说："我回去就关起大门老等，等你们把中国文明输进来救拔我们。"我初听见这种话，还当他是有心奚落我。后来到处听惯了，才知道他们许多先觉之士，着实怀抱无限忧危，总觉得他们那些物质文明，是制造社会险象的种子，倒不如这世外桃源中的中国还有办法。这就是欧洲多数人心理的一斑了。

十　新文明再造之前途

诸君，我想诸君听了我这番话，当下就要起一个疑问，说道："依你说来，欧洲不是整个完了吗？物质界的枯窘既已如彼，精神界的混乱又复如此，还有什么呢？从前埃及、中亚细亚乃至希腊罗马，都曾经过极灿烂的文明，后来都是灭绝了或中断了，不要这回欧洲又闹这出戏吧。"我对于这个疑问，敢毅然决然答应道："不然，不然，大大不然。"欧洲百年来物质上精神上的变化，都是由"个性发展"而来，现在还日日往这条路上去做。他和古代中世纪乃至十八世纪前的文明，根本上有不同的一点，从前是贵族的文明，受动的文明，如今却是群众的文明，自发的文明。从前的文明是靠少数特别地位特别天才的人来维持它，自然逃不了"人亡政息"的公例；今世的文明，是靠全社会一般人个个自觉日日创造出来的，所以他的"质"虽有时比前不如，他的"量"却比从前来得丰富，他的"力"却比从前来得连续。现在的欧洲，一言以蔽之，万事万物，都是"群众化"。这种现象，连我们有时也看得讨厌。有人说，这不是叫社会向上，倒是叫社会向下了。其实不然。一面固是叫旧日在上的人向下，一面仍是叫旧日在下的人向上，然而旧日在下的人总是大多数，所以扯算起来，社会毕竟是向上了。这种步骤，英国人所经过的最为明白。英国从前种种权利，都是很少数的贵族专有，渐渐拿出来给中级的人共享，渐渐拿出来给次中级又次中级乃至最低级的人一齐共享。不独物质上的权利如此，就是学问上艺术上乃至思想上，他那由上而下由集而散的情形，也复如此。英国固然是最好的模范，其他各国也都是同一趋势。所以他的文明，是建设在大多数人心理上，好像盖房子从地脚修起，打了个很结实的桩儿，任凭暴风疾雨，是不会摇动的。讲到他的思潮，当法国大革命后，唯心派哲学、浪漫派文学全盛之时，好像二十来岁一个活泼青年，思想新解放，生气横溢，视天下事像是几着可了，而且不免驰骛于空华幻想，离人生的实际却远了。然而他这种自由研究的精神和尊重个性的信仰，自然会引出第二个时代来，就是所谓科学万能自然派文学全盛时代。这个时代，由理想入到实际。一到实际，觉得从前什么善啊，美啊，都是我们梦里虚构的境界，社会现象，却和他正相反，丑秽惨恶，万方同慨。一面从前的理想和信条，已经破坏得七零八落，于是全社会都陷入怀疑的深渊，现出一种惊惶沉闷凄惨的景象。就像三十前后的人，出了学校，入了社会，初为人夫，初为人父，觉得前途满目荆棘，从前的理想和希望，丢掉了一大半。十九世纪末叶欧洲的人心就是这样，虽然他们并没有入到衰老时期。怎见得呢？凡老年人的心理，总是固定的，沉滞的，但会留恋过去，不想开拓将来；他那精神的生活，也和他的肉体一样，新陈代谢的机能，全然没了，破坏性反抗性是绝不会发动了。现代欧洲人，却不是那样。他们还是日日求自我的发展，对于外界的压迫，百折不回地在那里反抗，日日努力精进。正像三四十来岁在社会上奋斗的人，总想从荆天棘地中，建立一番事业。如今却不比从前在学校里发空议论了，他们人情世态甜酸苦辣都经过来，事事倒觉得亲切有味，于是就要从这里头找出一个真正的安身立命所在，如今却渐渐被他找着了。在社会学方面，就有俄国科尔柏特勤【今译克鲁泡特金】一派的互助说，与达尔文的生存竞争说相代兴。他是主张自我要发展的，但是人类总不能遗世独立，大事小事，没有一件不靠别人扶助。所以互相扶助，就是发展自己的唯一手段。他的论据，也是从科学上归纳出来，所以在思想界一天一天的占势力。在哲学方面，就有人格的唯心论、直觉的创化论种种新学派出来，把从前机械的唯物的人生观，拨开几重云雾。……

十一　物质的再造及欧局现势

人类只要精神生活不枯竭，那物质生活当然不成问题。譬之大病之后，元神未亏，虽然疲倦消瘦，培补亦易为力。前文所讲各国财政生计上情形，诚然困难已极。但按到实际，他们国债虽多，外债是可以暂时不还的，内债利息散到民间，依然是供殖产兴业之用。货币价值低减，对外汇兑吃亏，固然是大问题，但有时亦可以借作奖励输出的一种手段，这些听他循生计上原则自然变迁，也属无妨。现时最苦的是资本缺乏，然而美国正苦资本过剩，势不能不以欧洲为尾闾，欧人只要善为利用，还不是取诸外府吗？剩下最难解决的，就是劳工问题。我想不出数年，这问题定要告一段落。或是社会党柄政，实行了社会主义几个根本大原则，气象自然一新；或是有些国家，竟自继俄国之后，做一番社会革命，虽一时大伤元气，过后反赢得意外发达，也未可定。所以我对于欧洲，觉得他前途虽然是万难，却断不是堕落。至于分国观察，或者有一两国从此雄飞，有一两国渐行衰落，这又是别问题了。

我这种拉拉杂杂讲了欧洲这些情形，恐怕诸君有点听得不耐烦了。今且总叙几句，作个收束。第一，我想大战的结果，奥俄瓦解，中欧东欧各小民族纷纷建国，加以威尔逊将"民族自决"四个字大吹大擂，民族主义（一民族一国家主义）越发光焰万丈，十九世纪后半期欧洲民族运动史总算告一段落，往后怕还要扩充到欧洲以外，虽然国际关系复杂，天下更从此多事，总算人类社会组织一进步。第二，这回战争，协约国方面，全恃"互助"得胜，给他们一个绝大的教训，虽然理想的国际联盟未见完成，国家互助的精神，已是日渐发达。质而言之，世界主义，要从此发轫了。第三，协约各国，拿"打破中欧军国"做个旗号，算是起了一回征讨军阀的十字军，如今大功告成，专制主义四个大本营（俄、德、奥、土）连根拔尽，民主主义自然变成政治上绝对的原则。加以社会党日益发展，"社会的民主主义"要渐渐成为最中庸的一种政治。第四，俄国过激派政府居然成立，居然过了两年，不管将来结局如何，假定万一推翻，他那精神毕竟不能磨灭。从前多数人嘲笑的空理想，却已结结实实成为一种制度，将来历史价值，最少也不在法国大革命之下，影响自然是及于别国，和前条所谓"中庸政治"相争，还不知谁胜谁负哩。第五，一面虽是国内资本劳工两阶级斗争，一面各国仍竞相奖励国产，借此补偿战后疲敝，将来国际间产业战争，只有比前更剧，自由贸易主义，怕要作废。就这一点看来，突飞的社会主义，或者暂时受些限制。第六，科学万能说，当然不能像从前一样的猖獗，但科学依然在他自己的范围内继续进步。这回战争中各种发明日新月异，可惜大半专供杀人之用。经此番人创，国际上总有二儿十年半和可望，好好的拿来应用，物质文明，一定更加若干倍发达。第七，这回战争，给人类精神上莫大的刺激，人生观自然要起一大变化，哲学再兴，乃至宗教复活，都是意中事。以上几件，是我此行观察所得的大概。如今假定世界上大势是在这种前提之下，我们做国际团体一分子的中国，应该怎么样？我国民该走哪条路，才能把这国家在世界上站起来？待我略述愚见，写在下半篇。

下篇　中国人之自觉

一　世界主义的国家

第一，我们须知世界大同，为期尚早，国家一时断不能消灭，而且各国战后所耗元气，都要取偿于外。环顾宇内，就剩中国一块大肥肉，自然远客近邻，都在那里打我们的主意，若是自己站不起来，单想靠国际联盟当保镖，可是做梦哩。虽然如此，我们却不能将国际联盟这件事看得毫无价值，还要尽自己的力量，促他的进步。这回国际联盟，总算世界主义和国家主义调和的发轫，把国家相互的观念，深入人心，知道国家意志，并不是绝对无限，还须受外部多大节制。质而言之，国家与国家相互之间，从此加一层密度了。我们是要在这现状之下，建设一种"世界主义的国家"。怎么叫做"世界主义的国家"？国是要爱的，不能拿顽固褊狭的旧思想当是爱国。因为今世国家，不是这样能够发达出来。我们的爱国，一面不能知有国家不知有个人，一面不能知有国家不知有世界。我们是要托庇在这国家底下，将国内各个人的天赋能力尽量发挥，向世界人类全体文明大大的有所贡献。将来各国的趋势，都是如此，我们提倡这主义的作用，也是为此。

……

三　阶级政治与全民政治

第三，从前有两派爱国之士，各走了一条错路。甲派想靠国中固有的势力，在较有秩序的现状之下，渐行改革。谁想这主意完全错了！结局不过被人利用，何尝看见什么改革来？乙派要打破固有的势力，拿什么来打呢？却是拿和他同性质的势力。说道："你不行，等我来。"谁想这主意也完全错了。说是打军阀，打军阀的人还不是个军阀吗？说是排官僚，排官僚的人还不是个官僚吗？一个强盗不惟没有去掉，倒反替他添许多羽翼，同时又在别方面添出许多强盗来。你看这几年军阀官僚的魔力，不是多谢这两派人直接间接或推或挽来造成吗？两派本心都是爱国，爱国何故发生祸国的结果呢？原来两派有个共同谬见，都是受了旧社会思想的痼弊，像杜工部诗说的："二三豪杰为时出，整顿乾坤济时了，"哪里知道民主主义的国家，彻头彻尾都是靠大多数国民，不是靠几个豪杰。从前的立宪党，是立他自己的宪，干国民什么事？革命党也是革他自己的命，又干国民什么事？好比开一瓶啤酒，白泡子在面上乱喷，像是热烘烘的，气候一过，连泡子也没有了，依然是满瓶冰冷。这是和民主主义运动的原则根本背驰。二十年来种种失败，都是为此。今日若是大家承认这个错处，便着实忏悔一番，甲派抛弃那利用军人利用官僚的卑劣手段，乙派也抛弃那运动军人运动土匪的卑劣手段，各人拿自己所信，设法注射在多数市民脑子里头，才是一条荡荡平平的大路。质而言之，从国民全体下工夫，不从一部分可以供我利用的下工夫，才是真爱国，才是救国的不二法门。把从前做的一部分人的政治醒转过来，那全民政治才有机会发生哩。

......

五　尽性主义

第五，国民树立的根本义，在发展个性。《中庸》里头有句话说得最好："唯天下至诚，为能尽其性。"我们就借来起一个名叫做"尽性主义"。这尽性主义是要把各人的天赋良能，发挥到十分圆满。就私人而论，必须如此，才不至成为天地间一赘疣，人人可以自立，不必累人，也不必仰人鼻息。就社会国家而论，必须如此。然后人人各用其所长，自动的创造进化，合起来便成强固的国家，进步的社会。这回德国致败之原因，就是因为国家主义发达得过于偏畸，人民个性差不多被国家吞灭了，所以碰着英、法、美等个性最发展的国民，到底抵敌不过，因为"人自为战"的功用丧失了，所以能胜而不能败。德国式的国家主义，拿国家自身目的做个标准，把全国人放在个一定的模子里鼓铸出来，要供国家之用，结果犹且不胜其弊，我国则并无所谓国家目的，徒以社会上畸形的组织，学说上堕性的权威，把各人的本能，从小就桎梏斫丧起来。如今人开口便说是中国民智不开，或说是人才消乏，诚然不错，但又须知在这种旧社会束缚驰骤之下，才智是断不能发生。因为旧社会也有一个模子，将中国人一式铸造，脱了模就要在社会上站不住；无论何人，总要带几分矫揉的态度来迁就他，天赋良能绝不能自由扩充到极际。近来中国人才智不逮欧西，都是为此。今日第一要紧的，是人人抱定这尽性主义，如陆象山所谓："总要还我堂堂地做个人。"将自己的天才（不论大小，人人总有些）尽量发挥，不必存一毫瞻顾，更不可带一分矫揉。这便是个人自立的第一义，也是国家生存的第一义。

......

八　组织能力及法治精神

第八，我们中国人最大的缺点，在没有组织能力，在没有法治精神。拿一个一个的中国人和一个一个的欧美人分开比较，无论当学生，当兵，办商业，做工艺，我们的成绩丝毫不让他们。但是他们合起十个人，力量便加十倍，能做成十倍大规模的事业，合起千百万个人，力量便加千百万倍，能做成千百万倍大规模的事业。中国人不然，多合了一个人，不惟力量不能增，因冲突掣肘的结果，彼此能力相消，比前反倒减了；合的人越发多，力量便减到零度。所以私家开个铺子，都会赚钱，股份公司，十有九要倒账。很勇敢的兵丁，合起来做个军队，都成败类，立宪共和便闹成个四不像。总之，凡属要经一番组织的事业，到中国人手里，总是一塌糊涂了结。但是没组织的社会和有组织的社会碰头，直是挤不过去，结果非被淘汰不可。然则人家的组织能力从何而来？我们为什么竟自没有呢？我想起来，争的只是一件，就是有无"法治精神"的区别。一群人为什么能结合起来？靠的是一种共同生活的规条，大家都在这规条的范围内分工协力。若是始终没有规条，或是规条定了不算账，或是存了一个利用心，各人仍旧是希图自己的便利，这群体如何能成立？便不能共同生活。欧美人的社会，大而国家政治，小而团体游戏，人人心坎中都认定若干应行共守的原则，觉得他神圣不可侵犯。这种规则，无论叫做法律，叫做章程，叫做条例，叫做公约，无论成文或不成文，要之。初时是不肯轻易公认，一经公认之后，便不许违反，又不许利用。一群人靠了这个，便像一副机器有了发动机，个个轮子自然按部就班地运行。我国人这种观念，始终没有养成，近来听见世界有个"法治"的名词，也想捡来充个门面，至于法治精神，却分毫未曾领会。国会、省议会，天天看见第几条第几项在那里议，其实政府就没有把它当一回事，人民就没有把它当一回事，议员自身更没有把它当一回事。什么公司咧，什么协会咧，个个都有很体面的几十条章程，按到实际，不过白纸上印了几行黑墨。许多人日日大声疾呼，说最要紧的是合群结团体，你想在这种脾气之下，群怎么能合，团体怎么能成？其实提倡的人，先自做了这种脾气的奴隶，这还有什么好说呢？我初时在那里想，这个不要是我国民天赋的劣根性吧，果然如此，便免不了最后的生存淘汰，真可惊心动魄！后来细想，知道不然，乃是从前的历史，把这种良能压住了，久未发达。因为从前过的是单调生活，不是共同生活，自然没有什么合理的公守规条。从前的国家和家族，都是由命令服从两种关系结构而成。命令的人，权力无上，不容有公认的规则来束缚他；服从的人，只随时等着听命令下来就去照办，也用不着公认的规则。因此之故，"法治"两字，在从前社会，可谓全无意义。人类的开化是向共同生活而趋，便叫我们觉得没有组织便不能存活，若不把组织的良能重新浚发出来，这身子从何托命？什么是良能？只法治精神便是了。

九　宪法上两要点

第九，如今重复讲到政治问题。现今在南北军阀蹂躏之下，固然无政治可言，但军阀终久会倒的，倒了过后，政治就会改良吗？还要看国家根本组织何如哩。国家最重要机关，当然是首推国会。但几年以来，国会价值被议员辱没透了，国人对于国会的信仰已经一落千丈，非把它恢复过来，简直没有办法。怎么才能恢复呢？试问国会为什么有价值，不是因为它代表国民吗？现在议员却代表谁来？但是现在的情形，只是聚着一群靠政治吃饭的无业游民，挂上一个头衔，便腼然以全国主人翁自命，叫人怎么能对他生出信仰来？即使改选一回，选出来还不是这一班人？换汤不换药，结果依然一样。这等说来，民意机关终久不得实现，政治终久不得改良，国家可要断送了。要国会恢复价值，根本就要叫国会真正代表国民，我想莫如施行一种职业选举法。两院中虽不妨有一院仍采代表地方主义，必须有一院采代表职业主义，将国中种种职业团体，由国家赋予法人资格，委任办理选举，选举权被选举权都以有职业为限。像我们这种高等游民，只好在剥夺公权之列，想要恢复，除非赶紧自己寻着个职业来。若用此法，那吃政治饭的政客，就使未能逮报肃清，最少也十去八九，就算是替政界求得一张辟疫符。若用此法，那农工商各种有职业人民，为切己利害起见，提出的政治问题，自然丝丝入扣。若用此法，那"国之石民"和国家生出密切关系，民主政治基础，自然立于不拔之地。若用此法，将来生产事业发达，资本阶级和劳工阶级都有相当的代表在最高机关，随时交换意见，交让利益，社会革命的惨剧，其或可免。我想这个法子，将来世界各国都会采行的，但他们资本家势力太大，多方阻挠，非经一番恶战，恐难实现。我们现在空空洞洞，绝无阶级的利害冲突，何妨大众努力，设法实行，不但对内可以奠定国基，而且对外还可以博得个先进国的荣誉哩。还有一件，瑞士式的国民投票制度是要采的（说详第十七篇）。从前有人说，这制度要小国才能行，这是什么话？现在德国不是广行吗？美国宪法改革前几年不就有人极力提倡此制吗？国民是主人，国会是主人代表，并非我派了代表，就把我的权卖给他了，有时代表做不了主人的事，还须主人亲自出马来。即如这回南北议和，真正民意所在，是有目共见，天公地道，就是只要一回国民投票一刀两断的解决，却任凭那南北军阀派出什么总代表咧，分代表咧，来鬼鬼祟祟的分赃。国民看不过，要说几句话，那新旧议员老爷们就瞪起眼睛来，说道："这是我国民代表的权限，谁敢多嘴？"你想这不是岂有此理吗？所以我说，职业选举和国民投票，是我们中华民国宪法的大关目，必要切实办到，政治的大本才能立哩。

十　自　治

第十，还有一句老生常谈的话，就是地方自治。我这回欧游，实地考察，才知道欧洲国家是把"市府"放大做成。本来人民就有参与地方公务之权，渐渐把这权扩充到集中，便变成国家的民主政治。他们有个最大信条："我住在此地，就要管此地的事。为什么呢？因为和我有利害关系。"对于地方是如此，对于国家也是如此，所以政治上的兴味和责任心自然发生，爱国是不待人教的。我们怎么样呢？民国招牌挂了八年多了，京师和各省省城，一个市会也没有，走遍二十二行省，一个乡会也没有，仅仅在那最高级行政官厅所在地人云亦云地闹些国会省议会，纯是拿前清做官思想去当议员，何尝有一毫自治观念来！还有像"宋版康熙字典"一般的笑话。就是"官办自治"、那些贤明的督军省长，把手下几位冗员派个筹办自治的差事，这本卷就算交了。有的人说，最要紧的是本省人做本省督军，将全省官缺垄断起来，实行饭碗排外主义，就叫做自治。还有人连这些也不管，只要把那难对付的伟人政客，各人送他一个地盘，等他鬼有所归而不为厉，也叫做什么"联省自治"。唉！在民国的金字招牌底下，连"自治"两个字都没人认得，这是从哪里说起！我说：我们国民，若是能够有建设北京市会和丰台村会的能力，自然也会有建设中华民国的能力，不然，天花乱坠的政治谭，可是白饶的。要做政治活动，就请从这里着手吧。

十一　社会主义商榷

第十一，讲到国民生计上，社会主义自然是现代最有价值的学说，国内提倡新思潮的人，渐渐地注意研究它，也是很好的现象。但我的意见，提倡这主义，精神和方法，不可并为一谈。精神是绝对要采用的，这种精神，不是外来，原是我所固有。孔子讲的"均无贫和无寡"，孟子讲的"恒产恒心"，就是这主义最精要的论据，我并没有丝毫附会。至于实行方法，那就各国各时代种种不同。欧美学者，同在这面大旗底下，已经有无数派别，应该采用哪一种？采用的程度如何？总要顺应本国现时社会的情况。欧洲为什么有社会主义？是由工业革命孕育出来。因为工业组织发达得偏畸，愈发达愈生毒害，社会主义家想种种方法来矫正它，说得都是对症下药。在没有工业的中国，想要把它悉数搬来应用，流弊有无，且不必管，却最苦的是搔不着痒处。试举几个例：譬如要学他们结个工团和资本阶级对抗，就要先问国内是否有资本阶级？若没有，便是无的放矢。军阀官僚拥几百万家私算得资本阶级吗？各国资本家在国民生计一个总单位里头，生产方面，关系何等重大！军阀官僚连抢带骗左手得来的钱，右手向不生产的方面尽情挥霍，配说资本家吗？至于有些正当商人，辛苦经营个把公司，正在和外货竞争，弄得焦头烂额，我们硬说他是资本阶级，施行总攻击，问良心其实不忍。又如马克思一派倡的生产机关国有论，在欧美岂非救时良药？若要搬到中国，就要先问什么是生产机关？我们国内有了不曾？就算有了吧，说要归到国家，我头一个就反对。你不看见铁路吗？铁路国有权是欧美社会党最坚持的大问题，我们不是早办了吗？结果如何？在这种政治组织之下提倡集产，岂非杀羊养虎？以上所举，拿来做个比方，并不是论他的方法良不良，只是论我们用得着用不着。至于有的人说现在中国应注重的是生产问题，不是分配问题，这句话我却不敢完全同意。我的主张是：一面用全力奖励生产，同时眼光必须顾及分配。战后各国拼命地扩充输出，国际间产品竞争，比前更烈，我若不图抵制，何以自存？但工业方当幼稚之时，萌蘖是摧残不得，煽动工人去和办工厂的作对，我认为等于自杀。但当工业发轫之初，便应计及将来发达以后，生出何种影响。欧洲工业革命时代，就因为没有思患预防，如今闹到积重难返，费尽九牛二虎之力，还矫正不了几分。好在我们是个后进国，他们走的路怎么错法，都已眼见，他们所用的医方，一张一张的罗列供我参考，我们只要避了那迷人的路，用了那防病的方，令工业组织一起手便是合理健全的发展，将来社会革命这个险关，何尝不可以免掉？须知革命都是出于不得已，本非吉祥善事，免得掉还是免掉的好哩。所以我对于目前产业上的意见，主张发挥资本和劳动的互助精神。现在各国工厂所给工人的利益及方便，我们要调查详备，尽力尽施，一面还要国家从税则上及其他种种立法上，力求分配趋于公平；同时生产组合消费组合等项，最要极力提倡，令小资本家以至赤贫的工人，都得有正当的防卫的武器。至于劳动者本身的自治精神，亦应在学校内工厂内设法陶养，不论公共企业或私人企业，都得尽情发挥互助的精神。这便是目前坦坦平平的一条大路。至于太过精辟新奇的学说，只好拿来做学问上解放思想的资料，讲到实行，且慢一步吧。

……

十三　中国人对于世界文明之大责任

以上十二段，我都是信手拈来，没有什么排列组织，但我觉得我们因此反省自己从前的缺点，振奋自己往后的精神，循着这条大路，把国家挽救建设起来，决非难事。我们的责任，这样就算尽了吗？我以为还不止此。人生最大的目的，是要向人类全体有所贡献。为什么呢？因为人类全体才是"自我"的极量，我要发展"自我"，就须向这条路努力前进。为什么要有国家？因为有个国家，才容易把这国家以内一群人的文化力聚拢起来，继续起来，增长起来，好加入人类全体中，助他发展。所以建设国家是人类全体进化的一种手段，就像市府乡村的自治结合是国家成立的一种手段。就此说来，一个人不是把自己的国家弄到富强便了，却是要叫自己国家有功于人类全体，不然，那国家便算白设了。明白了这道理，自然知道我们的国家，有个绝大责任横在前途。什么责任呢？是拿西洋的文明来扩充我的文明，又拿我的文明去补助西洋的文明，叫它化合起来成一种新文明。我在巴黎曾会着大哲学家蒲陀罗（Boutreu，柏格森之师），他告诉我说："一个国民，最要紧的是把本国文化发挥光大。好像子孙袭了祖父遗产。就要保住它，而且叫它发生功用。就算很浅薄的文明，发挥出来，都是好的。因为它总有它的特质，把它的特质和别人的特质化合，自然会产出第三种更好的特质来。你们中国，着实可爱可敬，我们祖宗裹块鹿皮拿把石刀在野林里打猎的时候，你们不知已出了几多哲人了。我近来读些译本的中国哲学书，总觉得他精深博大。可惜老了，不能学中国文。我望中国人总不要失掉这份家当才好。"我听着他这番话，觉得登时有几百斤重的担子加在我肩上。又有一回，和几位社会党名士闲谈，我说起孔子的"四海之内皆兄弟"，"不患寡而患不均"，跟着又讲到井田制度，又讲些墨子的"兼爱"、"寝兵"。他们都跳起来说道："你们家里有这些宝贝，却藏起来不分点给我们，真是对不起人啊。"我想我们还够不上说对不起外人，先自对不起祖宗罢了。近来西洋学者，许多都想输入些东方文明，令他们得些调剂。我仔细想来，我们实在有这个资格。何以故呢？从前西洋文明，总不免将理想实际分为两橛，唯心唯物，各走极端。宗教家偏重来生，唯心派哲学高谈玄妙，离人生问题，都是很远。科学一个反动，唯物派席卷天下，把高尚的理想又丢掉了。所以我从前说道："顶时髦的社会主义，结果也不过抢面包吃。"这算得人类最高目的吗？所以最近提倡的实用哲学、创化哲学，都是要把理想纳到实际里头，图个心物调和。我想我们先秦学术，正是从这条路上发展出来。孔老墨三位大圣，虽然学派各殊，"求理想与实用一致"却是他们共同的归着点。如孔子的"尽性赞化"、"自强不息"，老子的"各归其根"，墨子的"上同于天"，都是看出有个"大的自我"、"灵的自我"和这"小的自我"、"肉的自我"同体，想要因小通大，推肉合灵。我们若是跟着三圣所走的路，求"现代的理想与实用一致"，我想不知有多少境界可以辟得出来哩。又佛教虽创自印度，而实盛于中国，现在大乘各派，五印全绝，正法一脉，全在支那。欧人研究佛学，日盛一日，梵文所有经典，差不多都翻出来。但向梵文里头求大乘各派，能得多少？我们自创的宗派，更不必论了。像我们的禅宗，真可以算得应用的佛教，世间的佛教，的确是要印度以外才能发生，的确是表现中国人特质，叫出世法和现世法并行不悖。现在柏格森、倭铿等辈，就是想走这条路还没走通。我常想，他们若能读唯识宗的书，他们的成就一定不止这样；他们若能理解禅宗，成就更不止这样。你想，先秦诸哲，隋唐诸师，岂不都是我们仁慈圣善的祖宗，积得好几大宗遗产给我们吗？我们不肖，不会享用，如今倒要闹学问饥荒了。就是文学美术各方面，我们又何尝让人！国中那些老辈，故步自封，说什么西学都是中国所固有，诚然可笑；那沉醉西风的，把中国什么东西都说得一钱不值，好像我们几千年来，就像土蛮部落，一无所有，岂不更可笑吗？须知凡一种思想，总是拿他的时代来做背景，我们要学的，是学那思想的根本精神，不是学他派生的条件。因为一落到条件，就没有不受时代支配的。譬如孔子，说了许多贵族性的伦理，在今日诚然不适用，却不能因此菲薄孔子。柏拉图说奴隶制度要保存，难道因此就把柏拉图抹杀吗？明白这一点，那么研究中国旧学，就可以得公平的判断，去取不至谬误了。却还有很要紧的一件事，要发挥我们的文化，非借他们的文化做途径不可，因为他们研究的方法实在精密，所谓"欲善其事，必先利其器"。不然，从前的中国人，哪一个不读孔夫子？哪一个不读李太白？为什么没有人得着它好处呢？所以我希望我们可爱的青年：第一步，要人人存一个尊重爱护本国文化的诚意；第二步，要用那西洋人研究学问的方法去研究它，得它的真相；第三步，把自己的文化综合起来，还拿别人的补助它，叫它起一种化合作用，成了一个新文化系统；第四步，把这新系统往外扩充，叫人类全体都得着它好处。我们人数居全世界人口四分之一，我们对于人类全体的幸福，该负四分之一的责任。不尽这责任，就是对不起祖宗，对不起同时的人类，其实是对不起自己。我们可爱的青年啊！立正！开步走！大海对岸那边有好几万万人，愁着物质文明破产，哀哀欲绝地喊救命，等着你来超拔他哩。我们在天的祖宗三大圣和许多前辈，眼巴巴盼望你完成他的事业，正在拿他的精神来加佑你哩。

选自《饮冰室合集·专集之二十三》

东西文化及其哲学（节录）

梁漱溟

……

我们现在应持的态度

我们推测的世界未来文化既如上说，那么我们中国人现在应持的态度是怎样才对呢？对于这三态度何取何舍呢？我可以说：

第一，要排斥印度的态度，丝毫不能容留；

第二，对于西方文化是全盘承受，而根本改过，就是对其态度要改一改；

第三，批评的把中国原来态度重新拿出来。

这三条是我这些年来研究这个问题之最后结论，几经审慎而后决定，并非偶然的感想；必须把我以上一章一章通通看过记清，然后听我以下的说明，才得明白。或请大家试取前所录李超女士追悼会演说词，和民国八年出版的《唯识述义》序文里一段，与现在这三条参照对看，也可寻出我用意之深密而且决之于心者已久。《唯识述义》序文一段录后：

"印度民族所以到印度民族那个地步的是印度化的结果，你曾留意吗？如上海刘仁航先生同好多的佛学家，都说佛化大兴可以救济现在的人心，可以使中国太平不乱。我敢告诉大家，假使佛化大兴，中国之乱便无已；且慢胡讲者，且细细商量商量看！"

现在我们要去说明这结论，不外指点一向致误所由，和所受病痛，眼前需要，和四外情势，并略批评旁人的意见，则我的用意也就都透出了。照我们历次所说，我们东方文化其本身都没有什么是非好坏可说，或什么不及西方之处；所有的不好不对，所有的不及人家之点，就在步骤凌乱，成熟太早，不合时宜，并非这态度不对，是这态度拿出太早不对，这是我们唯一致误所由。我们不待抵抗得天行，就不去走征服自然的路，所以至今还每要见厄于自然。我们不待有我就去讲无我，不待个性伸展就去讲屈己让人，所以至今也未曾得从种种威权底下解放出来。我们不待理智条达，就去崇尚那非论理的精神，就专好用直觉，所以至今思想也不得清明，学术也都无眉目。并且从这种态度就根本停顿了进步，自其文化开发之初到他数千年之后，也没有什么两样。他再也不能回头补走第一路，也不能往下去走第三路；假使没有外力进门，环境不变，他会要长此终古！譬如西洋人那样，他可以沿着第一路走去，自然就转入第二路；再走去，转入第三路；即无中国文明或印度文明的输入，他自己也能开辟它们出来。若中国则绝不能，因为他态度殆无由生变动，别样文化即无由发生也。从此简直就没有办法；不痛不痒真是一个无可指名的大病。及至变局骤至，就大受其苦，剧痛起来。他处在第一问题之下的世界，而于第一路没有走得几步，凡所应成就者都没有成就出来；一旦世界交通，和旁人接触，哪得不相形见绌？何况碰到的西洋人偏是个专走第一路大有成就的，自然更禁不起他的威凌，只有节节失败，忍辱茹痛，听其蹂躏，仅得不死。国际上受这种种欺凌已经痛苦不堪，而尤其危险的，西洋人从这条路上大获成功的是物质的财，他若挟着他大资本和他经济的手段，从经济上永远制服了中国人，为他服役，不能翻身，都不一定。至于自己眼前身受的国内军阀之蹂躏，生命财产无半点保障，遑论什么自由；生计更穷得要死，试去一看下层社会简直地狱不如；而水旱频仍，天灾一来，全没对付，甘受其虐；这是顶惨切的三端，其余种种太多不须细数。然试就所有这些病痛而推原其故，何莫非的的明明自己文化所贻害；只缘一步走错，弄到这般天地！还有一般无识的人硬要抵赖不认，说不是自己文化不好，只被后人弄糟了，而叹惜致恨于古圣人的道理未得畅行其道。其实一民族之有今日结果的情景，全由他自己以往文化使然：西洋人之有今日全由于他的文化，印度人之有今日全由于他的文化，中国人之有今日全由于我们自己的文化，而莫从抵赖；也正为古圣人的道理行得几分，所以才致这样，倒不必恨惜。但我们绝不后悔绝无怨尤。以往的事不用回顾，我们只爽爽快快打主意现在怎样再往下走就是了。

我们致误之由和所受痛苦略如上说，现在应持何态度差不多已可推见，然还须把眼前我们之所需要和四外情势说一说。我们需要的很多，用不着一样一样去数，但怎样能让个人权利稳固社会秩序安宁，是比无论什么都急需的。这不但比无论什么都可宝贵，并且一切我们所需的，假使能得到时，一定要从此而后可得。我们非如此不能巩固国基，在国际上成一个国家；我们非如此不能让社会上一切事业得以顺利进行。若此，那么将从如何态度使我们可以做到，不就可想了吗？再看外面情势，西洋人也从他的文化而受莫大之痛苦，若近若远，将有影响于世界的大变革而开辟了第二路文化。从前我们有亡国灭种的忧虑，此刻似乎情势不是那样，而旧时富强的思想也可不作。那么，如何要鉴于西洋化弊害而知所戒，并预备促进世界第二路文化之实现，就是我们决定应持态度所宜加意的了。以下我们要略批评现在许多的人意向是否同我们现在所审度的相适合。

现在普通谈话有所谓新派旧派之称：新派差不多就是倡导西洋化的；旧派差不多就是反对这种倡导的——因他很少积极有所倡导；但我想着现在社会上还有隐然成一势力的佛化派。我们先看新派何如？新派所倡导的总不外乎陈仲甫先生所谓"塞恩斯"与"德谟克拉西"和胡适之先生所谓"批评的精神"（似见胡先生有此文，但记不清）；这我们都赞成。但我觉得若只这样都没给人以根本人生态度；无根的水不能成河，枝节的做法，未免不切。所以蒋梦麟先生《改变人生态度》一文，极动我眼目；却是我不敢无批评无条件的赞成。又《新青年》前几卷原也有几篇倡导一种人生的文章，陈仲甫先生并有其《人生真义》一文；又倡导塞恩斯、德谟克拉西、批评的精神之结果也会要随着引出一种人生。但我对此都不敢无条件赞成。因为那西洋人从来的人生态度到现在已经见出好多弊病，受了严重的批评，而他们还略不知拣择的要原盘拿过来。虽然这种态度于今日的西洋人为更益其痛苦，而于从来的中国人则适可以救其偏，却是必要修正过才好。况且为预备及促进世界第二路文化之开辟，也要把从来的西洋态度变化变化才行。这个修正的变化的西洋态度待我后面去说。

旧派只是新派的一种反动；他并没有倡导旧化。陈仲甫先生是攻击旧文化的领袖；他的文章，有好多人看了大怒大骂，有些人写信和他争论。但是怒骂的止于怒骂，争论的止于争论，他们只是心里有一种反感而不服，并没有一种很高兴去倡导旧化的积极冲动。尤其是他们自己思想的内容异常空乏，并不曾认识了旧化的根本精神所在，怎样禁得起陈先生那明晰的头脑，锐利的笔锋，而陈先生自然就横扫直摧，所向无敌了。记得陈先生在《每周评论》上作《孔教研究》曾一再发问：

既然承认孔教在法律上、政治上、经济上都和现代社会人心不合，不知道我们还要尊崇孔教的理由在哪里？除了君臣父子夫妇之道及其他关于一般道德之说明，孔了的精神真相真意究竟是什么？

他原文大意，是说：孔子的话不外一种就当时社会打算而说的，和一种泛常讲道德的话；前一种只适用于当时社会，不合于现代社会，既不必提；而后一种如教人信实、教人仁爱、教人勤俭之类，则无论哪地方的道德家谁都会说，何必孔子？于此之外孔子的真精神，特别价值究竟在哪点？请你们替孔教抱不平的说给我听一听。这样锋利逼问，只问得旧派先生张口结舌——他实在说不上来。前年北京大学学生出版一种《新潮》，一种《国故》，仿佛代表新旧两派；那《新潮》却能表出一种西方精神，而那《国故》只堆积一些陈旧古董而已。其实真的国故便是中国故化的那一种精神——故人生态度。那些死板烂货也配和人家对垒吗？到现在谈及中国旧化便羞于出口，孔子的道理成了不敢见人的东西，只为旧派无人，何消说得！因为旧派并没有倡导旧化，我自无从表示赞成；而他们的反对新化，我只能表示不赞成，他们的反对新化并不彻底：他们也觉得社会一面不能不改革，现在的制度也只好承认，学术一面太缺欠，西洋科学似乎是好的，却总像是要德谟克拉西精神科学精神为折半的通融，莫处处都一贯到底。其实这两种精神完全是对的，只能为无批评无条件的承认，即我所谓对西方化要"全盘承受"。怎样引进这两种精神实在是当今所急的，否则，我们将永此不配谈人格，我们将永此不配谈学术。你只要细审从来所受病痛是怎样，就知道我这话非激。所以我尝叹这两年杜威、罗素先到中国来，而柏格森、倭铿不曾来，是我们学术思想界的大幸；如果杜威、罗素不曾来，而柏格森、倭铿先来了，你试想于自己从来的痼疾对症否？

在今日欧化蒙罩的中国，中国式的思想虽寂无声响，而印度产的思想却居然可以出头露面。现在除掉西洋化是一种风尚之外，佛化也是范围较小的一种风尚；并且实际上好多人都已倾向于第三路的人生。所谓倾向第三路人生的就是指着不注意图谋此世界的生活而意别有所注的人而说；如奉行吃斋、念佛、唪经、参禅、打坐等生活的人和扶乩、拜神、炼丹、修仙等样人，不论他为佛教徒，或佛教以外的信者，或类此者，都统括在内。十年来这样态度的人日有增加，滔滔皆是：大约连年变乱和生计太促，人不能乐其生，是最有力的外缘，而数百年来固有人生思想久已空乏，何堪近年复为西洋潮流之所残破，旧基骤失，新基不立，惶惑烦闷，实为其主因。至于真正是发大心的佛教徒，确乎也很有其人，但百不得一。我对于这种态度——无论其为佛教的发大心或萌乎其它鄙念——绝对不敢赞成；这是我全书推论到现在应有的结论。我先有几句声明，再申论我的意思。我要声明，我现在所说的话是替大家设想，不是离开大家而为单独的某一个人设想。一个人可以有为顾虑大家而牺牲他所愿意的生活之好意，但他却非负有此义务，他不管大家而从其自己所愿是不能非议的。所以我为某一个人打算也许赞成他作佛家的生活亦未可定。如果划一定格而责人以必作这样人生，无论如何是一个不应该。以下我略说如何替大家设想即绝对不赞成第三态度之几个意思：

一、第三态度的提出，此刻还早得很，是极显明的。而我们以前只为一步走错，以致贻误到那个天地（试回头看上文），此刻难道还要一误再误不知鉴戒吗？你一个人去走，我不能管；但如你以此倡导于社会，那我便不能不反对。

二、我们因未走第一路便走第二路而受的病痛，从第三态度将有所补救呢，还是要病上加病？我们没有抵抗天行的能力，甘受水旱天灾之虐，是将从学佛而得补救，还是将从学佛而益荒事功？我们学术思想的不清明，是将从学佛而得药治，还是将从学佛而益没有头绪？国际所受的欺凌，国内武人的横暴，以及生计的穷促等等我都不必再数。一言总括，这都是因不像西洋那样持向前图谋此世界生活之态度而吃的亏，你若再倡导印度那样不注意图谋此世界生活之态度，岂非要更把这班人害到底？

三、我们眼前之所急需的是宁息国内的纷乱，让我们的生命财产和其他个人权利稳固些；但这将从何种态度而得做到？有一班人——如刘仁航先生等——就以为大家不要争权夺利就平息了纷乱，而从佛教给人一服清凉散，就不复争权夺利，可以太平。这实在是最错误的见解，与事理真相适得其反。我们现在所用的政治制度是采自西洋，而西洋则自其人之向前争求态度而得生产的，但我们大多数国民还依然是数千年来旧态度，对于政治不闻不问，对于个人权利绝不要求，与这种制度根本不适合，所以才为少数人互竞的掠取把持，政局就翻覆不已，变乱遂以相寻。故今日之所患，不是争权夺利，而是大家太不争权夺利；只有大多数国民群起而与少数人相争，而后可以奠定这种政治制度，可以宁息累年纷乱，可以护持个人生命财产一切权利。如果再低头忍受，始终打着逃反避乱的主意，那么就永世不得安宁。在此处只有赶紧参取西洋态度，那屈己让人的态度方且不合用，何况一味教人息止向前争求态度的佛教？我在《唯识述义》序文警告大家："假使佛化大兴，中国之乱便无已"，就是为此而发。我希望倡导佛教的人可怜可怜湖南湖北遭兵乱的人民，莫再引大家到第三态度，延长了中国人这种水深火热的况味！

四、怎样促进世界最近未来文化的开辟，是看过四外情势而知其必要的；但这是第一路文化后应有的文章，也是唯他所能有的文章；照中国原样走去，无论如何所不能有的，何况走印度的第二路？第一路到现在并未走完，然单从他原路亦不能产出；这只能从变化过的第一态度或适宜的第二态度而得辟创；

其余任何态度都不能。那么，我们当然反对第三态度的倡导。

我并不以人类生活有什么好，而一定要中国人去做；我并不以人类文化有什么价值，而一定要中国人把他成就出来；我只是看着中国现在这样子的世界，而替中国人设想如此。我很晓得人类是无论如何不能得救的，除非他自己解破了根本二执——我执、法执。却是我没有法子教他从此而得救，除非我反对大家此刻的倡导。因为你此刻拿这个去倡导，他绝不领受。人类总是往前奔的，你扯他也扯不回来，非让他自己把生活的路走完，碰到第三问题的硬钉子上，他不死心的。并且他如果此刻领受，也一定十九是不很好的领受——动机不很好。此刻社会上皈依佛教的人，其皈依的动机很少是无可批评的，其大多数全都是私劣念头。借着人心理之弱点而收罗信徒简直成为彰明的事。最普通的是乘着世界不好的机会，引逗人出世思想；因人救死不赡，求生不得，而要他解脱生死；其下于此者，且不必说。这便是社会上许多恶劣宗教团体的活动也跟着佛教而并盛的一个缘故。再则，他此刻也绝不能领受。当此竞食的时代，除非生计有安顿的人，一般都是忙他的工作，要用工夫到这个，是事实所不能。他既绝不领受，又绝不能领受，又不会为好动机的领受，那么几个是从此而得救的呢？还有那许多人就是该死吗？既不能把人渡到彼岸，却白白害得他这边生活更糟乱，这是何苦？不但祸害人而且糟蹋佛教。佛教是要在生活美满而后才有他的动机，像这样求生不得，就来解脱生死，那么求生可得，就用他不着了。然在此刻倡导佛教，其结果大都是此一路，只是把佛教弄到鄙劣糊涂为止。我们非把人类送过这第二路生活的一关，不能使他从佛教而得救，不能使佛教得见其真；这是我的本意。

孔与佛恰好相反：一个是专谈现世生活，不谈现实生活以外的事；一个是专谈现世生活以外的事，不谈现世生活。这样，就致佛教在现代很没有多大活动的可能，在想把佛教抬出来活动的人，便不得不谋变更其原来面目。似乎记得太虚和尚在《海潮音》一文中要借着"人天乘"的一句话为题目，替佛教扩张他的范围到现世生活里来。又仿佛刘仁航和其他几位也都有类乎此的话头。而梁任公先生则因未曾认清佛教原来怎么一回事的缘故，就说出"禅宗可以称得起为世间的佛教应用的佛教"的话。（见《欧游心影录》）他并因此而总想着拿佛教到世间来应用；以如何可以把贵族气味的佛教改造成平民化，让大家人人都可以受用的问题，访问于我。其实这个改造是做不到的事，如果做到也必非复佛教。今年我在上海见着章太炎先生，就以这个问题探他的意见。他说，这恐怕很难；或者不立语言文字的禅宗可以普及到不识字的粗人，但普及后，还是不是佛教，就不敢说罢了。他还有一些话，论佛教在现时的宜否，但只有以上两句是可取的。总而言之，佛教是根本不能拉到现世来用的；若因为要拉它来用而改换它的本来面目，则又何苦如此糟蹋佛教？我反对佛教的倡导，并反对佛教的改造。

我提出的态度

于是我将说出我要提出的态度。我要提出的态度便是孔子之所谓"刚"。刚之一义也可以统括了孔子全部哲学，原很难于短时间说得清。但我们可以就我们所需说之一点，而以极浅之话表达他。大约"刚"就是里面力气极充实的一种活动。孔子说"吾未见刚者"。"刚"原是很难做到的。我们似乎不应当拿一个很难做到的态度提出给一般人；因为你要使这个态度普遍的为大家所循由，就只能非常粗浅，极其容易，不须加持循之力而不觉由之者，才得成功。但我此处所说的刚，实在兼括了艰深与浅易两极端而说。刚也是一路向，于此路向可以入得浅，可以入得深；所以它也可以是一非常粗浅极其简易的。我们自然以粗浅简易的示人，而导它于这方向，如它有高的可能那么也可自进于高。我今所要求的，不过是要大家往前动作，而此动作最好要发于直接的情感，而非出自欲望的计虑。孔子说："枨也欲，焉得刚。"大约欲和刚都像是很勇地往前活动；却是一则内里充实有力，而一则全是假的——不充实，假有力；一则其动为自内里发出，一则其动为向外逐去。孔子说的"刚毅木讷近仁"，全露出一个人意志高强、情感充实的样子；这样人的动作大约便都是直接发于情感的。我们此刻无论为眼前急需的护持生命财产个人权利的安全而定乱入治，或促进未来世界文化之开辟而得合理生活，都非参取第一态度，大家奋往向前不可，但又如果不根本的把它含融到第二态度的人生里面，将不能防止它的危险，将不能避免它的错误，将不能适合于今世第一和第二路的过渡时代。我们最好是感觉着这局面的不可安而奋发；莫为要从前面有所取得而奔去。我在李超女士追悼会即已指给大家这个态度，说："要求自由，不是计算自由有多大好处便宜而要求，是感觉着不自由的不可安而要求的。"但须如此，即合了我所说刚的态度；刚的动只是真实的感发而已。我意不过提倡一种奋往向前的风气，而同时排斥那向外逐物的颓流。我在那篇里又说："那提倡欲望，虽然也能使人往前动作，但我不赞成。"现在还不外那一点意思。施今墨先生对我说的"只要动就好"，现在有识的人多能见到此；但我们将如何使人动？前些年大家的倡导，似乎都偏欲望的动，现今稍稍变其方向到情感的动这面来，但这只不过随着社会运动而来的风气，和跟着罗素创造冲动占有冲动而来的滥调；并没有两面看清而知所拣择，所以杂乱纷歧，含糊不明，见不出一点方向，更不及在根本上知所从事。这两年来种种运动，愈动而人愈疲顿，愈动而人愈厌苦，弄到此刻衰竭欲绝，谁也不高兴再动，谁也没有法子再动，都只为胡乱由外面引逗欲望，激励情感，为一时的兴奋，而内里实际人人所有只欲望派的人生念头，根本原就不弄得衰竭烦恼不止。动不是容易的，适宜的动更不是容易的。现在只有先根本启发一种人生，全超脱了个人的为我，物质的歆慕，处处的算账，有所为的而为，直从里面发出来活气——罗素所谓创造冲动——含融了向前的态度，随感而应，方有所谓情感的动作，情感的动作只能于此得之。只有这样向前的动作才真有力量，才继续有活气，不会沮丧，不生厌苦，并且从他自己的活动上得了他的乐趣。只有这样向前的动作可以弥补了中国人素来缺短，解救了中国人现在的痛苦，又避免了西洋的弊害，应付了世界的需要，完全适合我们从上以来研究三文化之所审度。这就是我所谓刚的态度，我所谓适宜的第二路人生。本来中国人从前就是走这条路，却是一向总偏阴柔坤静一边，近于老子，而不是孔子阳刚乾动的态度；若如孔子之刚的态度，便为适宜的第二路人生。

今日应再创讲学之风

明白地说，照我意思是要如宋明人那样再创讲学之风，以孔颜的人生为现在的青年解决他烦闷的人生问题，一个个替他开出一条路来去走。一个人必确定了他的人生才得往前走动，多数人也是这样；只有昭苏了中国人的人生态度，才能把生机剥尽死气沉沉的中国人复活过来，从里面发出动作，才是真动。中国不复活则已，中国而复活，只能于此得之；这是唯一无二的路。有人以清代学术比作中国的文艺复兴，其实文艺复兴的真意义在其人生态度的复兴，清学有什么中国人生态度复兴的可说？有人以五四而来的新文化运动为中国的文艺复兴；其实这新运动只是西洋化在中国的兴起，怎能算得中国的文艺复兴？若真中国的文艺复兴，应当是中国自己人生态度的复兴；那只有如我现在所说可以当得起。

蒋百里先生对我说，他觉得新思潮新风气并不难开，中国数十年来已经是一开再开，一个新的去，一个新的又来，来了很快的便已到处传播，却总是在笔头口头转来转去，一些名词变换变换，总没有什么实际干涉，真的影响出来；

如果始终这样子，将永无办法；他的意思似乎需要一种似宗教非宗教像倭铿所倡的那种东西，把人引入真实生活上来才行。这话自是不错，其实用不着他求，只就再创讲学之风而已。现在只有踏实地奠定一种人生，才可以真吸收融取了科学和德谟克拉西两精神下的种种学术种种思潮而有个结果；否则，我敢说新文化是没有结果的。至于我心目中所谓讲学，自也有好多与从前不同处；最好不要成为少数人的高深学业，应当多致力于普及而不力求提高。我们可以把孔子的路放得极宽泛、极通常，简直去容纳不合孔子之点都不要紧。孔子有一句"极高明而道中庸"的话，我想拿来替我自己解释。我们只去领导大家走一种相当的态度而已；虽然遇到天分高的人不是浅薄东西所应付得了，然可以"极高明"而不可以"道高明"。我是先自己有一套思想再来看孔家诸经的；看了孔经，先有自己意见再来看宋明人书的；始终拿自己思想做主。由我看去，泰州王氏一路独可注意；黄黎洲所谓"其人多能赤手以搏龙蛇"，而东崖之门有许多樵夫、陶匠、田夫，似亦能化及平民者。但孔子的东西不是一种思想，而是一种生活；我于这种生活还隔膜，容我尝试得少分，再来说话。

世界的态度

其实我提出的这态度并不新鲜特别，巧妙希罕，不过就是现在世界上人当此世界文化过渡时代所要持的态度。我所谓情感的动，不但于中国人为恰好，于世界上人也恰好，因为我本是就着大家将转上去的路指说出而已。

评《东西文化及其哲学》（节录）

严既澄

……

二、孔家思想和中国的生活观

我读过梁先生的全书之后，觉到第一感动我处，不在他的结论，而在他的"孔家思想"之发挥。……我常以为孔子的原意，原是不看轻"情"字一面的；然我又被后来的大儒所误，以为儒家太着眼于所谓"礼"的繁文缛节，太把人与人间的至情抑制了，弄到家庭社会间，大家成了虚伪周旋的习惯，很少机会任人生浸润于至情之中，因此，我对于儒家，颇生恶感，便连带将孔子也不注意起来。二十几岁以后，注全力于西方学问的研究，从未留心到孔子的学说，因此，我对于孔家的感情，很是薄弱。现在梁先生在这本书所述的，我虽然还有些不敢尽信的地方，然已确然认定他足以洗出二千年来孔家的真面目。梁先生的功绩，这一部分是最可感谢的。我现在且把所谓不敢尽信的地方来说一说，不说的我俱赞同了。

我细绎梁君所说，全部都以"性善"的假定为根基。性善原是儒家的第一个假定，然我相信只是一个假定而已。据近世的心理学说来，这个假定，似乎已不能立足；因为一个人生出来的时候，只是混沌而已，据好些生物学家说，灵魂细胞还没有完成，又从哪里来一个善的趋向？大概善恶的趋向，总得要明白了人事，通晓了"计较"，才养成的，恐怕不能咬定人性是善，正如荀子性恶说之不能成立一般。拿近代的眼光看来，只怕终以告子的意见为最可靠。我们到底没有积极的证据来证明性是善是恶，便不能贸然拿来做立论的根基。如孟子所说的"怵惕恻隐之心"，与其释之于性，何如释之于同情，而同情是靠经验得来的，大概不是先天的东西。梁先生说："人自然会走对的路，原不须你操心打量的。遇事他便当下随感而应，这随感而应，通是对的，要于外求对，是没有的。我们的生活，便是流行之体，他自然走那最对、最妥帖、最适当的路。"（一八四页）这种话仍然未能替孟子找出一个圆满的证据来。孟子当时驳人家言性的话，都用譬喻的方法，或取证于事实，这是很不够用的，他一定要拿"礼也"、"义也"来譬同嗜之味，同听之声；这又是有何根据的呢？我就拿"残暴"、"凶恶"来譬那些同嗜同听，又有何不可？因为我们的生活，是善恶相掺混的，善的行为有，恶的行为也有，因此我们便不能拿事实来做性善或性恶的根据。你说恶是习染得来，我便不能说善是习染得来吗？据此说来，梁先生这全凭直觉来走的路，就是很危险的了！就说性是善的吧，而我们要达到宋儒所说"无欲"的一步，"把力量松开，使其自然的自己去流行"，是不是一件人人能够容易办到的事情？孔子说："七十而从心所欲，不逾矩"，这大概是梁先生所赞美的全凭直觉，随感而应的境界了；然而孔子尚须走到七十岁，才走到这步境界，那么，平常的人，不更是难望了吗？梁先生虽说孔子一生都在这种境界中，说他一生都是不打量，不认定，然而我们看孔子的生活，和孔子的行事，很不像真能这样的人。那么，他这所谓不认定，不打量的，只是心理方面的事了。可是据我想来，行为和心理两方面，绝不能毫无关涉的，像孔子那么样勤勤恳恳想去行道的人，又怎能说种种打算计较，不从他的心里发出来；而"席不正不坐""放郑声，远佞人""恶紫之夺朱也"种种行为和言论，以及"道不行，乘桴浮于海""归与！归与"种种叹声，不是出于打量计算？然则即孔子自身，不到七十岁以后，也未能达到完全依靠直觉的境界了。这崇尚直觉的功夫，不已太难得到了吗？未曾到这一步，而不打算不较量专依直觉走去，不又是走入了"晋贤"的道上吗？我请说一句我自己的经验，我生平就是一个绝少计算打量的人，虽未曾专依直觉，然处心行事，的确是多半受情感的支配的。所得的是什么呢？烦恼，窘苦，悔恨，得罪人，这种种结果而已！这自然是因为我未曾得到"心理平衡"那一步，态度拿出太早的缘故，然也可见梁先生所说的样法是不大容易普及，不大容易成功的了。这又怎么好呢？依我想来，光是这样的专依直觉法，是不行的，我们至少须要参附些计算较量的功夫——就是用理智来辅助直觉。我也极以为打量计算是最足以戕灭生趣的，然而因为我们已经有了好几千年的颓风恶习的缘故，我们日常生活，已经浸润于恶境为多，我们万不能再完全依赖这靠不住的直觉。我们所能做的，只是努力减少打算较量的苦心，极力减至可能的地步而已。梁先生所说，似乎太相信"性善"的假定，而且脱不了高谈玄理的态度。梁先生说到后来，也提出"双的路"那个说法，则又似乎和他起先所说的有些不照应了。然而无论如何，我们终是取他后一个说法好，我们现在所求的，的确是这种人生。我虽未敢就此断定孔子的意思，果然如此——其实据我现时的意见，我还以为孔子是重视理智的，一方面我不能驳他不重视情志，而一方面我又觉得他着重理智的地方很多，似乎还未能像梁先生所说的那么样主情志；然而我对于孔子的道理，本来没有用过什么功夫，这话只可迟日再去解决——然我却深信像梁先生所说的的确是合理的人生；这种思想，就说他是近代化的孔家思想，也未尝不可，正不必争辩是否悉合孔子的原意。而且像他所解释的孔学的根本精神，我也认为不误了。

说到中国人的生活，梁先生以为物质方面，是优胜的；社会方面，有胜有败；而精神方面，则完全失败。我觉得这三面的分说，是不大妥的；三方面关系非常密切，差不多可说是整个的，正不容分这三方面来说他。我们所着眼的，不是比较中国和西洋的文明——文化的成绩——而是比较两方的文化——生活的样法。因此，我们只要拿两方生活的根本精神来比较就够了。梁君说物质和社会两方面，都是说生活态度，而说到精神方面，便似乎说到成绩品上去了。其实据梁君所说的"中国人的那般人与自然浑融的样子，和那从容享乐的物质生活态度"，和"中国人的那般人与人浑融的样子，和那淳厚礼让的生活态度"，只是同出于一个根本精神，而中国人精神方面的生活，也就可见于这两方面上。至于说中国的宗教、文学、艺术、科学、哲学等，不及西洋，那只是比较文明，是不关重要的——而且据我的意思，中国人情志方面的成绩品，决不下于西洋，而且还要超过之；这话也不及在这里解释它。我所怀疑的，就是：中国人的生活，到底是不是像梁君所说的那么样好呢？在许多事实上看来，中国人实难逃"怯懦"两字的评语；我们要注意梁君所说"浑融""礼让"的态度，实在有许多怯懦的成分在里头。要晓得我们的情志不觉着有何缺憾时，而我们悠游自得，那才是从容享乐；若情志有了要求，而我们仍旧不想法子去满足他，那就是怯懦了！我总觉得中国人平常不是没有情志的缺憾的，而大家尽抱着"安分守己"、"听天由命"的态度，老不去想一想自己满足的法儿。他并不是不觉着缺憾的苦况，并不是不希望满足这个缺憾，只是懒得去努力罢了！这是不能算作"乐天""自得"的，因他着实未曾乐，着实未曾自得。这是我们但放眼一看社会上的情形和群众的心理，就可以知道的了。中国人又素来是以贪著名的，大概稍知道社会情形的人，总不能不承认罗素的临别赠言所举的这个大毛病。说中国人的计算心，不及西洋人那么样大，似乎也不切实情。果真计算心不大，又何致以贪著名呢？又梁君所说的中国社会生活，以为处处尚情而无我，家庭里、社会上处处都能得到一种情趣，那也似乎太把中国人恭维过分了。大概这些都只是表面的现象，骨子里能当真这样的，也是非常之少，正比西洋人强不得几分。难道梁君未曾听见过那些兄弟争产，朋友算计翻脸，种种对敌结仇的事情吗？家庭里的嫉视、暗算，种种苦痛，差不多随在而是，难道梁君也不晓得吗？在表面上看来，中国人彼此对待，似乎比西洋人好得多，而其实则冷漠算账的事情，并不较西洋人少，只不过比西洋人顾面子些，不像西洋人那么样明斗罢了。因此，据我的意思，中国人的真态度，实在是拿不出来的，除非经过一番大革新。中国虽然很有些真尚至情，同过融融泄泄的生活的家庭，然为数不多，而且西洋也未尝尽无，正未足做中国生活的代表。梁先生所说的中国人的生活，的确太把中国人恭维过分；我所能承认的，只以为自大体上说来，中国人在社会生活上自己所树的行为的正鹄，着实比西洋人高些，而因为很受些孔家精神的感染之故，他的根本精神比较地接近于梁先生所提出的合理的人生罢了。

三、世界将来的文化

现在世界的思想，最显著的转捩，就是从主知转向主情志；梁君这部推测未来的大著，也只是建造于"是情感与欲望驱我们活动"的一个主旨上。这一着他认得很清楚，发挥得很透彻，因此断定宗教之存在，因此断定中国化之为救时灵药，因此断定印度化之复兴，这一点是千真万确的，大家要晓得人生第一件要事，就先去要把自己系牢，先要将自己安置得稳定坚固，方才有第二件事可讲。这一个"我"还未曾站得稳固，便忙着去替人打算，只是虚无缥缈，到头来未曾替人家算得一毫，自己便要先倒下来了。

……

现时西洋人的生活，的确已经走到了烦闷疲倦、枯燥残酷的田地，做人的根本方法，已到了不能不变的时候，我们实不能说这是一时反动的情形；梁先生的推测——其实已不能说是推测，这个趋势的端倪已见了——大体我是认为不错的。那么，我们试拿张东荪先生的反对话来讨论讨论看。张先生首先认定西洋文化是奋进要求的态度，而物欲征逐只是其中的一个表现，因此我们不能因物欲征逐的那个表现而诋毁西洋文化的全部。他又是不赞成持中意欲的；他说："持中调节是勉强的，既不能减除痛苦，又不能满足意志。所以我认这种控制意欲是一种不自然的生活，一旦与物欲（即物质文明）相遇，没有不立败的：

中国现代道德堕落到这般地步，全是为此。……我以为中国所应采取的自然是除去物欲征逐的奋进主义。"这大概不单是张君个人的意见，恐怕也就是现时所谓"新青年"的最时髦的话儿。……须知物欲之盛，正由于大讲奋进，奋进所进的是什么？只是进欲而已！大家努力解放我们的欲望，务使他时时感到不足，时时要有要求；要求到手之后，又再使欲望更进一步，而又感到不足。在实用主义者的眼光看来，以为像这样的要求不已便是进化；而其实则仍然是进欲，其结果只促使人类的生活日趋复杂，日趋劳苦，终生在缺憾之中而已！依此说来，就是日日进化，时时进化，而我们所得的究竟是些什么？我们日日打将来的主意，双眼一合，将来又在哪里？"这世界是在建造中的"，我们又替谁建造？这种工具的人生观最没道理，最促使人烦苦，就使人一时听信了，终久会被人发现破绽，而催人入于厌世一流！又谁能断定这样的进欲方法可以把物欲除外呢！张君说中国人向来过惯了控制意欲的不自然的生活，所以一与物欲遇，便如饿虎一般没有法子再可抑止他的意欲，其实物欲是人所不免的，不过我们要稍稍调节它，不使它一纵不可遏，拿自己来殉它罢了；张君没有把持中调节的意思弄清楚，硬说是控制，而主张放纵，试问就据现时的情形看来，中国人对于物欲是饿虎，难道西洋人便可以有饿狗饿猫的资格吗？……我并不是爱说老顽固的话，我的根本意思，只在以情感的安顿为人生，最根本的要求，也是我们第一件要注意的事实，什么功利，什么进化，都是下一步的事情，我们最好慢一步提着它。若果必须奋进，必要不持中，其结果只有烦苦，不满意，即人生遂不免日沦枯酷；人生至于枯酷，任你进到了超人也还是毫无意思，大家都不知道是为谁而进了。

我现在应当说一句我的结论了。梁先生的思想，我差不多全体赞同，但于他反驳东西文化调和说的地方我认为他有些错误。在我看来，东西文化不但有调和的可能，并且是非调和不可。……其实梁君的意思，还是着重"批评的把中国原来态度重新拿出来"一条，他所谓对于西方化全盘承受而改其态度，固已明白地表示只承受其文明，而璧回其文化了——根本改造其态度，文化还剩什么？依我想，两方的文化——单指中国和西方，印度我不大明了——既然都有所缺，都有所长，都有不适于今日，都有适于今日的地方，那么，除了合并其适处，以造一新文化之外，更没别的办法。文化只是"生活的样法"，不见得东西两方生活的样法就永远调和不得。我们就不取这调和的名字，而说，中国人和西洋人对于自己的态度，都要改变一下，增一些，减一些，而彼方所要增的，恰巧是此方的东西；此方所要增的，也恰巧是彼方的东西，那么，这也就是调和了。就据理论上说来，两样不同性的东西也不见得一定要冲突的。据现时的大势说去，将来的人生，总不免兼取两方依其根本精神而改造过的态度；即梁先生自己所说的，也未尝不是如此了，那么，何必更反对调和之说呢？

……

原载《民铎》三卷三号，一九二二，三，一

论"比较中西"（节录）

——为谈中西文化及民族性者进一解

冯友兰

……

我说中国人现在有兴趣之比较文化之原因，不在理论方面，而在行为方面；其目的不在追究既往，而在预期将来。因为中国民族，从出世以来轰轰烈烈，从未遇见敌手。现在他忽逢劲敌，对于他自己的前途，很无把握。所以急于把他自己既往的成绩，及他的敌人的既往的成绩，比较一下，比较的目的，是看自己的能力，究竟够不够。这一仗是不是能保必胜。好像秀才候榜，对于中不中毫无把握，只管把自己的文章，反复细看，与大家的文章，反复比较。若是他中不中的命运，已经确定，那他就只顾享那中后的荣华，或尝那不中后的悲哀，再也不把自己的文章，与人家的文章反复比较了。

……

切实研究，既一时不能有效，所以具体的事实，都没有清理出来，而发表意见的人，都是从他们各人的主观的直觉，去下些判断。此一是非，彼一是非，是非无穷，永远不能解决。因为文化与民族性，如我上文所说，是个包罗一切的总名，其中是龙蛇混杂，什么都有。这个人说中国有某某坏人，某某坏事，就抓着他们以为中国之代表，而把中国大骂一顿。那个人说中国有某某好人，某某好事，也抓着他们以为中国之代表，而把中国大恭维一顿。其实中国好坏人好坏事都有，而一件事实，又差不多都可从好坏两方面看，所以这些辩论，也不能说他对，也不能说他不对，这就是中国官场的套话，所谓"事出有因，查无实据"。就是康德纯粹理性评判中所谓之 Antinomy（二律背反），就是俗话中所谓"公说公有理，婆说婆有理"。

我现在再假设几个辩论以为说明。

说中国民族性好的人说：

（一）中国人酷爱和平，是莫大的美德。

（驳）这正是中国懦怯的表现。

（二）中国人注重智慧，以士为社会领袖，因此可以使社会长往善美一路走。

（驳）中国人多空言而少实际，多虚想而轻实验，弊正在于只重读书人。

（三）中国重视道德。有才无德之人，不为社会所重，由此则坏人不易逞其才以为恶。

（驳）中国人头脑不清，混道德与才艺为一谈，因此使许多天才不能充分发达。

说中国民族性不好的人说：

（一）中国人缺少同情心。

（驳）中国主张爱有差等，施由亲始。此最合中庸之道。

（二）中国人无主义，好调和。

（驳）中国历史上忠义之多，为世界所罕见，"宁为断头将军，不为降将军"，非无主义；调和正是从容中道。不可谓非。

（三）中国人不重个性。

（驳）中国教人视社会为重，自己为轻，重利他不重利自，正是好处，不得为非。

以上所列，不过随便写下几条，其实如此之类，多不胜书。徒空言不能解决此大问题，我想也不必再加证明了。

不过这个问题，既系目前之真问题，与行为攸关，我们不能置之不问，亦不能留以有待，空言既不能解决，我们究竟怎么样呢？

我说我们所以对于这个问题有兴趣的原因，既在行为方面，那么我们现在也可行为方面，给它找个解决。若在行为方面找解决，那就正用着詹姆斯（Whliam James）所说的"意志信仰"（The will to believe）了。"意志信仰"，就是于两个辩论之中，挑一个与我的意志所希望相合的而信仰之。有许多人误会詹姆斯的意思，以为我们如凡问题皆不明白解决，只随意信仰，那不是自欺欺人吗？那么 Will to believe 岂不就等于 Will to deceive（意志欺骗）吗？不知詹姆斯所谓用意志去信仰之适用，是有限制的。大概需要而且可以适用"意志信仰"的问题，须要具备下列条件：

（一）此问题所论及之事，须与人为有关。

（二）此问题须与目前刻不容缓之行为，有直接关系。

（三）此问题之答案之为正为负，于此行为之结果，有莫大影响。

（四）此答案正负两方面之理论上的根据，均极充足；理论上不能证明孰是孰非。

譬如我们算一算学问题，其解决与目前行为，并无关系，那么今天不解决，明天再算不迟。上列条件无一具备，我们当然要纯用智力去解决他，不能亦不可用意志去信仰。若是我们在深山之中，前有深涧，后有猛虎，我若跳过深涧，就可逃出性命。此深涧之宽我似能跳过，而又前无经验，不敢必有把握。但是我若自信我能跳过，我就立时胆大气壮，而只此胆大气壮，就能使我跳过，就能使我所信是真。我若自信我跳不过，我就立时胆怯腿战，而只此胆怯腿战，就能使我跳不过，也就能使我所信是真。在这些情形之下，问题之解决，即刻不容缓，而我之所信，就能使它自己实现而是真。那么我为什么不"用意志去信仰"呢？现在我们中西文化比较的问题，还不是恰如此例吗？现在说中国文化不比西洋为劣者，及说中国文化比西洋为劣者，两方皆有理由。如上所说，理论上现在不能证实孰是孰非。那么我们为什么不"用意志去信仰"呢？我们若信中国文化，至少与西洋平等，那就证实我们的才能，至少亦与西洋人平等，我们就胆大气壮，而只此胆大气壮，就是我们得胜之重要条件，因之就能使我们之所信为真；我们若信中国文化较西洋为劣，那就证实我们才能不及西洋人，我们就胆小心虚，而只此胆小心虚，就是我们失败之重要条件，因之也就能使我们之所信为真。所以我们之所信就能自己证明他自己。我们为什么妄自菲薄，不敢相信自己的成绩，自己的能力呢？况且我们这种信仰，并不须与我们的智力之所见，大相冲突，我们也不必一定把说中国不好的人之辩论一律驳倒，或一律置之不问不闻。从前中国司法官想把犯人定重罪的时候，就说此人"虽属情有可原，究竟咎有应得"，若想定轻罪的时候，就说此人"虽属咎有应得，究竟情有可原"，我们现在也不妨照办，只须把那说中国不好的人之命题，"中国除………外皆坏"改作"中国除………外皆好"。只此一转语气，便能给我们安慰、勇气及光明的前途。

再说我们论人，总说"盖棺论定"。现中国文化及民族，果到盖棺的程度没有呢？没有。中国人一日不死尽，则中国文化及中国民族性即一日在制造之中。它们并不是已造的东西（Something made），乃是正在制造的东西（Something in the making）：我们就是制造它们的工程师工人，它们的好坏，就是我们的责任。有位哲学家说：哲学家描写宇宙，往往忘记他自己也在宇宙之内。他所描写的，是整个的宇宙减去他自己。这是很不对的。譬如我现在要画个纽约图——画图，不是地图，那么要想完全于此图中，总得画一哥伦比亚大学图书馆，其中有个我，正画纽约图。以中国人而谈中国文化，及民族性，也是如此。我说中国怯懦，但是我若勇敢了，只此一举，就教"凡中国人皆怯"之全称肯定命题，不能成立。所以我说空口谈论文明及民族性之优劣，是没用的。他们的优劣，全靠我们的信仰，我们的国民意志说更适当。

此时此地！Here and Now 或反而适合。

十一年，一月，十八日，于纽约哥伦比亚大学图书馆。

原载《学艺》三卷十号，一九二二，五，一

中国文化与西方（节录）

〔英国〕罗素 著　枢乾 译

……

如今中国有两种文化之接触，一为我们的（指西方）文化，一为他们（指中国）本来的文化。这次接触，将来或者更产生一新文化优出于二者之上，或者完全破坏其旧有之文明而代之以美国化，尚未可定。昔时异种文化之接触，常为人类进步辟一新纪元。希腊学于埃及，罗马学于希腊，阿拉伯人学于罗马帝国，欧洲中世纪学于阿拉伯人，文艺复兴时之欧洲学于东罗马帝国。在这些接触之中，弟子常高出于先师之上。现在的中国，若是我们把他当做弟子，亦将如是。实言之，中国所应学于我们的固多，而我们所应学于中国者亦复不少。我之所以以中国为弟子而不以之为先师者，这是因为诚恐我们不肯虚心受教。

除开西班牙与美洲在十六世纪之相通以外，我更想不到有两种的文化，离立若是之久而相遇如中国与欧洲者。因为有如此之隔离，所以欧洲人与中国人之了解，不无困难，所以我最好先简略叙明此二文化之来历。

西欧与美国之心灵生活实为一致。我们可以追溯于三大根源：（一）希腊文化；（二）犹太宗教与伦理；（三）近世工业主义，即近世科学之产儿。我们可以提出柏拉图，旧约全书与科学为此三元素之代表。此三元素至今仍可类析。自希腊文化之中，我们得着文学、美术、哲学、纯粹数学，及社会状况中较为都雅之部。自犹太人中，我们得着溺信之教条，而赞成者则名之曰"信仰"（Faith）。我们又得着对于伦理之热情及罪恶之概念；不能宽容其他之宗教与国家主义之思想，一部分亦系由此得来。自应兴于工业主义之科学当中，我们得着威权，和威权的思想，自信我们如同神人一样，可以操纵科学不倡明种族人民生死之权。我们又得实验之方法，应用此法，我们真实知识之大半皆由此得来。依我看来，此三元素实支配我们心灵生活之大部。

至于中国之发展，此三元素，无一占有重要之位置者。……

中国最古之圣人为道教玄祖之老子，"老子"并非其本名，不过意即谓为一高年之哲学者罢了。他与孔子同时而长于孔子。据我看来，他是最有趣的一人。他承认每个人，每个禽兽，每件物体均各有其自然之行为。我们应当顺从自然，并且劝人亦顺从自然。道学之意义即为所应行之"路"，但有玄妙之深义，如圣书中"吾即是道，即真理，即生命"句中所谓之道。我以为老子想着死是因于违道而有的，假使人人严格地效法自然，就可以长生不死，如同天上的星辰一样。后来道教失其本来面目，而退化为专讲妖术，如求长生妙药之类。但是我以为逃免死亡，自始即为道教哲学中要素之一。

……

道教徒虽仍存在为妖术家，但被孔教所驱逐不受教育界之欢迎。我必须自认我是不能领略孔子之优点。他的著述，多关于仪礼之小节，其主要者即教人于遇各项典礼时，举止应当如何，然后合宜。但是以孔子与他世纪他种族之宗教师相较，我们必须承认他有许多长处，纵然是消极的。他的教训之系统，纯粹为伦理学，并无宗教之信条。孔教没有产生势力澎湃之教士阶级，也没有引起宗教之窜杀（Persecution），但是他的教训却收使全国之人谦恭礼让之实效。中国人之好礼，并非仅为套习的，即无成例在先亦然；且亦不限于一级，虽最卑俭之苦力亦莫不如是。看着白人之以强暴骄凌中国，而彼则以静默之态度受之，不愿以暴应暴以自卑；这种情形，看来好似备受屈辱。欧洲之人常谓此为中国人之弱点，然而不知这就是他的力，用这种力他已征服其历来之侵略者。

在中国遗传下来的文化当中，仅有一重要之外来的元素——即为佛教。佛教在纪元后数世纪由印度输入中国，在中国之宗教中占一重要之位置。依我们由犹太人传下之不容忍他教之眼光观之，以为假若一人信奉一教，即不能再奉一第二宗教，正统派之耶稣教与回教之信条中，不许一人同奉二教。但在中国，这种谓二教不能并立之思想，全不存在。一个人可同时为佛教徒与孔教徒，因为二教之中，并无抵触之点。在日本也是一样，多数之人民同为佛教徒与神道教徒。但是在佛教与孔道之间其性质上有一歧异之存在，使人偏重其一，纵然他是信奉二教。佛教之为教，是我们所知道的。它是有神秘之教条，和超度罪过，及轮回之生活。它是带有福音传给世人，欲以拯救无宗教信仰者之失望。它认为本性之哀观只能得福音之疗治。孔教则不然。他认为人类根本上与世无争，与物无竞，只是缺少何以为生之指导，而无须乎生活之鼓励。其伦理学上之教训，非根据于任何玄学，或宗教信条，那都是世俗的词语。这两种宗教在中国的结果，于是深于信教心及沉默之人多于奉佛教，而活动的执政者则满意于孔教。孔教为中国历来之正经，从前考试文官，即根据于孔教之经典。其结果于是多年以来，中国政府在于文人怀疑派哲学者之治下。其治理国家固不似西方人君之精力和有破坏的本领。实言之，他们是近合于庄子之原理。是以人民安乐，除非内乱之骚扰。藩属之国，听其自主；外人也不必害怕中国之侵略，虽其人民之众，物产之丰。

以中国文化与欧洲文化两相比较，我们看到希腊文化之大部，在中国也有；但是我们文化之其他二项元素——即犹太主义与科学——就没有。中国实际上无宗教，不独在上等阶级中为然，且其民众之全体亦然。他们有一准定的伦理规约，但是并不猛厉或有迫害之事，亦未包含"罪恶"之概念。除最近之时受了欧洲之影响，从前并没有科学与工业主义。

此古代遗传文化此次与西方文化之接触，其结果将如何乎？我并不是说政治或经济之结果，不过只是说对于中国人心灵状况之影响。当然完全抛开此二问题，确是很难的事，因为中西文化之接触，自然受政治上及经济上之影响。但是我在此处勉强只是限论文化之问题。

中国人有一极大之热望，以学西方之科学，并非专为维持国力以抗拒西方之侵蚀，但是多数的人，确是为学问而学，以为学问之本身是一桩很好的事。中国人素来重视知识，但昔时只能由古典文学中求之，如今则普遍均承认西方之知识较为有用。每年有许多学生留学欧洲各大学，而留学美国者更多，以研究科学、经济、法律，或政治学理。这些留学生返国之后，或就职教员，或服务于政界，或新闻界。他们很快地维新中国，尤其是在教育界中更著成效。

中国古代所遗传下来的文化，已经是变为无进步，对于文学美术没有多大的作用。我以为这并不是中国民族之衰替，不过是因为缺少新资料而然耳。……

有一件重要之事实，区别中国人于日本人者，即中国人之所欲学于我们的，并非所以富国强兵之道。但是有伦理或社会之价值者，或纯为智慧上有兴趣者，他对于我们的文化，并不是全然认好，不加褒贬。有人告诉我说他们在一九一四年以前不甚加褒贬，但是此次之大战，使他们想到西方生活之状况，必有不完善之点。但是向西方求知识之思想仍然不惰；有的青年以为过激主义足以应其要求，这种希冀必定是要失望；不久他们将要感到须用一新的调和之方法以拯救其自身之厄难。日本人取我们之短，而又保存其自己之短，但是可以希望中国人为相反之选择，保持其自己之长而兼取我们之长。

我以为我们文化之优点就是科学之方法；中国文化之优点，就是人生目的正当之观念。我们要希望这两项长处渐渐地融合而归并。……

虽然在中国有许多的战争，但是中国人之自然景况是酷爱和平。我不知道更有如中国者，如卫来（Waley）所译诗中"断臂之叟"，因不愿从军而自断其手者。他们酷爱和平之性深基于他们沉默之状况及不愿改变其所见的事实之中。他们喜欢——如于其绘画中见之——观察各种生活之特性的表现，而不愿令万物缩成千般一律，预先思定之图案。他们没有西方国家"进步"之理想，而给我们盲动的冲动以唯理化。当然"进步"二字，对于我们也是新进的理想，这是我们爱科学与工业主义一部分之赐。现今中国之文人，其谈话与古先圣人之著书同出一辙。若是你告诉他说就是表现其进步之迟，他们将要说："既已安乐于尽美尽善，何必更求进步？"起初看来，这种见解，以欧洲人观之，似为非常之怠惰；但是知识愈进，我们就要发生怀疑。我们就要想到我们所谓为进步者，多半是不过为暴烈之变迁，并不是使我们近达于所期望之鹄的。

比较中国人所取于欧洲，及欧洲人所取于中国者，确是很有趣味。中国人在西方求知识，希望——我恐怕这希望是将归无效——知识或可开智慧之门。白人之往中国者有三动机：（一）侵略者；（二）致富者；（三）传教者，劝中国人信奉我们的宗教。最后之动机，有理性之美德，并且感动许多英勇之人。但是军人、商人，与教士，均是同样地踏沾我们的文明于全世；他们这三种人都是好斗。中国人无意于劝我们信奉孔教；他们说，"宗教无数而理唯一"，所以他们听我们的自主。他们是良好商人，但其方法与在中国之欧洲商人不同。欧洲商人常求得租界地，垄断，铁路及矿山，以炮艇做后盾，以达其所要求。普通而论，中国人不是良好的军人，因为是叫他们作战之目的不值得战争，而他们自己知这是不值得作战。这不过是他们有理性之证据的一桩罢了。

我想中国人之宽恕，远非欧人在本乡经验中所可意想者。我们自以为比我们先祖宽洪大度得多，但是我们还是有政治与社会之窄余。最坏的毛病，尤其是我们自以为我们的文化及生活之道，远胜于他人，所以当我们遇着中国这样的国家，以为对他最仁爱之举动，莫若使之变为和我们一样。我以为此乃一大错误。依我看来，普通一个中国人，虽然极其困穷，还比一普通英国人愉快得多；其所以然者，即因中国系建在一比我们更仁慈、更文明之状况之上。暴动与好斗，不独产生罪恶，并且使我们的生活不适意，使我们不能领略美感，也几乎使我们不能沉思。关于此点，在过去之二百年间，我们的情形日日变恶。我并不否认中国人之过偏于彼方；但是因为这个原因，所以我想东西文化之接触，也许可以交相为益。中国人可自我们学习应用需要之实效——即应用科学——至足敷需要之限度；我们可自中国学习那种沉默之智慧——这种智慧足以维持中国之独存，而古代之国均已消灭。

……

原载《学灯》一九二二年，六，三—四

科学精神与东西文化

《学灯》，上海《时事新报》副刊，1922 年 8 月 23 日；
收入：陈崧（编），《"五四"前后东西文化问题论战文选
（增订本）》，北京：中国社会科学出版社，1989 年

梁启超

一

今日我感觉莫大的光荣，得有机会在一个关系中国前途最大的学问团
体——科学社年会来讲演。但我又非常惭愧而且惶恐，像我这样对于科学完全
门外汉的人，怎样配在此讲演呢？这个讲题——《科学精神与东西文化》，是本
社董事部指定要我讲的。我记得科举时代的笑话：有些不通秀才去应考，罚他
先饮三斗墨汁，预备倒吊着滴些墨点出来。我今天这本考卷，只算倒吊着滴墨
汁。明知一定要见笑大方，但是句句话都是表示我们门外汉对于门内的"宗庙
之美，百官之富"如何欣羡，如何崇敬，如何爱恋的一片诚意。我希望国内不
懂科学的人，或是素来看轻科学、讨厌科学的人，听我这番话得多少觉悟，那
么，便算我个人对于本社一点贡献了。

近百年来科学的收获，如此其丰富。我们不是鸟，也可以腾空；不是鱼，
也可以入水；不是神仙，也可以和几百千里外的人答话……诸如此类，那一件
不是受科学之赐？任凭怎么顽固的人，谅来"科学无用"这句话，再不会出诸
口了。然而中国为什么直到今日还得不着科学的好处？直到今日依然成为"非
科学的国民"呢？我想，中国人对于科学的态度，有根本不对的三点。

其一，把科学看得太低了、太粗了。我们几千年来的信条，都说的"形而
上者谓之道，形而下者谓之器"、"德成而上，艺成而下"这一类话。多数人以
为科学无论如何高深，总不过属于艺和器那部分，这部分原是学问的粗迹，懂
得不算稀奇，不懂得不算耻辱。又以为我们科学虽不如人，却还有比科学更宝

贵的学问，什么超凡入圣的大本领，什么治国平天下的大经纶，件件都足以自豪。对于这些粗浅的科学，顶多拿来当一种补助学问就够了。因为这种故见横亘在胸中，所以从郭筠仙、张香涛这班提倡新学的先辈起，都有两句自鸣得意的话，说什么"中学为体，西学为用"，这两句话现在虽然没有从前那么时髦了，但因为话里的精神和中国人脾胃最相投合，所以话的效力，直到今日依然为变相的存在。老先生们不用说了，就算这几年所谓新思潮，所谓新文化运动，不是大家都认为蓬蓬勃勃有生气吗？试检查一检查它的内容，大抵最流行的，莫过于讲政治上、经济上这样主义、那样主义。我替它起个名字，叫做西装式的治国平天下大经纶。次流行的莫过于讲哲学上、文学上这种精神、那种精神，我也替它起个名字，叫做大餐式的超凡入圣大本领。我并不是说这些学问不该讲，但讲它须把它建设在科学基础之上。我们看倒了那些脚踏实地平淡无奇的科学，试问有几个人肯出去讲求，学校中能够有几处像样子的科学讲座？有了，几个人肯去听？出版界能够有几部有价值的科学书，几篇有价值的科学论文？有了，几个人肯去读？我固然不敢说现在青年绝对的没有科学兴味，然而兴味总不如别方面浓。须知这是积多少年社会心理遗传下来，对于科学认为"艺成而下"的观念，牢不可破。直到今日，还是最爱说空话的人，最受社会欢迎。做科学的既已不能如别种学问之可以速成，而又不为社会所尊重，谁肯埋头去学它呢？

其二，把科学看得太呆了、太窄了。那些绝对的鄙厌科学的人，且不必责备。就是相对的尊重科学的人，还是十个有九个不了解科学性质。他们只知道科学研究所产结果的价值，而不知道科学本身的价值。他们只有数学、几何学、物理学、化学等等概念，而没有科学的概念。他们以为学化学便懂化学，学几何便懂几何，殊不知并非化学能教人懂化学，几何能教人懂几何，实在是科学能教人懂化学和几何。他们以为只有化学、数学、物理、几何等等，才算科学。以为只有学化学、数学、物理、几何等等，才用得着科学。殊不知所有政治学、经济学、社会学等等，只要够得上一门学问的，没有不是科学。我们若不拿科学精神去研究，便做那一门子学问也做不成。中国人因为始终没有懂得"科学"这个字的意义，所以五十年前，很有人奖励学制船、学制炮，却没有人奖励科学。近十几年学校里都教的数学、几何、化学、物理，但总不见教会人做科学。或者说，只有理科、工科的人们才要科学，我不打算当工程师，不打算当理化教习，何必要科学？中国人对于科学的看法大率如此。

其三，把科学看得太势利了、太俗了。科学的应用近来愈推愈广。许多人讴歌它的功德，同时许多人痛恨它的流弊。例如一切战争杀人的器具，却是由科学发明出来。又如有了各种机器，便惹起经纶上大变动。富者愈富，贫者愈贫。于是欧、美有些文字……等等，发为诡激之论，说社会不得安宁，都因为中了科学毒。我们中国那些不懂科学、讨厌科学的人听着这些话，正中下怀，以为科学时代已成过去。人家方且要救末流之弊，我们何必再走那条路呢？这流弊完全和科学本身无干，殊不知这些话，本来和庄子"浑沌凿窍"的比喻一般，窍该凿不该凿是另一问题，但我们能有法禁止他不凿吗？已经凿了，又怎么样呢？这些无谓的辩难，且不必多管。就令如他们之说科学果然有流弊，须知这流弊完全和科学本身无关。瓦特因为天地间有蒸汽这种原理，自己要去发明它，它并不管你大生纱厂要利用它来织棉花。奈端因为天地间有引力这种原理，自己要去发明它，并不管你放四十二声的炮要利用它测量射线。要而言之，科学是为学问而求学问，为真理而求真理。至于怎样的用他，在乎其人。科学本身只是有功无罪。我们撮拾欧、美近代少数偏激之谈，来掩饰自己的固陋，简直自绝于真理罢了。

我大胆说一句话：中国人对于科学这三种态度，倘若长此不变，中国人在世界上便永远没有学问独立，中国人不久必要成为现代被淘汰的国民。

二

科学精神是什么？我姑从最广义解释，有系统之真知识，叫做科学。可以教人求得有系统之真知识的方法，叫做科学精神。这句话要分三层说明。

第一层：求真知识。知识是一般人都有的，乃至连动物都有。科学所要给我们的，就争一个真字。一般人对于自己所认识的事物，很容易便信以为真；但只要有科学精神研究下来，越研究便越觉求真之难。譬如说"孔子是人"这句话，不消研究，总可以说是真的。因为人和非人的分别，是很容易看见的。譬如说"老虎是恶兽"，这话真不真便待考了。欲证明它是真，必要研究兽类具备某种某种性质才算恶，看老虎果曾具备了没有？若说老虎杀人算是恶，为什么人杀老虎不算恶？若说杀同类算是恶，只听见有人杀人，从没听见老虎杀老虎。然则人容或可以叫做恶兽，老虎却绝对不能叫做恶兽了。譬如说"性是善"，或说"性是不善"这两句话真不真，越发待考了。到底什么叫做"性"，什么叫做"善"，两方面都先要弄明白。倘如孟子说的性咧、情咧、才咧，宋儒说的义理咧、气质咧，闹得一团糟，那便没有标准可以求真了。譬如说"中国现在是共和政治"，这句话便很待考，欲知它真不真，先要把共和政治的内容弄清楚，看中国和它合不合。譬如说"法国是共和政治"，这句话也待考。欲知它真不真，先要问法国这个字所包范围如何，若安南也算法国，这句话当然不真了。看这几个例，便可以知道，我们想对于一件事物的性质，得有真的灼见，很是不容易。要钻在这件事物里头去研究，要绕着这件事物周围去研究，要跳在这件事物高头去研究。种种分析研究结果，才把这件事物的属性大略研究出来，算是从许多相类似容易混淆的个体中，发现每个个体的特征。换一个方向，把许多同有这种特征的事物归成一类，许多类归成一部，许多部归成一组，如是综合研究的结果，算是从许多各自分离的个体中，发现出它们之间的普遍性。经过这种种工夫，才许你开口说，某件事物的性质是怎么样。这便是科学第一件主要精神。

第二层：求有系统的真知识。知识不但是求知道一件一件事物便了，还要知道这件事物和那件事物的关系。否则零头断片的知识，全没有用处。知道事物和事物互相关系，而因此推彼，得从所已知求出所未知，叫做有系统的知识。系统有二，一竖二横：横的系统即指事物的普遍性，如前段所说；竖的系统指事物的因果律。有这件事物，自然会有那件事物；必须有这件事物，才能有那件事物。倘若这件事物有如何如何的变化，那件事物便会有或才能有如何如何的变化，这叫做因果律。明白因果，是增加新知识的不二法门，因为我们靠他才能因所已知推见所未知。明白因果，是由知识进到行为的向导。因为我们预料结果如何，可以选择一个目的做去。虽然，因果是不轻容易谈的。第一，要找得出证据；第二，要说得出理由。因果律虽然不能说都要含有"必然性"，但总是愈逼近"必然性"愈好，最少也要含有很强的"盖然性"，倘若仅属于"偶然性"的，便不算因果律。譬如说"晚上落下去的太阳，明早上一定再会出来"，说"倘若把水煮过了沸度，它一定会变成蒸汽"，这等算是含有必然性。因为我们积千千万万回的经验，却没有一回例外，而且为什么如此，可以很明白说出理由来。譬如说"冬间落去的树叶，明年春天还会长出来"，这句话便待考。因为再长出来的并不是这块叶。而且这树也许碰着别的变故，再也长不出叶来。譬如说"西边有虹霓，东边一定有雨"，这句话越发待考。因为虹霓不是雨的原因，它是和雨同一个原因，或者还是雨的结果。翻过来说，东边有雨，西边一定有虹霓，这句话也待考。因为雨虽然可以为虹霓的原因，却还须有别的原因凑拢在一处，虹霓才会出来。譬如说"不孝的人要着雷打"，这句话便大大待考。因为虽然我们也曾听见某个不孝人着雷，但不过是偶然的一回。许多不孝的人，不见得都着雷；许多着雷的东西不见得都不孝。而且宇宙间有个雷公，会专打不孝人，这些理由完全说不出来。譬如说"人死会变鬼"，这句话越发大大待考。因为从来得不着绝对的证据，而且绝对的说不出理由。譬如说"治极必乱，乱极必治"，这句话便很要待考。因为我们从中国历史上虽然举出许多前例，但说治极是乱的原因，乱极是治的原因，无论如何总说不下去。譬如说"中国行了联省自治制后一定会太平"，这话也待考。因为联省自治虽然有致太平的可能性，无奈我们未曾试过。看这些例，便可知我们想应用因果律求得有系统的知识，实在不容易。总要积无数的经验，或照原样子继续忠实观察，或用人为的加减改变试验，务找出真凭实据，才能确定此事物与彼事物之关系。这还是第一步。再进一步，凡一事物之成毁，断不止一个原因。知道甲和乙的关系还不够，又要知道甲和丙、丁、戊等等关系。原因之中，又有原因。想真知道乙和甲的关系，便须先知道乙和庚、庚和辛、辛和壬等等关系。不经过这些工夫，贸贸然下一个断案，说某事物和某事物有何等关系，便是武断，便是非科学的。科学家以许多有证据的事实为基础，逐层逐层看出它们的因果关系，发明种种含有"必然性"，或含有极强"盖然性"的原则。好像拿许多结实麻绳组织成一张网，这网愈织愈大，渐渐的涵盖到这一组知识的全部，便成了一门科学。这是科学的第二件主要精神。

第三层：可以教人的知识。凡学问有一个要件，要能传与其人。人类文化所以能成立，全由于一人的知识能传给多数人，一代的知识能传给次代。我费了很大工夫得一种新知识，把它传给别人，别人费比较小的工夫，承受我的知识之全部或一部，同时腾出别的工夫，又去发明新知识。如此教学相长，递相传授，文化内容，自然一日一日的扩大。倘若知识不可以教人，无论怎样知识，怎样的精深博大，也等于"人亡政息"，于社会、文化绝无影响。中国凡百学问，都带一种"可以意会不可以言传"的神秘性，最足为知识扩大之障碍。例如医学，我不敢说中国几千年没有发明，而且我还信得过确有名医，但总没有法传给别人。所以今日的医学和扁鹊、仓公时代一样，或者还不如。又如修习禅观的人所得境界，或者真是圆满庄严，但只好他一个人独享，对于全社会、文化竟不发生丝毫关系。中国所有学问的性质，大抵都是如此。这也难怪，中国学问本来是由几位天才绝特的人"妙手偶得"，本来不是按部就班的循着一条路去得着，何从把一条应循之路指给别人。科学家恰恰相反，他们一点点知识，都是由艰苦经验得来。他们说一句话，总要举出证据，自然要将证据之如何收集，如何审定，一概告诉人。他们主张一件事，总要说明理由。理由非能够还原不可，自然要把自己思想经过的路线，顺次详叙。所以别人读他一部书或听他一回讲义，不惟能够承受他研究所得之结果，一并承受他如何能研究得此结果之方法，而且可以用他的方法来批评他的错误。方法普及于社会，人人都可以研究，自然人人都会有发明。这是科学第三件主要精神。

三

中国学术界因为缺乏这三种精神，所以生出如下之病症：

（一）笼统。标题笼统，有时令人看不出他研究的现象为何物。用语笼统，往往一句话容得几方面解释。思想笼统，最爱说大而无当不着边际的道理。自己主张的是什么，和别人不同之处在那里，连自己也说不出。

（二）武断。立说的人既不必负找寻证据说明理由的责任，判断下得容易，自然流于轻率。许多名家著述，不独违反真理，而且违反常识的往往而有。既已没有讨论学问的公认标准，虽然判断谬误，也没有人能驳他，谬误便日日侵蚀社会人心。

（三）虚伪。武断还是无心的过失。既已容许武断，便也容许虚伪。虚伪有二：一，语句上之虚伪。如隐匿真证，杜撰假证，或曲说理由等等。二，思想内容之虚伪。本无心得，貌为深秘，欺骗世人。

（四）因袭。把批评精神完全消失，而且没有批评能力，所以一味盲从古人，剽窃些绪余过活，所以思想界不能有弹力性，随着时代所需求而开拓，倒反留着许多沉淀废质，在里头为营业之障碍。

（五）散失。间有一、两位思想伟大的人，对于某种学术有新发明，但是没有传授于人的方法，这种发明，便随着本人的生命而中断，所以他的学问不能成为社会上遗产。

以上五件，虽然不敢说是我们思想界固有的病证，这病最少也自秦、汉以来受了二千年。我们若甘心抛弃文化国民的头衔，那更何话可说？若还舍不得吗，试想二千年思想界内容贫乏到如此，求学问的途径榛塞到如此，长此下去，何以图存？想救这病，除了提倡科学精神外，没有第二剂良药了。

我最后还要补几句话。我虽然照董事部指定的这个题目讲演，其实科学精神之有无，只能用来横断新旧文化，不能用来纵断东西文化。若说欧、美人是天生成科学的国民，中国人是天生成非科学的国民，我们可绝对的不能承认。拿我们战国时代和欧洲希腊时代比较，彼此都不能说是有现在这种崭新的科学精神，彼此却也没有反科学的精神。秦、汉以后，反科学精神弥漫中国者二千年；罗马帝国以后，反科学精神弥漫于欧洲者也一千多年。两方比较，我们隋、唐时代，还有点准科学的精神不时发现，只有比他们强，没有比他们弱。我所举五种病证，当他们教会垄断学问时代，件件都有。直到文艺复兴以后，渐渐把思想界的健康恢复转来，所谓科学者，才种下根苗。讲到枝叶扶疏，华实烂熳，不过最近一百年内的事。一百年的先进后进，在历史上值得计较吗？只要我们不讳疾忌医，努力服这剂良药，只怕将来生天成佛，未知谁先谁后哩！我祝祷科学社能做到被国民信任的一位医生，我祝祷中国文化添入这有力的新成分，再放异彩。

（八月二十日在南通为科学社年会讲演）

互助的文化观

坚　瓠

大战以后，忽然有许多西洋学者，恭维起中国文化来，如罗素就是最显著的一个。这正合着梁任公先生的话："大海对岸那边有好几万万人喊救命，要等中国人去超拔他们"了。

本来文化这件东西，是为适应人生的需要而起的；而人类的天性，对于固有的环境发生不满，必设想一相反的境界来矫正它。所以西洋学者的羡慕中国文化，我们尽可以说他们出于诚意；中国文化的优点，我们尽可以说能补救西洋文化的破绽。但是西洋人所处是一种境界，中国人所处又是一种境界；补救西洋文化是一件事，保持固有文化又是一件事。换句话说：我们不能因西洋文化的发现破绽，就关起大门，令中国文化为独得之秘。

我们可以举几个最浅近的例来证明上述的提言：

譬如西洋的物质文明，是被一部分人所咒诅的。可是我们要提高生活状态，是不是应该开展天然的富源，供给物质的便利？还是"囚首垢面而谈诗书"，玩弄那精神文明的光景？

又如西洋的工业革命，是已经促成阶级分裂的恶现象的。可是我们要安顿国内的无业阶级，抵抗外来的经济侵略，是不是应该采用大规模的工业制度？还是依着甘地的教训，用手摇车去抵制洋布的输入？

反过来说，如中国人的爱和平，能容忍，都是被西洋人称为美德的。可是我们因为太和平了，所以只好听武人横行；因为太容忍了，所以永没有彻底的改革。我们是用西洋人的奋斗精神来改造我们的环境？还是保持委心任运的旧道德来慰安我们的痛苦？

我的结论：以为文化是可以互相补足的。我们应该认清我们的病源，对症下药；不应该听了隔壁人家的医案，就认为自己家内早已有了秘传的良方。

（原载《东方杂志》二十卷六号，一九二三，三，二五）

读梁漱溟先生的《东西文化及其哲学》（节录）

胡 适

......

二

上文只取了梁先生的绪论和结论的一部分来说明这种主观化的文化哲学。现在我们要研究他的东西文化观的本身了。

梁先生先批评金子马治，北聆吉论东西文化的话，次引陈独秀拥护德谟克拉西和塞恩斯两位先生的话，认为很对很好。梁先生虽然承认"西方文化即塞恩斯和德谟克拉西两精神的文化"，但梁先生自己是走"一条线"的人，总觉得"我们说话时候非双举两种不可，很像没考究到家的样子"。所以他还要做一番答题的工夫，要把德塞两先生并到一条线上去，才算"考究到家"了。这两位先生若从历史上研究起来，本来是一条路上的人。然而梁先生并不讲历史，他仍用他自己的思想做主，先断定"文化"只是一个民族的生活样子，而"生活"就是"意欲"；他有了这两个绝大的断定，于是得着西方文化的答案：

如何是西方化？西方化是以意欲向前要求为其根本精神的。（页三一）

我们在这里，且先把他对于中国印度的文化的答案，也抄下来，好作比较：

中国文化是以意欲自为调和持中为其根本精神的。（页七一）
印度文化是以意欲反身向后要求为其根本精神的。（页七二）

梁先生自己说他观察文化的方法道：

我这个人未尝学问，种种都是妄谈，都不免"强不知以为知"，心里所有只是一点佛家的意思，我只是本着一点佛家的意思裁量一切，这观察文化的方法也别无所本，完全是出于佛家思想。（页六一一二）

我们总括他的说法，淘汰了佛书的术语，大旨如下：

所谓生活，就是现在的我（即是现在的意欲）对于前此的我（即是那始成定局的宇宙）之奋斗，……前此的我为我当前的"碍"。……当前为碍的东西是我的一个难题；所谓奋斗，就是应付困难，解决问题。（页六四—五）

这点总纲，似乎很平易，然而从这里发出三个生活的样法：

一、向前面要求，就是奋斗的态度，这是生活本来的路向。
二、对于自己的意思变换，调和，持中；回想的随遇而安。
三、转身向后去要求，想根本取消当前的问题或要求。（页六九—七〇）

依梁先生的观察，这三条路代表三大系的文化：

一、西方文化走的是第一条路，
二、中国文化走的是第二条路，
三、印度文化走的是第三条路。（页七二）

以上所引，都是本书第二第三两章中的。但梁先生在第四章比较东西哲学的结果，又得一个关于三系文化的奇妙结论。他说：

一、西洋生活是直觉运用理智的。
二、中国生活是理智运用直觉的。
三、印度生活是理智运用现量的。（页二〇六）

"现量"就是感觉（Sensation），理智就是"比量"，而直觉乃是比量与现量之间的一种"非量"，就是"附于感觉——心王——之受，想，二心所"。（页九三）

以上我们略述梁先生的文化观察。我们在这里要指出梁先生的文化观察也犯了笼统的大病。我们也知道有些读者一定要代梁先生抱不平，说："梁先生分析得那样仔细，辨别得那样精微，而你们还要说他笼统，岂非大冤枉吗？"是的，我们正因为他用那种仔细的分析和精微的辨别，所以说他"笼统"。文化的分子繁多，文化的原因也极复杂，而梁先生要想把每一大系的文化各包括在一个简单的公式里，这便是笼统之至。公式越整齐，越简单，他的笼统性也越大。

我们试先看梁先生的第一串三个公式：

一、西方化的根本精神是意欲向前要求。

二、中国化的根本精神是意欲自为调和持中。

三、印度化的根本精神是意欲反身向后要求。

这岂不简单？岂不整齐？然而事实上全不是那么一回事。西方化与印度化，表面上诚然很像一个向前要求，一个向后要求；然而我们平心观察印度的宗教，何尝不是极端的向前要求？梁先生曾提及印度人的"自饿不食，投入寒渊，赴火炙灼，赤身裸露，学着牛狗，龁草吃粪，在道上等车来轧死，上山去找老虎"。我们试想这种人为的是什么？是向后吗？还是极端的奔赴向前，寻求那最高的满足？我们试举一个例：

> 释宝崖于益州城西路首，以布裹左右五指，烧之。……并烧二手。于是积柴于楼上，作干麻小室，以油润之。自以臂挟炬。麻燥油浓，赫然火合。于炽盛之中礼拜。比第二拜，身面焦坼，重复一拜，身踣炭上。（胡寅《崇正辨》二，二三）

就想这种人，在火焰之中礼拜，在身面焦坼之时还要礼拜，这种人是个是意欲极端的向前要求？梁先生自己有时也如此说：

> 大家都以为印度人没法生活才来出世，像詹姆士所说，印度人胆小不敢奋斗以求生活，实在闭眼瞎说！印度人实在是极有勇气的，他们那样坚苦不挠，何尝不是奋斗？（页一四八）

是的？印度人也是奋斗，然而"奋斗"（向前要求）的态度，却是第一条路（页六九）。所以梁先生断定印度文化是向后要求的第三条路，也许他自己有时要说是"实在闭眼瞎说"呢!

以上所说,并非为无益之辩,只是要指出,梁先生的简单公式是经不起他自己的反省的。印度化与西洋化,表面上可算两极端了,然而梁先生说它俩都是奋斗,即都是向前要求。

至于那"调和持中""随遇而安"的态度,更不能说哪一国文化的特性。这种境界乃是世界各种民族的常识里的一种理想境界,绝不限于一民族或一国。见于哲学书的,中国儒家有《中庸》,希腊有亚里士多德的《伦理学》,而希伯来和印度两民族的宗教书里也多这种理想。见于民族思想里的,希腊古代即以"有节"为四大德之一,而欧洲各国都有这一类的民谣。至于诗人文学里,"知足""安命""乐天"等等更是世界文学里极常见的话,何尝是陶潜、白居易独占的美德?然而这种美德始终只是世界民族常识里的一种理想境界,无论在哪一国,能实行的始终只有少数人。

梁先生以为:

中国人的思想是安分知足,寡欲摄生,而绝没有提倡要求物质享乐的;却亦没有印度的禁欲思想。不论境遇如何,他都可以满足安受,并不定要求改造一个局面。(页八四)

梁先生难道不睁眼看看古往今来的多妻制度,娼妓制度,整千整万的提倡醉酒的诗,整千整万恭维婊子的诗,《金瓶梅》与《品花宝鉴》,壮阳酒与春宫秘戏图?这种东西是不是代表一个知足安分寡欲摄生的民族的文化?只看见了陶潜、白居易,而不看见无数的西门庆与奚十一;只看见了陶潜、白居易诗里的乐天安命,而不看见他们诗里提倡酒为圣物而醉为乐境,——正是一种"要求物质享乐"的表示:这是我们不能不责备梁先生的。

以上所说,并不是有意吹毛求疵,只是要指出梁先生发明的文化公式,只是闭眼的笼统话,全无"真知灼见"。他的根本缺陷只是有意要寻一个简单公式,而不知简单公式决不能笼罩一大系的文化,结果只有分析辨别的形式,而实在都是一堆笼统话。

我们再看他那第二串的三个公式:

一、西洋生活是直觉运用理智。

二、中国生活是理智运用直觉。

三、印度生活是理智运用现量。

这更是荒谬不通了。梁先生自己说：

> 现量，理智，直觉，是构成知识的三种工具。一切知识都是由这三种作用构成。虽然各种知识所含的三种作用有成分轻重的不同，但是非要具备这三种作用不可，缺少一种就不能成功的。（页六九）

单用这一段话，已可以根本推翻梁先生自己的三个公式了。既然说，知识非具备这三种作用不可，那么，也只是因为"各种知识"的性质不同，而成分有轻重的不同；何至于成为三种民族生活的特异公式呢？例如诗人赏花玩月，商人持筹握算，罪人鞭背打屁股，这三种经验因为性质不同，而有成分的轻重，前者偏于直觉，次者偏于理智，后者偏于现量，那是可能的。但大脑的构造，无论在东在西，决不能因不同种而有这样的大差异。我们可以说甲种民族在某个时代的知识方法比乙种民族在某个时代的知识方法精密得多；正如我们说近二百年来的西洋民族的科学方法大进步了。这不过好像我们说汉儒迂腐，宋儒稍能疑古，而清儒治学方法最精。这都不过是时间上，空间上的一种程度的差异。梁先生太热心求简单公式了，所以把这种历史上程度的差异，认作民族生活根本不同方向的特征，这已是大错了。他还更进一步，凭空想出某民族生活是某种作用运用某种作用，这真是"玄之又玄"了。

试问直觉如何运用理智？理智又如何运用直觉？理智又如何运用现量？

这三个问题，只有第一问梁先生答得稍为明白一点。他说：

> 一切西洋文化悉由念念认我向前要求而成。这"我"之认识，感觉所不能为，理智所不能为，盖全出于直觉所得。故此直觉实居主要地位；由其念强，才奔着去求，而理智则其求时所用之工具。所以我们说西洋生活是以直觉运用理智的。读者幸善会其意而无以词害意。（二〇七）

梁先生也知道我们不能懂这种玄妙的话，故劝我们"善会其意而无以词害意"。但我们实在无法善会其意！第一，我们不能承认"我"之认识全出于直觉所得。哲学家也许有发这种妙论的；但我们知道西洋近世史上所谓"我"的发现，乃是一件极平常的事件，正如昆曲"思凡"里的小尼姑的春情发动，不愿受那尼庵的非人生活了，自然逃下山去。梁先生若细读这一出"我"的发现的妙文，或英国诗人白朗吟（Browning）的《Fra Lippo Lippi》（《利波利比兄弟》）便可以知道这里面也有情感，也带理智，而现量（感觉）实居主要。第二，即使我们闭眼承认"我"之认识由于直觉，然而"我"并不即等于直觉；正如哥伦布发现美洲，而美洲并不等于哥伦布。故"我之认识由于直觉"一句话，即使不是瞎说，也决不能引出"直觉运用理智"的结论。

此外，梁先生解释"理智运用直觉"一段，我老实承认全不懂得他说的是什么。幸而梁先生自己承认这一段话是"很拙笨不通"（二〇九），否则我们只好怪自己拙笨不通了。

最后，梁先生说"理智运用现量"一层，我们更无从索解。佛教的宗教部分，固然是情感居多，然而佛家的哲学部分却明明是世界上一种最精深的理智把戏。

梁先生自己也曾说：

在印度，那因明学唯识学秉一种严刻的理智态度，走科学的路。（页八六）

何以此刻（页二〇九）只说印度生活是"理智运用现量"呢？梁先生的公式热，使他到处寻求那简单的概括公式，往往不幸使他陷入矛盾而不自觉。如上文梁先生既认印度化为奋斗，而仍说他是向后要求：如这里梁先生既认印度的因明唯识为走科学的路，而仍硬派他入第三个公式。"整齐好玩"则有余了，只可恨那繁复多方的文化是不肯服服帖帖叫人装进整齐好玩的公式里去的。

三

……

我们的出发点只是：文化是民族生活的样法，而民族生活的样法是根本大同小异的。为什么呢？因为生活只是生物对环境的适应，而人类的生理的构造根本上大致相同，故在大同小异的问题之下，解决的方法，也不出那大同小异的几种。这个道理叫做"有限的可能说"（The principle of limited possibilities）。例如饥饿的问题，只有"吃"的解决。而吃的东西或是饭，或是面包，或是棒子面，……而总不出植物与动物两种，决不会吃石头。御寒的问题，自裸体以至穿重裘，也不出那有限的可能。居住的问题，自穴居以至广厦层楼，根本上也只有几种可能。物质生活如此，社会生活也是如此。家庭的组织，也只有几种可能：杂交，一夫多妻，一妻多夫，一夫一妻，大家族或小家庭，宗子独承产业或诸子均分遗产。政治的组织也只有几种可能：独裁政治，寡头政治，平民政治。个人对社会的关系也有限的：个人主义与社会主义；自由与权威。精神生活也是如此的。言语的组织，总不出几种基本配合；神道的崇拜，也不出几种有限的可能。宇宙的解释，本体问题，知识的问题，古今中外，可曾跳出一元，二元，多元；唯心，唯物；先天，后天，等等几条有限的可能？人生行为的问题，古今中外，也不曾跳出几条有限的路子之外。至于文学与美术的可能方式，也不能不受限制：有韵与无韵，表现与象征，人声与乐器，色彩是有限的，乐音是有限的。这叫做有限的可能。

凡是有久长历史的民族，在那久长的历史上，往往因时代的变迁，环境的不同，而采用不同的解决样式。往往有一种民族而一一试过种种可能的变法的。政治史上，欧洲自希腊以至今日，印度自吠陀时代以至今日，中国自上古以至今日，都曾试过种种政治制度：所不同者，只是某种制度（例如多头政治）在甲民族的采用在古代，而在乙民族则上古与近代都曾采用；或某种制度（例如封建制度）在甲国早就消灭了，而在乙国则至最近世还不曾划除。又如思想史上，这三大系的民族都曾有他们的光明时代与黑暗时代。思想是生活的一种重要工具，这里面自然包含自觉、感觉与理智三种分子，三者缺一不可。但思想的方法不是一朝一夕可以完备的，往往积了千万年的经验，到了一个成人时期，又被外来的阻力摧折毁坏了，重复陷入幼稚的时期。印度自吠陀时代以至玄奘西游之时，几千年继续磨炼的结果，遂使印度学术界有近于科学的因明论理与唯识心理。这个时代，梁先生也承认是"严刻的理智态度，走科学的路"。但回教不久征服印度了，佛教不久就绝迹于印度，而这条"科学的路"遂已开而复塞了。中国方面，也是如此。自上古以至东周，铢积寸累的结果，使战国时代呈现一个灿烂的哲学科学的时期。这个时代的学派之中，如墨家的成绩，梁先生也不能不认为"西洋适例"（页一七四）。然而久长的战祸，第一个统一帝国的摧残，第二个统一帝国的兵祸与专制，遂又使这个成熟的时期的思想方法逐渐退化，陷入谶纬符命的黑暗时代。东汉以后，王充以至王弼，多少才士的反抗，终久抵不住外族的大乱与佛教（迷信的佛教，这时候还没有因明唯识呢）的混入中国！二千年的黑暗时代逐渐过去之后，方才有两宋的中兴。宋学是从中古宗教里滚出来的。程颐、朱熹一派认定格物致知的基本方法，大胆的疑古，小心的考证，十分明显地表示一种"严刻的理智态度，走科学的路"。这个风气一开，中间虽有陆王的反科学的有力运动，终不能阻止这个科学的路重现而大盛于最近的三百年。这三百年的学术，自顾炎武、阎若璩以至戴震、崔述、王念孙、王引之，以至孙诒让、章炳麟，我们决不能不说是"严刻的理智态度，走科学的路"。

然而梁先生何以闭眼不见呢？只因为他的成见太深，凡不合于他的成见的，他都视为"化外"。故孔墨先后并起，而梁先生忍心害理地说"孔子代表中国，而墨子则西洋适例!"（页一七四）故近世八百年的学术史上，他只认"晚明泰州王氏父子心斋先生、东崖先生为最合我意"，而那影响近代思想最大最深的朱熹竟一字不提！他对于朱学与清朝考据学，完全闭眼不见，所以他能说：

科学方法在中国简直没有。（页八六）

究竟是真没有呢？还是被梁先生驱为"化外"了呢？

我们承认那"有限的可能说"，所以对于各民族的文化不敢下笼统的公式。我们承认各民族在某一个时代的文化所表现的特征，不过是环境与时间的关系，所以我们不敢拿"理智""直觉"等等简单的抽象名词来概括某种文化，我们拿历史眼光去观察文化，只看见各种民族都在那"生活本来的路"上走，不过因环境有难易，问题有缓急，所以走的路有迟速的不同，到的时候有先后的不同。历史是一面照妖镜，可以看出各种文化的原形；历史又是一座摩镜台，可以照出各种文化的过去种种经过。在历史上，我们看出那现在科学化（实在还是很浅薄的科学化）的欧洲民族也曾经过一千年的黑暗时代，也曾十分迷信宗教，也曾有过寺院制度，也曾做过种种苦修的生活，也曾极力压抑科学，也曾有过严厉的清净教风，也曾为卫道的热心烧死多少独立思想的人。究竟民族的根本区分在什么地方？至于欧洲文化今日的特色，科学与德谟克拉西，事事都可用历史的事实来说明：我们只可以说欧洲民族在这三百年中，受了环境的逼迫，赶上了几步，在征服环境的方面的成绩比较其余各民族确是大得多多。这也不是奇事：本来赛跑最怕赶上；赶上一步之后，先到的局面已成。但赛跑争先，虽然只有一个人得第一，落后的人，虽不能抢第一，而慢慢走去终也有到目的地的时候。现在全世界大通了，当初鞭策欧洲人的环境和问题现在又来鞭策我们了。将来中国和印度的科学化与民治化，是无可疑的。他们的落后，也不过是因为缺乏那些逼迫和鞭策的环境与问题，并不是因为他们的生活方式上有什么持中和向后的根本毛病，也并不是因为他们的生活上有直觉和现量的根本区别。民族的生活没有不用智慧的。但在和缓的境地之下，智慧稍模糊一点，还不会出大岔子；久而久之，便养成疏懒的智慧习惯了。直到环境逼人而来，懒不下去了，方才感发兴起，磨炼智慧，以免淘汰。幼稚的民族，根行浅薄，往往当不起环境的逼迫，往往成为环境的牺牲。至于向来有伟大历史的民族，只要有急起直追的决心，终还有生存自立的机会。自然虽然残酷，但它还有最慈爱的一点：就是后天的变态大部分不致遗传下去。一千年的缠足，一旦放了，仍然可以恢复天足！这是使我们对于前途最可乐观的。

梁先生和我们大不相同的地方，只是我们认各种民族都向"生活本来的路"走，而梁先生却认中国印度另走两条路。梁先生说：

中国人不是同西方人走一条路线，因为走得慢，比人家慢了几十里路。若是同一路线而少走些路，那么，慢慢地走，终究有一天赶得上。若是各自走到别的路线上去，别一方向上去，那么，无论走好久，也不会走到那西方人所达到的地点上去的！（页八四）

若照这样说法，我们只好绝望了。然而梁先生却又相信中国人同西洋人接触之后，也可以科学化，也可以民治化。他并且预言全世界西方化之后，还可以中国化，还可以印度化。如此说来，文化的变化岂不还是环境的关系吗？又何尝有什么"抽象的样法"的根本不同呢？他既不能不拿环境的变迁来说明将来的文化，他何不老实用同样的原因来说明现在的文化的偶然不同呢？

这篇文章，为篇幅所限，只能指出原书的缺陷，而不及指出他的许多好处（如他说中国人现在应该"排斥印度的态度，丝毫不能容留"一节），实在是我们很抱歉的。

吾国人思想习惯的几个弱点

唐　钺

这个问题，是经人讨论过的。何以我现在又来提起呢？一来因为这个问题关系甚大，要常常向大家提醒的。二来，我论这事的观点，同所论弱点的种类与别人有些不同。所以冒昧地写出来给大家评论评论。我底下所论的或者也犯着我自己所排斥的弱点，如无统系、空泛等等，但是我的立意，在提醒大家，所以拉杂叙述，是没有大妨碍的。兹将我所要说的各弱点论列如下：

（一）受道德和功利的观念所束缚。中国人往往以为人类一切的生活都包在道德经济（旧义）里头。从前读书人稍知道一点程朱的唾余，便以卫道自任。词人纵情酒色，却满篇忧国忧民。不管小说的内容怎样，作者几乎个个说是志在劝惩。书画金石之家，一谈起自己的事业，就满口谦让，说是"小道"、"末技"、"士君子之余事"、"壮夫不为"等。不然，就说他怎样怎样与世道有关可以使民向善等道学话头。固然许多不过说说大话，把来骗人。然而若社会思想习惯没有这种趋向，他们也犯不着唱这种高调，并且他们中也不少实在相信考据、词章、艺术等是人生的末务的。我现在随便举两个例出来。近人颐云序《海藏楼》诗，通篇称许郑孝胥的人和诗，而临了忽然说几句道学话头："传之天下，俾知五七言诗，故《三百篇》苗裔；推之至迩事父，远事君，有生大伦，无能外也。"其实与上文没有关系。郑燮与其弟书说："写字作画，是雅事，亦是俗事。大丈夫不能立功天地，字养生民，而以区区笔墨，供人玩好，非俗事而何？东坡居士刻刻以天地万物为心，以其余闲作为枯木竹石，无害也。若王摩诘，赵子昂辈，不过唐、宋间两画师耳，试看其平生诗文，可曾一句道着民间痛痒。设以房杜姚宋在前，韩范富欧阳在后，而以二子厕乎其间，吾不知其居何等而立何地矣。愚兄少而无业，长而无成，老而穷窘。不得已亦借此笔墨为糊口觅食之资，其实可羞可贱。愿吾弟发愤自雄，勿蹈乃兄故辙也。"这段议论，固然有几分真理，但是大体实是误解。文学艺术，自己有自己的真价值，不能把它看做比政绩低下的东西。从现在看来，苏轼郑燮所以受人家称道的，不出他的文艺美术，他们的政绩远在其次；就是王赵的名字，也不在房杜等之下，可以知道这种观点是不对的。现在欧风东渐，人家已经不以文艺为"可羞可贱"，知道人生的目的，在发挥他一己的才性，并且"以所为而生者为生"（Live by what one lives for）不是不正当的。但是文章应该有关国计民生的谬论（即前此所谓"文以载道"的变相）还没有绝迹。试看时下的诗歌其中不少无谓地宣扬政治上经济上或其他方面的某某主义，不管作者自己的真感情怎么样。可以说是中道德的、功利的思想习惯的流毒了。

（二）为快感和文学性质所左右。我国人往往不考究事情的实际，听见一句话说得很巧妙，很有意味，就信以为真。这是不能完全把感情作用搁在理智作用以外，甚至把感情代替理智；所以只要一句话可以发生快感，就深信不疑了。反之，一句话发生不快感，就以为没有的事了。例如，"才者造物所忌"、"红颜薄命"、"庸人多厚福"等语无论实在是否这样，但因为这些话有几种性质可以使人发生快感，所以很多人相信人事真是这样。这种性质很多，就这三例讲，主要有两种。一件是含有反乎常理出人意外的元素：就是，照理才人应该利达，庸人应该不能享福，美人应该受人护惜供养；而这些话所说的偏偏同我们所期望的相反，所以听起来，觉得一种愉快的惊奇。第二件，是迎合人人都有的自大心。因为我们通常总觉有些不得意，有些受屈。这些话使一般男女无意识地觉得自己是才子佳人，不过"命途多舛"，还没有无才无色者的一切如意罢了。这都是理智被感情所蔽的缘故。其他因为一句话或一篇文章的文学的或美感的价值而得人崇信的很多。读者可以自己类推。现在许多人听见带有"自由"、"博爱"、"浪漫"、"文化"等的徽号的主张不加研究就漫然崇信，也以快感为根据的。

（三）断片的无统系的。我国思想界的书籍有统系的很少。大抵都是短篇简语零零碎碎的。老子的书，虽然自成律贯，但也是许多断片集成的。《论语》更无论。《论语》不是孔子做的，是门人随便杂凑的；他的没有系统，还可以饶恕。但是孟子七篇是他自己做的，也不免东鳞西爪似的。《论语》说："孟懿子问孝。子曰，无违。樊迟御；子告之曰，孟孙问孝于我，我对曰，无违。樊迟曰，'何谓也?' 子曰，'生，事之以礼；死，葬之以礼，祭之以礼'。"可以代表中国人思想的习惯，就喜欢片言只语，倘使孔子当时不告诉樊迟，岂不是至今没有知道他的意思吗？（这点，《论衡》问孔篇已经提过）到了唐朝，文集盛行；宋朝语录盛行；求像《庄子》、《韩非子》那种稍有系统的书越少了，后来更是江河日下了。断片的大危险，就是意义不能正确，人家可以随便解释，可彼可此，使人不能依它为推究的起点，因而思想不能进步。又因为它不含一点条件，都没有应用的价值；所以就是精理，也变成空言。

……

……我说中国没有一个真正的思想家；我不过说一般的倾向罢了。并且读者也不必因为这样，就对中国思想界的将来抱悲观。因为这些弱点，是一切人类的通病；不过吾国人的受病特别深些罢了。现在，要补救这些弱点，最好是研究科学；因为科学是绝对同这些坏习惯不相容的。但是，研究科学，并不是引几个科学事实，帮助玄谈，或是用几个科学名词，点缀文章的意思；是要专攻深造，运用它的方法，体验它的精神，才行。这种方法同精神，不是文字所能够介绍得满意的，所以也不用再絮絮说明。

原载《东方杂志》二一卷七号，一九二三，四，十

进化与调和

孤　桐

今日为北京大学二十周年纪念。愚初列教授之末班，于本校事迹，未甚明晓，骤闻二十周年纪念，即发生两种感想。（一）吾国有大学，已二十年之久。成绩究竟如何？（二）此二十年中，政变多端，事业之兴而旋废者，不可胜数，唯大学有二十年不断之历史，较之八百年之巴黎大学，法兰西人所翘以自炫者，诚不足为比例。而在中国言中国事，附于家有敝帚之义，亦诚不得不特别珍重。此之所感想诸君亦有同然。今请本此略抒鄙见，深致厚望，唯诸君察焉。

今之君子，乐言进步。愚为大学立说，亦自望大学进步。究之进步二字，当作何解释，此开宗应明之义也。试就字面思之，颇易联想及于火车，盖火车由驿站呜呜以行，径前直迈，决不反顾。又有人喜以机械论政治，谓欧洲十年以来，摩托车行用极广，吾人唯无乘车，乘则非此莫可。唯马克思主义亦然。吾人谈政治，毋得避而不论。嘻，以此而言进步，社会现象，固未必悉与背驰。但若胶焉而处处求合于是，则律之社会进步之真义又乖矣。盖凡时代相续，每一新时代起，断非起于孤特，与前时代绝不相谋，而所有制度文物，皆属异军苍头，一一为之制事而立名也。果尔，则人智时缘，两俱有限，其所成就，必且与太古原人相去不远；尝论时代衔接，其形如犬牙，不如栉比，如连钱波，新旧两心，开花互侵，中乃无界，不如两点相次无间而不相撄（语出墨经）。又尝譬之，社会之进程取连环式，其由第一环以达于今环，中经无数环，与接为构。而所谓第一环者，见象容与今环全然不同且相间之时，【缺字】焉不属，然诸环之原形，在逻辑依然各在，其间接又间接所与今环相牵之故，俱可想象得之。故今环之人，以求改善今环之故，不得不求知原环及以次诸环之情实，资为印证，此历史一科所由立也。尝读《庄子天下篇》，有鸟影不动之语，以为难解。沉心思之，彼殆谓鸟影初著于地，即为定影。日光至而影不见，影固依然存在。顷之其地之左或右又见一影，见者谓即前影移动，不知前影固未动，而来者自为新影。影影相次，以成鸟之飞路。故曰鸟影不动。探索此理，涉于玄谈，非今日所能为，唯前影固在之一理想。愚以为与社会进化之机，不无少合，须知今日之社会，乃由前代之社会嬗蜕而来。前代之社会，乃由前代之前代社会嬗蜕而来。由古及今为一整然之活动，其中并无定畛，可以划分前后。学者好以时期分类论争，以史迹言，有所谓畜牧时代，有所谓农业时代，有所谓军国民时代。以文学言，有所谓周秦文学，两汉文学，唐宋元明清文学。而唐时又分初盛晚。其实皆是杜撰，毫无标准。一语反诘，其辞立穷。盖所谓初与盛及盛与晚之分，果在何年，年定何月，月定何日，日定何时，时定何分，分定何秒。此不能言，即无时代可分。依此而言，吾人生于今日社会亦求所以适应乎今日之情状以为施设而已矣。本体只一，新云旧云，皆是执着之名言，姑顺俗言之，所谓旧者，将谢之象。新者，方来之象。而当旧者将谢而未谢，新者方来而未来，其中不得不有共同之一域，相与舒其力能寄其心思，以为除旧开新之地。不然，世运决无由行，人道或几乎息，理至秘要，无可诋谰。夫此共同之域者何也，即世俗之所谓调和也。

调和二字，随俗滥用，学士大夫不肯言之。愚为甲寅，初明是理，拟署调和立国论，同社诸子，力以有妨文品相争。愚强用焉，佳名渐立，今则稍习不以为敝矣。其实宇宙进化之秘机，全在乎此。达尔文昔倡进化论，以竞争为原则，使人合于自然法律以行。后之学者以为不然，谓果如达言，则人亦与禽兽等耳，生命又安足贵。救其弊者，有克鲁巴图金【今译克鲁泡特金】之互助论，有柏格森之创造进化论，有倭铿之精神生活论，自各有其理由，然互助近于社会学者之主观。倭柏诸家含有玄学宗教之鼓吹。愚意不如以调和诂化，既能写社会演进之实象，而与诸家之说，亦无乖迕，盖竞争之后，必归调和。互助亦调和之运用，创造不以调和为基，亦未必能行精神生活，尤为折衷诸派之结论。关于此点，详细论列，请俟异日。今兹所言，亦在指明调和之为要义，并非浮滥之词而已。

大学者，号称学府者也，其中尤赖富于调和之精神。曩已言之，调和者，对于今日社会之一种适应物也。人言有良社会斯有良大学，吾谓有良大学斯有良社会。诚以学者先觉自任，不可不立此宏愿。故此种适应物，大学当供给之，当本大学初设之时，学风盖偏于旧，无可讳言。此时固亦无所谓新，然其中恍惚有一种新旧痕迹，未易消释，各科学生，以其所习不同亦若有自为风气互相轻视之观，凡此皆非大学应有之象也。

或曰，子言调和，目的安在。所谓适应物，是否如万应膏，施之百病而验，而使大学成为一乡愿学究之制造所乎？曰否，不然也。大学者大学也，诸所通籍之学士，必有创见独识，始克名副其实。然须知创见独识，亦即调和中之一面观，并不能外于调和而特立。盖调和云者，亦告人不当固执己见已耳，并非欲人牺牲己见，不特牺牲为所不欲。若不相互尊重，义且未完。盖调和者进化自然之境也，所有意见，若者政治，若者文学，若者科学，若者宗教，只须当时思想之所能及，均皆充其逻辑所赋之力，使之尽量发展。人人之所求者，真理而已。其鹄唯一，法则尽各不同，人之为学，不可无信。法不由己，又安从而信之。虽然调和之要律，在以不欺其信为归，至己不自以为信时，即当舍己从人，共求大信。又在己有所信之时，不当鄙人之所信者为不足信，以人智有限，所知者大抵假定适然之理，不能号为无对也。近世科学，重在求因，穆勒之逻辑，于此尤为用力，然所谓因，亦或然已耳，迄无人敢谓知其必然也。以此之故，各种科学皆得在调和之真基础上，奋力前进，相剂相质，而何病焉。吾国人不通此理，二千年来，习以儒术专制，至反乎所谓圣人之道者，一切废斥。今圣人之道之遭废斥者亦同，调和之理，诚吾人所亟宜讲也。

原载《甲寅周刊》一卷十五号，一九二五，十

儒家哲学是什么

此文为 1927 年出版的《儒家哲学》一书的第一章

梁启超

"哲学"二字，是日本人从欧文翻译出来的名词，我国人沿用之，没有更改，原文为 Philosophy，由希腊语变出，即爱智之意。因为语原为爱智，所以西方人解释哲学，为求知识的学问，求的是最高的知识，统一的知识。西方哲学之出发点，完全由于爱智。所以西方学者，主张哲学的来历，起于人类的好奇心。古代人类看见自然界形形色色，有种种不同的状态，遂生惊讶的感想，始而怀疑，既而研究，于是成为哲学。

西方哲学，最初发达的为宇宙论、本体论，后来才讲到论理学、认识论。宇宙万有由何而来？多元或一元？唯物或唯心？造物及神是有是无？有神如何解释？无神如何解释？等等，是为宇宙论所研究的主要问题。

此类问题，彼此两方，持之有故，言之成理，辩论终久不决。后来以为先决问题，要定出个辩论及思想的方法和规范，知识从何得来？如何才算精确？是要用主观的演绎法，先立原理，后及事实才好？还是采客观的归纳法，根据事实，再立原理才好？这样一来，就发生论理学。

再进一步，我们凭什么去研究宇宙万有？人人都回答道凭我的知识。但"知识本身"到底是什么东西呢？若不穷究本原，恐怕所研究的都成砂上楼阁了。于是发生一种新趋向，从前以知识为"能研究"的主体，如今却以知识为"所研究"的对象，这叫做认识论。认识论发生最晚，至康德以后，才算完全成立。认识论研究万事万物是由知觉来得真？还是由感觉来得真？认识的起源如何？认识的条件如何？认识论在哲学中最晚最有势力，有人说，除认识论外就无所谓哲学，可以想见其位置的重要了。

这样说来，西洋哲学由宇宙论或本体论趋重到论理学，更趋重到认识论，彻头彻尾都是为"求知"起见，所以他们这派学问称为"爱智学"，诚属恰当。

中国学问不然，与其说是知识的学问，毋宁说是行为的学问。中国先哲虽不看轻知识，但不以求知识为出发点，亦不以求知识为归宿点，直译的 Philos-opy，其含义实不适于中国，若勉强借用，只能在上头加上个形容词，称为人生哲学。中国哲学以研究人类为出发点，最主要的是人之所以为人之道：怎样才算一个人？人与人相互有什么关系？

世界哲学大致可分三派：印度、犹太、埃及等东方国家，专注重人与神的关系；希腊及现代欧洲，专注重人与物的关系；中国专注重人与人的关系。中国一切学问，无论哪一时代，哪一宗派，其趋向皆在此一点，尤以儒家为最博深切明。

儒家哲学范围广博，概括说起来，其用功所在，可以《论语》"修己安人"一语括之。其学问最高目的，可以《庄子》"内圣外王"一语括之。做修己的功夫，做到极处，就是内圣；做安人的功夫，做到极处，就是外王。至于条理次第，以《大学》上说得最简明。《大学》所谓"格物致知诚意正心修身"，就是修己及内圣的功夫；所谓"齐家治国平天下"，就是安人及外王的功夫。

然则学问分做两橛吗？是又不然。《大学》结束一句"一是皆以修身为本"。格致诚正，只是各人完成修身功夫的几个阶段，齐家治国平天下，只是各人以己修之身去齐他治他平他；所以"自天子以至于庶人"都适用这种工作。《论语》说"修己以安人"，加上一个"以"字，正是将外王学问纳入内圣之中，一切以各人的自己为出发点。以现在语解释之，即专注重如何养成健全人格。人格锻炼到精纯，便是内圣；人格扩大到普遍，便是外王。儒家千言万语，各种法门，都不外归结到这一点。

以上讲儒家哲学的中心思想，以下再讲儒家哲学的范围。孔子常说："智仁勇三者，天下之达德也"，"智者不惑，仁者不忧，勇者不惧"。自儒家言之，必三德俱备，人格才算完成。这样看来，西方所谓爱智，不过儒家三德之一，即智的部分。所以儒家哲学的范围，比西方哲学的范围，阔大得多。

儒家既然专讲人之所以为人及人与人之关系，所以他的问题与欧西问题迥然不同。西方学者唯物唯心多元一元的讨论，儒家很少提及；西方学者所谓有神无神，儒家亦看得很轻。《论语》说："子不语怪力乱神。"孔子亦说："未知生，焉知死？"把生死神怪，看得很轻，这是儒家一大特色。亦可以说与近代精神相近，与西方古代之空洞谈玄者不同。

儒家哲学的缺点，当然是没有从论理学认识论入手。有人说他空疏而不精密，其实论理学认识论，儒家并不是不讲，不过因为方面太多，用力未专，所以一部分的问题，不如近代人说得精细。这一则是时代的关系，再则是范围的关系，不足为儒家病。

东方哲学辩论得热闹的问题是些什么？如：

一、性之善恶，孟荀所讨论。

二、仁义之内外，告孟所讨论。

三、理欲关系，宋儒所讨论。

四、知行分合，明儒所讨论。

此类问题，其详细情形到第五章再讲。此地所要说明的，就是中国人为什么注重这些问题？他们是要讨论出一个究竟，以为各人自己修养人格或施行人格教育的应用，目的并不是离开了人生，翻腾这些理论当玩意儿。其出发点既与西方之以爱智为动机者不同，凡中国哲学中最主要的问题，欧西古今学者皆未研究，或研究的路径不一样。而西方哲学中最主要的问题，有许多项，中国学者认为不必研究；有许多项，中国学者认为值得研究，但是没有研究透彻。

另外有许多问题，是近代社会科学所研究的，儒家亦看得很重。在外王方面，关于齐家的如家族制度问题；关于治国的，如政府体制问题；关于平天下的，如社会风俗问题。所以要全部了解儒家哲学的意思，不能单以现代哲学解释之。儒家所谓外王，把社会学、政治学、经济学等等都包括在内；儒家所谓内圣，把教育学、心理学、人类学等等都包括在内。

因为这个缘故，所以标题"儒家哲学"四字，很容易发生误会。单用西方治哲学的方法研究儒家，研究不到儒家的博大精深处。最好的名义，仍以"道学"二字为宜。先哲说："道者，非天之道，非地之道，人之所谓道也。"又说："道不远人，远人不可以为道。"道学只是做人的学问，与儒家内容最吻合。但是《宋史》有一个《道学传》，把道学的范围，弄得很窄，限于程朱一派。现在用这个字，也易生误会，只好亦不用它。

要想较为明显一点，不妨加上一个"术"字。即《庄子·天下篇》所说："古之道术有在于是者"的"道术"二字。道字本来可以包括术，但再分细一点，也不妨事。道是讲道之本身，术是讲如何做去，才能圆满。儒家哲学，一面讲道，一面讲术，一面教人应该做什么事，一面教人如何做去。

就前文所举的几个问题而论，如性善恶问题，讨论人性本质，是偏于道的；如知行分合问题，讨论修养下手功夫，是偏于术的。但讨论性善恶，目的在教人如何止于至善以去其恶，是道不离术；讨论知行，目的在教人从知入手或从行入手以达到理想的人格境界，是术不离道。

外王方面亦然。"民德归厚"是道，用"慎终追远"的方法造成它便是术。"政者正也"是道，用"子帅以正"的方法造成它便是术。"平天下"、"天下国家可均"是道，用"所恶于上毋以使下，所恶于下毋以事上……"的"絜矩"方法造成它便是术。道术交修，所谓"六通四辟小大精粗其运无乎不在"，儒家全部的体用实在是如此。

由此言之，本学程的名称，实在以"儒家道术"四字为最好。此刻我们仍然用"儒家哲学"四字，因为大家都用惯了，"吾从众"的意思。如果要勉强解释，亦未尝说不通。我们所谓哲，即圣哲之哲，表示人格极其高尚，不是欧洲所谓 Philosophy 范围那样窄。这样一来，名实就符合了。

选自《饮冰室合集·专集之一百零三》

为什么要研究儒家哲学

此文为 1927 年出版的《儒家哲学》一书的第二章

梁启超

为什么要研究儒家道术？这个问题，本来可以不问。因为一个很有名学说，当然值得研究，我们从而研究之，那本不成问题。不过近来有许多新奇偏激的议论，在社会上渐渐有了势力，所以一般人对于儒家哲学异常怀疑，青年脑筋中充满了一种反常的思想，如所谓"专打孔家店"，"线装书应当抛在茅坑里三千年"，等等。此种议论，原来可比得一种剧烈性的药品。无论怎样好的学说，经过若干时代以后，总会变质，掺杂许多凝滞腐败的成分在里头，譬诸人身血管变成硬化，渐渐于健康有妨碍，因此，须有些大黄芒硝一类瞑眩之药泻他一泻。所以那些奇论，我也承认它们有相当的功用。但要知道，药到底是药，不能拿来当饭吃。皆因为这种议论新奇可喜，便根本把儒家道术的价值抹煞，那便不是求真求善的态度了。现在社会上既然有了这种议论，而且很有些势力，所以应当格外仔细考察一回。我们要研究儒家道术的原因，除了认定为一派很有名的学说而研究之以外，简括说起来，还有下列五点。

一、中国偌大国家，有几千年的历史。到底我们这个民族有无文化？如有文化，我们此种文化的表现何在？以吾言之，就在儒家。

我们这个社会，无论识字的人与不识字的人，都生长在儒家哲学空气之中。中国思想儒家以外，未尝没有旁的学派，如战国的老墨，六朝、唐的道佛，近代的耶回以及最近代的科学与其他学术。凡此种种，都不能拿儒家范围包举它们，凡此种种，俱为形成吾人思想的一部分，不错。但是我们批评一个学派，一面要看它的继续性，一面要看它的普遍性。自孔子以来，直至于今，继续不断的，还是儒家势力最大；自士大夫以至台舆皂隶，普遍崇敬的，还是儒家信仰最深。所以我们可以说，研究儒家哲学，就是研究中国文化。

诚然，儒家以外还有其他各家，儒家哲学不算中国文化全体，但是若把儒家抽去，中国文化恐怕没有多少东西了。中国民族之所以存在，因为中国文化存在，而中国文化离不了儒家。如果要专打孔家店，要把线装书抛在茅坑里三千年，除非认过去现在的中国人完全没有受过文化的洗礼，这话我们肯甘心吗？

中国文化以儒家道术为中心，所以能流传到现在。如此的久远与普遍，其故何在？中国学术，不满人意之处尚多，为什么有那些缺点？其原因又何在？吾人至少应当把儒家道术细细研究，重新估价。当然该有许多好处，不然不会如此悠久绵远。我们很公平地先看它好处是什么，缺点是什么，有好处把它发扬，有缺点把它修正。

二、鄙薄儒家哲学的人，认为是一种过去的学问，旧的学问。这个话究竟对不对？一件事物到底是否以古今新旧为定善恶的标准，这是一个很大的问题。

我们不能说新的完全是好的，旧的完全是坏的；亦不能说古的完全都是，今的完全都不是。古今新旧，不足以为定善恶是非的标准。因为一切学说，都可以分为两类，一种含有时代性，一种不含时代性，即《礼记》所谓"有可与民变革者，有不可与民变革者"。

有许多学说，常因时代之变迁而减少其价值。譬如共产与非共产，就含有时代性。究竟是共产相利，还是集产相利？抑或劳资调和相利？不是含时代性就是含地方性。有的在现在适用，在古代不适用；有的在欧洲适用，在中国不适用。

有许多学说，不因时代之变迁而减少其价值。譬如不患寡而患不均，不患贫而患不安；利用厚生，量入为出；养人之欲，给人之求；都不含时代性，亦不含地方性。古代讲井田固然适用，近代讲共产亦适用；中国重力田，固然适用；外国重工商，亦能适用。

儒家道术外王的大部分，含有时代性的居多，到现在抽出一部分不去研究它也可以。还有内圣的全部，外王的一小部分，绝对不含时代性。如智仁勇三者为天下之达德，不论在何时何国何派，都是适用的。关于道的方面，可以说含时代性的甚少。关于技术的方面虽有一部分含时代性，还有一部分不含时代性。譬如知行分合问题，朱晦庵讲先知后行，王阳明讲知行合一，此两种方法都可用研究他们的方法，都有益处。儒家道术，大部分不含时代性，不可以为时代古思想旧而抛弃之。

三、儒家哲学，有人谓为贵族的，非平民的，个人的，非社会的。不错，儒家道术，诚然偏重私人道德，有点近于非社会的，而且二千年来诵习儒学的人都属于"士大夫"阶级，有点近于非平民的。但是这种现象，是否儒学所专有？是否足为儒学之病？我们还要仔细考察一回。

文化的平等普及，当然是最高理想，但真正的平等普及之实现，恐怕前途还远着哩。美国是最平民的国家，何尝离得了领袖制度？俄国是劳农的国家，还不是一切事由少数委员会人物把持指导吗？因为少数人诵习受持，便说是带有贵族色彩，那么，恐怕无论何国家，无论何派学说，都不能免，何独责诸中国，责诸儒家呢？况且文化这件东西，原不能以普及程度之难易定其价值之高低。李白、杜甫诗的趣味，不能如白居易诗之易于普及享受，白居易诗之趣味，又不能如盲女弹词之易于普及享受，难道我们可以说《天雨花》比《白氏长庆集》好，长庆集又比李杜集好吗？现代最时髦的平民文学、平民美术益处虽多，然把文学美术的品格降低的毛病也不小，这是不能否认的事实。何况哲学这样东西，本来是供少数人研究的，主张"平民哲学"，这名词是否能成立，我不能不怀疑。

儒家道术，偏重士大夫个人修养，表面看去，范围似窄，其实不然。天下事都是士大夫或领袖人才造出来的，士大夫的行为，关系全国的安危治乱及人民的幸福疾苦最大。孟子说得好："唯仁者宜在高位，不仁而在高位，是播其恶于众也。"今日中国国事之败坏，哪一件不是由在高位的少数个人造出来？假如把许多掌握权力的马弁强盗，都换成多读几卷书的士大夫，至少不至闹到这样糟。假使穿长衫的穿洋服的先生们，真能如儒家理想所谓"人人有士君子之行"，天下事有什么办不好的呢？我们受高等教育的青年，将来都是社会领袖，造福造祸，就看我们现在的个人修养何如。儒家道术专注重此点，能说它错吗？

四、有人说自汉武帝以来，历代君主，皆以儒家做幌子，暗地里实行高压政策，所以儒家学问，成为拥护专制的学问，成为奴辱人民的学问。

诚然，历代帝王假冒儒家招牌，实行专制，此种情形，在所不免。但是我们要知道，几千年来，最有力的学派，不惟不受帝王的指使，而且常带反抗的精神。儒家开创大师，如孔孟荀都带有很激烈的反抗精神，人人知道的，可以不必细讲。东汉为儒学最盛时代，但是《后汉书·党锢传》皆属儒家大师，最令当时帝王头痛。北宋二程，列在元祐党籍，南宋朱熹列在庆元党籍，当时有力的人，摧残得很厉害。又如明朝王阳明，在事业上虽曾立下大功，在学问上到处都受摧残。由此看来，儒家哲学也可以说是伸张民权的学问，不是拥护专制的学问；是反抗压迫的学问，不是奴辱人民的学问。所以历代儒学大师，非惟不受君主的指使，而且常受君主的摧残。要把贼民之罪加在儒家身上，那真是冤透了。

五、近人提倡科学，反对玄学，所以有科学玄学之争。儒家本来不是玄学，误被人认是玄学，一同排斥，这个亦攻击，那个亦攻击，几于体无完肤。

玄学之应排斥与否，那是另一问题。但是因为排斥玄学，于是排斥儒家，这就未免太冤。儒家的朱陆，有无极太极之辩，诚然带点玄学色彩，然这种学说，在儒家道术中地位极其轻微，不能算是儒家的中心论点。自孔孟以至陆王，都把凭空虚构的本体论搁置一边，哪能说是玄学呢？

再说无极太极之辩，实际发生于受了佛道的影响以后，不是儒家本来面目。并且此种讨论，仍由扩大人格出发，乃是方法，不是目的，与西洋之玩弄光景者不同。所以说，玄学色彩最浅最淡，在世界要算中国，要算儒家了。

儒家与科学，不特两不相背，而且异常接近。因为儒家以人做本位，以自己环境做出发点，比较近于科学精神，至少可以说不违反科学精神。所以我们尽管在儒家哲学上力下工夫，仍然不算逆潮流，背时代。

据以上五种理由，所以我认为研究儒家道术，在今日实为有益而且必要。

选自《饮冰室合集·专集之一百零三》

我们对于西洋近代文明的态度

《现代评论》，第 83 期，1926 年 7 月 10 日；《胡适文存》，
第 3 集第 1 卷，上海：亚东图书馆，1930 年

胡 适

今日最没有根据而又最有毒害的妖言是讥贬西洋文明为唯物的（Materialistic），而尊崇东方文明为精神的（Spiritual）。这本是很老的见解，在今日却有新兴的象气。从前东方民族受了西洋民族的压迫，往往用这种见解来解嘲，来安慰自己。近几年来，欧洲大战的影响使一部分的西洋人对于近世科学的文化起一种厌倦的反感，所以我们时时听见西洋学者有崇拜东方的精神文明的议论。这种议论，本来只是一时的病态的心理，却正投合东方民族的夸大狂；东方的旧势力就因此增加了不少的气焰。

我们不愿"开倒车"的少年人，对于这个问题不能没有一种彻底的见解，不能没有一种鲜明的表示。

现在高谈"精神文明"、"物质文明"的人，往往没有共同的标准做讨论的基础，故只能作文字上或表面上的争论，而不能有根本的了解。我想提出几个基本观念来做讨论的标准。

第一，文明（Civilization）是一个民族应付它的环境的总成绩。

第二，文化（Culture）是一种文明所形成的生活的方式。

第三，凡一种文明的造成，必有两个因子：一是物质的（Material），包括种种自然界的势力与质料；一是精神的（Spiritual），包括一个民族的聪明才智，感情和理想。凡文明都是人的心思智力运用自然界的质与力的作品；没有一种文明是精神的，也没有一种文明单是物质的。

我想这三个观念是不须详细说明的，是研究这个问题的人都可以承认的。一只瓦盆和一只铁铸的大蒸汽炉，一只舢板船和一只大汽船，一部单轮小车和一辆电力街车，都是人的智慧利用自然界的质力制造出来的文明，同有物质的

基础，同有人类的心思才智。这里面只有个精粗巧拙的程度上的差异，却没有根本上的不同，蒸汽铁炉固然不必笑瓦盆的幼稚，单轮小车上的人也更不配自夸他的精神的文明，而轻视电车上人的物质的文明。

因为一切文明都少不了物质的表现，所以"物质的文明"（Material Civilization）一个名词不应该有什么讥贬的涵义。我们说一部摩托车是一种物质的文明，不过单指他的物质的形体；其实一部摩托车所代表的人类的心思智慧绝不亚于一首诗所代表的心思智慧。所以"物质的文明"不是和"精神的文明"反对的一个贬词，我们可以不讨论。

我们现在要讨论的是一、什么叫做"唯物的文明"（Materialistic Civilization），二、西洋现代文明是不是唯物的文明。

崇拜所谓东方精神文明的人说，西洋近代文明偏重物质上和肉体上的享受，而略视心灵上与精神上的要求，所以是唯物的文明。

我们先要指出这种议论含有灵肉冲突的成见，我们认为错误的成见。我们深信，精神的文明必须建筑在物质的基础之上。提高人类物质上的享受，增加人类物质上的便利与安逸，这都是朝着解放人类的能力的方向走，使人们不至于把精力心思全抛在仅仅生存之上，使他们可以有余力去满足他们的精神上的要求。东方的哲人曾说：

衣食足而后知荣辱，仓廪实而后知礼节。

这不是什么舶来的"经济史观"；这是平恕的常识。人世的大悲剧是无数的人们终身做血汗的生活，而不能得着最低限度的人生幸福，不能避免冻与饿。人世的更大悲剧是人类的先知先觉者眼看无数人们的冻饿，不能设法增进他们的幸福，却把"乐天"、"安命"、"知足"、"安贫"种种催眠药给他们吃，叫他们自己欺骗自己，安慰自己。西方古代有一则寓言说，狐狸想吃葡萄，葡萄太高了，它吃不着，只好说"我本不爱吃这酸葡萄！"狐狸吃不着甜葡萄，只好说葡萄是酸的；人们享不着物质上的快乐，只好说物质上的享受是不足羡慕的，而贫贱是可以骄人的。这样自欺自慰成了懒惰的风气，又不足为奇了。于是有狂病的人又进一步，索性回过头去，戕贼身体、断臂、绝食、焚身，以求那幻想的精神的安慰。从自欺自慰以至于自残自杀，人生观变成了人死观，都是从一条路上来的，这条路就是轻蔑人类的基本的欲望。朝这条路上走，逆天而拂性，必至于养成懒惰的社会，多数人不肯努力以求人生基本欲望的满足，也就不肯进一步以求心灵上与精神上的发展了。

西洋近代文明的特色便是充分承认这个物质的享受的重要。西洋近代文明，依我的鄙见看来，是建筑在三个基本观念之上：

第一，人生的目的是求幸福。

第二，所以贫穷是一桩罪恶。

第三，所以衰病是一桩罪恶。

借用一句东方古话，这就是一种"利用厚生"的文明。因为贫穷是一桩罪恶，所以要开发富源，奖励生产，改良制造，扩张商业。因为衰病是一桩罪恶，所以要研究医药，提倡卫生，讲求体育，防止传染的疾病，改善人种的遗传。因为人生的目的是求幸福，所以要经营安适的起居，便利的交通，洁净的城市，优美的艺术，安全的社会，清明的政治。纵观西洋近代的一切工艺，科学，法制，固然其中也不少杀人的利器与侵略掠夺的制度，我们终不能不承认那利用厚生的基本精神。

这个利用厚生的文明，当真忽略了人类心灵上与精神上的要求吗？当真是一种唯物的文明吗？

我们可以大胆地宣言：西洋近代文明决不轻视人类的精神上的要求。我们还可以大胆地进一步说：西洋近代文明能够满足人类心灵上的要求的程度，远非东洋旧文明所能梦见。在这一方面看来，西洋近代文明绝非唯物的，乃是理想主义的（Idealistic），乃是精神的（Spiritual）。

我们先从理智的方面说起。

西洋近代文明的精神方面的第一特色是科学。科学的根本精神在于求真理。人生世间，受环境的逼迫，受习惯的支配，受迷信与成见的拘束。只有真理可以使你自由，使你强有力，使你聪明圣智；只有真理可以使你打破你的环境里的一切束缚，使你裁天，使你缩地，使你天不怕，地不怕，堂堂地做一个人。

求知是人类天生的一种精神上的最大要求。东方的旧文明对于这个要求，不但不想满足它，并且常想裁制它，断绝它。所以东方古圣人劝人要"无知"，要"绝圣弃智"，要"断思惟"，要"不识不知，顺帝之前"。这是畏难，这是懒惰。这种文明，还能自夸可以满足心灵上的要求吗？

东方的懒惰圣人说，"吾生也有涯，而知也无涯，以有涯逐无涯，殆已"。所以他们要人静坐澄心，不思不虑，而物来顺应。这是自欺欺人的诳语，这是人类的夸大狂。真理是深藏在事物之中的；你不去寻求探讨，他决不会露面。科学的文明教人训练我们的官能智慧，一点一滴地去寻求真理，一丝一毫不放过，一铢一两地积起来。这是求真理的唯一法门。自然（Nature）是一个最狡猾的妖魔，只有敲打逼拶可以逼它吐露真情。不思不虑的懒人只好永永作愚昧的人，永永走不进真理之门。

东方的懒人又说："真理是无穷尽的，人的求知的欲望如何能满足呢？"诚然，真理是发现不完的。但科学决不因此而退缩。科学家明知真理无穷，知识无穷，但他们仍然有他们的满足：进一寸有一寸的愉快，进一尺有一尺的满足。二千多年前，一个希腊哲人思索一个难题，想不出道理来；有一天，他跳进浴盆去洗澡，水涨起来，他忽然明白了，他高兴极了，赤裸裸地跑出门去，在街上乱嚷道，"我寻着了！我寻着了！"（Eureka! Eureka!）这是科学家的满足。Newton、Pasteur以至于Edison时时有这样的愉快。一点一滴都是进步，一步一步都可以踌躇满志。这种心灵上的快乐是东方的懒圣人所梦想不到的。

这里正是东西文化的一个根本不同之点。一边是自暴自弃的不思不虑，一边是继续不断的寻求真理。

朋友们，究竟是哪一种文化能满足你们的心灵上的要求呢？

其次，我们且看看人类的情感与想象力上的要求。

文艺，美术，我们可以不谈，因为东方的人，凡是能睁开眼睛看世界的，至少还都能承认西洋人并不曾轻蔑了这两个重要的方面。

我们来谈谈道德与宗教罢。

近世文明在表面上还不曾和旧宗教脱离关系，所以近世文化还不曾明白建立它的新宗教新道德。但我们研究历史的人不能不指出近世文明自有它的新宗教与新道德。科学的发达提高了人类的知识，使人们求知的方法更精密了，评判的能力也更进步了，所以旧宗教的迷信部分渐渐被淘汰到最低限度，渐渐地连那最低限度的信仰——上帝的存在与灵魂的不灭——也发生疑问了。所以这个新宗教的第一特色是他的理智化。近世文明仗着科学的武器，开辟了许多新世界，发现了无数新真理，征服了自然界的无数势力，叫电气赶车，叫"以太"送信，真个作出种种动地掀天的大事业来。人类的能力的发展使他渐渐增加对于自己的信仰心，渐渐把向来信天安命的心理变成信任人类自己的心理。所以这个新宗教的第二特色是他的人化。知识的发达不但抬高了人的能力，并且扩大了他的眼界，使他胸襟阔大，想象力高远，同情心浓挚。同时，物质享受的增加使人有余力可以顾到别人的需要与痛苦。扩大了的同情心加上扩大了的能力，遂产生了一个空前的社会化的新道德，所以这个新宗教的第三特色就是他的社会化的道德。

古代的人因为想求得感情上的安慰，不惜牺牲理智上的要求，专靠信心（Faith），不问证据，于是信鬼，信神，信上帝，信天堂，信净土，信地狱。近世科学便不能这样专靠信心了。科学并不菲薄感情上的安慰；科学只要求一切信仰需要禁得起理智的评判，需要有充分的证据。凡没有充分证据的，只可存疑，不足信仰。赫胥黎（Huxley）说的最好：

> 如果我对于解剖学上或生理学上的一个小小困难，必须要严格的不信任一切没有充分证据的东西，方才可望有成绩，那么，我对于人生的奇秘的解决，难道就可以不用这样严格的条件吗？

这正是十分尊重我们的精神上的要求。我们买一亩田，卖二间屋，尚且要一张契据；关于人生的最高希望的根据，岂可没有证据就胡乱信仰吗？

这种"拿证据来"的态度，可以称为近世宗教的"理智化"。

从前人类受自然的支配，不能探讨自然界的秘密，没有能力抵抗自然的残酷，所以对于自然常怀着畏惧之心。拜物，拜畜生，怕鬼，敬神，"小心翼翼，昭事上帝"，都是因为人类不信任自己的能力，不能不倚靠一种超自然的势力。现代的人便不同了。人的智力居然征服了自然界的无数质力，上可以飞行无碍，下可以潜行海底，远可以窥算星辰，近可以观察极微。这个两只手一个大脑的动物——人——已成了世界的主人翁，他不能不尊重自己了。一个少年的革命诗人曾这样的歌唱：

> 我独自奋斗，胜败我独自承当，
> 我用不着谁来放我自由，
> 我用不着什么耶稣基督妄想
> 他能替我赎罪替我死。
> I fight alone and win or sink,
> I need no one to make me free,
> I want no Jesus Christ to think
> That he could ever die for me.

这是现代人化的宗教。信任天不如信任人，靠上帝不如靠自己。我们现在不妄想什么天堂天国了，我们要在这个世界上建造"人的乐国"。我们不妄想做不死的神仙了，我们要在这个世界上做个活泼健全的人。我们不妄想什么四禅定六神通了，我们要在这个世界上做个有聪明智慧可以戡天缩地的人。我们也许不轻易信仰上帝的万能了，我们却信仰科学的方法是万能的，人的将来是不可限量的。我们也许不信灵魂的不灭了，我们却信人格是神圣的，人权是神圣的。

这是近世宗教的"人化"。

但最重要的要算近世道德宗教的"社会化"。

古代的宗教大抵注重个人的拯救，古代的道德也大抵注重个人的修养。虽然也有自命普渡众生的宗教，虽然也有自命兼济天下的道德，然而终苦于无法下手，无力实行，只好仍旧回到个人的身心上用工夫，做那向内的修养。越向内做工夫，越看不见外面的现实世界；越在那不可捉摸的心性上玩把戏，越没有能力应付外面的实际问题。即如中国八百年的理学工夫居然看不见二万万妇女缠足的惨无人道！明心见性，何补于人道的苦痛困穷！坐禅主敬，不过造成许多"四体不勤，五谷不分"的废物！

近世文明不从宗教下手，而结果自成一个新宗教；不从道德入门，而结果自成一派新道德。十五、十六世纪的欧洲国家简直都是几个海盗的国家，哥伦布（Columbus）、马汲伦（Magellan）、都芮克（Drake）一班探险家都只是一些大海盗。他们的目的只是寻求黄金，白银，香料，象牙，黑奴。然而这班海盗和海盗带来的商人开辟了无数新地，开拓了人的眼界，抬高了人的想象力，同时又增加了欧洲的富力。工业革命接着起来，生产的方法根本改变了，生产的能力更发达了。二、三百年间，物质上的享受逐渐增加，人类的同情心也逐渐扩大。这种扩大的同情心便是新宗教、新道德的基础。自己要争自由，同时便想到别人的自由，所以不但自由须以不侵犯他人的自由为界限，并且还进一步要要求绝大多数人的自由。自己要享受幸福，同时便想到人的幸福，所以乐利主义（Utilitarianism）的哲学家便提出"最大多数的最大幸福"的标准来做人类社会的目的。这都是"社会化"的趋势。

十八世纪的新宗教信条是自由，平等，博爱。十九世纪中叶以后的新宗教信条是社会主义。这是西洋近代的精神文明，这是东方民族不曾有过的精神文明。

固然东方也曾有主张博爱的宗教，也曾有公田均产的思想。但这些不过是纸上的文章，不曾实地变成社会生活的重要部分，不曾变成范围人生的势力，不曾在东方文化上发生多大的影响。在西方便不然了。"自由，平等，博爱"成了十八世纪的革命口号。美国的革命，法国的革命，一八四八年全欧洲的革命运动，一八六二年的南北美战争，都是在这三大主义的旗帜之下的大革命。美国的宪法，法国的宪法，以至于南美洲诸国的宪法，都是受了这三大主义的绝大影响的。旧阶级的打倒，专制政体的推翻，法律之下人人平等的观念的普遍，"信仰，思想，言论，出版"几大自由的保障的实行，普及教育的实施，妇女的解放，女权的运动，妇女参政的实现，……都是这个新宗教新道德的实际的表现。这不仅仅是三、五个哲学家书本子里的空谈；这都是西洋近代社会政治制度的重要部分，这都已成了范围人生，影响实际生活的绝大势力。

十九世纪以来，个人主义的趋势的流弊渐渐暴白于世了，资本主义之下的苦痛也渐渐明了了。远识的人知道自由竞争的经济制度不能达到真正"自由，平等，博爱"的目的。向资本家手里要求公道的待遇，等于"与虎谋皮"。救济的方法只有两条大路：一是国家利用其权力，实行裁制资本家，保障被压迫的阶级；一是被压迫的阶级团结起来，直接抵抗资本阶级的压迫与掠夺。于是各种社会主义的理论与运动不断地发生。西洋近代文明本建筑在个人求幸福的基础之上，所以向来承认"财产"为神圣的人权之一。但十九世纪中叶以后，这个观念根本动摇了；有的人竟说"财产是贼赃"，有的人竟说"财产是掠夺"。现在私有财产制虽然还存在，然而国家可以征收极重的所得税和遗产税，财产久已不许完全私有了。劳动是向来受贱视的；但资本集中的制度使劳工有大组织的可能，社会主义的宣传与阶级的自觉又使劳工觉晤团结的必要，于是几十年之中有组织的劳动阶级遂成了社会上最有势力的分子。十年以来，工党领袖可以执掌世界强国的政权，同盟总罢工可以屈伏最有势力的政府，俄国的劳农阶级竟做了全国的专政阶级。这个社会主义的大运动现在还正在进行的时期，但他的成绩已很可观了。各国的"社会立法"（Social Legislation）的发达，工厂的视察，工厂卫生的改良，儿童工作与妇女工作的救济，红利分配制度的推行，缩短工作时间的实行，工人的保险，合作制之推行，最低工资（Minimum Wage）的运动，失业的救济，级进制的（Progressive）所得税与遗产税的实行……这都是这个大运动已经做到的成绩。这也不仅仅是纸上的文章，这也都已成了近代文明的重要部分。

这是"社会化"的新宗教与新道德。

东方的旧脑筋也许要说："这是争权夺利，算不得宗教与道德"。这里又正是东西文化的一个根本不同之点。一边是安分，安命，安贫，乐天，不争，认吃亏；一边是不安分，不安贫，不肯吃亏，努力奋斗，继续改善现成的境地。东方人见人富贵，说他是"前世修来的"；自己贫，也说是"前世不曾修"，说是"命该如此"。西方人便不然；他说，"贫富的不平等，痛苦的待遇，都是制度的不良的结果，制度是可以改良的"。他们不是争权夺利，他们是争自由，争平等，争公道；他们争的不仅仅是个人的私利，他们奋斗的结果是人类绝大多数人的福利。最大多数人的最大幸福，不是袖手念佛号可以得来的，是必须奋斗力争的。

朋友们，究竟是哪一种文化能满足你们的心灵上的要求呢？

※　　　　　※　　　　　※

我们现在可综合评判西洋近代的文明了。这一系的文明建筑在"求人生幸福"的基础之上，确然替人类增进了不少的物质上的享受；然而他也确然很能满足人类的精神上的要求。他在理智的方面，用精密的方法，继续不断地寻求真理，探索自然界无穷的秘密。他在宗教道德的方面，推翻了迷信的宗教，建立合理的信仰，打倒了神权，建立人化的宗教；抛弃了那不可知的天堂净土，努力建设"人的乐国"、"人世的天堂"；丢开了那自称的个人灵魂的超拔，尽量用人的新想象力和新智力去推行那充分社会化了的新宗教与新道德，努力谋人类最大多数的最大幸福。

东方的文明的最大特色是知足。西洋的近代文明的最大特色是不知足。

知足的东方人自安于简陋的生活，故不求物质享受的提高；自安于愚昧，自安于"不识不知"，故不注意真理的发现与技艺器械的发明；自安于现成的环境与命运，故不想征服自然，只求乐天安命，不想改革制度，只图安分守己，不想革命，只做顺民。

这样受物质环境的拘束与支配不能跳出来，不能运用人的心思智力来改造环境改良现状的文明，是懒惰不长进的民族的文明，是真正唯物的文明。这种文明只可以遏抑而决不能满足人类精神上的要求。

西方人大不然。他们说"不知足是神圣的"（Divine Discontent）。物质上的不知足，产生了今日钢铁世界，汽机世界，电力世界。理智上的不知足，产生了今日的科学世界。社会政治制度上的不知足，产生了今日的民权世界，自由政体，男女平权的社会，劳工神圣的喊声，社会主义的运动。神圣的不知足是一切革新一切进化的动力。

这样充分运用人的聪明智慧来寻求真理以解放人的心灵，来制服天行以供人用，来改造物质的环境，来改革社会政治的制度，来谋人类最大多数的最大幸福——这样的文明应该能满足人类精神上的要求；这样的文明是精神的文明，是真正理想主义的（Idealistic）文明，绝不是唯物的文明。

固然，真理是无穷的，物质上的享受是无穷的，新器械的发明是无穷的，社会制度的改善是无穷的。但格一物有一物的愉快，革新一器有一器的满足，改良一种制度有一种制度的满意。今日不能成功的，明日明年可以成功；前人失败的，后人可以继续助成。尽一分力便有一分的满意；无穷的进境上，步步都可以给努力的人充分的愉快。所以大诗人邓内孙（Tennyson）借古英雄 Ulysses 的口气歌唱道：

> 然而人的阅历就像一座穹门，
> 从那里露出那不曾走过的世界，
> 越走越远，永永望不到他的尽头。
> 半路上不干了，多么沉闷呵！
> 明晃晃的快刀为什么甘心上锈！
> 难道留得一口气就算得生活了？
> ……
> 朋友们，来罢！
> 去寻一个更新的世界是不会太晚的。
> ……
> 用掉的精力固然不回来了，剩下的还不少呢。
> 现在虽然不是从前那样掀天动地的身手了，
> 然而我们毕竟还是我们，——
> 光阴与命运颓唐了几分壮志！
> 终止不住那不老的雄心，
> 去努力，去探寻，去发见，
> 永不退让，不屈伏。

一九二六、六、六

西方文明与中国

《东方杂志》，第 23 卷 24 期，1926 年 12 月 25 日

张东荪

胡适之先生告诉我们说，西洋文明是理想主义的，而不是唯物的，真使我闻而喜跃。他大鼓吹不知足，而说我们东方文明是知足。我对于东方文明没有研究，所以不敢说东方文明究竟是否如他所指摘，只好暂置不论。我现在所欲讨论的乃是我们采取西洋文明是否绝无问题。所以我这区区一短篇并不是批评胡适之，乃是补足他，换言之，即于他的那篇文章后下一转语。

第一、我要请一班注意于东西文明争论的朋友，不仅胡适之先生，要放开眼界来看中国的现状。中国自近三十年以来，尤其最近十年，已早走上了西洋文明的这条路。但是于无意识中走上去的，换言之，即于不知不觉中自然而然到了这上头去。试看每年出洋的学生有增无减，每年毕业归国的亦突然增加。以近两年的比例，恐怕不下千名。介绍西方学术的出版物，亦是一个证明。这就好像以盐水来冲淡水，盐水的成分愈多，则淡水中必愈咸了。所以我们对于西洋文明到中国的前途非但不必杞忧，且亦正可预料其必然大兴。这是自然的趋势，即大势所趋，不是任何一人鼓吹主张的力量。

至于其间偶有极少数的人在那里诅咒西洋的物质文明，我们不可仅从其阻碍西洋文明的输入来注目。须知西洋文明的输入既排山倒海而来，是阻挡不住的。即反抗亦是百分之九十九无效的。所以我们正不必引为毒害的妖言，特辞而辟之。我们当认这种反对西洋文明的言论是有缘故的，而当一研究其故何在。

在十余年以前，我早就主张中国应当彻底采用西洋文明，不过后来我实地察看中国社会情形，知道纯粹走西洋这条路不是绝无问题。换言之，即是不如设想的那样简单。自欧风东被以来，不消说，论政治，只见纷乱不见安靖；论社会，只见摇动不见向荣。这些还不去谈他。最有影响的就是那些经过西洋化的人们，所谓新人者的做人方法与生活态度。因为做人的方法变了，生活的

态度改了，所以无论社会上任何方面都受了影响。而显著的方面莫如男女关系的婚姻制度。但我们拿老先生与新人物来比较，就社会全体的福利来讲，实使人发现不出什么分别。不过老先生用作伪的方法，迁缓地以充满其下等本能；而新人物以门面的标语，勇敢地以充足其下等本能罢了。所以现在的中国是一个 laissez faire：旧道德之不便于本能的，弃之惟恐不速；新道德之不便于本能的，不愿迎来。在这种畸形状态下，凡不满意于现状的人，因为依恋故旧的缘故，发为诋毁西洋物质文明的言论，其言虽非，其心可恕。所以我们应该引为问题的，不是如何以阻止他们的言论，乃是如何使这班新人不演这样奇怪把戏。

说到这里，我不能不又回到西洋文明。西洋近代的文明是希腊文明的复活；希腊文明是主知主义，以为凡人生缺憾都可由知识来补足，所以才有利用厚生的一切施设。但我们须知西洋近代文明不纯是希腊文明，还有希伯来的宗教文明为主要的成分。所以我们看见许多的大科学家同时对于宗教，不但不反对，还有热烈的信仰。这种文明，对于生活上很有影响。往往有些科学家对于所研究的虽则常本其不知足的心而猛进，却同时又像中国的理学家或道学先生那样乐天而知命地生活着。可见单纯的不知足，是不能使人生活下去，且单知人生目的是求幸福，亦势必令人都误会为求个人的私利。总之，人生只是率欲望而前进不已，亦是不行的。抑止欲望，固然是不行的，所以西洋有希腊文明以推之，又有宗教的文明以挽之。在这一推一挽之间，他们得了进步，又得了安慰。换一句话来讲，就是个人本位的主义太发达了，是不行的；但促进利用厚生，却又非以个人思想为推动力不可。这其间如何把增进人生的福利，使其在个人方面的，与在群体方面的相调和，实是一个难以解决的大问题。因为其间往往有冲突，所以时时演成畸形，发为悲剧。至于我们的东方固有的文明，已不能担负这个"挽"的责任了，于是只有"推"，势必至于推车撞壁。所谓挽，无他，就是精神上的安慰。虽各人的环境不同，所需要以安慰的，自亦不同；然而，无论何人仅是由当前的欲望而率进，必是不行的，必须有安慰他的灵魂的，而社会秩序即建筑于此上。无如中国固有的文明大部分于无形中腾化了，现在只有考古家在那里研究，这便证明其与现时人生无直接的接触。在这种状态下，安得不成如我前所说的一种放任状态呢？

在这样情形下，输入西洋文明不是绝无问题，这是我愿促进讨论文明问题的人们注意的。至于我个人的意见，虽则仍主张彻底输入西洋思想，然对于畸形状态，却以为亦非有一种补救之法不可。

《吴虞文录》序

《胡适文存》，上海：亚东图书馆，1928 年

胡　适

凡是到过北京的人，总忘不了北京街道上的清道夫。那望不尽头的大街上，迷漫扑人的尘土里，他们抬着一桶水，慢慢地歇下来，一勺一勺地洒到地上去，洒的又远又均匀。水洒着的地方，尘土果然不起了。但那酷烈可怕的太阳光，偏偏不肯帮忙，他只管火也似的洒在那望不尽头的大街上。那水洒过的地方，一会儿便晒干了；一会儿风吹过来或汽车走过去，那迷漫扑人的尘土又飞扬起来了！洒的尽管洒，晒的尽管晒。但那些蓝袄蓝？露着胸脯的清道夫，并不因为太阳和他们作对就不洒水了。他们依旧一勺一勺地洒将去，洒的又远又均匀，直到日落了，天黑了，他们才抬着空桶，慢慢地走回去，心里都想道，"今天的事做完了！"

吴又陵先生是中国思想界的一个清道夫。他站在那望不尽头的长路上，眼睛里，嘴里，鼻子里，头颈里，都是那迷漫扑人的孔渣孔滓的尘土，他自己受不住了，又不忍见那无数行人在那孔渣孔滓的尘雾里撞来撞去，撞的破头折脚。因此，他发愤做一个清道夫，常常挑着一担辛辛苦苦挑来的水，一勺一勺地洒向那孔尘迷漫的大街上。他洒他的水，不但拿不着工钱，还时时被那无数吃惯孔尘的老头子们跳着脚痛骂，怪他不识货，怪他不认得这种孔渣孔滓的美味，怪他挑着水拿着勺子在大路上妨碍行人！他们常常用石头掷他，他们哭求那些吃孔尘羹饭的大人老爷们，禁止他挑水，禁止他清道。但他毫不在意，他仍旧做他清道的事。有时候，他洒的疲乏了，失望了，忽然远远地觑见那望不尽头的大路的那一头，好像也有几个人在那里洒水清道，他的心里又高兴起来了，他的精神又鼓舞起来了。于是他仍旧挑了水来，一勺一勺地洒向那旋洒旋干的长街上去。

这是吴先生的精神。吴先生和我的朋友陈独秀是近年来攻击孔教最有力的两位健将。他们两人，一个在上海，一个在成都，相隔那么远，但精神上很有相同之点。独秀攻击孔丘的许多文章（多载在《新青年》第二卷）专注重"孔子之道不合现代生活"的一个主要观念。当那个时候，吴先生在四川也做了许多非孔的文章，他的主要观念也只是"孔子之道不合现代生活"的一个观念。吴先生是学过法政的人，故他的方法与独秀稍不同。吴先生自己说他的方法道：

> 不佞丙午游东京，曾有数诗，注中多非儒之说。归蜀后，常以六经、《五礼通考》、《唐律疏义》、《满清律例》及诸史中议礼议狱之文，与老、庄、孟德斯鸠、甄克思、约翰·穆勒、斯宾塞尔、远藤隆吉、久保天随诸家之著作，及欧美各国宪法、民法、刑法比较对勘。十年以来，粗有所见。

吴先生用这个方法的结果，他的非孔文章大体都注重那些根据孔道的种种礼教、法律、制度、风俗。他先证明这些礼法制度都是根据于儒家的基本教条的，然后证明这种种礼法制度都是一些吃人的礼教和一些坑陷人的法律制度。他又从思想史的方面，指出自老子以来也有许多古人不满意于这些欺人吃人的礼制，使我们知道儒教所极力拥护的礼制在千百年前早已受思想家的批评与攻击了，何况在现今这种大变而特变的社会生活之中呢？

吴先生的方法，我觉得是很不错的。我们对于一种学说或一种宗教，应该研究他在实际上发生了什么影响："他产生了什么样子的礼法制度？他所产生的礼法制度发生了什么效果？增长了或是损害了人生多少幸福？造成了什么样子的国民性？助长了进步吗？阻碍了进步吗？"这些问题都是批评一种学说或一种宗教的标准。用这种实际的效果去批评学说与宗教，是最严厉又最平允的方法。吴先生虽不曾明说他用的是这种实际主义的标准，但我想他一定很赞成我这个解释。

那些"卫道"的老先生们也知道这种实际标准的厉害，所以他们想出一个躲避的法子来。他们说：这种种实际的流弊都不是孔老先生的本旨，都是叔孙通、董仲舒、刘歆、程颢、朱熹……等人误解孔道的结果。你们骂来骂去，只骂着叔孙通、董仲舒、刘歆、程颢、朱熹一班人，却骂不着孔老先生"。于是有人说《礼运》大同说是真孔教（康有为先生）；又有人说四教、四绝、三慎是真孔教（顾实先生）。关于这种遁辞，独秀说的最痛快：

足下分汉、宋儒者以及今之孔道、孔教诸会之孔教，与真正孔子之教为二，且谓孔教为后人所坏。愚今所欲问者，汉唐以来诸儒，何以不依傍道、法、杨、墨，而人亦不以道、法、杨、墨称之？何以独与孔子为缘而复败坏之也？足下可深思其故矣（《新青年》二卷四号）。

这个道理最明显：何以那种种吃人的礼教制度都不挂别的招牌，偏爱挂孔老先生的招牌呢？正因为二千年吃人的礼教法制都挂着孔丘的招牌，故这块孔丘的招牌——无论是老店，是冒牌——不能不拿下来，捶碎，烧去！

我给各位中国少年介绍这位"四川省只手打孔家店"的老英雄——吴又陵先生！

十，六，一六

论今日切要之学

此为章太炎1932年3月24日在燕京大学的演讲，
由王联曾记录，并经黄侃、吴宓审定。

章太炎

从前顾亭林先生说过"行己有耻，博学于文"两句话，但是博学于文不如行之实际，而"行己有耻"纯为个人的行为，所以这里暂不讨论。

今日切要之学只有两条道路：（一）求是，（二）致用。求是之学不见得完全可以致用，致用之学也不必完全能够求是。合致用与求是二者冶于一炉，才是今日切要之学。讵今日之学风适反乎此，日唯以考古史古文字学，表章墨辩之说是尚，反弃目前切要之学而不顾。此风若长，其害殊甚，速矫正，以免贻误于将来。兹先分论其不切要之点如下：

（一）考远古此虽为求是之学，然不能致用。试观今日一般学者忽于近代之史，而反考证三代以上古史如《山海经》等孜孜不休。正如欧西学者日夜研究古巴比伦、埃及等国的文化，同样的无味。因彼时尚在混沌草昧时期，就是能发现一二种学说，也绝难找出有力的证据来证明它，又何况即便得以证明也不能致用呢？

（二）考古文字此亦求是而不切要之学也。若今日举国学子欣欣然考证龟甲，研求钟鼎，推求陶瓦，各自以为得。其考证甲骨者则凿凿于某字《说文》作某，钟鼎又作某，某字应读某声，穿凿附会之态较之研究钟鼎者尤为可笑。而不知龟甲之真伪本难分别，何况其证据又薄弱无力！至于钟鼎本系金属，真伪尚易辨别，然考证其文字，终觉无味。其一切考证钟鼎文字之书籍，更须审辨。若宋人之《集古录》、《金石录》、《博古图》等书，考订本多难据。至清之吴大澄等益加穿凿。然清人考订文字大率沿袭宋人，不知宋人更沿袭何者？夫文字递变，必据有形迹者以为推。假如佐证毫无，而欲妄加揣测，正如外人到中国听戏，纵赏其声调铿锵，而于曲中旨趣则茫乎无所知矣。

（三）考《墨辩》。今日学者，除去染有上述两项风气之外，尚有一种绝不能以之致用的风气，就是考墨辩。《墨子》的精华仅在《尚贤》、《尚同》、《兼爱》、《非攻》诸篇。至于《经》上下，《经说》上下，《大》、《小取》诸篇，实《墨子》的枝叶，而考《墨辩》者却矜矜然说某段合乎今日科学界中的电学，某段合于今日科学界之力学，某段合于今日科学界之飞艇、飞机，某段系今日物理学中之定律，某段又是今日化学之先声。似《墨子》的神通，活像今日科学界的开山老祖一样。即使以上诸说能够成立，也不过是烦琐哲学之一流。庄子有一句话："窜句游心于坚白同异之间，杨、墨是已。"这样说来，非独墨子是科学专家，杨子又何尝不然呢？《大戴礼》哀公问孔子有小辩之说，则墨子亦小辩之流也，总之其语虽然有的地方，用起来时却不能致用。所以这班学子虽较考古史、古文字学有用，然终不是今日所需要的。

现代的学者既如上述，若溯及前代治学的人也各有所偏。明代学者知今而不通古，清代学者通古而不知今。所以明人治事的本领胜于清人，虽少年科第足以临民。清之学者考证经史详搜博引，虽为前古所无，惜不谙当代制度，治事的时候，辄来请教于幕僚，所以两朝学者各有所弊。然明之学者尚能致用，清之学者虽欲致用亦不能也。其所以不能致用者，基于彼等考大体者少，证枝叶者多耳。是明清两代之学，皆非切要，不足为今日所取法也。

今日切要之学是什么？曰历史也。历史之学宜自修，不适于讲授。现代各校不明此理，多于每周规定三四小时，与其他科目同一办法，此甚不然。试问一部正史，欲于每周三四小时内依次讲解，恐至少亦须三十年始能讲毕。即令学生明知史志为今日切要之学，若按时至校听讲而不自修，终必无所获。此外市面上有应时而起的《史学通论》、《史学研究法》等，美其名曰节省时间，实无当也。如唐人刘知几之《史通》通释，往复辩论历代史书得失之处，虽甚详明，假使详明更不阅其所论之史书，则《史通》亦为无用，况今日市上之《史学通论》等书，撰著对于所论之书恐尚未尝看过，则其"通论"又哪里有丝毫的用处呢？故历史一科之教员应专讲解史志之条例及其中深奥的地方，其余易解之处统由学生去自修。盖研究学问有二法：（一）有必须讲解者，如史学之条例是也。（二）有必须自修者，则史志之全文是也。试观现在各校觍居历史讲座之先生，与茶馆中说评书的有什么分别？其中本领高者仅能讲明历史之大概，劣者虽大概亦不能明也。

现在的青年应当知道自己是什么时候的人，现在的中国是处在什么时期，自己对国家负有什么责任。这一切在史志上面全都可以找到明确的答复。若是连历史也不清楚，则只觉得眼前混沌万状，人类在哪里栖栖惶惶，彼此似无关系，展开地图亦不知何地系我国固有，何地系我国尚存者，何地已被异族侵占，问之茫然无以对者，比比然也，则国之前途岂不危哉！一国之历史正似一家之家谱，其中所载尽已往之事实，此事实即历史也。若一国之历史衰，可占其民族之爱国心亦必衰。盖事实为综错的，繁复的，无一定之规律的；而历史乃归纳此种种事实，分类记载，使阅者得知国家强与弱的原因，战争胜败的远因近因，民族盛衰的变迁，为人生处世所不可须臾离者。历史又如棋谱然，若据棋谱以下棋，善运用之，必操胜算，若熟悉历史，据之以致用，亦无往而不利也。

宋之王荆公与现在国民党之总理孙逸仙均中不明历史之病，王荆公不许人读史志，毁之曰"断烂朝报"，孙逸仙似未精究历史，却也具有王氏之遗风，所以国民政府今日未有令名。王荆公与孙之国民党同因不谙已往之史迹，以致爱国心衰。自王荆公倡不读史未及四十年，而宋亡矣，今民国缔造已二十一年，前后茫茫，亦可惧也。

附庸之国与固有国土本有区别历史已详告我们。不幸今日上下竟有以附庸视东北三省，而盛唱"弃了东三省"的论调，这就是不明史志的缘故，而仅据外人之称东三省为"满洲"，便以为东三省之属于我国乃附属地性质，非本土也。凡稍读史志者便以为其误。考东三省原为中国固有的版图，汉谓之突厥，宋谓之辽金。汉去今日已远，姑不论，即以明清论之，明清两代东三省皆为我国固有之版图，今竟因不明史志而疑固有的国土为附庸之地，其害较不读经书为尤甚，盖不晓得周公、孔子的名字，仅遗忘一二死去的人而已，无关国家之得失；若不晓得历史，则几乎茫茫然遗失了东三省千百万方里的土地，其为害驾于经书之上。此语在好高骛远的人全不愿说，他们视历史如同掌故和家谱一样，岂料到关于国家的命脉是这样的大呢？再以开铺店喻之，开铺店若不明该地的掌故习俗，则不出数日必倒闭矣。又如组织家庭，若不看家谱不明世族，则亲疏不分，视其同族若路人，此家未有能兴盛者。今知不看掌故、家谱之害尚如此，其不明史志之害，岂不尤甚于斯欤！故谓历史为掌故亦可，谓之为民族的家谱亦无不可。总之，历史就是我的掌故，我的家谱，他人得之虽然无用，而我不得不备此物，若欲为国效力，这本老家谱是非研究不可。至于运用之法，应注重制度地域变迁的沿革，治乱之原因。阅之亦甚易，看一句即得一句之经验，非若治军须战略与操练并行也，故其成就亦易，史志之全帙虽繁，读司马光之《资治通鉴》则简而易行。今之青年既知史志为切要矣，当视为新发现之宝物去日夜看他才好！

历史之学不仅今日切要，即在往古亦十分切要。汉时即以六经为史，各有专家传其学，至今因时间之延长，史志遂觉繁多，然此正一完备之棋谱也。若善用之，何往而不利，故其切要尤甚于昔。在汉时可举史志而尽焚之，因彼时棋谱尚未完备，而有人才在，还可以补救时艰。今日则不可，因人才已无，棋谱更不可失矣。

行己有耻，博学于文，是从前的话。今当世界在较任何时期为严重的时候，历史上之陈迹即为爱国心之源泉，致用时之棋谱。其系于一国之兴亡为用尤巨，故史志乃今日切要之学也。

论六经不够作领袖人才的来源

——答孟心史先生

《独立评论》，第 17 号，1932 年 9 月 11 日；收入：

《胡适论学近著》，第 1 集，上海：商务印书馆，1935 年

胡 适

心史先生：

前说四事，都是匆匆写的，不成意思，居然劳先生殷殷赐答，不安之至。

顷重读《学记》，终觉其为一种教育理论之书，而不是记叙一种现行制度之书。其述："今教者呻其占毕，多其讯……"，乃是实写其所见闻之学校。其云："古之教者家有塾，党有庠，术有序，国有学"以下，则是提出一种理想的制度。孟子谓："夏曰校，殷曰序，周曰庠"，是纵的时代差别；《学记》则以此诸名施于横的地域差别。此无他，同是信口开河的托古，正不妨相矛盾也。

"通一经至纤屑无有滞碍"，此种境界，谈何容易？纵观两汉博士，其通一经，只是通其所谓通，以后人眼光观之，如京房、翼奉之流皆"不通"之尤者也。

禁私学一点，尊旨甚是。

尊经一点，我终深以为疑。儒家经典之中，除《论》、《孟》及《礼记》之一部分之外，皆系古史料而已，有何精义可作做人模范？我们在今日尽可挑出《论》、《孟》诸书，或整理成新式读本，或译成今日语言，使今人与后人知道儒家典型的来源，这是我很赞成的。其他《诗》则以文学眼光读之，《左传》与《书》与《仪礼》，则以历史材料读之，皆宜与其他文学历史同等齐观，方可容易了解。我对于"经"的态度，大致如此，请教正。

先生问："中国之士大夫，若谓不出于六经，试问古来更有何物为制造之具？"此大问题，不容易有简单的解答。鄙意以为制造士大夫之具，往往因时代而不同，而六经则非其主要之具。往年读汪辉祖《病榻梦痕录》（此为中国自传文学中最佳的一部），见他律己之法，每日早起焚香读《太上感应篇》一遍，其

事最简陋，而其功效也可以使他佐幕则成好刑名，做官则是好官。由此推而上之，王荆公最得力于禅学，其行事亦可为士大夫模范；荆公答曾子固书说他自己博览广询，他深信"治经而已，则不足以知经"。更推上去，如张释之、汲黯，其风度人格岂不比董生、公孙丞相更可敬爱？经学大师未必一定超过治黄老学的人。更推上去，则孔子固可敬爱，墨子独不可敬爱耶？

我略举此数人，以明此问题不能有简单的答案。所以我说："一个时代有一个时代的士大夫，一个国家有一个国家的范型式的领袖人物。他们的高下优劣总都逃不出他们所受的教育训练的势力。某种范型的训育自然产生某种范型的领袖"（《独立》十二号，页四）。如梁任公所举"中国之武士道"，此一个时代的范型的人物也。如萧望之、匡衡、孔光、张禹，此又一个时代的范型的人物也。如阮籍、嵇康，此又一个时代的范型的人物也。过此以往，代有其人。理学以前，有范文正、王荆公诸人；理学时代，有朱子、方正学、王文成以至东林诸公。

若分析此等人物所受训育，有得力于一时代的特殊阶级之特别风尚者，有得力于学问者，有得力于宗教者，有得力于家庭教育者，有得力于经或理学者，有得力于文学者，有得力于史传者——其途径不一，而皆不能以经学一事包括之。不能人人有一部《病榻梦痕录》式之自传，故我们不能作详细精密的分析。约略估计之，我们可以说：经学的影响不如史传，史传的影响又不如宗教，书本的教育又不如早年家庭的训育。而宗教所含成分，佛道远大于儒门；名为"六经尊服郑，百行法程朱"，实则《功过格》与《太上感应篇》的势力远超过《近思录》与《性理大全》或《传习录》也！至于家庭教育，则宗教与俗文学的势力尤远过于六经、四子书。

吾国训育的工具有几个最大的弱点，遂成为致命之伤。第一，"儒门淡薄，收拾不住"一般的平常老百姓；试问《尚书》、《周礼》一类的书，即使人人熟读，岂能在人生观上发生什么影响？六经皆如此。即《论语》、《孟子》之中，又能有几十章可使一般人受用呢？第二，两个大宗教——佛与道——都不高明，都太偏于消极的制裁，都不曾产生伟大的范型人物足以供千百世人的歌泣模仿。第三，士大夫太偏重制举的文艺与虚伪的文学，全不曾注意到那影响千万人的通俗文学，所以通俗文学全在鄙人俗士的手里出来，可以诲盗诲淫，可以歆动富贵利禄、才子佳人的迷梦，而不足以造成一种健全的最低限度的道德习惯。第四，传记文学太贫乏了，虽偶有伟大的人物，而其人格风范皆不能成为多数人的读物。第五，女子的教育太忽略了，没有好母教，则虽有士大夫门第而难于长久保存其门风。第六，人民太穷苦了，救死犹恐不赡，奚暇治礼义哉？

凡教育皆有两方面，一为提高，一为普及。上述六种缺陷，使这两方面皆无进展，人才之缺乏不自今日始，孔家店之倒也，也不自今日始也。满清之倒，岂辛亥一役为之？辛亥之役乃摧枯拉朽之业。我们打孔家店，及今回想，真同打死老虎，既不能居功，亦不足言罪也！

西洋所以见长，正因无此六病，而有六长。第一，自希腊以来，古典文学之内容丰富远非我国典籍所企及。第二，基督教的"人格的"影响，远非佛、道两教所能梦见。第三，通俗文学的制作多出于士大夫阶级，故多有极动人的伟大作品。第四，传记文学特别发达，其传记多能写生传神，而又纤细详尽，足为后人矜式。第五，女子教育发达的早，又非如我国之仅以做闺秀诗词为女子教育而已，故家庭教育特别优胜。第六，生活较高，教育易为力。

即以我在论《领袖人才的来源》文中所举大学问题言之，欧洲最早的大学的来源多与教会有关，而教会有组织，有永久性，有人才，有富力，能使大学继长增高。国家与社会的富力，又足以继承此遗产而继续光大之，此皆吾国所无的条件也。又因其古代学术遗风有多方面的丰富，虽有教会的一尊，而医学与法学皆得列为学科，故自然科学与社会科学皆有所附丽而渐次发展。此岂吾国学校之以尊经习科举文自限者所能比拟哉？

古人造作人才，究竟由何途径，我们不能作简单答复。但以现存史料观之，则两汉以前，必不全靠书本子，尤必不靠六经。射、御等艺，先生谓"非士大夫之根本品质"，实则此等艺事足以养成"士大夫之根本品质"，其功效必远在书本教育之上！孔子屡称射为君子之事，其所言即今日西方所谓"竞艺员美德"（Sportsmanship）也。古人卜御，何等郑重？以《左传》所记观之，御亦人格教育之一个重要方面。礼、乐之事，其重要亦不过如此。后世尽去此等艺事，只剩一个"书"字，而"书"之中又损之又损，以至于几本最不足养成人才的六经！此中关键，虽非一朝一夕之故，然甚耐吾人今日之玩味寻思。

以上所言，在百忙中写成，时作时辍，故甚无伦次。其主旨在说明六经不足为"旧士大夫之来源"，尤不足为新的来源，不知能达此意否？

今日之事如造百层之台，当大做脚始得。先生所收集之中国士大夫之嘉言懿行，我们所希望介绍之西方士大夫美德，不过是供这台脚的一砖一石而已。

久迟奉答，匆匆先呈所见，尚望先生多赐教言。改日当奉谒请教。敬问起居。

胡适敬上。二十一，九，七夜写完

历史之重要

此为章太炎 1933 年 3 月 15 日在江苏省立师范学校的演讲

由诸祖耿记录

章太炎

国学不尚空言，要在坐而言者，起而可行。十三经文繁义赜，然其总持则在《孝经》、《大学》、《儒行》、《丧服》。《孝经》以培养天性，《大学》以综括学术，《儒行》以鼓励志行，《丧服》以辅成礼教。其经文不过万字，易读亦易记。经术之归宿，不外乎是矣。经术乃是为人之基本，若论运用之法，历史更为重要。处斯乱世，尤当斟酌古今，权衡轻重。今日学校制度，不便于讲史。然史本不宜于学校讲授，大约学问之事，书多而文义浅露者，宜各自阅览。书少而文义深奥者宜教师讲解。历史非科学之比，科学非讲解一步，即不能进一步。历史不然，运用之妙在乎读者各自心领神会而已。正史二十四，约三千余卷。《通鉴》全部，六百卷。如须讲解，但讲《通鉴》，五年尚不能了，全史更无论矣。如能自修，则至迟四年可毕二十四史。今学校注重讲授，而无法讲史，故史学浸衰。唯道尔顿制实于历史之课最宜，然今之教员，未必人人读毕全史。即明知道尔顿制便于学生，其如不便于教员何？《吕氏春秋》有《诬徒》篇，今日学校之弊，恐不至"诬徒"不止，诚可叹也。

政治之学，非深明历史不可。历史类目繁多，正史之外，有编年，有别史，有论制度之书，有述地理之书，有载奏议之书。荀悦《汉纪》，别史类也。《通典》、《通考》，贯穿古今，使人一看了然，论制度之类也。志表之属，断代为书，亦使人了如指掌，亦论制度之类也。地理书却不易看，自正史地理志外，有《元和郡县志》、《元丰九域志》、《明清一统志》、《读史方舆纪要》之属，山川形势，古今沿革，非细读不能明了。奏议往往不载于正史，但见于文集，亦有汇集历代名臣奏议为专书者。今之学者，各欲速成，鲜有肯闭门读书十年者。然全看二十四史，一日不辍，亦不过四年。若但看四史，四史之后，看《通鉴》，宋、元、明鉴之类，则较正史减三分之一。一日看两卷，则五百日可毕。而纪事之书，已可云卒业矣。至于典章制度之书，《通典》古拙，不必看。看《通考》已足。施于政治，《通考》尚有用不着之处。三通不过五百卷，一日看两卷，二百五十日可毕。地理书本不多。《读史方舆纪要》为最有用，以其有论断也，旁及地理、挂图，且读且看，有三四月之工夫，即可卒业。奏议书流畅易看，至多不过一年亦毕矣。如此合计纪事之书一年有半，制度之书八月，地理之书半年，奏议之书十月。有三年半之功程，史事已可烂熟。即志在利禄者，亦何惜此三年半之工夫，以至终身无可受用乎？历代知名将相，固有不读书者，近若曾、左、胡辈，亦所谓名臣者矣。然其所得力，曾在《通鉴》、《通考》；左在《通考》；胡在《读史方舆纪要》而已，况程功之过于是者乎？

夫人不读经书，则不知自处之道。不读史书，则无从爱其国家。即如吾人今日，欲知中华民国之疆域，东西南北究以何为界，便非读史不可。有史而不读，是国家之根本先拔矣。古人有不喜人讲史者，王安石变法，唯恐人之是古非今，不得自便。今人之不喜人看史，其心迹殆与王安石无异。又好奇说者，亦不喜人看史。历史著进化之迹，进化必以渐，无一步登天之理。是故诡激之流，唯恐历史之足以破其说也。至于浅见之人，谓历史比于家谱，《汉书》即刘氏之谱，《唐书》即李氏之谱，不看家谱，亦无大害。此不知国史乃以中国为一家，刘氏、李氏，不过一时之代表而已。当时一国之政，并非刘氏、李氏一家之事也。不看家谱，不认识其同姓，族谊亦何由而敦？不讲历史，昧于往迹，国情将何由而洽？又或谓历史有似账簿，米盐琐屑，阅之无谓，此不知一家有一家之产业，一国有一国之产业，无账簿则产业何从稽考？以此而反对读史，其居心诚不可测矣。信如所言，历史是账簿是家谱，亦岂可不看。身不能看，唯恐人之能看，则沮人以为不足看也。政界之人如此，学界之人亦如此。学生又不便以讲诵，家谱、账簿，束置高阁，四万万人都不知国家之根本何在，失地千万里，亦不甚惜，无怪其然也。日本外交官在国际联盟会称东三省本是满洲之地，中国外交官竟无以驳正，此岂非不看家谱、账簿而不知旧有之产业乎？

昔人读史，注意一代之兴亡。今日情势有异，目光亦须变换，当注意全国之兴亡。此读史之要义也。经与史关系至深，章实斋云六经皆史，此言是也。《尚书》、《春秋》，本是史书。《周礼》著官制，《仪礼》详礼节，皆可列入史部。西方希腊以韵文纪事，后人谓之史诗，在中国则有《诗经》。至于《周易》，人皆谓是研精哲理之书，似与历史无关，不知《周易》实历史之结晶，今所称社会学是也。乾坤代表天地，《序卦》云有天地然后有万物。是故乾坤之后，继之以屯。屯者，草昧之时也，即鹿无虞，渔猎之征也。匪寇婚媾，掠夺婚姻之征也。进而至蒙，如人之童蒙，渐有开明之象矣。其时娶女盖已有聘礼，故曰见金夫不有躬，此谓财货之胜于掠夺也。继之以需，则自游牧而进于耕稼，于是有饮食燕乐之事。饮食必有讼，故继之以讼。以今语译之，所谓面包问题，生存竞争也，于是知团结之道。故继之以师，各立朋党，互相保卫，故继之以比。然兵役即兴，势必不能人人耕稼，不得不小有积蓄。至于小畜，则政府之滥觞也，然后众人归往强有力者以为团体之主，故曰武人为于大君，履帝位而不疚，至于履，社会之进化已及君主专制之时矣。泰者上为阴下为阳，上下交通，故为泰。否者上为阳下为阴，上下乖违，故为否。盖帝王而顺从民意，上下如水乳之交融，所谓泰也。帝王而拂逆民意，上下如冰炭之不容，所谓否也。民为邦本之说，自古而知之矣。自屯至否，社会变迁之情状，亦已了然，故曰《周易》者历史之结晶也。然六经之中正式之史，厥维《春秋》。后世史籍，皆以《春秋》为本。《史记》有《礼书》、《乐书》，《汉书》则礼、乐皆有志，其意即以包括礼经一门。《司马相如传》辞赋多而叙事少，试问辞赋何关于国家大计？而史公必以入录耶？班固曰赋者古诗之流也，盖《史记》之录辞赋，亦犹六经之有《诗》矣。史公《自序》曰"有能绍明世，正《易传》，继《春秋》，本《诗》、《书》、《礼》、《乐》之际，意在斯乎？小子何敢让焉"。班固亦有类此之语。由今观之，马、班之言，并非夸诞。良史之作，固当如是也。

史与经本相通，子与史亦相通。诸子最先为道家，老子本史官也。故《艺文志》称道家者流，出于史官。史官博览群籍，而熟知成败利钝，以为君人南面之术。他如法家，韩非之书称引当时史事甚多，纵横家论政治，自不能不关涉历史。名家与法家相近，唯农家之初，但知种植而已。要之九流之言，注重实行，在在与历史有关。墨子、庄子皆有论政治之言，不似西洋哲学家之纯谈哲学也。今日学士大夫，治经者有之，治诸子者有之，而治史则寡。不知不讲历史，即无以维持其国家。历史即是账簿、家谱之类，持家者亦不得不读也。

复次，今日有为学之弊，不可盲从者二端，不可不论。夫讲西洋科学，尚有一定之规范，决不能故为荒谬之说，其足以乱中国者，乃在讲哲学讲史学，而恣为新奇之议论。在昔道家，本君人南面之术，善用其术，则可致治，汉人之重黄、老，其效可见矣。一变而为晋人之清谈，即好为新奇之议论，于是社会遂有不安之状。然刘伶之徒，反对礼教，尚是少数。今之哲学，与清谈何异？讲哲学者，又何其多也？清谈简略，哲学详密，此其贻害，且什百干清谈。古人有言，智欲圆而行欲方，今哲学家之思想，打破一切，是为智圆而行亦圆，徇己逐物，宜其愈讲而愈乱矣。余以为欲导中国入于正轨，要自今日讲平易之道始。三十年后，庶几能收其效。否则推波助澜，载胥及溺而已。

又，今之讲史学者，喜考古史，有二十四史而不看，专在细微之处，吹毛索瘢，此大不可也。昔蜀之谯周，宋之苏辙，并著《古史考》，以驳正太史公。夫上下数千年之事，作史者一人之精力，容有不逮。后之人考而正之，不亦宜乎？无如今之考古者，异于谯周、苏辙，疑古者流，其意但欲打破历史耳。古人之治经史，于事理所必无者，辄不肯置信，如姜嫄履大人迹而生后稷，刘媪交龙于上而生高祖，此事理所必无者也。信之则乖于事实。又同为一事，史家记载有异，则辨正之，如《通鉴考异》之类，此史学者应有之精神也。自此以外，疑所不当疑，则所谓有疑疾者尔。日本人谓尧、舜、禹皆是儒家理想中人物，犹自以其开化之迟，而疑中国三千年前已有文化如此。不知开化本有迟早，譬如草木之华，先后本不一时，但见秋菊之晚开，即不信江梅之早发，天下宁有此理？日本人复疑大禹治水之功，以为世间无此神圣之人。不知治河之功，明、清两代尚有之，本非一人之力所能办。大臣之下，固有官吏兵丁在，譬如汉高祖破灭项羽，又岂一身之力哉？此而可疑，何事不可疑？犹记明人笔乘，有丘为最高、渊为最深之言，然则孔、颜亦在可疑之列矣。当八国联军时，刚毅不信世有英、法诸国，今之不信尧、禹者，无乃刚毅之比乎？夫讲学而入于魔道，不如不讲。昔之讲阴阳五行，今乃有空谈之哲学、疑古之史学，皆魔道也。必须扫除此种魔道，而后可与言学。

中国本位的文化建设宣言

1935 年 1 月 10 日

王新命 等

一、没有了中国

在文化的领域中，我们看不见现在的中国了。中国在对面不见人形的浓雾中，在万象蜷伏的严寒中；没有光，也没有热。为着寻觅光与热，中国人正在苦闷，正在摸索，正在挣扎。有的虽拼命钻进古人的坟墓，想向骷髅分一点余光，乞一点余热；有的抱着欧美传教师的脚，希望传教师放下一根超度众生的绳，把他们吊上光明温暖的天堂；但骷髅是把他们从黑暗的边缘带到黑暗的深渊，从萧瑟的晚秋导入凛冽的寒冬；传教师于是把他们悬在半空中，使他们在上不着天下不着地的虚无境界中漂泊流浪，憧憬摸索，结果是同一的失望。

中国在文化的领域中是消失了；中国政治的形态，社会的组织，和思想的内容与形式，已经失去它的特征。由这没有特征的政治、社会、和思想所化育的人民，也渐渐地不能算得中国人。所以我们可以肯定地说：从文化的领域去展望，现代世界里面固然已经没有了中国，中国的领土里面也几乎已经没有了中国人。

要使中国能在文化的领域中抬头，要使中国的政治、社会和思想都具有中国的特征，必须从事于中国本位的文化建设。日本的画家常常说："西洋人虽嫌日本画的色彩过于强烈，但若日本画没有那种刺目的强烈色彩，哪里还成为日本画！"我们在文化建设上，也需要有这样的认识。

要从事中国本位的文化建设，必须用批评的态度、科学的方法，检阅过去的中国，把握现在的中国，建设将来的中国。我们应在这三方面尽其最大的努力。

二、一个总清算

中国在文化的领域中，曾占过很重要的位置。从太古直到秦汉之际，都在上进的过程中。春秋战国形成了我们的希腊罗马时代。那真是中国文化大放异彩的隆盛期。但汉代以后，中国文化就停顿了。宋明虽然还有一个新的发展，综合了固有的儒、道，和外来的佛学，然而并未超出过去文化的范围，究竟是因袭的东西。直到鸦片战争才发生了很大的质的变动。巨舰大炮带来了西方文化的消息，带来了威胁中国步入新时代的警告，于是古老的文化起了动摇，我们乃从因袭的睡梦中醒觉了。

随着这种醒觉而发生的，便是曾国藩、李鸿章的"洋务"运动，康有为梁启超的"维新"运动，孙中山先生的"革命"运动。

曾李的洋务运动只知道"坚甲利兵"和"声光化电"的重要，完全是技艺的模仿。康梁的维新运动在于变法自强，不过是政治的抄袭。这都可说是"中学为体，西学为用"的见解，虽在当时也自有其除旧布新之历史的使命，然毕竟是皮毛的和改良的办法，不能满足当时的要求，于是有孙中山先生所领导的辛亥革命。他以把中国固有的"从根救起来"，把人家现有的"迎头赶上去"为前提，主张对中国的社会、政治、经济作彻底的改造。

民国四五年之交，整个的中国陷在革命顿挫，内部危机四伏，外患侵入不已的苦闷中，一般人以为政治不足以救国，需要文化的手段，于是就发生了以解放思想束缚为中心的五四文化运动。经过这个运动，中国人的思想遂为之一变。

新的觉醒要求新的活动，引导辛亥革命的中华革命党遂应时改组，政治运动大为展开。打倒军阀打倒帝国主义的声浪遍于全国，由此形成了一个伟大的国民革命。其间虽有种种波折，但经过了这几年的努力，中国的政治改造终于达到了相当的成功。

这时的当前问题在建设国家。政治经济等方面的建设既已开始，文化建设工作亦当着手，而且更为迫切。但将如何建设中国的文化，却是一个亟待讨论的问题。有人以为中国该复古：但古代的中国已成历史；历史不能重演，也不需要重演。有人以为中国应完全模仿英美：英美固有英美的特长，但地非英美的中国应有其独特的意识形态；并且中国现在是在农业的封建的社会和工业的社会交嬗的时期，和已完全进到工业时代的英美，自有其不同的情形；所以我们决不能赞成完全模仿英美。除却主张模仿英美的以外，还有两派：一派主张模仿苏俄；一派主张模仿意、德。但其错误和主张模仿英美的人完全相同，都是轻视了中国空间时间的特殊性。

目前各种不同的主张正在竞走，中国已成了各种不同主张的血战之场；而透过各种不同主张的各种国际文化侵略的魔手，也正在暗中活跃，各欲争取最后的胜利。我们难道能让他们去混战吗？

三、我们怎么办？

不，我们不能任其自然推移，我们要求有中国本位的文化建设！

在建设的进程中，我们应有这样的认识：

（一）中国是中国，不是任何一个地域，因而有它自己的特殊性。同时，中国是现在的中国，不是过去的中国，自有其一定的时代性。所以我们特别注意于此时此地的需要。此时此地的需要，就是中国本位的基础。

（二）徒然赞美古代的中国制度思想，是无用的；徒然诅咒古代的中国制度思想，也一样无用；必须把过去的一切，加以检讨，存其所当存，去其所当去；其可赞美的良好制度伟大思想，当竭力为之发扬光大，以贡献于全世界；而可诅咒的不良制度卑劣思想，则当淘汰务尽，无所吝惜。

（三）吸收欧、美的文化是必要而且应该的，但须吸收其所当吸收，而不应以全盘承受的态度，连渣滓都吸收过来。吸收的标准，当决定于现代中国的需要。

（四）中国本位的文化建设，是创造，是迎头赶上去的创造；其创造目的是使在文化领域中因失去特征而没落的中国和中国人，不仅能与别国和别国人并驾齐驱于文化的领域，并且对于世界的文化能有最珍贵的贡献。

（五）我们在文化上建设中国，并不是抛弃大同的理想，是先建设中国，成为一整个健全的单位，在促进世界大同上能有充分的力量。

要而言之，中国是既要有自我的认识，也要有世界的眼光，既要有不闭关自守的度量，也要有不盲目模仿的决心。这认识才算得深切的认识。

循着这认识前进，那我们的文化建设就应是：

不守旧，

不盲从，

根据中国本位，采取批评态度，应用科学方法来：

检讨过去，

把握现在，

创造将来。

不守旧，是淘汰旧文化，去其渣滓，存其精英，努力开拓出新的道路。不盲从，是取长舍短，择善而从，在从善如流之中，仍不昧其自我的认识。根据中国本位，采取批判态度，应用科学方法来检讨过去，把握现在，创造将来，是要清算从前的错误，供给目前的需要，确定将来的方针，用文化的手段产生有光有热的中国，使中国在文化的领域中能恢复过去的光荣，重新占着重要的位置，成为促进世界大同的一支最劲最强的生力军。

王新命　何炳松　武　干　孙寒冰　黄文山

陶希圣　章　益　陈高佣　樊仲云　萨孟武

一九三五年一月十日

充分世界化与全盘西化

1935 年 6 月

胡　适

二十年前，美国"展望周报"（The Outlook）总编辑阿博特（Lyman Abbott）发表了一部自传，其第一篇里记他的父亲的谈话，说："自古以来，凡哲学上和神学上的争论，十分之九都只是名词上的争论。"阿博特在这句话的后面加上了一句评论，他说："我父亲的话是不错的。但我年纪越大，越感觉到他老人家的算术还有点小错。其实剩下的那十分之一，也还只是名词上的争论。"

这几个月里，我读了各地杂志报章上讨论"中国本位文化"、"全盘西化"的争论，我常常想起阿博特父子的议论。因此我又联想到五六年前我最初讨论这个文化问题时，因为用字不小心，引起的一点批评。那一年（1929）《中国基督教年鉴》（Christian Yearbook）请我做一篇文字，我的题目是《中国今日的文化冲突》，我指出，中国人对于这个问题，曾有三派的主张。一是抵抗西洋文化；二是选择折衷；三是充分西化。我说抵抗西化在今日已成过去，没有人主张了。但所谓"选择折衷"的议论，看去非常有理，其实骨子里只是一种变相的保守论。所以我主张全盘的西化，一心一意的走上世界化的路。

那部年鉴出版后，潘光旦先生在《中国评论周报》里写了一篇英文书评，差不多全文是讨论我那篇短文的。他指出我在那短文里用了两个意义不全同的字，一个是 wholesale westernization，可译为"全盘西化"；一个是，wholehearted modernization，可译为"一心一意的现代化"，或"全力的现代化"，或"充分的现代化"。潘先生说，他可以完全赞成后面那个字，而不能接受前面那个字。这就是说，他可以赞成"全力现代化"，而不能赞成"全盘西化"。

陈序经、吴景超诸位先生大概不曾注意到我们在五六年前英文讨论。"全盘西化"一个口号所以受了不少的批评，引起了不少的辩论，恐怕还是因为这个名词的确不免有一点语病。这点语病是因为严格说来，"全盘"含有百分之一百的意义，而百分之九十九还算不得"全盘"。其实陈序经先生的原意，并不这样，至少我可以说我自己的原意并不是这样。我赞成"全盘西化"，原意只是因为这个口号最近于我十几年来"充分"世界化的主张；我一时忘了潘光旦先生在几年前指出我用字的疏忽，所以我不曾特别声明"全盘"的意义不过是"充分"而已，不应该拘泥作百分之百的数量的解释。

所以我现在很诚恳地向各位文化讨论者提议：为免除许多无谓的文字上或名词上的争论起见，与其说"全盘西化"不如说"充分世界化"。"充分"作数量上即是"尽量"的意思，在精神上即是"用全力"的意思。

我的提议的理由是这样的：

第一，避免了"全盘"字样，可以免除一切琐碎的争论。例如我此刻穿着长袍，踏着中国缎鞋子，用的是钢笔，写的是中国字，谈的是"西化"。究竟我有"全盘西化"的百分之几？本来可以不生问题。这里面本来没有"折衷调和"的存心，只不过是为了应用上的便利而已。我自信我的长袍和缎鞋和中国字，并没有违反我主张"充分世界化"的原则。我看了近日各位朋友的讨论，颇有太琐碎的争论，如"见女人脱帽子"，是否"见男人也应该脱帽子"；如我们"能吃番菜"，是不是我们的饮食也应该全盘西化。这些事我看都不应该成问题。人与人交际，应该"充分"学点礼貌；饮食起居，应该"充分注意"卫生与滋养！这就够了。

第二，避免了"全盘"字样，可以容易得着同情的赞助。例如陈序经先生说：

"吴景超先生既然承认了西方文化十二分之十以上，那么吴先生之所以异于全盘西文化论者，恐怕是毫厘之间吧。"

我却以为，与其希望别人牺牲那"毫厘之间"来迁就欠的"全盘"，不如我们自己抛弃那文字上的"全盘"来包罗一切在精神上或原则上赞成"允分西化"或"根本西化"的人们。依我看来，"充分世界化"的原则之下，吴景超、潘光旦、张佛泉、梁实秋、沈昌晔……诸先生当然都是我们的同志，而不是论敌了。就是那发表《总答复》的十教授，他们既然提出了"充实人民的生活，发展国民的生计，争取民族的生存"的三个标准，而这三件事又恰恰都是必须充分采用世界文化的最新工具和方法的，那么，我们在这三点上边可以欢迎《总答复》以后的十教授做我们的同志了。

第三，我们不能不承认，数量上的严格"全盘西化"是不容易成立的。文化只是人民生活的方式，处处都不能不受人民的经济状况和历史习惯的限制，这就是我从前说过的文化惰性。你尽管相信"西菜较合卫生"，但事实上决不能期望人人都吃西菜，都改用刀叉。况且西洋文化确有不少历史的因袭的成分，我们不但理智上不愿采取，事实上也决不会全盘采取。你尽管说基督教比我们的道佛教高明得多多，但事实上基督教有一两百个宗派，他们自己就互相诋毁，我们要的哪一派？若说："我们不妨采取其宗教的精神?"那也就不是"全盘"了。这些问题，说"全盘西化"则都成争论的问题，说"充分世界化"则可以不成问题了。

　　鄙见如此，不知各位文化讨论者以为何如？

原载天津《大公报》一九三五，六，二一

试评所谓"中国本位的文化建设"

胡　适

新年里，萨孟武、何炳松先生等十位教授发表的一个《中国本位的文化建设宣言》，在这两三个月里，很引起了国内人士的注意。我细读这篇宣言，颇感觉失望，现在把我的一点愚见写出来，请萨、何诸先生指教，并请国内留意这问题的朋友们指教。

十教授在他们的宣言里，曾表示他们不满意于"洋务"、"维新"时期的"中学为体西学为用"的见解。这是很可惊异的！因为他们的"中国本位的文化建设"正是"中学为体西学为用"的最新式的化妆出现。说话是全变了，精神还是那位《劝学》篇的作者的精神。"根据中国本位"，不正是"中学为体"吗？"采取批评态度，吸收其所当吸收"，不正是"西学为用"吗？

我们在今日必须明白"维新"时代的领袖人物也不完全是盲目的抄袭，他们也正是要一种"中国本位的文化建设"。他们很不迟疑的"检讨过去"，指出八股、小脚、鸦片等为"可诅咒的不良制度"；同时他们也指出孔教、三纲、五常等等为"可赞美的良好制度、伟大思想"。他们苦心苦口地提倡"维新"，也正如萨、何诸先生们的理想，要"存其所当存，去其所当去"。

他们的失败是萨、何诸先生们在今日所应该引为鉴戒的。他们的失败只是因为他们的主张里含的保守的成分多过于破坏的成分，只是因为他们太舍不得那个他们心所欲而口所不能言的"中国本位"。他们舍不得那个"中国本位"，所以他们的维新政纲到后来失败了。到了辛亥革命成功之后，帝制推翻了，当年维新家所梦想的改革自然在那大变动的潮流里成功了。辛亥的革命是戊戌维新家所不敢要求的，因为推翻帝制，建立民主，岂不要毁了那个"中国本位"了吗？然而在辛亥大革命之后，"中国本位"依然存在，于是不久大家又都安之若固有之了！

辛亥以来，二十多年了，中国经过五四时代的大震动，又经过民国十五六年国共合作的国民革命的大震动。每一次大震动，老成持重的人们都疾首蹙额，悲叹那个"中国本位"有陨灭的危险。尤其是民十五六年的革命，其中含有世界最激烈的社会革命思潮，所以社会政治制度受的震撼也最厉害。那激烈震荡在一刹那间过去了，虽然到处留下了不可磨灭的创痕，始终没有打破那个"中国本位"。然而老成持重的人们却至今日还不曾搁下他们悲天悯人的远虑。何键、陈济棠、戴传贤诸公的复古心肠当然是要维持那个"中国本位"，萨孟武、何炳松诸公的文化建设宣言也只是要护持那个"中国本位"。何键、陈济棠诸公也不是盲目的全盘复古：他们购买飞机枪炮，当然也会挑选一九三五的最新模特儿；不过他们要用二千五百年前的圣经贤传来教人做人罢了。这种精神，也正是萨、何十教授所提倡的"存其所当存，吸收其所当吸收"。

我们不能不指出，十教授口口声声舍不得那个"中国本位"，他们笔下尽管宣言"不守旧"，其实还是他们的保守心理在那里作怪。他们的宣言也正是今日一般反动空气的一种最时髦的表现。时髦的人当然不肯老老实实的主张复古，所以他们的保守心理都托庇于折衷调和的烟幕弹之下。对于固有文化，他们主张"去其渣滓，存其精英"；对于世界新文化，他们主张"取长舍短，择善而从"：这都是最时髦的折衷论调。陈济棠、何键诸公又何尝不可以全盘采用十教授的宣言来做他的烟幕弹？

他们并不主张八股小脚，他们也不反对工业建设，所以他们的新政建设也正是"取长舍短，择善而从"；而他们的读经祀孔也正可以挂起"去其渣滓，存其精英"的金字招牌！十教授的宣言，无一句不可以用来替何键、陈济棠诸公作有力的辩护的。何也？何陈诸公的中心理论也正是要应付"中国此时此地的需要"，建立一个中国本位的文化。

萨、何十教授的根本错误在于不认识文化变动的性质。文化变动有这些最普遍的现象：第一，文化本身是保守的。凡一种文化既成为一个民族的文化，自然有他的绝大保守性，对内能抵抗新奇风气的起来，对外能抵抗新奇方式的侵入。这是一切文化所公有的惰性，是不用人力去培养保护的。

第二，凡两种不同文化接触时，比较观摩的力量可以摧陷某种文化的某方面的保守性与抵抗力的一部分。其被摧陷的多少，其抵抗力的强弱，都和那一个方面的自身适用价值成比例：最不适用的，抵抗力最弱，被淘汰也最快，被摧陷的成分也最多。如钟表的替代铜壶滴漏，如枪炮的替代弓箭刀矛，是最明显的例。如泰西历法之替代中国与回回历法，是经过一个时期的抵抗争斗而终于实现的。如饮食衣服，在材料方面虽不无变化，而基本方式则因本国所有也可以适用，所以至今没有重大的变化：吃饭的，决不能都改吃"番菜"；用筷子的，决不能全改用刀叉。

第三，在这个优胜劣败的文化变动的历程之中，没有一种完全可靠的标准可以用来指导整个文化的各方面的选择去取。十教授所梦想的"科学方法"，在这种巨大的文化变动上，完全无所施其技。至多不过是某一部分的主观成见而美其名为"科学方法"而已。例如妇女放脚剪发，大家在今日应该公认为合理的事，但我们不能滥用权力，武断的提出标准来说：妇女解放，只许到放脚剪发为止，更不得烫发，不得短袖，不得穿丝裤，不得跳舞，不得涂脂抹粉。政府当然可以用税则禁止外国奢侈品和化妆品的大量输入，但政府无论如何圣明，终是不配做文化的裁判官的，因为文化的淘汰选择是没有"科学方法"能做标准的。

第四，文化各方面的激烈变动，终有一个大限度，就是终不能根本扫灭那固有文化的根本保守性。这就是古今来无数老成持重的人们所恐怕要陨灭的"本国本位"。这个本国本位就是在某种固有环境与历史之下所造成的生活习惯；简单说来，就是那无数无数的人民。那才是文化的"本位"。那个本位是没有毁灭的危险的。物质生活无论如何骤变，思想学术无论如何改观，政治制度无论如何翻造，日本人还只是日本人，中国人还只是中国人。试看今日的中国女子，脚是放了，发是剪了，体格充分发育了，曲线美显露了，但她无论如何摩登化，总还是一个中国女人，和世界任何国的女人都绝不相同。一个彻底摩登化的都市女人尚且如此，何况那无数无数仅仅感受文化变动的些微震荡的整个民族呢？所以"中国本位"，是不必劳十教授们的焦虑的。戊戌的维新、辛亥的革命、五四时期的潮流、民十五六的革命，都不曾动摇那个攀不到的中国本位。在今日有先见远识的领袖们，不应该焦虑那个中国本位的动摇，而应该焦虑那固有文化的惰性之太大。今日的大患并不在十教授们所痛心的"中国政治的形态，社会的组织，和思想的内容与形式，已经失去它的特征"。我们的观察，恰恰和他们相反。中国今日最可令人焦虑的，是政治的形态，社会的组织，和思想的内容与形式，处处都保持中国旧有种种罪孽的特征，太多了，太深了，所以无论什么良法美意，到了中国都成了逾淮之橘，失去了原有的良法美意。政治的形态，从娘子关到五羊城，从东海之滨到峨嵋山脚，何处不是中国旧有的把戏？社会的组织，从破败的农村，到簇新的政党组织，何处不具有"中国的特征"？思想的内容与形式，从读经祀孔，国术国医，到满街的性史，满墙的春药，满纸的洋八股，何处不是"中国的特征"？

我的愚见是这样的：中国的旧文化的惰性实在大得可怕，我们正可以不必替"中国本位"担忧。我们肯往前看的人们，应该虚心接受这个科学工艺的世界文化和它背后的精神文明，让那个世界文化充分和我们的老文化自由接触，自由切磋琢磨，借它的朝气锐气来打掉一点我们的老文化的惰性和暮气。将来文化大变动的结晶品，当然是一个中国本位的文化，那是毫无可疑的。如果我们的老文化里真有无价之宝，禁得起外来势力的洗涤冲击的，那一部分不可磨灭的文化将来自然会因这一番科学文化的淘洗而格外发辉光大的。

　　总之，在这个我们还只仅仅接受了这个世界文化的一点皮毛的时候，侈谈"创造"固是大言不惭，而妄谈折衷也是适足为顽固势力添一种时髦的烟幕弹。

　　　　　　　　　　　　　　　　　　　二十四，三，三十

西化问题之批判

《国闻周报》，第 12 卷第 12 期，1935 年 4 月 1 日

张佛泉

（一）

近来国人对于西化问题颇多讨论，尤以"创造""中国本位的文化"的呼声为最高。这问题的确异常重要。我在这里把自己的意见提出，不知能否供关心这问题的人的参考。

国人对于接收西方文化一事，虽始终未经过深刻的批判的研究，与大规模的具体的讨论，然而对于这事却也不是没有态度表明的。比如"中学为体，西学为用"论便是对接受西洋文化很清楚的一种看法。清末之以"忠君，尊孔"；与"尚公，尚武，尚实"，及民初之以"法孔孟"及"尚武崇实"为教育宗旨，也是代表类似的态度的。就实际运动方面看，我们也可以见到各期运动之所以不同者，便因各期对西方文化采取不同的态度，有不同的理解。曾、李的洋务运动，康、梁的维新运动，再进一步的国民党的革命运动，和五四以来的新文化运动，便是好例。到近来对西化问题又有两种态度，一是"全盘西化论"，一是"中国本位的文化建设论"，或说是"创造的"文化论。所以我们可以见到国人对西方文化的态度是有的，并且时常在那里摇摆，变动。

现在我们要问，这几十年来在对西方文化态度的变动中，到底有没有它一定的趋势呢？就大体上讲，我们可以发现是有的。我在另一文里已经轻轻论到这一点（载《国闻周报》十二卷九期）。依着时间的迈进，我们对西方文化的长处，实在是愈承认愈多的。我们在起始只承认西洋文化的"器"或"用"而不承认它的"道"或"体"，或是只承认它的"物质"而不承认它的"精神"。当时所以采取这种态度的原故，也许是由于对西方文化根本没有彻底了解，只见到了它的"用"，而未见到它的"体"；也许是由于以为他们的"体"不配我

们采纳，而只有"用"足供我们借取。无管当时所以取那种态度的理由是怎样，但只采取了西洋文化的一半（至少现在我们认为只取了一半），却是无疑的。这种"二元"的论调，现在几乎已经成了公认的错误。继这种硬性的二元论之后，便是现在所流行的调和中西文化论。这一派以为东西文化各有所长，亦各有所短，所以我们应当去自己之所短，取他人之所长；舍他人之所短，保自己之所长，而借此望能产生出（不，创造出）新的文化来。这种态度能否站得稳的问题，我们暂且留在下面讨论。我们现在只愿指出，这一派人比起硬性的"二元"论者，已经有了许多进步。他们一方面是更勇敢了，更比较走向极端了；一方面却与西方文化取得更多的妥协，将原来的顽梗态度软化了许多。这一派人不只承认了西方的"用"，在他们的"体"中也发现了长处，并且以为这些长处可取。所以若用数目字来计算这种动向，我们可以勉强地说，"中学为体，西学为用"论只承认了西方文化的二分之一，现在的东西文化调和论却已承认了西方文化的四分之三。所以在这种动向中我们可以见到我们接受西方文化是愈来愈增加的。现在竟已与全盘西论很接近了。这种动向不管是由于有意识的推进，还是由于无意识的变化，不管是我们所喜欢的，还是我们所嫌恶的，但它确是史实。

（二）

主张调和中西文化的人，有一个似乎最足动听的理由，这便是中国欲想在这世界舞台上占一角色，必须有自己的特殊文化。同时他们以为我国几千年的历史经验也不能一笔抹煞。我们既能立国几千年必有它的特长，这特长亦必值得我们保存。所以若在此时不加选择与判别，而整个盲从西人，则我们的个性将因之消失，国家也许再不能立足在大地之上。其实这种看法，完全是出于一种神经过敏的虚怕。这种过虑在历史上是没有基础的。就人类历史上几桩大事说来，我们曾见到罗马人接受希腊文化；北欧野蛮民族接受罗马及希伯来文化；中国接受印度文化；日本接受中国文化，现在又接受西方文化。然而却未见到接受旁人文化的将自己的个性完全失掉。即使没有文化的团体羼入有文化的团体，或是在文化发展过程中阶段较低的民族混入阶段较高的民族中，严格讲来，也不会完全消灭的。至少一国的"空间时间的特殊性"（用十教授《中国本位的文化建设宣言》中语）是永能保持的。关于这一点，我想胡适之先生的看法是非常之正确的。文化自有一种"惰性"，即使我们努力全盘接受他人的文化，而结果也要趋向于折衷的。所以我们在这里实无所畏。但若在没开诚接受西洋文化之前却先怕自己的文化消灭，那便仍是一种变象的保守主义。

再，以为只有保持住中国文化特色才足以立国，才足以与各国抗衡，也是不合逻辑的误念。我们试想，如果以我们十足的整个的旧有文化不足以与西方文化抗，保持了原来文化中的某部分反能以之退敌么？并且文化之高低与国之强弱不一定要有正比的关系。历史上已有过许多文化高的民族被较不开化的民族征服了的例。至若目前中国所遇的情形，国既弱，而文化似又不如人，偏妄想借保持旧有文化来维护民族生命，很明显的只是一种欺己欺人之谈。为讲邦国主义（Nationalism），为激发国民的自信心，也不一定必须主张保持原有文化。我以为这是两件事。一方面彻底采取旁人的文化，一方面也可以对自己有极大的自信力。日本简直就正在这样干。它拼命在实质方面"模仿"西洋（所保留的大部是形式，他们尊天皇，实际便等于西人的重国家），同时却不小看自己。易言之，讲邦国主义不一定要拉住民族性（Nationality）问题不放松的（请参看拙著《邦国主义之检讨》，载去年本《周报》第四十期及四十一期）。

另外我们还常听到有人在嚷中国应"创造"新文化，而"其创造目的是使在文化领域中因失去特征而没落的中国和中国人，不仅能与别国和别国人并驾齐驱于文化的领域，并且对于世界的文化能有最珍贵的贡献"（见二十四年一月十日十教授《宣言》）。我觉得这一类的话如果不完全是没意识的，最多也只不过是犯了夜郎的夸大狂。处在今日，步人的后尘尚望不及影子，还提到什么"并驾"，什么"齐驱"，什么成为"一枝最强劲的生力军"？即使这是将来可能的，然而我们现在也不能必存这种期望。我们应有努力的决心，应立定志愿，然而在今日却不能先谈什么珍贵不珍贵的贡献。将来到底有无贡献，须回过头去看。正如一个人做诗，运思想，在写时，在想时，当然要努力，然而在未写未想之前却先以诗人思想家自期自诩，那便成了笑话。你是否诗人，是否思想家，须待旁人看了你的产品再来论定。在今日整个中国被人骑在了脖子上而喘不出气来的时候，却偏想对世界文化有什么"最珍贵的贡献"，真成了最无聊的compensation。我写到这里，使我想到鲁迅的《阿Q正传》描写中国人的心理实再深刻没有！

关于"创造"文化方面，还有一义应顺便指出。这便是近年来最时髦的"迎头赶上去"的一句话。这句话我简直百思不得其解。什么叫"迎头赶上去"？怎样叫"迎头赶上去"？何以既"迎头"，而又"赶上去"？我不明白这一个 metaphorical speech 有什么意义！

（三）

全盘西化论也不是丝毫没有问题的。我个人在大体上很同情于全盘西化论，并且非常佩服陈序经先生的勇气，敢取一种不骑墙的态度。但是我们对于全盘西化论也可以举出三个问题来分析。

第一，我们应问全盘西化是否一个可以实现的理想。我认为以全盘西化为理想是不能完全达到的。前面回答恐怕自己文化消失的话，反过来又可以用在全盘西化论上。文化是自然有它的惰性，你不主张折衷，不希望妥协，然而至终却仍要折衷，仍要妥协的。"取法乎上，仅得其中"，以全盘西化为理想，所得恐怕也不过是一半。所以若接受了文化"自然折衷"论，同时就须承认全盘西化不是可以完全实现的理想。

第二，站在全盘西化的观点，进而讲到"从文化本身的各方面的连带关系来看，我们不能随意的取长去短"的话，也未免太过。如果这句话含有大部真理，如果采取旁人的文化必须是"批发"的，而不是"零售"的，是取其一端就必须取其整体的，是牵一发则动全身的，那么接受文化岂不倒变成了极简单的一件事了么？文化既是这样机械（或说是这样有严密的组织）的，岂不是只学了其中任何一样，便立刻可以得到其整个文化了么？比如依这种看法，是不是学了打扑克，其他任何西洋东西都"自动地"就学到了呢？即我们不将这一论点逼到这等荒谬的地步，而只就要学便须全学一义来讲，我们也可以见到其中并没有十足的理由。事实是这样：我们模仿西人的事物，是随便从那里学，学那一样，都可以的，都有人在这样做。比如我们可以见到许多阔佬一面学西人坐了汽车，却同时仍保持东方人玩姨太太的特权。有许多人穿了很漂亮的西装，却一个外国字母也不认得。这是事实，一个民族之接受另外的文化是零碎的。也许时间过久了，坐汽车的不再弄姨太太，穿西装的都会念外国书，然而从上面的例我们已经可以见到，接受另外一种文化是不必需采取 'All or None' 的方式的。文化虽"不像一间屋子，屋顶坏了，可以购买新瓦来补好"，然而也不能说"文化本身是分开不得"的。你如说文化"不能随意的取长去短"，那么很明显的事实却给你个反证说，文化是可以随意选择的，虽然所取的是否长，所去的是否短，却不无问题。所以我以为若说文化是近乎有机体的，是有系统的，可以讲得通，若说文化绝对没有单位可分，而不能单独采纳其部分，则未免又是忽略了具体的事实。所以若为全盘西化找辩护的理由，只好先证明：

要西化便全盘西化才好，才能得到利益。而不能，亦许不必，即说要西化便必须全盘西化，便不能不全盘西化。只图证明全盘西化才好，理由便已很多。比如说，我们若是学了西人的坚甲利兵，同时也要学他们的淑世主义，至少也要学到他们的邦国主义才好，才不致向外人买了利器，只为大规模地屠杀自家弟兄。

第三，若以全盘西化为目前努力的目标，也含有可能的错误。我们在上面一节已经讲到西化不必出以全盘方式，而是有选择的。那么，即是在实际上本已有选择，并且在理论上也可以承认有选择，我们在这时便不能再避开选择的问题不谈，听凭浑浑噩噩的大众作无计划的，无意识的胡乱模仿。事实既不容许我们在一旦之间，突然在各方面总动员地采纳西方文化，于是轻重缓急的问题，便不能完全再忽略。所以在这时谈西洋文化，总不能整个含混地主张全盘接受。我觉得我们是要先认清指定某一方面是我们应该努力的目标的。而只坚持样样都要"完整平匀"地接受，反成了摆脱一层批判工作的方法。换言之，我以为在目前适应西洋文化，是有根本上与枝叶上的分别的。只囫囵主张全盘西化，也许已经包括所有根本与枝叶在内，但不能指出根本方面比枝叶方面更重要，便是缺欠。我以为陈序经先生的全盘西化论被人指为"皮毛西化"或"笼统西化"不是没有原因的。至少他所新铸的"全盘"一词，须承认容易惹人误会。

(四)

我们现在再对文化调和的问题一加分析，并略述我自己的主张。我以为讲文化的调和也可以有许多不同的说法。而不能谓凡以为文化可以调和的人，便都是张之洞之流。但可惜主张调和东西文化的人，全未能比较具体地指出怎样来调和它们。他们不但只会空说取人之长舍己之短，不但未能指出何者是人之长，何者是己之短，即是在原则上，他们也都忽略了一个问题。这便是调和的方式问题。请先言文化应如何调和。我们第一认为文化可以分成单位，或 traits。其次便又以为采纳另一文化时须以单位为本，而这些单位是不容妥协的。你若采取某一单位，你便须全盘采取它，而不容只采取它的一部分，一阶段。但采取了这一单位之后，却不见得必须采取其他任何单位。换言之，我以为同一单位不能妥协，但不同的单位却有许多可以同时并存。所以我所主张的，不是同一单位前后段的妥协，而是不同的单位的调和；不是纵的折衷论，而是横的并存论。请稍言其详。譬如，就治学来说，我以为读书不求甚解的态度，是决不能与精确的缜密的科学态度相妥协的。在这里，我们如打算学西洋人就必须完全学他；不则完全不学，而不能在马虎与精细之间取妥协态度。因为你只要稍微马虎，你在结果上不但不能收效，并且还会闯祸的。工程师绘图不容半点马虎，物理家推测不容半点马虎，数学家演算不容半点马虎。在这里你若有一点与他的不同，便可以使你完全达不到目的，而不是精细一半，可以得他们所得的一半的。依这种讲法，我们可以说东西两种治学的态度是冰炭不相容的。如不完全保守悠然自得的态度，便须整个接受他们的实事求是的态度。但采取了科学治学方法，却不一定要学他们见了女人脱帽子。这两者没有必然的关系。学了他们的精确治学方法，不再去学他们见了女人脱帽子，不见得就有坏处。

何以我必说就一单位讲不能妥协呢？这是因为我以为文化在大体上是有因果相生的关系的。出发时走向那方面的，那么你的结果也必即在那一方面。譬如我们都可以明白，若没有希腊先哲的那种探索的精神（Searching mind，有一美国人做书名为 *The Searching Mind of Greece*，Searching 一字恰足以形容希腊人的精神），若不是统制中世纪的希伯来文化，至终在十四、十五世纪被由意大利发动的复兴运动，和在十六世纪被由德国发起的改宗运动给推翻，则我们敢信近代科学是不可能的。中国人没有科学，因为由孔、孟之道里不会产生出科学。所以在我们经过三四十年的适应西化的历史后，我们才晓得，若学他们，便须自根本上学他们，须捉住几项要点彻底学他们。

所以只广泛地说，“文化的各部分，有的是分不开，有的是分得开”，在我们看来是不够的。只泛论东西文化调和，更不能使我们知道所指究系那一方面。由同一论点，我们可以见到将文化与文明划为截然的两段，也含有很大的错误。若说文明是发明，文化是创造，也许还不失为漂亮的措词，至若谓文明是有世界性的，文化是有国别性的，便已含蓄了很大的错误，若更进而以为文明是可抄袭的，而文化是绝对不能模仿的，便完全又陷入张之洞的“中学为体，西学为用”的“两截”（我想，这“两截”两字比“二元”两字好得多）西化论之窠臼了。我们翻来覆去所要指明的即正是：就大体上讲，有某种文化才会产生某种文明，而文明不是蓦地产生的。比如没有希腊文化便没有近代科学的文明，或反过来说，只有道，儒，佛的文化，却必亦无望得到科学的文明。文化文明相生的过程是如此，我们采纳它们时也要文化与文明同时并重，或甚至将注意力还要多放在文化上面！我们认为非这样从基础上着手，从根本上着手，是学不好西人的。近若干年来的历史所给我们的教训正是如此，四年前我在《大公报》《现代思潮周刊发刊词》上即曾指出，只采取西人的应用自然科学，甚至他们的应用社会科学，是不够的，而必须再发起一个"哲学的"（我在这里用这名词是包有极广泛的意义的）运动，改造我们的文化（是的，文化而不只是文明），才足以实现一个在大体上与欧美相同的社会！

我这里所提出的同一文化单位不应妥协的说法，也许有许多小的事实不能解释，如同就"穿衣单位"来说，中西便是可以并容的，穿了西裤革履，却也还可以穿一件长袍。然而我相信，除去这些皮相问题不算，其余许多重要文化"单位"是应当采用我所提出的方式的。比如就 Weltanschauung，人生观，伦理观，社会观等，据我看，若学西人，若以实现西方社会为我们的理想，则我们必须整个学到他们，才足以生效的。并且在这几方面我们还须承认是要联带一齐都学的才好。

只利用"文化单位"等名词来表现我的意思，也许有语病。我现在另换上一种说法。我所主张的可以说是从根上，或说是从基础上的西化论。有许多皮相与枝节问题，如同还是打 bridge 好，还是打麻将好，我以为可以不专去讨论它。我们目前最主要的工作，就是整个改造我们的头脑，而要将中式的头脑换上一个西式的头脑（Western type of mind），由一个"论语"式的头脑，换上一个柏拉图"共和国"式的头脑。同时我们有许多基本观念，深入我们的脑筋如此之深，它们已经成了刻入而固定的条纹，沟渠。我们的思想与活动已整个被这些沟渠给限制住，我们不动则已，一动便滚入这些沟里去，我们若不彻底从根上改造，我们是永也逃不开那些陈旧却很有力的窠臼。如果精神与物质是可以分开来谈的，我宁可将 emphasis 放在精神改造方面。

我已经说我与全盘西化论是非常同情的。我与全盘西化论的不同只在我看中西文化间多少有"质"的不同，而不只是"程度高下的分别"；只在我看西方文化有实质与表象之分，只在我将注意力放在实质的采纳方面，而不将实质与表象等而视之。

我不愿将我个人划入取长舍短的调和派内，便因为我主张从根本上从实质上西化的。我认为在基本文化单位方面是无所谓长短的。如果我们以西方社会为理想，我们便必须对这些单位全盘接受。

（五）

在全文未结束之前，还有两个问题需要几句简略的讨论。一个是怎样具体采纳西洋文化的问题。固然我们须承认西方文化有它的"共同的基础，共同的阶级，共同的性质，共同的要点"，但为实用，却也不是只表示一种对西方文化的态度便算了事的。比如我们如打算利用教育来实现我们的从根上西化的信念，我们便须拿出一个比较具体的系统来。我们便须对许多问题给一个确定的回答。譬如政治制度问题，虽然我们同时可以相信民主与独裁之间有它们的共同基础，而我们应当注意到现代公民的训练等等，但究竟我们是要二者之中的那一种，却恐怕也不能完全避开不谈的。这便是一个整个教育哲学的问题，为解决这个问题，我在旁处曾再次主张设立一个超官式的教育目标研究院。

另一问题便是，我们既非丧心病狂，何以非主张从根上西化不可？为回答这问题，我不敢随从陈序经先生对西洋文化做无保留的称赞。东西文化到底那个真好，这是内在的价值问题，而不是可以用功用名词（functional terms）来做满意回答的。但只用功用名词却已经可以回答我们的为什么须从根本上西化的问题，而无须冒险牵涉到文化内在价值问题。然则为什么我们主张要从根上西化？因为我们四万万人如想继续在这世上生存，便非西化不可，而欲求西化，则只有从根上西化才足以生效！我们是被逼西化，被逼从根上西化。近几十年的教训是，我们最聪明的办法，便唯有诚意地，老实地，爽快地，不忸忸怩怩地从根上西化。我与主张保存国粹以图立国的人正正相反，我深信，从根上西化才是我民族的出路。这已是一条很有力的理由，如果西洋文化在价值上也是优越的，那自然更好。

三月二十七日夜

国粹与西洋文化

《独立评论》，第 151 号，1935 年 5 月 19 日

陶孟和

近来关于中国文化发表了许多大文章。我因为时间的制限，惭愧得很，还没有机会细心的研究这些大作。本文所写的不过是我几点偶然的感想，并非对于任何文章有所批评或辩护，与任何文章可谓毫不相涉。因为没有读过那些文章的我，当然说不到袒护或者驳斥那一方面的。

（一）

前言已毕，话归正传。第一，我们要说明什么是文化。文化本是一个概念，一个总括的抽象名词，我们看不见文化自身，我们所能看见或理会的只是文化的某一部分，一些事物，如一把斧子，一个箭头，一架机器，乃至一个信仰，一个理论，一种科学。按这个广义的解释，凡是一个民族便有他的文化。不特历史的民族，即史前的民族，如我们的老祖宗"北京人"也有文化。不特所谓文明的民族，即所谓野蛮的民族也有文化。

文化最初创造的是一个人或几个人。但是一个人或几个人所以能创造，文化所以能继续，要靠着许多人。所以我们应该说文化是社会的产物，是民族的成绩。既然说文化是社会的或民族的，他当然不能离开人而独立。创造文化的与承受前人所造的文化而享用的全是人。讨论文化问题的时候，应该注意这个人与文化的关系，即文化是人造的，是为人享用的，是为便利人的生存与生活的。一种文化在创造了以后，能否为人所接受，要看他对于人的关系如何。如果他不适于人，妨害人的生存或生活，不是人们不肯接受那种文化，便是人们因为接受那种文化而自己流于灭亡了。有的时候，一种文化在最初成立的时候颇适于人，但因为情境变迁，而变为不适，这个不适的结果或者使这个文化消

灭而代以新的文化，或者保存这个文化而使民族衰亡。古来多少民族，多少国家，大部分可以用这个文化失适的观点解释。所以我们每讨论到一种文化或文化的某一成分，必须考察他与人类生活的关系。若是只知崇拜一种文化的自身，而不从采用那个文化的人着眼，便与偶像的崇拜完全一样。

（二）

现在世界上各个社会的文化不相同，就是同一的文化，在不同的时代里，也不能完全相同。这种不相同情形可以分别为程度上的差异（例如近年女子的旗袍，身长由长变短，短到过膝，又由短变长，长到拖地，袖长由长变短，短到过肘，又由短变长，长到盖手）与种类上的差异（例如中西房屋构造的不同，或如女子装束由上衣与裙子改为旗袍）。关于这两种的差异，此处不必细讲。我们现在所要注意的就是因为各种文化之间发现了程度上的与种类上的差异，于是每个文化都自认自己的优越过其他的。用近来习见的名词来说，一个民族承认他有自己的国粹，或自己本位的文化，并且以此自豪。我们试一考察文化的性质，便知道这个国粹的观念缺乏确实的根据。在太古时代，人类分为若干隔离的不相往来的团体而生存（这是假定人类多源说，如果人类出于一源，这个推断便不能成），每个部落或种族或者可以说有自己的"族粹"。一旦部落间，种族间发生了接触，有意的或无意的模仿便开始进行，这时所谓"族粹"的本色便失去了。每个民族在长久历史的演化中，除了逐渐的多少改变了自己的文化型式以外，还不断的吸收了许多外来的文化。所谓中国的文化，如果从言语，生活方式，用具，思想，诸方面仔细考究，乃是一种混合物，乃是由汉族、苗族，西域，波斯，印度，蒙古族，通古斯族，还有间接的由希腊，罗马或者还有其他的民族所融化而成的文化。同样的，所谓英国的文化包含有盎格鲁人，撒逊人，诺斯人，希腊，罗马，犹太，克尔特人，以及其他文化的传统（连中国的影响都有）。在现在世界大通的时代，没有一个国家可以自诩他有固有的国粹，最多只能说各国文化有独具的风格。假如说汉学乃中国的国粹，那么现在日本，法，荷，北欧的学者未尝不可以对于音韵，考古，历史，做出虽然我们犹且不及的贡献。假如说莎士比亚的戏剧是英国的国粹，德国的莎士比亚专家未尝不可以提出赛过英国专家的研究。在物质方面更显而易见的，日本已经在三四十年里吸收了"西洋文化粹"的工业，用他的廉价而未必精良的物品打倒了他的先生们的向来所独占的市场了。简单说来，中国的文化本来便不是固有的，乃是融合的。假使这个融合了的文化适于人类的生活，则不特我们要保存，发扬，旁的民族也要采用。假使他不适于人类的生活，不为现今生活条件所允许，无论他是否"国粹"也应该放弃，应该赶快把他投入垃圾桶里。一般盲目的保存国粹，不过是现代的狭隘的民族主义的表现罢了。

（三）

现代一切文化都是许多种文化的融合物，同时也是世界的，供任何民族的采取，让他采取后努力的发展。现在应该用世界的眼光，考察文化了。正如同每个文化在过去曾吸取与他不同的文化一样，现在各国，如果具有世界的眼光，具有全人类的文化的眼光，而不为狭隘的爱国心所囿，也可以大胆的吸取他国所发展的文化。现在的世界正在互相交换文化的时代。那么，现在中国追随他的历史的先例顺应现代的潮流而采取与他的不同的文化，并不是一个耻辱了。

现在大家所提倡的是采取西洋文化。所谓"西洋文化"是一个极含糊的名词，里面包含许多的事物。迷信西洋文化的要笼统的全部采纳，这种全部变更文化的企图，是否可能，我不敢说，是否应该，待在下面讨论。思想审慎的，则主张对于采取西洋文化应该有所取舍。我们如果仔细考察文化的性质，便知道有许多是不能有所取舍的。现在举浅近的例来说。电话是现代交通的利器，但是你如果要采用电话，如北方的散在四面的四合房便不适用，你便须同时也采用集中的洋房的建筑。工厂制度是现在最有效率的生产组织，但是这个工厂制度便要引起农人离村，家庭解散，都市人口拥挤，罪恶加增诸不良现象。在理论上，我们似乎对于某种文化有选择的自由，但文化的各方面常是相连的，所以在事实上这个自由常受极端的限制。例如我们只想接受西洋物质的科学，但是受物质科学的影响所发展的宇宙观，人生观，便也要慢慢的渗进来了。所以我说在理论上尽管有选择文化的自由，在实际上却应该慎重的考虑某种文化的连带事物与其联属的影响。主张全部变更文化的固然是囫囵吞枣，而主张自由选择文化的却又未免忽略了文化的联属性了。

社会学者采取演化的理论，以为文化有他演化的路线，而将西洋文化列为人类文化的极顶。好像"在我以后就是大洪水"似的。这种愚妄的自负的见解，现在就是沐在西洋文化的人也渐渐地觉得他的不通了。所谓西洋文化本是一个概括的名词，他包含许多方面。在几方面我们应该承认他已经发展了很高，比其他文化发展的高，但今后当然还可以有无限的发展。在有些方面，他还滞留在十七、十八世纪的时代，未能适应在其他方面已经变化了的人类。文化是要多少方面，差不多同速度的发展的，并且各方面都是差不多适于人类的。换句话说，文化的各方面相互的并且对于人类，应该时时维持着一个均衡的情况，这样的文化才可以称为完美的文化。再换句话说，必然那个文化可以使全社会，在现在应该说全人类——各方面的生活——两性的，阶级的，民族的，国际的，物质的，精神的——都有美满的生命，才可以说他是完美的。我不知道这种均衡的文化人类在历史上曾否经历过。但就我所知道的一点的希腊史，除了他们的奴隶制度与国际关系而外，希腊人或者可以说在第五世纪的短时期里，曾经经历了文化的均衡的发展。

根据以上所说的看法，现代西洋文化的根本的缺点就是缺乏这个均衡。一方面，他的知识的探险已经钻入了电子，核心，染色体，已经扩展到天边，星云的世界，膨胀的宇宙。他的知识的应用已经能够节省人力，缩短时间，缩小空间，出入气层界。但是他的社会组织，社会制度，国际关系，还保存着部落的形式，封建制度残留的色彩，民族主义初兴时代的褊狭的观念。换一种说法，西洋人所发展的知识已经将全世界的人类变为一家，并且应该按着这个新的情况计划共同生活的方法，但是他们生命上的关系，在最低限度说，还与一百二十年前维也纳大会议的时代无异。除了极少数的思想家以外，一般的见解，一般的理论，在在映出旧时代观念的化石。这是现代西洋文化的致命伤，除了苏俄在本国内有一番企图以外，其他各国还没有觉得应该将人类关系修正，对于整个的文化计划并实行均衡的发展。这样失去的均衡的西洋文明，将来有要将人类或至少一部分人类断送了的危险。这样的文化当然我们不能全部采取的。

从此看来，人类的前途不能专倚靠西洋文化，也不能如我们国粹论者，专在乎保存固有的文化。人类的运命全在乎各民族能否在短的时期内建设出一个各方面平衡发展的，适于全人类的新文化。中国民族是人类的一部分，应该尽他的责任。至于这个新文化的建设一方面要有无数的学者，包括一切研究自然界，人事界，思想界的人们，另一方面须有伟大的政治家，事务家，能够实行学者们工作的成绩，能够与各种具有人类文化眼光的学者合作。

廿四，五，十二。北平

自信力与夸大狂

《独立评论》，第 156 号，1935 年 6 月 23 日

梁实秋

以为中华民族已经堕落到不可救药的地步，以为我们无论如何赶不上欧美的程度，这便是缺乏自信力，其弊是自甘暴弃。振起民族自信力的方法，不是回忆已往的光荣，而应该是目前做出一点惊人的成绩来。我们现在不怕缺乏自信力，怕的是在事实上做不出足以启人自信的成绩。如果要表现民族自信力，我们不要用宣言的方式来表现，要在事实上来表现。

以为守旧不好，盲从不好，"中学为体，西学为用"也不好，"全盘西化"更不好，而要根据"此时此地的需要"另行"建设"一种所谓"中国本位文化"，这实在是一种夸大狂。文化内容是些什么固然没有定论，可是物质文明精神生活都应该包括在内，这是人人承认的。可见文化这个名词是极广泛而又极笼统的，是许多事物的一个抽象的总和。并且文化是多少年来应环境要求而一滴一点的累积起来的；不是长生不死的，是可以随着民族的衰微而渐趋于死亡的；不是一成不变的，是可以随时接受修正或改造或补充的。现在十位教授宣言要"建设"一种"中国本位文化"，可说是言大而夸了。究其实，所谓"中国本位文化"，原来不过是"充实人民的生活，发展国民的生计，争取民族的生存"三句老话（见《我们的总答复》），孙中山先生的三民主义早已言之在前，何必另起炉灶撰出这样大而无当的名词来呢？

假如现在复古的势力太大，我们应该出来反对，因为这是"此时此地的需要"。假如现在盲从的势力太大，我们应该起来主张"审慎的选择"，因为这也是"此时此地的需要"。我们看看眼前的事实，"读经"、"祀孔"、"扫墓"、"诵经"、"国医"、"国术"、"节妇宴"（见本月三日《益世报》），无一不是"迷恋过去的残骸"，然而不见有多少人发为宣言，蔚为舆论，加以抨击。再看西洋文化，表面上像是大规模输入中国，其实我们国人并没有彻底了解西洋文化，更

谈不到大量吸收。不加抉择的模仿，才能说是"盲从"，我看我们国人的毛病乃是袭取皮毛，并非是全部盲从。现在"洋化"只嫌不够深刻，不够广泛，离"反客为主"的地步，还远得很呢。"中国本位文化建设"运动在此时此地发生，我以为是最不合于"此时此地的需要"。

中国此时此地的需要，乃是虚心的先去了解西洋文化，然后就其各个部分分别的审慎的加以采取。"全盘西化"是一个不幸的笼统名词，因为他是认定中国文化毫无保存价值，这显然是不公平的。我们若把文化分析成若干部门，我们便发现：（一）有中国优于西洋者；（二）有西洋优于中国者；（三）有不必强分优劣而可并存者；（四）此外更有中西俱不高明而尚有待于改进者。就第一类说，我觉得可说的太少，也许是从前很多现在变少了，我想来想去只觉得中国的菜比外国的好吃，中国的长袍布鞋比外国的舒适，中国的宫室园林比外国的雅丽，此外我实在想不出有什么优于西洋的东西。我曾经有过一个时期，感觉得这样想法使心里很不舒服，好像是太自馁，于是勉强寻出两个解嘲的方法，一个是追怀已往的光荣：长城、运河、火药、印刷、罗盘，都是很可以自豪的。另一个法子是标举中国的文学艺术以及特殊工艺，认为这是我们的特出的成绩。但是现在我明白了，已往的光荣仅仅是已往的光荣，无补于"此时此地的需要"；中国的文学艺术之类也不见得优于西方的，应该列入不分优劣而应并存的种类里去。事实如此，不能因为顾忌"妄自菲薄"的批评，而遂遮掩自己的文化的贫乏与落后。我可以挑衅的说，中国文化里有什么东西可以值得令我们夸耀于西方，中国此时此地有什么需要是西洋文化所不能供给，或不能做为参考的？如何"充实人民的生活"，如何"发展国民的生计"，如何"争取民族的生存"，没有一样不可效法西人，没有一样我们能完全抛开西方的成规而另创造出新的办法来的。我们既不能超越西洋文化的现阶段而另创造出更高的文化，我们便该急起直追，先把自己提高到与西方文化平等的地步，此刻提出"中国本位"，纵然不复古（说它是复古运动的烟幕弹，那是冤枉人的），起码也是固步自封的一种虚骄心理的表现。

并且文化这种东西逐渐的要变成为全人类所共有的产业，不容再有什么国家的单位存在。国家主义应用在政治方面，已经有人嫌太褊狭，孙中山先生且标明"世界大同"为最终鹄的，我不明白为什么在文化上偏要划分国界？以前在闭关时代，中国文化可以说是一个单位，那是因为地理的关系，交通的关系，不得不如此的特殊现象，中国文化之所以落后，也正坐因于此。我们讲起西方文化是一个整个的体系，我们从来不曾说起什么英国本位文化、意国本位文化、法国本位文化，因为文化是可以超越国界的。有人说，西洋文化也不是一个整体，有资本主义文化，又有社会主义文化。其实，经济制度只是文化当中的一部分，决不是全部，苏俄与英、美的社会情形固然不全相同，然而就我们中国人的立场来看，究竟他们之间的相同点多于相异点。无论如何，这不能成为使我们不采纳西方文化的理由。我们的文化因了五四运动而与西洋文化作更进一步的接触，这是可欢迎的一种解放运动，刚刚打开了我们国人的眼界，去认识西洋文化的面目，为什么才隔了十七年的工夫又亟亟的缩回头来，怕失掉了"中国本位"？在各种的侵略当中，惟有文化侵略是可欢迎的，因为有了外国文化的激荡观摩，然后才有进步，只有想关起门来做皇帝的人才怕文化侵略。

文化的优劣是不容易得到一致的论断的。譬如所谓"国医"，我们以为这明明白白的是一种文化落后的民族的产物，绝对没有资格和科学的医术抗衡，然而有极大多数的人，平时可以坐火车、点电灯，而遇到自己身上有病时，依然要请教以阴阳五行为理论基础的"国医"！这现象使人丧气。可是我相信，经过长时间的淘汰，"国医"是一定要消灭的，优胜劣败的铁则，在两种文化接触的时候一定早晚要显露出来的。你尽管喊中国本位，结果那本位是要销溶在世界的文化的大洪炉里！中国本位文化在以前是存在的，我们至今还觉得很光荣；现在是不存在了，将来也不见得能再产生，对于这个我们似乎也不必惋惜。

中国现在是百孔千疮，大家要从各处一齐下手挽救，才或者可以有望。热心爱国的人都急得要开药方，并且都急得要求速效，其实是急不得的。试想：西洋文化在三百年突飞猛晋，而我们中国人在这期间干的是什么事？达尔文做动物学旅行的时候，中国人还讲究校勘训诂之学：莱伊尔（Lyell）著《地质学原理》的时候，中国人还在做八股试帖诗。我们承受了我们祖先的文化遗产，同时也得替他们清偿一大笔落伍的债。如何赶上去，已经是很难的大问题，若要另创造一种新文化，名之曰"中国本位"，真不知从何下手！这药方也许是很冠冕堂皇，既可救国，又满足了虚荣，可惜不知这药到那里去抓？陈济棠先生提倡读经，我相信他是诚恳的，他必是竭其才智才思索出这样一条大计；宣传"中国本位文化"的人，我相信他们也是诚恳的，他们必是多年研究社会科学之后才提出这样的主张。对于前者，我们不必深论；对于后者，我们期望较大，至少我们要问："中国本位的文化建设"既是"一种积极的创造"，既是"和闭关时代的中国文化或世界列强的文化不同"，那么当然是要另创一种不中不西的新文化，请问这种理想中的新文化是有怎样的内容，其建设的程序是怎样的？与闭关时代文化不同之点安在？与列强文化不同之点又安在？假如我们得不到具体的回答，依然在字句上面绕圈子，我们便可断定"中国本位文化建设"是一句悦耳的空话！假如只说"中国本位的文化建设是一种民族自信力的表现"，我们便要指出，他们所表现的不只是"自信力"，还有"夸大狂"！

五四运动至今十七年，虽然文化没有多大进展，然而其所揭示的思想解放及思想自由，仍然是我们应该继续努力的一条正确路线。五四的努力，至今还没有产生什么重大的弱点以至于需要彻底纠正。五四运动即是新文化运动，至今尚未成功，再来十七年也不嫌多，我们还无需再创造一种更新的新文化运动罢？

（转载《大公报》星期论文）

全盘西化的辩护

《独立评论》，第 160 号，1935 年 7 月 21 日

陈序经

三个月前，我曾说过，胡适之先生"整个"思想不能列为全盘西化派，而乃折衷派中之一支流。胡适之先生当时以为我这种看法，是错误的。同时他且声明道"我是完全赞成陈序经先生的全盘西化论的"。

最近胡适之先生发表一篇《充分世界化与全盘西化》。（《大公报》六月廿三日星期论文），里面虽然还说他"没有折衷调和的存心"，但是因为他感觉到"全盘西化这个名词，的确不免有一点诏病"，因而提议以"充分世界化"这个名词，来代替"全盘西化"这个名词，胡先生说：

> 充分在数量上即是尽量的意思，在精神上即是用全力的意思。

我以为在精神上，我们若用"全力"去西化，结果是在消极方面，必至否认中国固有的文化；在积极方面，还是趋于全盘西化。但是所谓"充分"或"尽量"这些名词，不但很为含混，而且很容易被了一般主张折衷，或趋于复古者，当作他们的护身符。

原来"充分"或"尽量"这些名词，是可伸可缩的，可多可少的。比方，一个朋友托我办一件事，我说，我当尽量去做；我对于这件事做得十分妥当，固然可以说是"尽量"，但是假使我只做了一点，也可以说是"尽量"。我记得严既澄先生曾在五月廿二日的《大公报》发表一篇《我们的总答复书后》，赞成全盘西化，但同时他以为"全盘"两字，容易起人误会，最好改为"尽量"两字。我又联思到从前曾经力主西化的张东荪先生，近来忽然徘徊于复古折衷之间，不但极力反对全盘西化，而且在《正风》半月刊一卷二期发表一篇《现代的中国怎样要孔子》，提倡孔子之道，而近于辜鸿铭、梁漱溟诸先生的主张；

但他在这篇文里也相信，我们"依然须尽量采纳西方文化"。我们从此可以明白，赞成或趋于全盘西化的人，固可以主张"尽量"西化，喜谈折衷或趋于复古的人，也可以主张"尽量"西化。同样，假使百分之九十九的西化，能谓为尽量西化或充分西化，那么"中学为体，西学为用"也可以说是尽量西化或充分西化了。

此外，严既澄先生又以为"西化"这个名词颇不适当，最好改为"现代化"。胡适之先生在其近作里，也用"世界化"三字。我个人在以往的著作里，也用过这两个名词，但我以为，在实质上，在根本上，所谓趋为世界化的文化，与所谓代表现代的文化，无非就是西洋的文化。所以"西化"这个名词，不但包括了前两者，而且较为具体，较易理解。又胡先生虽用了"世界化"的字样，他却仍用"充分西化"的词句。至于严先生虽觉得"西化"两字颇不适当，但他也依然采用"全盘西化"的名词。所以我相信"西化"这个名词的采用，是不会发生问题的。

我已解释"充分"或"尽量"、"世界化"或"现代化"的口号的缺点，我现在且来谈谈胡适之先生提议避免全盘两字的几个理由。

胡先生的第一个理由是，"避免了全盘的字样，可以免除一切琐碎的争论"。照我的愚见看起来，什么是琐碎西化，什么是根本西化，往往也成问题。例如，张佛泉先生好像以为《共和国》的头脑是根本西化，刘湛恩先生好像以为基督教的精神是根本西化，吴景超先生又却好像以为这两者都是琐碎的西化，而以科学为根本西化。我以为在事实上，在趋势上，我们既已有或不能不有这种头脑，这种宗教与这种科学，那么最好与唯一的办法，还是全盘西化。而且在全盘西化的原则之下，张佛泉先生既可以专心提倡《共和国》的头脑，刘湛恩先生也可以努力宣扬基督教的精神，吴景超先生也可以致志鼓吹科学。

又如礼貌或饮食是不是文化的琐碎方面，也未尝没有问题的。要是人们相信国以礼为维，民以食为天或 mensch ist was er isst 的信条，那么礼貌与饮食，就不能谓为琐碎的问题了。即算我们相信这是琐碎的问题，但是假使我们承认"人与人交际，应该充分学点礼貌，饮食起居，应该充分注意卫生与滋养"，那么礼貌与饮食的全盘西化又有什么理由而要极力反对呢？若说这"只不过是为了应用上的便利而已"，那么"坐了汽车，却同时仍保持东方人玩姨太太的特权"，恐怕也"只不过是为了应用上的便利而已"。

四十年前，郭嵩焘曾很感慨的说："中国之人心，有万不可解者"。四十年来，我们已经受了不少的教训，不少的侮辱，然而"中国之人心"，至今还"有万不可解者"。例如，有好多人力说中服较便利，为国粹；然而若有了机会去西洋留学，或到外国游历，他们立刻忘记这种便利，不愿宣扬国粹，而大穿其西服了！又如我们的好多军事长官，令士兵时着西化军装，我们的好多学校当局，要学生常穿西化制服，以为若非如此，不足以壮观瞻而振精神，然而他们自己却往往穿起长衫，提倡中服，以为这是便利，而忘记了壮观瞻而振精神了！

胡适之先生在《独立评论》一四二号《编辑后记》，曾很肯定的指出折衷是不能，是空谈，只有全盘西化一条路。现在既依然"没有折衷调和的存心"，那么胡先生大概还能相信，我们除了全盘西化外，"此时没有别的路可走"。

胡先生的第二个理由是："避免了全盘的字样，可以容易得着同情的赞助"。所以胡先生说：

> 与其希望别人牺牲毫厘之间来牵就我们的"全盘"，不如我们自己抛弃那文字上的"全盘"来包罗一切在精神上，或原则上，赞成"充分西化"或"根本西化"的人们。

我对于胡先生这种退让的态度，是不敢表以同情的。原因是：一来，我们相信无论在需要上，在趋势上，在事实上，在理论上，全盘西化都有可能性的；所以我们才主张全盘西化。换句话来说，全盘西化论既非凭空造出来，全盘西化论也决不能为欲博了几个人的同情，而就要抛弃或避免。至于在政策上，我们应该主张全盘西化，胡先生已经说过，无须我来赘述。二来，所谓"容易得着同情赞助"的意义，大概无外就是表示主张全盘西化的人少过主张根本西化的人，所以少数的全盘西化论者，应该退让一步，以博取较多的根本西化论者的同情。我以为我们不要忘记，今日能主张根本西化者，还是寥寥无几。大多数的人，还是醉梦于中西各半的折衷论调，或是趋于复古的变相的中学为体，西学为用的论调。假使全盘西化论者，因为要想容易得着同情的赞助，而放弃这种主张，以迁就根本西化论，那么根本西化论者，也恐怕要因为这个原故，而放弃其主张，以迁就那般主张折衷或超于复古的论调了。

近来还有些人，以为全盘西化论，最易引起守旧者的反响。他们以为苟能避免"全盘"两字，则守旧者必无所借口。我的回答，是除了我们完全赞成复古或守旧外，恐怕我们没有别的方法满足他们。郭嵩焘的机器西化，固为当时的士大夫所反对，张之洞的西学为用，也为学贯中西的辜鸿铭所不取。连了最近的《中国本位的文化建设宣言》，据我所知的，也有不少的出版物，指摘其为太过西化！在处处都保持中国"旧有种种罪孽的特征"的环境之下，全盘西化论固不"容易得着同情的赞助"，难道根本西化论，就能"容易得着同情的赞助"吗？其实若在"没开诚接受"全盘西洋文化之前，却先怕人们批评或反对，而至要退让以博其同情，恐怕"那便仍是一种变象"的折衷调和论调。

而况能够主张根本西化，或胡先生所说的"充分西化"，大概总能表同情于全盘西化论。张佛泉先生与严既澄先生，固无待说，即胡先生自己也说："我赞成全盘西化，原意只是因为这个口号，最近于我十几年来充分世界化的主张"。所以能够承认西洋文化十二分之十以上，或百分之九十九的人，也可以全盘承认。至少大体上总可以表同情于全盘西化。若说这些所谓琐碎的一点，都不愿承认，那岂不是太过固执吗？若说这些所谓琐碎的一点，决不能西化，那怎能又可以充分西化呢？

假使我的观察，大致不错，我还可以说，数月以来的全盘西化的言论，好像也能引起不少的人们对于西洋文化做进一步的认识，进一步的承认。即如张佛泉先生在《国闻周报》十二卷九期所发表《关于整个教育目标问题》一文里，以为"主张全盘西化的，多半要受到严峻的攻击"，可是后来他自己却不顾到这种"严峻的攻击"，而"与全盘西化论以非常同情"。又如严既澄先生，十余年前，在《民铎》杂志三卷三期发表一篇《评东西文化及其哲学》，以为"东西文化，不但有调和的可能，并且是非调和不可"，现在他却极力主张全盘西化。

总之七十年来，我们对于西洋文化的承认，是逐渐增加的。我们既尚且可以从极端的排斥西洋文化而承认其十二分之十以上，那么从十二分之十以上而至于全盘西化，还有什么问题呢？至少我们既已承认西洋文化为较优胜，较适宜的文化，我们就不应该反对全盘西化，而免"差以毫厘，谬以千里"的危险呵。

我们现在可以谈谈胡先生提议避免全盘的字样的第三个理由。胡先生说：

> 我们不能不承认，数量上的严格全盘西化，是不容易成立的。文化只是人民生活的方式，处处都不能不受人民的经济和历史习惯的限制，这就是我从前说过的文化惰性。

我在《独立评论》一四七号所发表《再谈全盘西化》一文里，曾对于胡先生所提出的文化惰性，有所解释。我且说："正是因为这种惰性成为西化的窒碍物所以主张全盘西化"。胡先生对于这一点，也并不否认。所以他在《试评所谓中国本位的文化建设》一文，也说"中国的旧文化的惰性，实在大的可怕，我们正不必替中国本位担忧"。我想胡先生当时之所以极力赞成全盘西化，大概无非为着这个原故。未知胡先生现在又为着什么原故，而好像投降于中国文化的惰性。假使全盘西化，是"处处不能不受人民的经济状况和历史习惯的限制"，难道"充分西化"，或"根本西化"，以至二分之一的西化，就不会"处处不能不受人民的经济状况和历史习惯的限制"吗？反过来说，假使充分西化根本西化以至二分之一的西化可以不受这种限制，全盘西化也可以不受这种限制。

胡先生又说：

> 况且西洋文化，确有不少的历史因袭的成分，我们不但理智上不愿采取，事实上也决不会全盘采取。你尽管说，基督教比我们的道教、佛教高明的多多，但事实上，基督教有一两百个宗派，他们自己互相诋毁，我们要的那一派？若说，"我们不妨采取其宗教的精神"，那也就不是"全盘"了。

我以为"在这优胜劣败的文化变动的历程之中"，理智往往也是"无所施其技"的。我们三百余年来的理智，岂不是告诉我们不要基督教吗？然而，结果究竟如何？而况，我们今日的理智却使我们承认，基督教"比我们的道教、佛教，高明的多多"。至于事实上，中国的基督教在目下也不只是一派的。天主教及其很多的派别，固已输入；新教及其好多派别，也已进来。说到将来，我们既不能说也许有的尚未东来的派别，或"不少的历史因袭的成分"，不会不被淘汰或现代化，我们也不能说这些派别或成分永远不会传播到中国。

又胡先生好像以为基督教的派别太多而至"互相诋毁"，是一件不当效法的事。我却以为所谓"诋毁"大概恐怕就是争竞。至少含有争竞的意义。西洋文化，不但宗教方面是如此，就是别的方面也都如此。又况派别繁多，"互相诋毁"或争竞，不但往往能使人们可以自由信仰，而且能使人们可以反省更新。能有自由信仰，个性乃可发展，能有反省更新，文化始可进步。例如，中国的思想的派别之多，莫若春秋战国，然所谓思想的黄金时代的春秋战国的诸子百家，也岂不是自己"互相诋毁"吗？我想两千年来——特别是五百年来的中国文化之所以远比不上西洋文化的一个重要的原因，未尝不就在这里。这是研究中西文化发展史的人，所不可忽略的。

最后，我同情于胡先生所谓"严格说来，全盘含有百分之一百的意义，而百分之九十九还算不得全盘"。然而同时我们似也不能否认，除了这种"严格"的说法以外，有了一种普通的说法。例如，我和好几位同事，有好多次因事未能参加我们的学校的教职员"全体"拍照，然而挂在壁上的照像，依然写着"本校教职员'全体'摄影"，这个"全体"岂不就是"全盘"吗？自然的，我在这里只想指出在所谓百分之九十九或九十五的情形之下，还可以叫做"全盘"。至于我个人，相信百分之一百的全盘西化，不但有可能性，而且是一个较为完善较少危险的文化的出路。

答陈序经先生

《独立评论》，第 160 号，1935 年 7 月 21 日

胡 适

陈序经先生这篇文字是前天收到的。那天晚上我就见着他——我们通信多年，这回还是第一次见面。我们畅谈这个问题，似乎意见不很相远。我当日提议用"充分世界化"来替代"全盘西化"，正是因为"充分"、"尽量"等字稍有伸缩力，而"全盘"一字太呆板了，反容易引起无谓的纷争。如今陈序经先生说，"在所谓百分之九十九或九十五的情形之下，还可以叫做全盘"。那就是他也承认"全盘"一字可作活用，也可以稍有伸缩余地了。但我的愚见以为"全盘"是个硬性字，还是让它保存本来的硬性为妙；如要把它弹性化，不如改用"充分"、"全力"等字。至于有人滥用"充分""尽量"等字，来遮盖他们的复古倾向，那是不可避免的，我们尽可以不必介意。

其次，我不信"理智"的作用是像陈序经先生说的那么渺小的。在各种文化接触的时期，有许多部分的抗拒与接受确然是不合理性的。最明显的例子是今日的新式结婚仪节中的许多盲目的模仿，如新妇披面纱，如新郎穿大礼服；如来宾在行礼之前用色纸片，色纸条，碎米，等等掷击新郎新妇，把他们的盛装都毁坏了；有时候，我看见新郎进门手拿一个铜盘遮住面部，以防碎米细砂抛入眼睛里去！在这些方面，理智的作用似乎很少。正如女人剪发和烫发的形式，女人袖子的长短，嘴唇上胭脂的深浅，这都不是理智所能为力的。

但文化上的大趋势，大运动，都是理智倡导的结果，这是毫无可疑的。如文学革命的运动，如女子解放的运动，都是理智倡导到了一个很高的程度，然后引起热烈的情感，然后大成功的。最明白的例子是苏俄这十七年的大试验，无论在经济方面，思想方面，宗教方面，政治方面，教育方面，都是由"理智"来计划倡导，严格的用理智来制伏一切迷恋残骸的情感，严格的用理智来制伏一切躲懒畏难苟且的习惯。所以我们必须承认，在文化改革的大事业上，理智

是最重要的工具，是最重要的动力。

我们不可滥用理智来规定女人袖子的长短或鞋底的高低，但我们必须充分用理智来倡导那几个根本大方向，大趋势，大原则。凡文化上的惰性都是情感的成分居绝大部分，其中很少理智的分析与了解。今日倡导复古的人们都是不能充分运用理智来征服他们自夸或苟安的情感。

我们理想中的"充分世界化"，是用理智来认清我们的大方向，用理智来教人信仰我们认清的大方向，用全力来战胜一切守旧恋古的情感，用全力来领导全国朝着那几个大方向走，——如此而已。至于一两个私人在他们的私生活上爱读仁在堂的八股文，或爱做李义山的无题诗，或爱吃蛇肉，或爱听二进宫，那才是我们的理智"无所施其技"的。

廿四，七，九

科学与人生观的论争

人生观

选自《人生观之论战》1923 年

张君劢

诸君平日所学，皆科学也。科学之中，有一定之原理原则，而此原理原则，皆有证据。譬诸二加二等于四，三角形中三角之度数之和，等于两直角；此数学上原理原则也。速度等于以时间除距离，故其公式为 $S = Pt$；水之元素为 H_2O，此物理化学上之原则也，诸君久读教科书，必以为天下事皆有公例，皆为因果律所支配。实则使诸君闭目一思，则知大多数之问题，必不若是之明确。而此类问题，并非哲学上高尚之学理，而即在于人生日用之中。甲一说，乙一说，漫无是非真伪之标准。此何物欤？曰，是为人生。同为人生，因彼此观察点不同，而意见各异，故天下古今之最不统一者，莫若人生观。

人生观之中心点，是曰我。与我对待者，则非我也。而此非我之中，有种种区别。就其生我育我者言之，则为父母；就其与我为配偶者言之，则为夫妇；就我所属之团体言之，则为社会为国家；就财产支配之方法言之，则有私有财产制公有财产制；就重物质或轻物质言之，则有精神文明与物质文明。凡此问题，东西古今，意见极不一致，决不如数学或物理化学问题之有一定公式。使表面列之如下：

一就我与我之亲族之关系

大家族主义。

小家族主义。

二就我与我之异性之关系

男尊女卑。

男女平等。

自由婚姻。

专制婚姻。

三就我与我之财产之关系

　　私有财产制。

　　公有财产制。

　　四就我对于社会制度之激渐态度

　　守旧主义。

　　维新主义。

　　五就我在内之心灵与在外之物质之关系

　　物质文明。

　　精神文明。

　　六就我与我所属之全体之关系

　　个人主义。

　　社会主义。（一名互助主义）

　　七就我与他我总体之关系

　　为我主义。

　　利他主义。

　　八就我对于世界之希望

　　悲观主义。

　　乐观主义。

　　九就我对于世界背后有无造物主之信仰

　　有神论。

　　无神论。

　　一神论。

　　多神论。

　　个神论。

　　泛神论。

　　凡此九项，皆以我为中心，或关于我以外之物，或关于我以外之人，东西万国，上下古今，无一定之解决者，则以此类问题，皆关于人生，而人生为活的，故不如死物质之易以一例相绳也。试以人生观与科学作一比较，则人生观之特点，更易见矣。

　　第一，科学为客观的，人生观为主观的。科学之最大标准，即在其客观的效力。甲如此说，乙如此说，推之丙丁戊己无不如此说。换言之，一种公例，推诸四海而准焉。譬诸英国发明之物理学，同时适用于全世界。德国发明之相对论，同时适用于全世界。故世界只有一种数学，而无所谓中国之数学，英国之数学也。世界只有一种物理学化学，而无所谓英德法美中国日本之物理化学也。然科学之中，亦分二项：曰精神科学，曰物质科学。物质科学，如物理化学等；精神科学，如政治学生计学心理学哲学之类。物质科学之客观效力，最为圆满；至于精神科学次之。譬如生计学中之大问题，英国派以自由贸易为利，德国派以保护贸易为利，则双方之是非不易解决矣。心理学上之大问题，甲曰知识起于感觉，乙曰知识以范畴为基础，则双方之是非不易解决矣。然即以精神科学论，就一般现象，而求其平均数，则亦未尝无公例可求，故不失为客观的也。若夫人生观则反是。孔子之行健与老子之无为，其所见异焉；孟子之性善与荀子之性恶，其所见异焉；杨朱之为我与墨子之兼爱，其所见异焉；康德之义务观念与边沁之功利主义，其所见异焉；达尔文之生存竞争论与哥罗巴金之互助主义，其所见异焉。凡此诸家之言，是非各执，绝不能施以一种试验，以证甲之是与乙之非。何也？以其为人生观故也，以其为主观的故也。

第二，科学为论理学为方法所支配，而人生观则起于直觉。科学之方法有二：一曰演绎的，一曰归纳的。归纳的者，先聚若干种事例而求其公例也。如物理化学生物学所采者，皆此方法也。至于几何学，则以自明之公理为基础，而后一切原则，推演而出，所谓演绎的也。科学家之著书，先持一定义，继之以若干基本概念，而后其书乃成为有系统之著作。譬诸以政治学言之，先立国家之定义，继之以主权、权利、义务之基本概念，又继之以政府内阁之执掌。若夫既采君主大权说于先，则不能再采国民主权说于后；既主张社会主义于先，不能主张个人主义于后。何也？为方法所限也，为系统所限也。若夫人生观，若为叔本华哈德门之悲观主义，或为兰勃尼擎【莱布尼兹】、黑智尔【黑格尔】之乐观主义，或为孔子之修身齐家主义，或为释迦之出世主义，或为孔孟之亲疏远近等级分明，或为墨子耶稣之泛爱。若此者，初无论理学之公例以限制之，无所谓定义，无所谓方法，皆其自身良心之所命，起而主张之，以为天下后世表率，故曰直觉的也。

第三，科学可以以分析方法下手而人生观则为综合的。科学关键，厥在分析。以物质言之，昔有七十余种元素之说，今则分析尤为精微，乃知此物质世界，不出乎三种元素，曰阴电，曰阳电，曰以太。以心理言之，视神经如何，听神经如何，乃至记忆如何，思想如何，虽各家学说不一，然于此复杂现象中以求其最简单之元素，其方法则一。譬如罗素氏以为心理元素有二，曰感觉，曰意象。至于杜里舒氏，则以为有六类，其说甚长，兹不赘述，要之皆分析精神之表现也。至于人生观，则为综合的，包括一切的，若强为分析，则必失其真义。譬诸释迦之人生观，曰普渡众生。苟求其动机所在，曰此印度人好冥想之性质为之也，曰此印度之气候为之也。如此分析，未尝无一种理由，然即此所分析之动机，而断定佛教之内容不过尔尔，则误矣，何也？动机为一事，人生观又为一事。人生观者，全体也，不容于分割中求之也。又如叔本华之人生观，尊男而贱女，并主张一夫多妻之制。有求其动机者，曰叔本华失恋之结果，乃为此激论也。如此分析，亦未尝无一种理由。然理由为一事，人生观又为一事。人生观之是非，不因其所包含之动机而定。何也？人生观者，全体也，不容于分割中求之也。

第四，科学为因果律所支配，而人生观则为自由意志的。物质现象之第一公例，曰有因必有果。譬诸潮汐与月之关系，则因果为之也。丰欠与水旱之关系，则因果为之也。乃至衣食足则盗贼少，亦因果为之也。关于物质全部，无往而非因果之支配。即就身心关系，学者所称为心理的生理学者，如见光而目闭，将坠而身能自保其平衡，亦因果为之也。若夫纯粹之心理现象则反是，而尤以人生观为甚。孔席何以不暇暖，墨突何以不得黔，耶稣何以死于十字架，释迦何以苦身修行；凡此者，皆起于良心之自动，而决非有使之然者。乃至就一人言之，所谓悔也，改过自新也，责任心也，亦非因果律所能解释，而为之主体者，则在其自身而已。大之如孔墨佛耶，小之如一人之身，皆若是而已。

第五，科学起于对象之相同现象，而人生观起于人格之单一性。科学中有一最大之原则，曰自然界变化现象之统一性（Iniformity of the course of nature）。植物之中，有类可言也，动物之中，有类可言也。乃至死物界中，亦有类可言也。既有类，而其变化现象，前后一贯，故科学中乃有公例可求。若夫人类社会中，智愚之分有焉，贤不肖之分有焉，乃至身体健全不健全之分有焉。因此之故，近来心理学家，有所谓智慧测验（Mental Test）；社会学家，有所谓犯罪统计。智慧测验者，就学童之智识，而测定其高下之标准也，高者则速其卒业之期，下者则设法以促进之，智愚之别，由此见也。犯罪统计之中，所发见之现象，曰冬季则盗贼多，以失业者众也；春夏秋则盗贼少，以农事忙而失业者少也。如是，则国民道德之高下，可窥见也。窃以为此类测验与统计，施之一般群众，固无不可。若夫特别之人物，亦谓由统计或测验而得，则断断不然。哥德（Goete）之《佛乌斯脱》（Faust）、但丁（Dante）之《神曲》（Divine Comedy）、沙士比亚（Shakespeare）之剧本，华格那（Wagner，今译瓦格纳）之音乐，虽主张精神分析，或智慧测验者，恐亦无法以解释其由来矣。盖人生观者，特殊的也，个性的也，有一而无二者也。见于甲者，不得而求之于乙；见于乙者，不得而求之于丙。故自然界现象之特征，则在其互同；而人类界之特征，则在其各异，惟其各异，吾国旧名词曰先觉，曰豪杰；西方之名曰创造，曰天才，无非表示此人格之特性而已。

就以上所言观之，则人生观之特点所在，曰主观的，曰直觉的，曰综合的，曰自由意志的，曰单一性的。惟其有此五点，故科学无论如何发达，而此人生观问题之解决，决非科学所能为力，唯赖诸人类之自身而已，而所谓古今大思想家，即对于此人生观问题，有所贡献者也。譬诸杨朱为我，墨子兼爱，而孔孟则折衷之者也。自孔孟以至宋元明之理学家，侧重内生活之修养，其结果为精神文明。三百年来之欧洲，侧重以人力支配自然界，故其结果为物质文明。亚丹·斯密【今译亚当·斯密】，个人主义者也；马克思，社会主义者也；叔本华，哈德门，悲观主义者也；柏剌图【今译柏拉图】，黑智尔，乐观主义者也。彼此各执一词，而决无绝对之是与非。然一部长夜漫漫之历史中，其秉烛以导吾人之先路者，独此数人而已。

思潮之变迁，即人生观之变迁也，中国今日，正其时矣。当有人来询曰，何者为正当之人生观？诸君闻我以上所讲五点，则知此问题，乃亦不能答复之问题焉。盖人生观，既无客观标准，则唯有返求之于己，而决不能以他人之现成之人生观，作为我之人生观者也。人生观虽非制成之品，然有关人生观问题，可为诸君告者，有以下各项，曰精神与物质，曰男女之爱，个人与社会，曰国家与世界。

所谓精神与物质者，科学之为用，专注于向外，其结果则试验室与工厂，遍中国也。朝作夕辍，人生如机械然，精神上之慰安所在，则不可得而知也。我国科学未发达，工业尤落人后，故国中有以开纱厂设铁厂创航业公司自任如张季直、聂云台之流，则国人相率而崇拜之。抑知一国偏重工商，是否为正当之人生观？是否为正当之文化？在欧洲人观之，已成大疑问矣，欧战终后，有结算二三百年之总账者，对于物质文明，不胜务外逐物之感，厌恶之论，已屡见不一见矣。此精神与物质之轻重不可不注意者一也。

所谓男女之爱者，方今国内，人人争言男女平等恋爱自由，此对于旧家庭制度之反抗，无可免者也。且既言解放，则男女社交，当然在解放之列。然我以为一人与其自身以外相接触，不论其所接所触者为物为人，要之不免于占有冲动，存乎其间，此之谓私。既已言私，则其非为高尚神圣可知。故孟子以男女与饮食并列，诚得其当也。而今之西洋文学，十书中无一书能出男女恋爱之外者，与我国戏剧中，十有七八不以男女恋爱为内容者，正相反对者也。男女恋爱，应否作为人生第一大事？抑更有大于男女恋爱者？此不可不注意者二也。

所谓个人与社会者，重社会则轻个人之发展，重个人则害社会之公益，此古今最不易解决之问题也。世间本无离社会之个人，亦无离个人之社会。故个人社会云者，不过为学问研究之便利计，而乃设此对待名词耳。此问题之所以发生者，在法制与财产之关系上为尤重。譬诸教育适于一律，政治取决于多数，则往往特殊人才，为群众所压倒矣。生计组织，过于集中，则小工业为大工业所压倒，而社会之富，集中于少数人，是重个人而轻社会也。总之智识发展，应重个人；财产分配，应均诸社会；虽其大原则如是，而内容甚繁，此亦不可不注意者二也。

至于国家主义与世界主义之争，我国向重和平，向爱大同，自无走入褊狭爱国主义之危险。然国中有所谓国货说，有所谓收回权利说，此则二说之是非，尚在未决之中，故亦诸君所应注意者也。

方今国中竞言新文化，而文化转移之枢纽，不外乎人生观。吾有吾之文化，西洋有西洋之文化，西洋之有益者如何采之，其有害者如何避之；吾国有益者如何存之，有害者如何革除之；凡此取舍之间，皆决之于观点。观点定，而后精神上之思潮，物质上之制度，乃可按图而索。此则人生观之关系于文化者，所以若是其大也。诸君学于中国，不久即至美洲，将来沟通文化之责，即在诸君之双肩上。所以敢望诸君对此问题，时时放在心头，不可于一场演说后便尔了事也。

玄学与科学（节录）

《努力周报》第 49 期 1923 年 4 月出版

丁文江

评张君劢的"人生观"

玄学真是个无赖鬼——在欧洲鬼混了二千多年，到近来渐渐没有地方混饭吃，忽然装起假幌子，挂起新招牌，大摇大摆地跑到中国来招摇撞骗。你要不相信，请你看看张君劢的"人生观"！（《清华周刊》）张君劢是作者的朋友，玄学却是科学的对头。玄学的鬼附在张君劢身上，我们学科学的人不能不去打他；但是打的是玄学鬼，不是张君劢，读者不要误会。

玄学的鬼是很厉害的；已经附在一个人身上，再也不容易打得脱，因为我们打他的武器无非是客观的论理同事实，而玄学鬼早已在张君劢前后左右砌了几道墙。他叫他说人生观是"主观的"、"直觉的"、"自由意志的"、"起于良心之自动而决非有使之然者也"、"决非科学所能为力，唯赖诸人类之自身而已"，而且"初无论理学之公例以限制之，无所谓定义，无所谓方法"。假如我们证明他是矛盾，是与事实不合，他尽可以回答我们，他是不受论理学同事实支配的。定义，方法，论理学的公例，就譬如庚子年联军的枪炮火器。但是义和团说枪炮打不死他，他不受这种火器的支配，我们纵能把义和团打死了，他也还是至死不悟。

所以我做这篇文章的目的不是要救我的朋友张君劢，是要提醒没有给玄学鬼附上身的青年学生。我要证明不但张君劢的人生观是不受论理学公例的支配，并且他讲人生观的这篇文章也是完全违背论理学的，我还要说明，若是我们相信了张君劢，我们的人生观脱离了论理学的公例、定义、方法，还成一个什么东西。

……

科学与玄学战争的历史

玄学（metaphysics）这个名词，是纂辑亚列士多德【今译亚里士多德，下同】遗书的安德龙聂克士（Andronicus）造出来的。亚列士多德本来当他为根本哲学（firstphilosophy）或是神学（Theology），包括天帝、宇宙、人生种种观念在内，所以广义的玄学在中世纪始终没有同神学分家。到了十七世纪天文学的祖宗嘉列刘（Galileo）【今译伽俐略，下同】发明地球行动的时候，玄学的代表是罗马教的神学家，他们再三向嘉列刘说，宇宙问题，不是科学的范围，非科学所能解决的。嘉列刘不听，他们就于一千六百三十三年六月二十二日开主教大会，正式宣言道：

"说地球不是宇宙的中心，非静而动，而且每日旋转，照哲学上神学上讲起来，都是虚伪的。……"

无奈真是真，伪是伪；真理既然发明，玄学家也没有法子。从此向来属于玄学的宇宙就被科学抢去，但是玄学家总说科学研究的是死的，活的东西不能以一例相绳（与张君劢一鼻孔出气）。无奈达尔文不知趣，又做了一部《物种由来》【今译《物种起源》】，（读者注意，张君劢把达尔文的生存竞争论归入他的人生观！）证明活的东西，也有公例。虽然当日玄学家的愤怒，不减于十七世纪攻击嘉列刘的主教，真理究竟战胜，生物学又变作科学了。到了十九世纪的下半期，连玄学家当做看家狗的心理学，也宣告了独立，玄学于是从根本哲学退避到本体论（ontology）。他还不知悔过，依然向哲学摆他的架子，说"自觉你不能研究，觉官感触以外的本体，你不能研究。你是形而下，我是形而上；你是死的，我是活的"。科学不屑得同他争口舌：知道在知识界内，科学方法是万能，不怕玄学终久不投降。

中外合璧式的玄学及其流毒

读者诸君看看这段历史，就相信我说玄学的鬼附在张君劢身上，不是冤枉他的了。况且张君劢的人生观，一部分是从玄学大家柏格森化出来的。对于柏格森哲学的评论，读者可以看胡适之的《十五年来世界之哲学》。他的态度很是公允，然而他也说他是"盲目冲动"。罗素在北京的时候，听说有人要请柏格森到中国来演讲，即对我说："我很奇怪你们为什么要请柏格森，他的盛名是骗巴黎的时髦妇人得来的，他对于哲学可谓毫无贡献，同行的人都很看不起他。"

然而平心而论，柏格森的主张，也没有张君劢这样鲁莽。我们细看他说"良心之自动"，又说"自孔孟以至于宋元明之理学家，侧重内生活之修养，其结果为精神文明"，可见得西洋的玄学鬼到了中国，又联系了陆象山、王阳明、陈白沙高谈心性的一班朋友的魂灵，一齐钻进了张君劢的"我"里面。无怪他的人生观，是玄而又玄的了。

玄学家单讲他的本体论，我们决不肯荒废我们宝贵的光阴来攻击他。但是一班的青年上了他的当，对于宗教、社会、政治、道德一切问题真以为不受论理方法支配，真正没有是非真伪；只须拿他所谓主观的，综合的，自由意志的人生观来解决他。果然如此，我们的社会，是要成一种什么社会？果然如此，书也不必读，学也不必求，知识经验都是无用，只要以"自身良心之所命，起而主张之"，因为人生观"皆起于良心之自动，而决非有使之然者也"。读书，求学，知识，经历，岂不都是枉费工夫？况且所有一切问题，都没有讨论之余地——讨论都要用论理的公例，都要有定义方法，都是张君劢人生观所不承认的。假如张献忠这种妖孽，忽然显起魂来，对我们说，他的杀人主义，是以"我自身良心之所命，起而主张之，以为天下后世表率"，我们也只好当他是叔本华、马克思一类的大人物，是"一部长夜漫漫历史中秉烛以导吾人之先路者"，这还从何说起？况且人各有各的良心，又何必有人来"秉烛"，来做"表率"，人人可以拿他的不讲理的人生观来，"起而主张之"，安见得孔子、释迦、墨子、耶稣的人生观，比他的要高明？何况是非真伪是无标准的呢？一个人的人生观，当然不妨矛盾；一面可以主张男女平等，一面可以实行一夫多妻。只要他说是"良心之自动"，何必管什么论理不论理？他是否是良心之自动，旁人也当然不能去过问他。这种社会可以一日居吗？

对于科学的误解

这种不可通的议论的来历，一半由于迷信玄学，一半还由于误解科学，以为科学是物质的、机械的，欧洲的文化是"物质文化"。欧战以后工商业要破产，所以科学是"务外逐物"。我再来引一引张君劢的原文：

"所谓精神与物质者：科学之为用，专注于向外，其结果则试验室与工厂遍国中也。朝作夕辍，人生为机械然，精神上之慰安所在，则不可得而知也。我国科学未发达，工业尤落人后，故国中有以开纱厂设铁厂创航业公司自任如张季直、聂云台之流，则国人相率而崇拜之。抑知一国偏重工商，是否为正当之人生观，是否为正当之文化，在欧洲人观之，已成大疑问矣。欧战终后，有结算二三百年之总账者，对于物质文明，不胜务外逐物之感。厌恶之论已层见不一见矣。……"

这种误解在中国现在很时髦，很流行。因为他的关系太重要，我还要读者再耐心听我解释解释，我们已经讲过，科学的材料是所有人类心理的内容。凡是真的概念推论，科学都可以研究，都要求研究，科学的目的是要屏除个人主观的成见——人生观最大的障碍——求人人所能共认的真理。科学的方法，是辨别事实的真伪，把真事实取出来详细的分类，然后求它们的秩序关系，想一种最简单明了的话来概括它。所以科学的万能，科学的普遍，科学的贯通，不在它的材料，在它的方法。安因斯坦【今译爱因斯坦】谈相对论是科学，詹姆士讲心理学是科学，梁任公讲历史研究法、胡适之讲《红楼梦》也是科学。张君劢说科学是"向外"的，如何能讲得通？

科学不但无所谓向外，而且是教育同修养最好的工具。因为天天求真理，时时想破除成见，不但使学科学的人有求真理的能力，而且有爱真理的诚心。无论遇见什么事，都能平心静气去分析研究，从复杂中求简单，从紊乱中求秩序；拿论理来训练他的意想，而意想力愈增；用经验来指示他的直觉，而直觉力愈活。了解了宇宙生物心理种种的关系，才能够真知道生活的乐趣。这种"活泼泼地"心境，只有拿望远镜仰察过天空的虚漠、用显微镜俯视过生物的幽微的人，方能参领得透彻，又岂是枯坐谈禅、妄言玄理的人所能梦见。诸君只要拿我所举的科学家如达尔文、斯宾塞、赫胥黎、詹姆士、皮尔生的人格来同什么叔本华、尼采比一比，就知道科学教育对于人格影响的重要了。又何况近年来生物学上对于遗传性的发现，解决了数千年来性善性恶的聚讼，使我们恍然大悟，知道根本改良人种的方法，其有功于人类的前途，止未可限量呢！

工业发达当然是科学昌明结果之一，然而实验室同工厂绝对是两件事——张君劢无故地把它们混在一齐——实验室是求真理的所在，工厂是发财的机关。工业的利害，本来是很复杂的，非一言之所能尽；然而使人类能利用自然界生财的是科学家；建筑工厂，招募工人，实行发财的，何尝是科学家？欧美的大实业家大半是如我们的督军巡阅使，出身微贱，没有科学知识的人。试问科学家有几个发大财的？张君劢拿张季直、聂云台来代表中国科学的发展，无论科学未必承认，张聂二君自己也未必承认。

欧洲文化破产的责任

至于东西洋的文化，也决不是所谓物质文明、精神文明，这种笼统的名词所能概括的。这是一个很复杂的问题，我没有工夫细讲。读者可以看四月份《读书杂志》胡适之批评梁漱溟"东西文化"那篇文章。我所不得不说的是欧洲文化纵然是破产（目前并无此事），科学绝对不负这种责任，因为破产的大原因是国际战争。对于战争最应该负责的人是政治家同教育家。这两种人多数仍然是不科学的。这一段历史，中国人了解的极少，我们不能不详细地说明一番。

欧洲原来是基督教的天下。中世纪时代，神学万能。文学复兴以后又加入许多希腊的哲学同神学相混合。十七十八两世纪的科学发明，都经神学派人极端反对。嘉列刘的受辱，狄卡儿【今译笛卡儿】的受惊，都是最显明的事实。嘉列刘的天文学说，为罗马教所严禁，一直到了十九世纪之初方才解放。就是十九世纪之初高等学校的教育依然在神学家手里；其所谓科学教育，除去了算学同所谓自然哲学（物理）以外，可算一无所有。在英国要学科学的人，不是自修，就是学医。如达尔文、赫胥黎就是医学生。学医的机关，不在牛津、剑桥两个大学，却在伦敦同爱丁堡。一直到了《物种由来》出版，斯宾塞同赫胥黎极力鼓吹科学教育，维多利亚女皇的丈夫亚尔巴特王改革大学教育，在伦敦设科学博物馆、科学院、矿学院，伦敦才有高等教育的机关；化学、地质学、生物学，才逐渐地侵入大学，然而中学的科学依然缺乏。故至今英国大学的入学试验，没有物理化学。在几个最有势力的中学里面，天然科学都是选科，设备也是很不完备。有天才的子弟，在中学的教育，几乎全是拉丁、希腊文字同粗浅的算学。入了大学以后，若不是改入理科，就终身同科学告辞了。这种怪状一直到二十年前作者到英国留学的时代，还没有变更。

英国学法律的人在政治上社会上最有势力。然而这一班人，受的都是旧教育；对于科学，都存了敬而远之的观念，所以极力反对达尔文至死不变的，就是大政治家首相格兰斯顿。提倡科学教育最有势力的是赫胥黎，公立的中学同新立的大学加入一点科学，他的功劳最大，然而他因为帮了达尔文打仗，为科学做宣传事业，就没有工夫再对于动物学有所贡献。学科学的人，一方面崇拜他，一方面都以他为戒，不肯荒了自己的功课。所以为科学做冲锋的人，反一天少一天了。

到了二十世纪，科学同神学的战争，可算告一段落。学科学的人，地位比五十年前高了许多，各人分头用功，不肯再做宣传的努力。神学家也改头换面，不敢公然反对科学，然而这种休战的和约，好像去年奉直山海关和约一样，仍然是科学吃亏，因为教育界的地盘，都在神学人手里。全国有名的中学的校长，无一个不是教士；就是牛津、剑桥两处的分院院长，十个有九个是教士。这种学校出来的学生，在社会上政治上势力最大，而最与科学隔膜。格兰斯顿的攻击达尔文，我已经提过了。近来做过首相外相的巴尔福很可以做这一派人的代表。他著的一部书叫《信仰的根本》（The Foundation of Bellef）依然是反对科学的。社会上的人，对于直接有用的科学，或是可以供工业界利用的科目，还肯提倡，还肯花钱；真正科学的精神，他依然没有了解。处世立身，还是变相的基督教。这种情形，不但英国如此，大陆各国同美国亦大抵如此。一方面政治的势力都在学法律的人手里，一方面教育的机关脱不了宗教的臭味。在德法两国都有新派的玄学家出来，宣传他们的非科学主义，间接给神学做辩护人。德国浪漫派的海格尔的嫡派，变成忠君卫道的守旧党。法国的柏格森拿直觉来抵制知识都是间接直接反对科学的人。他们对于普通人的影响虽然比较的小，对于握政治教育大权的人，却很有伟大的势力。我们只要想欧美做国务员、总理、总统的从来没有学过科学的人，就知道科学的影响，始终没有直接侵入政治了。不但如此，做过美国国务卿、候补大总统的白赖安（Bryan）至今还要提倡禁止传布达尔文的学说。一千九百二十一年伦敦举行优生学家嘉尔登的纪念讲演，改造部总长纪载士（Gedds）做名誉主席的时候，居然说科学知识不适用于政治。他们这班人的心理，很像我们的张之洞，要以玄学为体，科学为用。他们不敢扫除科学，因为工业要利用他，但是天天在那里防范科学，不要侵入他们的饭碗界里来。所以欧美的工业，虽然是利用科学的发明，他们的政治社会，却绝对的缺乏科学精神。这和前清的经师尽管承认阎百诗推翻了伪古文《尚书》，然而科场考试仍旧有伪《尚书》在内，是一样的道理。人生观不能统一也是为此，战争不能废止也是如此。欧战没有发生的前几年，安基尔（Norman Angell）做一部书，叫做《大幻影》（The Qreat Cllusion）。用科学方法，研究战争与经济的关系；详细证明战争的结果，战胜国也是一样的破产，苦口地反对战争，当时欧洲的政治家没有不笑他迂腐的。到了如今，欧洲的国家果然都因为战争破了产了，然而一班应负责任的玄学家、教育家、政治家却丝毫不肯悔过，反要把物质文明的罪名加到纯洁高尚的科学身上，说它是"务外逐物"，岂不可怜！

中国的"精神文明"

许多中国人不知道科学方法和近三百年经学大师治学的方法是一样的。他们误以为西洋的科学，是机械的、物质的、向外的、形而下的。庚子以后，要以科学为用，不敢公然诽谤科学。欧战发生，这种人的机会来了，产生科学的欧洲要破产了！赶快抬出我们的精神文明来补救物质文明，他们这种学说自然很合欧洲玄学家的脾胃。但是精神文明是样什么东西？张君劢说："自孔孟以至宋元明之理学家侧重内生活之修养，其结果为精神文明。"我们试拿历史来看看这种精神文明的结果。

提倡内功的理学家，宋朝不止一个，最明显的是陆象山一派，不过当时的学者还主张读书，还不是完全空疏。然而我们看南渡士大夫的没有能力，没有常识，已经令人骇怪。其结果叫我们受野蛮蒙古人统治了一百年，江南的人被他们屠割了数百万，汉族的文化几乎绝了种。明朝陆象山的嫡派二虎之力，还不曾完全打倒，不幸到了今日，欧洲玄学的余毒传染到中国来，宋元明言心言性的余烬又有死灰复燃的样子了！懒惰的人，不细心研究历史的实际，不肯睁开眼睛看看所谓"精神文明"究竟在什么地方，不肯想想世上可有单靠内心修养造成的"精神文明"，他们不肯承认所谓"经济史观"，也还罢了，难道他们也忘记了那"衣食足而后知礼节，仓廪实而后知荣辱"的老话吗？

言心言性的玄学，"内生活之修养"，所以能这样哄动一班人，都因为这种玄谈最合懒惰的心理，一切都靠内心，可以否认事实，可以否认论理与分析。顾亭林说得好：

"……躁竞之徒，欲速成以名于世，语之以五经，则不愿学；语之以白沙阳明之语录，则欣然矣。以其袭而取之易也。"

我们也可套他的话，稍微改动几个字，来形容今日一班玄学崇拜者的心理：

"今之君子，欲速成以名于世，语之以科学，则不愿学；语之以柏格森杜里舒之玄学，则欣然矣。以其袭而取之易也。"

结　论

我要引胡适之《五十年世界之哲学》上的一句话来做一个结论。他说：

"我们观察我们这个时代的要求，不能不承认人类今日最大的责任与需要，是把科学方法，应用到人生问题上去。"

科学方法，我恐怕读者听厌了。我现在只举一个例来，使诸君知道科学与玄学的区别。

张君劢讲男女问题，说"我国戏剧中十有七八不以男女恋爱为内容"。他并没有举出什么证据；大约也是起于他"良心之自动，而决非有使之然者也"。我觉得他提出的问题很有研究的兴趣。一时没有材料，就拿我厨子看的四本《戏曲图考》来做统计，这四本书里面有二十九出戏，十三出与男女恋爱有关。我再看《戏曲图考》上面有"刘洪升杨小楼秘本"几个字，想到一个须生，一个武生的秘本，恐怕不足以做代表。随手拿了一本《缀白裘》来一数，十九出戏，有十二出是与男女恋爱有关的。我再到了一个研究曲本的朋友家里，把他架上的曲本数一数，三十几种，几乎没有一种不是讲男女恋爱的。后来又在一个朋友家中借得一部《元曲选》，百种之中有三十九种是以恋爱为内容的；又寻得汲古阁的《六十种》曲，六十种之中竟也有三十九种是以恋爱为内容的！张君劢的话自然不能成立了。这件事虽小，但也可以看出那"主观的、直觉的、综合的、自由意志的、单一性的"人生观是建筑在很松散的泥沙之上，是经不起风吹雨打的，我们不要上他的当！

十二，四，十二

孙行者与张君劢

《努力周报》第 53 期 1923 年 5 月 2 日

适 之

孙行者站在灵霄殿外，耀武扬威的不服气。如来伸出一只手掌道："你有多大本领？能不能跳出我的手心？"孙行者大笑道："我的师父曾传授给我七十二般变化，还教我筋斗云，一个筋头就是十万八千里，你有多大的手心！"他缩小了身躯跳上了如来的手掌，喊一声"老孙去也！"一个筋头翻出南天门去了。

以后的一段，我不用细说了。孙行者自以为走得很远了，不知道他总不曾跳出如来的手掌。

我的朋友张君劢近来对于科学家的跋扈，很有点生气，他一只手捻着他稀疏的胡子，一只手向桌上一拍，说道："赛先生，你有多大的手心！你敢用逻辑先生来网罗'我'吗？老张去也！"说着，他一个筋斗，就翻出松坡图书馆的大门外去了。

他这一个筋斗，虽没有十万八千里，却也够长了！我在几千里外等候他，等了二七一十四天，好容易望着彩云朵朵，瑞气千条，冉冉而来——却原来还只是他的小半截身子！其余的部分，还没有翻过来呢！

然而我揪住了这翻过来的一截，仔细一看，原来他仍旧不曾跳出赛先生和逻辑先生的手心里！

这话怎讲？且听我道来。

张君劢说：

"人生者，变也、活动也、自由也、创造也。……试问论理学上之三大公例（曰同一，曰矛盾，曰排中）何者能证其合不合乎？论理学上之两大方法（曰内纳，曰外绎）何者能推进其前后之相生乎？"

这是柏格森的高徒的得意腔调，他还引了许多师叔师伯的话来助他张目。

然而他所指出的逻辑先生的五样法宝，我们只消祭起一样来，已够打出他的原形来了。

我们祭起的法宝，是论理学上的矛盾律。

（矛一）张君劢说：

"精神科学中有何种公例，可以推算未来之变化，如天文学之于天象，力学之于物体者乎？吾敢断言曰，必无而已。"

（盾一）张君劢又说：

"人类目的，屡变不已；虽变也，不趋于恶而必趋于善。"

前面一个"必"字的矛，后面一个"必"字的盾，遥遥相对，好看煞人！

否认人生观有公例的张君劢，忽然寻出这一条"不趋于恶而必趋于善"的大公例来，岂非玄之又玄的奇事！他自己不能不下一个解释，于是他又陷入第二层矛盾。

（矛二）张君劢说：

"精神科学之公例，唯限于已过之事，而于未来之事，则不能准算。"

"精神科学……决不能以已成之例，推算未来也。"

（盾二）张君劢说：

"人类目的，屡变不已，虽变也，不趋于恶而必趋于善。其所以然之故，至为玄妙，不可测度。然据既往以测将来，其有持改革之说者，大抵图所以益世而非所以害世。此可以深信而不疑者。"

请问"据既往以测将来"是不是"以已成之例推算未来"？

然而张君劢又说：

（矛三）"人生观不为论理方法与因果律所支配。"

（盾三）（大前提）"夫事之可以预测者，必为因果律所支配者也。"（小前

提）"人类目的，屡变不已；然据既往以测将来，……可以深信不疑。"（结论）

故张君劢深信而不疑"人类目的"（人生观）必为因果律所支配者也！

张君劢翻了二七一十四天的筋斗，原来始终不曾脱离逻辑先生的一件小小法宝——矛盾律——的笼罩之下！哈！哈！

十二，五，十一，上海。

君劢吾兄：

南下二十天，无一日不病，在西湖四日，有两日竟不能走路。现借一个外国朋友家养病，病中读你和在君打的笔墨官司，未免有点手痒，所以写这篇短文，给你们助助兴，文虽然近于游戏，而意则甚庄，我希望你不至于见怪吧。

适。

将来若到参战时，也要勉励自己恪守，谨宜言。

十二年五月五日在翠微山揽翠山房作。
——转录《时事新报》《学灯》——
选自《科学与人生观》

人生观与科学

——对于张、丁论战的批评

1923 年 5 月 29 日

梁启超

（一）

张君劢在清华学校演说一篇《人生观》，惹起丁在君做了一篇《玄学与科学》和他宣战。我们最亲爱的两位老友，忽然在学界上变成对垒的两造。我不免也见猎心喜，要把我自己的意见写点出来助兴了。

当未写以前，要先声叙几句话：

第一，我不是加在哪一造去"参战"，也不是想斡旋两造做"调人"，尤其不配充当"国际法庭的公断人"。我不过是一个观战的新闻记者，把所视察得来的战况随手批评一下便了。读者还须知道，我是对于科学、玄学都没有深造研究的人。我所批评的一点不敢自以为是。我两位老友以及其他参战人、观战人，把我的批评给我一个心折的反驳，我是最欢迎的。

第二，这回战争范围，已经蔓延得很大了，几乎令观战人应接不暇。我为便利起见，打算分项批评。做完这篇之后，打算还跟着做几篇：（一）科学的知识论与所谓"玄学鬼"；（二）科学教育与超科学教育；（三）论战者之态度等等。

但到底做几篇，要看我趣味何如，万一兴尽，也许不做了。

第三，听说有几位朋友都要参战，本来想等读完了各人大文之后再下总批评，但头一件，因技痒起来等不得了；第二件，再多看几篇，也许"崔颢题诗"叫我搁笔，不如随意见到哪里说到哪里。所以这一篇纯是对于张、丁两君头一次交绥的文章下批评，他们二次彼此答辩的话，只好留待下次。

其余陆续参战的文章，我很盼早些出现，或者我也有继续批评的光荣，或者我要说的话被人说去，或者我未写出来的意见已经被人驳倒，那么，我只好不说了。

（二）

凡辩论先要把辩论对象的内容确定：先公认甲是什么乙是什么，才能说到甲和乙的关系何如。否则一定闹到"驴头不对马嘴"，当局的辩论没有结果，旁观的越发迷惑。我很可惜君劢这篇文章，不过在学校里随便讲演，未曾把"人生观"和"科学"给他一个定义。在君也不过拈起来就驳。究竟他们两位所谓"人生观"、所谓"科学"，是否同属一件东西，不惟我们观战人摸不清楚，只怕两边主将也未必能心心相印哩。我为替读者减除这种迷雾起见，拟先规定这两个名词的内容如下：

（一）人类从心界、物界两方面调和结合而成的生活，叫做"人生"。我们悬一种理想来完成这种生活，叫做"人生观"。（物界包含自己的肉体及己身以外的人类，乃至己身所属之社会等等。）

（二）根据经验的事实，分析综合，求出一个近真的公例，以推论同类事物，这种学问叫做"科学"。（应用科学改变出来的物质或建设出来的机关等等，只能谓之"科学的结果"，不能与"科学"本身并为一谈。）

我解释这两个名词的内容，不敢说一定对。假令拿以上所说做个标准，我的答案便如下：

"人生问题，有大部分是可以——而且必要用科学方法来解决的。却有一小部分——或者还是最重要的部分是超科学的。"

因此我对于君劢、在君的主张，觉得他们各有偏宕之处。

今且先驳君劢。

君劢既未尝高谈"无生"，那么，无论尊重心界生活到若何程度，终不能说生活之为物，能够脱离物界而单独存在。既涉到物界，自然为环境上——时间空间——种种法则所支配，断不能如君劢说的那么单纯，专凭所谓"直觉的""自由意志的"来片面决定。君劢列举"我对非我"之九项，他以为不能用科学方法解答者，依我看来十有八九倒是要用科学方法解答。他说："忽君主忽民主，忽自由贸易忽保护贸易等等，试问论理学公例何者能证其合不合乎?"其意以为这类问题既不能骤然下一个笼统普遍的断案，便算屏逐在科学范围以外。

殊不知科学所推寻之公例乃是：（一）在某种条件之下，会发生某种现象。（二）欲变更某种现象，当用某种条件。笼统普遍的断案，无论其不能，即能，亦断非科学之所许。若仿照君劢的论调，也可以说："忽衣裘忽衣葛，忽附子玉桂忽大黄芒硝……，试问论理学公例何者能证其合不合乎？"然则连衣服、饮食都无一定公例可以支配了，天下有这种理吗？殊不知科学之职务不在绝对的普遍的证明衣裘衣葛之孰为合孰为不合，它却能证明某种体气的人在某种温度之下非衣裘或衣葛不可。君劢所列举种种问题，正复如此。若离却事实的基础，劈地凭空说君主绝对好，民主绝对好，自由贸易绝对好，保护贸易绝对好……，当然是不可能。却是在某种社会结合之下宜于君主，在某种社会结合之下宜于民主，在某种经济状态之下宜自由贸易，在某种经济状态之下宜保护贸易，……那么，论理上的说明自然是可能，而且要绝对的尊重。君劢于意云何？难道能并此而不承认吗？总之，凡属于物界生活之诸条件，都是有对待的，有对待的自然一部或全部应为"物的法则"之所支配。我们对于这一类生活，总应该根据"当时此地"之事实，用极严密的科学方法，求出一种"比较合理"的生活。这是可能而且必要的。就这点论，在君说"人生观不能和科学分家"，我认为含有一部分真理。

君劢尊直觉，尊自由意志，我原是赞成的，可惜他应用的范围太广泛而且有错误。他说："……常有所观察也、主张也、希望也、要求也，是之谓人生观。甲时之所以为善者，至乙时则又以为不善而求所以革之；乙时之所以为善者，至丙时又以为不善而求所以革之。……"君劢所用"直觉"这个字，到底是怎样的内容，我还没有十分清楚。照字面看来，总应该是超器官的一种作用。若我猜得不错，那么，他说的"有所观察而甲乙丙时或以为善，或以为不善"，便纯然不是直觉的范围。为什么"甲时以为善，乙时以为不善"？因为"常有所观察"；因观察而以为不善，跟着生出主张、希望、要求。不观察便罢，观察离得了科学程序吗？"以为善不善"，正是理智产生之结果。一涉理智，当然不能逃科学的支配。若说到自由意志吗？他的适用，当然该有限制。我承认人类所以贵于万物者在有自由意志；又承认人类社会所以日进，全靠他们的自由意志。但自由意志之所以可贵，全在其能选择于善不善之间而自己做主以决从违。所以自由意志是要与理智相辅的。若像君劢全抹杀客观以谈自由意志，这种盲目的自由，恐怕没有什么价值了。（君劢清华讲演所列举人生观五项特征，第一项说人生观为主观的，以与客观的科学对立，这话毛病很大。我以为人生观最少也要主观和客观结合才能成立。）

然则我全部赞成在君的主张吗？又不然。在君过信科学万能，正和君劢之轻蔑科学同一错误。在君那篇文章，很像专制宗教家口吻，殊非科学者态度，这是我最替在君可惜的地方，但亦无须一一指摘了。在君说："我们有求人生观统一的义务。"又说："用科学方法求出是非真伪，将来也许可以把人生观统一。"（他把医学的进步来做比喻。）我说，人生观的统一，非惟不可能，而且不必要；非惟不必要，而且有害。要把人生观统一，结果岂不是"别黑白而定一尊"，不许异己者跳梁反侧？除非中世的基督教徒才有这种谬见，似乎不应该出于科学家之口。至于用科学来统一人生观，我更不相信有这回事。别的且不说，在君说"世界上的玄学家一天没有死完，自然一天人生观不能统一"，我倒要问：万能的科学，有没有方法令世界上的玄学家死完？如其不能，即此已可见科学功能是该有限制了。闲话少叙，请归正文。

人类生活，固然离不了理智；但不能说理智包括尽人类生活的全内容。此外还有极重要一部分——或者可以说是生活的原动力，就是"情感"。情感表出来的方向很多，内中最少有两件的的确确带有神秘性的，就是"爱"和"美"。"科学帝国"的版图和威权无论扩大到什么程度，这位"爱先生"和那位"美先生"依然永远保持他们那种"上不臣天子，下不友诸侯"的身份。请你科学家把"美"来分析研究吧，什么线，什么光，什么韵，什么调……任凭你说得如何文理密察，可有一点儿搔着痒处吗？至于"爱"那更"玄之又玄"了。

假令有两位青年男女相约为"科学的恋爱"，岂不令人喷饭？

又何止两性之爱呢？父子、朋友……间至性，其中不可思议者何限？孝子割股疗亲，稍有常识的也该知道是无益。但他情急起来，完全计较不到这些。程婴、杵臼代人抚孤，抚成了还要死。田横岛上五百人，死得半个也不剩。这等举动，若用理智解剖起来，都是很不合理的，却不能不说是极优美的人生观之一种。推而上之，孔席不暖，墨突不黔，释迦割臂饲鹰，基督钉十字架替人赎罪，他们对于一切众生之爱，正与恋人之对于所欢同一性质。我们想用什么经验什么轨范去测算他的所以然之故，真是痴人说梦。又如随便一个人对于所信仰的宗教，对于所崇拜的人或主义，那种狂热情绪，旁观人看来，多半是不可解而且不可以理喻的。然而一部人类活历史，却十有九从这种神秘中创造出来。从这方面说，却用得着君劢所谓主观、所谓直觉、所谓综合而不可分析等等话头。想用科学方法去支配他，无论不可能，即能，也把人生弄成死的，没有价值了。

我把我极粗浅极凡庸的意见总括起来，是："人生关涉理智方面的事项，绝对要用科学方法来解决；关涉情感方面的事项，绝对的超科学。"

　　我以为君劢和在君所说，都能各明一义。可惜排斥别方面太过，都弄出语病来。我还信他们不过是"语病"，他们本来的见解，也许和我没有什么大分别哩。

　　以上批评"人生观与科学"的话，暂此为止。改天还想讨论别的问题。

十二年五月廿三日在翠微山秘魔岩作

科学与人生观序（节录）

陈独秀

……

人生观和（社会）科学的关系是很显明的，为什么大家还要讨论？哈哈！就是讨论这个问题之本身，也可以证明人生观和科学的关系之深了。孔德分人类社会为三时代，我们还在宗教迷信时代，你看全国最大多数的人，还是迷信巫鬼符咒算命卜卦等超物质以上的神秘；次多数像张君劢这样相信玄学的人，旧的士的阶级全体，新的士的阶级一大部分皆是。像丁在君这样相信科学的人，其数目几乎不能列入统计。现在由迷信时代进步到科学时代，自然要经过玄学先生的狂吠；这种社会的实际现象，想无人能够否认，倘不能否认，便不能不承认孔德三时代说是社会科学上一种定律。这个定律便可以说明许多时代许多社会许多个人的人生观之所以不同。譬如张君劢是个饱学秀才，他一日病了，他的未尝学问的家族要去求符咒仙方去，张君劢立意要延医诊脉服药；他的朋友丁在君方从外国留学回来，说汉医靠不住，坚劝他去请西医，张君劢不但不相信，并说出许多西医不及汉医的证据，两人争持正烈的时候，张君劢的家族说西医汉医都靠不住，还是符咒仙方好，他们如此不同的见解，也便是他们如此不同的人生观，他们如此不同的人生观，都是他们所遭客观的环境造成的，决不是天外飞来的主观的意志造成的，这本是社会科学可以说明的，决不是形而上的玄学可以说明的。

张君劢举出九项人生观都是主观的，起于直觉的、综合的、自由意志的、起于人格之单一性的，而不为客观的、理论的、分析的、因果律的科学所支配，今就其九项人生观看起来：第一，大家族主义和小家族主义，纯粹是由农业经济宗法社会进化到工业经济军事社会之自然的现象；第二，男女尊卑及婚姻制度，也是由于农业宗法社会亲与夫都把子女及妻当做生产工具，当做一种财产。到了工业社会，家庭手工已不适用，有了雇工制度，也用不着拿家族当生产工具，于是女权运动自然会兴旺起来；第三，财产公有私有制度，在原始共产社会，人弱于兽，势必结群合作，原无财产私有之必要与可能；（假定有人格之单一性的张先生，生在那个社会，他的主观、他的直觉、他的自由意志，忽然要把财产私有起来，怎奈他所得的果树兽肉无地存储，并没有防腐的方法，又不能变卖金钱存在银行，结果恐怕只有放弃他私有财产的人生观。）到了农业社会，有了一定的住所，有了仓库，谷物又比较的易于保存，独立生产的小农，只有土地占有的必要，没有通力合作的必要，私有财产观念，是如此发生的；到了工业社会，家庭的手工的独立生产制已不能存立，成千成万的人组织在一个通力合作的机关之内，大家无工做便无饭吃，无工具便不能做工，大家都没有生产工具，生产工具已为少数资本家私有了，非将生产工具收归公有，大家只好卖力给资本家，公有财产观念，是如此发生的；第四，守旧维新之争持，乃因为现社会有了经济的变化，而与此变化不适应的前社会之制度仍旧存在，束缚着这变化的发展，于是在经济上利害不同的阶级，自然会随着变化之激徐，或激或徐的冲突起来；第五，物质精神之异见，少数人因为有他的特殊环境，一般论起来，慢说工厂里体力工人了，就是商务印书馆月薪二三十元的编辑先生，日愁衣食不济，哪有如许闲情像张君劢梁启超高谈什么精神文明东方文化；第六，社会主义之发生，和公有财产制是一事；第七，人性中本有为我利他两种本能，个人本能发挥的机会，乃由于所遭环境及所受历史的社会的暗示之不同而异；第八，悲观乐观见解之不同，亦由于个人所遭环境及所受历史的社会的暗示而异。试观各国自杀的统计，不但自杀的原因都是环境使然，而且和年龄性别职业季节等都有关系；第九，宗教思想之变迁，更是要受时代及社会势力支配的。各民族原始的宗教，依据所传神话，大都是崇拜太阳、火、高山、巨石、毒蛇、猛兽等的自然教，后来到了农业经济宗法社会，族神祖先农神等多神教遂全流行；后来商业发达，随着国家的统一运动，一神教遂至得势；后来工业发达，科学勃兴，无神非宗教之说随之而起；即在同一时代，各民族各社会产业进化之迟速不同，宗教思想亦随之而异。非洲美洲南洋蛮族，仍在自然宗教时代；中国印度，乃信多神；商工业发达之欧美，多奉基督。使中国圣人之徒生于伦敦，他也要奉洋教，歌颂耶和华；使基督信徒生在中国穷乡僻壤，他也要崇拜祖宗与狐狸。以上九项种种不同的人生观，都为种种不同客观的因果所支配，而社会科学可一一加以分析的论理的说明，找不出哪一种是没有客观的原因，而由于个人主观的直觉的自由意志凭空发生的。

梁启超究竟比张君劢高明些，他说："君劢列举'我对非我'之九项，他以为不能用科学方法解答者，依我看来十有八九倒是要用科学方法解答。"梁启超取了骑墙态度，一面不赞成张君劢，一面也不赞成丁在君，他自己的意见是：

> "人生问题，有大部分是可以——而且必要用科学方法来解决的。却有一小部分——或者还是最重要的部分是超科学的。"

他所谓大部分是指人生关涉理智方面的事项，他所谓一小部分是指关于情感方面的事项。他说："既涉到物界，自然为环境上——时间空间——种种法则所支配。"理智方面事项，固然不离物界，难道情感方面事项不涉到物界吗？感官如何受刺激，如何反应，情感如何而起，这都是极普通的心理学。关于情感超科学这种怪论，唐钺已经驳得很明白，但是唐钺驳梁启超说："我们论事实的时候，不能导入价值问题。"而他自己论到田横事件，解释过于浅薄，并且说出"没有多大价值"的话，如此何能使梁启超心服！其实孝子割股疗亲，程婴杵臼代人而死，田横乃木自杀等主动，在社会科学家看起来，无所谓优不优，无所谓合理不合理，无所谓有价值无价值，无所谓不可解，无所谓神秘，不过是农业的宗法社会封建时代所应有之人生观。这种人生观乃是农业的宗法社会封建时代之道德传说及一切社会的暗示所铸而成，试问在工业的资本主义社会，有没有这样举动，有没有这样情感，有没有这样的自由意志？

范寿康也是一个骑墙论者，他主张科学是指广义的科学，他主张科学决不能解决人生问题的全部。他说："人生观一部分是先天的，一部分是后天的，先天的形式是由主观的直觉而得，决不是科学所能干涉。后天的内容应由科学的方法探讨而定，决不是主观所应安定。"他所谓先天的形式，是指良心命令人类做各人所自认为善的行为。

什么先天的形式，什么良心，什么直觉，什么自由意志，一概都是生产状况不同的各时代各民族之社会的暗示所铸而成；一个人生在印度婆罗门家，自然不愿意杀人，他若生在非洲酋长家，自然以多杀为无上荣誉；一个女子生在中国阀阅之家，自然以贞节为她的义务，她若生在意大利，会以多获面首夸示其群；西洋人见中国人赤膊对女子则骇然，中国人见西洋人用字纸揩粪则惊讶；匈奴可汗父死遂妻其母，满族初入中国不知汉人礼俗，皇太后再嫁其夫弟而不以为耻；中国人以厚葬其亲为孝，而蛮族有委亲尸于山野以被鸟兽所噬为荣幸者；欧美妇女每当稠人广众吻其所亲，而以为人妾为奇耻大辱；中国妇人每以得为贵人之妾为荣幸，而当众接吻虽娼妓亦羞为之；由此看来，世界上哪里真有什么良心，什么直觉，什么自由意志！

丁在君不但未曾说明"科学何以能支配人生观"，并且他的思想之根底，仍和张君劢走的是一条道路。我现在举出两个证据：

第一，他自号存疑的唯心论，这是沿袭了赫胥黎斯宾塞诸人的谬误；你既承认宇宙间有不可知的部分而存疑，科学家站开，且让玄学家来解疑。此所以张君劢说："既已存疑，则研究形而上界之玄学，不应有丑诋之词。"其实我们对于未发见的物质固然可以存疑，而对于超物质而独立存在并且可以支配物质的什么心（心即是物之一种表现），什么神灵与上帝，我们已无疑可存了。说我们武断也好，说我们专制也好，若无证据给我们看，我们断然不能抛弃我们的信仰。

第二，把欧洲文化破产的责任归到科学与物质文明，固然是十分糊涂，但丁在君把这个责任归到玄学家教育家政治家身上，却也离开事实太远了。欧洲大战分明是英德两大工业资本发展到不得不互争世界商场之战争，但看他们战争结果所定的和约便知道，如此大的变动，哪里是玄学家教育家政治家能够制造得来的。如果离了物质的即经济的原因，非科学的玄学家教育家政治家能够造成这样空前的大战争，那么，我们不得不承认张君劢所谓自由意志的人生观真有力量了。

我们相信只有客观的物质原因可以变动社会，可以解释历史，可以支配人生观，这便是"唯物的历史观"。我们现在要请问丁在君先生和胡适之先生：相信"唯物的历史观"为完全真理呢？还是相信唯物以外像张君劢等类人所主张的唯心观也能够超科学而存在？

十二，十一，十三

选自《科学与人生观》

答陈独秀先生

胡　适

陈独秀先生在他的序文的结论里说：

"我们相信只有客观的物质原因可以变动社会，可以解释历史，可以支配人生观，这便是'唯物的历史观'。我们现在要请问丁在君先生和胡适之先生：相信'唯物的历史观'为完全真理呢？还是相信唯物以外像张君劢等类人所主张的唯心观也能够超科学而存在？"

我不知道丁先生要如何回答他；但我个人的意见先要说明：（1）独秀说的是一种"历史观"，而我们讨论的是"人生观"。人生观是一个人对于宇宙万物和人类的见解；历史观是"解释历史"的一种见解，是一个人对于历史的见解。历史观只是人生观的一部分。（2）唯物的人生观是用物质的观念来解释宇宙万物及心理现象。唯物的历史观是用"客观的物质原因"来说明历史（狭义的唯物史观则用经济的原因来说明历史）。

说明了以上两层。然后我可以回答独秀了，我们信不信唯物史观，全靠"客观的物质原因"一个名词怎样解说。关于这一点，我觉得独秀自己也不曾说得十分明白。独秀在这篇序里曾说："心即是物之一种表现。"（序页十）那么，"客观的物质原因"似乎应该包括一切"心的"原因了——即是知识、思想、言论、教育等事。这样解释起来，独秀的历史观就成了"只有客观的原因（包括经济组织、知识、思想等等）可以变动社会，可以解释历史，可以支配人生观"。这就是秃头的历史观，用不着戴什么有色彩的帽子了。这种历史观，我和丁在君都可以赞成的。

然而独秀终是一个彻底的唯物论者。他一面说"心即是物之一种表现"，一面又把"物质的"一个字解成"经济的"。因此，他责备在君不应该把欧战的责任归到那班非科学的政治家与教育家的身上。他说：

"欧洲大战分明是英德两大工业资本制度发展到不得不互争世界商场之战

争，但看他们战争结果所定的和约便知道，如此大的变动，哪里是玄学家教育家政治家能够制造出来的？"

欧洲大战之有经济的原因，那是稍有世界知识的人都承认的，在君在他的两篇长文里那样恭维安基尔的《大幻想》（《玄学与科学》页二六，《答张君劢》页一六），他岂不承认欧战与经济的关系？不过我们治史学的人，知道历史事实的原因往往是多方面的。所以我们虽然极欢迎"经济史观"来做一种重要的史学工具，同时我们也不能不承认思想知识等事也都是"客观的原因"，也可以"变动社会，解释历史，支配人生观"。

所以我个人至今还只能说："唯物（经济）史观至多只能解释大部分的问题。"独秀希望我"百尺竿头更进一步"，可惜我不能进这一步了。

其实独秀也只承认"经济史观至多只能解释大部分的问题"。他若不相信思想知识言论教育也可以"变动社会，解释历史，支配人生观"，那么，他尽可以袖着手坐待经济组织的变更就完了，又何必辛辛苦苦地努力做宣传的事业，谋思想的革新呢？如果独秀真信仰他们的宣传事业可以打倒军阀，可以造成平民革命，可以打破国际资本主义，那么，他究竟还是丁在君和胡适之的同志——他究竟还信仰思想知识言论教育等事也可以变动社会，也可以解释历史，也可以支配人生观！

十二，十一，廿九。
选自《胡适文存》二集二卷。

人生观之论战序（节录）

张君劢

……

此二十万言之争论，科学非科学也，形上非形上也，人生为科学所能解决与不能解决也，有因与无因也，物质与精神也。若去其外壳，而穷其精核，可以一言蔽之，曰自由意志问题是矣！人事之所以进而不已，皆起于意志，意志而自由也，则人事之变迁，自为非因果的非科学的；意志而不自由也，则人事之变迁，自为因果的科学的。然而自由与不自由之义，何道而能解决乎？曰纯粹心理现象，不能划分为定态。既非定态，故不能据因果公例，由甲态以推乙态一也；心理现象包含一切之过去，一秒前与一秒后已不相同，故同因同果之说，不得而适用，二也。唯生物界在此自学性之作用，而以人类为登峰造极，此生物所以进化，而历史所以演进也，杜里舒之叙柏格森之立言大意曰：

"就物种之变迁言之，有达尔文之环境改造器官说，有拉马克之因生活条件之需要不需要而定器官之构造说。此两家之言，皆以为器官之发生，由于适应环境，此种学说，其非满足之解决（详见达尔文学说之批语中），已为一般所公认。自柏格森创为生命冲动之说（Elan vitale）谓世界之生物中，有一以贯之现象，是名生活流，此生活流日进而不已，变而不已，故无所谓预定之目的。因此之故，康氏所谓固有性，所谓固定条件（Beharrliche bedigung）柏氏所不认者也。柏氏之意，此日变之中，即为固有性，即为本体，故曰即变即本体，惟其无本体，故无决定之因，即无定因，故为绝对之自由。"（《杜里舒讲演》第八期）

杜氏又自述其关于历史之意义曰：

"前段中所述内省上心理上道德上种种研究，其所得结论，则以为人类之意志，苟无心理上旧日之经历为之决定，则以各人之固有性从而决定之，是定命也，非自由也；依吾观之，苟一部历史，皆心理学之公例所能解释，则历史者，

不过应用的心理学耳！然往往见有历史上之现象，确能超出于重规叠矩之外，无以名之，名之曰进化的非积叠的！"（同上）

诚此生物与历史之演进之事实而不能否认也，虽有千百罗素以驳难柏氏（详见唐钺《心理现象与因果律》文中），又安用乎？吾人即让一步，谓心理现象诚有因果律，又当问心理学家之言，是否为最终之决定。盖科学者，划一区域为范围，且就此范围内而穷其因果者也。心理学既号为科学，自当求所以完成心理现象之因果，而不然者，则心理学无自而成立也。故杜里舒氏有言曰：

"心理学之大目的，在求心理现象来去之公例，先以心能之说，如记忆联想之类，继以心灵上变迁之由来，而以非自学性终焉。惟其如是，心理学以因果为最重要之概念，或推本于前日之变迁，或推本于心灵中之固有性，总之，不离乎因果之念而已！心理学为经验科学为论理之一部，苟其不欲自放弃其成为科学之资格，则唯有抱定因果说，换词言之，与自由论与自由意志两不相容而已！"（同上）

虽然分科之研究，不得已也，分科之学之是非，当衡诸于诸学上之最高原理，而融会贯通之，是之为形上学，形上学者，诸学之最终裁判官也。詹姆士之为科学家，虽在君不能否认，然怃然以心理学为未足，谓必进而入于形上学，故詹氏曰：

"前章中曾谓自由意志问题，应归入形上学中研究之，以在心理范围内决定此问题，不免卤莽也。心理学为达其科学上之目的，承认命定主义，是乃无可訾议者，然心理学以定命主义为善，而伦理学又从而反对之，则将奈何？曰是可知心理学上之要求，本为比较的目的，而非最终之定论，今伦理上既已提出非定命论，依著者观之，则伦理学之立脚点，自较心理学为强，故宁愿认自由意志论，而心理学上之定命的假定，则暂时的耳！方法的耳！此两方之冲突，可以证分科之学，为便利计，各划定其范围，离其他真理而独立；而自实际言之，各科学之假定，与所得之结果，当自其相需之关系上而另加以修正者。此各提出要求，加以讨论之所安在乎？曰是为形上学。形上学者，求思想之明了与彻底之顽强的手段也。各科学之达坦，多矛盾与晦涩之点，自其特定范围内观之，若可置而不问，故人常以形上学之讨论为烦琐，譬之地质学家不知所谓时间可也，机械工人不知所谓动与反动之何以可能可也，心理学家于其自身之材料已日不暇给，何必问人类之何以认识外界乎？在甲立脚点以为不重要者，至乙立脚点则又以为重要。故平日以形上学为谈空说有者，及其求宇宙全体之最大限度之了解，则最紧切者，无过是矣！"（《小心理》四六一页）

读此言者，可知科学家所以反对形上学者，由于其习于分科，故不求宇宙之综合的观察，甚者以玄学为鬼怪为荒唐，皆此心理为之也。然宇宙之真理，不能以分科的研究了事，则证之詹氏之言而大明。于是吾人之结论曰：

第一，科学上因果律，限于物质，而不及于精神。

第二，各分科之学之上，应以形上学统其成。

第三，人类活动之根源之自由意志问题，非在形上学中，不能了解。

现世界之代表的思想家，若柏氏倭氏，本此义以发挥精神生活，以阐明人类之责任，推至其极而言之，则一人之意志与行为，可以影响于宇宙实在之变化，此正时代之新精神，而吾侪青年所当服膺者也！庄子曰："水之积也不厚，则其负大舟也无力。"柏氏倭氏辈推求宇宙实在，为归束于形上学者，非有他焉，其必然之结论然也！呜呼，使即此之故，令我受千万人之谤毁，所不辞焉！

十二，十二，十八。

选自《人生观之论战》一九二三年

实验主义与革命哲学

瞿秋白

哲学的思潮往往是时代的人生观变易之际的产物。譬如法国革命前的百科全书派，启蒙学派，或是欧战前后的复古思潮——都是社会制度根本动摇时的影响。然而每一时代新旧交替之际，各派思想的争辩都含有阶级的背景。中国五四运动前后，有实验主义出现，实在不是偶然的。中国宗法社会因受国际资本主义的侵蚀而动摇，要求一种新的宇宙观新的人生观，才能适应中国所处的新环境——实验主义的哲学，刚刚能用它的积极方面来满足这种需要。这固然是中国"第三阶级"发展时的思想革命，可是实验主义的本身，在欧美思想界里所处的地位是否是革命的呢？这却是一个疑问。

实验主义首先便否认理论的真实性，而只看重实用方面——"多研究问题，少谈主义！"可是这一个原则，却亦没有抽象的价值，它的应用亦是因时因地而异其性质的。它应用于中国的时候，对于资产阶级是很好的一种革命手段，且不要管什么礼教吧，怎样能发展你自己，便怎样做，可是它对于劳动阶级的意义，却是，不用管什么社会主义了，怎样能解决你们目前的难题，便怎样去做算了，于是大家蒙着头干去，当前的仇敌，固然因此大受打击，而后面的群众也不至于"妄想"——岂不是很好的手段？所以"且解决目前问题，不必问最后目的"——这种原则，用之于中国，一方面是革命的，一方面就是反动的。至于欧美呢，这却纯粹是维持现状的市侩哲学。

诚然不错，实验主义教中国人自问"为着什么而生活，怎么样生活？"在中国是旧制度崩坏、新阶级兴起时的革命标语，在欧美却是旧阶级衰落时，自求慰藉的呓语——因为实验主义给的答案是"怎样应付现状"——阶级所处的地位不同，这"应付"的方法也就不同，在中国的第三阶级，要应付军阀的压迫，所以是革命的，在欧美的资产阶级，要应付劳工阶级的反抗，所以是反动的。

中国这样的文化落后的国家，处于国际竞争之间，当然需要科学的知识，以为应付之用，所以实验主义带着科学方法到中国，其实这是一种历史的误会。实验主义只能承认一些实用的科学知识及方法，而不能承认科学的真理，实验主义的特性就在于否认一切理论的确定价值，它是欧洲资本主义社会的实用哲学，尤是"美国主义"。实验主义竭力综合整理现代市侩的心理，暗地里建筑成一个系统——虽然它自己是否认一切哲学系统的。

市侩所需要的是"这样亦有些，那样亦有些"：一点儿科学，一点儿宗教，一点儿道德，一点儿世故人情，一点儿技术知识，色色都全，可是色色都不彻底。这样才能与世周旋，可是决不可以彻底根究下去，不然呢，所得的结论，便是彻底改造现存制度，而且非用革命方法不可——那多么可怕啊！现状是可以改造的，却不必根本更动现存的制度，只要琐琐屑屑，逐段应付好了，所以实验主义是多元的，是改良派。

实验主义是什么？

詹姆士说：实验主义的方法，首先便是消弭哲学上辩来辩去辩不完的争论问题。宇宙是一元的还是多元的？是唯物的还是唯心的？是自由的还是必然的？这是永久不能解决的问题。宇宙的真实，其实可以不用讨究。实验主义只问某种意见在实用上有什么结果。假使某人认甲种意见为真理，从乙种意见为非真理，在实用的结果上，有什么区别？若是没有什么区别，那就很不用争辩。真正的争辩，只有实用上两种意见有不同的结果时，方有价值。

实验主义的名称——Pragmatism 的语根与欧洲文 Pracie（实行）一字相同，本为希腊字"行动"之意。普通的哲学系统，大致都以"静观"作考察宇宙的观点，从没有问及宇宙的变易之可能与必然的，亦没有注意到现实世界的积极精神的，实验主义却是一种行动的哲学。

"实验主义远避一切抽象的不可企及的东西，一切纸上的解决，先天的理由，一切硬性的不可变易的原则，一切锁闭的系统以及一切绝对与原理，它只问具体的，切近的东西，只问事实行动及权力。"（詹姆士之《实验主义》）实验主义不愿意做锁闭的系统。它要成一种新的研究方法——有这方法可以研究现实生活，并且改革现实生活，它的根本精神——就是使一切"思想"都成某种行动的"动机"，它时时刻刻注重现实生活的实用方面及积极性质，这都是实验主义的优点。

然而实验主义的弱点，却亦在他的轻视理论——因为实验主义的宇宙观根本上是唯心论的。

照实验主义说来，一切理论不是解释疑谜的答案，而只是工具罢了，凡是一种理论，一方面是我们对付外界的手段，别方面是一种逻辑的工具，如此而已。人的知识，究竟符合于客观世界与否，并不重要——重要的却在于这种知识能否促进我们的某种行动。因此，一切学说的价值，照实验主义的意思说来，只要看它对于我们是否有益。某种学说假使是有益的，便是真实的；有几分利益，便有几分真理。一切真理都应当合于我们的需要，一切学说的真实与否，完全看它实用上的结果而定。"哪一种理论对于我们最有贡献，最能领导我们，最能解决现实生活里的各部分的问题，最能综合我们的一切经验，丝毫不爽——这种理论，实验主义方认为是真实的。假使宗教能合乎上述的条件，假如'上帝'的概念有这样的能力，那么，实验主义又何所根据而反对上帝仍存在呢？"（詹姆士）只要对于事实有利益，不管它究竟真不真，这种理论总是好的，假使宗教能"安人心"，那么，宗教亦是真理。

实验主义的意思，以为真理自身并无何等价值，每种学说必须与人的实际需要发生关系，方能成为真理，假使宗教能帮助我们经营实际生活，减少我们生活里的苦恼，那么，宗教亦是真实的，而且是必要的。

实际上真理是否能作如此解释呢？不然的。仅仅是"有益"还不能尽"真实"的意义。一种思想，必须是真实的，必须是合于客观的事实的，方能是有益的——思想的积极精神必须反映现实里的积极精神。事实上无所用其"积极"的地方，单是我们主观的努力是无用的，一定要客观世界给我们一个保证：保证客观里的一切发展是依定律的，这些定律可以做我们人的行动的指导的——那时方有积极之可能。如今实验主义只问理论能否做人的行动的动机——那就是承认一切催眠术式的学说亦是真实的。譬如说：中国现在要一个好政府——你们只要承认这一个意见，动手去干就好了，不必细问这一种意见，是否客观上有实行的可能。中国政治的发展，社会里各种力量的形势，依社会变易的定律，是否容许好政府式的救中国，也应当考虑一下。

何以实验主义以为一切理论自身本无何等价值？这是因为实验主义的宇宙观根本建筑在多元论上，"……现实世界若是离了人的思想，就变成很难捉摸的东西，现实世界接触了人的经验之后，还没有定名，便只造成某种观念；或者呢，现实世界还没有被人认识明白之先，能因经验而与人以某种观念。在这种时候，只有一种模糊的绝对的不可捉摸的意象——纯粹理想上的一种界说"（詹姆士）。如此说来，所谓现实世界只是人的种种色色的感觉之总和。这种感觉以外的真实世界，若是不和我们的经验接触，那么，它的存在与否，都不成问题。于是我们便能任意分割经验上得来的感觉，使成种种事物、种种关系及联系以及我们自己的观念。感觉固然是受外界的刺激而来，绝不受我们的管束的，可是我们有自己的利益和需要，凭着这些利益和需要我们来决定，许许多多感觉之中对于哪几种感觉我们便注意，对于哪几种便不注意。因此，现实世界的内容，可以由我们自己选择。外物自外物，我自我，我凭我的需要，择取外物的观念——我所见的现实世界，未必便是别人所见的，我现在所见的现实世界，未必便是我将来所见的。于是外物都成了我们任意造出来的东西，我们凭着自己的需要而设想出来的，詹姆士说："……就是在感觉方面我们的精神亦能在一定的范围里有自由选择的能力，我们能取此舍彼——这便是感觉方面的界限，注重感觉所得的某几部分，而不注意其余的部分，我们就划出一个先后来了：在这里再整理出一个系统之后，我们方能了解他。总之，我们有的是一块大理石，要自己拿来雕一个形象出来。"在某一现实世界里，我们有几种目的，便照着这些目的制造出一种观念来，这些目的以外的现实世界，我们可以不问。因此，对于实验主义，不但没有绝对的现实，并且亦没有客观的现实，其结果完全是唯心论的宇宙观。他的真理便成了主观的，所以一切"真实"只是为我们思想的方便（Expedient）而设—— 一切"正义"，亦都是为我们行为的方便而设。

照实验主义的观点看来，假使某种真理，因种种缘故而变成无益的，它亦就成了谬见，换句话说，假使原有的目的和需要变了，以前的真理便变成非真理了。人的需要，现实生活的要求，主观的愿望及目的——是智识和意见之真否的最高标准，这些目的和需要愈有价值，愈高尚，那么，能以达到这些目的和需要的学说也就愈有价值，愈真实。

现实生活里的目的和愿望完全依着我们的利益而定的——所以实验主义的重要观念在于利益；再则，各人的利益不尽相同——所以实验主义便只能承认，有几种利益便有几种真理。从表面上看起来，往往有人以为这种学说和马克思的互辩律的唯物主义（Le materialisme dialectique）很相近。其实不然。

第一层应当注意的就是——马克思主义所注重的是科学的真理，而并非利益的真理。马克思主义以为："各种观念是由于各种感觉所引起的，感觉乃是人对于外界环境直接起的反应作用；人的行为大致依照着自己的需要和利益而定，尤其是每一社会阶级的行为是如此。"仅仅承认在心理方面说来，每一社会阶级对于自己有益的真理，对于那种能够做自己阶级斗争的好工具的学说——格外接近些，却并没有承认一切有益的学说都是真理，亦没有承认人的愿望和目的可以做外物的标准，真理的规范，更没有承认知识的内容是主观的。

实验主义的积极精神早已包含在互辩律的唯物论里。互辩律的唯物论的根本观念，是承认我们对于外物的概念确与外物相符合。因此，我们要利用外物，只能尽它实际上所含有的属性，来满足我们的需要，达到我们的目的。客观的现实世界里所没有的东西，不能做我们行动的目标。现实只有一个，真理亦只有一个。我的观念及思想，当然是刻刻变的；然而这是因为客观的现实世界在那里刻刻的变。却并不是因为我们主观的目的在那里变。照互辩律的唯物论的意义，我们亦是在刻刻变易外界的现实生活，然而只能依着客观的趋向。我们不能要做什么便做什么，现实生活处处时时矫正我们的行动。

我们的观念反应客观的现实很正确的时候，我们的行动便不至于和现实相冲突——不至于"碰钉子"，某种意见是真理——并不因为它对于我们有益，这种意见对于我们有益——却因为它是真理，换句话说，就是因为它切合于客观的现实世界。客观的现实世界确是变易不息的，我们因此要求科学的真理——确定的真理，求此变易之中"不易"，不能像实验主义那样，只能暂时有益于我们的算真理，我们得了科学的真理、客观世界的定律之后，才能彻底地改造社会，不能安于琐屑的应付。

实验主义既然只承认有益的方面是真理，他便能暗示社会意识以近视的浅见的妥协主义——他决不是革命的哲学。

新月派与人权运动

《人权与约法》的讨论

原载《新月》1929 年第 3 期

胡　适　等

　　"人权与约法"一篇文字发表以来，国内外报纸有转载的，有翻译的，有做专文讨论的。在这四五十日之中，我收到了不少的信，表示赞成此文的主张。我们现在发表几篇应该提出讨论的通信，略加答复。其他仅仅表示赞成的通信，我们虽然感谢，只因篇幅有限，恕不能一一披露了。

——胡适

一

适之先生：

　　拜读大作《人权与约法》第七页第四行"……是训政时期有总统"。对于训政两字，觉得有点疑问：以建国大纲条文本身看去，是在宪政时期才有总统。第十六条云，"凡一省全数之县皆达完全自治者，则为宪政开始时期。……"第廿五条云，"宪法颁布之日，即为宪政告成之时。……"这可见得建国大纲所规定之宪政时期，尚无宪法，再以第十九条"在宪政时期，中央政府当完成设立五院，……"可证明五院制是应该在宪政时期试行的，"各院长皆归总统任免"是宪政时期之总统。专此修函商榷，是否请赐教言，尤深感激。并请

　　文安。

后学汪羽军鞠躬

　　汪先生指出的错误，我很感谢，他指出一个重要之点，就是"建国大纲所规定之宪政时期，尚无宪法"。最好的证据是建国大纲第廿二条："宪法草案当

本于建国大纲及训政宪政两时期之成绩。"草案须根据于宪政时期的成绩，可见宪政时期尚无宪法。

但我们仔细看大纲的全文，不能不说第廿二条所谓"宪政时期"只是"宪政开始时期"的省文。在此时期，在宪法颁布之前，有五院，有各部，有总统，都无宪法的根据。则廿一条所谓"总统"仍是革命军政时代所遗留的临时政府的总统。我原文所谓"训政时期有总统"，似乎也不算误解中山先生的原意吧？

中山先生的根本大错误在于认训政与宪法不可同时并立。此意我已做长文讨论，载在本期的《新月》。

中山先生不是宪法学者，故他对于"宪政"的性质颇多误解。如大纲第廿五条说："宪法颁布之日，即为宪政告成之时。"这是绝大的错误。宪法颁布之日只是宪政的起点，岂可算作宪政的告成？宪法是宪政的一种工具，有了这种工具，政府与人民都受宪法的限制，政府依据宪法统治国家，人民依据宪法得着保障。有逾越法定范围的，人民可以起诉，监察院可以纠弹，司法院可以控诉。宪法有疑问，随时应有解释的机关。宪法若不能适应新的情势或新的需要，应有修正的机关与手续——凡此种种，皆须靠人民与舆论时时留心监督，时时出力护持，如守财奴的保护其财产，如情人的保护其爱情，偶一松懈，便让有力者负之而走了，故宪法可成于一旦，而宪政永永无"告成"之时。故中山先生之宪政论，我们不能不认为智者千虑之一失了。

（适）

二

适之先生足下：拜读《人权与约法》一文，具征拥护自由之苦心，甚佩甚佩。唯管见所及，尚有异同之点，姑缕述如左，以就正于先生。

（一）清季筹备宪政，定期九年，所以不允即行立宪者，谓因人民参政能力之不足。今日破坏告成，军事结束，所以特定训政时期者，殆亦因民众程度幼稚，非经一番严格训练，未便即行交还政权耳。设在此训政期内，颁行约法，当然与民初之临时约法不同。临时约法系由临时参谋院制定公布，其中缺点虽多，尚有几分民意表现。今后颁行约法，不过如汉高入关之约法三章耳。人民应享之自由究有几何？

（二）民国十二年春，国民党改组，摆俄意先例，揭橥以党治国。在宪法未颁以前，继续厉行党治，已无疑义。党治一日存在，则全国人民不论是否党员，对于党义政纲，应奉为天经地义，不得稍持异议。即使约法颁布，人民之言论出版仍须受严重限制。

（三）按照国民党第一次代表大会所定政纲，其中有对内政策第六项，载明人民有集会结社议论出版居住信仰之完全自由权。他日制定约法，无论如何宽大，总不能超过对内政策第六项。苟欲恢复自由，虽不另定约法，按照第六项实行未尝不可。盖就目前政制言之，党纲法律似无多大区别也。若不实行，虽颁布约法，亦属徒然。

以上三点，是否有当？敬乞先生及海内贤达指正。

民国十八年六月二十七日

诸青来

诸先生提出的三点，都值得我们的注意。我们现在简单答复如下：

（一）现在我国人民只有暗中的不平，只有匿名的谩骂，却没有负责任的个人或团体正式表示我们人民究竟要什么自由。所以"人民应享的自由究有几何？"这个问题是全靠人民自己解答的。

（二）我们要一个"规定人民的权利义务与政府的统治权"的约法，不但政府的权限要受约法的制裁，党的权限也要受约法的制裁。如果党不受约法的制裁，那就是一国之中仍有特殊阶级超出法律的制裁之外，那还成"法治"吗？其实今日所谓"党治"，说也可怜，哪里是"党治"？只是"军人治党"而已。为国民党计，他们也应该觉悟宪法的必要。他们今日所争的，只是争某全会的非法，或某大会的非法，这都是他们关起门来的妯娌口角之争，不关我们国民的事，也休想得着我们国民的同情。故为国民党计，他们也应该参加约法的运动。须知国民的自由没有保障，国民党也休想不受武人的摧残支配也。

（三）约法即是国民党实行政纲的机会。政纲中对内政策第六条云："确定人民有集会结社言论出版居住信仰之完全自由权。"诸先生忽略了"确定"二字。政纲所主张的，载入了约法或法律，才是确定。不然，只不过一种主张而已。

（适）

论人权

原载《新月》第 2 卷第 5 号，1929 年 7 月 10 日

罗隆基

人权破产，是中国目前不可掩盖的事实。国民政府四月二十日保障人权的命令，是承认中国人民人权已经破产的铁证。

努力起来争回人权，已为中国立志做人的人的决心。人权运动，事实上已经发动，它的成功是时间的问题。这点，用不着特殊的鼓动。

争回人权的手段，原来没有一定的方式。纸笔墨水，可以订定英国 1215 年的大宪章；枪弹鲜血，才能换到法国 1789 年的人权宣言。在不同的环境下，争人权的手段亦随之而不同，这是历史的事实，这点，本文存而不论。

什么是人权？什么是我们目前所要的人权？这的确是目前人权运动里急切重要的问题。我认为这些问题急切重要，其理由，简言之有三：第一，人权运动，自有它的目标。这些目标应明确地并有条理地写出来。国民政府的命令说："世界各国人权均受法律之保障。"所谓"世界各国人权"是些什么？下命令的人明白吗？命令又说："……不得以非法行为侵犯他人身体、自由，及财产。"这三项的范围，包括些什么？人权果限于这三项？这些问题，下命令的人亦没有说明白。在其他方面说，英国人大部分的人权就列举在 1215 年的大宪章，1628 年的人权说帖，1689 年的人权条文里；法国人大部分的人权就列举在 1789 年的《人权宣言》里。我们目前的人权条文是什么？已到了我们回答这问题的时候了。

第二，有些人权已经破产的人，自骗自的说人权是抽象的名词，是饥不可食、寒不可衣的口头语，人权运动比不上唯物主义的阶级革命的切实。这些人根本没有想过什么是人权。人权当然包括衣，包括食，还包括许多比衣食更要紧的东西。说句顽皮话，假使当日德国有绝对的思想、言论、出版自由，马克思就不必逃到伦顿【今译伦敦】的古物陈列所里去做《资本论》了。批评人权

是抽象名词的人，根本还是没有想过人权是些什么条件。我们目前要的人权是些什么？已到了我们回答这问题的时候了。

第三，更有一班幸运一时的人权蹂躏者，他们大笑人权是老生常谈，他们大笑人权运动是英法十七和十八世纪的东西。侥幸得志的人们，挟着命在模仿英国十七世纪的查理士第一，法国十八世纪的路易十六，他们在排演"朕即国家"的老剧，在这种环境之下，我们只好唱大宪章和《人权宣言》的老调。其实，人权果然是老调吗？查查大战后各新兴国家的宪法，就知道人权已有了许多新腔。它们得意的人们，横行霸道来糟蹋人权，根本没有明白我们的人权是些什么条件。我们要的人权是什么？已到了回答这问题的时候了。

我们要的人权是什么

第一条　国家是全体国民的团体。国家的功用，是保障全体国民的人权。国家的目的，谋全民最大多数的最大幸福。国家的威权是全民付与他的，其量以国家在功用及目的上达到的程度为准。

"国家不是，并且它的性质亦绝对不能为个人或家庭的私产。它是全民供给的团体，应是全民的产业。虽然它已经被人用武力及阴谋篡夺而成为嗣袭的东西，篡夺并不能变换一切物件的所有权。"这是 Thoma Pain（托马斯·潘恩）在他的《常识和人权》里一段话，附录在此。

第二条　国家的主权在全体国民。任何个人或团体未经国民直接或间接的许可，不得行使国家的威权。

"主权的根基在全国。任何团体或个人不得执行任何非从全国授与之威权。"1789 年法国《人权宣言》第三条。

"那些受有威权上委托的人，若能尽职，一定受人尊崇，不尽职，受人厌弃。对于那些没有委托，但篡夺威权的人，理性的世界根本不拿他们当件东西。"Thomas Paine。

第三条　法律是根据人权产生的。法律是人民公共意志的表现。

未经全民直接或间接承认的法律不应有统治全民的威权，同时全民没有服从的义务。"法律是公共意志的表现。任何人都有直接或间接参加制定法律的权利。"法国《人权宣言》第六条。

第四条　政府是全民所组织以执行国家的主权的机关，应对全民负责任，不应对任何个人或任何一部分国民的团体负责任。政府的目的在最大多数的最大幸福。

第五条　人民在法律上一律平等。人民，因为在法律上一律平等，对国家政治上一切权利，应有平等享受的机会。不得有条件及政治信仰的限制。不得有社会阶级及男女的限制。

"一切国民，因为在法律上平等，对国家一切的爵位及职差，应根据他们的才能有平等当选的机会。除道德才技外，不得有他种界限。"法国《人权宣言》第六条。美国文官考试法第一章第二条亦限制拿宗教信仰及政治信仰做考试的试题。

第六条　国家一切官吏是全民的雇用人员，他们应向全国，不应向任何私人或任何私人的团体负责。国家官吏的雇用应采国民直接或间接的选举法，及采公开的竞争的考试方法。凡向全民负责的国家官吏，不经法定手续，任何个人及任何团体不得任意将其免职、更换，或惩罚。

第七条　充当国家官吏，是国民的义务，同时是国民的权利。任何个人或家庭包办政府多数高级官位者，即为侵犯人权。

瑞士现行宪法取缔同一家庭之人或连襟同时当选为中央委员，美国现行文官制取缔一家庭中有二人以上同时为同一阶级之官吏。

第八条　凡国家现任军官及军人，不得同时兼任国家任何文官职位。陆军、海军、航空三方面本身之行政官吏例外。

第九条　国家一切行政官吏的选用，应完全以才能为根据。凡任何个人——私人或高级官吏——及团体的私人推荐均为违法。凡一切吏治上之贿赂、捐输，及馈赠均为违法。均为侵犯人权。

第十条　人民对国家一切义务是互惠的，不是一方面的。人民向国家的经济负担的条件有二：（一）没有代议权，即没有担任赋税的义务；（二）议决预算决算。凡一切未经人民直接或间接通过或承认的一切经济上的负担——赋税、公债、捐输、馈赠——均为违法，均为侵犯人权的举动。

第十一条　国家一切经济上的费用，应由全民用经济力之厚薄为比例，分别负担。全民向国家的供给，不经法定手续，不得移充任何个人或任何私人团体的费用。

第十二条　凡国家对外举行外债或缔结关系国家或部分的国民的财产的条约，必经过全民直接或间接的承认。

第十三条　国家财政应绝对公开。国家财政行政与财政审计应绝对为分列的且平等的机关，且二者均应向国家负责，不应向任何个人或任何私人团体负责。

第十四条　国家应保障国民私有财产。凡一切不经法定手续的没收及勒捐等行动，均为违法，均为侵犯人权。

第十五条　国民的劳动力是国民维持生命唯一的资产。凡国家对任何国民一切无相当酬报的强迫劳动，均为侵犯人权。

第十六条　国家的功用在保障人权，人权的首要原则在保障人民的生命。国民维持生命的方法是用劳动力去换取衣、食、住。所以国民有劳动权，国家有供给人民劳动机会的责任。国民失业是国家失职的证据，是国家在人权上没有负担责任的证据。

第十七条　凡一切国民的水旱疾病灾疫的赈济，是国家在人权上的责任，不是政府对国民的慈善事业。这种责任，应在其他责任之先，因为生命是人权的根本。灾疫遍地的现状，是国家失职的证据。灾疫遍地而不能赈济，是国家在人权上没有担负责任的证据。

第十八条　人民在法律上一律平等，所以全民应受同样法律的统治。同时，法治的根本原则是一国之内，任何人或任何团体不得处超越法律的地位。凡有任何人或任何团体处超越法律的地位，即为侵犯人权。

第十九条　法治的根本原则是司法独立。司法独立的条件比较重要者有三：（一）行政长官绝对无解释法律及执行司法的职权；（二）司法官非有失职的证据，不得随意撤换或受惩罚；（三）司法官不得兼任他项官吏。违此三者，即侵犯司法独立，即侵犯人权的保障。

第二十条　司法官的人选，不得有宗教及政治信仰的歧视，不得有保荐及贿赂的弊端。凡采用陪审制的法庭，陪审员的人选资格，不得有政治信仰、宗教信仰、社会阶级、及男女界限的歧视。违背此项条件，即为侵犯人权。

第二十一条　无论何人，不经司法上的法定手续，不受逮捕、检查、收押。不经国家正当法庭的判决，不受任何惩罚。

第二十二条　国家无论在任何形势之下，不得以军事法庭代替普通法庭。关于海陆空军人违犯纪律之审判，当为例外。

第二十三条　非经政府的许可，任何军人不得在任何地点宣布军法戒严。在军法戒严期内，凡军人一切损害人民生命财产的行动，应向国家普通法庭负责。

第二十四条　法庭一切判决及惩罚，应绝对遵守"法律不溯既往"的原则。除根据案发以前所制定及公布之一切法律外，法庭绝对不得判定任何人之犯法行为。

第二十五条　国家任何高级官吏，非经人民直接或间接的承认，不得以命令产生，停止，或变更法律。任何国民，凡未经法庭判处死刑者，国家任何官吏，不得以命令处任何人以死刑。

第二十七条　国家司法官吏及国家法庭应向全民负责，不向任何私人或任何政党以外的团体负责。

第二十八条　国家的海陆空军是全民所供养的，他们的责任在保护全民的权利，不在保护任何私人或任何团体的特别权利。

第二十九条　凡未经国民直接或间接承认之强迫兵役，均为违法，均为侵犯人权。

第三十条　国家海陆空军的数量，应由人民直接或间接决定。海陆空军的费用，应列入国家预算决算，每年经人民直接或间接通过。

第三十一条　军队一切霸占民房，强迫差役，勒索供应，均为违法行为，均为侵犯人权举动。国民对此项损失，有向国家请愿要求赔偿的权利。

第三十二条　军人不得因其为军人故，处超越法律的地位。军人除遵守军队纲纪外，一切行动，同时应向国家普通法庭负责。

第三十三条　国家军队应对全民负责。非经人民直接或间接通过，无论任何文武官吏，对内对外，不得有动员及宣战的行动。

第三十四条　在国民发展个性、培养人格的要求上，国民应有相当教育。国家对国民有供给教育机会的责任。为达到发展个性，培养人格的目的，一切教育机关不应供任何宗教信仰或政治信仰的宣传机关。

第三十五条　国民发展个性，培养人格以后，进一步的目的在贡献私人的至善于社会，以求全社会的至善。为达到这种目的，国民应有思想、言论、出版、集会的自由。

以上三十五条，是我个人认为在中国现状之下所缺乏的做人的必要的条件，也就是我个人认为目前所必争的人权。当然这些条件不能概括一切。假使仿照英国大宪章的办法，那么在目前中国恐怕列举三千条也不算多。我现在暂时提出了三十五条，做国内拥护人权的人的参考。

告压迫言论自由者

——研究党义的心得

1929 年 12 月 1 日

罗隆基

I

目前留心国事的人，大概把视线都集中在西北与东南两方面，都认这些自相残杀的内战，是中国目前极重要的事端，都认这些内战有极可关注的价值。其实，百年后读史者，翻到民国十八年这几页史的时候，寻得着一条纲目，提到这些自相残杀的事件否，仍为问题。我预料后人在民国十八年的历史上，除了俄人侵入满洲这件奇辱极耻外，定还可以寻得出这样一段故事：

"十八年时有胡适其人，做了《知难，行亦不易》《人权与约法》一类的文章，批评党义，触犯党讳，被党员认为侮辱总理，大逆不道，有反革命罪。党政府的中央执行委员会议决由教育部向胡适加以警诫，同时中央执行委员会于十月廿一日常会通过《全国各级学校教职员研究党义条例》八条，通令全国各级教职员，对于党义，'平均每日至少须有半小时之自修研究'。"

我预料编史及读史的人，一定重视这件事。这并不是说在十八年的中国，胡适先生的地位的高贵，比得上蒋总司令等等，更不是"人权约法"这种反革命的口号，有冯玉祥张发奎们反革命的大炮响亮。不过个人或团体利用政治势力压迫言论自由这一类的事，历史家对之从来不肯放松，读史的人对之也从来没有把它看得比武人互相厮杀的事更小。譬如说，秦始皇做皇帝十九年之久，当此十九年中，打仗杀人的事，自然很多，史家就没有件件都记载出来。焚书坑儒，偶语弃市这一端，史家是大书特书的。秦到如今，已一千七百余年了，试问，中国有几个忘记了秦始皇焚书坑儒这段历史？

如今旧事重提，说到胡适先生触犯党讳的公案，我不是想来判断什么是非——这是后人读史者的权利。在我，实很感谢这案件的发生，因此，中央执行委员会才肯为一班教职员们讨论出自修研究学问的方法，因此我才可以从学校里得到"研究党义条例"这件公文。因此，我才逼迫着努力起来做条例上第二条第一期的功夫，因此，我每日半小时自修党义的结果，才有这点点心得，才敢鼓起胆量来做这篇文章。

II

孙中山先生是拥护言论自由的。压迫言论自由的人，是不明了党义，是违背总理的教训。倘使违背总理教训的人是反动或反革命，那么，压迫言论自由的人，或者是反动或反革命。这些话不是杜撰的。在党义上确有证据。

清光绪三十年（一九〇四），孙先生曾做过《中国问题真解决》一篇文章（见中山书局出版的《中山全书》第四卷）。这篇文章，孙先生把满清的罪状宣布于世界。他举出满清罪状十条，内有这两项：

第二条　抑遏吾人知识之发展

第六条　禁止言论自由

因为满清有这样"抑遏知识之发展"、"禁止言论自由"的罪恶，所以孙先生向全世界宣言"欲得和平，必加强暴"，所以他在同一篇文章里说："中国革命时机，刻已熟矣。"这是孙先生拥护言论自由的证据，同时就是我本着《教职员研究党义条例》做自修功夫的一点心得。

民国十三年国民党在广州开全国代表大会，于是有第一次代表大会宣言。宣言里对内政策第六项说：

"确定人民有集会，结社，言论，出版，居住，信仰之完全自由。"

民国十二年孙先生尚在世。第一次大会就是孙先生召集的。宣言里的一切政策，当然是孙先生的政策。这又是孙先生拥护言论自由的证据，同时就是我本着《教职员研究党义条例》读《中山全书》得来的一点心得。

如今一班忠实同志们，认为先总理的一切主张及计划，是天经地义，先总理传下来的一言一字，都是不可移易的真理。敢讨论总理学说的是大逆不道；敢批评总理主张的，罪不容诛。这不知与第一次宣言里对内政策的第六项"确定人民有言论自由权"的原则是否相合？这不知是否党义上的遗教？这又不知是否《中山全书》里寻得出来的办法？

在我"每日半小时自修研究党义"的结果，在孙先生的英文实业计划

（《The Intemational Developement of China》（中国的国际发展）系商务印书馆一九二〇年出版）里，发现这样一段话：

"这计划的各部，不过是一个外行人（layman）根据很有限制的资料想出来的一个粗简的大纲或政策。经过科学的研究及详细的调查，修正及改良是不可避免的。例如，关于在青河滦河两口之间修筑北方大港的计划。著者以为港口应位在东方，但经过专家实地调查后，发现港口应在西方。所以，这计划应待专家的指正。"（见原著序文第二节）

孙先生很谦恭地承认自己在实业上是外行，完全承认专家的知识，承认他的计划"经过科学的研究及详细的调查，修正及改良是不可避免的"，这就是孙先生在世时对他的主张及学说的态度。这是科学的态度，这是伟大人物在他的主张上及学说上应有的态度。

孙先生在他的实业计划上的态度是如此，在他其余的主张及学说上，当然想亦如此。实业上有专家，心理上亦有专家，政治上亦有专家，一切的学问上都有专家。他的实业计划，经过科学的研究及详细的调查，可以修正；其他心理建设、政治建设等等，经过科学的研究及详细的调查，当然亦可以修正。这是科学的态度，这是伟大人物对他的主张及学说上应有的态度。孙先生在世的时候，于他的主张及学说，他请专家来批评，他请专家来讨论，只要讨论与批评的人有较好的意见，他随时修正他自己的主张。北方大港的港口专家认为应在西方的，孙先生不能坚持应在东方（港口的更正是美使芮恩诗博士派技师测量后改正的）。在其他方面的计划亦如是，东西的位置，亦不能倒置。所谓先总理的学说及主张，不许讨论，不许批评，在《中山全书》上有什么根据？

"永无错误"（Infallibility）这句话，只有几个浅陋无识、心怀窄狭、不明了基督教义的教皇才敢说，才肯说。耶稣本身没有这样的态度。实际上，他们说这句话的时候，根本就成了耶稣的叛徒。实际上，说"永无错误"，即此即是他们的错误；即此即是他们"永远的错误"。

上面这段话，不过说明两点：（一）孙先生在他的主张及计划上是欢迎批评和讨论的；（二）孙先生是拥护言论自由的。我本段的结论：压迫讨论及批评的人，是压迫言论自由，压迫言论自由，是亡清的罪恶，是中山先生所反对的。压迫言论自由的人，是违背中山先生的教训的。

这里，或者有人要认我误解"言论自由"了。他们要说"言论自由"有"言论自由"的范围，不是什么都可言，什么都可论。因此，进一步来讨论言论自由的范围。

Ⅲ

言论自由，就是"有什么言，出什么言，有什么论，发什么论"的意思。言论的本身，绝对不受何种干涉。用命令禁止言论，这当然是非法的行动，是违背言论自由的原则。就是立法机关或司法机关拿法律的招牌来范围言论，也是违背言论自由的原则。

"法律以外无自由"，是句欺人的话。简单说，"自由"两字，是空泛无意义的。具体的举出某种自由来，就是说某事已成特权，政府的法律在某事方面不得干涉。

言论自由这名词，就是指法律不得干涉言论而言的。言论自由这名词，起于英国。英国承认言论自由的法典，第一次发现于一六八九年十二月公布的人权条文（The Bill of Rights）。条文里有这样一句：

"国会内一切演说、辩论，及议事的自由，不受院外一切法庭及任何地点的弹劾及追问。"（That the freedom of speech and debates or proceedings in paHiament ought not to be impeached or questioned in any court or place out of parliament）

这是很明白的。言论自由，是指不受院外法庭及任何地点的弹劾及追问而言，是指不受法律的干涉而言的。直到如今，英国议员在院内的言论，是在法庭法律势力范围以外。

严格说起来，人权条文上所保障的只有英国议员的言论自由，普通人民的言论自由在宪法上是没有保障的。普通人民的言论自由是靠英国的"common law"（习惯法）。普通人民的言论自由的保障载在宪法上的先例是美国。美国宪法的修正案第一条原文如下：

"国会不得制定法律，规定宗教或禁止人民信教自由，或取缔人民的言论、印刷、集会及请愿之自由。"（Congress shall make no law respecting an establishment of religion，or prohibiting the free exercise there of or abridging the freedom of speech or of press or the right of the people peaceably to assemble，and to patition the government for redress of grievance）

这是很明白的，言论自由，是指不受法律干涉的自由。是指国会不得制定法律，取缔人民的言论而言。

所以"言论自由"的真义应如此：

言论的本身是绝对不受法律限制的。言论自由的范围是世界上无事不可言，世界上无事不可论的。只要言论者肯负言论的责任，他有什么言，尽可出什么言，有什么论，尽可发什么论。譬如说，在天文方面，他尽可倡天是四方，地是八角的学说；在算术方面，他尽可倡三加二为四，四减二为三的理论；在政治方面，他尽可以宣传君主，他尽可以鼓吹共产，他尽可以赞成三万人组织内阁，他尽可以提议五个人组织国会。因为有什么言，出什么言，有什么论，发什么论，这是言论自由的根本原则。至于他言论的价值及真理，那与言论自由是两件事。

上面这段话，不是我故作诡论的。英国政治学者拉斯克（Laski）【拉斯基】有这样一段话：

"我的主张是，在国家（state）方面，国民应绝对让他自由发表他私人所有或与旁人考虑结果所有的意见。他可以宣传社会现状的缺点。他可以主张用武力革命的方法去改造现状。他可以偶像现在的制度是理想中的完满者。他可以说凡与一己持异议的人的意见，均应取缔。他可以由私人单独或联合他人去发表他的意见，无论取哪种形式发表他的意见，他是不受任何干涉。进一步，他有权利采用任何出版的方法，宣布他的意见。他可以发刊书本，或小册，或报纸；他可以采用演讲的方式，他可以到大会去报告。他能做任何或所有一切上列的事项，在进行上同时他得到国家完全的保障，这才是自由上一种根本的人权。"（Grammar of Politics Chapter Ⅲ，P 120）

其实，拉斯克这个言论自由的解释，不是空的理想。有许多已经是英国的事实了。只要言论不是凭空说谎，不是无故造谣，不是蓄意毁谤，不是存心诬陷，英国没有法律能够干涉到人民的言论的。英国的皇帝、英国的国会、英国的内阁、英国的法庭，固不能叫要说什么话的人不说什么话，或叫不说什么的人说什么话（参看 Dicey 的 Law of The Constitution）。英国政府可以干涉凭空说谎，无故造谣，蓄意毁谤，存心诬陷，这是英国的 Law of Libels。但这是言论者的人格问题，言论上的责任问题。言论自由与说谎，造谣，毁谤，诬陷是两件事。即此说谎、造谣、毁谤、诬陷，亦不是政府随时随意可以用命令去警诫或取缔的，是要先经过法庭方面陪审员决定某人确有说谎、造谣、毁谤、诬陷的事实，而后国家的法律，才可以行使他的威权。换言之，英国的法律，不能干涉言论，只能迫言论者负言论的责任而已。英国的公园里就可以宣传无政府，英国的议院里就可以演讲共产党，英国没有什么党的主张是不许批评的，英国没有什么人的学说是不许讨论的。

"自由"是绝对的，是整个的。"自由"二字不能有什么度数，不能分什么多少。假使说"言论自由"应有度量或多少的限制，假使说某甲的主张是不许讨论的，某乙是某甲的信徒，势必至某乙的主张亦不许讨论。某丙是某乙的信徒的朋友，势必至某丙的主张亦不许讨论，某丁是某丙的信徒的朋友的朋友，势必至某丁的主张亦不许讨论。假使说天字号这个团体是不许批评，地字号这个组织是源于天字号的，势必至地字号的组织亦不许批评，人字号是与地字号有关系的，和字号是与人字号有关系的，势必至人字号和字号这一切组织都不许批评。这种限制，这种取缔，势必至无可讨论，无可批评而止。结果，天下事没有绝对的自由，就成为绝对的没有自由。

拉斯克说得好："凡对于社会制度的批评，都是多少的问题。假使禁止 X 鼓吹革命，势必至取缔 X 说现状不是神圣。假使我根本咬定俄国共产党是政治上的万恶，势必至认教授俄国人的英文是一种共产的宣传。"

所以说言论自由，是有什么言，出什么言；有什么论，发什么论。无事不可言，无事不可论。天下事没有绝对的自由，就成为绝对的不自由。

这种言论自由的解释，在一班执政者看来，必以为狂妄乖谬，必认为暴乱危险。必以为如此放任邪说异端，必成为洪水猛兽般的祸害。这点，不是言论自由之范围的问题，乃为压迫言论之效力问题。因此，进一步与压迫言论自由者讨论压迫言论之效果。

IV

真正好的主张及学说，不怕对方的攻击，不怕批评和讨论。取缔他人的言论自由，适见庸人自扰。对方的攻击，果能中的，取缔他人的言论自由，是见敌而怯，适足以示弱，适足以速亡。本身真有好的主张及学说，对方攻不倒；对方真有好的主张及学说，找亦压迫不住。自由批评，自由讨论，绝对的言论自由，固然是危险，实际上压迫言论自由的危险，比言论自由的危险更危险。

人类史上，压迫言论自由的经验举不胜举，有哪次在压迫者的方面，没有弄到极凄惨的结果？

何必远索上古中古的史事。假使压迫言论自由是制服敌人的好办法，如今中国的首都一定还在北京，如今宣统一定还在头戴皇冠，身着龙袍。纵不然，亦应是洪宪皇帝的天下，纵不然，亦应是张勋、张宗昌、张作霖的天下。在压迫言论自由上，他们当然是要算前辈，要算"先知先觉"了。反过来看，中山先生革命的成功，满清"压迫知识发展"、"禁止言论自由"，间接的帮忙不少。

前清何尝不以为压迫言论自由，是取缔革命学说的妙法。结果怎样？在一九二九年的中国，各级教职员都有"每日最少半小时自修研究"满清所压迫的革命学说的机会。袁世凯、段祺瑞、张作霖等等又何尝不认压迫言论自由是对付敌人的妙法，所谓民权报的记者编辑，所谓北大的代理校长，何尝没有亡命逃难过。但是，请看今日之域中，竟是谁家之天下？

有人或者认前此压迫言论的失败，是中国近代史上偶然的和例外的事。我们且看西洋的历史。

三〇三年的时候，罗马不是有位 Diocletian【今译狄奥克里提安，下同】皇帝？皇帝不是还有位 Galerius【今译卡勒里乌斯，下同】大臣？他俩不是以屠杀耶教徒著名的吗？那时耶教徒胆敢拒绝偶像 Caesar【今译恺撒】，胆敢批评罗马的家庭及社会制度，胆敢鼓吹上帝天国的邪说。于是 Diocletian 和 Galerius 就法密如网，打毁一切教堂，没收一切教产，焚烧一切教经，囚杀一切教徒。在罗马当局方面，总算有绝大的决心，压迫言论及信仰自由了。但是命令朝出夕撕，教徒杀不胜杀。到了 Galerius 临死，只好自认压迫政策失败来讲和（参见 Gibbons【今译吉本】：《The Decline And The Fall of Roman Empire》《罗马帝国的衰亡》）。

岂止如此。二十年后，Constantine The Gteat【今译康斯坦丁大帝，下同】做皇帝的时候，耶稣教终究成了罗马国教。Constantine 临死的时候（三三七）还要先受洗礼，成为信徒，以便天堂参见上帝。这是罗马皇帝压迫宗教上的言论自由的结果。

到了四五世纪以后，教会的地位站稳了，教皇的权力增大了。一班长老牧师就忘记了他们的先知先觉如何的被人压迫，如何的惨死殉道，于是这班后知后觉就打起排除异端、取缔邪说的旗子来了，他们就以罗马皇帝对付他们先知先觉的方法，来压迫他们眼光里的异端邪说了。到了十五世纪的时候，就把 Wycliff【今译威克利夫】（一三二〇——一三八四）掘骨烧灰，把 John Huss【今译扬·古月斯】）生焚而死。等到十六世纪初年马丁·路德出来以后，所谓异端邪说的学说，又压迫不胜其压迫了。后来，终造成历史上的宗教革命。如今，在宗教方面，新教的势力比旧教又怎样？压迫言论成功了吗？历史是有循环性。后知后觉，总容易忘记先知先觉的往事，亦云怪矣。

我们再看看各国政治史压迫言论自由的经过。法国经过路易十四路易十五两代的奢侈，到十八世纪的末叶，已成民穷财尽的景况，怨声载道，谤议四起。路易十五曾经大兴文字狱，Voltaire【今译伏尔泰，下同】这样人物，或放或因；批评时政这类书籍，或禁或烧，Lettres de Cachet（秘密逮捕令）唯取唯求，Bastille（巴士底狱）满谷满仓，结果如何？终以造成法国人革命。一八一五年路易十八复辟，一八二四年查理士第十继续皇位，两位皇帝一方面仰仗国外奥援，一方面重用迂腐旧臣，又造成反动的政治。至一八三○年查理士第十六公布所谓《七月大法》July Ordinance，内中第一道命令，就是禁止人民的出版自由，因此引起 Nation 报记者 Thiers【今译梯也尔】的抗议，因此引起法国历史上一八三○年的大革命。

一八三○年查理士被赶以后，路依菲力蒲 Levis Philippe【今译路易·菲利普，下同】起来做法国皇帝。因为国会选举资格问题，又引起国人反抗。菲力蒲对付的方法，仍不外祖宗的故智。一八四八年二月二十二日，人民要在巴黎召集大会，讨论改良选举资格问题，政府先期以武力干涉集会相恐吓，结果又造成法国历史上一八四八年二月的大革命。试问，压迫言论自由的方法，哪一次成功了？

我们再看英国的历史。英国历史的两次大革命（一六四一及一六八八年）简直可以说是压迫言论自由以促成的。查理士第一，我们是知道的，在登位的初年，因为压迫人民的言论自由，一连解散了三次国会（一六二五，一六二六，一六二九）。等到一六四○年再召集国会，又以 Pym 及一班议员大放厥词，马上把国会解散。一六四一年又提高议员资格，召集新国会，国会又提出所谓"Grand Remonstrance【今译大宪章】"，实际等于向国民公布皇帝罪案二百余条。查理士第一以为一班议员太放肆了，亲率军队，侵入议院，想逮捕国会为首的五位议员，以达压迫言论自由的目的，结果激成一六四一年的议会革命。一六六○年查理士第二侥幸被人迎回到英国来做皇帝，詹姆士第二在一六八五年继续皇位，两位皇帝又因为宗教问题，引起争议。查理士第二及詹姆士第二对付的方法，又系祖宗的故智。唯一的办法，解散国会，干涉言论。结果，詹姆士第二在一六八八年弃位而逃，促成英国史上一六八八年的革命。试问，压迫言论自由，哪次成功了？

美国压迫言论自由的故事，最大的要算一七九八年联治派执政时所通过的 Alien and Sedition Act（惩治煽动叛乱法案）。案之内容：（一）取缔人民单独或联合的对政府一切抗命的行动；（二）取缔人民在政治上的言论自由。这是联治派（联邦党）Federalists 利用政治势力压迫反联治派的言论自由的把戏。结果，引起墨迪森 Madison【今译麦迪逊】格弗荪 Jefferson【今译杰弗逊】的反抗，引起美国民众的反抗。结果，联治派众叛亲离，结果，联治派一蹶不振。试问，压迫言论自由的事，哪一次成功了？

一九一五年前俄国压迫言论自由的经过，更是我们亲眼所看见的。如今 Nicholas Ⅱ（尼古拉二世）哪里去了？红旗到底挂满了俄国，马克思和列宁的共产学说，单凭压迫言论自由的方法，打消得了吗？

美国纽约世界报有个记者（Frank I Cobb），他有这样一段演说：

"本晚我是被请来讲言论自由的价值及危险。人世最大的危险，就从'压迫'上发生出来。压迫言论自由的危险，比言论自由的危险更危险。假使压迫言论是好方法，布邦（Bourbons）【今译波旁】皇室应仍居法国的皇位，浪曼诺夫皇室 Romanoffs【今译罗曼诺夫】仍为俄国的君主，西班牙仍为大帝国，赫浦斯伯皇室 Hapsbmgs【今译哈布斯堡】仍统治神圣的罗马帝国，联治党 Federalist 仍在华府执政。"

他又说：

"记住，人民不属于政府，政府属于人民！记住，没有充分的且极自由的讨论，在代议的民治国家，没有一事可以得到合理性的解决的。最后，记住，政治及经济的安定，社会制度的稳固，不靠法官及狱卒的本事，实赖人民的自治能力。后者是民主政治的本质及灵魂。"这一些话，可以做中国压迫言论自由者的座右铭。

V

上文，我已指出中山先生是拥护言论自由者，解释了言论自由的范围，证明了压迫言论自由者最后的失败。言论自由本身的利益，我没有说明，这实为童幼皆知的事，没有说明的必要，亦说不胜说。

例如：假使满清压迫言论自由成功了，今日我们到什么地方去寻三民五权这部经典？这是人类及国家如何的一种损失？

忠实同志们当然不否认这点的。

孙中山先生的学说及主张，从前满清压制言论自由的方法，不能消灭他，如今当然也不靠压迫言论自由来保护。忠实同志们，当然亦不能否认这点。

诚如此，前清的杀革命党，封报馆，烧书籍，在一班忠实同志们眼光里，是笨伯所做的事。忠实同志们，亦应该承认这点。

后之视今，亦犹今之视昔！

十二月一日

我们要我们的自由

《胡适文集》 11 集 P143，北京大学出版社，1929 年

胡　适

佛书里有这样一段神话：

有一只鹦鹉，飞过雪山，遇见雪山大火，它便飞到水上，垂下翅膀，沾了两翅的水，飞去滴在火焰上。雪山的大神看它往来滴水救火，对它说道："你那翅膀上的几滴水怎么救得了这一山的大火呢？你歇歇吧！"鹦鹉回答道："我曾住过这山，现在见山烧火，心里有点不忍，所以想尽一点力。"山神听了，感它的诚意，遂用神力把火救熄了。

我们现在创办这个刊物，也只因为我们骨头烧成灰毕竟都是中国人，在这个国家吃紧的关头，心里有点不忍，所以想尽一点力。我们的能力是很微弱的，我们要说的话也许是有错误的，但我们这一点不忍的心也许可以得着国人的同情和谅解。

近两年来，国人都感觉舆论的不自由。在"训政"的旗帜之下，在"维持共信"的口号之下，一切言论自由和出版自由都得受种种的钳制。异己便是反动，批评便是反革命。报纸的新闻和出版自由至今还受检查。稍不如意，轻的便是停止邮寄，重的便是封闭。所以今天全国之人，无一家报刊杂志敢于有翔实的记载或善意的批评。

负责任的舆论机关既被钳制了，民间的怨愤只有三条路可以发泄：一是秘密的小册子，二是匿名的杂志文字，三是今天最流行的小报。社会上没有翔实的新闻可读，人们自然愿意向小报中去寻找快意的谣言了。

一个国家没有纪实的新闻而只有快意的谣言，没有公正的批评而只有恶意的谩骂和丑诋——这是一个民族的大耻辱。这都是摧残言论出版自由的当然结果。

我们是爱自由的人，我们要我们的思想自由、言论自由、出版自由。

我们不用说，这几种自由是学术思想进步的必要条件，也是有关社会政治改善的必要条件。

我们现在要说，我们深深感觉国家前途的危险，所以不忍放弃我们的思想言论的自由。

我们的政府至今还在一班没有现代学识没有现代训练的军人政客的手里，这是不可讳的事实。这个政府，在名义上，应该受一个政党的监督指导。但党的各级机关大都在一班没有现代学识没有现代训练的少年党人手里，他们能贴标语，能喊口号，而不足以监督指导一个现代的国家。这也是不可讳的事实。所以在事实上，党不但不能行使监督指导之权，还往往受政府的支配。最近开会的"第三次全国代表大会"，便有百分之七八十的代表是政府指派或圈定的。所以在事实上，这个政府是绝对的，是没有监督指导的机关的。

以一班没有现代知识训练的人统治一个几乎完全没有现代设备的国家，而丝毫没有监督指导的机关——这是中国当前最大的危机。

我们所以要争我们的思想言论出版的自由，第一，是要想尽我们的微薄能力，以中国国民的资格，对于国家社会的问题作善意的批评和积极的讨论，尽一点指导监督的天职；第二，是要借此提倡一点风气，引起国内的学者注意国家社会的问题，大家起来做政府和政党的指导监督。

我们深信，不负责任的秘密传单或匿名文字都不是争自由的正当方法。我们所争的不是匿名文字或秘密传单的自由，乃是公开的、负责任的言论著述出版的自由。

我们深信，自由的方法在于负责任的人说负责任的话。

我们办这个刊物的目的便是以负责任的人对社会国家的问题说负责任的话。我们用自己的真姓名发表自己良心上要说的话。有谁不赞成我们的主张，尽可以讨论，尽可以批评，尽可以提起法律上的控诉。但我们不受任何方面的非法干涉。

这是我们的根本态度。

专家政治（节录）

原载《新月》1929 年 5 月

罗隆基

二百多年前，英国的一位大诗人说过这样两句话：

"政府的形式，让傻子们去争；

最好的政府是最好的行政。"

For forms of goverment let fools contest;

What'er is lest administered is best.

这位大诗人朴浦（Alexander pope）的意思，是说在政治上行政比政体的形式要紧。果然有了好的行政，无论在哪种政体底下，人民总可以得到幸福。反之，倘没有很好的行政，无论在哪种政体底下，人民都是遭殃。

……

在现今的中国，要谈政治，我个人亦决定抱这种态度。目前我的座右铭是：

"只问行政，不管主义。"

政治上的主义，如同宗教一般。在宗教上，任凭各种宗教的教义如何，归根到底，是劝人做好事。政治上的主义，无论内容如何，归根到底，总是谋人类的幸福。

无论什么主义，总靠好的行政去实施主义上的一切主张。没有行政，一切主义，都是空谈。行政腐败，主义天花乱坠，人民依然遭殃。

政治注重行政，大概是没有人敢否认的。二十世纪的政治，更要注重行政，二十世纪政治上的行政，已成了专门科学，二十世纪的政治行政人员，要有专门知识，换言之，二十世纪的政治，是专家政治，这是我这篇文章要说明的几点。

……

什么是政治两字的意义？中山先生在他的民权第一讲里说：

"政治两字的意思，浅而言之，政就是众人的事，治就是管理。管理众人的事，便是政治。"

"管理"当然就是"行政"。照中山先生这般说法，简直认政治就是行政了。

其次，什么人配做这管理众人的事的人呢？

中山先生在他的民权主义第五讲里说：

"现在有钱的那些人，组织公司，开办工厂，一定要请一位有本领的人来做总办去管理工厂。这种总办是专门家，就是有能的人。股东就是有权的人。工厂内的事，只有总办能够讲话，股东不过是监督总办罢了。现在民国的人民，便是股东，民国的总统，便是总办。我们人民对于政府的态度，应该要把他们当做专家看。"

中山先生在同一演讲里又说：

"现在欧美人无论做什么事，都要用专门家。譬如练兵打仗，便要用军事家。开办工厂，便要用工程师。对于政治，也知道用专门家。至于现在之所以不能使用专门家的原因，就是由于人民的旧习惯，还不能改变。但是到了现在的新时代，权与能不能不分开的，许多事情，一定要靠专门家的。是不能限制专门家的。"

他又说：

"国民是主人，就是有权的人；政府是专家，就是有能的人。由于这个道理，所以民国的政府官吏，不管他们是大总统，是内阁总理，是各部总长，我们都可以把他们当汽车夫看。"

总结中山先生的意思，政治是管理民众的一切事。管理人的资格是专家。他的"权"与"能"分开的主张，他那权归民众、能在政府的学说，都是认定政府人员要有专门的本领。

……

凭什么我说二十世纪的政治，更要注重行政？

在十八世纪与十九世纪初年的时候，在工业革命尚未完成的时代，政府所担任的责任与现在的责任，完全不同。当时，人民的思想，趋重个人自由，政治上时髦的哲学是无为而治（Laissez Faire）。政府，在人民的眼光中，是免不了的恶孽（Necessory Evil），因此，政府所做的事，愈少愈好。

如今，工业革命以后的世界，一切经济的和政治的环境完全改换了。政府的责任，以及人民对政府的态度，完全改变了。

美国芝加哥大学有位教授（L. D. White）在他著的《行政学》里曾经说过：

"工业革命以及因工业革命而发生的许多社会的、经济的，及政治的变化，对于近来新的社会哲学以及人民对行政上新的态度，应负完全责任。无为而治，已经为哲学家及政治家所放弃。团体协作，乃二十世纪流行的思潮。这种大规模的工业发展；在运输上铁道、汽车、飞机等等新的设备；在交通上邮政、电报、电话、无线电等等新的进步；以及人口向工业地点集中的趋势和强有力的经济阶级的结合；这一切现象，不但扩充了行政上的范围和职务，同时加增了行政上新的问题，且使旧的问题更为复杂。"

他又说：

"工业革命已令'无为而治'的思想，成为不可能的事实。新的环境已逼迫人民承认国家为团体合作及社会裁制的一种机关，国家已成为实现社会改良程序上一种重要机关。"

总而言之，工业革命以后，社会上一切经济的及政治的问题，日趋复杂。这一切问题，已经非个人或私人团体所能驾驭的了。这一切问题，是国家的责任，同时就是行政上的作业了。这是二十世纪的政治，更要注重行政的理由。

我们再看，政治上这些新的作业，若铁路、电报、汽车、飞机、采矿、殖荒，等等，哪一件不在科学的范围，哪一项不依靠科学的知识？譬如说，一九二一年，有人调查美国依泥诺意（伊利诺伊）州的州政府，他行政上的专家，若化学家、若微生物学家、若工程师、若物理学家、若史学家、若心理学家、若动物学家、若植物学家、若森林学家、若矿业学家、若统计学家等等在二百五十左右，换言之，二十世纪政治上所做的事大半是科学上的事。

同时，二十世纪政治上的行政，本身已经成为一种科学。行政是管理，我们已经说过。二十世纪行政的标准，是要适合经济的和能率的（Efficient）两个条件。管理一切极复杂极繁难的社会的、经济的，及政治的作业，同时要适合经济与能率两个条件，管理本身，非采用科学的方法不可。

科学的管理法，是二十世纪一切私人及公家的组织上的一种新运动。欧美工商业上的一切大公司、大工厂，他们的行政，已经科学化了，是大家所看到的事实。同时，看看英、美等国的政府，何尝不是天天有许多人在研究政治上科学的行政方法？

政府，普通称为机关，机关，就是机器的意思。机器自然要专家来驾驭。

中山先生主张对于民国的官吏，我们应看他们是一班汽车夫样的专家，这是有道理的。

二十世纪的政治行政，已成了专门科学，二十世纪的行政人员，要有专门知识，就是这个意义。

根据上面所说的话，我对于现在中国的政治，有下列这样的结论。

中国目前政治上的紊乱状况，大部分的罪孽，是在行政上。

中国的行政，目前是在这两种恶势力夹攻之下：（1）武人政治；（2）分赃政治（Spoil Systom）。

武人政治，是用不着解释的。从中央政府一直到各省政府，从国的行政一直到党的行政，都在武人指挥底下。

什么是分赃政治？我们平心问问，国家这几十万行政人员，从国家的总次长一直到守门的门房，扫地的差役，是怎样产生出来的？既没有选举，又没有考试。这几十万人是不是由推荐，援引，苟且的方法产生的？我这里的话，与党治问题不相干的，我要附带的声明。试问，一个国家的行政用人，既没有选举，又没有考试，专靠推荐、援引、夤缘、苟且，来产生这全国的官吏，这是不是分赃制度？

这两种恶制度存在一天——武人政治和分赃政治——专家政治，就没有发现的希望。没有专家政治，什么样的主义，都谈不上。

再进一步，姑承认训政时代有必要，政治上的教师，我们亦要请政治上的专家来担任。我们不要教练官来担任训政的训师。他们是军事上的专家，可以训军，不能训政。同时这一班教师，我相信应该用公开的正当的方法去聘请。我所谓公开的正当的方法是选举与考试。

总之，要解决中国的政治问题，最紧要的是专家政治。要专家政治的发现，消极方面，先要除去武人政治和分赃政治，积极方面，要实行选举制度与考试制度。

汪精卫论思想统一

《新月》，第 2 卷第 12 号，1930 年 2 月 10 日

罗隆基

人类的思想，不应该统一；个人的思想，不应该不统一。汪精卫先生的《论思想统一》那篇文章，所主张的是第一点，所犯的毛病，就在第二点。

汪精卫先生把人类的思想分为两种：（一）不关于政治的思想；（二）关于政治的思想。他主张第一种思想，应该绝对的自由；第二种思想，"没有绝对的自由，而有相对的自由"。对于这种主张的逻辑，我想来想去，亦只有"摇头"的办法。

第一，我就不明白汪先生所谓的"广义的政治思想"与"狭义的政治思想"从何划分？人类的思想，可不可以这样的划分？"关于政治的思想"与"不关于政治的思想"用什么做界限？例如，汪先生大骂秦之"偶语弃市"，汉之"腹诽者诛"。假使秦、汉的时候，有这些"革命""反革命"的新标语，秦、汉的帝王就要说："偶语者所语的是政治，他们是反革命，反革命的思想，不应该有自由；腹诽者所诽的是政治，他们是反革命，反革命的思想，不应该有自由"。若然，汪先生其将何以为词？

汪先生说得好：

> 思想上定于一尊，不但被摈斥的，受了挫折或摧残，便是所推尊的，也就成了僵石，因为今日人类之智识，对于宇宙间万事万物，知道的实在尚少，不知道的实在尚多，有时且误以不知为知，所以今日人类之最大责任，莫过于求知。以科学而论，现在对于各种问题的答案，有许多还是不甚完备的，而且还是摇动不住的，所以唯一依赖，便是对于各种问题继续探讨，推翻从前谬误的断定，而发明比较近于真确的解答。如果"定于一尊"，就无异把这些问题都宣告讨论终结，

这样人类的进步便也就终止于此了。这是何等荒唐的事。

汪先生所谓"人类的智识，对于宇宙间万事万物，知道的实在尚少，不知道的实在尚多，有时且误不知为知"。这里的"智识"，不知包括政治智识否？这里的"万事万物"，不知包括"政治"否？

汪先生承认科学上"现在各种问题的答案，有许多还是不甚完备的，而且还是摇动不住的，所以唯一的依赖，便是对于各种问题继续探讨"。政治学是不是科学的一种？政治上现在的各种答案，是不是与其他的科学的答案，同一情形？假使现在有人告诉汪先生说："五权宪法这个答案还是不甚完备的：创议、复决、罢免这种答案，还是摇动不住的；平均地权，集中资本这个答案，还须继续探讨的"。在我看起来，这完全是政治科学上应有的态度。而这些话，根本动摇了三民主义、五权宪法了。汪先生看起来，这种思想应不应许他自由。不许，然而他们都是科学上的答案；许，然而他们是关于政治的思想。汪先生其将何以为词？

在我们主张思想绝对自由的人，这种矛盾的境遇不会有的。

汪先生主张："所以关于一切思想，尤其关于一切学术思想，例如宗教……文艺……科学……，用不着你去统一"。汪先生同时又说："宗教、科学、文艺以及一切思想，都与政治有密切关系，甚者都可认为是政治的工具"。同时又说"关于政治的思想，不能有绝对的自由"。这是三段话，集天下矛盾之大观。英国十七世纪查理第一、第二等君王压迫异教，他何尝不是为政治而统一宗教思想；秦始皇的焚书坑儒，汉武帝的罢黜百家，又何尝不是为政治而统一学术？宗教、学术的思想，本来与政治不能绝对的划分。可以侵犯一种思想的自由，其他就牵连到了。这就是我们主张一切思想绝对自由的道理，这点，汪先生或者未见到。

第二，汪先生在政治思想上认为可以有相对的自由。所谓"相对的"的意思，就是宪政时期，"人民在政治上的自由，比较宽些"。在革命时期，则革命者有自由，被革命者绝对无自由。这里的"宽些"，以什么为标准？这个"宽些"、"狭些"，是谁来规定？汪先生知道"主权在民，如果人民没有自由，则主权不能行使"。试问一个主权在民的国家，谁有权力来规定人民自由的"宽些"、"狭些"？人民规定吗？人民不会自己限制自己的自由！政府规定吗？主权就不在民了。

这些尚是枝节问题。其实，汪先生的"革命"、"反革命"，用什么做标准？

"革命"、"反革命"，用什么做定义？庄生说得好："物无非彼，物无非是，自彼则不见，自知则知之，故曰彼出于是，是亦因彼。"汪先生拿了许多理由来指责别人做反革命。南京政府自然要说："因为这些理由，我们才开除并警戒了许多改组派。"共产党天天在说："因为这些理由，我们才要铲除整个的国民党。"这真是"是亦彼也，彼亦是也，是亦一无穷，非亦一无穷"。若然，汪先生其将何以为词？

革命的目的，在夺取少数人垄断的政治自由，而还之大多数。这点，我们与汪先生的意见相同。不过我们的革命，只要拿回我们的自由，并不主张剥夺他人的自由。人家掠夺我的自由，我要革命；我们掠夺他人的自由，他人当然亦要革命。这才是循环的革命呢！在我们看起来，革命是在求公平，不是求报复。得其平而止。只有这样，才可以建立个和平、安宁、公道的社会，汪先生又以为如何？

汪先生说：

> 革命时代，所最需要的，是革命力量之集中。革命力量何以能集中？因为有统一的革命行动，革命行动所以能统一。因为有一致的革命理论，革命理论所以能一致，因为有一贯的革命主义。

这有类于"天下恶夫定，定于一"的语调。其极，自然是："革命主义所以能一贯，因为有统一的思想"。

果然，汪先生说："然而在大体上则革命的人民，其言论其行动，是有统一的可能的，而且统一的可能，乃由于统一的必要而发生。"从思想不应该统一，汪先生又归结到"统一的必要了"。

汪先生论思想，说有三种办法。在我看来，汪先生的办法，只有两种：拥护汪先生的，是革命，革命者，思想有"统一之必要"。不拥护的，是反革命，"反革命者，思想绝对不得有自由"。

难矣哉，我们小民的选择！

对于言论自由之初步认识

《大公报》，1930 年 4 月 26 日，第 2 版

《大公报》社评

为民权运动者，往往以无限制的言论自由为标榜之一，此难矣，在中国此时尤难。故吾人虽业言论，而所望者只为有限制的自由；且亦不过愿有政权者对言论自由，有初步的认识。兹姑简举二端，望有政权者略省察焉。

第一，有政权者应承认中国有独立的言论界。中国政界有力者，因习于中国向来鲜有独立言论，故有一最谬误的习惯，即抹杀独立的言论界之存在。易言之，根本不认识言论界之职务，亦不认识言论界人之地位是也。盖充此曹之意，以为言论界者仅为附属政权、军权而存在之一种职业团体，从事其间者，无独立之意见，亦无独立之生活，故殊不应有独立主张之权利。是以此等人之所期待于言论界者，为当然一切顺应治者而移动，治者东则俱东，治者西则俱西。凡当时当地治者之所爱憎赞否，则望言论界随时随地亦以同等之程度，爱憎及赞否之，不然，则疑问来矣。若曰，此殆有意反对乎，抑为敌方所收买乎，不然何以不知时务如此。呜呼，此等人根本错误在不认识言论界本为国家应有的一种独立的职业，并非天然应为治者之应声虫；更不认识言论界中尽有几许不求荣利，忠于职业之人。前提既错，故观察不清，遂不知如何对待言论界之正道。民国以来，此种现象多矣。初不料经过十九年之久，而一部分治者之头脑，依然粗疏如故也。尝念中国文化特色之一，为有所谓横议之处士，盖中国古来所谓士者，精神上本不受治者之支配，是是非非，皆以自由之意志抉择之。有时因而受治者压迫，亦所不辞，此种风气，今仍遗存。况既称民国，又言革命，则言论界当然有其独立之地位。从事其间者，当然应有几许富贵不能淫，威武不能屈之士。苟不认识此点，是根本上抹杀中国所谓士者之存在，可为浩叹者也。

第二，有政权者应承认言论界有主张批评之自由。言论自由之内容，即主

张批评之自由。此在任何政体之下，皆相当存在。今为革命民国，人民当然享有此项自由。夫专制之极则，至于无宪法的君主止矣。然君主犹有诤臣，遇事仍可极谏，故言论自由在专制君主之下，亦非完全作废，不过限制严重。民国制度，最高领袖之身份，亦等于平民：官厅于人民，惟有遇非常警备之时，始可限制其自由，然亦不过加以限制已耳。至于政见之批评，则任何时代皆应为完全自由之事也。乃不幸中国一部分官吏，误会治者之地位，几等于神圣不可侵犯。故各省报纸，对于政治问题，几完全不许批评。易言之，只许事事称颂，时时迎旨，不喜稍持异议。此项风气，党国之下，似较昔年尤盛。而各地有权者，更刻舟求剑，横施干涉焉，此革命后最可骇怪之现象也。夫无限制的自由，诚不可望于今日。然要应知治者之地位，并非神圣不可侵犯；凡关政治主张，当然应任令人民之批评。虽然，此非必为言论界计，或转为治者本身之计。何则？言论界之武器，除积极的自由批评之外，尚有消极的抹杀不理。故言论界之存在，不必恃于批评政治。而就治者言，毋宁有得人民批评之必要。倘治者不认识此点，将欲专听歌颂之词，否则施以压迫，是在政治上为自杀之道。民国以来因此覆败者多矣，苟有常识，应知此义也。

保障人权之谓何？

《大公报》，1931 年 6 月 21 日，第 2 版

《大公报》社评

《训政约法》，乃政府所制定公布，于六月一日起实行者也。《约法》之好坏姑不问，最小限度，为政府官吏者应绝对遵守之，盖《约法》等于宪法，世界任何国家，身为官吏之人，断断乎不敢违宪，然而中国则何如？

一部《约法》，与人民关系最密切，其规定最明了者，为第八、第九两条。第八条曰："人民因犯罪嫌疑被逮捕或拘禁者，其执行逮捕或拘禁之机关，至迟应于二十四小时内移送审判机关审问。本人或他人，并得依法请求二十四小时内提审"。第九条曰："人民除现役军人外，非依法律，不受军事审判"。本报于六月二日，曾为《望人人牢记〈约法〉第八条》一文，以唤起官吏与人民之注意。嗣闻北平市政府命令公安局，转饬各区队，遵照训政《约法》第八条之规定，拘禁犯人不得过二十四小时。因于六月五日为《望全国官厅皆如北平市府》一文以嘉之。自是之后，惟闻天津张市长学铭曾饬将公安局拘留人犯八十余人，完全释放，颇合于尊重人权之精神，值得称道。此外则寂然无闻，而许多畸形机关，蹂躏人权之事实，反时时入于吾人耳鼓。最著者，如某某地方之盐巡丁役，敢于对无辜人民，搜查逮捕，拘禁，责罚。又有所谓印花税局者，据传亦有重罚送押之举。昨据有人投书本报，述及身受之事，今略志于下，用代无告之民，略伸呼吁：

> 拿印花税局来说一说，中国的法律到底还靠不住，民众稍有疏忽，他们就狠心的处罚。我说的那种疏忽，当然就是违法，违了法要处罚，是应该的，没有话说，只有听法律制裁。但是科罚要有个分寸，例如印花税章程，粘贴不足处五元以上五十元以下之罚金，酌量情形办理。章程既载着酌量情形办理，亦得看看被罚的人经济情形怎样，能否负

担？现在的印花税局则不然，只要给他拿住一些把柄，就张大其词，大罚特罚，甚至一个靠苦力吃饭的小木匠，一罚就得二三十元。现在他们这般利害，无非仗着某机关肯帮他的忙。据他们说；在这罚金数目下扣二成给某机关。所以罚不出钱的，他们就送去拘押，押在里面，不许人探视，一天放三次厕，吃三次，每次三个窝窝头，不得睡觉，把一百多个人关在一个小屋子里受罪。无论你怎样请求，把事实说得唇焦舌烂，他们只当作耳边风，一点没有怜悯人的慈心。罚金送进去就释放，永远不送法院，等到实在榨不出油水的时候，先押一二月，以后罚苦力，一元算一天。我们现在就是粘贴印花不合法被罚的一分子，少贴几角印花，要罚我们近百元。近来市面这样不好，我们又无担负能力，要说起诉吧？听说行政机关、法院大概不肯受理。罚苦力吧？又受不了这种苦楚。求释放吧，他推托印花税的公事，照公事办理。

以上所说，有无过甚之辞，非所敢知，然而观其情辞迫切，当非无病呻吟，吾人所以代为披露者，仍是为民请命之微意耳。

本来法院与公安局，所负保护人权之责任最大，吾人迭次论着，所责望于两机关者亦独多。今据所闻，几于凡是官厅，皆有蹂躏人权之威力，甚至教育厅亦有扣留请愿学生代表之说，益令人有感于"保障人权之谓何"？窃愿代我无力的小民，向一切在官员役唤起其遵守《约法》之责任心也。抑吾人更有言者。自共祸披猖以来，军队剿共，效未大著；而各地方因共党嫌疑，逮捕无拳无勇之青年，则异常严重。夫使其人果有叛乱行为，暴动组织，则执法以绳，严加惩治，夫复何说？若夫反动仅有思想，或嫌疑只止攀连，则此辈青年，固亦《约法》保障下之人民，奈之何一受牵涉，便成不赦？或任意刑求，或长期禁锢，本人失通信之自由，亲友无探视之勇气。一经拘执，生死莫闻，辗转株连，求伸无所，衡以尊重人权之法条，当局者其将无以解？且此中尽有受人陷害，实系"莫须有"之冤屈者，只以罪名重大，无人敢为营救，揆之人道正义，尤为不合，设竟"为丛驱爵"，岂非造乱长乱？近月此等案件，平、津、沈、哈，不止一宗，主办者率为宪兵，监禁处多在军部，衡诸《约法》第九条，复为显着之抵触。不特此也，日本乃万世一系之君宪国家，其视共产党人，应等于不共戴天。然而连年以来，逮捕虽严而处罚不重。最近大坂控诉院与地方裁判所之检事当局，开会研讨，佥以青年思想，应加善导，认学校对于思想不良之学生动辄予以开除处分为不合，谓如此徒驱青年于歧途，不如留其在学，善为启迪。其意谓思想犯罪，只能以思想纠治之。此种见解，足发吾人深省。是更望全国教育家与警吏法官共同负责，遇有思想谬误之青年，实施训诲，俾无数有用之少壮国民，免罹法网，斯又超越乎保障人权之范围，而为先知先觉之士，所应努力劝化者也。

发起中国民权保障同盟宣言

《申报》，1932 年 12 月 18 日，第 11 版

宋庆龄 等

宋庆龄、蔡元培、杨铨、黎照寰、林语堂等，发起组织中国民权保障同盟，发表《宣言》云：

中国民众，以革命的大牺牲所要求之民权，至今尚未实现，实为最可痛心之事。抑制舆论与非法逮捕、杀戮之记载，几为报章所习见，甚至男女青年有时加以政治犯之嫌疑，遂不免秘密军法审判之处分。虽公开审判，向社会公意自求民权辩护之最低限度之人权，亦被剥夺。我辈深知，对此种状态欲为有效与充分之改革，惟有努力改造产生此种状况之环境；惟同时亦知各先进国家皆有保障民权之世界组织，由爱因斯坦、觉雷塞、杜威、罗素及罗兰之流为之领导。此种组织之主要宗旨，在保障人类生命与社会进化所必需之思想自由与社会自由。根据同一理由，我辈提议中国民权保障同盟之组织。

本同盟之目的：

（一）为国内政治犯之释放与非法的拘禁、酷刑及杀戮之废除而奋斗。本同盟愿首先致力于人多数无名与不为社会注意之狱囚。

（二）予国内政治犯以法律及其他之援助，并调查监狱状况，刊布关于国内压迫民权之事实，以唤起社会之公意。

（三）协助为结社集会自由、言论自由、出版自由诸民权努力之一切奋斗。

本同盟设全国委员会，以五人至七人之执行委员会主持之。全国委员会由各分会选举之代表二人组织之，每年集会一次，选举执行委员，讨论会务。执行委员任期一年，执行委员会设主席一人，干事若干人。本同盟设总会于上海，

设分会于国内各重要都市。分会每月至少集会一次，全国委员会之分会代表，每月应报告分会状况于执行委员会。凡赞成本同盟主张，并愿从事实现此主张之实际工作者，不拘国籍、性别及政治信仰，由会员三人之介绍，经执行委员会多数之通过，得为本盟之会员。候选会员在过去曾参加剥夺民权之行为者，执行委员会得拒绝其加入同盟。本同盟之会费，个人会员每年三元，团体会员每年十元，并得募集捐款，维持会务。

中国民权保障同盟筹备委员会　宋庆龄、
蔡元培、杨铨、黎照寰、林语堂等

思想自由与文化

《知识与文化》，上海：商务印书馆，1946 年

张东荪

本篇是一九三七年一月所写，载于《文哲月刊》一卷十期，现在加以删削，附录于此。

一

"思想自由"不是指思想得自由自在发生出来而言。因为思想在个人的脑中，并没有所谓自由与不自由。这个问题乃是起于思想的对外发表，就是思想的发表是否受外来力量的干涉。如果受干涉，乃有不自由；有不自由，然后才争自由。所以，思想自由不是一个关于思想本身内容的问题，乃是一个思想在社会上势力的问题，即是一个具有政治性质的问题。但又不仅是单纯的政治问题，却又同时涉及教育等各方面，而与全文化相关。

现在我要说明这个问题的重要性。我以为欧洲近世文化所以能卓然特出者，而与中古为划期的不同，其根本却靠了这个思想自由。可以说欧、美之所以成为今日之欧、美，完全是由思想自由的花而结成的果。一般人不明此理，以为思想自由不过是民主政治的条件之一而已。其实不然。须知民主政治不仅是一种制度，乃是一个生活。这种生活不是由一纸宪法所能养成。中国自辛亥以来，屡次制宪，然迄今未成。不是因为宪法成则民治立，乃正是因为中国人根本上没有民主式的"生活"，所以宪法永无成立之望。明白了民主是一种生活，就好像鱼在水中一样，人们生活于民主政治之下，则便可知思想自由之在民主政治上占何等地位了。

思想自由所以能开放出来近世欧、美文化的原故，乃是因为由思想自由才办到政、教分离。所以在最初争思想自由，乃是对于宗教而争。读者只须一看

近世初期的科学史与哲学史，便知道有好些大学者是曾受过宗教的压迫的，其结果有法国的大革命与美国的独立，从此"自由"一词便成为经典了。所以英国的 Bury 教授作了一部《思想自由史》，即说思想自由经过如此苦斗以后，已是屹然屹不摇了。不过须知在第一段落只是对宗教争自由，可算已告成功。在今天，不但宗教不为自由的障碍，却有时反可为自由的保护，尤其是在我们今天的中国。可是第一段落虽完了，而第二段落却又跟着来了。第二段落中，争自由的对象，不是宗教而是政治。那政治上又流于趋向于专制与独裁了，所以自由之在今日依然在风雨飘摇之中，不但不是不成问题，乃反是岌岌殆哉的状态。关于这一点，容下文再说。

现在要说的只是希望大家明白近世欧、美文化所以能如此灿烂的原故，不外乎受了政、教分开之赐。因为政治与宗教分开，所以宗教的作用只见其关于个人修养有补助，而不见其对于公众事务有何强制力。这便把宗教限于个人的内心生活了。至于政治却又与内心生活无涉，只管公同秩序。在秩序与和平下，一切关于个人的，则听其自由。这个状态，可名之曰自由主义。欧、美近百余年的文化所以能特别茂盛，便是由于此。可见思想自由不啻是欧，美近世文明的心核。

二

英国的 J. S. Mill 著有《自由论》(*On Liberty*)，是一八五九年出版的，距今有七十八年了。我现在把他所说的几条原则抽绎出来，以明自由主义的立场是依然有绝对颠扑不破的真理。

第一点，他以为无论何种思想决不会完全无可批评。换言之，即无论何种学说与主义，绝对不会圆满完美到丝毫无缺点的程度。因为人们总是有见不到的，并且人们总是以自己的思想为对的，所以任何思想与主义以及学说，断乎不能不容人批评。就是因为世界上迄今还从未看见过有一种思想是绝对无可驳难的。须知以往所认为绝对的真理，等到继续研究下去，后来居然发见【现】不是绝对的真理，而大有修改的余地或推翻的可能。则又安保今天所认为绝对的真理，不为将来所推翻与改正呢？因此之故，我们必须让逊一些：纵使今天认某种思想是对的，而仍必须同时承认不同的思想亦可以许其存在。于是每一种思想，都可容许批评与诘难。这个原则，可简单名之曰：世上从无绝对无诤之思想。

第二，他以为凡是正当的思想是不怕批评的。这无异乎俗谚所谓真金不怕火来烧。反面来说，就是：怕烧的必不是真金。假如某一党建立个某主义，而不许人批评；对于批评者，加以刑罚。就是以政治的力量来保护其思想。殊不知思想自身的健全，就可为其保障，用不着借政治的力量来庇护。假如某种主义其本身大有可议，虽定于宪章，视批评为厉禁，而仍无以服反对者之心。这就是说，某种主义欲使其成为全国所公认为合理的之时，不妨先尽量让大家自由批评一下。倘其能经得起批评，自然可以成立；若其不然，虽以武力为后盾，以法律为借口，以政治为护符，其结果亦是徒然。主持某种主义者虽赫赫于一时，而仍必内愧于良心。这个原则，可简单名之曰：凡一种思想必须与其相反者由批评与驳难，而后始见其中那几点是最立得住的。

第三，他以为思想自由之要义在于使二种相反或二种以上相异之思想并呈于人们面前，以供选择；断乎不可使主持一种思想之当事人自作裁判官。譬如我自创一种主义，同时我又自居为政府，于是以政权的力量定出法律，以为凡对于我这个思想的批评都是错的。试问这是不是无异于自作原告，同时又自作法官么？在这个情形之下，被告纵使理由极充足，亦未有不败诉的。所以凡关于思想，人们只可在思想上与他人争胜，换言之，即只可在辩论上求胜利，而断乎不可与政权以及武力相结托。又譬如两个人辩论，甲的理由虽充分，而乙与之口辩，却同时手握刀枪，则甲乙两人争论之胜负，便不决于其辩论的内容，而只在于一个有枪，一个没有枪。没有枪的必然败了。所以拿思想以外的实力来维护思想，用以表明其思想的势力，则这个得势的思想必不是真正合理的思想。这个原则，可简单名之曰：凡思想之得势而必须借助于政权武力则这个思想便不是一个真能合乎人心的思想。

第四，他以为有些人总是主张谬论邪说应得加以禁止，但不知谬论邪说的标准由何而定。《庄子》上有下列一段：

> 既使我与若辩矣，若胜我，我不胜若。若果是也，我果非也耶？我胜若，若不吾胜。我果是也，若果非也耶？其或是也，其或非也耶？其俱是也，其俱非也耶？……吾谁使正之？使同乎若者正之，既与若同矣，恶能正之？使同乎我者正之，既同乎我矣，恶能正之？使异乎若与我者正之，既异乎我与若矣，恶能正之？使同乎我与若者正之，既同乎我与若矣，恶能正之？

这一段虽不免有诡辩的色彩，然拿来用于思想、言论之当禁与否的标准上，却甚为合宜。详言之，即一种思想或言论之当禁，究竟由谁来决定，以何标准决定。若由政府来决定，则凡在朝党都可禁绝在野党的言论。因为从在朝党来看，在野党的言论总是不对的。倘由人民来判断，则必取决于大多数。一种思想不为大多数所喜，则这种思想之为无力便可想见。这种思想既无力量即不足为患，又何必加以厉禁呢？盖不禁而实际上亦等于禁，又何必过虑呢？而况此不为大多数人所喜的少数人思想正不妨听其自存。以便于他日印证一下，知道究竟多数所喜者为真，抑或少数所信者为真。因为历史上往往告诉我们：前一时代大多数人所坚持的思想，正是后一时代大多数人所反对的思想。

中国人总是怕邪说能摇惑人心，其实凡能摇惑人心的必是其中含有相当的真理。倘若是完全邪说谬论，则决不会使人起信。例如我忽发奇想，主张人割了肠胃反可以延年。我想决没有许多人听从此说，则其说自然不足为患。可见凡能摇惑人心的思想，不在其说之为诡奇，而反在于其说之有逼近真理处。这个原则，可简单名之曰：异说奇论实无禁止之必要。

第五，他以为思想诚然亦许有不健全的，但对于这些不健全的思想，只能再用思想去矫正之，不可用思想以外的武力或威权干涉之。因为一种思想之为健全与否，非经辩论与批评，是不能知道的。譬如对于一种主义，认为其不健全而加以禁绝，试问何以知其为不健全呢？必是由于经过与其相反的思想作比较与批评后方能知道。如此，则必使正、反两个主义各能充分发挥其说，所以必先有自由讨论与自由发表。然既有自由讨论，则便无更用武力干涉了。因为等到其中不健全之点发现了以后，大家都知道了，其说便不足为患。可见在自由思想的国家中，异说一兴，自有其相反的思想起而与之相抗。因为大家的言论与思想都是自由的。你既有自由以主张此说，我当然亦有自由以反对此说。真理愈辩而愈明。倘赞成我的人多，则我的话便是合乎人性。合乎人性，就是真理。所以既有辩论，即少盲从。既少盲从，则任何思想一出来，必有反对者与之诘难。于是思想之不健全者不可怕，因为任何思想倘使其中有不健全，必即受人指摘。至于若加以外力的干涉，却反而把这个思想自身的防毒素消失了。就是须知思想自身本有这样的防毒素，在思想范围内本可以自行矫正。倘使外力干涉，则这个自行防毒的作用便不起了。这个原则，可简单名之曰：惟思想可以矫正思想而不劳外求。

第六，他以为思想有一个奇怪性质：即他必须与相反者相磋磨，否则即必流于腐化。这一点在历史上很多例证。往往一个时代思想界最有统一的现象，而不异说纷起，这个时代便是文化停滞的时代。不但如此，思想界愈有定于一尊的样子，则一切学术便停止了进步。泰西文化所以能蓬蓬勃勃，我们中国文化所以被西方人谧为"静止的文明"，其故都在于此。就是因为西方自近世初期起，把思想与政权及宗教分开，于是科学乃产生。科学的最大特征，即在于不必定于一尊。牛顿的力学虽是真理，却不强令爱因斯坦服从。达尔文的进化论虽是真理，却不限定人们绝对不许批评与反对。惟其在科学上许人们独立研究，分歧发展，所以科学才有进步。这条原则可简单名之曰：思想若定于一尊，便是思想的自杀。

三

以上所说乃是我就穆勒所言的加以综合与扩充，又重新编制一下而成。并不是他的原文，读者切勿误会。在这里还有几个原则应得补充。

他以为另外有一个最高原则：就是思想倘使不与行为直接相连，则任何危险思想都不含毒素。从反面言之，即欲使思想自由只得有益而不见其害，则必把思想与行为划为二事。以例证之，例如我在思想上主张财产就是贼赃。在某种人看来，这是危险思想；倘使我不过著书立说而已，不但社会不蒙其害，而反受其益。因为此说一出，政府得充分征收关于财产的各种税了。但我若直接以此思想求见于行为，立即没收人家的财产，则必破坏公共秩序与社会安宁。凡破坏公安的，则决不为社会所容忍。所以凡思想之危险性不在其思想之本身，而只在于其实行上的行为。倘使不立刻去实行，则一切思想都变为一种"商権"了。凡商権与讨论，在本身上决无害处。即以共产主义而论，有人视为洪水猛兽。其实倘使共产主义者只是著书立说，不但没有丝毫害处，并且借此可以使人知资本制度之不合理与其必自行奔溃。因此人们对于将来合理的经济组织便可有相当的认识，可在一定的方向去努力了。所以，无论任何危险思想若其为商権性质，若其只是发表意见，而不急遽实行，不有强制性质，不使反对者非服从不可，则这种思想决无丝毫害处。至于说思想虽为一种意见，而目的终不外乎求见于实行。思想与实际是不能完全分开，我固然亦是承认的。不过如何实行，却大有问题。关于这一层，将在下文充分讨论之。现在只说到思想暂与行为分离必无害处为止。

这是一个最根本的前提。我们必须承认这个前提，质言之，即必须承认思想与行为（即贯彻此思想之行为）可以分开，不必并作一件。在这个前提之下，我们便可以知道思想自由的主张，是根据一个人生观。这种人生观承认人人都有独立自尊的人格。一个人到了相当的年龄，受了相当的教育，则对于任何事都可有自己的判断。一个人对于一切事必须由其自己判断而后去做，不可欺蒙，亦不可压迫。凡不承认这个道理的，便是建筑于一个相反的人生观。这个人生观是不拿人当人（即不当做有独立意志与自由判断的主体），而拿人当做工具。以为人只须施之以压力便可帖耳服从，有类牛马。又以为人只须加以蒙骗，即使随意驱使，有类儿童。于是有所谓宣传，有所谓统制新闻，有所谓检查一切出版物，又有所谓思想警察，有所谓反动侦缉队。总之，此种不拿人当人的人生观，是独裁主义者的哲学。在这种独裁的国家中，诚如英人乔德（C. E. M. Joad）所说，"报纸是他的喉舌，教育是他的宣传，历史是他的辩护人，艺术是他的回声差遣。国家就只是他的专用工具"。尚有何话可说！所以我说独裁国家不是人格者的集团，乃是奴隶的集团。因为在这样的国家中，只有独裁的首领是有独立的人格，能自由发挥其意志，得运用自己的判断；其余一切人民，只能奉令承旨，亦步亦趋，人云亦云而已。非但不许作反对的批评，并且即作赞成的表示，亦须听候指示，否则即为妄动，不合于纪律了。这种国家，又往往以舆论的一致拥护来夸炫于国内、国外。其实这种拥护的言论，毫无可贵。我尝说，必定先有了思想自由，然后赞成与反对双方才能有价值。若根本上没有思想自由，则赞成者虽有言论，然非出于自由则可想而知。须知承认思想、言论有自由，则反对的批评固是自由，赞成的拥护当然亦是自由，谁亦不能禁止谁不许作逢迎承旨的拥护言论。但却必须在自由言论的前提之下。否则便不是赞成，只乃是所谓"回声"而已。回声乃机器之所发，非人之所发。故我以为就拥护者的立场来说，亦应先办到有言论、思想的自由，因为必如此，方能见其言论、思想之价值。总之，独裁与民主，若单就政治制度而言，我们还可以说各有优劣，难有高下；而独于这两个的背后的人生观，则以为断乎不能承认其同为真理。因为拿人当做工具，固然是侮辱他人，即自己甘为工具，亦未尝不是侮蔑人格（自己）。一个家庭中，父母对于子女，一到了相当年龄，便不能不尊重其自己的意见，不可施以强迫，又何况一个国家呢？政府之与公民，迥非父母之与子女之比，子女即在幼年亦止宜教导，不可欺蒙，岂有对于人格已成的公民而可加以欺骗与压迫之理？

根据这个人生观，遂使对于国家的观念亦有不同。民主国家是把国家当做大家所公同的，换言之，即可说是"公器"。在朝的一个政党，不过暂时代表国家意志而已，好像董事被股东举出，则董事的言行，自然是代表这个公司了；

但却决不能把公司规定作永久为其所私有。所以在独裁政治的国家不但人民是工具，即国家亦不是公器。因为国家与独裁者不是暂时的代表，乃是无期的合体。故历史上没有一个独裁者不是终身职。其实这只是受了天然的限制，倘其人能长生不老，恐怕独裁的局面非延长数百年不止。须知"合体"与"代表"这两个观念是不同的。合体即是所谓"朕即国家"，个人与国家合而为一了。所以从政治思想的进展上讲，现代独裁政治以时间的远、近而论，既为现代，当然是最新的东西，但以思想内容而论，却是复古，可以说是最旧的与最陈腐的。

现在要论到教育。在上文曾说过，只须一到相当年龄即当承认其有独立自尊的人格。这句话未尝不含有一个教育方针在内。现代教育学上虽有种种的学说，然而我以为如果想把人当做一块软膏来随意造作，以求适合造作者的目的，恐怕依然是一个妄想。老实说，人性总还是有的。因为我们须知教育虽可变易人性，而依然有其限度。不是能如独裁者的意，要造成一个牛就是牛，要造成一个马便是马。我们既然承认人性有其恒率，则我们对于教育方针不要以为教育能从心所欲造出东西来。须知教育的作用只在对于人格的完成，能为之补充。所以教育上所谓"造人"，不是造那一种用处的特别人，乃是造普通的人，所谓普通的人，就是有眼能见，有心能思，有是非能辨别，有所学能更进之谓。这样便成为一个独立的"人"。于此所谓"人"，即指不是为某一种用处而设的。好像独裁国家与民主国家在这一点上又有一个大区别。民主国的教育是造"人"，而独裁国的教育是制造"信徒"。这个区别点，即在于一个是只求人格的完成，至于信不信，不妨等到他有自立判断的能力以后再说；而一个则只管他信与不信，宁可不养成其自立的判断，而不肯牺牲信徒的收揽。前一种普通名曰"自由教育"（liberal education），就是把所有学问教给人们，只供其自由判断之资。例如，在大学中讲授进化论，但学生有了充分的学识以后，他如果不信进化论，亦得由他。或许他另创一种退化论，亦不能禁止他。所以在这样的教育上，所有一切课程与学术都只是预准的材料，以便学生将来的运用，而绝对不是贯入任何信条。直言之，即不是想造成任何学说、思想、主义的信徒。

这样的教育，可以说是自由主义的教育，但其背后却有一个平等原则在内。须知"自由"这个概念是与"平等"这个概念不可分开，或可以说两个概念是指一件事的两方面。即以教育为例而言：人类之受教育时期，就等于动物之哺乳时期，动物唯在哺乳期内是不能独立的，一脱离了此期，便是一个自己生活的东西了。人类亦应如此，受教育期满以后，便是一个独立自足的人，对于其他一切人是平等的。因为大家都是一样的人，即父母对之亦不能抹煞其自由。

平等的意义是根据这个原理而出，所以凡自由无不是基于平等的人生观而成。

平等的人生观不但承认人们有了相当的教育以后，大家在人格上是平等的，并且更承认人人在社会上应有展其才能之平等的机会。所以自由主义不是一种主义，乃只是保障一切主义的条件。一切主义必先赖有思想自由方能成立。我尝说，民主与自由决不能视为一种主义。我又尝以踢球的围场来作比喻：自由只是那个球规与球网，而不是踢球的任何一队。有了球规，任何人即可以来此围场竞赛。所以自由思想的国家内，共产主义者得依言论自由的保障而主张其学说，法西斯主义者亦能在此条件下大放厥词。这便是证明自由不是自由主义者所专有的；自由主义者之主张自由，亦绝不是专为了他们一派。可见自由乃只是一种公共的规则，大家所同享的基础。必须先有这个基础，先立这个规则，然后方能说到其他。但须知，凡是一种规则总有些不便利处。例如踢球，不及门便是未中。如果欲去掉这些不便利处，则必定使规则失去了其公共性，而为单方的了。例如在民主国，一切思想之见诸实施必以多数取决，少数的主张，自处于不利的地位。但有时某一时代为少数，不能实现其思想与主张，又安知过了这个时代以后，在另一时代少数不即变为多数呢？所以真正了解自由真谛的少数者，决不性急，决不悲观，决不横决，亦不灰心。因为他们知道人类的思想是常常在那里变化的，社会是在那里不断地推演的。今日之所是，安知不为明日之所非；今日之所非，安知不为明日之所是呢？他们必定又知道自由讨论，多数取决，是共守的规则，这个规则在今天不便于我，安知明日不即为有利于我呢？他们更知道倘使破坏了这个公共规则，亦未尝不可大伸其志，无如自由去掉了，便没有共守的条规，又安能置其胜利于坚固的基础上呢？所以真正的自由主义者不把自由当做自己一派的要求，而把他推广出去，作为大家共同的轨道与条件。

总之，自由（即思想自由）是一个国家能得治安与平和的基本条件。因为没有自由，势必各诉诸武力，斗争即起。故有自由，始有平和，始有治，否则平和不保，必酿乱。自由是一个文化得以发扬的基本条件。因为没有自由，即不复有创造的思想，即有之，亦不得批评与纠正。须知文化的进展惟在各种异说相磨荡中。倘思想定于一尊，则文化必即停滞了。自由是国民道德养成的基本条件，没有自由，必使民德堕落。因为一个民族必须其中的各个分子都有健全的独立精神，倘使把一国的人民教养成好像奴隶一样，只知跟随，不知辨别，不敢批评，则这个民族必定会衰颓下去。所以自由乃是立国的根本。

四

老实说，对于自由与民主，实在从未有真正的反对论。有之只是法西斯，这容后再说罢。至于共产主义却并不反对自由与民主。他们以为现在的民主政治不是真正的民主政治，而依然只是有产阶级的专政。所以，现在的自由亦只是有产阶级的自由，而无产阶级并未获得自由。根据这一点，他们以为民主革命（如法国大革命）只是中产阶级对于贵族、君主、僧侣的革命，而尚未曾普及到无产阶级；必须再有一个无产阶级的革命，然后方能去掉经济上的阶级。到了那时，国家亦没有了，于是乃得真正的自由与民主。我们对于这一段议论不但不反对，并且十二分同意。我们承认，在欧洲历史上今天的自由确尚未彻底。只有从神权上解放出来的宗教自由，只有从民权上争得的政治自由，而却尚未做到人人都有生存权的经济自由。所以，以往的宗教革命是争宗教自由的成功，以往的政治革命是争政治自由的成功，现在又到了第三个段落：就是经济上不自由、不平等愈趋愈甚，所以争经济上的自由之要求，变为现代唯一的企图了。

我们因此不能不承认，在宗教革命与政治革命之后，必须再来一个经济革命。老实说，欧、美在近二、三百年以来，所有的历史就是一部解放史。而在此数百年中文化能特别发展，超过有史以来的任何时代，亦就是为此。近见《东方杂志》上有浦薛凤一文，颇与我有相同的见地，他以为"历史上长时期与大规模的左倾运动到后来总是相当成功"，他对于"左倾"解释虽是指"反抗现状，要求变法，企求革命"，而我则以为就是我所谓的"解放"。打破信仰的现状，把宗教解放了；打破君权的现状，把政治解放了。所以我说一部欧洲近代史只是一部解放史，明白了解放的趋势是不可抗的，是百迴千折而终久要相当实现的，则必定知道今后的一幕，就是经济革命。所以我们对于这一点可以说完全与共产主义者立于同一的立足点。但我们对于共产主义者主张要实现经济革命必须经过一个无产专政的阶段，则引为不可通。我们从宗教革命与政治革命二个先例来看，便知其不合理了。在宗教革命上，不过推翻了宗教的压制，而并未转而施其压制于教皇与教会；在政治革命上，亦不过打倒了君主的专制，却并不是不许君主与贵族以平民资格来参与政治。何以在经济革命的时候，必须把所有的有产阶级一律褫夺其自由呢？我以为人总是有感情的，你以恶意对我，我当然以恶意报你。无论在信仰、政治或经济上，凡有改革的主张，倘必动辄以武力求贯彻，杀人不厌其多，恐怖愈大愈好，则其结果必把对方亦激起来反抗而后已，且其结果只有互杀。到了那时，人类的理性早已失其作用，只有感情的高潮支配着对敌的两方而已。因为这个缘故，我很赞成浦君所说，任何过激的改革，其结果只成就一半，并且我还要加上一句，就是要保全这一半亦必须立刻变为"温和化"。

还有一点就是有人把民主、自由只认为是中等阶级的"意识形态"，无产阶级便不需有此。我们从历史上看，诚然政治革命把中产阶级解放了，然而他们所标榜的自由、平等，却并不是专为他们一个阶级的利益而设的。他们在当时亦决料不到数百年以后会因为放任政策太过之故，致使无产阶级更失自由。在当时并未感觉经济上的自由与政治上的自由同等重要。并且以为只须政治上有自由，经济上视个人的努力如何，亦决可有相当自由。哪里知道个人主义的放任经济反产生大多数的无产者，不得受自由的利益呢？这完全是后来的情形，岂可归罪于当时。所以因怀恨个人主义的放任经济，遂亦怀恨及于自由、平等，这乃是恨僧及袈裟，实在是一件不通的事。

在这里，我们却应得讨论另外的一个问题了。就是上文所说的思想必是求见于实行，不求实现的思想必是无足重轻的。因此，我们须讨论思想如何实现的问题。一个人的事，总是好办的。如我有一种厌世的思想，则我自杀或绝食，都可使其见于实行。但关于全社会，则不能如此。换言之，即不能随我的意，要怎样便怎样，我们必须承认社会是一个"异质的结合" （heterogeneous whole）。在此种结合中，各分子有共同的地方，复有各异的地方。即有共同的利害，亦有各别的利害。既然在一个社会中利害不能完全一致，则其中的思想自然亦不一致。因为思想无论如何公正，总不能免去为利害所牵制的影响。因此，我们必须承认任何思想都包含有若干偏见，而偏见则根据于利害而起。我们在这个前提之下，必须主张任何一种思想，若求实现，必须有所"折衷"（neutralization），因为一种思想而绝对不稍加以折扣，使之实现，便无异于完全打倒其相反的其他思想。须知仅是思想尚不要紧，而思想是代表利害的，则以一种利害而完全把相反的或相异的利害都埋没了，这便把社会的本性（异质的结合）牺牲了。所以，我们既知道社会总是异质结合，则必定知道任何思想，若仅是思想，是不成问题的，倘若求其实行，必须拿出来与各方面相调和相磋商，自然会有若干的折扣。浦君在其文中亦提到这一点，他说："若问历史上长时期大规模的左倾运动究竟成功了多少？其左倾主张究竟实现几许？吾人可肯定答复：只一部分，充其量，大约一半而已。"他对于这个缘故又归咎于双方当事者的过激行为。我则以为此乃昧于社会上人性而使然。本来凡事涉及大众，则决不能有快意之举。愈是一意孤行，其结果愈惹反动。因此我们可以说没有一个主义是如其量实现的，但亦没有一种思想不可于几分之几见于实行。明白了这个道理，则可知思想自思想，实行自实行，思想只须求其合理就行了，激烈一些，褊狭一些，不要紧。而实行，则必须与人家调和折衷。此"调和"（compromise）所以为立国之要道，因为没有调和，就不复有平和与秩序。破坏了平和与秩序以求贯彻其主义，而其结果依然仍不过至多实现一半。可见无论取哪一种方法，而最后还是不能避去调和。可见思想苟与实行分开，便无丝毫危险。

五

在思想上崇尚创造，应得有充分的自由；在实行上，必须妥协，应得有相当的让步。这二点是西方文化的根本精神，亦就是欧、美人所以立国之道。可是中国人对于这一层似乎全不了解。我尝推求其故，以为是基于中、西文化之不同。我又尝推究何以中国人吸取西方文化以后反而弄得大糟特糟，其故亦未始不在于此。

中国人根本上即不了解思想自由是立国的根本。其故是由于中国的传统文化上没有这个问题。并不是说中国人不主张思想自由，乃只是说中国根本上就没有思想自由与否的问题，中国人不感觉到有这样一个重要的问题。所以我尝说，中国自最近四十余年来输入自由、平等的学说，辛亥又经过革命，按理则民主的观念应该深入人心，而实际上却等于春风过马耳。不但一般人民绝无民主观念，即在政治上作宪政运动与民权提倡的人们，亦未必真正明白民主是何物（中国人最奇怪的是，在台下时必高呼民权，一上台即主张只许政府有权，所以有人说中国政客是穷则兼善天下，达则独善其身）。因为据我看，他们总是把民主、自由当做一种制度，不能看透到背后，发现其为一种文化。须知制度是外壳，犹如房屋一样，中国人尽管住西洋式的房子，但其一切习惯都未曾改换，其结果必致格格不入。中国之改建共和，亦正有类于此。我敢说倘中国人的心思习惯与生活习惯以及对人观念处世态度不改变，民主政治决无由实现。但我所谓改变生活习惯并不是说住洋楼，吃洋餐，坐汽车，说洋话。我以为现在住洋楼，坐汽车，说洋话，吃西餐的人们，其心思习惯与生活训练，仍是不适于民主政治的。

在此，我愿把中、西文化作一个比较。须知思想自由之所为西方文化的精髓，乃正由于西方文化是"主智的文化"，主智的文化不能不"尚异"。然西方人则以为虽异义纷出而不为害，此乃尚"智"所使然。

我们中国的传统文化则不然，他根本上是一种"主德行的文化"。我尝戏拟一个怪名词曰：以道德为中心的文化（ethicocentric civilization）。要说明此点，又非借用现在社会学家所谓的"文化型"（cultural pattern）不可。他们说每一种文化其中都有一个型，全部文化都为这个型的颜色所染。我的意思亦是如此。我以为中国全部文化都是染了一种颜色，这个颜色那是所谓"修身"这个观念。例如《孟子》上"今夫奕之为数，小数也；不专心致志，则不得也"。又如《论语》上"君子无所争，必也射乎。揖让而升，下而饮，其争也君子"。这显然把奕与射都当做修身之工具，都从其有修身的作用来看。此外如"医"，亦不当做一种术，依然具有修养的功用。所以中国一切文明都染了道德的颜色，因此我名之曰：主修的文化（修即是修养与修身），以与西方的主智文化相对照。

主修的文化必有一个特点，就是不能不尚统一。因为分歧立异，必与修养有大不便利。虽则中国数千年来在政治上依然是割据的时候大过于统一的时候，然而在文化上却始终没有分裂。而中国所以能到今天犹保持一个整个儿的样子，亦就是靠这个具有统一性与主张统一的文化。尚统一的主修文化与尚分歧的主智文化，其对付异说是有不同。西方的主智文化对于异说是有所谓 tolergtion，此字译为"容忍"，其实不妥，乃只是"听之"（即听其自然不加干涉）的意思而已。中国的主修文化则有所谓"包容"，须知包容与兼收等等，只是表示宽大，乃是由我而把你包容过来，以表示我的宽大，并不是由你在我以外，自成对立的形势。中国人只有"宽大"的观念与"兼收并摄"的态度，所谓道并行而不相害，乃只是从我的观点看你的道，认为与我无碍罢了。西方则不然，他们确认为你的道与我的观点是相害的，但我仍不妨听你道其所道，而不加以干涉。这是思想自由，不是包容。至于关于调和，二者亦有不同。所谓调和就是互让，中国人亦很注重退让，但中国人的让德是基于责己的心理而成。西方则以让步而求贯彻所主张，即西方的让依然是由"争"而出，惟争而始有让。所以西方的主智文化既尚分歧，当然要偏于竞争。而我们中国文化既主修养，又尚统一，则势必侧重于无竞争。所以中国人的让，遂成为不竞争的让，其性质与西方的便不相同了。

但主修的文化却另有一个优点，足以相偿。就是不尚理论，而凡事求教训于经验（即阅历）。所以中国人最重过去的阅历，把经验所得列为教训。须知实际上凡能实行的无不是调和与折衷，中国人由实际所经验的亦只是这个教训。因此中国人不像外国人那样迷信理论，更不像外国人那样求彻底，求完全，求痛快。中国人因此不会有过激的地方。因为尚理论则重想象或推想，尚经验则重实际，看情形。拿过去的经验为准绳，不以未来的妄想作根据。

我以为，中国的文化上虽根本上不发生这样的自由问题，然而西方文化进来了以后，依然还是要发生的。所以本篇不是专讨论中、西文化的比较，乃是想从文化上证明思想自由之为重要。其重要之点，又不仅在其为西方文化的精髓，而且亦在于我们中国以性质不相同的东方文化，如何把他吸收过来。我常说，中国如果不遇着西方文化，中国本身并无多大问题。无如西方文化的侵入是个必然之势，于是问题乃起。如何调和中、西文化，使西方文化进来而又不致推翻中国固有的文化，这是一个大问题，绝非本篇所能讨论。因为言之太长，现在只能说，西方文化既来了，则西方文化之精髓的民主、自由，即应得随之使其充分进来。读者不要以为欧洲目前正闹独裁，以为他们换了路线，殊不知这只是一个时代的反动，在欧洲历史上不啻等于维也纳会议，神圣同盟（不过特别厉害些）一样。我们倘能拉长了看，必见终究是解放运动占胜利，即经过多少迴旋而终须恢复到自由这一条大路上去，否则即必为西方文化整个儿破产，我想这又太悲观了。

民权的保障

《独立评论》，第 38 号，1933 年 2 月 19 日

胡　适

前几天在中国民权保障同盟北平分会的席上，杨杏佛先生说了一句很沉痛的话："争民权的保障是十八世纪的事；不幸我们中国人活在二十世纪里，还不能不做这种十八世纪的工作"。

先进的民族得著的民权，不是君主钦赐的，也不是法律授予的；是无数的先知先觉奋斗力争来的，是用血写在法律条文上去的，是时时刻刻靠着无数人的监督才保障得住的。没有长期的自觉的奋斗，决不会有法律规定的权利；有了法律授予的权利，若没有养成严重监护自己的权利的习惯，那些权利还不过是法律上的空文。法律只能规定我们的权利，决不能保障我们的权利。权利的保障全靠个人自己养成不肯放弃权利的好习惯。

"权利"一个名词，是近三十多年来渐渐通用的一个新名词。当这个名词初输入的时代，梁任公先生等屡作论文，指出中国人向来缺乏权利思想，指出中国人必须提倡这种权利思想。其实"权利"的本义只是一个人所应有，其正确的翻译应该是"义权"，后来才变成法律给予个人所应享有的"权利"。中国古代思想也未尝没有这种"义权"的观念。孟子说的最明白："非其义也，非其道也，一介不以与人，一介不以取诸人"。这正是"权利"的意义。"一介不以与人"是尊重自己所应有；"一介不以取诸人"，是尊重他人所应有。推而广之，孟子所谓"富贵不能淫，贫贱不能移，威武不能屈"，也正是个人自尊其所应有，自行其所谓是。孔、墨两家都还有这种气概。但柔道之教训，以随顺不争"犯而不校"为处世之道，以"吃亏"为积德之基，风气既成，就无人肯自卫其所应有，亦无人肯与强有力者争持其所谓是。梁先生们所谓中国人无权利思想，只是这种不争不校的风气造成的习惯。在这种习惯支配之下，就有了法律规定的人权、民权，人民也不会享用，不会爱护的。

然而普通人的知识和能力究竟有限，我们不能期望人人都懂得自己的权利是些什么，也不能期望人人都能够监护自己的权利。中国人所以不爱护权利，不但是长久受了不争与吃亏的宗教与思想的影响，其中还有一个更重要的原因，就是中国的法制演进史上缺乏了一个法律辩护士的职业。我们的老祖宗只知道崇拜包龙图式的清官，却不曾提倡一个律师职业出来做人民权利的保护者。除了王安石一流远见的政治家之外，多数儒生都不肯承认法律是应该列为学校科目的。士大夫不学法律，所以法律刑名的专家学识都落在一种受社会轻视的阶级的手里，至高的不过为刑名师爷，下流的便成了讼棍状师。刑名师爷是帮助官府断案的；人民的辩护还得倚赖自己，状师讼棍都不能出面辩护，至多不过替人民写状子，在黑影子里"把案"而已。我们看《四进士》戏里讼师宋士杰替他的干女儿打官司，状子是按院大人代写的，是宋士杰出庭代诉的，还几乎完全败诉了。我们看这戏的用意，可以想见我们的老祖宗到了近代也未尝不感觉到法律辩护士的需要。但《四进士》的编著者是个无名的天才，他的见解完全不能代表中国的一般社会。普通人民都只知道讼棍是惹不得的，宋士杰是人间少有的，同包龙图一样的不易得。所以他们只希望终身不入公门，不上公堂；上了公堂，他们只准备遭殃，丝毫没有抵挡，没有保障。好胜是天性，而肯吃亏是反人情。中国人的肯吃亏，不好讼，未必是宗教与哲学造成的，绝大的造因是因为几千年来没有保护人民权利的律师阶级。

西洋人的权利思想的发达同他们的宗教信条正相反。基督教的教主也是教人不抵抗强权的："有人打你的左脸，你把右脸也给他打"。然而基督教的信条终久不能埋没罗马人提倡法律的精神。罗马不但遗留下了罗马法典，更重要的是她遗留下的法学与辩护制度。士大夫肯终身研究法律，肯出力替人民打官司；肯承认法律辩护是高尚的职业，而替人伸冤昭枉是光荣的功绩——有了这种风气和制度，然后人民有权利可说。我们不要忘了：中古欧洲遗留下的最古的大学，第一个 Salerno 是医科大学，第二个 Bologna 就是法科大学，第三个巴黎才是神科大学。我们的士大夫是"读书万卷不读律"的，不读律，所以没有辩护士，只能有讼棍：讼棍是不能保障人民权利的。

中国人提倡权利思想的日子太浅，中国有法律教育的日子更浅，中国有律师公开辩护的日子又更浅了。所以什么《约法》和宪法里规定的人民权利，都还是一些空文，军人、官吏固然不知道尊重民权，人民自己也不知道怎样享用保护自己的权利。到了权利受损害的时候，人民只知道手忙脚乱的去走门路，托人情，行贿赂；却不肯走那条正当的法律的大路。直到近几年中，政治的冲突到了很紧张的地步，一面是当国的政党用权力制裁全国的舆论，不容许异党异派的存在，一面是不满意于现政权的各种政治势力，从善意的批评家到武装反抗的革命党派。在这个多方面的政治冲突里，现政权为维护自身的权力计，自然不恤用种种高压方法来制裁反对势力，其间确有许多过当的行为，如秘密军法审判的滥用，如死刑之滥用，如拘捕之众多与监狱生活之黑暗，都足以造成一种恐怖的心理。在这种政治势力的冲突之下，尤其在现政权用全力制裁武装反抗的政治势力的情形之下，一切情面、门路、友谊种种老法子在这里都行不通了。直到这个时候，才有人渐渐感觉到民权保障的需要。民权保障的运动发生于今日，正是因为今日是中国政治的分野最分明，冲突最利害的时候。我们看上海发起这个运动的《宣言》特别注重"国内政治犯之释放与非法的拘禁酷刑及杀戮之废除"，就可以明白这个历史背景了。

我是赞成这个民权保障运动的。我承认这是我们中国人从实际生活里感觉到保障权利的需要的起点。从这个幼稚的起点，也许可以渐渐训练我们养成一点爱护自己权利并且尊重别人权利的习惯，渐渐训练我们自己做成一个爱护自己所应有又敢抗争自己所谓是的民族。要做到这种目的，中国的民权保障运动必须要建筑在法律的基础之上，一面要监督政府尊重法律，一面要训练我们自己运用法律来保障我们自己和别人的法定权利。

但我们观察今日参加这个民权保障运动的人的言论，不能不感觉他们似乎犯了一个大毛病，就是把民权保障的问题完全看作政治的问题，而不肯看作法律的问题。这是错的。只有站在法律的立场上来谋民权的保障，才可以把政治引上法治的路。只有法治是永久而普遍的民权保障。离开了法律来谈民权的保障，就成了"公有公的道理，婆有婆的道理"，永远成了个缠夹二先生，永远没有出路。前日报载同盟的总会《宣言》有要求"立即无条件的释放一切政治犯"的话，这正是一个好例子。这不是保障民权，这是对一个政府要求革命的自由权。一个政府要存在，自然不能不制裁一切推翻政府或反抗政府的行动。向政府要求革命的自由权，岂不是与虎谋皮？谋虎皮的人，应该准备被虎咬，这是作政治运动的人自身应负的责任。

我们以为这条路是错的。我们赞成民权应有保障，但是我们以为民权的唯一保障是法治。我们只可以主张，在现行法律之下，政治犯也应该受正当的法律保障。我们对于这一点，可以提出四个工作的原则：

第一，我们可以要求，无论何种政治犯，必须有充分证据，方可由合法机关出拘捕状拘捕。诬告的人，证实之后，必须反坐。

第二，我们可以要求，无论何种政治犯，拘捕之后，必须依照《约法》第八条，于二十四小时之内送交正式法庭。

第三，我们可以要求，法庭受理时，凡有证据足以起诉者，应即予起诉，由法庭公开审判；凡无犯罪证据者，应即予开释。

第四，我们可以要求，政治犯由法庭判决之后，应与他种犯人同受在可能范围之内最人道的待遇。

这都是关于政治犯的法律立场。离开了这个立场，我们只可以去革命，但不算是做民权保障运动。

以上所说，不过是举政治犯一个问题做个例，表示我个人对于这个运动的见解。除了政治犯之外，民权保障同盟可以做的事情多着哩。如现行法律的研究，司法行政的调查，一切障碍民权的法令的废止或修改，一切监狱生活的调查与改良，义务的法律辩护的便利，言论、出版、学术、思想以及集会、结社的自由的提倡，……这都是我们可以努力的方向。

二二，二，七

中国为什么没有舆论？

《国闻周报》，第 11 卷第 2 期，1934 年 1 月 1 日

政　之①

中国为什么没有舆论？因为中国没有言论自由！中国国民有一个大毛病，就是不说真话，而且不许人说真话！因为不许说真话，所以整个社会，充满着诈伪，虚矫，自欺欺人的空气，把人生也弄成空虚而没有意味，久而久之，谁都不知道什么是真，什么是假，甚至积非成是的结果，间或有人敢于说真话，办实事，大家反而怀疑敌视，甚至要打倒他而后已。惟其如此，社会上只有"乡愿"，只有"愚论"，而不能有健全合理的真舆论。因为这样的舆论，至少应该先把事实真相，赤裸裸地公表出来，供大众之认识与理解，然后根据真知灼见，由少数有识解的人们，无忌惮地加以批评纠正，拿出具体主张。此际如果另有一部分少数识者，别具见地，也尽可以公开研讨，不客气地交换意见，彼此切磋，再由大多数人在这许多不同的观点之间，根据他们对于事实之认识和理解，运用其自由而无成见的理智，选择一种他们所认为比较合理的议论，一致起来赞成它，拥护它，主张它，经过如此阶段，这便可以成为所谓"健全而合理的舆论"。

本来我们要拿这样的标准，来寻求舆论，事实诚然困难。因为我们知道，世界任何国家，言论纪事都没有绝对的自由，尤其是在现代独裁政治化的世界潮流中，舆论是要受统治的。如意大利决不许有反对法西斯蒂主义的言论公表；苏俄的报纸，不是政府办，就是党的机关报；日本报纸有形无形的受军部的干涉，异常厉常，所谓"禁止揭载事项"的通知书，各报一天不定要接到几次，如果违反军部意旨，不是派人掷炸弹恐吓你，就是叫各军队和军人家属，甚至在乡军人团体，停止购阅你的刊物，以"暴依可特"的手段，作压迫言论的武

---

① 即胡霖（政之）。——编注。

器。他们是举国皆兵的国家，这种"排报"的方法，比中国"排货"还有力，比扣报、停邮的处分，来得更为凶狠。所以办报的人们，只好跟着军部走，捐上"愚论"的底货，冒充"舆论"的招牌。然而他们的政府能力，毕竟较好，人民程度，毕竟高些，法律保障，毕竟有点，所以报纸虽然无力，政府总还在轨道内行动，不至于完全与国民意志相背而驰。尤其俄国，虽然党外没有言论自由，党内却实行民主集权制度，在党议未曾决定之先，大家尽可径情争辩，无须诈伪欺骗；而各种党报对于政府机关和人员之腐化恶化，尤其可以尽量攻击，毋庸顾忌。这更是号称言论自由的国家所望尘莫及者，所以人家虽说没有自由，终比我们强得多。

中国人的专制思想，是与生俱来之先天病态，所以中国言论纪事之不自由，不但政治使然，社会亦复如是。例如庚子闹义和团，在北方不是风靡一时吗？当时有人反对，使得受社会多数民众的攻击，仿佛是"二毛子"，人人得而诛之。一二八上海停战会议之时，少数人知道不堪再打，谁都希望协定成立，大多数人却绝对不愿听这类"长他人志气，灭自己威风"的议论，所以直到如今，这段交涉，还是南京政府受人攻击的口实。惟其社会上欢喜这种疾风暴雨式的感情论，夸大狂，以致冷静合理的主张，往往不合大众的胃口，不能见容，甚且遭受迫害。于是野心家迎合众愚，务为高论，而少数沈潜之士，畏谤避祸，也只好噤若寒蝉，嗟叹于私室。此外纵有极少数特立独行之士，身处孤危，亦惟有向机进言，聊求心之所安，力量当然有限。中国真正舆论之不能造成，原因就在于此。所以言论纪事的自由，不但应向政府要求，并且还得向社会要求；不但须请求解放，并且还得需要保护！

在有权有势的人看来，干涉言论，压迫记者，本算不了一回事。因为干涉和压迫的结果，事实真相湮没不彰，又诚然于当时有权有势者不无便利。然而综合判断起来，实际是害多于利。因为他们这班人，大概是才不当其职，德不副其任，当局则迷，闭聪塞明，不一定个个都是极恶大坏，居心害国的人，如果尊重法律，解放言论自由，明目达聪，兼视兼听，或者还可以免除左右近习蒙蔽之弊。例如袁世凯帝制之时，劝进之表，非分之谋，都是群小们勾串构造出来的，甚至连日本人办的北京《顺天时报》，也都替他另印一份，每天呈阅，以示日本赞成帝制，壮壮他的胆子。就是民国十三年曹锟贿选，弄得秽声四播，又何尝不是左右近习架弄诱惑而成？我在那时，便是身受迫害之一人。事实是这样的。曹锟贿选事起，浙督卢永祥反对最力，曹政府决定加以讨代，张作霖在奉天，阴与卢氏结合。江浙战事酝酿吃紧的时候，张曾致书曹锟，劝其不要用蛮横的武力去糜烂江浙，否则将从事武装调停。此信到京，政府中人当然大为着忙。想不到我有一个朋友张君，恰在奉天充当张汉卿的秘书，他得着这封信稿，认是特等新闻，便用快信抄寄北京国闻通信社，信面写的是我的姓号。但是事不凑巧，我正在上海总社办事，并不在京。京社同人，接着这种大新闻，不顾利害，当晚发表出来。第二天各报有全登的，有摘录的，总而言之，国闻通信社的风头是出了，而大祸也便跟踪而来。记得张君的稿子，是十三年九月二日到的，我们当晚发出，九月三日下午七点三刻，就来了两个便衣警探，随着又来了四个雄赳赳的巡警，到梁家园后身的社所，取出京师警察厅的一张知会单说：我们总监请你们经理胡某某先生谈话。当晚社员们告以我在上海，他们便要叫编辑先生去代表，于是我的朋友周昌鸿先生便忠勇地做了我的替身。一连拘禁了两个月，从警察厅拘留所到卫戍司令部监狱，还和当时押在该处的共党首领张国焘同住过一间房子，后来又押在西苑十三师司令部军法处。彼时，通信社已被封门，同人逃亡，接着江浙开火，奉直战争，我们发表的新闻，真而又真，却是捕人封社，严重异常。我在上海，急得一筹莫展，幸而冯玉祥不久便回师倒吴，时局大变，周君方由邵飘萍先生的保释，恢复自由，通信社在执政府成立后，亦即启封。据说当时张函到京，曹锟并没见着原信，系由某要人等先行拆阅，恐旧曹锟见信着慌，就把原函改头换面，把内容换过，添了痛骂吴佩孚的一段，另抄呈给曹阅，同时反说报纸登的信，内容不实，嗾曹惩办通信社，这一下子周君可就无辜遭殃了。彼时假若我在北京，恐怕不是拘禁所能了事的。然而曹锟当时若不受左右的蒙蔽，或者不致狼狈失败，身受幽囚之辱。可见有权有势的人们，干涉言论，压迫记者，实在于他们无益而且有害。只可惜天下老鸦一般黑，谁人上台，谁也免不了来这一套，所以我们以新闻记者为职业的人，随时得冒着危险往前干，想到"自由"两字，真是"河清难俟"！说及代表"舆论"，史是惶悚汗颜！

要讲压迫言论，从我二十年的经验看来，真是一个时代比一个时代进步。在民国四、五年，当新闻记者的人，除非是好出风头，奔走政界，很少受人注意。电报局虽也有时检查专电，扣留不发，但是检查员间或还找着发报的记者，和你商量商量，有些经过解说，便可照样发出。有些纵令检扣，还许你另外改过再发。这都是我亲身阅历过的。后来北方军阀专政，虽说一样地干涉报馆，但是因为智识太欠缺的缘故，新闻记者只要立身行己，有卓然自全之道，在新闻技术上很容易避免危险。记得民国十五年九月《大公报》复刊后的第五天，因为刊登吴佩孚汀泗桥大败的新闻，报纸被当局扣留，我便去督署访问主办的某科长疏通。当时他对于我们的言论纪事，并不甚责备，只说我们不应该把当天重要新闻标题，用大字写来，贴在日本租界旭街报馆的门口，招人注目，摇惑人心。我随即告诉他，我们这种方法，是仿照外国报馆的，我们都是南方人，许多同事，都是从上海约来。他听见这话，说道："这就难怪！咱们北方，用不着如此招摇，你们以后少贴大字报子吧！"我当时唯唯答应，不到两小时，我就出来，以后又托人疏通褚玉璞的军法处长，当天解禁，不再扣报。我们后来送了这位处长义务报半年，总算是平安过去。到了国民革命军进至长江，宁汉合一之后，我们抱着革命建设的新希望，言论纪事，总免不了替新兴势力张目，于是有些人便送我们一个"坐北朝南"的徽号。当时也曾发生过几次危险，幸而朋友多，随时得着爱护，所以别人得不到的自由，我们却还相当地能够享受与运用。民国十七年，革命军统一北方，党部成立，言论便渐渐不如军阀时代自由。因为党人们都从此道出来，一切玩笔杆，掉枪花的做法，他们全知道，甚至各处收发的新闻、电报检查之外，还任意加以修改，这比从前的方法，进步何止百倍？尤其苦痛的是统一不久，时局便现裂痕。报是要卖的，如果千篇一律，跟着当局的宣传大纲做，那还不如关门大吉，落得痛快！况且报的销路越多，范围越广，于是甲地欢迎，乙地反对，甲地发行，乙地便禁止。在张、褚当道时代，就有人问过我是不是国民党？我答道我是国民而不是国民党，我们办报，始终是抱定这个立场。但是因为国民党内争不已，离合无常，各方面都拿他们的着色眼镜来看我们的言论纪事。有时觉得胃口合式，便认为是对他们表同情；有时觉得刺耳碍眼，便认为受他们反对派的运动。其实我们是凭良心，说直话，好比一张白纸，不着丝毫色彩。然而事实毕竟不能容许，于是在他们的几反几覆中间，我们不知道吃了多少苦头。总算占了交际广阔的光，又因为事实上没有背景，虽然在南北各地经过好几次扣报和禁止发卖的处分，终于没有把事业弄得消灭。尤其《国闻周报》，向来抱着多纪事，少说话的主义，比较更是少灾少难，支持过了十年。而我们差堪自慰的，是任令环境如何艰危，我们总有一贯不变的立场，从没有自相冲突的言论。所以尽管在不自由之中，我们总算利用着超然独立的地位，多少发表一点真事实，说上些须良心话，所享受的言论自由，实在要算最多的了。只可惜我们能力薄弱，把真正舆论代表不起来，这是我们万分惭愧的事。

我尝说：外国社会是成人之美，是坦白爽直；中国社会都是充塞着忌嫉阴郁的气象，稍微不留神，便会被社会挤倒，这是中国社会事业不能大成功的真原因。因为外国社会是捧人的，中国社会是毁人的，所以社会上只有交相破坏的心理，而无同情互助的精神。同是一件事，在外国有人喝彩，在中国却只能换得人们的冷笑，同是一句话，在外国专从正面去看，在中国却偏要往反面去解释。这也是中国不能造成健全而合理的舆论之一因。我们以二十年服务报界的经验，不但希望政府当局们要放开度量，容纳诤友；同时还希望一般国民，要拿同情和好意，多听真话，尊重言论自由，然后真正的舆论，才能够造成表现。国家只要有了真舆论，政治想不上轨道也不可能。所以中国为什么没有舆论，实在是全国上下都应研究救济的一大问题。

政府与提倡道德

《大公报》，1934 年 11 月 25 日，第 2～3 版

傅孟真[1]

政府应该不应该利用他的特殊凭借，去提倡他所认为道德的，本是一件向来有争论的事。除去极端的自由论者和宗法主义的国家，大约都取一种中间之路。不过，在欧洲的这个争执，是有一个明显的体态的，即是政治与宗教之关系，即二者之间之分合的程度。在中国，则以本无所谓"建置的教会"及宗教义法之故，所以凡是政府所提倡的道德，每每不外下列两事：其一，宗法时代的仪文及其相关连物事；其二，法律所应当制裁而在中国则不能制裁的，转去乞灵于所谓道德。就前一项看，每似无知之表现；就后一项看，更觉无聊了。所以自民国成立以来，每次政府在那里制礼作乐，太息于世道人心之日下，而以一纸空文提倡道德，不特在正面所得结果直等于零，且在旁面适足以助成伪善与虚饰之增长而已。

政治责任与道德本是一个大题目，在这样一篇短文中，我不能将纲领说得明白。现在但举出几点来讨论。

第一、近代国家决不能以宗法主义为建设国家，组织社会之大原则。故凡宗法制度下所谓道德之崩溃，每是新时代之国家、新时代之经济所形成，正不必过为忧虑。在这些地方，政府只好任时代之自然演进。例如女子的贞操，本可不必成为道德问题，其所以成为道德问题者，本是男权社会所造就。这件"道德"，要依女子的经济地位之变动逐渐改化的。又如子女对于父母之独立性，近二十年来在都市大大改变了，在乡村尚不曾有实质的改变。这个对映，明显的，经济变动为道德变动之原因。道德变动之类乎此者，既非政府的力量所能左右，更非具有近代社会学知识者所应痛心。

---

[1]　即傅斯年。——编注。

第二、所谓公德与私德之分，本是一个绝对不通的流行观念。设如所谓德者，其作用不及于本人一身之外，这简直和一个人的饮食衣服居处的习惯一样，只要不扰乱到别人，便只是他个人的僻性，其中无所谓道德不道德。设如所谓德者，其作用固及于本人一身之外，这便是与公众有关的事了，这便是公德了。以前的中国社会，本以家族为组织单位，所谓国家者，不过是运用征服权能之上层绳索，所以在家庭中之孝弟，在朋友间之忠信，是道德系统之重心，而为公忘私，为国忘己，虽为一般作道德论者所提倡，且为不少理想家所实践，终不成为民众心理上道德之重心。所以损己服公，在西方富有国民训练的民族中，行之甚易；而损公益己，在我们这样缺少家族以外之锻炼之社会中，改之甚难。我们所缺少者，是近代国民之必要的公德素养，包括着为国家送自己的性命在内。认清这一点，则政府与其费许多唇舌，提倡些社会习俗中的道德，毋宁利用政治的及法律的权能，陶冶国民的公德。这话即等于去说，用政治屏斥一切危害公德的，用法律干涉一切破坏公德的。欧、美先进国家之国民训练，本是经过一个长期的政治与法律的陶冶，陶冶既成，才能够以畏法为向义之门，以服公为克己之路。

即如"礼义廉耻"的口号，在上位者登高一呼，自然有无量在下位者四面一应。应自应，而无礼，不义，鲜廉，寡耻，未必不一一仍旧。尤其大的患害是，一般原来鲜廉寡耻者，作此等呼号不已，仿佛托庇在这呼号之下，仿佛他也不算真的鲜廉寡耻者，这直不啻为此辈添一层护符。所以在位者若真的想提倡礼义廉耻，口号是没用的，只有自己做个榜样，把自己所能支配的无礼、不义、鲜廉、寡耻之徒，一举而屏弃之。古来有句格言："以身教者从，以言教者讼"。教书匠的作用还是如此，何况运用政治之权能者？政府若真的想提倡德义，只好先做一个澄清自己的榜样，也只须这么一个榜样，就够了。

第三、中国人所缺乏者，是国民训练，不是抽象道德名词。抽象道德名词有时自然也很有用处，抽象名词之训练，自然也可在千百个口头禅中得到十一之忠实信行者。但这个究竟不能普及于大众，且在训练有效时分，意识上总带些意气性，在躬行上，不易于有方法。即如宋、明晚年之理学，正是一个抽象道德观念之训练，其效力固能使若干理想家为民族牺牲性命，然而究竟与大众差少相干，而且这些理想家在举动上又是乱来的。现在不需要过于凌空的东西，而绝对需要坚实的普遍的国民训练，不需要道德的口号，而需要以法律及政治"纳民于轨物"之劳作。

请先谈法律。古来所谓刑礼之不合，本是一种社会的畸形现象，而主张刑礼异趋者，又每是些懒用逻辑的竖儒。柳宗元见得透彻，他说："其本则合，其用则异。"看他那篇《驳复雠议》之所论，真能一扫礼刑二元论者之误谬。然则政府若果在人民的道德上有兴趣，正应以法律陶冶民德。在立法上固应引进若干反宗法部落的、公民契约论的近代思想（这层颇能办到些），在执法上尤应养成服公从义的习惯，是是非非的良心（这层上却毫无成绩）。须知法律即是秩序，即是训练，这是自罗马以来一切有成的国家的标准。国民的训练者不是元首，不是辅相，不是大将军，而是公正的法官，这是英、美、法、德诸国的历史事实。若凭借法律的陶冶，将来的中国人公心发达，能做到"其子攘羊而父证之"，中国乃真的超越苏拉时代的罗马，而是一个十足的近代国家了。

请再谈政治在陶冶民德上的效能。孟子说："尧舜帅天下以仁而民从之，桀纣帅天下以暴而民从之。"这话在现在看来自然太简单些，然凭借居高临下的地位者，时机好，运用巧，有时真能移转风气。不过，若想行得通，必先自己做个榜样，即孟子所谓"帅天下"，决没有自己向东，劝人向西，而人肯听的。现在若以政治的力量提倡民德，真有好多事可以做，爱国心，服务心，廉洁的行谊，忧勤的劳作，一切等等，数不尽的。只是这些好东西又都不是空口劝人便能做到的，必须自己立个榜样。以我所见，自北平至南京，是不是有开代的气象，我愧不敢说。我只见天下熙熙，天下攘攘，若不想到国难之深，民困之极，只见到公务机关汽车之多，公务人员应酬之繁，外宾招待之周，不相干的事计划的得意，也真够太平景象了。如此的政治榜样，是能锻炼人民道德的吗？如果一面如此"帅天下"，一面又以制礼作乐，昭显德化，我恐所增进者，只是伪善与乡愿，希意与承旨；所没落者，转是国之四维，礼义廉耻耳。

为报界向五中全会请命！

《大公报》，1934 年 12 月 10 日，第 3 版

《大公报》社评

今天是五中全会开幕之期，我们从这次到会人数之踊跃，意见之和谐上看来，对于本届会议，不能不抱着诚挚的期待。因此，我们想把切己利害的一个问题——言论自由——提出来，请求全会注意！

本来，言论自由载在《约法》，是没有疑问的，除掉戒严地方、军事区域，言论是不应当受制限的。但是，实际上全中国何处有真正的言论自由？最近几个月，港、粤一部分的要人们，因为一切文字和谈话都不能在别地方见报，于是也大嚷其言论自由，实则"丈八灯台照得着人家，照不见自己"。他们在台上的时节，何尝不干涉言论？就是西南各省的言论界，在今天又谁曾享受过一丁点儿的自由幸福？所以我们要求解放言论，是普遍的，不是局部的，是对中央和各地方说话的，不是专对任何当轴的。这一点希望各关系方面能够了解我们的立场，加以原谅。

我们对于近几月来的"统制新闻"，根本不反对，因为我们知道，国家到了这宗地步，报界责任负得很重，而且在内外情形万分复杂的现状之下，报纸采用新闻，报告消息，的确有十二分审慎的必要，我们应当以整个的国家利益为前提，不能毫无顾忌地登载。但是，我们把"统制新闻"和"统制言论"，不一定看成一件事。我们以为，"统制新闻"目下或者在实际上还有其必要；"统制言论"却实在可以不必，而且不该。因为报纸言论是他的灵魂，理应让他自作主宰，自负责任。如果他的言论，触犯法律，害及国家，尽可依法检举，照律惩罚，万不宜在言论未发之先，加以束缚；在言论已发之后，任意苛责。政府要拿全国的报纸文章，都弄成清一色，不但于官方无益，并且有害！因为到处都看见千篇一律的对政府恭顺之辞，正以表现当局在"防民之口"。报纸的信用固不足惜，万一政府有时因正当理由，需要舆论动员，而这无数的老牌"应声虫"，即令人人喊破了嗓子，大家来上一套，也决树不起什么权威来，这岂非

损人而不利己，何苦来哉？蒋、汪两领袖二十七日通电内有"凡不以武力或暴动为背景之言论，政府必当予以保障而不加以防制"等语，真是言论界的福音。胡适之先生昨天在本报星期论文里，对于言论自由一点，说得十分沉痛而恳切，完全替我们把要说的话，给说完了。我们现在只有竭诚请求五中全会诸公，共同提出通过保障言论自由的议案，以示党国诸彦大公至正的态度。至于"统制新闻"，也应该责成政府明定办法，纠正现在的畸形状态。

关于"统制新闻当"我们曾发过不少的议论，最后为了十月三十日《于主席适从何来》一篇社评，还受着某机关"严重警告，以示薄惩"的谴责。待罪之身，本不应再来饶舌：但是我们总觉着统制新闻在势既不能完全取消，至少应该在方法上求其合理化。我们知道中国现在正发着"统制热"，然而一切统制之上，似乎都应该再上一道"统制"，就像"统制新闻"，还得要"统制""统制新闻"，否则结果徒叫报界受罪，而政府毫无所得，岂不又变成"损人不利己"？我们以为，要发挥理想的统制的"统制新闻"，在今日的中国，实在没有希望。万不得已，只好把现在太不合理的统制，稍微改良一下，我们因作以下的建议：

一、凡有关于外交、军事、国防消息，应该禁登者，中央先订出一种范围，规定有效期限，通令各地检查机关转知各报注意，各报本此原则，自为新闻取舍之标准，各地检查所本此原则执行，力戒苛细。期满后中央审度情形，另案通知遵办。此外一切个人问题，次要事件，任何机关都不许干涉查扣。

二、关于临时特定问题，如军政要人之言动，党政有关之要讯，为大局关系应当禁登者，须由中央随时通令各检查所转知各报注意，附以期限，指明范围，不能由各地方机关任便发令，致滋滥用权力之弊。

三、各地方高级机关参与新闻检查事务，只应以涉及当地之国防、外交、军事性质或与地方治安有重大关系之事项为限，并应派智识较高，明了报界情形之高级人员负责参与，必要时随时得向各该长官直接请示，以负责态度指示办法，借免下级官吏迎合揣摩之弊。

四、如果各地新闻检查所不能撤销，应将各地电报局检查电报之手续一律免除。以免收发之际，辗转查扣，最后尚需经检查所删扣，时间既不经济，电费又多负担。

以上是我们最小限度的希望，请求五中全会为报界主持，按此原则，交主管机关改良检查办法，解除全国新闻界的苦痛。此外我们平、津同业，更拟向全会有所请愿，即日可以发表，内中所列各点，都是平、津报界同业的公意，我们也请五中全会必须特别注意！

论统制之宜审慎

《国闻周报》，第 12 卷第 32 期，1935 年 8 月 19 日

张佛泉

我在本《周报》第二十八期发表一文，题为《个人自由与社会统制》。里面讲到极端的个人主义的自由论，须多少加以修正，同时指出相当的统制，在今日的社会也是有必要的。我这篇文章脱稿（七月十日）之后二日，立法院便通过新《出版法》，由院呈国府公布施行。这个新《出版法》原文在报端披露后，便有人批评其中各条多过苛细。接着便有京、沪、平、津的新闻界再次向党政当局请求缓布该法，或另定《出版法》原则，重议新法。新闻记者的请愿书中，对新《出版法》内容有很详确的批评。本文目的不专在批评此次的《出版法》，故雅不愿再对之有所赘述。现在只愿借着新闻界又在争言论自由的运动声中，一论统制之不可滥施，一方面为补充前文，一方面还想对国人谬误的统制观念加以纠正。

我们现在批评个人主义的自由论，大家须切记，绝对不是对他们的主张发展个人个性的理想有所致疑。使个人得到最大限度的发展，是任何谈社会理论的人所不应忽视的出发点。我们现在需要启发培植个性，也许比以前更迫切。我们批评个人主义的自由论，只是批评他们对培养个性所想用的方法不当。我们认为，他们所拟的方法是现代社会中所不能采用的，即采用也不见得可以达到所预悬的目标的。或再进一步承认，他们心目中所悬想的个性，与我们今日所说的个性，小有不同。但是这一种启发个性的要求，却是前后谈社会问题的人所共具的。并且我们敢说，哪一个社会理论家，如整个否认个人个性对于社会进步的重要，那么他的学说一定是经不起敲击的。

我在前文曾从政治、教育和经济方面指出适当的社会统制是有必要的。就政治论，国民——至少是一小部分占领导地位的国民——应当有一种基本的共同信念。为实现这一点，教育便须有一种比较具体的目标，这全是离不开统制

的。经济方面，在欧西先进国家，也都已有统制的需要。至于在仍未脱离农业社会阶段的中国，在经济生活中需要统制的地方，恐旧还不多。

中国近四五十年来的历史，本是个自由运动、解放运动的历史。但是自从国民党采纳俄卿鲍洛廷的方策改组以后，便注重起纪律来。这种方向的转变，在中国近代史中是很重要的。在这时，不但苏俄在欧洲大战将完结的时候起了社会革命，战后的意大利和前两年的德国，也全采用了一党专政的方式。又自一九二九年经济衰落后，几乎各工业国家，都曾仰望着"统制"做最后的救星。于是国内一般浅学者流，震于这种趋势，不但赞成国民党在党、政、军各方面的统制，并且推波助澜地在思想、文化等方面，全想讲起统制来。但我以为，在这种讲统制的风尚中，很包含了些误解。而这种误解，实大有矫正的必要。现在请举几条理由，证明统制之不宜滥施。

第一，我们须知讲统制须有讲统制的条件。高度的统制绝对不是人人可以任意运用的。讲统制需要人才、组织、训练、设备（如敏捷的交通方法）等客观的条件。没有这些，便决不配讲统制。譬如一个现代化了的军队，在这里才真有统制可言。军官有爱国热诚，受过科学的军事教育，这是有了领袖人才。枪械子弹齐备，辎重给养充实，一切攻守的科学利器，指挥联络的机构，应有尽有，这是有了新式设备。在组织方面有条理，紧凑；士兵同时又经过严格有纪律的训练。这样，这一支军队方形成一个灵活的有机体，方容易指调，方容易统制。反之，我们假想一些乌合之众，没有适当的指导，没有组织训练，没有任何设备；试问在这种支离散漫的状态下，还有什么控制可言？年来有许多人只见到人家讲独裁，讲统制的成功，却未看看他们何以能这样做。不错，斯大林、墨索里尼、希特勒之流，都是独揽重权于一身的，但是他们如没有可供利用的政治"机构"，即使他们生来三头六臂，千手千眼，我们也敢说是毫无能为的。近来我常举美国罗斯福总统的蓝鹰复兴运动作例。罗斯福在网年中不知花了多少亿金元。在这样短的时间内，用并非完全浪费挥霍的方法，花去那样多的钱，老实说，便不是一件容易事。不信，让我们的政府试一试，如不采用入私囊的简便方法，我们恐怕便不知怎样花这笔钱。去年胡适之先生常说，民治是幼稚园的政治，独裁则是较高级的政治。他这话有的自命民治程度较高的国家很不以为然，因为他以为像俄、意、德、日等国都是没有自治历史的国家，所以试用民治失败了。但是适之先生所说的独裁，并不是儿戏的话，却含有很深的意义在。罗斯福有智囊团，各运用独裁成功至相当程度的国家，都离不开可供驱使的党和有效率的行政机构。我们应当明白，即使"统制"一匹马，还须有缰辔，鞍蹬，还须有伯乐一流的良马师。言统制一个国家，岂反可以不问有无统制的条件？这一点似乎很少有人明白，见到旁人讲统制，我们也随着讲起统制来。画虎类犬，倒还无损；猴子学洗小孩，却可以将孩子烫伤。我们未讲统制以前，实应对自己的力量缜密地估计一番。

依这样看来，我们可以说，中国现在还没有达到高度统制可以运用成功的时候。统制的成功，是政治活动上的很大的成就。统制成功，是政治力的表现。我不明白，中国的政治在任何方面都没有上轨道，都已腐败到极点，独在需要政治力最多的"统制"方面，能够成功。如果不信有奇迹的降临，那么我们便可以见到"统制"在中国是不易成功的。现在有许多人大言不惭地讲统制，真可以说是不自量力之极了。

质言之，即："统制"本是近代新式社会的一种产物。非得这一个国家工业化的程度高了，交通灵便了，统制是不能谈的。如上文已经说过，一个现代的军队可以言统制；一群乌合之众，不能言统制。同样，渔猎社会、畜牧社会、农业社会，不易言统制，言统制，亦无意义。我以为，中国言统制的经济基础亦正还不够。固然有许多时候讲统制是为实现新社会理想的，创造新经济结构的，然而可供利用的工具，却亦不能一件没有，或缺得太多。苏俄社会革命成功的例，在历史上究竟是有数的。

第二，请略言统制的困难。这一点是开展前面一点的。一面要举实例，一面还要进一步指出，即有了统制的条件，统制仍非一件轻而易举的事。当局年来厉行统制，但究有多少成绩，实不易言。因为最困难的问题便是，统制人的每较被统制的程度低劣。据说有人曾拿《马氏文通》当作马克思氏著品。我曾亲自在某大报副刊上读到一位青年有识的作家以"麦格士"代替所通用的"马克思"三字。那副刊为着谈辩证唯物论再次受到某统制文化机关的警告；但"马克思"变成了"麦格士"之后，却可以相安无事，虽然所谈的内容仍是经济史观一类的东西。这种向统制者开玩笑的例，恐旧不胜枚举。去统制自己所不明了的东西，珠玑莫辨，是自然要有的结果。再就统制新闻论，困难也更多。以前以对新闻事业完全外行的人来做统制新闻业的事，当然常被新闻记者愚弄。近来统制的人才和技术都有进步，但各地仍不能取得一致行动。譬如北平新闻检查所关于某条新闻禁止当地报纸刊载；天津的检查所却许将这条新闻放过。但是北平的报，天津有人读，天津的报，北平也大有人读。甚至在同一检查所的统制之下，在同一城内，有的报登出某条新闻，有的却登不出来。第二天，有的报馆向统制机关质问时，甚至逼得人申诉私人苦衷方止。更妙的，有时最高当局发出的官式消息或演说，也竟被不善于希意承旨的"统制者"给扣落，当局自己都引为不便。有时弄得上峰不欢，或竟演出失业的悲剧来。

更有一种现象，是半殖民地的中国无可奈何的。那便是外国人在中国是无法统制的。譬如几乎每次有重要的事情发生时，外国记者拍电报到世界各处，在中国发行的若干种报纸，尤其是英日文报，全争先披露了，独中国报不许刊载只字。真关心国事的知识分子，在这时自然也欺蒙不过。只有那些可怜的百姓，直到自己被卖之后，也许还在梦中呢。报纸和洋文书之外，现在还有无线电广播也是最难统制的。各大埠租界内都有外人发放音乐消息，音发出后，各地亦均可听收。

极端的统制，在交通方法这样多，这样敏捷的今日，即使有很好的统制工具与技术，也总是不易达到的。不独中国如此，愈是进化的国家，一方面固有较优的统制条件，但另一方面却愈难做到极端的统制。文化及思想方面，其尤著者。譬如现在欲想统制思想，对内固须采用焚书坑儒，偶语弃市的野蛮方法，同时对外须禁绝一切交通，包括有线无线电报电话、旅行、邮运、贸易、任何及所有的往还。但这在今日的社会，是不可想象的。

第三，我们须明白，有许多事物，在任何条件下，都不容易统制。譬如就道德论，法律可以制止犯罪，然却不能直接强人为善。再如恋爱，国家可以向不婚男女课税，也可以设法鼓励青年结婚，但却不能强人相爱。人之思想，大体亦正如此。我尝以为，基础教育可以，抑亦必须，有计划，有目标。但果真到了有自由思想可运用的阶段，我实见不到有什么方法可以制止。苏格拉底被指为蛊惑希腊青年饮鸩死了，耶稣同强盗被钉在十字架上。但是他们的学说与信仰却如燎原的火，烧到了凡是有草的所在。后来在中世纪后，为新的信仰，新的社会理想，新的科学上的发现，而与封建势力，宗教势力起冲突甚至以身殉难的，罄纸难书，但是烂漫的近代欧洲思想，却与压迫势力成了几何式的正比。人是愚蠢的，历史上的殷鉴，每每不足以改正我们不聪明的行为。从有人类历史以来，据我们所知道的，有活力的自由思想没有任何人能扑灭过，因为在这里，根本不能用统制。这一点似乎也很少有人明白。新《出版法》里规定着"关于个人或家庭隐私事件不得登载"。据立法委员的辩论，这一条的目的在制止社会人士的低级趣味，这一点所企图的便不为小。我以为，"黄色"新闻用禁载的方法，也许可以稍杀一些。但"低级趣味"却不能用类似这样的方法来减除。低级趣味永是要找出路的，这里发泄不出，一定另有漏洞发泄。我们如不喜欢人们有"低级趣味"，恐怕只有设法提高他们的趣味，还不失为一种办法。如你不高兴看着许多人去听"蹦蹦儿"戏，或是去听"假子"乐，便唯有设法使他们能欣赏昆曲，或经典音乐。但这也许需要十年或甚至二十年的教育。可是除了这种方法之外，用消极的制止方法，我看是不会成功的。

第四，还有一个向来不好解决的难题，那便是谁真正有资格来统制所有国人的问题。理想主义者每每把法律看成国民公共意志，同时也是自由意志的表现。只有借着这些法律与习惯，个人才足以实现他的最优自我与最大限度的个性。政府多半由是可能范围中最善的团体来代表的。但是这种说法，每每不能使对某一政府或一种措施不满意的人折服。这种学说的流弊，一面是叫人无条件地遵从政府，一面主张政府应讲武力。实际的问题，也许可以解决了，但在理论上的困难却一些未减。所以站在多元论观点上的，便以为政府无非是由一部分和其他被治者没有多少不同的人来主持的。这些人的意见与理想，很难说便代表一个"邦国意志"。离开个人的意志，他们不承认再有"公同意志"、"真确意志"，或什么"la raison de l'étate"一类捉摸不到，无所附丽的东西。这种说法也很有力量，不承认他们的话有相当力量，便等于抹煞历史上许多暴君与虐政的事实。所以到底谁配来统制旁人的问题，并不是容易解决的。如果说谁争到统制的地位便可以运用统制，实不算一种回答。现在采用专政的国家，没有不借重武力的。所以有许多人批评这种措施即是少数人武断，不代表公众意见的象征，同时也证明他们讲统制并没有道德上的基础。但是我想哪一个政府也不容易证明他们的理想一定代表国民真意，他们的计划，一定可以为国民谋得福利。所以就这点论，我深以为，任何人当政，对于极端的统制，全该迟疑。

第五，中国目前言统制还有一层特殊的困难。在这起始接受西洋文化之初，若妄讲统制文化，实是不知从哪里做起的。现在我们有许多新的社会思想，大都是舶来品。而西洋的社会思想系统又是"蜂出并作，各引一端，崇其所善"的。分而观之，莫不持之有故，言之成理；合而观之，则又是互相排觗攘斥，弄得人迷离眩晕，不知何所适从。平常所谓思想统制，大凡都是独尊一家，而罢黜所有其他各说的。现在对西学的认识既尚肤浅，对某一说应尊崇，对某一说应屏斥，取舍之标准，实难骤定。若谓待自己产生新理论系统，则更不能期之于一朝一日。所以目前在中国，在较高级的思想方面，应尽量给它一个自由领域，容各派互相角争，经过一番自然选择的工夫。相信这样总是比较有益的。我近来常主张，基础教育应有整个目标。这与统制思想本不相同。但为求得这种整个目标，即不是件易事；也更不是像每次教育部照例颁布教育宗旨，便可以达到目的的。我以为，在确定教育目标时，即应尽力审慎。

我在上面指出统制的困难，但绝对没有反对统制的含义。没有一个政府不运用统制的，统制对现代社会更是必需的。但是我们在未讲统制之初，却应彻底明白统制不是简单的，我们决不可胡乱用它。近来每有人以为欧西各国颇有讲高度统制的，于是在国内便亦高唱起统制论来。初未虑及我国政治机构与经济发展情况，允许我们讲统制与否也。

我在这里对于统制的问题，可以举出两个原则，作为我们的南针。一，凡没有运用统制之"必要"的，便避免用统制。何谓"必要"呢？譬如汽车须有制轮的闸；走火车须有铁轨；在近代都市里面走路，须依规定专靠一边走，或靠左或靠右。这都是必要的。自然"必要"两字也极容易被人利用。我们近来常听到外人讲，至"必要"时，在我们的领土上须采取自卫手段。这种名词的滥用，乡愚也可以看得出。故意滥用名词，没有名词不可以供人滥用。如果态度诚挚，一事有无必要，时常容易判断。譬如再就行车论，在繁华的新式都市里，因为车多，又因为各类车都走得很快，统制是有必要的。但在中国乡下，就没有这种需要。今春我在山东去参观一处乡村建设区，下了火车，还须坐两、三个小时的人力车，方能达到地点。在狭路上时常迎头遇到骑脚踏车的，我的车同对面的车，便有时不知怎样让路，我左开，他右开，我右开，他左开，结果弄得两车东一摆西一摆，谁也过不去。有时骑车的须下了车，推行过来，然后再骑上走。但在这种光景下，却仍没有施用城内行车规则的必要。因为这样固然也有很多时是一种不便，但在大体上却是可以这样马虎下去的。人力车与脚踏车容易控制，没有一定的行路规则，也不致常相撞；即相撞，亦不致过严重。若必想在这样乡下施行行车规条，则须先使乡下人识字，认得出"靠左边走"的牌示，或须派警察去站岗，或须在路口上高悬"红止绿行"的自动指路灯。这样做，一定是得不偿失的。还有此次所通过的《出版法》，也可以拿来做例。其中一条规定，报馆声请登记时，须载明经费来源及收支预算等。这便没有必要。如果一个报社的言论记载没有违法的地方，我不知道何以要问明报社的经费是经理当太太首饰得来的，抑是受人津贴来的。这很类似一种不相干的侦探工作。

或谓有时决定"必要"与否，很不是一件简单事。"必要"的原则，每每不能做我们实际指示。我固然也要承认"必要"与"不必要"时常划不出一定的界限。但是"必要"原则却终不失为一种应采取的态度，或说是一种心理。有政权的人如果能诚恳地取这种态度，则定不会滥讲统制，滥用政权的。

另一个原则，便是在有运用统制的必要时，仍要问以已经有了的力量去施行那种统制，能否达到目的。如果经过检察后，发现力量不足，那么最好先不立刻施行统制；然后再设法准备统制所需要的条件。不然，冒然做去，恐亦徒劳无益，为政府损威严，为国民添烦扰。

上面所提出的两条原则，便是教我们须慎重利用统制的。我不说这样的原则，能为统制者解决琐碎的实际问题；依着这原则，随时可以解决何者应统制，何者不应统制的困难。但这终不失为一种有用的原则。正如"己所不欲勿施于人"一类比较抽象的信条，不失为一种伦理原则一样。在实行统制的国家，如意、德，尤其美国，有许多人批评"统制"究做出多少成绩来。我们无须取这种态度，我们认为，统制是必需的。"政府"永含有统制的意义。但是要紧的，却在承认统制之不宜滥用，这是一种先应决定的基本态度与心向。然后遇到实际问题，研究统制的方式与限度时，再出之以审慎的态度。如此，则吾敢谓讲统制，亦可以无大过矣。

最后，我还要特别注重一点，这即是在篇首我所指出的，发展个性的方法可以不同，个性的定义可以不同，培植个性的目的可以不同（法西斯蒂以为个人是国家的工具，但仍讲"为"国家发展个性）；但是，发展个性的要求，却无论在任何情况下不应没有。我在前一篇文章里曾指出，罗素在许多地方批评个人主义的自由论，但他未尝否认自由。杜威前几年有《新旧个人主义》一书问世，主张个人主义应取新方式与现代社会适应，但也未尝否认自由。自由的要求，是永不应摧残的。我现在且从《国语》里面的〈周语〉中，举出一段故事：

厉王虐，国人谤王。王怒，得卫巫，使监谤者，以告则杀之。国人莫敢言。王喜，告邵公曰：吾能弭谤矣。邵公曰：是障之也。

他接着又说：

为川者，决之使导；为民者，宣之使言。民之有口，犹土之有山川也，财用于是乎出；犹其原隰之有衍沃也，衣食于是乎生；口之宣言也，善败于是乎兴。防民之口，甚于防川。川壅而溃，伤人必多，民亦如之。厉王不听，于是国莫敢出言，三年乃流王于彘。

读过这篇故事的很多，但少有人捉住它的深刻意义。秦始皇继厉王后，演出了焚书坑儒的蠢剧；汉武帝又继始皇之后，罢黜了百家，独尊孔、孟，使匹夫一言，成了万世是非标准。东方文化遂不得再向前迈进。这种历史还容重演吗？

我们在必要与可能时，固然需要审慎地运用统制，但永不要忘记想出一种方式来，不使这种统制对于个性的发展有所损碍！

八月十四日

"第三种人"与左翼文艺运动

文学与革命（节录）

原载《新月》1928 年 6 月 10 日，第 1 卷第 4 期

梁实秋

文学是什么，我们已经常常听说过；革命是什么，我们不但是听说过，并且似曾目睹了。文学与革命，二者之间的关系，这是我们平常不大经意的一个问题，而又是我们不能不加以考虑的，尤其是在如今"革命的文学"的呼声高唱入云的时候。

（1）我先问：革命究竟是怎么一回事？

一切的文明，都是极少数的天才的创造……当然天才不是含有丝毫神圣的意味，天才也是基于人性的。天才之所以成为天才不过是因为他的天赋特别的厚些，眼光特别的远些，理智特别的强些，感觉特别的敏些，一般民众所不能感觉，所不能思解，所不能透视，所不能领悟的，天才偏偏的能。所以极自然的，极合理的，在一个团体的生活里，无论是政治的组织或是社会的结合，总该是比较的优秀的分子站在领袖或统治者的地位，事实上也常常是如此。……少数的优秀的天才之任务，即在于根据他的卓越的才智为团体谋最大之幸福，凡有创造，必是有裨益于一般的民众，或是使民众的物质的供养日趋于富足，或是使民众的精神的培植日趋于丰美。……

……

但是人性不是尽善的，处于政治团体或社会组织之领袖地位的人，常常不尽是有领袖资格的人，更不尽是能有创造的天才，往往只是平庸甚至恶劣的分子，因缘着机会的方便或世袭的余荫，遂强据了统治者与领袖者的地位。这样的假的领袖，对于民众消极的没有贡献，积极的或许就有压迫。真的天才隐在民众里面，到忍无可忍的时机，就要领导着群众或指示给群众做反抗的运动。这个反抗运动，便是革命。革命运动的真谛，是在用破坏的手段打倒假的领袖，用积极的精神拥戴真的领袖。于此我们对于革命有应注意的几点：

一　革命的运动是在变态的政治生活之下产生出来的；

二　革命的目标是要恢复常态的生活；

三　革命的精神是反抗的精神，所反抗的是虚伪；

四　革命的经过是暂时的变动，不是久远的状态；

五　革命的爆发，在群众方面是纯粹的感情的；

六　革命的组织，应该是有纪律的，应该是尊重天才的。

革命的意义既如上述，请进而讨论革命与文学的关系。

在革命的时期当中，文学是很容易沾染一种特别的色彩的。然而我们并不能说，在革命的时期当中，一切的作家必须创作"革命的文学"。何以呢？诗人，一切文人，是站在时代前面的人。民间的痛苦，社会的窳败，政治的黑暗，道德的虚伪，没有人比文学家更首先的感觉到，更深刻的感觉到。在恶劣的状态之下生活着的一切民众，无论其为富贵贫贱，他们不是没有知觉，不是不知苦痛，但是他们感觉到了而口里说不出，即使说得出而亦说得不能中乎艺术的绳墨。唯有文学家，因为他们的本性和他们的凤养，能够做一切民众的喉舌，道出各种民间的疾苦，对于现存的生活用各种不同的艺术的方式表现他们对于现状不满的态度。……文学家永远是民众的非正式的代表，不自觉的代表民众的切身的苦痛与快乐、情思与倾向。尤其是在苦痛的时代，文学家所受的刺激格外的亲切，所以惨痛的呼声也就分外的动人。因为文学家是民众的先知先觉，所以从历史方面观察，我们知道富有革命精神的文学，往往发现在实际的革命运动之前。革命前之"革命的文学"，才是人的心灵中的第一滴的清冽的甘露，那是最浓烈的、最真挚的、最自然的。与其说先有革命后有"革命的文学"，毋宁说是先有"革命的文学"后有革命。实际的革命爆发之后，文学之革命的色彩当然是益发显明，甚至产出多量的近于雄辩或宣传的文字。文学家并不表现什么时代精神，而时代确是反映着文学家的精神。文学家既不能脱离实际的人生而存在，革命的全部的时期中的生活对于文学家亦自然不无首先的适当之刺激，所以我开头便先承认：在革命的时期当中（包含着酝酿与爆发的时期），文学是很容易沾染一种特别的色彩。

何以我又说：革命期中，文学家不必就要创造"革命的文学"？在文学上讲，"革命的文学"这个名词根本的就不能成立。在文学上，只有"革命时期中的文学"，并无所谓"革命的文学"。……就文学论，我们划分文学的种类派别是根据于最根本的性质与倾向，外在的事实如革命运动复辟运动都不能借用做衡量文学的标准。并且伟大的文学乃是基于固定的普遍的人性，从人心深处流出来的情思才是好的文学，文学难得的是忠实——忠于人性。至于与当时的时代潮流发生怎样的关系，是受时代的影响，还是影响到时代，是与革命理论相合，还是为传统思想所拘束，满不相干，对于文学的价值不发生关系。因为人性是测量文学的唯一的标准。所以"革命的文学"这个名词，纵然不必说是革命者的巧立名目，至少在文学的了解上是徒滋纷扰。并且人性的繁复深奥，要有充分的经验才能得到相当的认识，在革命的时代不见得人人都有革命的经验（精神方面情感方面的生活也是经验），我们决不能强制没有革命经验的人写"革命的文学"。文学的创作经不得丝毫的勉强。含有革命思想的文学是文学，因为它本身是文学，它宣示了一个时期中的苦恼与情思——然而人生的苦痛也有多少种多少样，受军阀压迫是痛苦，受帝国主义者的侵略是痛苦，难道生老病死的磨折不是痛苦，难道命运的播弄不是痛苦，难道自己心里犹豫冲突不是痛苦？怎样才该叫做"革命的文学"？

近代德谟克拉西的思想发达了，所以我们很容易把民众的地位看得太高。革命似乎是民众的运动了，其实也是由于一二天才的启示与指导。有效的革命运动比平时更为需要领袖。所以在革命的过程当中，虽然不可避免的有许多暴动，以及民众的直接行动，然而真正革命的趋势，革命的理论，完全要视领袖者为转移。领袖者的言行，最足以代表民众的意识。

文学家就是民众的非正式的代表。此地所谓的代表，并非如代表民意之政治的代表一般，文学家所代表的是那普遍的人性，一切人类的情思，对于民众并不是负着什么责任与义务，更不曾负着什么改良生活的担子。所以文学家的创造并不受着什么外在的拘束，文学家的心目当中并不含有固定的阶级观念，更不含有为某一阶级谋利益的成见。文学家永远不失掉他的独立。……故此在革命期中，如在常态期中一样，文学家不仅仅是群众的一员，他还是天才，他还是领袖者，他还是不失掉他的个性。

近来的伤感的革命主义者，以及浅薄的人道主义者，对于大多数的民众有无限制的同情。这无限制的同情往往压倒了一切的对于文明应有的考虑。有一部分的文学家，也沾染了同样的无限制的同情，于是大声疾呼地要求"大多数的文学"。……

……

其实"大多数的文学"这个名词，本身就是一个名词的矛盾——大多数就没有文学，文学就不是大多数的。……文学所要求的只是真实，忠于人性。凡是

"真"的文学，便有普遍的质素，而这普遍的质素，怎样才能相当的加以确实的认识，便是文学家个人的天才与素养的问题。所以"真"的作品就是普遍的人性经过个人的渗滤后的产物。什么"个人的""少数的""大多数的"在文学上全然不成问题。德谟克拉西的精神在文学上没有实施的余地。在革命时期中的文学家，和在其他时期中一样，唯一的修养是在认识人性，唯一的艺术是在怎样表示这个认识。创作的材料是个人特殊的经验抑是一般人的共同生活，没有关系，只要你写得深刻，写的是人性，便是文学。"大多数的文学"是一个没有意义的名词。

从前浪漫运动的文学，比较的注重作者的内心的经验，刻意于人物的个性的描写，在当时是一种新的趋向，是一种解放的表示，所以浪漫文学对于革命运动发生密切的关系。……浪漫运动与革命运动全是对于不合理的压抑的反抗，同是破坏的，同是重天才，同是因少数人的倡导而发生群众的激动。所以一般的人，往往就认定浪漫派的文学是革命的文学。我觉得这个比拟是很适当的。但是浪漫主义的文学是尊奉个人主义的，在最近的革命家的眼里看来，恐怕这不能算是革命的，因为浪漫派的文学不是"大多数的文学"。然而浪漫派的文学，在政治思想方面观察，永远是有革命性的。主张所谓"大多数的文学"的人，不但对于文学的了解不正确，对于革命的认识也是一样的不彻底。无论是文学，或是革命，其中心均是个人主义的，均是崇拜英雄的，均是尊重天才的，与所谓的"大多数"不发生任何关系。

假如在文学里面，有所谓革命的文学者，大概是有两个说法，一是浪漫派的文学，一是所谓无产阶级的文学（或大多数的文学）。浪漫派文学之所以富有革命性，是因为它拥护个人的自由，反抗规律的严酷，所谓"无产阶级的文学"之所以富有革命性，是因为它含有阶级争斗的意味，反抗资本主义的压迫。……实在讲，文学作品创造出来之后，既不属于某 阶级，亦不属于某 个人，这是人类共有的珍宝，人人得而欣赏之，人人得而批判之，人人得而领受之，假如人人都有文学的品味与素养。……真真能鉴赏文学，也是一种很稀有的幸福，这幸福不是某一阶级所得垄断，贫贱阶级与富贵阶级里都有少数的有文学品味的人，也都有一大半不能鉴赏文学的人。所以就文学作品与读者的关系上言，我们看不见阶级的界限。至于文学作品之产生，更与阶级观念无关。……自从人类的生活脱离了原始的状态以后，文学上的趋势是：文学愈来愈有作家的个性之渲染，换言之，文学愈来愈成为天才的产物。天才的降生，不是经济势力或社会地位所能左右的，无产者的阶级与有产者的阶级一样的会生出天才，也一样的会不常生出天才！所以从文学作品之产生言，我们也看不见阶级的界限。文学是没有阶级性的。

文学而有革命的情绪，大概只有反抗的精神这一点。除此以外，文学与革命没有多少的根本的关系。即以这一点关系而论，文学也不是依赖着革命才产出来的。文学本不一定要表现反抗的精神，反抗的精神在文学上并不发生艺术的价值，不过在一种相当的时代之中，文学作品便不免要沾染一点反抗的色彩而已。并且有反抗精神的文学又往往发生在实际革命运动之前。所以反抗精神可以常常成为革命运动与"革命期中的文学"之一共同的色彩，而我们从文学上观察，并不能承认有所谓"革命的"文学。

在革命期中，实际的运动家也许要把文学当做工具用，当做宣传的工具以达到他的目的。对于这种的文学的利用，我们没有理由与愿望去表示反对。……真的革命家用文学的武器以为达到理想之一助，对于这种手段我们不但是应该不反对，并且我们还要承认，真的革命家的炽烧的热情渗入于文学里面，往往无意的形成极能感人的作品。不过，纯粹以文学为革命的工具，革命终结的时候，工具的效用也就截止。假如"革命的文学"解释做以文学为革命的工具，那便是小看了文学的价值。革命运动本是暂时的变态的，以文学的性质而限于"革命的"，是不啻以文学的固定的永久的价值缩减至暂时的变态的程度。文学是广大的；而革命不是永久进行的。

伟大的文学家足以启发革命运动；革命运动仅能影响到较小的作家。伟大的文学的力量，不在于表示出多少不羁的热狂，而在于把这不羁的热狂注纳在纪律的轨道里。伟大的文学家永远立在时代的前面，就是在革命的时期中，他的眼光也是清晰的向上的。只有较小的作家处在革命的时代便被狂热的潮流挟以俱去，不能自持。……没有一个第一流的文学家，一生的同情于革命。革命运动对于文学的影响，是诱发人们的热情，激起人们对于虚伪的嫉恶，惹动人们对于束缚的仇恨。这种影响的本身不是坏的，纵然不能提高文学的价值，至少亦不致于文学的价值有损，但是这种影响容易发生不良的结果，且不可避免的流于感情主义，以及过度的浪漫。

近来有人提倡"革命的文学"，但是我觉得他们并不是由文学方面来观察；反对"革命的文学"者似乎又是只知讥讽嘲弄。吾人平心静气的研究，以为"革命的文学"这个名词实在是没有意义的一句空话，并且文学与革命的关系也不是一个值得用全副精神来发扬鼓吹的题目。

文学也罢，革命也罢，我们现在需要一个冷静的头脑。

论思想统一

原载《新月》1925 年 6 月

梁实秋

一

有许多事能够统一应当统一的，有许多事不能统一不必统一的。例如，我们的军队是应当统一的，但是偏偏有什么"中央军""西北军""东北军"的名目；政府是应该统一的，但是中央政府的命令能否达到全国各地还是疑问；财政应该统一的，但是各地方的把持国税，各军队之就地筹饷，财政系统紊乱到了极点；诸如此类应统一而未统一的事正不知有多少，假如我们真想把中国统一起来，应该从这种地方着手做去。然而近年来在一般的宣言、演说、报章里，时常地看见"思想统一"的字样，好像要求中国的统一必须先要思想统一的样子，这实在是我们所大惑不解的一件事。思想这件东西，我以为是不能统一的，也是不必统一的。

各人有各人的遗传环境教育，所以没有两个人的思想是相同的。中国有一句老话，"人心不同，各如其面"，这话不错。一个有思想的人，是有理智力有判断力的人，他的思想是根据他的学识经验而来的。思想是独立的。随着潮流摇旗呐喊，那不是有思想的人，那是盲从的愚人。思想只对自己的理智负责，换言之，就是只对真理负责。所以武力可以杀害，刑法可以惩罚，金钱可以诱惑，但是却不能掠夺一个人的思想。别种自由可以被恶势力所剥夺净尽，唯有思想自由是永远光芒万丈的。一个暴君可以用武力和金钱使得有思想的人不能发表他的思想。封书铺，封报馆，检查信件，甚而至于加以"反动"的罪名，枪毙，杀头，夷九族！但是他的思想本身是无法可以扑灭，并且愈遭阻碍将来流传得愈快愈远。即以孙中山先生说吧，他四十年前即抱革命思想，在如今看来他的革命思想简直和天经地义差不多了，但是在当初满清的时代他的革命思想恐怕就是反动的吧？满清政府对于中山先生的迫害，无所不用其极，但是中山先生的思想四十年如一日，不为威屈利诱，这是我们所最佩服的。假如中山先生在四十年前也为"思想统一"的学说所误，早该抛弃他的革命思想去做满清的顺民了。所以我说，思想是不能统一的。

天下就没有固定的绝对的真理。真理不像许多国的政府似的，可以被一人一家一族所把持霸占。人类文明所以能渐渐地进化，把迷信铲除，把人生的难题逐渐地解决，正因为是有许多有独立思想的人敢于怀疑，敢于尝试，能公开地研究辩难。思想若是统于一，那岂不是成为一个固定的呆滞的东西？当然，自己总以为自己的思想是对的，但是谁敢说"我的思想是一定正确的，全国的人都要和我一样的思想"？再说，"思想"两字包括的范围很广，近代的学术注重专门，不像从前的什么"儒家思想""道家思想"等等的名词比较的可以概括所有的人之所有的思想。在如今这样学术日趋繁复的时候而欲思想统一，我真不知道哪一个人哪一派人的思想可以当得起一切思想的中心。在俄国，他们是厉行专制主张思想统一的，据罗素告诉我们说，有一位美学教授在讲述美学的时候也要从马克思的观察点来讲！美学而可以统一在马克思主义之下，物理化学数学音乐诗歌哪一样不可以请马克思来统一？这样的统一，实在是无益的。在政治经济方面，也许争端多一点，然而在思想上有争端并无大碍，凡是公开的负责的发表思想，都不妨容忍一点。我们要国家的统一，是要基于民意的真正的统一，不是慑于威力暂时容忍的结合。所以我们正该欢迎所有的不同的思想都有令我们认识的机会。从前专制皇帝的权力据说是上天授予的，绝对不准人民怀疑，否则即为叛逆。现在，政治经济都是专门的科学了，哪一种思想能在学理上事实上证明于国家最有利益，哪一种思想便是最合适的。我们若从国家的立场来看，思想是不必统一的。

二

思想之不能统一与不必统一，我已说过。假如一定勉强要求统一，势必至于采用下列的方法：都是罗素在他的《思想自由与官方宣传》一篇演讲里说过的，我现在借来申说一下。

第一，是从教育机关入手。

一个人的思想成熟之后，轻易是不容易变更的，除非被学理或经验所折服而自动的变更。但是一个人在幼稚的时候，他的脑经是一块白版，把某一套的主张和偏见灌输进去便会有先入为主的效力。除了少数思索力强的青年以外，大多数的人很容易渐渐被熏陶成为机械式的没有单独思想力的庸众。这样的学生长成之后，会喊口号，会贴标语，会不求甚解的说一大串时髦的名词，但是不会想，不会怀疑，不会创作；这样的人容易指挥，适宜于做安分守己的老百姓，但是没有判断是非的批评力，决不能做共和国的国民。这样武断的教育的结果，我们能认为是"思想统一"吗？这不是"思想统一"，这是愚民政策！这是强奸！教育的目的是在启发人的智慧，使他有灵活的思想力，适应环境的本领。灌输式的教育已经成为过去的了，现在似乎也不必复活吧。罗素对于欧洲国家把狭义的爱国观念仇外观念混在历史学里面讲授给学生听，他还认为流弊很大，足以养成人民错误的眼光。比爱国观念更狭隘的东西，岂不是更不应该硬填在教育里去？所以我们以为，为求思想统一而利用教育机关，虽然可以产生很显著的效力，然而结果是不健全的。

第二，是从宣传方法着手。

发表思想不算是宣传，以空空洞洞的名词不断地映现在民众眼前，使民众感受一种催眠的力量，不知不觉地形成了支配舆论的势力，这便是宣传，对于没有多少知识的人，宣传是有功效的。可以使得他精神上受麻醉，不知不觉地受了宣传的支配。例如你到处都看见"吸白锡包香烟！"的标语，如果你是一个没有把握的人，日久自然会不知不觉地吸白锡包香烟了。在思想方面也是如此。但是我们要知道，用宣传来诱惑人，虽然可以产生很显近的效果，但结果并不能造成"思想统一"，只能造成群众的"盲从"。宣传这件东西，根本的就是不要你加以思索，只要造成一种紧张的空气，使你糊里糊涂地跟着走，所以宣传并不能造成思想统一。思想就不能统一。

第三，是利用政治的或经济的力量来排除异己。

这是消极的办法，消极的排除"思想统一"的障碍。凡是有独自的不同调的思想的人，分别的加以杀戮、放逐、囚禁，这不过是比较浅显的迫害，还有比这个更为刻毒的方法呢。例如，对于思想不同的人，设法使其不能得到相当职业，使其非在思想上投降便不能维持生活。这样一来，一般人为了生活问题只得在外表上做出思想统一的样子。再例如，从前的考试制度（即科举）从原理方面讲，未尝不是光明正大的公开取士，然而从方法方面讲，便有不妥的地方。从前科举所考的只是八股，只是四书五经一套老东西，你若是有新思想，不考你的新思想，你若是有新议论，不准你抒发新议论。所以科举的结果只是产生一帮迂腐书生，斗方名士，戕贼了无数青年的思想！所以贵乎考试制度者，是在于其能公开，不以一系一派的学说做标准，而以真正的学识作为考试的科目。

上面举的三项方法，都不能造成真正的思想统一，只能在外表上勉强做出清一色的样子，并且这样的强横高压的手段只能维持暂时的局面，压制久了之后，不免发生许多极端的激烈的反动的势力，足以酿成社会上的大混乱。

三

假如用了上述的方法而求思想统一，一方面固然不能达到真正思想统一的目的，另一方面却能产出极大的缺点。凡是要统一思想，结果必定是把全国的人民驱到三个种类里面去：第一类是真有思想的人，绝对不附和思想统一的学说，这种人到了万不得已的时候只得退隐韬晦著书立说，或竟激愤而提倡革命。第二类是受过教育而没有勇气的人，口是心非的趋炎附势，这一类人是投机分子，是小人。第三类是根本没有思想的人，头脑简单，只知道盲从。

这三类人，第一类的是被淘汰了，剩下的只是投机分子和盲从的群众。试问一个人群由这样的人来做中坚，可多么危险？

在思想统一的局面之下，不容易有"忠实同志"出现。因为所谓"同志"者，是先有"志"然后才"同"，并不是为了要"同"然后再有"志"。所以要号召忠实同志来从事，国家必须令人民有思想信仰的自由，令其自由的确定其思想信仰，然后才可以看出同志与非同志的分别。假如用威胁利诱的手段来求思想统一，除了受排斥的有思想的人以外，只有投机分子和盲从群众了，如何称得起"忠实同志"？

我并不相信在思想上人们的思想绝对的没有相同的地方，人是可以在志同道合的情形之下协力合作的，但是这其间容不得丝毫的勉强。要思想统一便不能不出于勉强之一途，所以思想统一不但是徒劳无功，而且是有害无利。

四

外国人常常称赞我们中国是顶自由的国邦，政体虽然几千年来是专制的，思想却自由到万分。这种看法在从前是对的，到现在恐怕有点改变了吧。从中国历史上看，儒家思想虽然是正统，可是别家的思想依然可以自由的传播。当然历史上也有卫道翼教的人，可是各种派别的思想究竟不曾遭遇严厉毒狠的压迫。文字狱是有过不止一回，但是当局者完全是以暴力执行，并不曾借口什么思想统一的美名。外国人最诧异的是在中国有好几种宗教同时并存，而从来没有像在欧洲一般大规模的闹过乱子。在五四运动前后，思想方面更是自由。在日本不能讲的共产主义，在中国可以讲，在美国不能讲的生育节制，在中国可以讲。这也许是完全因为历年来中国执政者太昏聩无识，疏于防范吧？然而也不尽然。英国的政治家有的是学者、天才，在英国并不曾有过"思想统一"的事实。我们中国人的习惯一向是喜欢容忍的，所以一向有思想的自由，可惜这个被全世界所崇仰的优美的传统，于今中断了！

从历史上看，人类的活动总是在大致上向着光明开通的路上走，把迷信逐渐地铲除，也许无意中创出新的迷信来，然而在大致上对于思想总是力求其解放，断断没有处心积虑向后退的。尤其是革命，革命运动永远是解放的运动，应该是同情于自由的。也许革命成功之后，又有新的专制的局面发生，但是断断没有革命运动的本身而对于民众竟采用束缚的高压的政策的。

我们现在要求的是：容忍！我要思想自由，发表思想的自由，我们要法律给我们以自由的保障。我们并没有什么主义传授给民众，也没有什么计划要打破现状，只是见着问题就要思索，思索就要用自己的脑子，思索出一点道理来就要说出来，写出来，我们愿意人人都有思想的自由，所以不能不主张自由的教育。

我们反对思想统一！

我们要求思想自由！

我们主张自由教育！

文学是有阶级性的吗？（节录）

原载《新月》月刊 1929 年 9 月 10 日［延期至 12 月］
第 2 卷第 6、7 期合刊

梁实秋

一

卢梭说："资产是文明的基础。"但是卢梭也是最先攻击资产制度的一个人，因为他以为文明是罪恶的根源。所以攻击资产制度，即是反抗文明。有了资产然后才有文明，有了文明然后资产才能稳固。不肯公然反抗文明的人，决没有理由攻击资产制度。

资产制度有时可以造成不公平的现象，我们承认。资产的造成本来是由于个人的聪明才力，所以资产本来是人的身心劳动的报酬。但是资产成为制度以后，往往富者越富，贫者越贫，富者不一定就是聪明才力过人者，贫者也不一定是聪明才力不如人者，这种人为的不公平的现象是有的。可是我们对于这种现象要冷静地观察。人的聪明才力即不能平等，人的生活当然是不能平等的，平等是个很美的幻梦，但是不能实现的。经济是决定生活的最要紧的元素之一，但是人类的生活并不是到处都受经济的支配，资本家不一定就是幸福的，无产者也常常自有他的乐趣。经济的差别虽然是显著的，但不是永久的，没有聪明才力的人虽然能侥幸得到资产，但是他的资产终于是要消散的，真有聪明才力的人虽然暂时忍受贫苦，但是不会长久埋没的，终久必定可以赢得相当资产。所以我们充分地承认资产制度的弊病，但是要拥护文明，便要拥护资产。

无产者本来并没有阶级的自觉，是几个过于富同情心而又态度偏激的领袖把这个阶级观念传授了给他们。阶级的观念是要促起无产者的联合，是要激发无产者的争斗的欲念。一个无产者假如他是有出息的，只消辛辛苦苦诚诚实实地工作一生，多少必定可以得到相当的资产。这才是正当的生活争斗的手段。

但是无产者联合起来之后，他们是一个阶级了，他们要有组织了，他们是一个集团了，于是他们便不循常轨地一跃而夺取政权财权，一跃而为统治阶级。他们是要报复！他们唯一的报复的工具就是靠了人多势众！"多数""群众""集团"，这就是无产阶级的暴动的武器。

无产阶级的暴动的主因是经济的。旧日统治阶级的窳败，政府的无能，真的领袖的缺乏，也是促成无产阶级的起来的缘由。这种革命的现象不能是永久的，经过自然进化之后，优胜劣败的定律又要证明了，还是聪明才力过人的人占优越的位置，无产者仍是无产者。文明依然是要进行的。无产阶级大概也知道这一点，也知道单靠了目前经济的满足并不能永久地担保这个阶级的胜利。反文明的势力早晚还是要被文明的势力所征服的。所以无产阶级近来于高呼"打倒资本家"之外又有了新的工作，他们要建立所谓"无产阶级的文化"或"普罗列塔利亚的文化"，这里面包括文学艺术。

"普罗列塔利亚的文学"！多么崭新的一个名词。"普罗列塔利亚"这个名词并不新，是 Proletariat 的译音，不认识这个外国字的人听了这个中文的译音，难免不觉得新颖。新的当然就是好的，于是大家都谈起"普罗列塔利亚的文学"。其实翻翻字典，这个字的涵义并不见得体面，据《韦白斯特大字典》，Proletary 的意思就是：A citizen of the lowest class who served the state not with property, but only by having children。一个属于"普罗列塔利亚"的人就是"国家里最下阶级的国民，他是没有资产的，他向国家服务只是靠了生孩子"。普罗列塔利亚是国家里只会生孩子的阶级！（至少在罗马时代是如此）我看还是称作"无产阶级的文学"来得明白一点，比较的不像一个符咒。

无产阶级的运动是由政治的、经济的，更进而为文化的运动了，这是值得注意的一件事。我看他们近来在文学方面的宣传文字，他们似乎是有组织的有联络的。一方面宣传他们的无产阶级的文学的理论，一方面攻击他们所认为是"资产阶级的文学"。无产阶级有他们的"科学的政治学"、"辩证法的唯物论"、"马克思的经济学"，现在又多出了一个"科学的艺术学"，一个"普罗列塔利亚的文学"！

我现在要彻底地问：文学是有阶级性的吗？

二

无产阶级文学理论方面的书翻成中文的我已经看见约十种了，专门宣传这种东西的杂志，我也看了两三种。我是想尽我的力量去懂他们的意思，但是不幸得很，没有一本这类的书能被我看得懂。内容深奥，也许是；那么便是我的学力不够。但是这一类宣传的书，如什么卢那卡尔斯基、蒲力汗诺夫【今译普列汉诺夫】、婆格达诺夫【今译波格丹诺夫】之类。最使我感得困难的是文字。其文法之艰涩，句法之繁复，读起来简直比读天书还难。宣传无产文学理论的书而竟这样的令人难懂，恐怕连宣传品的资格都还欠缺，现在还没有一个中国人，用中国人所能看得懂的文字，写一篇文章告诉我们无产文学的理论究竟是怎样一回事。我现在批评所谓无产文学理论，也只能根据我所能了解的一点点的材料而已。

假定真有所谓"无产阶级的文学"这样一种东西，我们觉得这样的文学一定要有三个条件：

（一）这种文学的题材应该以无产阶级的生活为主体，表现无产阶级的情感思想，描写无产阶级的生活的实况，赞颂无产阶级的伟大。

（二）这种文学的作者一定是属于无产阶级或是极端同情于无产阶级的人。

（三）这种文学不是为少数人（有资产的少数人，受过高等教育的少数人）看的，而是为大多数的劳工劳农及所谓无产阶级的人看的。

假如这三个条件拟得不错，我们还要追加上一个附带条件，上列三点必须同时具备才能成为无产文学，缺一而不可的。但是我们立刻就可发现这种理论的错误。错误在哪里？错误在把阶级的束缚在文学上面。错误在把文学当做阶级争斗的工具而否认其本身的价值。

文学的国土是最宽泛的，在根本上和在理论上没有国界，更没有阶级的界限。一个资本家和一个劳动者，他们的不同的地方是有的，遗传不同，教育不同，经济的环境不同，因之生活状态也不同。但是他们还有同的地方。他们的人性并没有两样，他们都感到生老病死的无常，他们都有爱的要求，他们都有怜悯与恐怖的情绪，他们都有伦常的观念，他们都企求身心的愉快。文学就是表现这最基本的人性的艺术。无产阶级的生活的苦痛固然值得描写，但是这苦痛如其真是深刻的，必定不是属于一阶级的。人生现象有许多方面都是超于阶级的。例如，恋爱（我说的是恋爱的本身，不是恋爱的方式）的表现，可有阶级的分别吗？例如，歌咏山水花草的美丽，可有阶级的分别吗？没有的。如其文学只是生活现象的外表的描写，那么，我们可以承认文学是有阶级性的，我们也可以了解无产文学是有它的理论根据。但是文学不是这样肤浅的东西，文学是从人心中最深处发出来的声音。如果"烟囱呀！""汽笛呀！""机轮呀！"

"列宁呀!"便是无产文学,那么无产文学就用不着什么理论,由它自生自灭吧。我以为把文学的题材限于一个阶级的生活现象的范围之内,实在是把文学看得太肤浅太狭隘了。

文学家就是一个比别人感情丰富感觉敏锐想象发达艺术完美的人。他是属于资产阶级或无产阶级,这于他的作品有什么关系?托尔斯泰是出身贵族,但是他对于平民的同情真可说是无限量的,然而他并不主张阶级斗争;许多人奉为神明的马克思,他自己并不是什么无产阶级中的人物;终身穷苦的约翰孙博士,他的志行高洁吐属文雅比贵族还有过无不及。我们估量文学的性质与价值,是只就文学作品本身立论,不能连累到作者的阶级和身份。一个人的生活状况对于他的创作自然不能说没有影响,可是谁也不能肯定地讲凡无产阶级的文学必定是无产阶级的人才能创作。

文学家创作之后当然希望一般人能够懂他,并且懂的人越多越好。但是,假如一部作品不能为大多数人所了解,这毛病却不一定是在作品方面,而时常是大多数人自己的鉴赏的能力缺乏。好的作品永远是少数人的专利品,大多数永远是蠢的,永远是与文学无缘的。不过鉴赏力之有无却不与阶级相干,贵族资本家尽有不知文学为何物者,无产的人也尽有能鉴赏文学者。创造文学固是天才,鉴赏文学也是天生的一种福气。所以文学的价值决不能以读者数目多寡而定。一般劳工劳农需要娱乐,也许需要少量的艺术的娱乐,例如什么通俗的戏剧、电影、侦探小说之类。为大多数人读的文学必是逢迎群众的,必是俯就的,必是浅薄的;所以我们不该责令文学家来做这种的投机买卖。文学家要在理性范围之内自由地创造,要忠于他自己的理想与观察,他所企求的是真,是美,是善。他不管世界上懂他的人是多数还是少数。皇室贵族雇用一班无聊文人来做讴功颂德的诗文,我们觉得讨厌,因为这种文学是虚伪的假造的;但是在无产阶级威胁之下便做对于无产阶级讴功颂德的文学,还不是一样的虚伪讨厌?文学家只知道聚精会神地创作,不能有时候考虑他的读众能有多少。真的文学家并不是人群中的寄生虫,他不能认定贵族资本家是他的主雇,他也不能认定无产阶级是他的主雇。谁能了解他,谁便是他的知音,不拘他是属于哪一阶级。文学是属于全人类的,我们希望人类中能了解文学的越来越多,但是我们不希望文学的质地降低了来俯就大多数的人。

无产文学理论家时常告诉我们,文艺是他们的斗争的"武器"。把文学当做"武器"!这意思很明白,就是说把文学当做宣传品,当做一种阶级斗争的工具。我们不反对任何人利用文学来达到另外的目的,这与文学本身无害的,但是我们不能承认宣传式的文字便是文学。例如，集团的观念是无产阶级革命家所最宝贵的一件东西，无产阶级的暴动最注重的就是组织，没有组织就没有力量，所以号称无产文学者也就竭力宣传这一点，竭力抑止个人的情绪的表现，竭力地鼓吹整个的阶级的意识。以文学的形式来做宣传的工具当然是再妙没有，但是，我们能承认这是文学吗？即使宣传文字果有文学意味，我们能说宣传作用是文学的主要任务吗？无产文学理论家说文学是武器，这句话虽不合理，却是一句老实话，足以暴露无产文学之根本的没有理论根据。

三

从文艺史上观察，我们就知道一种文艺的产生不是由于几个理论家的摇旗呐喊便可成功，必定要有有力量的文学作品来证明其自身的价值。无产文学的声浪很高，艰涩难通的理论书也出了不少，但是我们要求给我们几部无产文学的作品读读。我们不要看广告，我们要看货色。我们但愿货色比广告所说的还好些。

……

四

文学界里本来已有了不少的纷争，无产文学呼声起来之后又添了一种纷争，因为无产文学家要攻击所谓资产阶级的文学。什么是资产阶级的文学，我实在是不知道，大概除了无产文学运动那一部分的文学以外，古今中外的文学都可以算作资产文学吧。我们承认这个名词，我们也不懂资产阶级的文学为什么就要受攻击？是为里面没有马克思主义、唯物史观、阶级斗争？文学为什么一定要有这些东西呢？攻击资产阶级文学是没有理由的，等于攻击无产阶级文学一样的无理由，因为文学根本没有阶级的区别。假如无产阶级革命家一定要把他的宣传文字唤作无产文学，那总算是一种新兴文学，总算是文学国土里的新收获，用不着高呼打倒资产的文学来争夺文学的领域，因为文学的领域太大了，新的东西总有它的位置的。假如无产阶级可以有"无产文学"，我也不懂资产阶级为什么便不可有"资产文学"？资产阶级不消灭，资产阶级的文学也永远不会被攻击倒的；文明一日不毁坏，资产也一日不会废除的。

无产文学家攻击资产文学的力量实在也是薄弱得很，因为他们只会用几个标语式口号式的名词来咒人，例如"小资产阶级"、"有闲阶级"、"绅士阶级"、"正人君子"、"名流教授"、"布尔乔亚"等等，他们从不确定、分析、辨别这些名词的涵义，只以为这些名词有辟邪的魔力，加在谁的头上谁就遭了打击。这实在是无聊的举动。

我的意思是：文学就没有阶级的区别，"资产阶级文学""无产阶级文学"都是实际革命家造出来的口号标语。文学并没有这种的区别。近年来所谓的无产阶级文学的运动，据我考察，在理论上尚不能成立，在实际上也并未成功。

"丧家的""资本家的乏走狗"

原载《萌芽月刊》1930 年 5 月 1 日第 1 卷第 5 期

鲁 迅

梁实秋先生为了《拓荒者》上称他为"资本家的走狗",就做了一篇自云"我不生气"的文章。先据《拓荒者》第二期第六七二页上的定义,"觉得我自己便有点像是无产阶级里的一个"之后,再下"走狗"的定义,为"大凡做走狗的都是想讨主子的欢心因而得到一点恩惠",于是又因而发生疑问道——

《拓荒者》说我是资本家的走狗,是哪一个资本家,还是所有的资本家?我还不知道我的主子是谁,我若知道,我一定要带着几份杂志去到主子面前表功,或者还许得到几个金镑或卢布的赏赉呢。……我只知道不断地劳动下去,便可以赚到钱来维持生计,至于如何可以做走狗,如何可以到资本家的账房去领金镑,如何可以到××党去领卢布,这一套本领,我可怎么能知道呢?……

这正是"资本家的走狗"的活写真。凡走狗,虽或为一个资本家所豢养,其实是属于所有的资本家的,所以它遇见所有的阔人都驯良,遇见所有的穷人都狂吠。不知道谁是它的主子,正是它遇见所有阔人都驯良的原因,也就是属于所有的资本家的证据。即使无人豢养,饿得精瘦,变成野狗了,但还是遇见所有的阔人都驯良,遇见所有的穷人都狂吠的,不过这时它就愈不明白谁是主子了。

梁先生既然自叙他怎样辛苦,好像"无产阶级"(即梁先生先前之所谓"劣败者"),又不知道"主子是谁",那是属于后一类的了,为确当计,还得添几个字,称为"丧家的""资本家的走狗"。

然而这名目还有些缺点。梁先生究竟是有智识的教授,所以和平常的不同。他终于不讲"文学是有阶级性的吗?"了,在《答鲁迅先生》那一篇里,很巧妙地插进电杆上写"武装保护苏联",敲碎报馆玻璃那些句子去,在上文所引的一段里又写出"到××党去领卢布"字样来,那故意暗藏的两个×,是令人立刻可以悟出的"共产"这两字，指示着凡主张"文学有阶级性"，得罪了梁先生的人，都是在做"拥护苏联"，或"去领卢布"的勾当，和段祺瑞的卫兵枪杀学生，《晨报》却道学生为了几个卢布送命，自由大同盟上有我的名字，《革命日报》的通信上便说为"金光灿烂的卢布所买收"，都是同一手段。在梁先生，也许以为给主子嗅出匪类（"学匪"），也就是一种"批评"，然而这职业，比起"刽子手"来，也就更加下贱了。

我还记得，"国共合作"时代，通信和演说，称赞苏联，是极时髦的，现在可不同了，报章所载，则电杆上写字和"××党"，捕房正在捉得非常起劲，那么，为将自己的论敌指为"拥护苏联"或"××党"，自然也就髦得合时，或者还许会得到主子的"一点恩惠"了。但倘说梁先生意在要得"恩惠"或"金镑"，是冤枉的，决没有这回事，不过想借此助一臂之力，以济其"文艺批评"之穷罢了。所以从"文艺批评"方面看来，就还得在"走狗"之上，加上一个形容字："乏"。

一九三〇，四，十九

党治与民治

原载《现代评论》1930 年 8 月

华 声

现在我们中国谈政治的人们，有的是醉心"民治"，他们说：民治是中华民国的基础，中国若要实行党治，人民的平等自由的幸福就没有了，而他们不知道：在中国最近的将来，除党治而外，没有别的法子可以解决我们的政治社会问题。有的是醉心"党治"，他们认民治为过去的陈迹，只有党治可以救民救国，而他们不知道：党治的存在，正是要实现民治，党治若不以民治为归宿，就丧失了党治的价值。假若我们略略的想一想中国外国现代政治化的历史，我们自然要相信：中国最近将来政治的途径，只有民治主义的党治是一条较好的道路。

民治和党治都是西洋近代政治的产出物。他们所谓民治是说人民支配的政治，是因反对专制而发生的；所谓专制自然不仅指着君主专制，其他贵族专制、少数专制、多数专制、暴民专制，总而言之，无论何种形式的专制，都是民治所不容的。所以现在有力的政治学者都明白地说：民治不是多数政治，多数人所支配的政治不一定就是民治；民治不是群众政治，群众不能有巩固的组织，不能有确定的意志，那么，自然更不是暴民政治；民治也不是普通所说的平等自由，群居的人类就不能有绝对的自由，而且天生不会平等。他们说：人群有人群的认识，真正的民治是人类相互所认识的精神或途径。总而言之，一国的人民因利害关系而考虑的结果，他们所要的东西，他们就去办，这就是民治。

实行民治，实际上人民当然不能全体参加，于是才有了代议的方法。人民用投票选举代表组织代表机关，普通谓之"国会"。从前选举权限制很严，现在凡属精神健全的成年男女都有选举权。这代议的国会制度是实现民治的方法。国会并不是乌合之众，是有组织有政策的政党凑集而成的。国会之中至少有两个政党，政党的胜负，以选举的胜负为定衡，选举的胜负就为"民意"赞成或反对的标准。这就谓之"政党政治"。现代欧美文明各国实际上实现民治的方法就是两个或两个以上政党支配下的国会制度。

这种国会，从前的工作是注意并且努力从君主或贵族手中拿到财政权，打倒专制的苛敛，平均人的负担；近年来，它极力进行社会立法——体育、卫生、居住、保护儿童妇女劳工，减少工作时间、劳工赔偿、劳工保险，等等问题都在社会立法范围之内。这几项是人民的代表机关为实现民治所做的事情。

这种多党代议制度在英、美、法、德、比等国直到现在认为是很大成功，但在意俄认为最显著的失败。欧战以前，俄国的国会本来是贵族敷衍平民的机关，到1917年俄国革命的时候，各政党组织不完备，当时革命功勋最大的民主社会主义派虽能组织临时政府，而不能恢复秩序，制止暴动，结果完全失败；布党能以极专制的手段恢复秩序，打倒反对党，造成一党专政的局面，至今未改。意大利的代议制度本来比俄国的高明，但是到欧战告终以后，国内发生许多不安的现象，各政党彼此捣乱，不能组织巩固的政府，维持治安，以致引起一般人民的厌恶，结果是极端国家主义的法西党用革命的手段，驱逐反对派，独掌政权，人民至今认为满意。俄意两国一党专政所以能够维持许久的时候，它的组织高强，固然是重要原因，但是它的工作的确是能恢复秩序，向着民治的轨道上去走，并不是任意蛮干，一味专制。这种一党专政的党治实等于变态的民治，在意俄国情之下，或者有实际的必要。

现在我们中国所谓党治，就是指着意俄式的一党专政的党治而言。这种办法也应时势的需要而发生的，并不是完全效仿外国的。自民国成立以来，多党的代表制度实际上太不成事体了！前清末年的革命所期望的是民治，所以《约法》开章明义第一条就载明"主权在民"。但是实际上人民的代表机关，从国会、省会，以至县会，都为劣绅所把持，变为军阀、政客、贪官污吏的爪牙或走狗。就国会而言，在袁世凯时代，国会议员就公然说他们自己不是"袁党"，是"圆党"；到了曹锟贿选，售买国会，差不多都成了清一色的洋圆党，完全丧失了政党的资格。"议员"两个字被一般人所唾弃，到这个时候，可以说达到极点。实行民治的代议的国会制度至此成为过去的废物。军阀没有执政的能力，只是增加纷乱，这是无待说明的事实；多数政党准照民意，更番秉政，又是不可能的事情。因此一党专政就成为实势需要的唯一途径。

但是一党专政必须强健，才能有成功的希望。现在中国的问题，第一步是使着人民能够生活，第二步是改良人民的生活。人民在不能活着的时候，自然说不到改良。所以首先必须恢复秩序——先打倒土匪，打倒军阀，然后打倒帝国主义，然后才谈到厉行社会改造，这第一步的工作即有党权集中的必要，俄意两国成功的党治就是这样的例子。俄国极端社会主义的布党和极端国家主义的法西党都是党权集中的巨头政党，他们起首能够恢复秩序，现在能够努力民治，强健的组织是主要的原因。现在中国实行党治是将来实现民治的希望，党权集中是实现党治的手段。若是瞻循顾忌，不推自倒，还能解决什么政治社会问题？更谈不到民治或党治了。

阿狗文艺论（节录）

原载《文化评论》1931 年 12 月 25 日第 1 期

胡秋原

艺术的悲哀。

现在是 Mammon（财神）压杀 Apollo【今译阿波罗】，强奸 Muse【今译缪斯】的时代。无怪乎美国的辛克莱老人太息"Money Writes"（金钱写作）了。

急进的资产阶级艺术家，不忍文艺为庸俗市民所玷污，提出了"艺术至上"、"为艺术而艺术"的口号。这自然是一个幻想，因为这"纯艺术"的倾向，实际上起于艺术家与其环境之不调和，所以由憎恶现实而回避现实，自闭于艺术之宫中。然而在这意义上，无论戈恬（Gautier）【今译戈蒂埃】，无论普希金，无论王尔德，是很少反动气味的。但是随资产阶级社会之破绽日益暴露，他们自己又要求艺术为改良社会的工具之一了，因此不愿束艺术于高阁，而提出"为人生而艺术"的要求。于是小仲马以"为艺术而艺术"的口号为无意义，杜堪（Ducamp）攻讦"没有脑筋的美貌"。自是以后，在各国，人生派与艺术派作了无数的纷争。

在头脑简单的人看来，自然人生派是正确而且胜利了。然而唯物史观者朴列汁诺夫【今译晋列汉诺夫】并始指出这两种倾向之社会根源，不能简单以谁对谁不对来解决的。例如，功利派艺术论者有革命的莱辛（Lessing），有生气泼剌的释勒（Schiller）【今译席勒】，有社会主义者车尔尼绥夫斯基（Chernyschevsky）【今译车尔尼雪夫斯基】，有保皇党雨果，有反动的资产者小仲马，有尼古拉的警备司令；反之，艺术至上论者有普希金、佛罗贝尔【今译福楼拜】、戈恬和在俄国革命史上曾占重要地位的象征派。这些人们，各以各种不同的动机，赞成或反对纯艺术论。

其实，这些论争是徒劳的。因为艺术只有一个目的，那就是生活之表现、认识与批评。伟大的艺术，尽了表现批评之能事，那就为了艺术，同时也为了人生。

在资本主义社会末期——帝国主义时代，这两种倾向又取新的形式而展开了。例如，象征派颓废派的魏尔伦（Verlaine），在其独特的诗句中，寄其空灵之梦；同时社会主义者则以文艺做社会主义之宣传，而吉普林以诗歌颂大英帝国主义，意大利未来派又成了法西斯蒂的御用诗人。

在资产阶级颓废、阶级斗争尖锐的时代，急进的社会主义者与极端反动主义者都要求功利的艺术。这只要看苏俄的无产者文学与意大利棒喝主义文学就可以明白了。法西斯蒂是资本主义末朝的必然产物，他们眼见自己社会之颓败，同时看见新兴势力的怒长，于是非以极端的国家主义，以十二分的气力，"振作"起来，集中国家力量，整顿自己本身，强压新生势力，不足以图存。这就是棒喝主义发生之背景。

在这里，也就是中国今日民族文艺产生的原因。这自然不是中国的"国粹"。在意大利不待说了；在法国，也有 Barrès（巴雷斯）以后的传统主义民族主义文学。在日本，也有那讴歌日本天皇和国家的日本民族主义文艺；此外，在英国，在波兰，都不希罕这一类的东西。

这新的法西主义文学，是比所谓颓废派下流万倍的东西。如朴列汗诺夫说的，"某一阶级借剥削他阶级而生活，在社会上获得完全支配地位之时，所谓前进者，就是堕落的意思"。因为这是寄生者最凶残之本相。

艺术者，是思想感情之形象的表现，而艺术之价值，则视其所含蓄的思想感情之高下而定。所以，伟大的艺术，都具有伟大的情思。而伟大艺术家，常是被压迫者、苦难者的朋友。自然，这并不是说艺术家都不是统治阶级的代言人，然而，他（如果够得上说是一个艺术家）即令表现上层阶级之理想与意识，常是无意识的，如果有意识为特权阶级辩护，那艺术没有不失败的。传道书云："压迫他人，贤者也变成愚者。"安得列夫说文学之最高目的，即在消灭人类间一切的阶级隔阂。所以，只有人道主义的文学，没有狗道主义之文学。富人不能进天国，畜牲也难进艺术之宫。

法西斯蒂的文学，是特权者文化上的"前锋"，是最丑陋的警犬，他巡逻思想上的异端，摧残思想的自由，阻碍文艺之自由的创造。然而，摩罕默德主义是与文化之发展绝不相容的。中国自汉以来的儒教一尊主义，欧洲中世之绝对教权主义，结果造成文化之停滞与黑暗。文学与艺术，至死也是自由的、民主的。因此，所谓民族文艺，是应该使一切真正爱护文艺的人贱视的。

艺术虽然不是"至上"，然而决不是"至下"的东西。将艺术堕落到一种政治的留声机，那是艺术的叛徒。艺术家虽然不是神圣，然而也决不是叭儿狗。以不三不四的理论，来强奸文学，是对于艺术尊严不可恕的冒渎。

中国文艺界上一个最可耻的现象，就是所谓"民族文艺运动"。中国法西斯蒂文学之最初萌芽，是《醒狮》派的国家主义文学；然而这狮牌文学太可笑了，结果除了几篇打油小说以外，只在愚公之愚劣的"书生报国无他道，手把毛锥作宝刀"，"慕沙里尼是吾师，克里孟梭更不疑"之愚诗中，遗臭于文坛。自然，这只是反映中国当时法西斯主义基础之薄弱。

到了去年，随着中国"内乱"之尖锐，独裁政治之强化，盲动主义之急进与败北，所谓普罗文学之盛极而衰，在感觉最敏锐的文艺领域中，开始见法西主义之萌芽。为这萌芽之具体表现者，即所谓"民族文艺运动"。无论这运动者的动机是如何恶劣，但在这恶劣的背后，有国际及中国经济政治之潜因，是不可忽略的。

关于民族文艺家凭借暴君之余焰，所做的一切不正与不洁的事实，残虐文化与艺术之自由发展，无须乎多说了。而他们所标榜的理论与得意的作品，实际是最陈腐可笑的造谣与极其低能的呓语。毫无学理之价值，毫无艺术之价值，文艺之理论与创作堕落到如此，只有令人诧异了。这些东西本来是不值稍有识者之一笑的，然而爱护艺术的我们，为了真理的重光，为了艺术家之人格，为了艺术之尊严，对于这样僭妄之举，于深致叹息之余，如何能默尔而息呢？

一九三一年十二月十五日晨

勿侵略文艺

原载《文化评论》1932 年 4 月 20 日第 4 期

胡秋原

有几个朋友说，我在《阿狗文艺论》中，固然是否定了民族文艺，同时也否定了普罗文艺。但是，我的意思并不如此：我并非否定民族文艺，同时，我更没有否定普罗文艺。如黑格尔所说，"一切存在是合理的"，中国之民族文艺，并非是几个阿狗之发疯，而是有其社会之根据的。反之，中国既有普罗之存在、成长与斗争，自必然有普罗文学的存在、成长与斗争。估量一种文艺可以从各种观点来看——例如政治的观点、艺术的观点……——我并不想站在政治立场赞否民族文艺与普罗文艺，因为我是一个于政治外行的人。其次，对于文艺的态度，也有根据艺术理论的分析与根据艺术之政策的排斥扶植的不同。但是我并不能主张只准某种艺术存在而排斥其他艺术，因为我是一个自由人。

因此，无论中国新文学运动以来的自然主义文学、趣味主义文学、浪漫主义文学、革命文学、普罗文学、小资产阶级文学、民族文学以及最近民主文学，我觉得都不妨让它存在，但也不主张只准某一种文学把持文坛。而谁能以最适当的形式，表现最生动的题材，较最能深入事象，最能认识现实，把握时代精神之核心者，就是最优秀的作家。而这，倒不一定在堂皇的名色。

最近新出一种杂志，叫做《南华文艺》，是专门提倡"民主文艺"的。在民族文艺失势以后，眼见得这民主文艺将成为时髦的东西，这自然是可贺的，然而，这种理论是否有存在之根据呢？民主文艺理论家曾仲鸣及舜民先生都在抄袭泰纳（Taine）的理论，其聪明还是不能出乎民族文艺诸公以外。尤其是舜民君，还在那里高谈民族性，什么南方婉约、北方豪放的可笑意见。泰纳理论之不高明，普列汉诺夫已经详细批评过了。舜民先生自谦"读书太少"，"足迹未出国门"，我只有希望舜民先生不如此固步自封。仲鸣先生高谈文艺与社会，文艺与革命，仲鸣先生或自许为独得之秘，其实已经是很陈腐了。

有某种政治主张的人，每欢喜将他的政见与文艺结婚，于是乎有 A 主义文艺，X 主义文艺，以至 Z 主义文艺，五光十色，热闹得很。从前聂云台先生有大粪主义的笑话，我想将来也许有大粪文艺的名词的。我们固然不否认文艺与政治意识之结合，但是：一、那种政治主张，应该是高尚的，合乎时代最大多数民众之需要的。如普列汉诺夫所说："艺术之任务，其描写使社会人起兴味，使社会人昂奋的一切东西。"二、那种政治主张不可主观地过剩，破坏了艺术之形式，因为艺术不是宣传，描写不是议论。不然，都是使人烦厌的。

三民主义文艺的口号，在前年就有"同志"提出。记得那时的纲领有什么必须合乎王道精神，知难行易学说等等的话。我当时想，创作必须遵守这些教条，真比吃屎还难了。不知怎样，后来由三民而变为一民——民族了。现在，又来了民主文艺，民主是民权，这是第二民文艺。再等几天，恐怕又有人要讲"民生"文艺，与"民生史观"齐辉了。不过，民生史观与民生文艺倒比较痛快，而且我想信徒也必定可以不少；因为"民生主义是吃饭主义"，"吃饭文艺"该多么爽快而实际？前几天有个朋友谈，经济学博士李权时讲什么税一合于民族，再合于民权，三合于民生。为什么我们的"学者"们的思想总必须在三民里面钻来钻去呢？这也无怪乎三民饭店，三民袜子之流行了。

我想，还有几点是值得注意的：一、仲鸣先生说，"一定提倡民主文艺"，无论这东西如何，但"一定要"，是说民主文艺不民主了。二、仲鸣先生鼓吹浪漫主义，许峨的宣言，高谈时代的仲鸣先生忘记一九三二年的中国，已不是十八九世纪的时代了；三、我们承认在目下，民主的斗争，争自由的斗争是必要的，但是，以为真正可以实现一个民主政治，未免近于幻想！在国际及中国的种种条件下实在很少可能。"民主"如何无力，"德谟"如何嫁给"阿图"（专利），便是明显的事实。

没有高尚情思的文艺，根本伤于思想之虚伪的文艺，是很少存在之价值的，我永远这样相信。

"Hand off Arts"，恺撒、祭司、长老、法利赛人、撒都该人的后裔们啊！

"自由人"的文化运动

——答复胡秋原和《文化评论》

原载《文艺新闻》1932 年 5 月 23 日第 56 期

瞿秋白

《文艺新闻》在第四十五号上（一九三二年一月十八），发表了一篇"代表言论"，批评了《文化评论》第一期的所谓《真理之檄》，请他们脱掉那"五四"的衣衫。但是《文化评论》第四期上，我们看见了他们的答复——却是说："我们并没有穿上，也没有要穿上五四的衣衫……"

那当然再好没有了。可是，胡秋原先生在《文化评论》上代表他们同人的《真理之檄》答复《文艺新闻》的文章里，恰好事实上穿上了五四的衣衫，不但穿上，而且更加两只手揪住了它，唯恐怕人家去剥。原来"五四"并不是什么衣衫，而是……而是皮。剥皮，自然是着痛了——剥不得的！

首先要说明的是这个剥皮——脱衣衫的争论的中心问题。因为胡秋原先生的文章十分渊博，扯上了一大套高尚的理论，的确把问题的中心弄模糊了，所以必须先把这个中心提出来，不然，读着胡先生的文章，会觉得《文艺新闻》连一些根本的理论都忘记了似的。

问题的中心在什么地方？——《文化评论》和胡秋原先生认为自己是所谓"自由人"，认为现在要"自由人"的"智识阶级，负起文化运动的特殊使命"，来"继续完成五四之遗业"。而《文艺新闻》认为"当前的文化运动是大众的——是为大众的解放而斗争"，认为脱离大众而自由的"自由人"，已经没有什么"五四未竟之遗业"；他们的道路只有两条——或者来为着大众服务，或者去为着大众的仇敌服务；前一条路是"脱下五四的衣衫"，后一条路是把"五四"变成自己的连肉带骨的皮。《文化评论》和胡秋原先生自己愿意走第二条路，这是他们"自由人"的自由。谁也不去勉强剥他们的皮。

然而胡秋原先生和《文化评论》的皮是什么东西？这是大众所需要知道的。

胡秋原先生现在说《文艺新闻》否认反封建的文化运动的任务，说《文艺新闻》对于蓝宁【今译列宁，下同】关于文化连续性之意见缺乏理解……"这是事实的真相吗？"胡先生自己也承认：《文艺新闻》在那一篇文章里说得很明白——"你们要在极大的动律之中，把封建意识的残余和变种的进棺材的速度，加紧的促进，在目前就实现"。胡先生引了这一段话，照理他就应当很直爽地承认：《文艺新闻》并没有否认现在的新的文化革命应当继续完成反封建的任务——民权革命的任务，因此，也就不会否认"文化的连续性"。但是，他却仍归夹七夹八的胡缠一顿，硬说人家否认"反封建的文化斗争"。这是移开争论的中心，而避开直接的答复。现在要答复的正是：究竟是谁担负着反封建的文化革命——"是知识阶级的自由人"，还是工农大众，究竟是谁领导着这新的文化革命，是资产阶级，还是"无产阶级"？

固然，胡先生也承认了一些自己的错误。他说，"我们说文化界完全是乌烟瘴气，未免重视过去一切向光明者和我们自身的努力，是概念之笼统"。但是，这仅是概念之笼统吗?! 不是的。只在看胡先生对于大众和阶级的态度。他引了《文艺新闻》关于"文化运动是大众的"……一大段话，直接他就说："语病未免太多了"，于是他又是夹七夹八，牛头不对马嘴的胡缠了一大顿，（例如，人家说从鸦片战争到现在，大众为着自己的解放而进行着、开展着文化的斗争，反帝国主义的斗争，说这个真理，这个事实的真相，也就是真正文化斗争的真相是在进到更加剧烈的前途——可是他却缠到了"真理……不过九十一年的历史"！）他就只会这样胡缠的搬出许多哲学上……的问题来教训人家，一个一个的把那些所谓"语病"分析着，而对于"大众的文化运动"这一点，他恰好"忘记了"，他半个字也没有答复。他仍旧以为所谓文化运动，只是一切所谓"向光明者"和他们自己的努力。可是一九二六——一九二七年就发动的伟大的民众的文化革命呢？从那时候起，五四时期在报章杂志上写的"非孝"、"反孔"、"解放妇女"、"打倒菩萨"……以至于实现所谓"匪徒式"的政权，都在变成实际的大众的生活。到现在，已经过了三四年，已经在许多地方创造着新式的生活，新式的文化。难道这是"自由人"负起的使命吗?! 难道这是资产阶级的智识分子——文化运动专家领导的吗?! 这种真正伟大的群众的文化革命，肃清中国式的中世纪茅坑，而开辟革命转变前途的反封建反帝国主义的革命，正是胡先生所认为"不自由的，有党派的"阶级所领导的。

胡先生固然自己以为是历史的辩证法的唯物论者。但是，他对于阶级，对于党派，是十分的恐惧，唯恐怕玷污了他的"高尚情思的文艺"。他说："一切存在是合理的"（黑格尔），"自然主义文学、趣味主义文学、浪漫主义文学、革命文学、普罗文学、小资产阶级文学、民族文学，以及最近的民主文学，我觉得不妨让它存在，但也不主张只准某一种文学把持文坛"。问题当然不在于你让不让一切种种的阶级和文学存在，问题是在于你为着哪一阶级的文学而斗争。而胡先生叫着："Hand off arts！"——不准侵略文艺！你是叫资产阶级、无产阶级……都不准侵略文艺？而事实上，中国的，以及东洋西洋的统治阶级、地主阶级或者资产阶级，都在用文艺做阶级斗争的一种武器。你的叫喊，事实上，说客气些，客观上是帮助统治阶级——用"大家不准侵略文艺"的假面具，来实行攻击无产阶级的阶级文艺。

不但如此。胡先生喜欢引蓝宁的话，那么，蓝宁说："真正相信自己是在推进科学的人，不会要求新的观点要有和旧的观点并存的自由，而要要求用新的观点去代替旧的。"而胡先生的"不准侵略文艺"的口号，（注意：他的翻译是把 Hand off 的严厉的命令状，译成了"勿侵略"——"勿要侵略吧"的自由主义的劝告的口气），恰好是要求一个不大不小的"并存的自由"。这真是自由主义的自由人了！而"自由人"的立场，"智识阶级的特殊使命论"的立场，正是"五四"的衣衫，"五四"的皮，"五四"的资产阶级自由主义的遗毒。"五四"的民权革命的任务是应当彻底完成的，而"五四"的自由主义的遗毒却应当肃清！

"在社会里面——根本还是金钱的权力，在社会里面——劳动群众穷困得要做叫化子，而少数富人做着寄生虫。在这种社会里面不会有真正的实在的'自由'。著作家先生，你是不是脱离着你的资产阶级出版家（书店老板）而自由的呢？是不是脱离着资产阶级的主题而自由的呢？生活在社会里面又要脱离社会而自由，这是不能够的。资产阶级的著作家、艺术家、演剧家的自由，只是戴着假面具的（或者是伪善的假面具的）接受钱口袋的支配，受人家的收买，受人家的豢养。（《蓝宁文集》第七卷上册）"此外，胡先生还说了许多话，都是用不着一句一句的和他去分辩的。他会找许多字眼上句法上的"语病"，而不会找着他自己的根本的立场。例如，他说《文艺新闻》把"行动和实践以至功利观念代替真理的观念"。为什么？仅仅只为《文艺新闻》说了一句："从行动产生理论，理论必须要行于实践"！这里本来并没有丝毫忽视理论的意思。而胡先生说这是"实验主义的主张"。可是，马克思是"用群众的无产阶级的运动，竭力从这种运动之中去求得实际的教训。他向巴黎公社'学习'，一切伟大的思想家都是这样的——他们不怕向被压迫阶级的伟大运动的经验去学习，随便什么时候都不会用那种迁夫子的教训态度来对付实际运动的。"（同上卷十四上册）至于胡先生，他在现在这种时期，"觉得在真挚行动之前，需要深切的研究。我们不赞成无理论的行动，如不赞成无行动的理论一样"。可见他和《文化评论》的根本立场，实在是：先研究理论然后再去行动。这真正要回到"五四"时期去了！——"五四"还没有掀动伟大的民权革命，"没有发展到一个普遍的深刻的民主革命"，一切都是"乌烟瘴气"，一切都要等"智识阶级的自由人"来重新开始——而在开始之前，"还需要深切的研究"呢。民众应当等待着。因此，可以对中国的一切寄生虫阶级说：放心些！教训民众等待主义就可以算得他们的"有理论的行动"了。

这就是，"自由人"的文化运动的意义。

五，一八

论"第三种人"

原载《现代》1932 年 11 月 1 日第 2 卷第 1 期

鲁 迅

这三年来，关于文艺上的论争是沉寂的，除了在指挥刀的保护之下，挂着"左翼"的招牌，在马克思主义里发现了文艺自由论，列宁主义里找到了杀尽共匪说的论客的"理论"之外，几乎没有人能够开口。然而，倘是"为文艺而文艺"的文艺，却还是"自由"的，因为他决没有收了卢布的嫌疑。但在"第三种人"，就是"死抱住文学不放的人"，又不免有一种苦痛的预感：左翼文坛要说他是"资产阶级的走狗"。

代表了这一种"第三种人"来鸣不平的，是《现代》杂志第三和第六期上的苏汶先生的文章（我在这里先应该声明：我为便利起见，暂且用了"代表"、"第三种人"这些字眼，虽然明知道苏汶先生的"作家之群"，是也如拒绝"或者"、"多少"、"影响"这一类不十分决定的字眼一样，不要固定的名称的，因为名称一固定，也就不自由了）。他以为左翼的批评家，动不动就说作家是"资产阶级的走狗"，甚至于将中立者认为非中立，而一非中立，便有认为"资产阶级的走狗"的可能，号称"左翼作家"者既然"左而不作"，"第三种人"又要作而不敢，于是文坛上便没有东西了。然而文艺据说至少有一部分是超出于阶级斗争之外的，为将来的，就是"第三种人"所抱住的真的、永久的文艺——但可惜，被左翼理论家弄得不敢作了，因为作家在未作之前，就有了被骂的预感。

我相信这种预感是会有的，而以"第三种人"自命的作家，也愈加容易有。我也相信作者所说，现在很有懂得理论，而感情难变的作家。然而感情不变，则懂得理论的度数，就不免和感情已变或略变者有些不同，而看法也就因此两样。苏汶先生的看法，由我看来，是并不正确的。

自然，自从有了左翼文坛以来，理论家曾经犯过错误。作家之中，也不但如苏汶先生所说，有"左而不作"的，并且还有由左而右，甚至于化为民族主义文学的小卒、书坊的老板、敌党的探子的，然而这些讨厌左翼文坛了的文学家所遗下的左翼文坛，却依然存在，不但存在，还在发展，克服自己的坏处，向文艺这神圣之地进军。苏汶先生问过：克服了三年，还没有克服好吗？回答是：是的，还要克服下去，三十年也说不定。然而一面克服着，一面进军着，不会做待到克服完成，然后行进那样的傻事的。但是，苏汶先生说过"笑话"：左翼作家在从资本家取得稿费；现在我来说一句真话，是左翼作家还在受封建的资本主义的社会的法律的压迫、禁锢、杀戮。所以左翼刊物，全被摧残，现在非常寥寥，即偶有发表，批评作品的也绝少，而偶有批评作品的，也未动不动便指作家为"资产阶级的走狗"，而且不要"同路人"。左翼作家并不是从天上掉下来的神兵，或国外杀进来的仇敌，他不但要那同走几步的"同路人"，还要招致那站在路旁看看的看客也一同前进。

但现在要问：左翼文坛现在因为受着压迫，不能发表很多的批评，倘一旦有了发表的可能，不至于动不动就指"第三种人"为"资产阶级的走狗"吗？我想，倘若左翼批评家没有宣誓不说，又只从坏处着想，那是有这可能的，也可以想得比这还要坏。不过我以为这种预测，实在和想到地球也许有破裂之一日，而先行自杀一样，大可以不必的。

然而苏汶先生的"第三种人"，却据说是为了这未来的恐怖而"搁笔"了。未曾身历，仅仅因为心造的幻影而搁笔，"死抱住文学不放"的作者的拥抱力，又何其弱呢？两个爱人，有因为预防将来的社会上的斥责而不敢拥抱的吗？

其实，这"第三种人"的"搁笔"，原因并不在左翼批评的严酷。真实原因的所在，是在做不成这样的"第三种人"，做不成这样的人，也就没有了第三种笔，搁与不搁，还谈不到。

生在有阶级的社会里而要做超阶级的作家，生在战斗的时代而要离开战斗而独立，生在现在而要做给与将来的作品，这样的人，实在也是一个心造的幻影，在现实世界上是没有的。要做这样的人，恰如用自己的手拔着头发，要离开地球一样，他离不开，焦躁着，然而并非因为有人摇了摇头，使他不敢拔了的缘故。

所以虽是"第三种人"，却还是一定超不出阶级的，苏汶先生就先在预料阶级的批评了，作品里又岂能摆脱阶级的利害，也一定离不开战斗的，苏汶先生就先以"第三种人"之名提出抗争了，虽然"抗争"之名又为作者所不愿受，而且也跳不过现在的，他在创作超阶级的、为将来的作品之前，先就留心于左翼的批判了。

这确是一种苦境。但这苦境，是因为幻影不能成为实有而来的。即使没有左翼文坛作梗，也不会有这"第三种人"，何况作品。但苏汶先生却又心造了一个横暴的左翼文坛的幻影，将"第三种人"的幻影不能出现，以至将来的文艺不能发生的罪孽，都推给它了。

左翼作家诚然是不高超的，连环图画、唱本，然而也不到苏汶先生所断定那样的没出息。左翼也要托尔斯泰、弗罗培尔【今译福楼拜】。但不要"努力去创造一些属于将来（因为他们现在是不要的）的东西"的托尔斯泰和弗罗培尔。他们两个，都是为现在而写的，将来是现在的将来，于现在有意义，才于将来会有意义。尤其是托尔斯泰，他写些小故事给农民看，也不自命为"第三种人"，当时资产阶级的多少攻击，终于不能使他"搁笔"。左翼虽然诚如苏汶先生所说，不至于蠢到不知道"连环图画是产生不出托尔斯泰，产生不出弗罗培尔来"，但却以为可以产出密开朗该罗【今译米开朗基罗，下同】、达文希【今译达·芬奇】那样伟大的画手。而且我相信，从唱本说书里是可以产生托尔斯泰、弗罗培尔的。现在提起密开朗该罗们的画来，谁也没有非议了，但实际上，那不是宗教的宣传画、《旧约》的连环图画吗？而且是为了那时的"现在"的。

总括起来说，苏汶先生是主张"第三种人"。与其欺骗，与其做冒牌货，倒还不如努力去创作，这是极不错的。

"定要有自信的勇气，才会有工作的勇气！"这尤其是对的。

然而苏汶先生又说，许多大大小小的"第三种人"们，却又因为预感了不祥之兆——左翼理论家的批评而"搁笔"了！

"怎么办呢"？

十月十日

到底是谁不要真理，不要文艺？（节录）

——读《关于〈文新〉与胡秋原的文艺论辩》

原载《现代》1932 年 10 月 1 日第 1 卷第 6 期

周起应

在《现代》第三期上登载有苏汶先生的一篇论文：《关于〈文新〉与胡秋原的文艺论辩》。在这篇"皇皇大文"里，苏汶先生措辞是极其婉转曲折的。一看好像他是在骂胡秋原"既不懂列宁主义又不懂马克思主义"，而恭维"左翼文坛""既懂列宁主义又懂马克思主义"；可是实际上他是在欢迎胡秋原的自由主义的创作理论，而且非常巧妙地帮着胡秋原来攻击"左翼文坛"。

措辞尽管婉转曲折，然而苏汶先生的意思是很明白的。他的意思是说，你们"左翼文坛"是"马克思列宁主义者"，你们的"一切主张都无非是行动"，你们是"不会再要真理，再要文艺"的。

马克思列宁主义者真是不要真理，不要文艺吗？

请先看看苏汶先生所下的马克思列宁主义的定义吧：据苏汶先生的意见，马克思主义者和马克思列宁主义者是有分别的，这分别就是在于后者"现在没工夫来讨论什么真理不真理，他们只看目前的需要。是一种目前主义。我们与其把他们的主张当做学者式的讨论，却还不如把它当做政治家式的策略，当做行动；而且这策略，这行动实际上也就是理论"。这是对于马克思列宁主义的何等恶意的歪曲啊。他把列宁主义仅仅当做"行动的马克思主义"，把列宁主义仅仅还原到政治的实践。他不愿在列宁主义之中看到理论，而且不愿承认马克思主义学说由列宁提高到了新的阶段。……

实际上，一个真正的马克思主义者决不会先研究理论然后再去行动，同时也决不会只要行动，不要理论。在这里，行动和理论是不能分开的。"在实践之外去谈什么能不能够认识客观的真理的问题，那是烦琐哲学（马克思）。"……只有实践才能辨别真理和谬误，只有实践才是真理的决定的规准。可是马克思列宁主义的实践观决不是苏汶先生所说"目前主义的功利论"。我们承认客观真理的存在，但我们反对超党派的客观主义。无产阶级的阶级性、党派性不但不妨碍无产阶级对于客观真理的认识，而且可以加强它对于客观真理的认识的可能性。因为无产阶级是站在历史的发展的最前线，它的主观利益和历史的发展的客观的行程是一致的。所以，我们对于现实愈取无产阶级的、党派的态度，则我们愈近于客观的真理。

"你假使真是一个前进的战士"，你就一定要站在无产阶级的立场，百分之百地发挥阶级性、党派性，这样，你不但会接近真理，而且只有你才是真理的唯一的具现者。说"一个前进的战士不会再要真理"，那恐怕是指的资产阶级的真理，或是苏汶先生所说的小资产阶级的"亭子间里的真理吧"！老实讲，只有正在没落的阶级才惧怕真理，不要真理，因为每个客观的真理对于他们都是不利的。譬如说，文学是有阶级性的，这，就是苏汶先生也不能不承认是"事实"吧，但是在他听到这事实的时候，也"似乎就有点意外了"！为什么"有点意外"呢？因为公开地讲为什么"阶级性""党派性"这些话对于正在没落的阶级是不利的。他们愈公开地取着阶级的、党派的态度，就愈表现出他们是在逆着历史的发展开倒车，换句话说，就是愈暴露他们的反动性。因此，他们就用什么"自由主义"啦、"艺术至上"啦这些话来遮掩他们的本来面目，以欺骗群众。从这里，就产生了受"第三种人"的"作者"欢迎的"自由主义的创作理论"。

自由主义的创作理论的本质是什么呢？就是不主张"某一种文学把持文坛"，干脆一句话，就是要文学脱离无产阶级而自由。但是真正"自由"了吗？当然没有！"资产阶级个人主义者诸君！我们得告诉你们，你们所讲的什么绝对的自由，简直是骗人的话。在建筑于金钱势力之上的社会里，在劳动大众非常地贫困而少数富人做着寄生虫的社会里，不会有真正的实在的'自由'"（列宁）。那么，他们的自由是什么呢？那就是"戴着假面具去受钱袋的支配，去受人家的收买，去受人家的豢养"。把自己裹在"自由主义"的外套里面，戴着艺术至上的王冠，资产阶级的作家们是怎样巧妙地而又拙劣地隐藏着他们对于他们自己的阶级的服务。

资产阶级一面主张"艺术至上主义"，一面却老老实实地在利用反动的大众文艺来麻醉群众。苏汶先生之类的"摩登少爷"自然可以高谈"艺术的价值"，鉴赏什么表现主义、未来主义、超现实主义和一切 isms（主义）的作品，但是在剥削制度之下，受着帝国主义和封建势力的重重压迫的中国劳苦群众是完全浸在没有"艺术的价值"的反动的、封建的大众文艺的毒液里。因此，他们对于生活的认识，对于社会现象的观察，总之，他们的世界观，差不多大部分是从这种反动的大众文艺里得来的。这些反动的封建的毒害可以阻碍劳苦群众的革命意识的生长。所以，我们要用文学这个武器在群众中向反动意识开火，揭穿一切假面具，肃清对于现实的错误的观念，以获得对于现实的正确的认识，而在这个认识的基础上去革命地改变现实。无产阶级文学是无产阶级斗争中的有力的武器。无产阶级作家就是用这个武器来服务于革命的目的的战士。为什么"一个前进的战士"会不要武器呢？苏汶先生说"左翼文坛有一点不爽快，不肯干脆说一声文学现在是不需要"，他的意思是很明白的，就是说，你们"左翼文坛"如果"干脆说一声文学现在是不需要"，那么，我就不怕你们再用文学这个武器去帮助革命了。革命没有武器，这对于资产阶级的确是最"爽快"没有的事了！苏汶先生的目的就是要使文学脱离无产阶级而自由，换句话说，就是要在意识形态上解除无产阶级的武装。

为了这个目的，苏汶先生很巧妙地用种种的话来攻击"左翼文坛"，什么"左翼文坛"没有"自己的理论"啦，"向俄罗斯人批发些来倒不至于闹大笑话"啦，什么"霸占文学"啦，"文学不再是文学了，变成连环图画之类"啦，等等，等等。

中国无产阶级文学，无论在理论上或创作上，都还很幼稚，这是事实，然而也正就是因为幼稚，所以我们要向已经有了伟大的无产阶级的文学的欧美各国，特别是苏俄去学习。我们要非常活泼地运用国际的无产阶级文学理论，决不是什么"只用四角方方的文字一写，便俨然成为中国人自己的理论"。苏汶先生的这种讥笑是无伤于我们的啊！

再说"连环图画"吧：在"创造大众能理解的作品"的任务的面前，为了在大众中和反动思想斗争，为了最容易送进革命的政治的口号于大众以组织他们的斗争，我们应当利用大众文艺的旧形式，如连环图画和唱本，以创造革命的大众文艺。但是"死抱住文学不肯放手"的苏汶先生自然是反对这个的。"这样低级的形式还产生得出好的作品吗？"他愤慨地说。我倒要问，所谓"低级"是拿什么做标准的呢？苏汶先生显然是拿欧化文学的形式来做文学程度的标准。即使说"连环图画里是产生不出托尔斯泰，产生不出弗罗培尔来的"，可是，"死抱住文学不肯放手"的"作者之群"中就产生出了托尔斯泰和弗罗培尔吗？何况连环图画和唱本并不是大众文学的唯一的、固定的形式。我们决不是一味地长久地袭用这种旧的形式。我们用这种旧的形式也不仅是为了对大众的思想斗争和政治宣传的利益，同时也为了引进大众到新的文艺生活，从旧的大众文艺形式中不断地创造出新的大众文艺形式。苏汶先生不去理解这个发展的过程，而死死地抓住这个过程中的某一点，把它固定化，于是愤愤地说："这样低级的形式产生得出好的作品吗？"恰恰相反，只有从苏汶先生的所谓"低级"的形式中才能产生得出好的作品，即使它自身还不是好的作品，它至少是好的作品的胚胎。

苏汶先生不但说"左翼文坛"里没有自己的理论，没有文学，而且说"左翼文坛"里没有作家，因为"作者不再是作者了，变为了煽动家之类"。在政治斗争非常尖锐的阶段，每个无产阶级作家都应该是煽动家，他应该把文学当做Agit-Prop（宣传鼓动）的武器。但做了煽动家并不见得就不是文学家了，而且越是好的文学越有Agit-Prop的效果。所以，我们不但没有忽视"艺术的价值"，而且要在斗争的实践中去提高"艺术的价值"。于是，"斤斤于艺术的价值"的苏汶先生就觉得"有一点不爽快了"，他觉得你们"左翼文坛"要革命就革命，可不要"霸占文学"。但是，前面说过，苏汶先生措辞是极其婉转曲折的，所以他并不"干脆说一声"你们"不该这样霸占文学"。他只说你们如果又要革命，又要文学，那"反把作者弄得手足无措了。为文学呢，为革命呢？"苏汶先生故意把文学和革命机械地对立起来，好像文学和革命是势不两立的。好像为革命就不能为文学，为文学就不能为革命。这样，"左翼文坛"不革命则已，要革命就不能再要文学了！

不幸的是，革命不但不妨碍文学，而且提高了文学。只有革命的阶级才能推进今后世界的文学，把文学提高到空前的水准。中国无产阶级文学虽然还没有产生伟大的作品，可以使苏汶先生心服，但是就是苏汶先生也不能不承认它是"已经明显地立定了脚跟"。国际无产阶级文学无论在理论上或创作上都已经有了丰富的经验，压倒资产阶级的文学了。这个，译过《一周间》的苏汶先生当然也知道，用不着我多说。至于资产阶级的文学呢，它是已经没有未来了；它所有的唯一的东西就是它自身的过去的历史。它再也产生不出"托尔斯泰"，产生不出"弗罗培尔"了。它顶多只能产生出分析一个妇人的微笑竟费了六页的篇幅的那样的资产阶级文学的"手淫大家"马塞尔·普鲁斯特（Marcel Proust）！所以，如果不断然地和资产阶级诀别，把自己和革命联系在一起，而只"死抱住文学"，"斤斤于艺术的价值"，甚至还想"一举成名天下知"，那你不但创造不出好的文学，而且简直是使文学堕落！那么，到底谁不要文学呢？是使文学堕落的人不要文学呢，还是在新兴阶级的斗争中提高文学的人不要文学呢？

　　苏汶先生假使真想替文学"留着一线残存的生机"，他就应该明白，只有在无产阶级的手中，文学才能毫无障碍地、蓬勃地生长，只有投身在无产阶级的斗争里面，一个作家才能毫无遗憾地展开他的天才。但是，苏汶先生是一个艺术至上主义者，他只"死抱住文学"，"叫人不要碰"。叫谁不要碰呢？自然不是叫资产阶级不要碰，因为他所"死抱住"的就是资产阶级的文学。他事实上是叫无产阶级不要碰，其实无产阶级也并不要碰苏汶先生所"死抱住"的那种文学。你尽管死死地抱住吧，无产阶级正在它的阶级斗争中创造出它自己的文学。这对于资产阶级作家倒是一个大的威胁。也就难怪苏汶先生要感到"难乎其为作家"，而"好多大大小小的作者"都搁起笔了！

　　……

训政与宪政

制宪问题

《努力周报》，第 3 期，1922 年 5 月 21 日

张慰慈

这几天来，国会问题，宪法问题，又变成大家所注意所讨论的问题。虽则各人对于解决时局的方法，意见还不能一致，不过大家总有一种观念，以为制定宪法是使政治上轨道的第一步。至于怎样制定宪法，还是一个未解决的问题。有人主张国民制宪，又有人主张旧国会立宪。我们此刻急需讨论的，就是这一个制宪问题。

我以为讨论这一个问题，我们万不可主张空空洞洞名称好听而事实上做不到的办法，也不可拘执于一种办法，以为别种办法绝无商量的余地。我们必须准酌现今实在的情形，并须参考制定宪法的各种方法，选择一个最适当的最易做得到的办法。所以我先讨论宪法成立的各种方法，作为讨论我国将来所应当采用方法的根据。

从历史上着想，各国宪法成立的方法可以分为四种：（一）由君主制定的，（二）由人民协议制定的，（三）由于逐渐发展而成的，（四）由于革命而成的。

第一种宪法就是叫做君定的宪法。君主也许为顺从民意起见，也许为保持他自己的地位起见，愿意将他自己的权力，和政府各机关的组织和职权详细规定出来，将政府的性质从人治的变成法治的。君主这样的举动就是他自己愿意限制他自己的权力，将他的政治权力，限制在一定的范围以内，并照一定的规定行使其职权。这种规定就是一国的宪法。

第二种宪法叫做协定的宪法，就是人民组织新国家的时候，或组织新国家以后，商议制定的宪法。这次欧战完结以后，欧洲大陆上发现许多新国家如波兰、却克斯拉夫克、甲高斯拉夫，他们的新宪法完全由协议而成立的。

第三种宪法是由逐渐发展而成的。大凡一国的政体，逐渐由专制政体变成民治政体，其宪法是属于这一类的。在最初的时候，这种国家的主权在君主一

人手里，不过在事实上——虽则不在法理上——主权的所在就逐渐从君主手里转移到人民代表手里。人民代表的权力最初只不过有事实上的根据，没有法理上的根据。但是到了后来，在事实上，在法理上，全国人民均默认人民代表的实权，就是君主自己也不得不乘时势的潮流，放弃他所有的实权，承认人民代表的权力。

第四种宪法是由革命而成立的。凡专制国的人民，因为不满意于他们的政体，决定推翻他的专制政府，组织一个根据于人民主权和代议制度的政府，其宪法均是属于这一类的，这样成立的政府有第一次的法兰西共和国、南美合众国、中华民国、俄罗斯苏维埃共和国。

历史上所发生的革命均有两方面：一方面是对于当时腐败政府的反抗，一方面是建设新政府的运动。但是凡由革命而成立的宪法，是极不容易的事。无论哪一国，革命以后，必定要经过几年扰乱状况，政治情形才能复原，人民才能过安稳的日子。所以非到了万不得已的时候，别种方法差不多完全失败，因此人民便不得不出来革命，由革命而制定一种新宪法。法国从一七八九年革命以后，其政治状况差不多直到了一八七五年才可以算得复原，宪法才制定，稳固的政府才可以算成立。美国革命以后，也经过了十三年的极危险时期（从一七七六年到一七八九年），确定的宪法才算成立。前几年土耳其和波斯亦曾发生过革命，不过一点成功也没有，到了此刻，这两国的政治组织还不能确定。俄罗斯从一九一七年革命以后，国内的扰乱至今还未曾平静，将来结果究竟是怎样，此刻实在没有人敢预料。

凡革命发生，旧政府推倒以后，当时的情形总是极其复杂，极其困难。当时所谓政府，只不过是一个临时的革命机关，就叫做临时政府。当时最重大的问题就是把这个不完备的临时组织的革命机关变成一个完备的永久的政府。

为解决这一个问题起见，临时政府有两种方法。临时政府可以代表人民，拟定和制定永久的宪法，如果人民这方面没有反对，当然默认临时政府有这样的权力。当普法战争，拿破仑第三的政府推翻后，法国差不多处于无政府的地位。当时只有一个议会，由人民选举出来的，唯一的职务就是和普鲁士订立和平条约。不过和平条约订定后，就个议会差不多变成国内唯一的政治机关，就变成当时的临时政府。因为当时没有正式的机关，这个临时政府就制定现今法兰西共和国宪法。这个临时政府的人物虽则是由人民选举出来的，不过当人民选举他们的时候，是选举他们订立和平条约的，并不是选举他们出来制宪的。

临时政府第二种方法是承认他们的临时性质和有限的权力，用正式的手续，组织一个永久的政府。如果采用这一种政策，临时政府可以拟定一种宪法，由人民总投票决定去取，或使人民举出一个制宪委员会，制定永久的宪法，或另行组织一个宪法起草委员会，再由人民决定宪法草案之能否成立。这第二种方法是最适合于人民主权的原则，如非有特别的情形，是临时定宪所应该选择的方法。

我国辛亥革命以后，当时临时政府所采用的方法，也是这第二种方法。临时政府并没有制定宪法，临时宪法只不过制定一种临时的宪法，叫做约法，并且在约法内限临时大总统于十个月之内召集国会，由国会制定宪法。

国会召集以后，参、众两院于民国二年各举宪法起草委员三十人，在北京天坛起草宪法，过了四个月的时候，一百三十条的天坛宪法草案成立。该草案于十月三号交两院所合组的宪法会议，袁世凯也派八个委员列席会议，不过在三读的时候，委员被拒不许发言，袁世凯就于十月二十五号通电反对宪法草案，并于十一月四号下令解散国会。天坛宪法草案也就因之消灭。

袁世凯解散国会后，于民国三年五月一号组织一个参政院，由这参议院宣布六十八条中华民国约法。袁世凯于民国五年死后，临时约法又复活，国会又二次召集起来。民国六年，两院又起草宪法，不过宪法草案尚未成立，天津督军会议强迫黎元洪解散国会。从此以后，民国的政治就脱离宪法的轨道，走入歧路上去了。此刻的问题，就是怎样可以恢复宪法的轨道。前天我们发表的政治意见中所主张南北协商召集民国六年解散的国会，及责成国会克期完成宪法，是恢复宪法轨道的一种办法，并不是唯一的合法的办法。我们要得晓得凡是革命总是不合宪，凡是制新宪法就是一种革命的举动。法国的宪法不是依据法律制定的，美国的宪法也不是依据法律制定的。当初美国的宪法会议，照法律的规定，只有商议修改联盟约章的权，并没有制定新宪法的权。不过当时宪法会议中的各委员，为谋国家的统一起见，竟敢大胆的不顾法律，于开会后第五日议决废除旧约章，另造新宪法，如果当时法国和美国的领袖人物为法理所拘束，想依据法律制定宪法，恐怕他们两国的宪法未必就这样的容易成立。

此刻我们人民所要求的是赶快制定一种好宪法，并不是要限定什么样的机关才是合法的制宪机关。只要能够达到制定政宪法的目的，什么样的方法都可以用。如果不注重目的一方面，专去讨论方法，那么，你有你的方面，我有我的方法，总不能讨论出什么结果出来。我们还希望一班政客们，不要你争你的旧国会，他争他的新国会，或新新国会，赶快的破除党见，牺牲一些个人的私利，想法从最近的路程同大家赶快到宪法的轨道上去。我们小百姓受这十一年没有宪法的痛苦，未始非你们大政客、小政客捣乱出来的。

　　总而言之，此刻南北两方面如果协商得妥，把民国六年解散的国会召集起，并责成国会克期完成宪法，确是一种最简易的方法。如法果协商不妥，那么，由省议会举出代表，或由别种法定机关举出代表，组织制宪会议，也未始没有商榷的余地。只要有一种办法，在事实上是做得到的，并且是最简易的，我们人民当然可以承认的。

三权分立与我国

《努力周报》，第 46 期，1923 年 4 月 1 日

邹德高

三权分立之说，在古代已得亚里士多德、谢雪庐（Cicero）、鲍里贝士（Polybius）诸人的承认；十六世纪的布丹（Bodin、十七世纪的洛克（Locke）、十八世纪的孟德斯鸠，也都主张此种说法。孟德斯鸠说的最明白：

> 无论哪一个政府，他的权力，都有三类：（1）立法权（Legislative power）、（2）行政权（Executive power）、（3）司法权（Judiciary power）。

> 假如立法权与行政权同在一人手中，或者同在许多行政官的任何团体手中，那么，"自由"（Liberty）就不能存在。又如司法权不与立法权和行政权分离，"自由"也是不能存在的。假使司法权是同立法权混合了，人民的生命、自由，就一定会受那武断的控制。为什么原故呢？因为那裁判官，同时就是那立法的人。当司法权与行政权联在一块的时候，那当裁判官的人，就有乱法压制的势力。所以无论什么人，无论什么团体，假使他一个人或一个团体，同时行有这三种大权，换言之，就是那立法、行政、司法三大权力，都是在他掌握之中，那么，无论那人或团体，是贵族抑是平民，他就可以为所欲为了。

英国布拉克斯东（Blackstone）、美国马迪生（Madison）也都有同样的主张。综观他们的意思，约有四点：

> （1）立法、司法、行政三种大权，其本身性质，是有自然的区别。

（2）就理论上而言，这三种大权，也有分立之必要。

（3）如不分立，实际上，就是专制。

（4）所谓分立，是三大权力，分执于各别的人或团体的手中，绝不可联合在一块儿使行。

美国是个民主的国家，他那政府的三大权力，是照孟德斯鸠的三权分立主义，严格的分配定了的。立法部的议员，是由人民选举的。法院的法官，是由人民选举的。行政部的首领，也是由人民选举来的。彼此的权限，各有一定；彼此势力，互相平衡；各有自由的范围，同立于平等的地位。所以美国的确是一个"三权分立"的好榜样。

反观我们中国，又是怎么样呢？名义上，倒是三权分立，实际上，还是国会专制。临时约法第三章第十六条规定：

中华民国之立法权以参议院行之……

第四章第二十九条规定：

临时大总统副总统由参议院选举之……

第六章第四十八条规定：

法院以临时大总统及司法总长分别任命之法官组织之……

大总统选举法第二条规定：

大总统由国会议员组织总统选举会选举之……

又国会组织法第二十条规定：

民国宪法案之起草，由两院各于议员内选出同数之委员行之……

第二十一条规定：

民国宪法之议定，由两院会合行之……

综上以观，我国之立法、司法、行政三大权力，皆直接间接操诸国会——临时约法之参议院即代行国会职权者——之手。国会于其立法范围外，直接选举行政部之首长——大总统。间接控制法院内之法官。甚至对于政府与国民共守之宪法，亦完全为所议定。国会为立法机关，单独行使立法权可也，为什么司法、行政两大权力，也要置诸其手中呢？大总统为行政首领，总揽行政权，是应当与国会平等的，为什么要由国会产出，不由人民选举呢？法院的法官，是执行司法权的，为什么也要直接隶属于行政首长，间接隶属于国会呢？宪法是国家的根本大法，应由全体人民议定，为什么也让国会包办呢？准以三权分立的原则，究竟是合吗？不合呢？国会以一手包揽三大权力，专制的流弊能够免除，人民的自由能有保障，国家的政治能够清平吗？这是我个人非常怀疑的地方。

试看现在的国会，因为他包揽立法、行政、司法三大权之故，所以国会议员，一经人民选出之后，就自命为"神圣不可侵"，自以为"至高无上"，而忘其所自来，忘其所负的责任了。什么国利民福，他们完全不管；什么内政外交，他们完全不计；什么根本大法——宪法，他们搁置不理；什么财政军事，他们简直不问。只是整天的，去包办内阁；整天的，去拍卖总统；整天的，去舞文弄法；为军阀做走狗；视民意如仇雠；所谓三位一体——国会，内阁，总统的政治，也就出现了。彼此狼狈为奸；彼此盗卖国权；彼此敌视民众；天天言法，而置自身而法律之外；日日言治，而尽力作成祸胎。像这样的政府，这样的政治，国家还有清平之望吗？然而所以弄到如此的地步，实在是三大权力，集中在国会，破坏了三权分立主义的原故。

假使我们中国，仿照美国的办法，将立法、行政、司法三大权力，严格的分别执行，使他们都平等建立于全体国民之上。全体人民。直接选举国会议员，组织立法机关；直接选举总统，使他总揽行政；直接选举法官，让他组织法庭；并由全体人民另外组织"宪法会议"——照美国的方法——来定立宪法，修正宪法；如此，专制的流弊，庶可免除；民治的精神，方可实现。不然，为防止总统之专制，而生出国会专制；扫去一暴虐之君主，而产生出八百为恶之罗汉，就变本加厉，适得其反了。

高一涵先生有篇《希望宪法会议修改宪法草案中的大总统选举法》，在本报第三十六期内发表过。他说：

我当民国五年十二月间，曾在《宪法公言》上发表一篇大总统选举法刍议，极力反对"大总统由国会议员组织总统选举会选举之"一条的规定，主张采用美制，由人民选出总统选举人集会于各省选举之……我个人直到现在，对于总统民选的手续，虽然意见略有变更，但是对于国会议员包办总统选举的规定，仍然是极端的反对。……

一涵先生在那篇文中所举出的欧、美学者主张总统民选的论据甚多，其列举的民选手续，也很有理由。总而言之，根本上是不赞成"立法权"与"行政权"，混而为一落在一人手中罢了。

胡适之先生在四十一期中《这个国会配制宪吗？》的评论里，也反对国会制宪。胡先生的意思，是"宪法是根本法律，民治国家的法律绝不是那班自己不守法律的无耻政客所能制定的"。所以他反对国会制宪，是据事实立论。若就国会不能包揽一切大权的原则——三权分立主义——说来，那制宪的大权，更不能落在国会手中，当由国民制定才对了。

再如这次吴景濂等冒用国会的名义控捕阁员，又简直是破坏司法独立的确据。以一议院的议长，可以自由逮捕国务员，国会议员可以任意干涉法院之裁判，像这样专横的国会，是不是一手包揽三大权的结果？若长此不改，国会的流毒，我敢说是有加无已的。现在的代议制已很被人非议，像这样包揽三大权的代议制，尤其是我们不敢赞同的。

有人说，三权分立，在理论上，不是绝对的。在实事上，也不能严格分立的。这句话，凡是稍学过法学的人，自然也是知道的。不过可分立的，是要分立；当分立的，也是要使他分离。立法、行政、司法三大权力，绝对的分离虽不可，相对的分立，却是可能，且为必要。行政、司法不可为立法机关所包揽，也与那立法、司法不可由行政机关所包揽——专制君主——是一样的道理呵！

又有人说，三权分立在英国就说不上，为什么英国政治又很好呢？盖英国政府，就形式上说，倒是三权分立。立法权，在议会；司法权，在法院；行政权，在英皇。然而实际上，行政大权操诸内阁，英皇只是徒负空名而已。立法权虽在议会内阁大臣，因为党魁关系，全可左右。司法独立，也只是名义上罢了。英政府在未立宪以前，立法、司法、行政三大权力自然没有分立，完全是握在君主一人的手中。改行宪政以后，名义上虽三权分立，实际上仍无变动，不过把那三种大权从君主手中转入国会手中而已。换言之，英国的国会，不但立法权在其手中，就是行政权和司法权，也是直接间接的归其控制行使。所以英国有句俗谚说得好："英国的国会，除了变女为男一事不能而外，其外一切，无不能为"。所谓"国会万能"，盖即指此。那么，英国政府宜乎就会变为专制，英国人民宜乎就要丧失自由。为什么他的政治，还是很平善？人民还是很安乐呢？然其中实在有一个特别的缘因，就是他国内政党组织得完密的原故。所谓最适宜，最有效的"两党政治"（Two Party OrganiZation），就是实现于英国。蒲徕士（Bryce）常说："一个政党，在国会中，得了势力；其他一个政党，亦足以防制他的暴乱"。因此英国的政治，自然就可安稳无事，不会发生专制的流弊了。

我们中国，既无有像英国那样完美健全的两大政党，如要学那英国的"国会政治"（Parliamentary system）学那英国的国会万能——包揽三大权——实在是有百害而无一利。

所以我主张我们中国，应当仿效美国，实行那严格的三权分立主义要：

（1）宪法是国家组织的根本大法，不应由立法机关的国会包办，当由全体人民组织宪法会议另定。

（2）总统是国家的代表，是行政机关的首长，不应由平等的立法机关产生，当由全体人民组织总统选举会议另选。

（3）司法机关，是保障人权，保护自由的，所有法官，当由人民选举，不能由行政机关任命，亦不能受国会方面的牵制的。

立宪国家，要三权分立，共和国家，尤其要三权分立。民治国家，主权在民，人民当直接行使民权，不可容居间的"代议士"为恶，才是！

一党专政与吾国

《新路》，第 1 卷第 2 号，1928 年 2 月 15 日

立 斋①

自俄无产专政之制成立，传至吾国，乃有"以党治国"与夫"一党专政"之说，究竟俄之所谓专政者，其理由安在，吾国之所谓专政者，是否有维持之可能，不独一时治乱所系，实国家能否建设所由决。

一

俄列宁政府既成，自国法与政治观之，有最显著之特点四：

（甲）剥夺资产阶级之参政权。

（乙）立法权与行政权混而为一。

（丙）禁止反对党之存在。

（丁）一般人民不得有言论、结社之自由。

俄之所以为此者，非出于一时之偶然，实有其师承之学说，彼等认为社会之中，以敌视之阶级组织而成，革命之后，劳动者取得专政权，则凭借国家之力，以削夺资本家之财产，以防止反革命运动，及阶级既消灭，国家亦随而归于乌有，故其所以采专政之制者，有两大目的，一曰消灭不平等之阶级，二曰消灭强权之国家，惟其抱此理想之目的，乃敢逞其残酷之手段，不观恩格尔之言曰：

---

① 即张君劢。——编注。

国家者，暂时的制度也，革命之日，所以利用之，以压制反对者，所谓自由国或民意国，实不通之说也。当无产者需用国家之日，非所以实现自由，乃所以防止反对，无产者口中说到自由之日，则国家之所以为国者，已失其存在。

列宁于其所著《国家与革命》一书力言国家为治者压制人民之具，故在社会革命之后，不能不有专政一阶段，而其最后目的，为国家之死亡，亦与恩格尔同一论调而已。

十年以来，俄之贫富阶级如何耶？不独不均等潜滋暗长，而未有艾焉。国家之为物，为之天然基础者有人口有领土，表现于人民心理者，则有理性，本非强权二字所得而概括之焉。彼等不察，妄悬此二事为目标，人民牺牲虽大，而成效罕睹，故以俄言之，其所采手段与所抱目的之不相应若是，虽谓专政之制，徒以快执政者之私心可矣，与阶级平等强权消灭之理想何涉哉。

二

专政之制，剥夺财产，限制人权，其为至残极酷，虽共产党犹承认之，故不得已而托于阶级平等强权消灭之名义下，盖谓人权之停止，正所以促进新社会之产生，吾国之革命，既未尝宣言以共产均贫富，又未尝有去国家而代以自由组合之目的，何得借口专政，剥夺全国人民之公权哉。

虽然，以当前之事实观之，其所标口号，曰以党治国，曰党外无党，曰反三民主义即是反革命，全国之是非善恶功罪，决之于革命不革命之标准。革命者，是也善也有功也；不革命者，非也恶也有罪也。政府之权，操之一党，更以全国人民之租税，豢养数十万之党员，遇有稍不同道者，辄与之为难。平日既不许国人发表意见，即届国民会议之日，安从而有真正自由之选举，此则与俄之以国法明标专政者虽不同，其为专政一而已。

以革命目的言之，曰扫除军阀以谋国家之统一，曰修改条约以争国家之独立，执此二事以询四万万人，虽尽四万万人而举双手可焉。其所以有革命不革命之异者，曰社会之多元的活动，甲以教人革命为爱国，乙以教人守本分为爱国，甲从事政治上之实际活动，乙投身教育为国养人才，所以有此方向之异者一也。曰政治手段之歧出，因推翻军阀之谋，乃有武力之需要，而生联俄、容共、农工运动三大政策。甲曰容共，乙曰反共；甲曰联俄为世界革命之同志，乙曰联俄为外交上之同盟；甲曰鼓动农工以谋无产者之解放，乙曰吾国尚未入于资本主义时代，农工运动应俟异日。所以有方向之异者二也，夫以总目的言之，本无异同可言，而终于有异同者，可知社会本为多方面的，岂容以一元之革命主义绳之哉。

以国民党之政策言之，十六年三月以前容共，三月以后反共；十二月以前联俄，十二月以后绝俄；十二月以前从事民众运动，十二月以后暂停民众运动。苟在三月以前有数共产党之罪恶者，十二月以前有言联俄之终为俄欺者，有言民众运动之徒以乱社会者，按之所定反革命治罪条例，正足以构成"推翻国民革命主义"或曰"宣传与国民革命不相容之主义"之罪状。然而真正之是非善恶果何如？昔之是者善者有功者，而今为非者恶者有罪者矣；昔之非者恶者有罪者，而今为是者善者有功者矣。然则是非善恶之标准，岂容以革命不革命代之界线限之。

因此而训政之价值可知矣，以公民之义务言耶，则军阀之障碍一去，吾国民不待告语，而自能执行选举，参与中央地方之政治；以国家机关之运用耶，则最高之党部会议，屡置屡废，屡召集而不成，尚何以表率全国；以一般之行政言耶，立于革命旗帜下者十余省，何以同为革命省而起战争，何以无一省有确实之军事预算与民政预算，何以无一省能改良币制者。党内方自乱不暇，奈何抗颜与人民言训政耶。

三

吾人敢明白宣言曰，国民党一年来之专政，失败而已，失败而已！此非国民党之咎，凡施行专政者，未有不蹈此覆辙者也。试胪举以明之。

第一，专政不许旁人反对，政策易于反复。政策之行也，不能有利而无弊，赞否两方之意见，尽情发挥，则利多而行者，可以垂久远，弊多而止者，可以烛机先。反是者，己独是而人尽非，无复有切磋琢磨之益，故俄之由共产而新新经济政策者，专政为之也，俄于西欧之德与东方之我，掷无量数之金钱，以运动共产革命，而终于无成者，专政为之也。吾国之昨日容共今日反共，昨日联俄今日绝俄，亦专政之明效大验也。

第二，专政无国法上之根据，易起国内武力之争。行专政制度之国，党法之效力，驾国法而上之。吾国今日只有党法，不闻有国法，俄虽有国法，然最高党权之谁属，是党法之事，非国法所能问。惟其决于党而不决于国，如他国之根据国法以执行总选举以交迭政府，以求法律、政治两方合一之民意者，为专政国之所无，而同党之内，独凭牢笼操纵之手段，以求我之多数人之少数，于是争长相雄，并党而破裂之。俄共产党内有托劳茨基与斯大林之争，国民党内有唐、蒋、汪、胡之争，皆其至显者也。及其情见势绌，虽诉之武力而不惜。近莫斯科以托氏之放逐，而有军队叛变之谣。国民党柄政以来，同党干戈之争，已及三次：一为唐之东征，一为白之西讨，一为粤张黄之举兵。盖误信党法之简捷可以集事，国法之繁重而难于运用者，可以恍然悟矣。

第三，专政不知责任之所在，导人于无耻。近世立宪政治之原则，政治家犯政策上之错误者，引身以退，乃至国会之中，同派居于少数，亦以民心之不附，退居在野之列，惟其然也，其提议其执行，常慎之又慎，期于不至授人口实，而有以自解于国民。今以一党专全国之政，敌党不容其存在，政策而是也，由我主之；政策而非也，亦由我主之。故容共时代，为领袖者我也；反共时代，为领袖者亦我而已。政策之或彼或此，既无责任，因而无所谓赏罚，则又谁复出其精思妙虑，以去非而求是者。人人恬不知耻，以认错了事，而千百青年生命之牺牲，全国人民之受祸与国家威信之坠地，一概不问，独其所谓党与夫党之领袖，傲然自居民上，自若焉。

第四，专政下之民意出于操纵，故人民政治能力，无发展之可能。近世国家在宪法上规定人民之根本权利，在选举法上赋予人民以普通选举之权，所以求民意之发抒，由自发自动而进于自决而已。今之所谓民众运动，曰农人运动，实国民党少数人之运动而已。曰工人运动，国民党少数人之运动而已。曰学生运动，亦国民党少数人之运动而已。因党部之纷更，各省党部变为整理委员会，工人总会变为工会统一委员会，惟其基础不筑于真正民意之上，故由人颠倒，如弈棋然。园艺家之养花也，以火逼之，短时期间，花色烂然，然不数日之内，而枯黄憔悴以死，以其出于外逼而不出于自发。故由专政之道以为之，是戕贼人民政治能力，非所以培植之也。

要而言之，专政之结果，名为提高党权，适以滋长内讧，名为民主之过渡，适为混乱之促成，名为求治，适以得乱。

四

窃以为今后救国之道唯有一端，曰民主政治而已。其应停止者二事，应举办者四事。

一、应停止者：

　　甲、停止党部独占的活动。

　　乙、废止训政。

二、应举办者：

　　甲、保障人民言论自由。

　　乙、保障人民结社集会自由。

　　丙、速议地方制，施行地方自治。

　　丁、速议国宪，实行政党政治。

　　国民党人信三民主义可以治中国，此三主义者，稍读西欧政治学者所共见共闻，即令烂熟胸中，曾与治国之道无涉。盖所以治国者，在乎人民熟习本国中央与地方之问题，而以议会政治之方法不在乎话闻政治上之空论也。譬之读德国思想史与意大利玛志尼之书者，谁不知有民族主义；读卢骚与英国宪法史者，谁不知有民权主义；读马克思之书者，谁不知有社会主义。谓此三大思想之普及，遽可以指吾国于治安，亦尽人而知其不然。一国之政治，有其实际问题焉，有其人与人之关系焉，必人民熟知其利弊，而又能共守议会政治之规矩，然后政府安定，而能兴利除弊，此在乎中央政治与地方政治之实际磨炼，而不在乎空论之宣传。一年以来，大江以南，可谓国民党之独舞台矣，试问其外轰轰烈烈者，于国民真正政治智识与能力之增进，能有几何，夫亦曰盲从而已，感情冲动而已。总之不经他党之辩驳，不经两党在选举场上之角逐，不经两党在地方与中央之实际试验，其所谓知识者非真知识，其所谓能力者非真能力，此独占之政党活动所以不能有裨于国事也。以此独占之党，居于训政之地位，更于情为不顺，于理为不通。所谓训者，一方有能训者，他方有所训者，画然两阶级，如帝王之于人民，师资之于后生，或以权力之差，或以智识之异，则一方诲之，而一方听之而已。今以同时代同地位之国民，徒以其追逐党后之故，而令其为训政者，而令国民为被训者，真所谓靦然面目而已。以党内日事法与非法之争，则党魁之不守法可知；以各省财政之紊乱，则党魁无行政之能可知；以各省之互斗，则军人无服从之习惯可知。下此之秽德彰闻，更非吾人所忍述。循此以训之，适以广谬种之流传，尚何建国之有哉。即令其所谓能训者，贤如柏拉图之哲人依照《建国大纲》着手调查人口，教人民以选举等权之行使，则其能否增进人民政治能力，犹为疑问。西谚有之曰：学习由于实行，学游水者必自入水池，学打球者必自上打球场。与其空言教人选举，不如使人民直接行使选举权；与其空言议会之议事，不如令人民直接参加议会。积以岁月，人民之政治能力自养成矣。此可以知训政之无用，而民治之应及早开始。

国人鉴于十余年之往事，每怀疑于民主政治。窃以为昔日之受病，在袁氏之弄法与督军之毁法，今而后但得两重保障，一曰军人之不干政，二曰选举之合法进行，则政客虽捣乱于议场之上，而不足为患。不观法国乎？内阁半年一倒，而不害其为统一与治平之国，可知吾国之议会与内阁，欲其一跃而与英比美，此断不可得者；然谓吾国人并运用议会组织内阁之能力而无之，非吾人所敢信焉。除此两重保障之外，一切听国人之自为，而不烦政府之干涉，是之谓自由竞争，是之谓民主政治。

共产党与国民党人好引用法国前例，曰恐怖为革命时代所能免。独不观德国乎？一九一八年之革命期中，人民自由绝未消灭，他党存在，绝未禁止，且各党以公开之竞争，角逐于宪法会议之选举场中。何以必以有理性之先例为不足学，而必盲从他国之暴民政治乎？

故曰今日之要务：第一保障人民之言论自由。第二保障人民之结社自由，所以集合全国人之心力，互相批评，互相监督，以期有统一的是非统一的政策。第三议定地方制。第四议定国宪。所以超脱于现时武力状态，置国家于法律与民意之轨道上，而此外之非法势力（军人与共产党）自不得逞，此同人所认为救国之唯一途径也，望国人平心静气以思之。

辟训政说

《新路》，第1卷第7号，1928年5月1日

立 斋①

自革命军达北京，训政之声，洋洋盈耳，省政府之所筹备者曰训政，中央政府之大方针曰训政，乃至国内大书肆之广告曰"训政开始，补助教育"。呜呼四万万之阿斗，倘亦甘心跪拜于此自拥皋比之国民党之下，而绝无人起而兴问罪之师乎。

一、中山思想之混沌

中山生当十九与二十世纪之交，凡西方政治上、社会上流行之学说，欲一一网罗为己有，虽众美咸备，实"先施"、"永安"百货店之类耳。一人之思想，有其背景，有其统系，既主张甲说矣，则乙说之不相容者，同时不能兼容并包。譬之既主张个人自由矣，则社会公道之说不能不在反对之列；既主张民主矣，则专政或训政之说不能不在反对之列。乃中山欲一手经理西方政党之学说，于是自十八世纪之民权论、十九世纪之民族主义与夫二十世纪之列宁之共产主义，无不欲合一炉而治之，究其结果，则才盾而已矣，混乱而已矣。以欧洲民族主义言之，其始也发动于意大利之抗奥，希腊之抗土，是单单一之民族，驱除入主其地之外族，其意义至简单而明显焉。中山于清末提倡排满之说，与意、希——所谓民族主义，非无类似处，至今日而要求国际上之独立平等，则已为国家之强弱存亡，而与隶属于异族之义无涉矣。中山更移此义以适用于满、蒙、回诸民族，于是其党纲中规定曰："中国境内各民族一律平等"，按其字义言之，殆以瑞士之待意、法、德三族者待吾汉族外之余四族，否亦如英伦之许

---

① 即张君劢。——编注。

阿尔兰以自治耳。乃读其三民主义之演讲曰："由此可知本党还要在民族主义上做工夫，必要满、蒙、回、藏都同化于我们汉族"。

其所心慕力追者曰美利坚民族的规模，试问德也，意也，巴尔干也，其入美者，咸习美语，诵美宪，是同化耳，是帝国主义之同化耳，尚何民族平等待遇之可言，尚何民族自决之可言，所谓思想之混沌者一也。以民权主义言之，其始也发生于天赋人权之说，主旨在保护各人之生命财产与言论结社之自由，本此以施诸社会生计，则为亚当斯密之自由竞争说与陆克之私产神圣说，乃至英人中且本此义以反对义务教育之施行矣。及十九世纪中轻个人自由而重社会公道者，则有社会主义之运动，如马克思辈与夫今日劳动党、社会党、共产党皆是也，彼等痛社会贫富之不均，力求以国家或社会之力，增进工人之地位，于是有所谓劳动保险、八小时工作与夫国有公有营业之说。诚主民权说矣，唯有本自由之义以尊个人以保护私产，此今日各国自由党之立点也，诚主社会或民生主义矣，唯有本公道之义以裁抑个人以推广社会之权力，此今日社会党之立点也。乃中山不然，一方既羡慕欧人之民权，于是主张个人权利之保护，他方感于社会党势力之不可侮，于是主张节制资本，平均地权。此两种学说，实有绝不相同之背景伏乎其后，而中山必欲合一车以载之，乃以成今日党内东驰西突之局，所谓思想之混沌者二也。盖欧人之提倡主义者，有其哲学的根据与理论的统系，以一生奉行一种学说，他人自感其真挚而与之俱化。试问以边沁之个人主义者，而欲兼为马克思之社会主义者，得乎？以马克思之社会主义者，而兼为边沁之个人主义者，得乎？诚以其两不相容故也。思想之提倡也易，其普及于社会而实行也难。同一主义之下，为之后先疏附者，常为多数人。英自陆克氏以下，逮于一八三二年新选举法之成立，可谓为无一日不在民权主义之奋斗中也。德自马克思以降，以下逮于今之社会民主党党员，可谓无一日不在社会主义之奋斗中也。惟其思想之严明，信守之专一，自不至以朱乱紫，以伪乱真，而中山之所谓三民主义者，但见欧洲二百年来至有力之政纲尽在是耳，岂常深究其哲学上不相容之背景哉。三者杂然并陈，曰此欧人之所言行，吾不可不力追焉，不知既信民权矣，而欲其更信民生，则民权说全失其根据，而民生说亦在迷离惝恍之中；其专信民生者，则视民权如无物，必欲推倒之而后已，此何也？中山之于欧洲学说，但见其习开之标语，即以之陈列于其政治的百货店中，至于此类学说之理论的根据与其先后冲突之故，彼概置不问焉。彼中山者，善应时变之政客耳，岂真有所谓主义。闻之友人云，中山在联俄之先，大羡英、美在欧战中资力之丰富，著《实业建设计划》诸书，且遣陈友仁访沪上英、美领事，谋与之接近，旋以英、美领事置之不理，乃愤而联俄。然则当时之英、美果肯援助中山，中山所走之路为个人主义，为资本主义，为与帝国主义妥协，无疑义矣。及既见绝于英、美，乃去而联俄，于是所走之路为共产主义，为打倒资本主义与帝国主义。夫一己之主义，因外援而定，则其诚意，尚有几何乎？呜呼，此不择手段者之所为耳。彼口中之主义，乃百货店玻璃窗中之陈列品，徒以炫耀人耳目而已耳。

二、欧战后中山训政思想之由来

欧战以前，中山之思想，英、美式之思想耳，由革命以达于宪政，如法国与美国之成例是也。欧战以后，英、美诸国咸颁战时戒严条例，限制人民之自由，于是知人民自由非不可暂时停止，又见夫俄国专政之出现，并有产阶级之生命财产而牺牲之，盖觉此种手段极便于革命之进行，而训政之说因以成立矣。中山晚年不得志之日，所深恶者为反革命派，以为辛亥后国民党之失败，皆此辈为之障碍，此在国民党第一次全国代表大会席上再三言之而不能自已者也。夫欧、美既有此限制人民自由之先例，以之施诸吾国，可以保护同党排斥异党者，莫如此革命反革命之分界线，革命派为训导为主人，非革命派为学生为奴隶，则训政学说之根据在是矣。

吾人窃欲起中山于地下而问之曰：法国第三共和以前，明明为王政也，反对共和者，绝非数人也，何以一八七〇年后，不闻有训政时期之说，而共和之政安于磐石耶？又不见一九一八年前之德国，明明为王政也，其君主派人至今尚占议席于国会中也，何以从不闻训政时期之说，而其共和宪法，亦立于牢固不拔之基耶？盖一党之主张，顺乎民情，合乎法纪，则政体虽更，不患无维持之可能；反是者，如吾国之国民党，稍不如意，动以武力或暴动相抵抗，则政府自得以兵力压制而乱无已时，故吾国国基之不立，国民党不能不负其责，决不能独归咎于党外之人也。

革命与建设确为绝不相容之两事。一则循序渐进，一则绝无畏惧；一则守法，一则乱法。故建设之才决不适于革命，革命之才决不适于建设者也。闻蒋氏中正抵京之日，以三百人之名单交阎氏锡山，皆山西人之出亡在外者也。阎氏阅此单后，走告蒋氏曰，此皆山西之犯人，有案可稽者也，刑事若干人，贪墨官吏若干人，学生不守校规而开除者若干人。据此一例以证之，可以知革命人才中包含之种类何若，乃欲以之为训人之师资，真太史公所谓"不亦轻天下而羞当世之士耶"。

当知吾国所以不能行宪法之故，曰军阀之横行耳，曰政客之播弄以毁法乱纪耳。十余年来政府当局切齿于议会之责问与干涉，则引进各省军阀以抵制之，因以养成四分五裂之局。其为政客者，但知争一己之利禄，逞一时之意气，各派彼此之间，绝无交推互让之精神，此互相牵制之代议政治势不能运用，而国法亦以毁裂。今而后诚能廓清此割据之军藩与捣乱之政客，则法治之施行犹反掌耳。乃不此之图，徒嚣嚣然曰，以县为自治单位也，土地应测量完竣也，人口应调查清楚也，盖不责握有实力之军阀，而徒责无知之县市乡小民，不教议员辈以政治上公平竞争之理，而但令小民习四权之运用，是得谓知本之言乎？

三、《建国大纲》中训政之内容

吾人设想今后果军阀尽去，财政统一，则宪政所以施行之条件宜何如？曰三事而已：

> 一曰政府与人民依法办理选举，不得舞弊。
> 二曰议员遵守宪法与政治上之常规。
> 三曰政府遵守宪法与政治上之常规。

选举之合法不合法，议员善恶之所由判也，调查人口，为第一要务，而调查之后，又贵乎监察员到场监视，不得以一人而投数票，或一人而自填数十百票，或官厅通同舞弊，将投票瓯捣毁，而另以一种选举票代之，凡此皆民国成立以来所习闻，而今后不可不防者也。其次为政府者，关于应提出之预算案，届会计年度开始之日，立即提出，因议会之不信任，自行辞职，万不可以总统或军阀为护符，图遁于宪法之外，以为巩固权位之妙计。又其次为议员者应知自身既立于国家机关之重要地位，所以监督政府之守法者，不可不严，所以批评政府之行为，不可流于东方式责备贤者之论。政党间之相待，应有公平竞争之精神，不可妄以恶意猜度，相循于此倾彼轧。盖此三事能本此进行，则宪政之基自趋于巩固；反是者，道路虽筑成，警察虽完善，而与宪政之推行无与焉。何也？宪政者。政治问题也；道路、警察者，行政问题也，二者不容混为一潭者也。

夫宪政为全国之事，选举权为全国人民所共享，初不必与各县各省之自治，有连带关系也。

中山之言曰：

> 凡一省全数之县，皆达完全自治者，则为宪政开始时期；全国有过半数省份达至宪政开始时期，即全省之地方自治完全成立时期，则开国民大会决定宪法而颁布之。

是全省之县，有一县未达于中山之四种标准（《建国大纲》第八条），则其余各县，均不得享受选举或宪政权利也；全国二十二省中，苟无十二省达于中山之四种标准者，则吾国人民亦永不得享受选举或宪政权利也。敢问中山，世界曾有何国之行宪者，不以全国为起点，而以省、县为起点者耶？英以国为起点耶、以省、县为起点？美以国为起点耶，以省、县为起点耶？日本以国为起点耶，以省、县为起点耶？诚以省、县为起点也，则数百年前之英国，何能想望宪政之开始？美国独立之日，何尝各乡县之行政合于中山之四种标准？日本宪政已大奏成效，至今日而始闻民选知事之说，必以县长之民选为国宪施行之标准，则日本至今日犹未为立宪国可焉。呜呼，此真所谓胡说而已。

本上所言，则各县自治标准之说，自无一驳之价值。人口即未清查，土地即未测量，警察即未办妥，道路即未筑成，要无碍于宪政之开始也。此数者之举办，系乎全省经费之是否充实，初不足以表示其国民之自治程度。英国初期之宪政中，其无此说，不必言矣，以一八三二年改正选举法时代言之，恐亦无此四者之完善行政。美国独立之初，荜路褴褛，亦无余力及于路、警。要之，宪政与此四者之先后，考之各国史乘，便可了然，初不必在此斤斤置辨。吾人所知者，宪政完成，经费出入有预算可稽，则此种行政尤易发达；反是者，以行政之改善为先法之前提，则此四者永不举办，而宪政办永无成立之日矣。宪政云者，出于人民参政之要求者也，人民有求之者，政府欲不允而不可得，奚容以路政、警察定宪政之时期哉。

中山之理想，以瑞士之直接民主制度掺杂于英国之代议制度中，乃以"四权使用之训练"（第八条中语）为各县人民自治标准之一。不知有代议制而兼行四权者，瑞士是也；但行代议制而无此四权者，英国与其他大陆各国是也。英人无此四权，初不害其为宪政之祖国；法国日本亦无此四权，何尝害其为宪政完成之国。中山必欲列此于自治标准之中，不知是何用意，岂以此为借口，而延长训政之年月耶？关于四权之规定，第八条曰人民曾受四权使用之训练，第九条曰一完全自治之县，其国民有直接选举……之权。依条文言之，则第八条中但指四权之讲解言之，及第九条而后有实际之行使。中山亦知近来教育上之原则曰学习由于实行（Learning by doing），又曰试与误（Trial and Error），凡事先经试行而后有进步，未经试行之先，但有讲解，是不得谓为有训练。既经试行之后，仍不免于错误，是亦人事所常有，则所谓"曾受训练"之四字，安从而得其标准的解释耶？吾人可借杜威之语以明之：宪政之全部，生活也，长成也，其国民在宪政实地试行之中，则政治能力自有进步，反是者，永不试行，永不错误，则亦永无进步。明乎此义，则人口、土地、路、警四者与宪政之不相涉，自不待言；四权之训练，亦何尝与代议政治有先后递进之关系，不知中山必欲混而为一，何耶？

中山乎，中山之同志乎，公等之密谋革命，抢夺政权，自为他人所不及；以云建设国家之智识与能力，以吾人所见，直可以"彀不上"三字了之。诸君所奉为神圣者曰《建国大纲》，然此书一日不废，则吾国一日不能建设，可断言焉。

四、近来之事实

中山之方针，可以简括之曰：

第一，由中山训党（请读《孙文学说》第六章附《陈英士致黄克强书》）。

第二，由党训民。

今中山既逝矣，民之能否训练，全视党之能否训练，若党尚不能自训，则民更何由训，训政长为镜花水月，而宪政永为三神山之可望不可接矣。

欲问党之能否自训，有二标准焉，一曰党内宗旨之一致，二曰党内行动之一致。中山曰誓行革命之主义，为公民权得丧之标准，其誓行之者，当然以国民党为第一位，然验诸一二年来党内之近况，则何如。

所谓三民主义之中，就其原则分解之，有欧、美自由党之党纲在焉，有社会改良派之党纲在焉，有土地改良派之党纲在焉。本此党纲，原可各成一派。徒以国民党为中山所手创，人人欲共载此三字徽号，以自居于正统，于是宁可在党内倾轧，而不愿冒分裂之名。自容共以来，更生二派，一曰共产派，二曰接近共产之汪精卫派，人人自以为三民主义之信徒，究其实，各以己意解释此三民主义，令人若堕五里雾中，试证之蒋中正之言曰：

> 襄昔所最伤心泣血者，以诸同志之间，或因主义见解之不同，或因环境所处之各异，而不能一致，遂见日睽而日远。

国民党告天下曰所信奉者为三民主义，而蒋氏则明认曰主义见解之不同，是必其党中所信仰者，有不属于三民主义者，或名是而实非者矣。更证之吴稚晖之言曰：

> 五中全会，他们多数是共产党的朋友，而在共产党的朋友手里去提案，那真是大笑话，我们江、浙老同胞，十分健忘，因为无锡、江阴、嘉定、宜兴一点小出彩，震不动他们的麻木，必要像广东、两湖大屠杀了一番，方才晓得汪精卫的太岁请不得的，陈公博先生的猫儿念弥陀，真相是不好看的。

夫同为国民党，同隶于三民主义旗帜之下，彼此不相容，至于如是，真令局外人不知何者为真三民主义，何者为假三民主义，犹之老陆稿荐，与真正老陆稿荐之莫辨其谁真谁伪矣。此党内主义之不一，而训政安从说起耶。

国民党之分子，按其思想言之，固已不能自成一党，诚本其良心以与国人相见者，应及早宣告解散，向国人谢罪矣，徒以政权在握，不甘毁此已成之局，于是相忍为党，而中央党部招牌高悬自若，乃有所谓清党运动与夫党务指导员之派遣，以吾人所闻，此项党务指导员为各省所驱逐者，不止一次，试读八月二十八日《申报》之记载曰：

> 二十四日南昌通信：自八月三日省党务指导委员刘抱一、邹曾侯、曾华英三人，被党校学生及各民众团体驱逐出境后，刘、邹、曾以为是省政府暗中唆使所至，迭在南京向中央请愿改组省政府。
>
> 八月十九日天津电云：省党务指导委员与省政府商定，在未奉中央党部复电期间，各工会停止活动，有秘书长马洗繁，因省党务指导委员跋扈，办事棘手，决辞职。

此外福建之省党务指导委员丁超五为人所殴辱，致不得已，登岸以去。而其他之类此者，尚更仆难数。夫国民党者，全国人之教师也，党务指导员为党之教师，谓为教师之教师可也，其行己立身，宜如何守法奉公，为国人表率，乃一则为人所驱逐，一则被人称为跋扈，则吾四万万人之为阿斗者，安从得一先导而师事之，此党内行动之不一，而训政安从说起耶。

吾人敢直言告国民党人曰，训政之说，绝不能成立者也，夫先生之与学生，年龄差，智识殊，一为训者，一为受训者，犹可言焉；若夫同为国民，年龄相等，智识相类，乃以一为革命党一为非革命党，而分成训人与训于人之两级，靡论其智识、道德之不足以语此，即令能之矣，而训政说之不能成立，有二大理由在焉。

国焉者，由多数人而成立者也，此多数人之心思才力，决不能同出一途，此不出一途之心思才力之有裨于国家一也。譬之公等在广州之日，大声高唱容共，而四五年来国人之关心政治者，谁不以反共相号召？公等抵沪之日，卒受环境之逼迫，而有清共之举，然则以公等为独是，以他人为尽非之说，能成立否耶。公等在革命进行之中，以利用学生为能事，吾人则以学业为立国大计，不容为一时政治手段所牺牲，今大学院亦翻然悟矣，乃有"鞭尸不足以蔽其辜"之自劾语，然则以公等为独是以他人为尽非之说，能成立耶。以此二事证之，可以知三民主义与非三民主义，绝不足为是非善恶之界线；虽公等如何残暴，要不能尽国内之异己而杀之，亦不能尽国内之思想而统一之。此思想之不统一，为人类天然之事实，试从此方面平心观察，而后知西方思想自由之原则与夫各政派并存之惯例，自为政治上当然之途径矣。

前既言之，国民运用立宪政治之能力，唯有立宪政治下乃能长进，经一次选举与一次组阁，其人民与议员自多一度之进步。反是者，终日在书本上条文上训政，虽口口声声不离政治，而与人民之政治能力无涉焉。西谚有之，学泳水者，应自入水中始，正谓是也。不观英人乎，宪政之施行已及数百年，究其人民能力是否已达善美之境，不得而知也；然政党间互相尊重之精神与夫内阁之持久力，自为他国所不及。何也？其国民陶镕于宪政之日久故也。本此以言之，无选举权、无组阁权之国民，下知在训政之日，所得而学习进益者为何事也，更不知国民处一党专政之下，并言论结社之自由而无之，其所得而学习长进者又为何事也。呜呼，公等以频年不得志之故，乃府怨于国中之反对党，不知手创民国之德国社会民主党能容兴登堡，而公等乃不能制一袁世凯；德社会民主党能制定宪法，而公等并一纸约法而毁之。盖知进而不知退，知有武力，而不知社会力之控御，乃公等所以得天下而不能治也。不独十余年之往事如此，即以近年广东言之，事权不可谓不专，财力不可谓不厚，而至今盗匪充斥，疮痍满目，其去中山所谓一省底定之日，历有年所，而成效又若彼，窃以为循公等之言行而不变也，吾恐吾国之永沉九渊，不能自拔焉矣。

论中国的共产

——为共产问题忠告国民党

《新月》，第3卷第10号，1931年

罗隆基

一、解放思想，重自由不重"统一"。

二、改革政制，以民治代替"党治"。

（一）

对共产主义的理论，赞成与否，这不在本文讨论的范围以内（参看本刊三卷一期）。如今我们当头的问题是：共产党在中国能否成功？

许多年前，梁任公先生在北平《晨报》上发表过一篇关于共产的文章，他的大意是中国"无产可共"，所以不能提倡共产。直到如今，社会上许多乐观派的人物，依然拿"无产可共"四个字，断定中国共产党的失败。湘、鄂、赣的共产，已成遍地荆棘的局面，黄河以北的人民，还这样乐观的说："中国北部像陕、甘、鲁、豫这种省份，永远不会有共产成功的机会。我们北方是'无产可共'，所以不能共产"。这种话是对共产主义理论上根本的误会。共产党所主张的是根本打破私有财产制，是生产工具公有。中国虽穷，私有财产制存在一天，生产工具私有制存在一天，土地私有一天，在这点上，共产主义者就有文章可做。共产主义者在中国就有发展的可能！

揣"无产可共"四字的命意，大约指中国现在的生产力太低，经济能力落后而言。于是又有"中国经济问题在生产，不在分配"这议论。"不在分配"云云，大约指"无生产的货物可分"说的。其实，有生产的工具可共，无生产的货物可分，这就是中国目前经济上绝大的危机，这就是共产党可以在中国发展的原因，这或者就是中国共产党将来可以成功的理由。

以全世界的情形论，美国是比较富足的国家，人民平均的财力，比任何国家的人民更高。共产党在美国发展的机会，比任何国家更小。美国是有生产的工具可共，同时是有生产的货物可分。做到了"有生产的货物可分"，人民就可以放松"有生产的工具可共"一点。经济问题真正的症结，不在人民产的多寡，而在人民产的有无。愈到"无产可共"的地位，愈有共产发生的危险，愈在民穷财尽的国家，愈有共产成功的希望。这是讨论中国共产问题者，应首先认清的一点。

共产主义者革命的目标是经济；他们革命着手的步骤，依然先在政治。共产党人说，国家在经济上是有产者压迫无产的工具；在政治上是少数压迫者保障他们的地位的一种威力。他们这样说：

> 近代国家根本就没有实现他所标榜的理想的可能。一个团体，他的目的是少数压迫多数，是压迫者制服被压迫者，就不能希望这样的团体来保障公道、自由、平等。现代的国家是阻碍国家本身所标榜的目的实现的一种力量。唯一达到国家所标榜的目的的方法，是享受不着国家利益的这班人，把国家这工具抢过来。

共产党在中国能不能成功，就看在国家的政治上，他们上面这种攻击，有没有切实的佐证。在如今党治的招牌底下，谁能够出来否认，国家是做了少数人的工具？谁更能出来辩证，如今的国家不是保障少数者特殊权利的威力？

对一个国家的政治，用不着从小节上去挑他的黑暗腐败的内幕，我们要看他立脚的基本原则。什么时候，国家一部分人独占了政治上特殊的优越地位，使大多数的人民，在政治上成了被治的奴隶，这样的社会，就有了阶级。这样的政治，就给阶级战争者一个口实。共产党的革命，无产的打倒有产的，是最终的目的；无权的打倒有权的，是着手的手段。民穷财尽的中国，或者"无产可共"，一党专制的中国，的确"有权可分"，这是中国共产党在革命策略上，很可利用的民众心理，这或者就是中国共产党可以成功的理由。

总括起来，我认为中国目前促成共产成功的主要原因，最紧要的是两点：（一）经济上的贫穷；（二）政治上的专制。经济上"无产可共"，就是民不聊生；政治上"有权可分"，就是民不安命。到了人民的生命关头，革命总是要暴发的，挂什么招牌，打什么旗子，这是毫不相干的问题。

赤色帝国主义的侵略，第三国际的协助，俄人的阴谋，罗布的势力，这些是讨论共产问题者应附带注意的东西，然而这些，不是共产党在中国可以成功的真实理由。

（二）

如今中国经济政治的环境，为共产主义者准备了这样好的机会，这是上文认共产革命有成功可能的论据。共产党是否真能利用这种环境，成就他们革命的目的，似又当另为分析。

把中国造成共产主义者理想中的社会——绝对无阶级的社会，各尽所能，各取所需的理想的社会——这是共产党真正的成功。这种成功，苏维埃的成绩，还距离太远。起马克思、列宁于九泉，有没有方法，使人类社会，臻此盛境，实为疑问。这当然不是本文所谓共产党在中国可能的成功。

共产党成为支配政局的势力，中国共产党取得共产党在今日俄国同样的政治地位，做到俄国共产党同样的成绩，中国共产党是否有这样乐观的前途，这是本文要继续讨论的问题。

第一，共产党本身的人才问题。我绝对不这样轻视中国的共产党，认一切相信共产的人，都是杀人放火的土匪。里面的确有具备牺牲精神和组织能力的领袖。然而这是少数的少数。就在这少数的少数中间，有没有像列宁、杜诺斯基、斯大林这类有几十年革命的训练的人物，另为问题。进一步，共产党如今已有所谓取消派、斯大林派内部分裂的现象。一旦取得政治地位，领袖们是派中有派，蹈今日国民党自相残杀的故辙，又为问题。根本改造一个社会，像中国这样复杂的社会，同时在改造的手段上要运用迪克特托的组织，领袖人物是必具的要素。国民党有几十年的历史，如今艰难困苦的局面，依然是缺少伟大的领袖。共产党里，有破坏的勇气，有建设的才具，可以指挥号召全党的领袖在那里？姑假定共产党有了领袖，建设上的干部人才，又成问题。目前共产党所谓的干部人才，大部分是中、小学的青年男女学生。这些青年男女，做宣传，喊口号，甚而至于攻城略地，杀人放火，有他们的勇气。打倒一个旧的国家，建设一个新的社会，一般中小学的学生一定是"心有余而力不足"的。中、小学的学生，如今就是国民党里中、下级的干部，国民党如今党务上政治上的缺点，将来一定照样表现于共产党中、下级的干部。共产党所谓的下级人员，公开的说，大部分是市井的流氓，乡村的土匪。在如今快刀砍头，快枪杀人的革命过程中，当然是豪爽痛快无往不利。一旦要安定起来，流氓、土匪，怎样来位置，怎样来叫他们"各尽其能"，怎样能限他们"各取所需"，共产党本身恐有穷于应付的日子了。凭借流氓、土匪来谋共产革命，一定有可放而不可收的结局。这是共产党前途可顾虑的一点。

第二，中国的国际问题。国家，共产党亦承认，不是绝对可以独立的。所以共产党要主张世界革命。换言之，共产在某个国家的成功，有赖于共产革命在其他各国进展的形势。国际形势这问题，在中国比从前的俄国更为复杂。共产党在中国革命的对象，第一步是中国的资本家，第二步是外国在华的资本家。中国共产党或者可以打倒本国的资本家，而外国在华的资本家，可否动其毫末，是又成为大问题。到了中国共产直接与外国资本家冲锋的时候，俄国的协助，是否足恃，英、美、法、日的共产革命未成功以前，他们肯否坐视中国的共产党做"没收外国资本家的企业和银行"的工作，这一切都是问题。结果，中国的内部，流氓共产；中国的商部，洋人共管。流氓共产，洋人共管，这又是共产前途可顾虑的一点。

有人认定杀人放火，是中国共产党将来失败的原因。革命就是杀人放火的勾当，又何必独责共产党。有人认定中国的农业社会，是阻碍中国共产党将来成功的原因，农业社会，并没有阻碍俄国苏维埃的成立。这两点在研究共产问题上，可以考虑，然而这是次要的问题。

（三）

中国经济、政治的环境，给共产党革命运动上种种的便利。共产党本身的人才和中国在国际上复杂的地位，又令我辈怀疑共产党在中国有支配政局的可能。设不幸，中国共产主义不能完全成功，中国共产革命不能立时消灭，中国前途成如何局面，这又值得我们的讨论。

（1）经济上破产。说中国经济尚未破产，是十分客气的措词，如今的政府，公债接济，典当度日，鸦片公卖，饮酖止渴。军阀苛捐杂税，是竭泽而渔；土匪明抢暗劫，是涸澈求鱼。这一切都是国家经济破产了的现象。如今，城市工商凋疲，乡村田地荒芜。如今市民歇店失业，村居家破人亡。如今人民食宿的供给，赶不上英、美的猫、狗；人民生活的安全，抵不上西洋的家畜。这不是经济破产是什么？这是实况，这用不着统计来证明。在这种千钧一发的时机，姑无论我们私人在政治上的信仰如何，立场如何，我们总希望如今已成事实的政府有法维持他的地位。他们有法恢复和平，安定秩序，保障私产，维持民生，使小民在九死一生的危机中得一出路。假使共产党继续蔓延下去，既不能完全的成功，又不能立刻的消灭，在国、共两党军事相持的局面下，于是私产更为破坏，民生更难维持。兵事愈多，人民愈穷，人民愈穷，土匪愈起，土匪愈起，社会愈乱，社会愈乱，人民更穷……毕竟，穷，乱，乱，穷，成为绝无休止的循环圈，在这循环圈中，国家经济比今日而愈下，直到真正破产而止。

（2）政治上亡国。我们相信民主政治的人，很诚意的认定国民党的一党专制，不能把中国的政治引上常轨。共产党一旦得势，政治上"党治"的方式，自然是一丘之貉。在我们爱护自由，崇敬平等，坚信民主政治的人，对国、共两党的党治，最少是一视同仁，无所偏爱。然在今日的中国，在今日无和平，无秩序，无安全的国家，有政府总比无政府聊胜一着。使不幸共产党继续蔓延，既不能完全成功，又不能立时消灭，已成的政府，不克维持，无形的政府，遍地林立，国家不求崩溃，亦必崩溃。此不过指中央政府说的。国民党共产党相持愈久，地方政治，愈趋紊乱。拿湘、鄂、赣的情形来说，地方政治，无论在国民党或共产党统治之下不是市侩专政，在共产党统治之下的就是流氓擅权。当然，这不是国、共两党本来的政策，然而这是他们军事相持的局面上必然的结果。国民党与共产党的政治，都有"党治"的成见，地方上一般稍有智识，稍有资望而政见与国、共不同的人民，不为"资本阶级"罪名的株连，就遭"土豪劣绅"招牌的诬陷，杀戮逃亡，几已近尽.剩下一班市侩流氓，他们政见上朝秦暮楚，政绩上行险侥幸。这种境况愈延长，地方政治愈险恶，地方政治愈险恶，人民愈纷扰，毕竟政治上又走入绝无休止的循环圈，直到真正亡国而止。

（四）

假使中国的共产运动，真能做到苏俄的成绩，这或者是中国日暮穷途中的一条出路。上面的分析，我们又怀疑他能至此盛境。国、共相持的结果，在我们看来，只有：（1）经济的破产；（2）政治的亡国。

在今日中国的状况下，为中国人民求生路计，自然只有希望国民党剿共及早成功。谚所谓"两恶相权取其轻"，即此意耳。然而国民党剿共工作的成败，有待于他们的策略。在讨论国民党剿共策略以前，我们希望他们认清他们在如今共产主义的发展上所负的责任；希望他们承认前此的错误，改弦易辙，而后在对付共产问题上，才有得到适当的策略之可能。

国民党对如今中国的共祸，所负的责任最少有这几点：

第一，国民党宣传共产党的主义。共产党在目前有今日的地位，共产主义在一般青年的头脑里，这样的时髦新鲜，谁亦不能否认这是孙中山先生、汪精卫先生以及许多国民党领袖们帮助的功劳。

中山先生在他的民生主义第一讲里说：

> 我现在就用民生两个字来讲外国近百十年来所发生的一个大问题。这个问题，就是社会问题。**故民生主义，就是社会主义。又名共产主义……**。

在《中山全书》里，像这类的话，还可以发现许多。这些，直到如今，依然是天经地义，不可指摘的圣经。

孙中山先生的死，遗嘱上还这样说：

> 必须唤起民众，及联合世界上以平等待我之民族，共同奋斗。……

这里"联合世界以平等待我之民族"，就是联俄容共的最后叮咛。这种遗嘱，直到如今，依然是与基督教里祷告文一样的神圣。

汪精卫先生帮助共产主义宣传的力量，更是人所共知的事实。汪陈联名的宣言，第一句就是"国民党、共产党同志们"这样亲热的口吻。最后，他这样说：

> 国、共两党同志们！我们强人的敌人，不但想以武力对待我们，并且想以流言离间我们，以达以赤制赤之计。我们应该站在革命的观点上，立即抛弃相互间的怀疑，不听信任何谣言，相互尊重。事事开诚协商进行，……万端各自省察，勿至为亲者所悲，仇者所快，则中国幸甚。两党幸甚……。

汪先生如今尽管洗刷共产的嫌疑，当年代共产主义播散的种子，如今都一粒一粒的生长发育起来了。

如今党国要人戴季陶先生，当年在广东何尝没有"人民是火车，鲍罗廷先生是火车头，火车要跟着火车头跑”的妙喻？

如今身临前敌与“赤匪”不共生死的领袖人物当年出师北伐，何尝没有听第三国际指挥的宣言，当年何尝没有五体投地的拜倒苏维埃，卑躬屈膝的恭维鲍罗廷。种瓜得瓜，种豆得豆，莫恨遍地是荆棘，只怨当年乱播种。

最冤屈的是一班无知被误的青年。容共则招之以来，清共则处之以死。“民生主义，即共产主义”，依然是今日神圣不可侵犯的党义，依然是考试必须，学校必读的课本。共产主义的发展，共产势力的蔓延，谁为为之，孰令致之？

第二，国民党采用共产党的制度。如今国民党他的党的组织，他的“党治”的策略，他的由党而产生出来的政府，哪一项，不是师法共产党，抄袭共产党，整个的模仿共产党？

民国十三年一月国民党第一次全国代表大会，孙中山先生就这样说：

> 十三年以来，我们的革命的知识进步，有了许多方法，旁边又有俄国的好榜样……那种革命，当然像俄国一样……。

在另一次会里，他又说：

> 现尚有一事，可为我们模范，即俄国完全以党治国……。

孙中山先生看中了共产党这个模范，于是就照样改组了国民党，照共产党的原则，订定了《建国大纲》。根据总理遗教，如今又产生了“党高于一切”、“党代表大会行使中央统治权”的政府。

严格说起来，如今党的制度，如今党治的制度，在形式上，在精神上，在运用上，与俄国的苏维埃制度比起来，不同在哪里？

“楚王爱细腰，宫中多饿死”。上有好焉者，下必有甚焉。官家可以放火，百姓自可点灯。共产主义在中国的发展，共产势力在中国的蔓延，谁为为之，孰令致之？

第三，国民党协助共产党实际的工作。先知先觉的遗教，为共产主义作宣传，后知后觉的组织，为共产制度造实例。同时国民党下级党员的一切工作，又直接、间接的为共产势力实际造机会。联俄容共时代的事实，姑不具论。即以如今的局面说，中央政治的缺陋，远不及地方政治的残暴，这点就在中央一班领袖们亦屡屡公开不讳的承认。在我们小民看来，二十年前吃洋教的教民，三五年来办民党的党员，是一样的天威神圣的人物。如今，党衙门威福森严，党老爷气势喧吓。一般青年，中、小学毕业以后，一成党员，便登龙门。主席身份，委员资格，名片上衔挂几"长"，职分上事兼几"差"。于是乎穷杀"反动"，乱捉"叛逆"，结果，党衙门威权愈高，党主义威权愈低，党老爷声望愈大，党主义声望愈小。天怒人怨，众叛亲离，时日曷丧，及尔皆亡。在这分际，共产党利用人民心理，利用国民党的弱点，乘机以进了。国民党对共产党的主义及制度，态度如此，下级党员在党务与政治上的成绩又如彼，共产主义的发展，共产势力的蔓延，谁为为之，孰令致之？

（五）

明了了国民党在共产革命上所负的责任，我们才可以谈基本解决中国共产问题的方法。

五十师大兵，五十万人马，主席出征，总长临敌，猛将如云，谋臣如雨，国民党对剿共总算慎重其事了。在我们看来，湘、鄂、赣军事的胜利，与中国共产问题根本的解决，完全为两件事。湘、鄂、赣的红军，不过溃疡决堤的表现，毒的症结，水的根源，另有所在。举例来说吧，青年思想的左倾，红色刊物的增加，学校做共产领袖的训练所，书店做共产思想的媒介物，这是政府的飞机炸弹手枪快炮所不能摇动其毫末的。在我们看来，头痛医头，脚痛医脚的剿共办法，纵有暂时的或局部的效力，终究是疲于奔命的。

在我们看起来，果然要根本解决中国的共产问题，应该从这几步着手：

（一）思想的解放。思想上，第一步，国民党要修正他的党义。国民党人要平心静气的承认，先知先觉的遗教，许多地方是受了当时环境的支配。"民生主义，即共产主义"这类的话是环境支配了立场的证例。这种遗教，特别是拿来做"党化教育"的课本的遗教，一方面可以供对方的利用，一方面可以起青年的误会。这是后知后觉们应及早开诚布公修改的地方。第二步，我们主张思想的自由。稍为明白一点文化历史的人，就应该承认，思想是愈求统一，愈不统一的。只有公开的发挥，比较的研究，平情的讨论，才能得到真理。压迫对方的思想，其实是代对方做宣传；偶像本身的主义，其实是为本身造僵尸，求诸往例，无一或谬。如今中国教育方面的情形，大约如此。三民主义是官家的五经四书，共产刊物是禁品的《西厢》、《红楼》。愈要青年必修的，愈是干枯无味；愈防青年偷看的，愈是秘中求宝。同时，社会科学要三民主义化，文艺美术要三民主义化，于是学校教授先生们采明哲保身的格言，守危言行顺的策略，成为无思想无主见的流声机。照字讲书，按月领薪，这就是他们的职务。在国民党的本身，又有所谓党义教师者流，大部分是智识上无根底，党政上无地位的人物。一场考试，一张证书，而后课堂上解经典，大学里充牧师。在求知欲正强的青年，这一班学术上无地位，思想上无主见的牧师们，自然得不着敬仰。共产主义者，于是乘时而起。刊物上美女图做封面，书籍里唯物论充实质，利用时机，迎合心理，以石投水，以风扫叶，无往而不利了。这种现象，就是如今党化教育，思想统一的真实情形。在如今教育上，所谓的思想，公家演讲的是三民主义，暗中宣传的是共产主义，实际所摧残的是三民共产以外，学术上一切的真理。学术上所受的压迫的影响，尤为次要。以必修的五经四书，与禁行的《红楼》、《西厢》相对敌，结果张生宝玉成了青年的口头语，仲尼、孟轲是陈腐的人物了。这是讲党化教育，用党化教育压迫思想者应根本顾虑之一点。

照我们的眼光看来，世界上防止反动的方法，只有以思想代替思想的一条路。在这点上，英国的往事可供我们的借鉴。马克思在伦敦以老以死的，他的《资本论》就在伦顿博物院图书馆里写的。以理推测，英国人受共产学说的影响，一定较其他国家更强。历史上的事实，十九世纪中叶及末年，英国的共产运动，亦确有端倪。后来费宾学会（Fabian Society）这班学者们起来，他们就英国的情形做实际的研究，创造他们所谓的费宾社会主义。他们研究有得，用公开讨论的方法，平情批评的态度，公诸社会。费宾社会主义起来，共产主义自行退落。我们觉得这种剿共铲共的策略，是最根本最敏捷最聪明的方法。这就是我们所谓的以思想代替思想的方法。假使当年英国执政的保守和自由两党，认他们的主义是神圣，认他们的政策是万能，实行所谓"党化教育"，所谓"思想统一"，如今英国的共产政府，或已在苏俄以前建设起来了。

我们很早就忠告今日的当道过：最危险的思想，是想压迫故人的思想，思想上最大的危险，是思想没有人来压迫。压迫对方思想的人，到头把自己的思想造成僵尸，把自己的思想暴露弱点，把自己的思想，表示愚笨。被人压迫的思想，思想本身添了刺激性，添了引诱力，添了磨练，添了考验。英国的公园里，人民可以公开的演讲打倒君主，直到如今，乔治第五依然是皇帝；俄国的国会里，人民不可自由主张民主政治，到了如今，共产政府毕竟执政权。这种明显的往事，这种确切的教训，这样简单的榜样，如今的人，都不能看得清楚明白，如今的人还在盲人瞎马的做思想统一的工作。这真令人悲感无量。这就是我们所谓的思想的解放。

（二）政制的改革。政治上，第一步，要取消一党专制。我知道这是冒大不韪的提议。然而我十分诚恳的希望如今的当道来研究，容受，并采纳我们这种主张。"一党专制"，"以党治国"，国民党本身，亦应该开诚布公的来承认，这是共产党的制度。以党治国，一党专制，本身的缺点，他本身与民主政治自相矛盾的地方，我们一再指陈过，这里我们不事重复。在抵制共产党上，维持党治，是增加了许多障碍。以党治国，果然是营救中国的办法，国民党是后进，共产党成了先觉了。若然，如今国民党反对共产的立场在哪里？国民党倘攻击共产党"不要国家"，共产党亦可以攻击国民党主张"世界大同"；国民党倘攻击共产党"没收私产"，共产党亦可以攻击国民党"平均地权"。实际上，共产党还可以说，苏维埃并没有打毁国家（中山先生的演讲里，极力称赞苏俄讲民族主义呢），并没有完全取消私有财产。国民党倘攻击共产党杀人放火的战略，共产党亦可以说，阎、冯战争，死伤三十万，垃墟千万家。这里，我们不是来为共党辩护。我觉得我们与共产分歧的，就是"民治"与"党治"。国民党实行党治，国民党就取消了反共的立场，增加了共产党的口实。取消一党专制的利益，尚不止此。尽管政府发宣言，领袖做文章，要全国人一致反共，党治下人民的心理总觉得国是党的。国是党的，国是共产党的，国是国民党的，于我们这些享不到政权，问不了政治的人民，有什么分别？横竖我们是亡国的流民，失权的奴隶，党的代表大会，我们是过问不了，国的统治大权，我们是干预不着。这样，我们又何亲何疏，何厚何薄？这是铲共上极大的障碍，然而这是许多小民真实的心理（杨杏佛先生最近大声疾呼要人民不要漠视共祸，要全国大团结共赴国难，就没有看到这一点）。

我们在铲共上主张取消党治的理由，尚不止此。全国国民中，在共产问题上固亦有深忧国事，畏惧共祸的人民。这些人民，在如今党治底下，又绝对无积极加入铲共工作的机会。如今，政权是独擅了，政治机关是独占了。非国民党的人民，一有组织，即为反动，一有团结，即成叛逆。一般党外反共人民，热心的，束手无策；悲观的，坐以待毙。这又是解决共产问题上极大的危险，极应顾虑的问题。

我们主张取消党治的理由，尚不止此。政治心理上，每每有拥乙倒甲，以泄愤怒，快意一时的现象。如今的党治，我们敢开诚布公的说，反对的人，实占多数。思想压迫，民情堵滞，走投无路的时候，发生"与尔皆亡""同归于尽"之想。结果，人民不希望共产党的成功，他们却切望国民党的失败。这又是今日人民漠视共祸之主要原因之一。果能取消党治，消灭政治上的阶级，保障政治上的平等，民情得一归宿，思想得一疏导，政府成了人民的政府，国家成了人民的国家，不求团结，人民自团结了。这又是解决共产问题上应注意之一点也。

我们主张取消党治的理由，尚不止此。共产主义的发展，共产势力的蔓延，国民党政治成绩的失败，下级党员的失德，应负责任，这是上文指正出来的。政治失败，党员失德，我们认为这是一党专制自然的结果，在一党专制底下，人民没有组织和言论的自由，人民没有监督指摘当局及党员的机会。独裁政治的结果，自然是专政者的腐化。政治日趋腐化，人民日趋叛离，这就是如今共产发展的机会。这又是解决共产问题者应注意的一点。

总结起来，我们认为解决今日中国的共产问题，只有根本做到这两点：

（一）解放思想，重自由不重"统一"。
（二）改革政治，以民治代替"党治"。

这两点做到了，思想上青年有了归宿，政治上民怨有了平泄，以后，政治可以上轨道，经济可以谋发展。这些初步条件，做到了，共产学说根本在中国站足不住了。共产党不剿自灭了。这两步做不到，尽管讨共军着着胜利，湘、鄂、赣彻底肃清，然而，余毒未尽，病根仍存，共产党在中国，总是：

野火烧不尽，春风吹又生！

宪政问题

《独立评论》，第 1 号，1932 年 5 月 22 日

胡　适

最近几个月之中，宪政的运动颇有进展。国难会议开会之前，多数非国民党的会员都表示赞成早日结束训政，实行宪政。政府与国民党的领袖对于这一点颇多疑虑，所以把"内政"一类问题不列入国难会议讨论范围之内，许多会员因此不愿意赴会。然而国难会议开会时，居然也有一个"内政改革案"的产生与通过，决定于本年十月十日以前成立国民代表大会，由各大都市职业团体及各省区地方人民选出代表三百人以上组成之。

不久政府依据去年十二月底国民党四中全会的决议案，通过了市参议会与县参议会的组织法。

住在上海的孙科先生于四月二十四日发表他的抗日救国纲领，其中主要的主张是：（一）于本年十月由立法院起草宪法草案；（二）明年四月召开国民代表大会，议决宪法，决定颁布日期；（三）全国人民在不危害中华民国不违反三民主义之原则下，皆得自由组织政治团体，参加政治；（四）于本年十月召集各省省民代表会。

此外还有民选立法院和监察院委员各半数的小法，听说政府拟有草案，正在审查中了。孙科先生则主张立法和监察两院的委员都由国民代表大会选举。

住在香港的胡汉民先生近来也屡次发表谈话，表示他赞成宪政的实行，并且赞成党外可以有党了。

我们考察这些主张，可以说，这些主张无论内容有多大的出入，都可以表示宪政运动的开始进展。其中最大的异点，约有这些：

第一，政府派不主张缩短训政年限，要到民国二十四年才算训政结束；而在野派（包括暂时在野的孙科先生们）则主张提早宪政的开始。其实这一点不成多大问题。如果在这两年半之中，政府和人民都能积极准备宪政的施行，如

果训政的目的是（如汪精卫先生去年十二月十日说的）"在训练民众行使政权"——那么，两年半的光阴也许是值得的。如果训政的延长只是为了保持政治饭碗，畏惧人民参政，执政权而不能做点治国利民的事业，号称训政而所行所为都不足为训——那么，训政多延一日只是为当国的政党多造一日的罪孽而已。

第二，政府派（包括国难会议中通过提出政治改革案的先生们）虽然勉强承认民意机关的必要，而处处缩小民意机关的权限。如国难会议原案的国民代表大会，只有议决预算决算、国债、重要国际条约的三项职权。反之，在野派如孙科先生则主张国民代表大会有很大的权限，为"代表中华民国国民统治国家之最高权力机关，不受解散及任何之干涉"。这一点是值得讨论的。替国难会议原案辩护的梅思平先生（在《时代公论》第六号）说："我们从过去北京时代国会的经验看起来，知道在初行民治的国家，议会的权力越大，他的腐化也越容易"。历史是可以有种种看法的。我们研究民国初年国会的历史，也可以说：在初行民治的国家，如果解散国会之权在行政首领手里，议会政治是不够制裁那反民治的恶势力的。梅思平先生指出："质问、查办、弹劾诸权，都变成敲竹杠的利器；官吏任命的同意权，简直是纳贿的好机会"。梅先生何不进一步说：预算决算和国债的议决权更是敲竹杠和纳贿的好机会？敲财政部的竹杠，岂不更肥？如此说来，还是爽性不要议会为妙！

*　　*　　*

奇怪，在这个宪政问题刚开始进展的时候，悲观的论调早已起来了。在《时代公论》第六号，我们得读何浩若先生的《不关重要的国民代表会》一文，根本陵疑民主政治的功用。他的结论是：

> 民主政治便是资产阶级的政治，便是保护有产阶级而压迫贫苦民众的政治。……建国首要在民生；舍民生而谈民主，便是舍本求末。

在《国闻周报》第九卷第十八期上，我们得读季廉先生的《宪政能救中国?》一文，也是根本怀疑宪政的，他说，实行宪政必须具备三个条件：（一）教育进步，（二）交通发达，（三）政风良好。因为中国没有这三个条件，宪政是无望的。况且宪政论的根本立场就不甚健全，因为：

> 第一，从理论上言，议会政治是资本主义的产物，现在资本主义早踏上没落的阶段，议会政治更破绽毕露了。
>
> 第二，从事实上言，英、美的民主政治并不足取法。

第三，从中国需要上言，宪政不能解决目前困难如"土皇帝"及共产党，等等。

第四，为立国久远计，我们不应拾资本主义的唾余，我们应该采用"社会主义的政治制度"。

这种议论都不是在短评里所能讨论的。我们只想在这里提出几个问题，作这种讨论的引子：

第一，我们要明白宪政和议会政治都只是政治制度的一种方式，不是资产阶级所能专有，也不是专为资本主义而设的。在历史的过程上，议会政治确曾作过中产阶级向独裁君主作战的武器，但现今各国的普遍选举权实行后，也曾屡次有工党代表因议会政治而得掌握政权。近百年来所有保障农工和制裁资产阶级的种种"社会立法"，也都从议会里产生出来。一种政治制度就好比一辆汽车，全靠谁来驾驶，也全靠为什么目的来驾驶。我们不因为汽车是资本主义的产物而就不用汽车，也不应该用"议会政治是资本主义的产物"一类的话来抹煞议会政治。

第二，议会政治与宪政不是反对"民生"的东西，也不是和季廉先生所谓"社会主义的政治制度"不相容的东西。"社会主义的政治制度"难道只有无产阶级专政的一种方式？如果只有这一种方式，那么，不信中国可行宪政的先生们，难道以为中国已具备无产阶级专政的种种条件了吗？

第三，我们不信"宪政能救中国"，但我们深信宪政是引中国政治上轨道的一个较好的方法。宪政论无甚玄秘，只是政治必须依据法律，和政府对于人民应负责任，两个原则而已。议会政治只是人民举代表来办政治的制度而已。今日之土皇帝固然难制裁，但党不能制裁土皇帝，政府不能制裁土皇帝，我们何妨试试人民代表的制裁能力呢？当倪嗣冲、马联甲盘踞安徽的时代，一个很腐败的省议会，居然能反抗盐斤加价，居然能使安徽全省人民不增加一个钱的负担。现在堂堂党国之下，有谁能制裁我们的绥靖主任呢！季廉先生举出最近一月二十日何应钦部长提议削减各军经费，二十二日便有各军驻京七十二军事机关代表齐赴军部请愿，要求维持原案。季廉先生何不想想，那七十二个军事机关都有驻京代表在哪里替他们七十二土皇帝争权利，我们四万五千万万的老百姓受了无穷的冤屈，不应该请几位国民代表去说说话，伸伸冤吗？难道我们应该袖手坐待季廉先生说的"那应运而生的政治集团"起来，才有救星吗？

一九三二，五，十六

论国民政治负担

《国闻周报》，第 10 卷第 33 期，1933 年 8 月 21 日

张佛泉

（一）

记得关于中央常会决议于七月一日开临时全国代表大会时，《大公报》社评有过这样一段话："是以中国近年，病于人才锻炼之未成，政治素养之未备，使再不努力准备，一党训政固失败，多党执政亦无成，此国家之真正痛事也"。我读过之后，旧感丛集，所以想借机会来发表一些意见。

如果我们个人不属于某一党某一派的话，我相信我们都会有上面所引一段话的感觉：即中国目前政治问题，不是哪一党忽然成功，可以惹我们吃醋的问题，而是政治力量始终树立不起来的问题。我有时对人讲，我什么时候也不怕有政治的铁手抓在我的头上，但我怕的却是这只铁手始终不会从天上掉下来。这样的话，讲起来有语病，但我们却可以毫不含蓄地说：赫赫一时的国民党之分裂，是值得我们国民同声一哭的；澎湃如潮的共产党之内溃，一样是值得我们国民同声一哭的。这一党起来旋又失败了，那一党起来，也又失败了；有力量推翻正在颓溃的势力，却没有力量树起自己正面的势力。换言之，几十年来的历史，告诉我们说：这些政党，都是成事不足，坏事有余。我们都知道我们还有没有元气再经得起这样的波浪，所以我们对这现象，都应该放声大哭！

我们既已都看到中国政治问题在于树立不起推动力量，那么我们便要问为什么如此。我们若果穷追这问题，我相信总会推到这一点：我们的几个基本政治概念使然。

我在这篇短文里，只打算提出两点来分析一下，然后再就每一点提出一个纠正的方式。

（二）

据我看，几千年来，中国人不曾将"国"与"民"同证。平常一提到"国"字，尤其是"政府"一词，我们便觉得这是与我们不大相干的东西。不但不大相干，简直是敌对的东西，国家来收我的钱粮，国家派衙役来拿我到公堂打屁股，时常还无原无故的便杀头。一般老百姓平常最怕同衙门里发生关系，一发生关系便是捣麻烦。因此，如果封粮纳草之后，官家能让百姓安居乐业那便算是尧天舜日了。

这种概念一直到近来，始终没有改变。

因为"国"与"民"被歧视为两，于是必然地产生了我们已有的历史，必然地发生出我们现在的现象。改朝换代是一姓一家的事；谁来也要一样拿钱去孝敬。军阀政客的起伏，是一人一派的事；谁来管我也要纳捐缴税。所以人民唯一的责任，便是上捐纳税；治者唯一的责任，便是收钱来随便花一下。以前的大皇帝，因为想使他的子子孙孙可以平安无事地继续龙位，所以还有时假装着"爱"庶民，做百姓的父母。到近来人存"五日京兆"之心，即使做最高领袖的有一些良心，底下一般小喽啰们也必全感到有不能客气的必要，而将所有的心力全费在括削人民上了。

几乎从有中国史以来便在重演着的这种政治现象，我们到了现在，须立刻认清这是一件顶有意义的教训。这教训是什么呢？便是：几千年来治者与被治始终没有脱开敌对的境界者，是吾人歧视治者与被治关系的果而非因。换言之，如我们加以最后的分析，我们可以见到，治者与被治间之敌对不是必然的，而只有认为（至少是默认）治者与被治应该是敌对的时候，治者与被治才当真变成了敌对。

再换一种说法，便是，我们始终没有明白（一直到现在也还没有明白）"自""治"的真谛。我们自己应当先经过一种批评的态度，我们先要看出"自"同"治"摆在一起的时候，其中好像含有一种矛盾，而只有能超过这矛盾时，才算真懂得什么叫做"自治"。

概观我国政治史，我们便敢说，中国人一直到现在不但没有自治过，没有企图过自治，并且始终没有达到自治的观念。所以始终没有见到。"自"与"治"间的假的矛盾，因为我们只知道治者便是治者，被治便是被治（据我这种说法，人类的政治历史阶段可以这样粗分：一般人只知道治者与被治为敌对者成为一期〔如君主专制等〕，一般人晓得治者与被治应同证而又冲不破"自"、"治"间之矛盾为另一期〔这一期只有无政府的思想，可以为代表〕，真能同证治者与被治者为另一期〔如理想的民治〕)。

（三）

我们要打算养成一种新的积极的政治力量，我们非把那种歧视国与民，治者与被治的态度，换上一个同证国与民，治者与被治的态度不可。我相信有许多早年的革命党以为只要推倒皇帝，换上个总统，立刻一切虐政都可以化归乌有。殊不知，即使人民得到选举权，那么只有了选举权，也不能便算得到自治。最要紧的，还是要明白：自己所要的便是治（Control Government），而所治的又正是我。质言之：我们须懂得，治者不外为被治，被治也正是治者。治者与被治之间没有鸿沟，治者与被治之间，没有基本区别。治者与被治是同一个体的两方面。

讲到这一点，我们须立即回答一问题，这问题便是：治者究竟是治者，被治究竟是被治，实际上的政治，不同个人作自己修养的工夫，治者永是一样人，被治永是另一样人，而治者与被治没有分身法的能力，一面是手拍惊堂木的大老爷，一方又是一个战战兢兢的乡下老，请问治者到底怎算得起是被治？对于这个问题的回答是：所谓治者与被治同证的话，不能拘泥于字面之下。但治者与被治的同证确是可能的，如果治者与被治同能遵守一个客观的，外在的法律。这法律代表一种普遍的意志，代表一种理性，代表一种真正的自由。所以如果治者与被治同能遵守那法律的话，那么治者与被治都可以得到大自在，治者与被治便算得到了同证。

按上面那种讲法，我们对于国家，更具体地讲，对于政府，只有两种合理的态度：一是完全同它合作，一是完全不承认它。如我认为政府足以代表我，那么，我便要如同爱护我自己似地爱护它，如同尊重我自己似地尊重它。我为它牺牲，实际上便是为我自己牺牲。我服从它，也正是服从我自己。不但如此，它不只是我，它还是个较优，较大，较接近理想的我。它的生长发育，凭我用尽全力去推进；而我之所以成为现在的我，却又凭它的铸成与冶炼。国需我做一个成分；我待国固定我在社会机体中的地位。国不能离我，我更不能离国。国与我不相外。

第二个态度呢，便正正和第一个相反。但虽相反，却也是从第一个态度中推出来的。我如认为政府不足代表我，那么我第一件事便是否认这政府（请注意我只说某时某地的政府，有时可以不代表我，但我不说国在大体上是不足代表我）。我不承认政府，还不算了事，我必须努力使政府改善到足以代表我（在逼不得已时，大流血皆所不惜）。但我们须明白这第二个态度，只是从第一态度发出来的变态。

（四）

我简单地指明人民对于政府态度，只有合理的两种，同时意在指明我国人民对于政府，对于国家之冷淡的态度，实是自相矛盾的。我们一方面既未能将自己与国同证，而同时又任不足以治我者来治我。换言之，我不愿让某某来治，但同时容许他治。这种现象，不但可以说是治者强奸了我们，实是我们自己强奸了自己的意志。这真是个最大的笑话！

讲到这里，有两个问题发生：

甲、就历史来看，就事实来看，政府永也没有和我同证过，那么，我们现在问，政府和我同证的话，不只是理想吗？不只是空谈吗？我对这问题的回答很简单，政府与民始终未能同证者，正因为人民始终没有想到政府可以与他自己同证，更没有用过力量使政府和他同证。在这种放任态度之下，任人来摆弄的态度之下，只有不相识的莽夫，过来乱奸一通，而永不会得到心心相印的情人之纯爱。在这种光景之下，我们历史上出秦始皇一类的暴君，近来出张作霖一类的海陆军大元帅，都是必有的现象，必然的结实，而圣明天子的出现，却是偶然事件。

乙、第二个问题是：如我打算使政府和我同证，我们又有什么办法呢？回答是：我们必须养成一种积极的，推动的，代表真正民意的势力，而欲养成这势力，第一须先使人民晓得与政府同证，使他们知道政府除了是他们的而外，并没有是他人的。这回答已又转到最前面的观察。

几千年来的事实，好像总在告诉我们说：政府是某一种人的，而人民与政府的关系，好像只是前者须与后者纳税，后者可以乱杀人民的头。在这样环境之下，人民很少能想到政府与民可以同证。越是这样，他们于是以为一切暴行虐政，都是当然的，都是不可避免的——如同雷公劈犯罪（现世或前世）的蛇一样。那么因为他们不改这想法，暴政于是更层出不穷。

我以为现在已经是时候，我们要发现人民不懂与政府同证是暴政的因而非果。那么，只有看清了这一点，我们才可以说，国家的混乱，便正因人民的昏愚，国家的进步，便正因人民的努力，国家的功罪，便是人民的功罪——只有先明白了这一层，我国的政治局面才真能走上自治的一条路，才能真另开一个新局面。

（五）

在下半篇，我要讨论讨论权利（Right）与义务（Duty）的问题。

如果我们读一些国内几个重要言论家论政治的作品，我相信我们都不该忽略一点：他们多在那里争权利，而忘却讲义务。

我在这里愿意指出，他们这样的要求，实在没有多大重要性。并且只在那里要"权利，权利"，也是毫无意义的事。

据我看起来，他们这样只知要权利是来自几种误解。

第一，他们始终还是把政府与人民歧视。他们以为政府和人民不是同一个体。他们似乎以为政府有个"权利贮藏库"，只要当局的老爷们开库，便可以伸手掏出金色的"权利"来。所以一班人去讨权利，去争权利。

第二，他们没有见得，权利如果没有义务来充实，是空洞无用的东西。他们好像以为只要这样权利有了，那样权利有了，个人便算得到自由，为所欲为。又因为人人得到这样的自由，他们便随着说，大多数人已得到相当的幸福，而社会便算进了步。

我们随着讲下去，希望能把一般流行的误解更指得清楚些。

和争权利的意念最有密切关系的，便是自由的概念。我以为我们中国人理想的自由，还多半是米尔（John Stuart Mill）的自由。我们敢说他这种自由观念，尤其是对了中国人，是有损而无益的。他那种反面的自由论完全由自我的隔绝性出发（拉斯基也承认这自我的隔绝性）。我以为自我的隔绝性，的确是哲学上很大的一个问题。但是我相信我们应当在社会上政治上找方法来冲破这自我的隔绝性，而不应把这自我的隔绝性更推到政治上去。所以据我现在的看法，我以为自由的范围不是一个划定了的区域，在这区域之内，我便为王，他人不许越雷池一步。我所认为自由者，是人人所共守共经的道路。自由是公的，不是私的。我们一齐走那几条道，顺着大道实现最优的我，同时实现最优的社会。所以自由之路还是向前的，不是向后的；向外的，不是向内的。

稍稍明白这样的政治自由概念，我们便可以见到争权利不是为争得一块独自霸占的土地，正如同争自由不是为争得一块私用的自由一样。

我们再要记清，我不是说不要权利，我却在说权利是要不来的；我不是说权利丝毫没用，我却在说争权利不能当做我们最后目标。请再申述之。

我们平常都讲，西洋一切政治运动，完全出自争自由的精神。因为要自由，要平等，他们于是起革命，改政体，因此才有今日的民治。但是我们若只就争自由的字面看来，仍容易起一种误解，仍容易使我们想到在自己以外，有一个东西叫做什么自由。说实的，在法国革命的时候，当时人实在好像有过这样感觉。同自己以外的人，同在上面的人，争自由。但后来闹来闹去的结果是怎样呢？结果为：不是旁人给争者以自由，乃是争者自己给自己以自由；不是从外面得来自由，乃是从内面给出自由。我们如果去看民族解放的历史，解放很少有来自外面的。只有自己先站起来发誓道：我是我自己的主人。然后当真负起主人的重担时，才真能得到解放。

换上几句更清楚的话说，权利不是争得来的，因为权利是义务的副产品。只有我们先站起来，尽人所当尽的责任时，不要权利，权利也必已备在。并且权利也不是我们所应认为最宝贵的东西，因为我们不在争得什么特权，拿回家去同老婆小孩去享受。我们即使名义上争权利，实际上所争的仍是要负责任，是的争负责任！只有负起责任，空虚的人生方有意义；只有负起责任，含苞未放的自我，才能客观化，实在化，表现到外界去，织入整而大的有机体中！

所以我说：没有权利，不必去专争权利；有了权利，不能便当做最后的享受。做公民——其实也便是做人——的唯一使命便是担负重责，只有这样才能逃脱自私的烦网，充实虚无的生命！

（六）

我们如果看一看西洋人的政治史，我们可以说，在大体上，人是渐渐自由了，权利愈得愈多了，但在另一方面却又见得人们的政治担负是越发加重了。这是必然的事。不负责任，不尽义务便打算得权利是绝对不可能的。我们试想，美国这样一个随便的国家，她的国税，占去全国人民收入的三分之一，担负大不大？我们再想一想日本人的担负多大？苏俄、德国、意大利，这些国人民的担负有多大？

我们一举这样的例，便必有人立刻问道：你不要举这样的例了，中国人纳的税，还不够多呢？样样税都征到了，不但如此，几十年后的税都征了去，还能说中国人的担负不重？

这问题很容易回答。我们要看清，中国人这样的纳捐，干脆说不能算做政治担负。政治担负不只是被动的捐钱而已。政治担负包括纳捐在内，但纳了税，责任不就算了结，我们还应当监视着税捐是怎样用去的。中国人的纳税，简直是赎命钱。收税的也便就是绑票的。纳捐的既因捐保了性命，当然不敢再问土匪将钱索去之后怎样花法，实际上也用不着问。收捐的既不是用好法收来的，当然没有正当方法花去。

在这里我们要看清的一点便是，中国人现在所以将纳税变成绑票的原故，不是因为我们的义务，却正因为我们不懂尽义务。平常纳税的人，恐旧都有这种态度："好，你要多少便给多少，给了你钱，你快去吧，你不要再打搅我了"。人人都取这种态度，遍地都出了土匪式的军阀，是丝毫不足奇异的。在这种光景之下，只有土匪出现。

所以我们绝对不能说中国式的纳税，便是政治负担，因为这样的政治负担越大，军阀造虐必更甚。而我们却要说，这正是因为中国人不懂积极地参政，不懂谋求自治之道，有以致之。那么打破这局面的方法，必不在向吴佩孚、张作霖一类的乱世魔王去争权利，而在提醒人们应当负正面的政治责任。

我还敢说，人民如不明白做近代国民是为负担责任，而不在要享什么天上掉下来的幸福，如不明白这点，不但国家永也走不上民治的一道，即假使有什么国民革命成功，那么，人民必更要大失所望。因为清福，不负责任的清福，只有遇巧碰到爱民如子的大皇帝，大发慈悲，广施仁德时，才能享得。如果我们不宝贵这样富含奴性的浩荡皇恩，而打算自己做自己的主人时，那么我们只有一齐担起政治的负担，积极地加入政治活动。在这时我们也会有失望，失望自己没有得到机会尽一切义务，而不会失望没有得到某种某种特权，失望自己没有得到机会担起主人的重责，而不会失望没有做成蒙恩的"子女"。

（七）

我们知道，从来把义务看得最重要的政治思想家便是意大利的爱国志士玛志尼。他宗黑格尔；在法国大革命之后，又见到专要求人权的许多害处，所以他大声急呼，要人们看重责任，而不要专顾什么权利。我在这里只引述他几句最有精彩的话。

玛志尼论法国革命之失败道：

《人权宣言》并不成为理想主义的基础；它不足当为吾人的法律，不足当做行为之指导，不是幸福之定义；它忽略了一个行善的极强冲动——热情，爱，和义务心。

他又讲到法国革命"由《人权宣言》出发，结局只有出一个拿破仑"（他这句话很有意义，尤值得现在的我们玩味）。他又在一处论人生最大的使命便是要对人类尽义务道：

我们必须使人知道，人在世上须实践一条定律：人人非为自己却是为他人而生存，人生之目的不在积得多少幸福而在改善人我，为同胞之利益而与不义及谬误奋斗，这都不是权利，而是义务。

他在另一处说道：

当我说人们只知权利不足使人得到重要永久的进步时，我不是在说人们应当放弃权利。我只在说权利只不过是尽满的义务，而欲得权利却必须先从尽义务做起（参看玛志尼之 *The Duties of Man* 及 *The Condition and Future of Europe*）。

我以为他这话讲得再清楚不过。

国内似乎有许多人很喜欢拉斯基的学说，因为他好像极注重权利，但是我们不要忘记他屡次重复的话：若真真打算得到政治经济的平等，人人必须受较高的教育，积极参政。那么这也正是讲政治负担为最重要的话。

我在这里，只再从寇尔的《社会学说》（*Social Theory*）一书的收尾上引几句话。

寇尔讲道，一切社会学说全须由几个假设出发，他说他的假设是什么呢？他说：

我假设社会组织之目标不只在物质效律，最要的却在人们圆满的自我表现。我假设自我表现包有自治，而我们不只应使人得到选举权，并应使人们能尽全力一同参加团体事务。

清清楚楚地，这话也正告诉我们说，政治负担是我们唯一需要的东西。只有担起自己做自己主人的责任——权利不权利，不是问题中心——我们才起码算做到自由人，实现了最优的我。

（八）

将全文总结起来：

政象混乱，是人民歧视国家的结果；吾人欲得到自治，唯有人民将自己与国家同证方可；我们应当晓得，除了国民而外，没有支持推动国家的力量。

权利不是我们最后的目标，政治负担方是自由人的需要；只要权利，不尽义务，权利永不会得到；能尽义务，不求权利，权利亦必已谋得。

总之，我们人人须切实记住：作一个民主国的国民，比做一个大皇帝的百姓，要难上十倍，百倍。

（六月六日于 Baltimore）

宪草中之国民大会

《大公报》，1934 年 3 月 16 日，第 1 版

《大公报》社评

关于宪草初稿之批评，本报已为之屡矣，最近连载吕复氏等批评各章之文，尤足见法学专家观点之一斑。吾人兹更专就国民大会一章述其缺点，因而感到宪草根本改修之必要，兹试论之。

本草案之最重要关键在国民大会，盖所谓宪政时期与现行制度之最大区别在此，然则国民大会一章，乃本草案之画龙点睛，设此章不可行，则其他一切，皆须另加考虑矣。国民大会章，系根据《建国大纲》而来，所以规定每县、市出代表一人。惟就现状言，该项规定，根本上即不能实行。何则？草案第四十八条：国民大会代表之选举，以普通、平等、直接、无记名投票行之。试问以今日各省普通县之状况，若求全县满二十岁以上之人民无论男女一律投票，施行选举权，此断然为不能之事也。勉为之，只有作伪制造。是则根本毁弃宪法之神圣，其祸害国家，更有过于不开国民大会，不标榜宪政者矣。尝忆昔年行制限选举，犹弊病百出，作伪无穷。偏僻县邑之调查选民也，甚至照抄半世纪前之粮户花册以为搪塞，故一时有死人投票之笑谈。盖人民未经教育，而迫于生活，其于选举，既缺少兴味与智识，且亦无其余暇，更不愿任其费用。中国一县，有幅员数百里者，乡人入城投票，往返数日，费且不赀，即此一事已为选举难关。况全县户口，向无统计，今一旦欲施行普通投票，岂不甚难？何况此次宪草，规定男女平等，各县成年妇女，亦须投票，则敢断言除极少数之摩登知识分子以外，断无踊跃参加者矣。是以宪草规定之选举办法，必不可行也。假令勉强奉行，只有官厅、党部用人民名义，包办一切。即从调查选民，制作册簿，以至组织选举，写票投票，完全由少数人包办。是则结果等于伪洪宪之制造民意，岂非于革命宪政史之第一页上，即印留重大污点哉！

夫以如此推出之千余人，而称为国民大会，其人既非由真正依法选举而来，

且各县所举，当然限于各该县之最有力者，大概即官厅或党部之人。此辈智识，或高于一般乡民，然于国家大政，必大半不明。况不论文化、经济之程度及人口之多寡，县无大小，每县一人，多数县邑既皆孤陋寡闻之地，则国民大会分子之多数，殆不谙政治、经济、亦无政治舞台上之经验。是则开会之后，议事之难进行，及无活气，又可想而知。由现状推之，结果又必须劳中央之官厅与党部代为组织而支配之。如选举大总统及各院院长之时，势须由大有力者之一团，预拟名单，分交书写。此千余人者，但唯唯否否，旅进旅退，以完成其出席之任务而已。假令如此局面，而可称为宪政，则从政治的正义之观点而论，尚远不如继续现制之为愈矣。何则？现制名实上皆一党负责，而既言宪政，则名为民主，而实不副之，其不良乃更甚矣。

吾人根本见解，以为中国今后，必须行真政治，绝对勿行伪政治！关于此点，十三年中山先生之《建国大纲》宣言中言之本甚严切。乃此次宪稿虽根据《建国大纲》，而系断章取义，采其一端，而遗其全体，所以有此种不可实行之规定。《建国大纲》所言每县得选国民大会代表一人，系指自治完成之县而言。而其所谓自治完成之解释，则须"全县人口调查清楚，全县土地测量完竣，全县警卫办理妥善，四境纵横之道路修筑成功，而其人民曾受四权使用之训练，而完毕其国民之义务，誓行革命之主义者，得选举县官，以执行一县之政事，得选举议员，以立一县之法律，始成为一完全自治之县"。此则已达理想的治世之县矣，断非今日之县矣。夫十三年所订之《建国大纲》，今后可否完全适用，固一问题；国民党之于遗教，应牢守其主义，而不宜拘泥于其全部之规定，亦属当然。惟《建国大纲》之本身上，自有其一丝不紊之系统，固万不能抹杀其精神，而但袭取其一部分名词，便以为忠于遗教也。

然则宜如何？曰：宪政诚国民渴望之一剂药，但须重实际，不图空名。吾人以为国家今日所需要最切者，为中央与省、市、县，俱有监督财政实行立法之民选机关。此种选举，不必为普选，但须依社会实际状况，而行真实之选举。该机关权限之广狭高低，兹亦不论，但规定之权限，则必须保障其实行。中央政府不独须尊重在中央之民选机关，并须以实力保护各省、市之机关，使不受非法之操纵与摧残。诚能如是，即为向民主政治进一步矣。夫依中山先生之解释而言，中国今日，殆尚未出军政时期，彼所主张之训政，殆尚未开始。夫军政、训政两时期成绩之不良，责归谁负，兹姑不论，但自今以往，要须真实努力，勿令人民长在革命名义之下，除不断的受征发纳税捐之外，对中央及省、市、县之事，皆不能过问，对于中央、地方一篇帐，若何收入，若何支出，俱不得知，亦不得表示赞否！诚能变更此现状，精神上即为宪政之开始矣。

　　夫论述及此，则可知宪草问题，绝非仅起草者之立法技术问题，而为一实际政治问题。吾愿问党国负责者，对国家今后究拟如何负责？尤其在目前之阶段上，先欲达到一种如何局面？其根据志愿，另行起草！而根本前提，则为绝对实行，吾以为此次宪法，须为适应现时需要具有实行诚意之誓文，绝不可再流为敷衍粉饰之工具！今日何日，实不堪一误再误矣。

舛误的民治观念与立宪

《大公报》，1934 年 3 月 31 日，第 2 版

《大公报》社评

立法院征求宪法草案批评的期限，本定三月底截止，但截止后仍欢迎接纳国人批评的意见。这种虚怀若谷的态度，实在令人钦佩。

本报对于宪草已有过几篇批评。现在愿再从政制原理方面，指出国人近年来对于政治制度的几点误解，以希在基本思想上另辟一条路径。

（一）辛亥革命以来，国人有一个心理，实是政象混乱的主因。这个心理便是惧怕"政权"。我们好像都以为专制政体之所以最坏，就是因为君主有无上的威权。因此我们于无意识中觉得，政权本身即有极大的危险性：所以又以为政府的权力愈小，人民便愈少有被压迫的机会。

这实是一个致命的错误。我们敢说民治政体需要政治力量，和君主专制完全一样，不，甚且还需要更大的政治力量。除非无政府的混扰状态是我们的理想，不然，则"治"与"权"永是不能分离的。我们如果要"治"，便须有权；只有得到"权"，方能"治"。

不但政治力量是必需的，政治力量还必须是"专"的。国人听到"政权"已经骇怕，听到"专权"两字，几乎更要谈虎变色。这样是不能了事的。我们以为，有权必"专"，"专"始有权。"专"与"权"是不可分离的名词。但我们须分清，"专权"不必即是"滥"权。我们更须记取，"专权"可以使之"负责"，并且"负责"的"专权"，便正是民治的特色。不但一党专政的是专权，多党的民治国，一样是在大选之后，一党或一党以上的妥协了的团体，在那里"负责"地"专"政。

我们从几次所公布的宪法，所制的宪草，以及许多政论中，都可以见到要限制政权——特别是行政权——至最低度的苦心。这份"苦心"非用极猛的药把它攻得云消雾散不可！我们的问题，绝对不是要不要政权，却是怎样控制政

权，怎样利用政权。

（二）除了因对专制政体起了畏忌政权的反应之外，国人对于西人政论，大体上还有一种很坏的误解。这便是对权力分立说的误信。权力分立的政府论，自身便是一个错误。法人孟德斯鸠于一七四八年写《法意》一书，以为英国政府的好处在三权鼎立，一八六七年便有英国自己的政论家白芝赫出《英国宪法》一书，在内中指出内阁沟通行政与立法两机关，坚决否认立法与行政的隔离。白芝赫在那时却又指摘美国总统制度下立法与行政对峙，是受了孟氏权力鼎立说的毒害。但到一九二七年美国一个政治学教授麦克贝因出《活宪法》一书，又以总统常能尽量指挥国会的话，驳斥白芝赫的批评。所以现在谁都不肯承认自己的政府有几权分立。几权分立说，几乎成了一种讽刺人的话，只有打算戏谑某国时，才说这国的政府是几权分立。

几权分立论不能成立的理由，很简单。就是，若几权当真分立，则政府便必致一事都办不来。

因为国人已经畏忌政权，所以防制政权的权力分立论，便很容易地被国人囫囵吞下。

（三）有了上面的两重误解，于是几次的宪法中，都有贬抑行政权，扩张立法权的趋势（严格地讲起来，这一点对国民党训政政府不大适用，因为民选立法机关根本没有）。这又是一层错误。

西人民治原理中一个最基础的假设，便是：旁人不可信托。他们以为人性是如此的。所以真正的民治，应该是个人亲自参加政治会议的。然而因为有许多实际困难，代表制度非采用不可。举出代表来去议要事，去防范行政领袖。但是这一种"不信任"的态度，不能推用到极点。西人初行民治，大体上，议会都比较跋扈。但由实际经验中，得到了教训：议会按它驳杂笨大的组织，便不是一个治事的机关。

所以在近来民治国中，差不多都是由行政机关驾驭立法机关。我可以证明无论内阁制、总统制、委员制全是如此。因为行政机关最要应付的大事，全须经过立法，如不得立为新法，便无事可办，同时立法机关因为自己的组织的不适宜，所以基本行政方针，必先由行政机关决定，然而再通过立法机关。立法机关对于行政方面的方针，只能说一个最后的可否。但它不能动议树立大计。关于这一点最清楚的例子，便是英国预算案在国会提出时，国会只许决可否，不许有增删。美国的国会立法，也已由"谕令的"，变到"准许的"。去年国会通过罗斯福可以贬抑金元由百分至五十分，我们便可以见到行政领袖有多大的自由。

立法机关最大的效用，便在范围行政机关。只要行政领袖的设施不大违民治精神，立法机关便应予以同意。我尝把立法与行政的关系，比作唐僧与孙行者。唐僧在名义上是代唐皇赴西方求经的，但真能翻一个筋斗便是万八千里，耳眼里掏出金箍棒迎风一晃便是碗来粗细的，却至终是齐天大圣。然而这猴子必须听师父的话，否则紧箍咒一念，老孙便受不住。民治制度与专制的不同，就在一个有紧箍咒，一个却没有。有紧箍咒念，便可以得到负责的专权。但紧箍咒绝对不可常念，常念便取经不得。

上面三点，是国人对民治之理解的传统错误。武人专政，在起始大部是由于坏政制自邀。我们已经受足那几个错误观念的残害。现在我们的政治思想，非转上一条正确的路径不可。不然我们便永不能希望创制一个能用的宪法，树立起责有专归，系统简明的政制。

论宪法初稿

《独立评论》，第 96 号，1934 年 4 月 15 日

胡　适

我们读了立法院公布的宪法草案初稿，在评论之前，应该先想想这个宪法之下的中国政治制度是个什么样子的。依我的浅陋的了解，这个宪法要给我们的是这样一个制度：

（1）先从最低层说起：人民直接选举县议会，直接选举县长（县长候选人以经中央考试及格者为限）。县长可由县议会弹劾，经县议员四分之三之议决，得请县民罢免他。县民若否决了弹劾案，县议会应即改选（市与县同）。

（2）第二层是省。省无议会，只有一个省参议会；参议员每县、市一人，由人民直接选举。省长由行政院提出五个候选人，由省参议会选出一人，由国民政府任命之，任期三年。但省参议会无弹劾省长之权。省长受中央政府之指挥，但对于省参议会不负责任。

（3）第三层是国民政府，其组织成分有六：

1. 总统。任期六年，由国民大会选举罢免。

2. 行政院。行政院长由总统提经国民大会或国民委员会之同意任免之。行政院长遇立法院提出不信任案经国民委员会接受时，或被监察院弹劾经国民委员会接受时，都应去职。

行政院设各部及各委员会，其各部长与各委员长均由行政院长提请国民政府任免。

3. 立法院。立法委员不得过二百人，任期三年，由国民大会选举罢免。立法委员互选其院长、副院长。

立法院对于行政院有质询之权，并有提出不信任行政院长案之权。

立法院的议决案，由总统署名及主管院长副署后公布。总统得将议决案提交复议；但立法院若以出席委员三分之二以上之决议维持原案时，总统不得再

交复议。

4. 司法院。院长、副院长由国民大会选举罢免。

5. 考试院。院长、副院长由国民大会选举罢免。

6. 监察院。监察委员不得过五十人，由国民大会选举罢免。监察委员互选其院长、副院长。

（4）最上一层为国民大会，由每县、市选出代表一人，及蒙古西藏代表、国外华侨代表，组织之。国民大会每三年开会一次，其会期以一个月为限。国民大会的职权很大（第五十一条），但其职权"于闭会之日终了"。

国民大会闭会期间，设国民委员会，置委员二十一人，由国民大会选举之。国民委员会并不代行国民大会的职权，只在平时接管大会秘书处，并筹备下届大会；此外得受理监察院对于立法委员、监察委员及各院院长、副院长的弹劾案，及立法院对于行政院长的不信任案。国民委员限于四十五岁以上有特殊功德，颇像一个元老院。

（5）中央与地方采均权制。

这是这个宪法初稿准备建立的政治制度。我们把这个政治体系总括起来看，想象他的各部分的联络，想象他在实际行使时的效能，我们可以看出他有可以批评的几点。

第一，我们感觉这个制度有许多地方缺乏联络，实行时有许多障碍。试举一个例。既许人民直接选举县长了，又限定县长候选人必须经中央考试及格。今日中央考试院考取的县长人数，够分配一千几百县吗？每县都有本县人在中央考试及格的吗？假如我们绩溪县只有一个中央考试及格的县长候选人，是不是只有他可以候选？又假如绩溪县没有一个中央考试及格的候选人，是不是我们还得请考试院或省政府交下一个候选名单，才可选举？这个名单上的人，当然不是我们本县的人了，我们本县人民又如何能知道他们的资格与人格而选择他们呢？这个制度可谓奇怪极了。为什么不规定县长候选人的资格，让各县人民去推举候选人呢？

再举一个例。省长候选人须由中央政府提出，如果省参议会觉得中央提出的五个候选人都不能满意，省参议会可以请中央另提候选人吗？选出的省长、省参议会又何以绝无弹劾之权呢？万一省长有违法或溺职的行为，难道省参议会还得静待他三年任满，才可以不连选他吗？

中央政制在实行上的困难更多了。行政最高权在行政院长，而行政院长可以被监察院弹劾，可以被立法院投不信任票，时时可以动摇。这一点已有许多人指出了，我可以不必详说。国民政府公布法律，发布命令，由总统署名，并须经主管院院长副署；万一总统同意，而主管院不副署，又怎样办（看《独立》第九三号，陈受康《读宪法初稿》）？立法院的议决案，总统可以提交复议；监察院的弹劾案是不是（除了弹劾总统、副总统、各院长、副院长及立法、监察委员另有第五十八条的规定之外）都算最后的决定呢？现在监察院的弹劾案，送交惩戒机关之后，往往不执行。宪法初稿将公务员惩戒委员会设在司法院，这个惩戒会对于监察院的普通弹劾案是否有提交复议的否决权呢？是否弹劾案出了监察院的大门，就完全由惩戒委员会处理呢？又如第八十六条说：

> 行政院院长遇有下列情形之一时，应行去职：
> 一、立法院提出不信任案，经国民委员会决议接受时。
> 二、监察院提出弹劾，经国民委员会议决接受时。

据此条文，是国民委员会可以议决不接受此项不信任案及弹劾行政院长案。又据第五十八条，监察院弹劾总统、副总统，须经国民委员四分之三以上之决议，方可召集临时国民大会。若不得四分之三的决议，国民委员会也可以不接受弹劾总统案。以上三种重大案，国民委员会不接受时，立法院怎么办呢？监察院又怎么办呢？他们是不是就此收兵了，回头来重新拥戴那曾被弹劾的总统和那曾被不信任的行政院长呢？还是另有方法可以使弹劾案和不信任案发生效力呢？

第二，我们感觉这个制度是一个七拼八凑的百衲本，缺乏一贯的政治理解，更谈不到什么一贯的政治信仰。初看那下层的县，似乎是直接选举产生的代议制的民治。到了省的制度，只有一个权限极少的省参议会，连弹劾省长的权都没有了，只成了省长的一个咨询机关了。再看上去，到了中央政府，只设一个一千几百人的国民大会，三年之中集会一个月；闭会之日，职权就终了了。这一千几百人，来自全国各县，平日素不相识，更无组织，到了首都，真成了刘姥姥初入大观园！这一大群刘姥姥，如何能负担那国民大会的极重大的职权呢？这岂不是在宪法里先就准备叫他们被少数伶俐的政客牵着鼻子跟人瞎跑吗？为什么不老老实实的叫各省人民选出他们本省的立法委员来组织一个代表全国的立法院呢？既已拘泥了孙中山先生的"国民代表大会"的主张，又何不老老实实的让他们每年在首都多住几个月，多得一点政治经验，实行《建国大纲》说的"参预中央政事"呢？如果大家明知中央政府此时不能常年担负这一、两千人的旅费和俸给，或者明知各县代表每年来往奔波为太困难，那么，又何不老老实实指出"每县得选国民代表一员"的制度不能实行，而另想更易行的制度呢？

这个政制所以这样七零八落，毛病在于起草诸公不曾详细研究国内现状需要何等样子的一个政治组织，却只拘泥地用《建国大纲》做他们的纲领。其实他们又全不曾了解孙中山先生的《建国大纲》的理路，只拘执著他的文字。《建国大纲》是有一贯的政治理想的。依孙先生的理想，宪政必须有个渐进的程序，先做到自治的县，次做到自治的省；某一省全数之县完成自治了，这一省就开始宪政；全国有过半数省份都开始宪政了，然后开国民大会决定宪法而颁布之。《建国大纲》的程序如此，试问今日草成的宪法初稿是不是依此程序呢？既不依此程序，又如何可以拘执《建国大纲》的条文？这样割裂孙先生的条文，非但失了他的精神，并且毁了他的一贯的政治理想。

中山先生没有想到他死后几年之中我们的国家就会陷在空前的危急状态里，所以他的《建国大纲》是假定一个可以从容渐进的时势的。现在既无此时势，我们只能把他的理想计划暂时留作一个供后来人研究的历史文件。我们只应该考察此时我们如要行宪政，应该如何下手，应该建立何种制度。如果我们此时需要的是一个巩固的中央政府，我们就不应该拘泥某种历史文件，造出种种机关来捆住他的手脚。如果我们需要各省来参预中央的政治，因以造成一个维系全国的统一局面，那么，我们就不应该拘泥某种历史文件，造出一个三年集会一个月的空虚的国民大会，来叫各省失望。如果我们此时实无坚强的信心可以信任一县的人民能推出几个县长候选人来，那么，我们就更不应该拘泥某种历史文件，骤然一跳就做到全国的民选县长；我们就应该认清国内的现状与需要，先从改善省政府下手，吃紧训练县长人才，一面先行省政府考试任命县长，一面建立各省的省议会和巡行的监察制度来监督各省各县的政治设施——总而言之，中山先生的《建国大纲》的文字上的程序是由下而上渐进的，但他的精神是要政府"训导人民之政治知识能力"，也还是由一个有知识能力的中央政府出发到各地方的。我们在今日不可拘泥他的文字，应该活用他那一贯的精神。

关于宪法初稿的其他部分，我们认为大都是空头支票，尤其是经济与教育两章。这些一时无能力兑现的空话，放在宪法里，只可以使人民轻视国家的根本大法，不如全行删去，而提出一项、两项——如平准粮食，如普及教育——用全力实行起来。在宪法里说欺骗人民的大话，就是亵渎宪法，罪过不小。

廿三，四，九

从立宪谈到社会改造

《独立评论》，第 101 号，1934 年 5 月 20 日

张佛泉

（上）

近来谈宪法问题的，多半都就着立法院所公布的宪草一直批评下去。我在《国闻周报》第十二期写一篇文章，题目为《批评宪法草案以前》，对于目前立法的先决问题微然讨论了一下。我曾指出立法手续上的矛盾和宪草内容——即五权宪法论——中的内在困难。换言之，我以为：（一）在训政失败之后，宪政实际经验丝毫没有的时候，立法院没有资格依据《建国大纲》中某条来起草法案，因为"这样割裂孙先生的条文，非但失了他的精神，并且毁了他的一贯的政治理想"（用胡适之先生语，见《独立评论》第九十六号第五页），忽略了他在建国计划里面对宪法所持的极端的慎重态度；（二）中山先生的五权论，本有些内在的困难，并且始终也没经过认真的试验，至少还没有试验到最后决定成功与失败的地步。所以此时将中山先生的五权论铸为永久法典的时机，似乎尚未完全成熟。

我只不过对"怎样立宪"和"立怎样宪"问题稍加以批判而已。我并没有不赞成立任何宪法的意思。

梁漱溟先生在四月二十二日天津《大公报》星期论文栏发表一文，题为《中国此刻尚不到有宪法成功的时候》。梁先生所讨论的问题，可以说比我所提出来的，更深入一层，他认为宪法在目前的中国是根本不会发生效力的。

梁先生从事于农村工作者有年，他提出来的问题，我觉得是严重极了。我们（尤其是主张彻底改革社会政治经济等制度的人）对于中国人太重习俗而没有法律观念的这件事实，非先予以认真的考虑不可。

中国人多少年代以来，始终没有达到严格的法治阶段。孔子所说的"道之

以政，齐之以刑，民免而无耻；道之以德，齐之以礼，有耻且格"一套的话，听起来当真要比提倡"刑罚必于民心"的"法家"的主张体面得多。但是真正的法治到底该是什么样子，我们中国人自己始终也没有梦到过。西人由争个人平等自由的动机出发而得到的治法，和因经济关系复杂而发展到的严格法律观念，中国人更没有梦到过。民间发生纠纷，能以和解办法解决的，才是理想。甚至官厅下的命令，都不直截了当把内容说清便算了事，里面必定加上许多说理的解释，以希将人民先"说"服。所以中国人没有了 Juristic Concept of Law，是一件很明显的事实。

承认了上面所提出的事实，就可以明白梁先生所说的"须知中国今日所苦在任何法律制度之无效，而非在那法治的不合适"的话，是有很深刻的意义的。

梁先生的思想方式，和政治哲学上称为历史学派的（Historical School）几乎完全是一样。他说我们如要有宪法，必须要它由"固有历史演出来"。他又说"一种法律制度虽出于意识之制作，要莫不有与之相应的习惯为之先。否则，是运用不来的"。"中国今日与新制度相应之新习惯"是还没有的。因此他不但只以为"中国此刻尚不到有宪法成功的时候"，他更进一步说，"照我们的眼光见地看来，将必为新礼俗之创造。一切经济的政治的组织构造要与礼俗表着之确定之，而不是以法律替换过礼俗"，所以"制宪非急务，果有心乎制宪，且先从事乡村建设运动"。可见梁先生不但以为这次制宪不会成功，并且以为制宪这条路根本是徒劳而无功的，有这力量，实不如作一些从"平地向上爬"的功夫，然后等到"养成新生活习惯，新礼俗"的时候，那时便可以自然产生出一个新的宪法出来。

（下）

但我以为历史学派的论证也不可以推到极端。若推到了极端，则有意识的改革都成为不可能，而只有待社会自然滋长变化去。梁漱溟先生是主张改革社会的人，当然不主持这种被动式的论调。不过照梁先生的计划，至少有几个问题，也应当加以考虑。

第一，我们对于有意识的有计划的改造历史，与历史的不自批判地自然地滋长，要加以区别。历史自然生长的期间，社会推进的力量可以说由下而上的。但有目的的改革社会，其力量必须是由上而下的，至少是应由上层的一部改铸下层，使改铸过的下层再滋生所想要的上层之全部。历史学派者虽能引欧洲后来的野蛮民族，经过一个整个的黑暗时期，一直到文艺复兴，才算养成一个 Greek mind 作例，但理想主义者却可以举苏俄革命等作反驳。苏俄革命虽然与它的既往历史是两件连续而生的事，但我们究未敢断定说其中有必然的因果关系，因如这样讲，历史学派就已变成历史宿命论了。

至于一个理想还是由"外面世界潮流所开出来的"？还是从"固有历史演出"？这却是一个次要的问题。我们只须分别它应否当为我们的理想，而不必管它的来源。英、法革命的理想，是由自己历史演出的；美、俄革命的理想，便是外借的（我所提的美国，是指她三权鼎立的宪法来自法人孟德斯鸠的理论而言）。并且外来的理想也不见得比"家做"的理想难以实现。

第二，我们应当切记"机械性"的礼俗习惯在未形成之前，必须先经过一个积极努力，有意识的奋斗的时期。所以欲以一种礼俗代替另一种礼俗时，其过渡期间终须经过一个非"礼俗"的期间的。若想以一个硬化了的礼俗，机械地换上另一个硬化了的礼俗，如同在地板上抽出一个木块，换上另一木块一样，恐怕便是一种很大的错误。我以为我所提出的这一点很重要。走梁先生一条思路的诸位，如能当真承认了这个新旧礼俗的过渡的"星云"的时期，我敢说他们整个的思想系统都会发生动摇的。他们虽然仍可以说"一切经济的政治的组织构造要于礼俗表着之确定之"，却一定不会再否认经济的政治的组织（即使是不稳固的或昙花一现的），对于形成一种礼俗，丝毫没有功效；一定不会再坚持立宪连教育的功能都没有，而屡次讲制宪非急务了。

我觉得如以中国旧礼俗作基础，西方社会以及一切上层构造（请容我用这半句马克思主义的套语），是绝对建筑不起来的。但在新礼俗没有形成之前，必先经过一次可以左右礼俗的根本观念的普遍改革，而不能便直接零散地去运动"养成新生活习惯，新礼俗"。在新礼俗没有形成之前，如不特别注意到基本概念之树立，不但任何新礼俗也养不成，即出许多不相联属的"实验运动"中养成的礼俗，恐怕也不会是全国一致的，而结果也许是害大利小的。

第三，我们应晓得，若必向全体民众中去求推动历史的力量，这要求也未免有些过奢。若必待"全国人"有"一致的意思要求"，然后方能"演成一种政治构造"则新的政治构造恐怕便永也得不到。研究历史怎样动进问题的人，必须先承认一般人永是落在上层的活动与结构的改造之后的。Edmund Burke 所说的："在政治方面，一般民众至少要落后五十年"。是一句实话。其次我们须承认，一般的大众，很少有改造环境的能力，而多少是待环境来改造他们的。所以我觉得要解释历史迈动的方式，我们须说：英雄造时势，时势造大众。我们常说的"时势造英雄"这半句话，只足解释某特出人才在某时某地之所以成功的缘故，而未如上半句"英雄造时势"富有解释历史动进的意思。所以若想求得一个顺序的解释历史的方式，应当说，"英雄造时势，时势造大众"。

唯物史观论者能解释一般人怎样被环境推着动，而忽略了推动历史的原动力。梁先生要每个乡下人先养成新礼俗新生活习惯，然后再"建立中国新社会的组织构造"，恐怕却有求人人为造时势的英雄之嫌。

※　　　　※　　　　※

总之，我以为梁漱溟诸位先生，能着眼到政治构造背后的礼俗问题，实在比专讲政治革命的人，已经深刻一层，但是我同时以为在梁先生所走的思想途径中，至少有上提出来的三个问题要考虑。我相信若待梁先生现在所进行的工作稍有成绩的时候，中国统治权恐怕也要到旁人的手里去了。

我几年来便主张在这新旧礼俗交替的过渡期间，先给一般人换上一套新的基本概念，做公民、做人、处世等基本观念。我所想象的方法，也与梁先生所用的大不同。

回到立宪问题上，我不大赞成当局所取的立宪方法和其中的内容。但我以为若连立宪的教育功能都加否认，也未免太悲观了。

五月十二日，于天津

个人自由与社会统制

《国闻周报》，第 12 卷第 28 期，1935 年 7 月 22 日

张佛泉

（一）

近来国内思想界有两个问题，讨论得最喧阗热闹。一是怎样接受西洋文化的问题，一是个人自由与社会统制的问题。前一个问题比后一个问题，讨论得更要热烈。但是"自由"问题的重要性却是不减于前者的。关于文化的讨论，有渐渐结束的模样。现在让我们对"自由"问题，作一种更具体的探讨，希望能从中得到一个共同的信仰来。

最近自由问题的发动，可以说是从胡适之先生十二月九日为《大公报》写的星期论文《汪蒋通电里提起的自由》一文起。我在今年一月十四日的《国闻周报》上也有一篇文章，题为《论自由》。随后适之先生又有《纪念五四》（载五月五日《独立评论》），张熙若先生有《论国民人格之培养》（五月五日《大公报》星期论文），适之先生有《个人自由与社会进步》（载五月十二日《独立评论》），熙若先生有《再论国民人格》（载五月二十七日《独立评论》）等文发表。陈之迈先生的《教孩子的方法：寿独立二周年》一文，也是讨论自由问题。胡、张、陈三位先生的观点，就大体上说，是一致的。我的《论自由》一文是分析个人主义的自由论之抽象部分的，与胡张先生的自由论不一定相背驰。

适之先生在国内是近若干年来的自由主义的代言人。张熙若先生是有名的政治哲学教授。所以这两位先生关于这个问题的论著，无疑地是很有权威的。他们在这讲统制最盛行的今日，来提醒我们不要轻易忘记个人自由的重要，实是很有意义的。

本来自从海禁大开，西学传入中土，经过辛亥革命，直至民八的五四运动，个人自由主义本是一直发展下来的。这时期完全是一个解放时期，政治要解放，

思想要解放，文艺要解放，礼俗要解放，这一段历史的整个空气便是解放的。但自国民党在十三年改组之后，这种自由的空气便渐渐稀薄下来。从这时起，我们便讲起纪律来。这时因为要对北洋旧势力奋斗，仿效俄国共产党的方法，讲组织，讲纪律，讲服从。北伐成功之后，因为讲统制的初试成功，于是统制便适用到种种方面上来。有许多名词如经济统制，思想统制，新闻统制等等，都是近来常听到的。在教育方面不但悬三民主义为目标，并且要划齐各级学校的教材与标准，于是有各级学校课程标准公布，有各级学校毕业会考的举行。同时又厉行军事训练，整顿学风，这都是近年来注重纪律（discipline）的明证。最近又有人企图作"文化统制"，各地有文化建设协会，几月前又有十教授的"中国本位文化建设"的宣言。讲统制，在近来已可谓"造极"了。

我们先讲自由，后又有讲统制，先后并均形成一种澎湃的潮流，影响到国人的精神的与物质的生活。我们在这时不由得不发生几个问题：到底是该讲自由，还是讲统制？两者是否不并立的？如能并存，在怎样的光景下，可以得到妥协？这些问题如不先加以熟思，如不能予以解答，对于这问题便算不得有较深刻的认识。

（二）

个人主义者的自由论所举的理由，概括言之，可以归纳为以下数点：①个性的自由发展是社会进步的必需条件。这是个人自由论者的最有力的理由。这一点留在下面做详细讨论。②依物竞天择的原理讲，个人应享无限制的自由，亦唯如此，社会才有进步。持此论的人最反对政府用政治力量来将国民化成一样。他们说，一人如与另一人完全相同时，那么社会便不再向前迈进。所以他们甚至反对有人创办慈善事业。他们只讲公道（justice，至少是他们所以为的公道），而不讲平等的。斯宾塞可以举为这一派的代表。③个人是自己的最好的裁判官。唯有自己知道自己最清楚，所以他明白自己的需要是什么，自己的利益在那里，自己知道何者为善，何者为恶。由这一点可以讲到个人主义的玄学的部分，如认为个人的经验世界与旁人的经验世界不相通等等。至少他们也可以说，旁人对个人的事，不比我个人知道得更清楚，所以旁人最好少来干涉我。约翰密尔可以举为这一派的代表。④经济发展，需要最大限度的个人自由。这就是亚当司密斯的放任主义，也就是后来所常被人谩骂唾弃的个人资本主义。主持此说的以为个人财产欲是推进工商业的最大动力。同时以为只有听其自由发展，一切问题便都有那"见不到的巨手"来做指挥。此说虽已失却其时髦性，但仍有许多人认为不刊的真理。比如美国此次救济经济的不景气，是多少采用统制法的，但有许多人批评，愈是这样庸人自扰，反不如英国不放弃向来的放任态度，又可以从危机中"混"过来。⑤主持政府的人，和被治的国民，同是一样的人，他们既不是无所不知，又不是无所不能的，所以他们的措施，无人敢保证是必对的，因之政府对人民能不干预的便该不干预，能少干预的便该少干预。政治多元论者多半持此种主张，时人中，我们可以举拉斯基作代表。胡适之先生也说过，"文化统制不是可以轻易谈或作的事。"

上面所举的几种论证，到今日有的已经失去折服人的力量。不过有的却还很站得住。而其中常被人提出的，便是第一点，社会如想进步，须尽量容个人的个性自由发展。这一派的生力军自然又要推英国的约翰密尔。一直到现在还没有人能写一篇文章像他的"自由论"那样精练有力。他以为个人的自动力如果失掉，社会历史便将停滞，所以他甚至反对一般政治家所最理想的开明专制，他说因为它是专制，又因为它是开明的，一般人士因之将无所用其心力情感，因之社会亦必去腐化不远。所以开明专制实还不如虐政（见密尔的《议政府》第三章）。主张个人自由论，大概没有再比密氏彻底的。盎格鲁萨克逊人的传统精神，"服从的危险"（The Dangers of Obedience）。

这次张熙若和胡适之先生提倡个人自由，所持的主要论证，便可以归纳到上述的第一点。张先生在《国民人格之培养》一文里说：①个人解放是现代一切文化的基础。②个人主义的优点在能养成忠诚勇敢的人格，而此种人格在任何政制下都有无上的价值，都应该大量的培养；③中国今日急需培养此种人格，以立国本而救国难。"胡适之先生说："欧洲十八九世纪的个人主义造出了无数爱自由过于面包，爱真理过于生命的特立独行之士，方才有今日的文明世界。我们现在看见苏俄的压迫个人自由思想，但我们应该想想，当日在西伯利亚冰天雪地里受监禁拘囚的十万革命志士，是不是新俄国的先锋？我们到莫斯科去看了那个很感动人的'革命博物馆'，尤其是其中展览列宁一生革命历史的部分，我们不能不深信：一个新社会，新国家，总是一些爱自由爱真理的人造成的，绝不是一班奴才造成的。"他又说，"个人没有自由，思想又何从转变，社会又何从进步，革命又何从成功？"陈之迈先生在他的〈教孩子的方法〉一文中举了许多个人自由被干涉因而影响到整个社会进展的史例。

个人重要性之发现，无论就社会史来看或就心理发展过程来看，却是在后的。人的意识未发展至相当程度时，是不觉得有个人的。"中国数千年来的社会中是只有团体，没有个人的。一个人只是家族的一分子而不是一个个人，只是构成社会的一个无关重要的单位而不是一个有独立存在的个人。他的生命，他的思想，他的行为，他的价值，都是拿团体做规矩做标准。离开团体，他就没有意义。离开团体，他就不存在。拿现代眼光看，这样一个人自然是一个不发展的人。不发展的人所造成的社会自然也是不发展的社会。"张熙若先生的话是很确当的。其实个人之重要性，只有到了基督教改宗运动兴起，主张以个人的良心随意解释圣经，文艺复兴运动继起，个人主义盛行之后，才算正式的有意识的发现的。所以这在整个人类进化中，可以说是一件很晚近的事。我们实不应该忘记这件事的重要。组成社会的最后不可分的成分是个人，所以只有容个人发展，社会才能有它的最后的推动力。虽然一个社会有它的组织，有它的传统，礼俗，有它特殊的模型，而这些全足以规定个人的发展，左右他的行动，但是社会的原动力，却仍不能即说是社会自身。一个社会或国家，虽不即等于生于某一时代的人数之总合，但是除了那些组成它的个人而外，实是再无社会可言。个人之于社会，犹根之于木，源之于流；压制个人之发展以求社会进步，正如伐根以求木茂，塞源而欲流长，必没有的道理也。

（三）

不过极端的个人主义者，以为凡是干预，便算侵入自由的范围，或是任何干预都必定是有害处的，则我们便不敢苟同。本来我们须切记，没有一个有见地能自成一说的政论家是主张干预可以随便运用的。比如所谓唯心论者的代表像包桑葵这样的人，他都认为干预在可能的范围内还是能避免的好。所以他说，国家的功用只在屏除障碍（Hindrance of hindrances）。但是如果在适当的条件下，却不能认为干预是绝对小该施用的。比如依"唯心论"的观点来论，凡是能使个人的性格及智慧得到的解放，超过干预所致的损害时，那么这种干预便是应该的（参阅他的《哲学的国家论》第八章）。依功利主义的原则论，干预也不是绝对不可的。斯提文（James Fitzjames Stephen）当时批评密耳【尔】说："如果目标是善的，所用的强制也足以实现它，并且所得到的好处还足以超过用强制时所生的不便，那么依功利主义的原则，我不明白强制为什么是恶的。"这是以功利的原则来批评功利原则的。

谈到这里，我们可以见到，凡由功利原则出发的理论，严格讲起来时，全不容易成立。因为功利原则永需要权量，如利害相权，则取其利，两害相权则取其轻，两利相权，则取其重。但是人类活动的轨迹（Locus）只有一条，同一阶段内，没有两个材料（Data）可容比较。所以只能有前后阶段的比量。如在希腊或先秦时重自由，同时思想发达，中世纪或汉代而后重权威，同时思想停滞；因之可以推论欲求思想发达，便须予个人以自由。但前后阶段的比较，严格论来，实不容我们下正确的结论。假使中世纪或汉代而后，个人仍有自由，思想究竟发达与否，或能发达至理想的程度与否，因为没有历史可证明，所以我们也未能骤加确定。譬如斯提文批评密耳【尔】的话，本来很有力量。但是照他那样的锱铢计较，究竟怎能判出孰轻孰重呢？假如我们承认某一个目标是善的，但在未起始实现这目标之前，试问谁能说用某种强制力便一定可以实现它？更有谁能定所得的好处足以超过用强制力时所生的不便呢？所以功利原则每每不足当作未来的计划的南针。亦即利害福祸每不能预知。就是既往经验也不过可以当作一种参考，而不能认为是推理的唯一根据。我这一节的目的在指明就原则上讲，个人主义的及功利主义的自由论是有许多限制的。

我以为对于个人自由应否加以限制的问题，还能用另外一个观点来解释。有人说自由如不限制便是"善"。我们知道这种价值上的问题，是最难确定的。有人说自由如不加限制，于社会是有"利"的。这在上面，我们也已经指出未来的利与不利，也不是在一时可以完全算得出的。因之我们可以抛开"善""利"等名词，而用"必要"两字来代替。比如讲在今日对自由问题，我们便不能主张个人不应受干预，因为在适当范围内限制个人自由是有"必要"的。除非我们不想树起一个统一的祖国，如想如此便须造出一个共同的信仰，共同的理想，使国民全知所景从，作为一个共同的基础。这就是所谓"必要"。究竟这样做是"善"，还是有"利"，我们也未能确定，但是欲实现那样的理想，便必须采用那种方法。

现在请言自由（这样用自由两字，便好像假设有一种大然的自由。我个人是不信这种假设是对的，只是为讲话的方便，我们才这样用这个名词）何以有受限制的必要。我谈这个问题是将政治与教育联在一起谈的。

我个人以为中国今日应讲邦国主义（Nationalism 有人讲为民族主义或族国主义，我以为不当。请参阅拙文《邦国主义的检讨》载去年《国闻周报》第四十期及第四十一期）。我讲邦国主义既不是排外的，又不是主张恢复本国固有文化的，同时还不注重种族与血统等天然的因子。我以为讲 nationalism 可以丢开 nationality 不论。我认为邦国主义是讲大规模的民治所必不可少的条件。希腊时代的民治是城市的，现在的自治是 national。希腊时代因为范围小，所以大家容易团结为一体。现代国家的幅员广袤，在民众之间如无物以维系之，则必成为一盘散沙，因而民治也讲不成。丁文江先生在去年一月十四日为《大公报》所撰的星期论文《公共信仰与统一》一文内说："以上种种（现代建设不够，列强的压迫等等）都是我们不能统一的原因，然而都还不是最重要的原因。我以为我们不能统一最重要的原因是二十年来对于政治活动有兴趣有能力的人始终没找着一种最低限度的公共信仰。"他底下还说："在任何国家里面要思想完全统一是不可能的，但是至少对于政治经济社会的制度许多根本观念不能没有相当的同意。"我觉得他说的话非常有力量。丁先生认为对政治活动有兴趣有能力的人应当有最低限度的信仰，我则以为一般国民关于人事活动的许多基础概念多少是应该相同的。只有了血统，语言，风俗，历史，人生哲学等方面的相同还不够，还必须具有一种有意识的或半意识的决念，愿在一个政治组织下建树或继续维持一个主权国家。有了这种决念才称得起有了邦国的情调。而这种决念或情调也多半是靠教育的力量培养出来的。但如果过信个人自由的理论，就必先反对教育的应有一种政治的目标。依个人自由论的观点，教育是为辅导个人的发展（Individual growth）的，所谓教育即生活，而不是为准备生活。教育除方法之外，别无目标。这种论调在中国教育里曾有过很严重的误解。民国八年全国教育联合会议时，曾有人明白主张教育应不悬宗旨，认为凡有目标的教育，全等于型铸，而非启发。直到现在我以为我国整个教育中的最大缺点，还在没有一个彻底的（Fundamental）目标。所以近若干年来的教育，并没有供给我们所需要的救国力量。

因此我们可以见到，欲实现大规模的民治便须讲邦国主义；欲培植邦国观念便须采用目标划一的教育；但如采用这种教育，便欲放弃个人主义的信条。因为严格的个人自由主义是与任何一致性（uniformity）不相容的。

还有一种境况是十八九世纪所没有的，那便是教育事业之由国家举办。欧洲旧式的教育不但所用的方法，与中国所用的几乎相同，并且教育的主办，也完全放在私人或团体的手里。欧洲的旧教育多半是由教会主持。中国的教育是由家族来兴办。但是近一个多世纪以来各国全先后施行强迫教育。施行强迫教育的动机，大半是政治的。有的国家实行强迫教育为的是培植国民的国家意识，如德、法、日、意、俄诸国都是如此。有的国家推行义务教育主要目的为提高国民的知识水准，为的铲除推进民主政治中的许多障碍，如英美便是如此。同时各先进国家的工商都在这时发达，为学习机械的技术和适应更复杂的社会生活，受最低教育也有必要。更加以国富增加，国家能供给大规模的教育；人民生活程度提高，能有时间入学听课，于是教育功用的国家化，便成了近来的最普遍的现象。教育经费的大部，既由国家负担，当然"教什么"的问题，也只有听国家来解决。这就是西人谚语常说的："花钱的人，便要点戏。"所以各国教育，尤其是基础的教育，目标及方法全是比较划一的。这一种实际状况的发展，也是以前极端的个人自由主义者所未完全料及的。依这一派人，比如就密耳【尔】来论吧，他是反对国家对教育有独占权的。他认为国家也可以办教育，但她办教育为的是与其他机关或个人所办的学校来竞争，而不应垄断一切。

经济及社会之发展，也不再容个人享受极端的自由。罗素在一说，近二十年来，一方因为现代技术增强了社会的有机性，一方因为现代社会学使人更明白个人与个人间的利害关系非常之密切，我们总须把社会福利放在前面的。密耳【尔】对个人的行为曾分为与他人有关的及只关系个人的两种，但现在这种原则却很少适用的，因为没有一人的行为，几乎无不足以影响其他的分子的（参阅他的 *The Scientific Outlook*，The Individual and the Whole 章）。他又在一处说"工业技术及政治理论的冲突，致使十九世纪得到一个不幸的收场。机械生产，铁路，电报，及战争技术之进步，全增进了人类社会的组织，加强了握有经济及政治权柄的人的力量。……但有力的政治思想却未能追上这种权威集中的趋势：曾影响到社会组织的理论仍然分为专制派及竞争的民治派，第一派是先工业期的（Pre–industrial），第二派只适当于工业主义的最初阶段。西方金钱政治的实况，是未被承认的，并在可能的范围内是在大众面前遮掩起来的。"（*Freedom and Organization*，p. 505）依个人主义的观点，个人自由是不能为组织牺牲的。斯宾塞曾说道："所有的社会主义都含有奴隶性质。"（*The Man versus the State*，Appleton，1892 Ed.，p. 321）这话最足代表这派理论家的气质，到今日，个人主义者认为个人的自由更不能完全抹煞，因为机械生活已经达到极端，个人没有一点自由，人生便更没有意义了。

以上就现代政治，教育，及经济实况稍加分析之后，我们可以见到相当的纪律，也实是复杂社会生活的必需的条件。换上一种更普遍的话来讲，一个社会的继续存在，进步的精神固须有，没有它则社会将不能进展。但是它的固定性也须顾到，没有它则社会将感到过度的不安，不敢对来日有所预计。这样不但也要影响社会的进步，并且在国民的心理上也将酿成一种病态。近年来进步的精神已算得到充分的发展，社会在各方面也都有空前的长足进益，所以需要一种更高度的纪律，以控制许多互相冲突的因子，使社会在跃动中还能维持一种均衡，也是我们可以想象到的。

（四）

我们在前面既承认个人自由对社会进步的重要，同时又指出社会统制是社会安定的条件，那么二者将在那种方式下调和起来呢？我们本节回答这个问题。

我以为教育可以采取一个中心思想，一个划一的目标。思想则不应统制，也不能统制。有许多人见不到一般的教育与所谓思想之间有什么区别，或不承认其间有区别。但我以为这样将二者加以鉴别，不但是有必要的，并且是有心理上的根据的。

许多人因为爱护自由思想过甚，同时忘掉有创造性的思想是一件既少见而又是在个人生活过程中很晚的一件事。比如陈之迈先生为《独立评论》第一五一号所写的《教孩子的方法》一文中说："教孩子的方法就是在给孩子思想自由，叫许多人说许多彼此矛盾的话给它听。它听了第一种意见的时候，它一定完全相信；它听了第二种意见的时候，它一定又觉得头头是道，言之成理；它听第三种，第四种意见的时候也是一样。它到底信什么呢？它不得不想，它不得不用它的小脑筋，它想而再想，它的脑筋得到了练习，有进步了，正如人身上的肌肉得到了练习，便长大了，扎实了，跑得快，跳得高了。"陈先生全文的观点，我认为很确当。这提出的只是他所用的一个譬喻。他用的譬喻很容易使人误会，或也许由此可证明他个人未注意到自由思想是一件很晚的心理现象。《独立评论》不能此做三岁小孩。三岁小孩也没有运用自由思想的能力。教小孩子也不是用陈先生所说的方法可以成功的。教育总含有控制的性质，旧教育的讲直接控制，新教育是讲间接控制，即控制受教育者的环境。像杜威这样的爱自由的教育哲学家都要说："事事全听诸自然，即等于否认教育；即等于将教育交给了偶然无定的环境。教训过程不只需要方法，并且需要确定的执行机关来推进它。"（*Democracy and Education*，1924 Ed.，p. 108）即卢梭教 Emile 也未用陈先生所说的方法。若当真把许多"冲突的，矛盾的，以及折衷的，调和的学说摆在孩子面前，让它去选好的信服。"时那孩子只有头目晕眩，别无结果。

所以一论到教育，总要有相当的控制，借以达到一种目标，实现一个理想的社会。有许多人反对各国现存的教育，比如杜威不赞成"族国的教育"（National education），罗素不以"公民的教育"（Education of the citizen）为是。但是他们所反对的实是这种教育所欲达到的那种社会，而未讲到教育应完全听其自然。那两位思想家都是反对狭隘的民族主义，反对硬性的主权国家的，所以才反对那种教育。但如为实现他们自己的理想社会，人类大同的社会，岂不是一样要借教育做工具吗？所以只反对教育应加统制的话，是不容易言之成理的。并且就现在人类政治组织的发展阶段来论，我们也可以说除了国家以外再没有合适的教育机关。就欧美论，我们敢说它们现在的教育，比以前听各派不同的宗教，任意滥造未来信徒的教育无宁是进步多了。就中国论，现在的小学校就大体上讲也比以前的私塾高明许多。并且我们前面已经讲过国家统制的教育，也是有她的客观的必要的条件的。罗素都说道："就原则论，我以为个人教育（education of the individual）优于公民教育；但就政治论，就现时之需要论，我恐怕公民教育还是应该占先的"（*Education and the Social Order*, 1932 Ed., p. 28）。

但论到统制思想，则问题已完全不同。我以为思想是不该统制的。统制与思想四字放在一起便是矛盾。思想若果加以统制，尤其是长时间的统制，使人人的思想都与一个模型里铸出的铜钱一样时，则这社会必不会再有新的开展。并且思想在今日也是不能统制的。在闭关自守，在以四海之内为整个的天下的时代，在除了我华夏之邦，四外便都是夷狄蛮野的民族时代，只用焚书坑儒的法子，也许可以绝圣弃智，用罢黜百家的方式，也许可以仅匹夫之一言，成为千百余年的是非绳准。但是在交通发达，人以天下为家的今日，统制思想是不可能的。欲在今日统制思想，秦始皇、汉武帝的方法之外，还须绝对禁绝国人与外人有任何物质的及精神的往还。不然思想上的新发现，像空气似地，只要有罅隙，便会透进来的。苏俄在前几年便想如此，他们讲学的目的，便只在证明共产主义是唯一的真理。然而这是做不到的。他们自己的代言人，也有许多是"歪曲"了，如历史唯物论者布哈林被指为机械论化，红色哲学家德柏林被指为唯心论化了。我们的代人讲统制思想的党义理论家，睹此亦可以自知警惕矣。

或曰，君主张教育须有整个目标，同时力言思想之不宜统制，然亦知自由思想唯有在自由之土中方能生长乎？今有一童于此，他前半生所受的教育不是"诗云""子曰"，便是"耶稣说"，或任何其他种的训谕与信条，先入为主，试问他还能摆脱开他的奴性教育，而在思想上有贡献吗？这个问题是很有力的。约翰密耳【尔】说："有天才的人固然总是个少数，也许永是少数；但是如想得到他们，便须保留一块土使他们能在上面滋生。天才只能在自由的空气中自由呼吸"。（*On Liberty*, Henry Holt 1885 Ed., p. 116）陈之迈先生也引到爱因斯坦的话道："科学只能在言论自由的空气里发育滋长。"

我有理由可以回答这个疑难。

第一，我们并不否认自由空气的重要。我们反对统制思想，也正是要保持一种自由空气，容有思想的人可以表现出来，可以与他人互相切磋琢磨，因而可以有进步，有新发现。至于初步的教育则不怕雷同。因为初步的训练总是要有的。不受这种训练，也要受那种训练。有计划的训练，终比听其自然所得来训练为优。若必谓这里所说的自由空气包括基础教育在内，只有从完全不同的教育背景中，方能真产出不同的思想来，则我们可以回答说，背景如太不同，则比较高级的自由讨论亦不可能。如有一印度人于此，言必称空色，一中国人于此，言必称阴阳五行，一科学家于此言必称电子，原子，相对性，三人聚于一室，开座谈会，则吾人敢断言三人必均缄口无话可说。

第二，我们主张基础教育划一，与思想定于一尊的政策，决不能相提并论。我们主张统制的是下层，而非上层，汉武及开科取士的办法，实是统制上层面对下层教育听其自然。但因上层既有一定标准，欲求显达的，便不能不在最初即谋求适合这种尺度，结果是整个教育受了统制。因此思想便只有停滞。我们现在所采取的方式既不同，所以对汉以后或黑暗世纪的批评，是不能用在我们身上的。

第三，有纪律的训练，与盲目的，不附理由的服从权威，也不是完全相同的。新式的教育方法在这方面的补助是很多的。譬如一个小女婢之因怕而听从主妇，与一大学教授因战事入伍后之服从长官命令，可以见到完全不同。或在二十年前，少年遵父母之命，听媒妁之言，与从未相识的人结婚，比起后来之青年明知旧式婚姻之不当，但不愿为抗婚而使父母在精神上受重大打击，因而抱一种牺牲的态度来结婚的，也有很大的区别。胡适之先生的新诗，有一名句道："情愿不自由，也算是自由了。"可以理喻的训练，并不见得一定可以破坏自由的空气。

第四，即以上所举理由都不足成立时，我们还可以说最低限度的统制，是维持社会秩序的条件。如果人人之思想皆互相冰炭不容，则社会自呈不安现象，在无政府状态下，自由思想一样要受到打击。

读者大概可以见到，我们对自由思想始终是爱惜的。我们并努力想指出所谓公民教育和个人教育是不必有冲突的。我们解释这两者的关系，用不着随从黑格尔说，做公民即是实现个人格，所以公民教育与个人教育根本无冲突可言。但照杜威和罗素的看法，以为民族教育与社会教育根本是不并立的，也未免嫌将这两种教育的界限划得太严。有许多人受了公民教育还一样可以受个人教育的。譬如有许多人在小时受的是狭隘的邦国主义的教育，但到后来却变成一个国际主义者。这样感觉敏锐，有先知之明的人，应当容他们自由发表意见。但无论如何，基础的训练总是必要的。只有超过这个阶段之后，方能有新的贡献可言。所以我认为计划教育与自由思想固然不是一件事，但也不是完全参商的。我把两者看做一个人格发生的前后两个阶段。

或再问曰，然则应统制之教育与不应干涉的自由思想间之界限究应在那里划出呢？我便回答说：两者之间没有清清楚楚的界限可划。但又不容将两者混为一谈。为实际的方便起见，我可以把中小学划入应受统制的范围，而将大学以上的教育列入自由思想的范围。）或依心理学上的办法，将自然年和知识年（mental age）分开来论，不论自然年之长幼，凡知识年达到某种标准时，经证明后便可发给自由思想许可证，在法律范围内，得不受非理干涉。）这样的划分我承认都是牵强的，不同意这个界限的，可以列举理由来反驳它。但我愿意读者能明白我的用意，我的用意是一方面要保全社会的固定性，一方面是要开导推动社会的新力量的。罗素为达到同一的目的，他说："教育有两种目的：一是养成头脑，一是训练公民，——科学社会的教育，我想最好随从 Jesuits 的教育的先例。Jesuits 为将来做善民的幼童，预备一种教育，为将来做"耶稣会会员"的幼童另设一种教育。同样，科学的统制者为常人设备一种教育，为将来的治者另设一种教育。"（*The Scientific Outlook*，第十五章）他在底下继续讲，怎样用科学方法"制造"出这两种人来。他有许多的幻想，是令人可喜的。他这里所提出的方案，可以说是修正柏拉图的。柏氏在他的《共和国》中要训练三种人，一是治者，一是武士，一是常人，包括农工商人等。罗素反对战争，所以他的理想社会中没有武士。也许柏氏和罗氏所提的方法比我的好。但是目的却同在：一方面要使社会静，一方面却要使社会动。

（五）

要之，我个人对于政治理论有兴趣，同时也颇注意到教育问题。这篇文章便是将政治同教育和在一起来谈的。从这两方面看，我们见到个人自由与社会统制都是一个现代国家不可少的。所以我才在上面找出一个方式，拿来解释两者相互为用的关系。因此，我也可以说，我所主张的并不是什么自由与权威的折衷论。我以为依我提出的方式，如做的得当，可以使有个性的人能得到更多的发展。近来胡适之先生同张熙若先生提出个人自由是社会进步的条件，国民人格的培养是一切优越政治的基础。他们在文中，最注意的是在提醒我们个人解放的重要，因而很少论到怎样的统制是有必要的，是可以接受的问题。我不知道我这讲统制或训练，能不能补充他们的自由论。

二十四年七月十日

训政应该结束了

《独立评论》，第 171 号，1935 年 10 月 6 日

罗隆基

我个人认定目前中国政治上最紧要的一件事是结束训政。对党治、训政等问题，几年来我曾经写过好几篇文章，但以往的讨论，多偏重政治理论。如今根据民国二十四年国内的政治环境，我再提出下面三点来，做个人主张结束训政的理由：（一）维持政府的信用；（二）统一全国的人心；（三）提高行政的效率。

第一，维持政府的信用。目前中国的政治是在训政时期。训政是有定期的。民国十八年六月三届二次全体会议决议训政时期为六年，同一会议中并确定训政应至民国二十四年完成。今年是民国二十四年，是训政期满的日期，为维持政府的信用计，训政应该结束了！我们说这种话，我们不是攻击党治，我们更不是向政府要求一种什么新的权利，我们只恳切的请求政府履行他以往的决议。中国历史上有"徙木立信"的故事，用在意叫小百姓知道政府的话是不会随便更改的。这样，政府的威信才可以树立起来。这样，政府的一切法令，才可以在民间发生效力。倘使我们爱护目前的政府，我们当然不希望政府在这种重大的事件上，自食前言，失信于民。如今在上的领袖正努力提倡新生活运动。新生活运动的八德——礼义廉耻孝悌忠信——就有一个"信"字。政府又提倡尊孔。《论语》上说过"政者正也，子率以正，孰敢不正"。诚然如此，政府守信，人民自然以信自守了！进一步，从"九一八"以来，关于开放政权，结束训政一点，人民的确有好几次失望的经验。长此下去，政府的信用，政府的尊严，的确成了问题。倘人民对政府的信用与尊严，起了疑虑，这在政府是无可计量的损失。"九一八"事变刚发生的时候，党中领袖大谈全国团结，当时党中就有人建议开放政权，扩大中政会议，其后有国难会议。国难会议最初本是开放政权的一个步骤，后来国难会议成了洛阳的一幕滑稽戏剧，开放政权之

议又无形打消了。其后有提前召集五次全代大会的几次决议，其后有提前召集国民大会的几次决议，这都是结束训政，开放政权的表示，后来也都无形中打消了。政府一再食言，人民就一再失望。政权应不应开放，能不能开放，党治应不应结束，能不能结束，这是另一问题。政府说了话应该算话，政府的话，不应随便更易，这是政府信用与尊严所关，政治领袖不应忽视。过去的事，让他过去。六年结束训政的期票，如今到期了，到期就应兑现。民国二十四年结束训政，这是十八年、二十一年，一再的决议。这却不能让他再蹈以往一切决议的覆辙。

*　　　　*　　　　*

第二，统一全国的人心。今日中国最大的病症是人心不统一。设法统一人心，是目前中国一切问题的先决问题。人心不统一，民族在精神上不成为一个整个的团体，国家就没有了基础，还谈得到什么改革内政，应付外交？

统一人心的重要，用不着我们解说。"九一八"以后，大家喊"精诚团结"，这口号就足证明大家承认人心统一的重要。今日中国的问题，不是应否统一人心，却是怎样统一人心。关于这一点，《独立评论》一六三期上胡适之先生有许多很透彻的议论。他说：

> 所以今日当前的问题，不是三五人合作不合作，也不是三五个小组的团结不团结。今日问题是收拾全国的人心。当"九·一八"事件之后，政府的领袖首先谋党内的团结，开了许久的团结会议，结果还是至今没有团结成功。然而这四年的国难却渐渐使得国家统一大进步了。今日政府力量之强，远过四年前的状况，这是有目共睹的事实。四年中政治统一的进步，并不是由于三五个人的团结，今日政府的弱点，也并不是由了三五个人的不合作。

他又说：

> 所以我主张，政制改革的下手方法是要把眼光放大些，着眼要在全国人心的团结，而不在党内三五人的团结。能团结全国人心了，那三五人也不会永远高蹈东海之滨的；若不能团结全国的人心，即使一两个天下之大老扶杖来归，也何补于政治的改革，何益于建国的大计？

在统一人心的方法上，适之先生说：

今日收拾人心的方法，除了一致御侮之外，莫如废除党治，公开
政权，实行宪政。

适之先生的几段议论，我都同意。我这里却要补充说明废除党治，公开政权，何以是收拾人心的方法。

首先我要指出，今日中国党治运用的方式是极不聪明的一种方式。今日中国的党治，把党与人民划分为两个阶级，党是一个阶级，人民仍成一阶级。不止如此，今日中国的党治，使政府与人民亦脱离了关系。政府是党的政府，不是人民的。政府与人民脱离了关系，人民对政府根本不相关切。

大家不要误会，以为天下之党治皆如是也。中国今日的党治，与俄、德、意的党治最重要的不同之点是：中国的党治，党产生政府，党运用政府，党即政府，政府即党。俄、德、意的党治，党运用政府，党却不产生政府，党自为党，政府自为政府。这种分别，有人要说是形式的，是法律的，是表面的，实质上"党即政府，政府即党"，中国与俄、德、意相同。这话是我们相当承认。然即此形式的，法律的，表面的分别，在人民的心理上有绝对不同的反感。这点与人心统一，却有很大的关系。

我们且先来比较中国的党治，与俄、德、意的党治的不同。俄国的政府是俄国的国民产生的。凡俄国的人民，除法律上规定少数例外者外，都有全国苏维埃大会的选举权，换句话说，国民都有参加政治的权利。德国的政府，是德国人民产生的。希特勒的领袖地位，是人民给与的。德国的人民，依据法律，都享受政治权利。固然，德国的犹太人实际上已失落了一切政治上的权利，然而享受政治权利的人，在德国绝对不限于国社党员。意国墨索里尼做内阁总理，依修正的法律是向皇帝负责。同时意大利的国会依然是人民选举出来的，凡意大利的国民都有参加政治的权利。这种权利，绝对不限于法西斯蒂的党员。当然，我承认，在俄、德、意几国，非党员的国民实际上究有几许政权，是大问题。那是党治的运用问题。法律上，俄、德、意三国，党不产生政府，也没有剥夺非党员的公民资格。

中国如何？中国干干脆脆，党产生政府，政府是党的。所谓几中全会是党的中全会；所谓几全大会是党的全大会。党的全体代表大会产生中央执监代表，

中央执监代表产生政府。在中国，法律上，实际上，党外人民都不能问政。法律上，实际上，党外的人民都失落了公民的资格。

上面提到，中国的党治与俄、德、意的党治，他们的分别是形式上的，是法律上的，是表面上的，而不是实质的。然而我亦说过，这种分别，在人民的心理上有不同的反感。俄、德、意的人民，因为有政治权利，因为有公民资格，他们对政府就有了感情，人心就统一。中国的人民，因为没有政治权利，因为没有公民资格，他们对政府就生了隔膜。因此人心就旁观，就消极，就涣散，就不能统一。

有人或者要说这是书生谈政治，专在法律上，形式上，表面上推求。其实不然。真正的实际政治是要拿大多数人民的心理做运用政治的指南。与大多数人民心理相违背的政治，绝对不能成功。我确信上面分析的人民心理，是今日中国大多数人民的真实心理。改换这种心理的方法，是结束训政，废除党治。

上面所分析的不过是人民心理上的反感的一种。还有另一种心理，亦是今日谈政治的人不可忽略的。那就是中国人民对党治的疲倦心理，厌恶心理。绝大多数的国民，在今日听到"党"字就摇头。这个"党"字，不一定是当权在位的国民党，人民对于任何党大都如是。对今日中国人心有深切认识的人，大概都不能否认这个事实。这种对"党"字的疲倦厌恶心理的原因，当然不单纯。其一，中国人根本缺乏党生活与党活动的习惯。古训是君子群而不党，因此提到"党"字，就摇头。其二，这种反感或者是基于几年来党治的经验。几年来党治的成绩与过错相抵，功多抑罪多，是极可辩论的问题。即令说外交上的一切失败，是历史上的积因，不是党治的过失，但不幸党治的试验期，恰好遇着这个倒霉的阶段。人民对党治的疲倦与厌恶，即令是极大的冤枉，这冤枉恐怕暂时也无法申雪。目前要改换心理，振作民气，统一人心，恐怕只有改弦更张的一途。这就是说：结束训政，废除党治。

*　　　　*　　　　*

第三，提高行政的效率。今日中国行政缺乏效率，这是无可否认的事实。于是有些谈政治的人，就以为今日中国只要谈行政，只要研究改革行政的方法，不必谈那些民主、独裁、党治下党治的空洞问题。我认定这是错误。我认定结束训政，废除党治，可以提高行政效率，这点或者有人看不出来。

行政学开宗明义所注重的是政府机关的组织。我们且先分析中央政府的组织。中央政府有五院，这是根据五权分立的党义来的。中央政府在五院之上，有代人民执行政权的委员会，例如中全会、中政会等，这是仿效苏俄党治的方式而来的。显而易见，中央政府这副机器是两个政制并合起来的，一个是民治主义的分权制，一个是独裁主义的立法行政合权制。这两个制度，既然依据不同的主义，自然有不同的政治理论。实际上，民治主义与独裁主义是互相冲突的。分权制与立法行政合一制亦是冲突的。结果，我们可以说，中央政府这副机器是依据两个不同的并且互相冲突的主义及政治理论而成立的。这样自相矛盾的一副机器，缺乏行政效率，乃必然的结果。

我们再进一步来分析中央政治机器的矛盾冲突。大家当然明白孙中山先生的五权分立说是脱胎于西方的三权分立说。所谓三权分立，就是立法、司法、行政三种大权，不要掌握在一个人手里，三权应由三部分人来行使，如此，就可免除专制。

从一七八九年美国公布宪法，直到一九一七年俄国共产党起首革命，这一百多年是三权分立说做政治中心思想的时期，亦可以说是议会政治最兴盛的时期。议会政治的优点是防止个人专制；他的劣点却是立法牵制行政，是行政缺乏效率。共产主义者看到了这一点。共产主义者要提高行政效率，以达到经济改革的目的，所以要推翻议会政治，打倒三权分立说。右派的法西斯蒂也是这样，他们也要推翻议会政治，他们亦要根本打倒三权分立说。左派的共产主义与右派的法西斯主义，都是三权分立说的革命者。他们的政治方式是立法行政合一。

中国的政治制度怎样？依据分权学说，成立了五院；依据党治说，组织了许多委员会。依据两个不能同时并立的政治学说，产生了一副政治机器。这副机器比世界任何国家的政制都复杂。在实行民主政治的国家，有立法、司法、行政上分权的机关，却没有党治的那些委员会。在苏俄党治的国家，有了许多委员会，却又少了分权的独立机关，中国兼而有之。这不止是财政上的不经济。只此重叠复杂的组织，就足以制行政效率的死命。中国这几年来，政治上许多事件不能有成绩，这是主要原因之一。今日中国政治上一切改革，应先从提高行政效率着手。提高行政效率，应彻底改造中央的政治机器。改造政治机器，却须结束训政，废除党治。因为取消五院，取消一切委员会，都应以结束训政，废除党治为先决条件。

中央政府行政上缺乏效率，还有一个原因，那就是政治学上所谓"分赃制度"。党治存在一天，党中总不免把国家的政治机关——甚至于非政治机关——看做一党的私产，可以用来报酬"革命有功"的人，或者报酬攀龙附凤的人。这或者就是政权不能公开，党治不能放弃的许多原因之一。平心静气来说，国家经过一度革命，"革命有功"应有相当的酬报，亦是情理之常，古今中外都如此，这或者就是实际政治。但酬功是一件事，怎样酬功又是一件事。用政府行政机关的职位，做酬功的礼物，这在国家的行政效率上牺牲太大。并且我们大家当然承认，革命自有高尚的目的，其目绝对不是革命者的高官厚禄。其次，政权是心血头颅换来的，不过流血断头的革命者，已经做了牺牲者，已不能居高位，食厚禄；今日居位食禄者，绝不是流尽心血，断了头颅的人。况且革命取得的政权，非有再度革命不能放弃，如此，则国家历史是循环的革命，是永远不断的革命，国家即不成其国家了。

这段话或者离题太远，我的用意却很明显。今日中国的行政急待整理，行政效率急待提高。训政不结束，党治不废止，国家政治机关终究是党中酬功报德的礼物。在宪政之下，政府是全国人的政府，组织可以因事为政，人员可以因位求才。骈枝机关，可以裁撤，多余官吏，可以遣散。而公家事务的管理自然合理化了！

上面说过，对于训政应该结束，党治应该公开的理由，不止这几点。其他许多理由，或者别的人已经说过，或者我自己从前在别的文章里说过，这里似不必重复叙述。至于训政结束，党治开放以后，中国的政制应走什么道路，毕竟还是第二步的问题。第一步，党中贤明在六中全会前，在五全代表大会前，应彻底认识的是：训政应该结束了！

宪法与国民大会

《大公报》，1936 年 4 月 25 日，第 2 版

《大公报》社评

宪法草案自经立法院宣布初稿，由五届一中全会议决，定于本年五月五日公布，复将该案交中常会慎重审议，制定五项原则，发院依据修正，最近关于过渡办法，并经提议补充，亦已交院修改，大致五月五日正式宣示，可望不致衍期。其与宪法有连带关系之国民大会组织法，业经立法院起草竣事，正待大会通过，选举法亦在起草中。依照一中全会决议案，该大会应于本年十一月十二日召集，若能如期开成，则宪法草案即可成为正式宪典。更依中央最近决定，即由第一届国民大会选举总统，是结束训政，实施民治，政治上行将辟一新纪元。

以中国内乱之久，人心望治之切，对于此等根本大法之创立，宪法政治之发轫，宜可以掀动全国国民之期望心。乃事实上各方对此，异常冷淡，不特平日讴歌党治者，对兹宪法问题，一似不感兴趣；即夙昔反对训政者，其于划时代之到来，亦若了无期待。人心若此，宁不可异？吾人以为此中原因，殆有数端：（一）现在世界趋势，国家法律及政治机构，泰半与实际需要脱离联系，因是法律失其信赖，政治逸出恒轨，各国皆然，不独中国，漠视宪典，盖非无因。（二）中国国民，向不信用法治，民元以还，国宪省宪，迭起纠纷，弄法玩法，徒滋扰攘。即在今日，训政约法，赫然存在，而民无保障，政无常轨，举世熟睹，了不为怪，将来纵有宪法，已若失灵之鬼，不值重视。（三）目下国家急务，在于如何结束剿匪，恢复治安，如何救济民生，消灭隐患，如何应付外交，保全主权，如何团结领袖，共事建设，除此之外，几皆无关乎民众之痛痒，宪法问题，即其一也。以上三端，至少为国人漠视宪法之症结，将欲强事推崇，实际不能得普遍的同情。无已，愿对党国有关系之各方面，一质其意见：

第一，关于结束训政之当否，仁者见仁，智者见智，在中山先生遗训中亦

可发现许多不同之解释，吾人以为为一新国民耳目，增进民众政治兴趣，提高人民国家观念计，利在实施宪政。今后如果本诸还政国民之形式，以为改造政局之方策，比较以非常手段推翻现状，岂不胜过万万？其间只在维护法律，有无真诚，借曰有之，则恶法胜于无法，敢为断言。是以民众不妨对宪政冷淡，而党中有力者则不应漠视，盖目下时局不安，需要改造，而宪政实其最廉价最稳健之改造方法也。

第二，国家纷扰多年，人心厌乱已极。只以少数领袖公私恩怨，固结莫解。而实际上各有短长，并皆国家需要，与其相抵相消，冤亲俱尽，害及国家，何若在法律之前，恩仇两释，各本所长，分工合作，将来宪法实施之日，元首必须选举，五院并即易人，诸贤握手，此正其时，又宁非和平改造之一大好时机乎？

根据以上两点，吾人以为目下宜即发起一种国民运动，即全国一致主张以实施宪政，为打破现状改造政局之较善方法，至少应促成国民党领袖辈之反省，借宪政为解消恩怨之机会。同时并将此辈有力领袖，一概纳诸宪法活动之中，使各各自由表示其对宪法之见解，且能于宪法之下效力国家。为便利此种工作计，更须用国民之力，排除许多误会与障碍，如国民大会之组织，必须要求中央，公明正大，勿挟党治之成见，予人以所谓"半开门"之感想。其于选举并须规定至当，各方疏通，了无遗憾，全国举行，共示信赖，在未达到此程度以前，宁可从缓选举，不宜冒昧行事，尤以东北四省之假拟选举，蒙、藏、华侨之形同指派，最易发生争执，动使中央蒙操纵制造之谤，亟应力避嫌疑，免滋纠葛。

要之，宪政乃改造中国之最后一剂药，而国民大会则为投此方剂之惟一机关，准备一日未完，机会一日未成熟，宁可缓办。此际更须切实要求粤、桂方面对宪法表示意见，尤以胡展堂先生乃法律专家，前年任立法院院长，手订诸法，思想湛深，成绩卓著，对此国家根本大法，在道义责任上不应缄默；亦不应容许其缄默，吾人以为此事能出于全国一致之形式，则政治上一切矛盾冲突皆可解消，所关匪细，望当局者忍耐处之也。

我们究竟要什么样的宪法？

《独立评论》，第 236 号，1937 年 5 月 30 日

张佛泉

近几年来，宪法草案不知换了多少次，召开国民大会的日期也屡次更改。现在大会的日期已经决定，大会的职权也已经确定为制宪。但对宪法的内容我们却还得说是没有定论。我们究竟要什么样的宪法？或说我们究竟起始实行什么样的宪政？这仍是个当前的大疑问，至少在我看起来仍是个大疑问。我在这里对这问题想给一个简括的回答。

我觉得自清末以来，中国所以不能行宪政的缘故，或屡次制宪而不能应用的缘故，国人对于宪政的误解要负大部责任。我们许多有影响或有实际力量的政论家或政治家，在我看起来，对宪政都有一个错误的见解。这错误的见解影响到我国政治史，响到我们直接生活。

这误解是什么呢？便是，他们将宪政看得太死板。他们所理想的宪政是硬化了的空洞理想。他们将这理想悬得高不可及，悬在我们生活之外。我们要想行宪政，我们须用几十年的功夫去准备，伸长了手去摸它。它正如一尊金佛，塑得很美，很庄严，很冷静，很难接近，只有到我们摸着它的时候，我们方算达到宪政的阶段。

梁任公先生在清末以为中国不能立刻行宪政。梁先生的理想是个全民政治，要所有的人都"躬亲政治"。这样高的政治理想如何一蹴而跻呢？所以必先设法"牖进国民程度"。一方面先要实行开明专制，一方面要行"新民"教育。这是梁先生的训政论。

孙中山先生在这一方面的主张算最清楚。他主张直接民治，不但要人民懂得用选举权，并且要人民能运用创制权，复决权和罢免权。他要从最彻底处做起，他要乡下人都懂得用四权，要从完成地方自治县自治做起。这种高度的宪政，就是自治历史最久，政治经验最丰的国家，恐怕亦谈不到。孙中山先生所悬的宪政理想却是如此！这样的宪政如何能立刻达到呢？于是有训政之说。我

们暂不行宪政，先训练人民。等着达到某一程度时，再宣布宪政开始。

现在有许多讲乡村建设和县政建设的人，也自己承认是由政治问题逼出来的，而他们的乡建运动并且也是为解决整个政治问题而来的。我们可举梁漱溟先生做这派的代表。梁先生虽与梁任公、孙中山两先生很不同，但他的宪政概念一样是高悬在外，是死板的。他虽然不主张西洋式的民治（他对孙中山先生的自治论有很严刻的批评），但是他却同样希望乡村社会中之"各分子皆有参加现社会，并从而改进现社会之生活能力"。他所想象中的改革并且不限于政治一方面，举凡经济、社会、教育等问题，他们都一齐下手改造的。这是最奢的改造计划。目前当然没有成功的希望。所以梁先生明白地说："中国此刻尚不到有宪法成功的时候"。他也承认他们不想对"一时的时局上用力，不在眼前争短长"。他为达到这个高远的理想，只得回过头来从最低处最小处，一步一步慢慢做起。他们这样做，与训政论正如出一辙。他所想象的宪法"文章"也是太"美"了（梁先生曾有这样的话："一则文章不厌其美，一则事实不堪其陋"），此美境一时不可几，唯有回头从最低处垒台阶，希望总有攀到月中桂的一日。

这些贤者所遇到的困难是一样的。他们不约而同地各自备下一个宪政牛角尖，悬在高处，想钻到里面去探寻世外桃源。这自然不可能。于是回过头来慢慢准备阶梯。

※   ※   ※

现在让我说，这样的宪政观念根本便错了。民治绝不应是个悬在人民生活以外的一个空鹄的。它应是个活的生活过程，绝不是个死的概念。法雷特女士曾有一句话道："我们必须将民治当做一种过程，而不能将它看做一个目标"。话说得不能再比这中肯有力了。几年来我曾屡次为文，指出我们应该努力养成一种民治的精神、气质。我们不能先预悬一个空的完美的理想宪法，说，这既达不到，我们只好先过几大黑暗的政治生活。这是我们所不能忍受的。我们在今日要设法，在可能范围内，得实行一分（这"一分"两字很坏，提到"一分"，似乎仍涵蓄着一个理想的"十分"，但为方便才这样用它做形容词）民治，便实行一分民治，得实行两分民治，便行两分民治。在可能范围内，我们要过民治的生活，而不把它悬作生活以外的一个空洞理想。这里所谓"在可能范围之内"，便指民治力量而言。社会里面有了一分民治力量，即要过一分民治的生活，有两分民治力量，便过两分民治生活。

我这个论题，含着很丰富的意义。它可以推翻几十年来几派影响人最深的宪政理想。

任何训政之说，都受不了我们这论证的批评。依我们的说法，宪政随时随处都可以起始。有了一点宪政力量，便容它发挥出来；再有多的，再容它发挥出来。这在起始也许范围很狭，规模很小，但只能做到有力便容它发挥的一步，便算养成了民治气质。

依着我们这里的论证，至少有两义可以具体指出。第一，我把"政治能力"当做参加政治的资格。我以为有这能力的人即须容他参加政治。但没有这能力的也不能相强。这能力的计量器是什么呢？我以为最好便是教育程度。这不是最理想的办法，但大体上是可能范围内最好的办法。我深信中国几十年来的新教育，已经为我们贮存了很大的一份新政治力量，如能尽量容这力量发挥出来，便很可以打破现有政治的局势，很可以奠定下"制度"的基础。

这一点的反面意义，便是不要普选。此点许多人都不肯接受。因为我知道自然权利说已深入人人的潜意识。这很不幸。自然权利说与神权说，同样值得抛到九霄云外。我们将参加政治看成一种义务，一种责任，一种负担。玛志尼早就有此主张。约翰密耳也早有此主张。密耳说：如果选举只是权利的话，我们有什么理由骂人家将票出卖呢？在我们今日，只有在证明某人有相当政治能力时，方能将政治重担放在他肩上。这是实事求是。近年来的零碎的政治历史逼得我们取此态度。人民没有政治能力时，必依空洞原则赋予他们这种权利，其结果不是官方把持，便是土豪劣绅包办一切。

第二，就大体上论，我以为自治应由城市起始，渐而推之于地方。而不能由地方自治做起。受过比较完全的新式教育的人多半在都市，都市吸收西方文化最早，这里自然应是新政治的发起点。并且证之以西洋宪政发展的历史，这程序也是不错。

要之，这里所提示的，是个一切简单化的宪政开端。宪政要从少数有政治能力的人做起。参政的方法也务求其单纯，选举如不可能，只许说"是"与"否"的公决，也无妨试用。我们所需要的，在养成一种民治气质，开始一种有民意基础的新政治制度。

※　　　　　※　　　　　※

上面所论，虽然不是个宪法大纲，但指出一个新宪政原则。

我以为在今日如想制定一个能行能守的宪法，并不是不可能，但先决条件在能否顾及客观事实，放弃三四十年来把宪政看的太高的错误见解。如果这一点做不到，那么，所谓宪政的实施，也许只添一个装饰品的宪法，反可以使人对宪政更失望。

现代化、民主与独裁

我们走哪条路（节录）

原载《新月》1930年4月第2卷10号

胡　适

……

我们今日要想研究怎样解决中国的许多问题，不可不先审查我们对于这些问题根本上抱着什么态度。这个根本态度的决定，便是我们走的方向的决定。

……

在我们探路之前，应该先决定我们要到什么地方去——我们的目的地。这个问题是我们的先决问题，因为如果我们不想到那儿去，又何必探路呢？

现时对于这个目的地，至少有这三种说法：

一、中国国民党的总理孙中山说，国民革命的"目的在于求中国之自由平等"。

二、中国青年党（国家主义者）说，国家主义的运动"就是要国家能够独立，人民能够自由，而在国际上能够站得住的种种运动"。

三、中国共产党现在分化之后，理论颇不一致；但我们除去他们内部的所谓斯大林—托洛斯基之争，可以说他们还有一个共同目的地，就是"巩固苏联无产阶级专政，拥护中国无产阶级革命"。

我们现在的任务不在讨论这三个目的地，因为这种讨论徒然引起无益的意气，而且不是一千零一夜打得了的笔墨官司。

我们的任务只在于充分用我们的知识，客观地观察中国今日的实际需要，决定我们的目标。我们第一要问，我们要铲除的是什么？这是消极的目标。第二要问，我们要建立的是什么？这是积极的目标。

我们要铲除打倒的是什么？我们的答案是：

我们要打倒五个大仇敌：

第一大敌是贫穷。

第二大敌是疾病。

第三大敌是愚昧。

第四大敌是贪污。

第五大敌是扰乱。

这五大仇敌之中，资本主义不在内，因为我们还没有资格谈资本主义。资产阶级也不在内，因为我们至多有几个小富人，哪有资产阶级？封建势力也不在内，因为封建制度早已在二千年前崩坏了。帝国主义也不在内，因为帝国主义不能侵害那五鬼不入之国。帝国主义为什么不能侵害美国和日本？为什么偏爱光顾我们的国家？岂不是因为我们受了这五大恶魔的毁坏，遂没有抵抗的能力了吗？故即为抵抗帝国主义起见，也应该先铲除这五大敌人。

……

以上略述我们认为应该打倒的五大仇敌。毁灭这五鬼，便是同时建立我们的新国家。我们要建立的是什么？

我们要建立一个治安的、普遍繁荣的、文明的、现代的统一国家。

"治安的"包括良好的法律政治、长期的和平、最低限度的卫生行政。"普遍繁荣的"包括安定的生活、发达的工商业、便利安全的交通、公道的经济制度、公共的救济事业。"文明的"包括普遍的义务教育、健全的中等教育、高深的大学教育，以及文化各方面的提高与普及。"现代的"总括一切适应现代环境需要的政治制度、司法制度、经济制度、教育制度、卫生行政、学术研究、文化设备等等。

这是我们的目的地。我们深信：决没有一个"治安的、普遍繁荣的、文明的、现代的统一国家"而不能在国际上享受独立、自由、平等的地位的。我们不看见那大战后破产而完全解除军备的德国在战败后八年被世界列国恭迎入国际联盟，并且特别为它设一个长期埋事名额吗？

目的地既定，我们才可以问：我们应该用什么法子，走哪一条路，才可以走到那目的地呢？

我们一开始便得解决一个歧路的问题：还是取革命的路呢？还是走演进（evolution）的路呢？还是另有第三条路呢？——这是我们的根本态度和方法的问题。

革命和演进本是相对的，比较的，而不是绝对相反的。顺着自然变化的程序，如瓜熟蒂自落，如九月胎足而产婴儿，这是演进。在演进的某一阶段上，加上人功的促进，产生急骤的变化；因为变化来得急骤，表面上好像打断了历史上的连续性，故叫做革命。其实革命也都有历史演进的背景，都有历史的基础。如欧洲的"宗教革命"，其实已有了无数次的宗教革新运动做历史的前锋，如中古晚期的唯名论（Nominalism）的思想，如十三世纪以后的文艺复兴的潮流，如弗浪西斯派的和平的改革，如威克立夫（Wyclif）和赫司（Huss）等人的比较急进的改革，如各国的君主权力的扩大，这都是十六世纪的宗教革命的历史背景。火药都埋好了，路德等人点着火线，于是革命爆发了。故路德等人的宗教革新运动可以叫做革命，也未尝不可以说是历史演进的一个阶段。

又如所谓"工业革命"，更显出历史逐渐演进的痕迹，而不是急骤的革命。基本的机械知识，在十六世纪已渐渐发明了；十六世纪已有专讲机器的书了，十七世纪已是物理的科学很发达的时代了，故十八世纪后半的机器生产方法，其实只是几百年逐渐积聚的知识与经验的结果。不过瓦特（Watt）的蒸汽机出世以后，机器的动力根本不同了，表面上便呈现一个骤变的现象，故我们叫这个时代做工业革命时代。其实生产方法的革新，前面可以数到十五六世纪，后面一直到我们今日还在不断地演进。

政治史上所谓"革命"，也都是不断地历史演进的结果。美国的独立，法国的大革命，俄国的一九一七年的两次革命，都有很长的历史背景。莫斯科的"革命博物馆"把俄国大革命的历史一直追溯到三四百年前的农民暴动，便是这个道理，中国近年的革命至少也可以从明末叙起。

所以革命和演进只有一个程度上的差异，并不是绝对不相同的两件事。变化急进了，便叫做革命；变化渐进，而历史上的持续性不呈露中断的现状，便叫做演进。但在方法上，革命往往多含一点自觉的努力，而历史演进往往多是不知不觉的自然变化。因为这方法上的不同，在结果上也有两种不同：第一，无意的自然演变是很迟慢的，是很不经济的，而自觉的人功促进往往可以缩短改革的时间。第二，自然演进的结果往往留下许多久已失其功用的旧制度和旧势力，而自觉的革命往往能多铲除一些陈腐的东西。在这两点上，自觉的革命都优于不自觉的演进。

但革命的根本方法在于用人功促进一种变化，而所谓"人功"有和平与暴力的不同，宣传鼓吹，组织与运动，使少数人的主张逐渐成为多数人的主张，或由立法，或由选举竞争，使新的主张能替代旧的制度，这是和平的人功促进。而在未上政治轨道的国家，旧的势力滥用压力摧残新的势力，反对的意见没有法律的保障，故革新运动往往不能用和平的方法公开活动，往往不能不走到武力解决的路上去。武力斗争的风气既开，而人民的能力不够收拾已纷乱的局势，于是一乱再乱，能发而不能收，能破坏而不能建设，能扰乱而不能安宁，如中美洲的墨西哥，如今日的中国，皆是最明显的例子。

武力暴动不过是革命方法的一种，而在纷乱的中国却成了革命的唯一方法，于是你打我叫做革命，我打你也叫做革命。打败的人只图准备武力再来革命，打胜的人也只能时时准备武力防止别人用武力来革命。这一边刚打平，又得招兵购械，筹款设计，准备那一边来革命了。他们主持胜利的局面，最怕别人来革命，故自称为"革命的"，而反对的人都叫做"反革命"。然而孔夫子正名的方法终不能叫人不革命；而终日凭借武力提防革命也终不能消除革命。于是人人自居于革命，而革命永远是"尚未成功"，而一切兴利除弊的改革都搁起不做不办。于是"革命"便完全失掉用人功促进改革的原意了。

我们认为今日所谓"革命"，真所谓"天下多少罪恶假汝之名以行"。用武力来替代武力，用这一班军人来推倒那一班军人，用这一种盲目势力来替代那一种盲目势力，这算不得真革命。至少这种革命是没有多大意义的，没有多大价值的。结果只是兵化为匪，匪化为兵，兵又化为匪，造成一个兵匪世界而已。于国家有何利益？于人民有何利益？

就是那些号称有主张的革命者，喊来喊去，也只是抓住几个抽象名词在那里变戏法。有一班人天天对我们说："中国革命的对象是封建阶级。"又有一班人天天说："中国革命的对象是封建势力。"我们孤陋寡闻的人，就不知道今日中国有些什么封建阶级和封建势力。我们研究这些高喊打倒封建势力的先生们的著作言论，也寻不着一个明了清楚的指示。一位教育革命的鼓吹家在民国十八年二月二十日出版的《教育杂志》（二十一卷二号二页）上说：

中国在秦以前，完全为一封建时代。自黄帝历尧、舜、禹、汤，以至周武王，为封建之完成期。自周平王东迁，历春秋战国以至秦始皇，为封建之破坏期。统一之中国，即于此封建制度之成毁过程中完全产出。（原注：封建之形势早已破坏，而封建之势力至今犹存。）

但是隔了两个月，这位教育家把他所说的话完全忘记了，便又在四月二十日出版的《教育杂志》（同卷四号二页）上说：

中国在秦以前，为统一的专制一尊的封建国家成长之时代。……到秦始皇时，……统一的专制一尊的封建国家才完全确立。（原注：列爵封土的制度，到这时候，当然改变了许多。然国家仍可以称为"封建的"者，因"封建的"三字并非单指列爵封土之制而言。凡一国由中央划分行政区域，设为种种制度，位置许多地方官吏；地方官吏更一方面负责维持地方次序，另一方面吸收地方一部分经济的利益，以维持中央之存在。平民于此，无说话之余地。凡此等等，都可以代表"封建的"三字之一部分的精神。）

两个月之前，封建制度到秦始皇时破坏了；两个月之后，封建国家又在秦始皇时才完全确立！然而《教育杂志》的编者与读者都毫不感觉矛盾。这位作者本人也毫不感觉矛盾。他把中央集权制度叫做封建国家，《教育杂志》的编者与读者也毫不觉得奇怪荒谬。为什么呢？因为这些名词本来只是口头笔下的玩意儿，爱变什么戏法就变什么戏法，本来大可不必认真，所以作者可以信口开河，读者也由他信口开河。

那么，这个革命的对象——封建势力——究竟是什么东西呢？去年《大公报》上登着一位天津市党部的某先生的演说，说封建势力是军阀，是官僚，是留学生。去年某省党部提出一个铲除封建势力的计划，里面所举的封建势力包括一切把持包办以及含有占有性的东西，故祠堂、同乡会、同学会都是封建势力。然而现代的把持包办最含有占有性的政党却不在内。所以我们直到今天还不明白，究竟什么东西是封建势力。前几天我们看见中国共产党中的"反对派"王阿荣、陈独秀等八十一人的《我们的政治意见书》，其中有这么一段：

我们以为：说中国现在还是封建社会和封建势力的统治，把资产阶级的反动性及一切反动行为都归到封建，这不但是说梦话，不但是对于资产阶级的幻想，简直是有意地为资产阶级当辩护士！其实在经济上，中国封建制度之崩坏，土地权归了自由地主与自由农民，政权归了国家，比欧洲任何国家都早。……土地早已是个人私有的资本而不是封建的领地，地主已资本家化，城市及乡村所遗留一些封建式的剥削，乃是资本主义袭用旧的剥削方法；至于城市乡村各种落后的现象，乃是生产停滞，农村人口过剩，资本主义落后国共有的现象，也并不是封建产物。（页十六—十七）

封建先生地下有知，应该叩头感谢陈独秀先生等八十一位裁判官宣告无罪的判决书。但独秀先生们一面判决了封建制度的无罪，一面又捉来了一个替死鬼，叫做资产阶级，硬定他为革命的对象。然而同时他们又告诉我们，中国"生产停滞，人口过剩，资本主义落后"，本国的银行资本不过在一亿五千万元以上。在一个四万万人的国家里，只有一亿五千万元的银行资本，资产阶级只好在显微镜底下去寻了，这个革命的对象也就够可怜了，不如索性开恩也宣告无罪，放他去吧。

以上所说，不过是要指出今日所谓有主义的革命，大都是向壁虚造一些革命的对象，然后高喊打倒那个自造的革命对象；好像捉妖的道士，先造出狐狸精山魈木怪等等名目，然后画符念咒用桃木宝剑去捉妖。妖怪是收进葫芦去了，然而床上的病人仍旧在那儿呻吟痛苦。

我们都是不满意于现状的人，我们都反对那懒惰的"听其自然"的心理。然而我们仔细观察中国的实际需要和中国在世界的地位，我们也不能不反对现在所谓"革命"的方法。我们很诚恳地宣言：中国今日需要的，不是那用暴力专制而制造革命的革命，也不是那用暴力推翻暴力的革命，也不是那悬空捏造革命对象因而用来鼓吹革命的革命。在这一点上，我们宁可不避"反革命"之名，而不能主张这种种革命。因为这种种革命都只能浪费精力，煽动盲动残忍的劣根性，扰乱社会国家的安宁，种下相残害相屠杀的根苗，而对于我们的真正敌人，反让它们逍遥自在，气势更凶，而对于我们所应该建立的国家，反越走越远。

我们的真正敌人是贫穷，是疾病，是愚昧，是贪污，是扰乱。这五大恶魔是我们革命的真正对象，而它们都不是用暴力的革命所能打倒的。打倒这五大敌人的真革命只有一条路，就是认清了我们的敌人，认清了我们的问题，集合全国的人才智力，充分采用世界的科学知识与方法，一步一步的作自觉的改革，在自觉的指导之下一点一滴的收不断的改革之全功。不断的改革收功之日，即是我们的目的地达到之时。

这个根本态度和方法，不是懒惰的自然演进，也不是盲目的暴力革命，也不是盲目的口号标语式的革命，只是用自觉的努力作不断的改革。

这个方法是很艰难的，但是我们不承认别有简单容易的方法。这个方法是很迂缓的，但是我们不知道有更快捷的路子。我们知道，喊口号贴标语不是更快捷的路子。我们知道，机关枪对打不是更快捷的路子。我们知道，暴动与屠杀不是更快捷的路子。然而我们又知道，用自觉的努力来指导改革，来促进变化，也许是最快捷的路子，也许人家需要几百年逐渐演进的改革，我们能在几十年中完全实现。

最要紧的一点是我们要用自觉的改革来替代盲动的所谓"革命"。怎么叫做盲动的行为呢？不认清目的，是盲动；不顾手段的结果，是盲动；不分别大小轻重的先后程序，也是盲动。我们随便举几个例：如组织工人，不为他们谋利益，却用他们做扰乱的器具，便是盲动。又如人力车夫的生计改善，似乎应该从管理车厂车行，减低每日的车租入手；车租减两角三角，车夫便每日实收两角三角的利益。然而今日办工运的人却去组织人力车夫工会，煽动他们去打毁汽车电车，如去年杭州、北平的惨剧，这便是盲动。又如一个号称革命的政府，成立了两三年，不肯建立监察制度，不肯施行考试制度，不肯实行预算审计制度，却想用政府党部的力量去禁止人民过旧历年，这也是盲动。至于悬想一个意义不曾弄明白的封建阶级做革命对象，或把一切我们自己不能脱卸的罪过却归到洋鬼子身上，这也都是盲动。

怎么叫做自觉的改革呢？认清问题，认清问题里面的疑难所在，这是自觉。立说必有事实的根据；创议必先细细想出这个提议应该发生什么结果，而我们必须对于这些结果负责任：这是自觉。替社会国家想出路，这是何等重大的责任！这不是我们个人出风头的事，也不是我们个人发牢骚的事，这是"一言可以兴邦，一言可以丧邦"的事，我们岂可不兢兢业业地去思想？怀着这重大的责任心，必须竭力排除我们的成见和私意，必须充发尊重事实和证据，必须充分虚怀采纳一切可以供参考比较暗示的材料，必须时时刻刻提醒自己说我们的任务是要为社会国家寻一条最可行而又最完美的办法：这叫做自觉。

十九，四，十

敬以请教胡适之先生

原载《村治》2号，1930年6月

梁漱溟

适之先生：

昨于《新月》二卷十号得读尊作《我们走哪条路》一文，欢喜非常。看文前之"缘起"一段，知先生和一班朋友在这两年中常常聚谈中国的问题；去年讨论"中国的现状"，今年更在讨论"我们怎样解决中国的问题？"这是何等盛事！先生和先生的朋友正是我所谓"社会上有力分子"；能于谈哲学文学之外，更直接地讨论这现实问题而有所主张，那社会上所得指点领导之益将更切实而宏大。回忆民国十一年直奉战争后，我与守常（李守常先生）同访蔡先生（蔡孑民先生），意欲就此倡起裁兵运动；其后约期在蔡家聚会，由先生提出"好政府主义"的时局宣言，十七人签名发表。八九年来，不多见先生对国家问题社会问题抱何主张，作何运动，其殆即先生所说的"我们平日都不肯彻底想想究竟我们要一个怎样的社会国家，并不肯彻底想想究竟我们走哪一条路才能达到我们目的地"吗？守常先生向来是肯想这问题的，竟自因此做了中国共产党的先进；我虽百不行，却亦颇肯想这问题——这是先生可以了解我的，类如我民国七年的"吾曹不出如苍生何"，极荷先生的同情与注意；类如我在北人七八年间独与守常相好，亦为先生所知道的。然我则没有和守常先生走一条路的决心与信力，更没有拦阻他走那条路的勇气与先见——就只为对这问题虽肯想而想不出解决的道儿来。现在旧日朋友多为这问题洒血牺牲而去（守常而外，还有守常介绍给我的高仁山、安体诚两先生），留得我们后死者担负这问题了。我愿与先生切实地、彻底地讨论这问题！

先生在《我们走哪条路》一文中，归结所得的方向主张，我大体甚为同意。例如先生所说的：

我们都是不满意于现状的人，我们都反对那懒惰的"听其自然"的心理。

然而我们仔细观察中国的实际需要和中国在世界的地位，我们也不能不反对现在所谓"革命"的方法。我们很诚恳地宣言：中国今日需要的，不是那用暴力专制而制造革命的革命，也不是那用暴力推翻暴力的革命，也不是那悬空捏造革命对象因而用来鼓吹革命的革命。在这一点上，我们宁可不避"反革命"之名，而不能主张这种种革命。因为这种种革命都只能浪费精力，煽动盲动残忍的劣根性，扰乱社会国家的安宁，种下相残害相屠杀的根苗，而对于我们的真正敌人，反让他们逍遥自在，气焰更凶，而对于我们所应该建立的国家，反越走越远。

我于此完全同意：还有下面一段话，我亦相对地同意：

我们的真正敌人是贫穷，是疾病，是愚昧，是贪污，是扰乱。这五大恶魔是我们革命的真正对象，而它们都不是用暴力的革命所能打倒的。打倒这五大敌人的真革命只有一条路，就是认清了我们的敌人，认清了我们的问题，集合全国的人才智力，充分采用世界的科学知识与方法，一步一步的作自觉的改革，在自觉的指导之下一点一滴的收不断的改革之全功。不断的改革收功之日，即是我们的目的地达到之时。

这个根本态度和方法，不是懒惰的自然演进，也不是盲目的暴力革命，也不是盲目的口号标语式的革命，只是用自觉的努力作不断的改革。

这个方法是很艰难的，但是我们不承认别有简单容易的方法。这个方法是很迂缓的，但是我们不知道有更快捷的路子。我们知道，喊口号贴标语不是更快捷的路子。我们知道，机关枪对打不是更快捷的路子。我们知道，暴动与屠杀不是更快捷的路子。然而我们又知道，用自觉的努力来指导改革，来促进变化，也许是最快捷的路子，也许人家需要几百年逐渐演进的改革，我们能在几十年中完全实现。

然而我于先生所由得此归结主张之前边的理论，则不能无疑。先生的主张恰与三数年来的"革命潮流"相反，这在同一问题下，为何等重大差异不同的解答！先生凭什么推翻许多聪明有识见人所共持的"大革命论"？先生凭什么建立"一步一步自觉的改革论"？如果你不能结结实实指证出革命论的错误所在，如果你不能确确明明指点出改革论的更有效而可行，你便不配否认人家，而别提新议。然而我们试就先生文章检看果何如呢？

在三数年来的革命潮流中，大家所认为第一大仇敌是国际的资本帝国主义，其次是国内的封建军阀；先生无取于是，而别提出贫穷、疾病、愚昧、贪污、扰乱，五大仇敌之说。帝国主义者和军阀，何以不是我们的敌人？在先生，其必有深意，正待要好好聆教；乃不意先生只轻描淡写地说得两句：

> 这五大仇敌之中……（中略）封建势力也不在内，因为封建制度早已在二千年前崩坏了。帝国立义也不在内，因为帝国立义不能侵害那五鬼不入之国。帝国主义为什么不能侵害美国和日本？为什么偏爱光顾我们的国家？岂不是因为我们受了这五大恶魔的毁害，遂没有抵抗的能力了吗？故即为抵抗帝国主义起见，也应该先铲除这五大敌人。

像这样地轻率大胆，真堪惊诧！原来帝国主义之不算仇敌是这样简单明了的事；先生明见及此，何不早说？可免得冤枉死了许多人。唉！我方以革命家为轻率浅薄，乃不期先生之非难革命家者，还出革命家之下。三数年来的革命，就他本身说，可算没结果；然影响所及，亦有其不可磨灭的功绩。举其一点，便是大大增进了国人对所谓世界列强和自己所处地位关系的认识与注意，大大增进了国人对于"经济"这一问题的认识与注意——两层相连，亦可说是二而一的；近年出版界中，最流行的谈革命的书报刊物，无非在提撕此点；而其最先（或较早）能为统系地具体地详细地指证说明者，则殆无逾漆树芬先生《经济侵略下之中国》一书。此书一出，而"中国问题"的意义何在——在国际资本帝国主义的侵略压迫；"中国问题"的解决何在——在解除不平等条约的桎梏束缚；遂若日月之昭明而不可易（注一）。我且抄漆君原书结论于此：

> （上略）为帝国主义所必要市场与投资之绝对二个条件，环顾今日世界，已多无存；是为其外围之区域日益减少，而崩坏之机迫于目前。唯我中国，土地则广袤数千万方英里，人口则拥有四万万众，对于货物与资本之需要量，对于原料品食料品之供给量，大而无伦，恰为资本帝国主义欲继续其生存发达之最好的理想地。有此原因，必有结果。结果者何？外国之资本帝国主义国家，遂如万马奔腾之势，以践踏于我国矣。于是为解决其市场问题，而找有百个商埠之提供；为解决其投资问题，而我有二十余亿元资本之吸收，而有数多利权之丧失；为圆滑其市场与投资地之经营起见，而我有巨大交通权之让与。我国一部之对外关系史，略具于此矣。不但此也，从政治而言，他们在我国又有治外法权领事裁判权之设定，遂在我国俨成一支配阶级；从经济而言，他们向我获有关税之束缚权，与投资之优先权，在我国遂成一剩余价值榨取之阶级。他们这种行动，实如大盗之入我室而搜我财绑我票，使我身家财产荡然无存一样，特我国民不自觉耳！同胞了！今日国家之大病，实在于国民生活维艰，而生活维艰之所以，即在外国资本帝国主义之侵略与榨取。管子云："仓廪实而知礼

节。"孟氏云："有恒产者，有恒心。"故欲解决中国之政治问题，根本上尤不可不使我国经济开发。顾我国今日之经济，从本书看来，已受资本帝国主义层层束缚，万不能有发达之势。换言之，即我们欲使我国成为万人诅咒之资本主义国家，亦事实有不能也，遑论其他！然则欲救我中国，非从经济改造不可，而欲改造我国经济，实非抵抗资本帝国主义国家不可。以个人意见，今日中国，已成为国际资本阶级联合对我之局，并常唆使军阀以助长我之内乱。故我除一方联合世界无产阶级弱小民族以抗此共同之敌，他方内部实行革命，使国家之公正得实现外，实无良法也。虽然，此岂易易事哉！须协我亿众之力，出以必死奋斗之精神，建设强有力之国家始获有济！

　　先生果欲推翻革命论，不可不于此对方立论根据所在，好加审量。却不料先生在这大潮流鼓荡中，竟自没感受影响；于对方立论的根据由来，依然没有什么认识与注意。先生所说五大仇敌谁不知得，宁待先生耳提面命？所以不像先生平列举出这五样现象的，盖由认识得其症结皆在一个地方。疾病、愚昧，皆与贫穷为缘；贪污则与扰乱有关；贫穷则直接出于帝国主义的经济侵略；扰乱则间接由帝国主义之操纵军阀而来：故帝国主义实为症结所在。这本是今日三尺童子皆能说的滥调，诚亦未必悉中情理；然先生不加批评反驳，闭着眼只顾说自家的话，如何令人心服？尤其是论贫穷纵不必都归罪到帝国主义，而救贫之道，非发达生产不可；帝国主义扼死了我产业开发的途路，不与他为敌，其将奈何？这是我们要请教于适之先生的。我希望适之先生将三数年来对此问题最流行的主张办法先批评过；再说明先生自己的"集合全国人才智力，充分采用世界的科学知识与方法，一步一步的作自觉的改革"办法，其内容果何所谓？——如果没有具体内容，便是空发梦想！所谓最流行的主张办法，便是要走国家资本主义的路。这种论调随在可见，我们且举郭沫若先生为《经济侵略下之中国》所作序文为例：

　　（上略）大约是在今年三四月间的时候吧，漆君有一次来访问我，我们的谈话，渐渐归纳到中国的经济问题上来。我们都承认中国的产业的状况还幼稚得很，刚好达到资本化的前门，我们都承认中国有提高产业的必要。但是我们要如何去提高？我们提高的手段和程序是怎样的？这在我们中国还是纷争未已的问题，我在这儿便先表示我的意见。我说：在中国状况之下，我是极力讴歌资本主义的人的反对者。我不相信在我国这种状况之下，有资本主义发达之可能。我举出我国那年纱厂的倒闭风潮来做我的论据。欧战剧烈的时候，西洋资本家暂时中止了对于远东的经营，在那时候我们中国的纱厂便应运而生，真是有雨后春笋之势。但是不数年间欧战一告终结，资本家的经营，渐渐恢复起来，我们中国的纱厂，便一家一家地倒闭了。这个事实，明明证明我们中国已经没有发达资本主义的可能，因为：（一）我们资本敌不过国际的大资本家们，我们不能和他们自由竞争；（二）我们于发展资本主义上最重要的自国市场，已经被国际资本家占领了。我当时证据只有这一个，其实这一个，已就是顶重要的证据。资本化的初步，照例是由消费品发轫的。消费品制造中极重要的棉纱事业，已不能在我们中国发展，那还说得上生产部门中机械工业吗？

我这个显而易见的证明，在最近实得到一个极有力援助，便是上海工部局停止电力的问题了。我们为五卅案，以经济的战略对付敌人，敌人亦以经济战略反攻。上海工部局对于中国各工厂把电力一停，中国的各工厂便同时辍业。这可见我们的生杀之权，是全操在他们手里。我们的产业，随早随迟，是终究要归他们吞噬的。我们中国小小的资产家们哟！你们就想在厝火的积薪之上，做个黄金好梦，是没有多少时候的了。要拯救中国，不能不提高实业，要提高实业，不能不积聚资本，要积聚资本，而在我们的现状之下，这积聚资本的条件，通通被他们限制完了，我们这种希望简直没有几分可能性。然而为这根本上的原动力，就是帝国立意压迫我们缔结了种种不平等条约。由是他们便能够束缚我们的关税，能够设定无制限的治外法权，能够在我国自由投资，能够自由贸易与航业，于不知不觉间便把我们的市场独占了。

由这样看来，我们目前可走的路唯有一条，就是要把国际资本家从我们的市场赶出。而赶出的方法：第一是在废除不平等条约；第二是以国家之力集中资本。如把不平等条约废除后，这国际资本家，在我国便失其发展根据，不得不从我国退出；这资本如以国家之力集中，这竞争能力便增大数倍，在经济战争上，实可与之决一雌雄；是目前我国民最大之责任！除废除不平等条约，与厉行国家资本主义外，实无他道。这便是我对于中国经济问题解决上所怀抱的管见。

中国国民党所以不能不联俄容共，有十三年之改组，一变其已往之性质，中国近三数年来的所谓国民革命，所以不能不学着俄国人脚步走，盖有好几方面的缘由；即就现在所谈这一面，亦有好几点。其一则事实所昭示，中国问题已不是中国人自己的问题，而是世界问题之一部；中国问题必在反抗资本帝国主义运动下始能解决；由此所以联俄，要加入第三国际，要谈世界革命。又其一则事实所昭示，中国的一切进步与建设既必待经济上有路走才行，而舍国家资本主义（再由此过渡到民生主义或共产主义）殆无复有他途可走；如此则无论为对外积极有力地又且机警地应付国际间严重形势计，或为对内统盘策划建造国家资本计，均非以一有主义有计划的革命政党，打倒割据的军阀，夺取政权，树立强有力的统一政府，必无从完成此大业；于是就要容共，要北伐，要一党专政。先生不要以为暴力革命是偶然的发狂；先生不要以为不顾人权是无理性的举动；这在革命家都是持之有效言之成理的。在没有彻底了解对方之前，是不能批评对方的；在没有批评到对方之前，是不能另自建立异样主张的。我非持革命论者，不足以代表革命论。即漆君之书，郭君之序，亦不过三数年来革命论调之一斑，偶举以为例。最好先生破费几天工夫搜求一些他们的书籍来看看，再有以赐教，则真社会之幸也！

再次说到封建军阀。先生不承认封建制度封建势力的存在，但只引了一些《教育杂志》某君论文，和王阿荣、陈独秀的宣言，以证明革命家自己的矛盾可笑，全不提出自己对中国社会的观察论断来，亦太嫌省事！中国社会是什么社会？封建制度或封建势力还存在不存在？这已成了今日最热闹的聚讼的问题，论文和专书出了不少，意见尚难归一。先生是喜欢作历史研究的人，对于这问题当有所指示，我们非请教不可。革命家的错误，就在对中国社会的误认；所以我们非指证说明中国社会怎样一种结构，不足祛革命家之惑。我向不知学问，尤其不会作历史考证功夫，对此题非常感到棘困；如何能一扫群疑，昭见事实，实大有望于先生！

先生虽能否认封建的存在，但终不能否认中国今日有军阀这一回事。军阀纵非封建制度封建势力，然固不能证明他非我们的仇敌；遍查先生大文，对军阀之一物如何发付，竟无下文，真堪诧异！本来中国人今日所苦者，于先生所列举五项中，要以贫穷与扰乱为最重大。扰乱固皆军阀之所为。假定先生不以军阀为仇敌，而顾抱消灭"扰乱"之宏愿，此中必有高明意见，巧妙办法；我们亟欲闻教！想先生既欲解决中国问题，对军阀扰乱这回事，必不会没个办法安排的；非明白切实地说出来，不足以服人，即我欲表示赞成，亦无从赞成起。

总之，我于先生反对今之所谓革命，完全同意；但我还不大明白，先生为什么要反对。先生那篇文太简略，不足以说明；或者先生想的亦尚不深到周密。所以我非向先生请教不可。先生说得好：

我们平日都不肯彻底想想究竟我们要一个怎样的社会国家，也不肯彻底想想究竟我们应该走哪一条路，才能达到我们的目的地。

我今便是指出疑点来，请先生再彻底想想，不可苟且模糊。先生亦曾谦虚地说：

我们的观察和判断自然难保没有错误，但我们深信自觉的探路总胜于闭了眼睛让人家牵着鼻子走；我们并且希望公开地讨论我们自己探路的结果，可以使我们得着更正确的途径。

据我个人所见，先生的判断大体并不错；我尤同情于先生所谓"自觉的探路"，我只祈求先生更自觉一些，更探一探。我便是诚意地（然而是很不客气地）来参加先生所希望公开讨论的一个人，想求得一更正确的途径，先生其必许我吗？

如果先生接受我的讨论，我将对于我所相对同意的先生所主张的那"根本态度和方法"，再提供一些意见；我将对于我所不甚同意的先生所说的那"目的地"，再表示一些意见。总之，我将继此有所请教于先生。

说及那"目的地"，我还可以就此附说几句话。先生文中既谓：

在我们探路之前，应该先决定我们要到什么地方去——我们的目的地。这个问题是我们的先决问题，因为如果我们不想到那儿去，又何必探路呢？

是指示非先解决此问题不可了。乃随着举出国民党、国家主义派、共产党三种说法之后，没有一些研究解决，忽地翻转又谓："我们现在的任务不在讨论这三个目的地，因为这种讨论徒然引起无益的意气，而且不是一千零一夜所能打得了的笔墨官司。"岂不可怪！先生怕打官司，何必提出"我们走哪条路"的问题？又何必希望公开地讨论？要公开讨论我们走哪条路的问题，就不要怕打笔墨官司才行。既于此不加讨论了，乃于后文又提出："我们要建立一个治安的、普遍繁荣的、文明的、现代的统一国家"，而说，"这是我们的目的地"。难道要解决一个问题——而且是国家问题社会问题！——将旁人意见——而且是社会上有力党派的意见——搁开不理他，只顾说我的主张，就可解决了的吗？

总之，我劝先生运思立言，注意照顾对方要紧。

六月三日北平

注一：此处"遂若"二字请读者注意；盖我意尚不然也。

答梁漱溟先生

原载《新月》1930 年 8 月 2 卷 11 号

胡 适

漱溟先生：

今天细读《村治》二号先生给我的信，使我十分感谢。先生质问我的几点，都是很扼要的话，我将来一定要详细奉答。

我在"缘起"里本已说明，那篇文字不过是一篇概括的引论，至于各个问题的讨论则另由别位朋友分任。因为如此，所以我的文字偏重于提出一个根本的态度，便忽略了批评对方理论的方面。况且那篇文字只供一席讨论会的宣读，故有"太简略"之嫌。

革命论的文字，也曾看过不少，但终觉其太缺乏历史事实的根据。先生所说，"这本是今日三尺童子皆能说的滥调，诚亦未必悉中情理"，我的意思正是如此。如先生说，"贫穷则直接由于帝国主义的经济侵略"，则难道八十年前的中国果真不贫穷吗？如先生说，"扰乱则间接由于帝国主义之操纵军阀"，试问张献忠、洪秀全又是受了何国的操纵？

这都是历史事实的问题，稍一翻看历史，当知此种三尺童子皆能说的滥调人抵不中情理。鸦片固是从外国进来，然吸鸦片者究竟是什么人？何以世界的有长进民族都不蒙此害，而此害独钟于我神州民族？而今日满田满地的罂粟，难道都是外国的帝国主义者强迫我们种下的吗？

帝国主义者三叩日本之关门，而日本在六十年之中便一跃而为世界三大强国之一。何以我堂堂神州民族便一蹶不振如此？此中"症结"究竟在什么地方？岂是把全副责任都推在洋鬼子身上便可了事？

先生要我作历史考证，这话非一封短信所能陈述，但我的论点其实只是稍稍研究历史事实的一种结论。

我的主张只是责己而不责人，要自觉的改革而不要盲目的革命。在革命的状态之下，什么救济和改革都谈不到，只有跟着三尺童子高喊滥调而已。

大旨如此，详说当俟将来。

至于"军阀"问题，我原来包括在"扰乱"之内。军阀是扰乱的产儿，此二十年来历史的明训。处置军阀——其实中国哪有军"阀"可说？只有军人跋扈而已——别无"高明意见，巧妙办法"，只有充分养成文治势力，造成治安和平的局面而已。

当北洋军人势力正大的时候，北京学生奋臂一呼而武人仓皇失措，这便是文治势力的明例。今日文治势力所以失其作用者，文治势力大都已走狗化，自身已失掉其依据，只靠做官或造标语吃饭，故不复能澄清政治，镇压军人了。

先生说，"扰乱固皆军阀之所为"，此言颇不合史实。军阀是扰乱的产物，而扰乱大抵皆是长衫朋友所造成。二十年来所谓"革命"，何一非文人所造成？二十年中的军阀斗争，何一非无聊政客所挑拨造成的？近年各地的共产党暴动，又何一非长衫同志所煽动组织的？此三项已可概括一切扰乱的十之七八了。即以国民党旗帜之下的几次互战看来，何一非长衫同志失职不能制止的结果？当民十六与民十八两次战事爆发之时，所谓政府，所谓党皆无一个制度可以制止战祸，也无一个机关可以讨论或议决宣战的问题。故此种战事虽似是军人所造成，其实是文治制度未完备的结果。所以说扰乱是长衫朋友所造成，似乎不太过吧？

我若作详细奉答之文，恐须迁延两三个月之后始能发表。故先略述鄙意，请先生切实指正。

胡适十九，七，二十九

我们要什么样的政治制度（节录）

原载《新月》1930 年 6 月 5 日

罗隆基

……

（Ⅱ）

政治制度上先决的问题自然是对国家（State）的态度。

共产党在这点上，他们引证了马克思列宁等人的话来告诉我们说：

"国家是有产阶级压迫无产阶级的工具。从经济上看，国家是资本家剥削劳工的一种组织；从政治上看，国家是资本家侵略劳工的一层保障。国家是阶级战争的产物，同时又是劳资不可调和的铁证。在阶级战争的过程中，无产阶级虽然要利用国家这工具来铲除资本阶级，阶级铲除了，国家这组织终要使他崩溃消灭。"

共产党的理想是希望拿生产做根基的经济组织来代替政治组织。明显说些，共产党根本就不要国家。共产党的革命策略是"以党废国"。

对　玨"以党废国"的革命家，我们当然没有共同讨论政治制度的余地。皮之不存，毛将安附，基本的政治组织——国家都不要了，谈得到什么政治制度？

我们并不特别顾念国家这种组织。不过二十世纪的世界，不像共产党所想象的那般简单。世界上不单是一个中国，同时并立的国家有几十个。中国崩溃了，英美法日不见得同时崩溃；中国消灭了，英美法日不见得同时消灭；那时，没有国家的中国人，当然比现在更要受人压迫，受人欺侮。俄国共产革命成功以后，苏维埃政府还得求神拜佛般去请求列强承认他们的新国家。不然，单单经济上苏俄就要陷于闭门自杀的状况。在二十世纪主张消灭国家，谈何容易！

其实国家，和人类的他种组织一样，有它产生及发展的历史。国家的历史，就证明它的性质是随时代随环境变迁的。今日国家的性质，已与昨日不同；明日国家的性质，当然又要与今日不同。就拿中国来说，二十年前的中国是在满洲人手里，满人并不完全代表资产阶级，汉人并不完全是无产阶级。目前的中国是在"一党独裁"的国民党手里，国民党不完全代表有产阶级，被国民党压迫的人，不尽代表无产阶级。国家何尝一定是资产阶级的工具。打倒资产阶级与消灭国家并为一谈，这种唯物论上的逻辑我们实在看不出它的根据。

我们绝对不为阶级制度辩护。什么时候可以达到一个无产阶级的理想社会，这是大问题。罗素这样的怀疑过："无产阶级打倒有产阶级以后，无产阶级何尝不可有'少做工，少生产'和'多做工，多酬报'的两种主张。这两种主张又何尝不可产生阶级。"拉斯基（Laski）又这样的怀疑，"我们就看不出打倒资产阶级以后，就一定成为无产阶级的社会。社会或者就分为共产党和共产党领袖两个阶级"。我们睁开眼看看世界的情形。中国的劳工与美国的劳工彼此不都是被压迫的同志吗？美国的劳工比起中国的劳工来，他们又是小资产阶级了。黄皮黑眼的工人，进得了美国的海口吗？美国要赶走华工的不是煤油大王、汽车大王一类的资本家，而是美国无产阶级的劳工。"世界的工人，联合起来"，这何尝不是一个大梦。这般说，消灭阶级的理想，什么时候可以实现？国家的消灭，什么时候可以实现？

开诚布公地说，消灭国家的高调，我们是不唱的。"以党废国"这条路我们认为在二十世纪是走不通的。我们在现世界里，只有保持国家（State）这条路。不过在保持国家这条路上，我们有我们所希望的一种国家。在国家的组织上，我们有我们所主张的政治制度。

谈到这里，国民党党员一定雀跃鼓舞地说："盍归乎来！"

国民党是要国家的，这点我们承认。

国民党的总理在他的三民主义的第一讲里，开口就说："诸君，今天来同大家讲三民主义。什么是三民主义？用最简单的定义说，三民主义，就是救国主义。"

三民主义是否救国主义，救国主义是否一定是三民主义，这是题外文章。要救国的人，当然承认国家的存在，这是不容否认的。国民党的口号是"以党建国"，这明明与共产党的"以党废国"不同了。不过国民党建设出来的国家，采用什么样的政治制度，这是我们不能轻易忽略的一个问题。

在这里我们先要向"救国""建国"的人，提出几点来讨论。

（一）国家的性质是什么？

（二）国家的目的是什么？

（三）建国的策略是什么？

老实不客气，整部《中山全书》，从没有提到国家的性质、国家的目的这些政治哲学上的根本问题。孙中山先生最留心的是"救国""建国"的策略。他的短处——同时是他的长处——是策略选择上，总是顾目的不顾手段的原则，因为不注意国家的目的，每每拿"救国""建国"当做目的。因为顾目的不顾手段，策略上时常走上与国家的性质及目的相反的道路。最后"党在国上"的策略，就是这个明证。

在我们看起来，总要第一第二点有了相当认识，才可以决定策略。现在我们就依次来讨论这三点。

第一，国家是种工具，这点我们与共产党的意见是相同的。不过共产党认它为资本阶级压迫劳动阶级的工具，我们认国家是全体国民互相裁制彼此合作以达到某种共同目的的工具。

这点，看来似无关紧要，实则是谈政治制度的人应该认清的出发点。目前中国的大患，一方面是共产党把国家看做阶级战争的工具，一方面是喊"救国""建国"的人，把国家本身看做最终的目的。把国家当做目的的人，他们认人民是为国家存在的，国家不是为人民存在的。他们不问国家给人民的利益是什么，却认"救国""爱国"是人民无条件的义务。因此时时拿"救国""建国"这些大帽子来压人。民间的灾荒可以不救，苛税不可不收；地方的治安可以不问，内战不可不打。因为国家是目的，国民就成了"救国""建国"的工具了。国家不要保障人民的生命财产，人民本身就是"救国主义"的奴隶。国家不要拥护人民的思想自由，学校应做宣传"救国主义"的机关。总而言之，只要挂上"救国""建国"的旗子，苛捐杂税、打仗杀人的事，都有意义了。国民都要无条件的服从了。

我们认国家的性质绝非如此。国家是全体人民达到某种公共目的的工具。救国可以，救国的方法，不能与国家所要达到的目的相违背；建国可以，建国的方法，不能与国家所要达到的目的相冲突。反此，"救国""建国"就是一种罪孽。

第二，国家所要达到的目的，我们认定是求全体国民的共同幸福。因为要达到这个目的，国家对国民有三重职务：（甲）保护；（乙）培养；（丙）发展。国民的身体安全、思想自由、经济独立等等属于国家职务的甲项。人种改良、卫生管理、农工改进、养老育婴等等属于国家职务的乙项；教育普及、文化提高等等属于国家职务的丙项。国家要行使这三种职务，先要求国内的和平、安宁、秩序、公道。没有这几个条件，国家就不能行使上面的三种职务，不能行使上面的三种职务，就不能谋得国民共同的幸福。

第三，国民党许多人因为不明了国家的性质是全体国民达到目的的工具，因为不明了国家的目的是全体国民共同的幸福，所以在"救国""建国"的方法上走上了"党高于国"的一条错路。

"党在国上"是"以党废国"的共产党的手段。共产党的国家论与他们的阶级战争论是连贯一气的。首先咬定国家是阶级战争的产物，其次认定国家是有产阶级的工具。有了这两个前提，那么共产党把国家抢夺过来做他们一党与一阶级的工具，自然是理直气壮的事。共产党根本就认国家在一个无产阶级的社会里没有存在的价值，国家终久是要崩溃消灭的。在这种政治理论底下，党的地位，自然是比国家重要。"党权高于国权"，"党在国上"，自然可以谈得上来。

在"以党建国"的国民党，亦居然挂起"党在国上"的旗号，这是根本的错误。这种错误的原因，一方面因为国民党在学说上没有国家的理论；一方面因为孙中山先生没有看清共产党的国家论，在急不暇择的当儿，就采取了共产党的错误的策略。

何以见得"党在国上"这种策略，是从共产党那里学来的呢？

在民国十三年的时候，国民党在广东开第一次全国代表大会，孙中山先生有这样一段演说：

"现尚有一事，可为我们模范，即俄国完全以党治国，比英美法之政党握权更进一步。……俄国之能成功，即因其将党放在国上。我以为今日是一大纪念，应重新组织，把党放在国上。"

这就是国民党里"党权高于国权"在历史上的来源，同时就是如今"党治"的根据。

共产党当日加入国民党，本来是有作用计划的。他们当然耸动国民党采纳"党权高于国权"这种手段，以达共产党"以党废国"的目的。孙中山先生用"以党废国"的模范，来做"以党建国"的事业，那真是缘木求鱼之类了。

"党在国上"有什么可反对的地方呢？国虽然成了党人的国，党又非全国人的党，那么我们这班非党员的国民，站在什么一个地位？"党国"这名词，影响于国民的国家观念很大。就拿中国的近事来说。前次的中俄战事，除了各地国民党党部发了几篇宣言，打了几个电报，公布了几条宣传大纲以外，全国人民有什么表示？人民的爱国热度，比起从前的"五四""五卅"来，是什么样的一种分别？当然人民都知道中东铁路的战事，其严重不在二十一条与顾正红案以下。不过从前的事，是中国全国人的事，如今中俄的事，是"党国"对俄国的事。一字之差，在心理上就千里之别了。一个人已被人看做亡国奴，看做被治阶级，被治于白人，被治于同族的黄人，其去亦有间了。这种心理的存在是事实。这是"党在国上"在国民心理上自然的结果。

"党在国上"的影响，尚不止这一端。国民党可以抄写共产党的策略，把党放在国上，别的党又何尝不可抄国民党的文章，把党放在国上。秦始皇打到了天下，自己做皇帝。刘邦打到了天下，当然亦做皇帝。曹操、司马懿打到了天下，当然亦做皇帝。这就是"家天下"的故事。国民党革命成功，可以说"党在国上"，其他的党革命成功，当然亦可以说"党在国上"。这当然成了继续不断的"党天下"。那么，以党建国，国在哪里？

这种批评，共产党不必顾虑。国的崩溃，本来是共产党的希望。求仁得仁，抑又何怨？国民党以"爱国""救国""建国"号召人民，情形自然应该不同。

其实，这些并不是我们对"党在国上"重要的攻击。国民党既然承认国家的存在，就应该认清国家的性质和目的，就应该问问党在国上，是否与国家的性质及目的有根本的冲突。

"党在国上"，国家当然成了一党达到目的的工具，不是国民全体达到公共目的的工具。这与国家的性质当然违背。国民党人或者要说，我们革命党是顾目的不顾手段的。"党在国上"虽与国家性质相违背，然而这是达到国家的目的的策略。因此我们进一步来研究"党在国上"，是不是达到国家的目的的策略。

（Ⅲ）

如今各国的政治制度，的确是建立在两种不同的原则上：（一）独裁政治（Dictatorship），（二）平民政治（Democracy）。独裁政治指国家的政权操诸一人，或一党，或一阶级而言的。平民政治指政权操诸国民全体，全国成年的民众，都可以在平等的条件上直接或间接参加政治而言的。"党在国上""党权高于国权"，这当然是独裁制度，不是平民制度。

在这里，我们就郑重地声明，我们是极端反对独裁制度的。我们极端反对一人，或一党，或一阶级的独裁。我们的理由极其简单，独裁制度不是达到国家所要达到的目的的方法。我们且分别简单解释如下：

（一）国家是人民互相裁制彼此合作以达到共同目的的工具。他的功用是保护国民的权利。我们认国民权利安全的程度，以国民自身保护权利的机会的多少为准。在目前的社会里，人类的公益心还没有完善到那个地步，说我们在政治上，可以把政权完全付托给某个人或某个党或某种阶级，倚赖他们来做我们权利的保姆。政治的实际是谁的政权失掉了，谁的一切权利的保障就破坏了。一人或一党或一阶级的独裁，在权利的保障上，自然是注重在独裁者个人或党或阶级的方面。共产党的无产阶级独裁，他们就公开地说是保障无产阶级的权利，这是实例。独裁的个人或党或阶级有时或者也会顾念到被治人的权利，这种偶然的事实，只能发现于被治者的权利不与独裁者的权利相冲突的条件之下。这在独裁者看来是慈善事业，不是他们的义务。只有我们自己才可以做我们权利的评判员。只有我们自己才是我们权利的忠实的卫兵。这就是我们反对独裁制的理由。中国人不信租界上的外人，可以保护我们的权利，所以要收回租界及领事裁判权。根据同样的理由，我们要向主张“党高于国”“党权高于国权”的国民党收回我们国民的政权。

（二）国家是全体国民互相裁制彼此合作以达到共同目的的工具。国家的功用在培养与发展。在独裁制度底下，培养与发展的功用是失掉了。就拿国民的思想上的培养与发展来说。无论在开明或黑暗的独裁制度下，它最大仇人是思想自由。独裁制第一步工作，即在用一个模型，从新铸造通国人的头脑，这就是所谓思想统一运动。从前法国拿破仑第三的强迫修改学校课本，现在意大利的穆梭林尼【今译墨索里尼】的强迫学校悬挂相片，以至中国国民党强迫一切学校做纪念周，这都是一个原则上的把戏。这种思想统一运动下的培养与发展是害多利少。经过这种独裁制度的压迫摧残以后，国民的思想一定充满了怯懦性、消极性、倚赖性、奴隶性，或至于国民成为绝无思想的机械。

（三）国家是全体国民互相裁制彼此合作以达到全体幸福的目的的工具。要达到这个目的，国家要供给人民一种有和平、安宁秩序、公道的环境。独裁制度是和平、安宁、秩序、公道的破坏者。无论是个人或党或阶级的独裁制度，独裁者总是处在国家政治上的一个特殊地位。这根本就抹煞了政治上的平等，根本就抹煞了“公道”二字。独裁者的特殊地位，一定引起被治者的不平与愤怨。不平与愤怨，是一切革命的祸源。在一个循环革命的社会里，自然找不着和平、安宁与秩序。所以独裁制度是中国这二十年来内战不已的因，目前的举国大乱，境无静土，又可以算为南京独裁政治之果。

单单就这几点来看，我们就觉得独裁制度是与国家的目的根本相冲突的。独裁制度既然是达到国家目的上的一条死路，那么，我们的政治制度，自然要建立在平民政治的原则上。我们并不认平民政治是理想的政治制度；反之，我们承认平民政治亦有许多缺点。不过，假使我们承认国家的存在，在达到国家的目的上说起来，平民政治是可以免去独裁制度上许多内在的罪恶。

我们站在我们的国家论上，根本反对独裁制度。我们不止反对独裁制度，我们并且认那种拿独裁制度为平民制度的过渡方法的主张为不通。独裁制度与平民制度在思想上的根本冲突，我们在别的文章里已经说明了。我们再来指正独裁制度做过渡办法的错误。

国民党本身亦承认独裁制度内在的罪恶。不过他们拿"暂时""过渡"这一切名词，来代他装饰。所谓"暂时""过渡"云云，即"训政时期"之谓。在我们看来，政治上要不要"训政"是一个问题，"训政"上要不要采"党权高于国权"的独裁制度，又另为一个问题。

在第一个问题上，我们根本否认"训政"的必要。国家的组织，它的性质上，就不容有"训政"这回事。假使我们拿一个股份公司来说明国家的性质，我们就不相信股份公司的股东，个个要经过一番商业上的训政。我们不相信一个公司，要先让经理专政几年，加股东一番"训政"，而后股东才可以参与公司的事务。国家这种组织，最少在国民与政府的关系一点上，与股东和经理的关系相仿佛。其次，我们相信"学到老，学不了"这句话，在政治上与在其他的人事经验上有同样的价值。人对于政治的知识，是天天求经验，天天求进步，政治上的经验与进步是无止境的。一定要国民到了某种理想的境地，始可以加入政治活动，那么，英美人现在亦应仍有训政时期。从错误中寻经验，从经验里得进步，这就是英美人做政治的方法，这也是我们反对训政的理由。政治上即真有"训政"的必要，我们又相信执政人员——即今之训师——的训练，比国民的训练更为急切。孙中山先生有政府是汽车，执政是汽车夫，人民是坐汽车的主人一个比喻。果然如此，车夫是要严格的训练，坐汽车的主人，是用不着训练的。这是关于训政本身的话。

训政时期，应否"党权高于国权"，应否采用"党在国上"的独裁制度，这又是另一问题。在我们看起来，独裁制度，因它一切内在的罪恶，本身就不足为训。采用一种不足为训的制度，为训政时期的模范，这又是"建国"上南辕北辙的方法。

国民党改组派的领袖汪精卫先生，因为在党内领略过一夫专制的滋味，所以一方面要党内的民主；因为要维持"党在国上"的遗教，一方面又号召"集权"。于是创造了几个新标语。什么"民主集权"，什么"厉行党治，扶植民权"，这些都是改组派煞费苦心在"党治"上——党在国上——的辩护。

其实"民主集权"与"党治"完全是风马牛不相干的两件事。"民主集权"这句话，绝对不能拿来做"党在国上"那种"党治"的解释。我们尽可赞成"集权"，我们依然是反对党治——"党在国上"的党治。在政治机关的组织及运用上，地方治权，集中于中央，这是"集权"，这与党治完全两码事。至于政权集中于一人或一党或一阶级，这种"集权"，是绝对不可能的事。政权是在全体人民手里。一部分人所组织的党，除篡夺外，绝对不能取得全体人民的政权。由篡夺得来的政权，这种"集权"，又不能加上"民主"的招牌。这种篡夺式的"民主集权"，是独裁制度。独裁制度如今不但为非党员所反对，亦为改组派所攻击。

"厉行党治"这句标语，倘"党治"没有"党在国上"的附带条件，这是老生常谈，值不得注意。加上"党在国上"的附带条件，这就是一党独裁。诚如是，改组派的党治，又何以异于南京派的党治？汪精卫先生的"革命力量集中"，"领导权统一"，这些不一定要"党在国上"才可做到。"故革命时代，革命者必当确立革命政权，一方面抑制反革命者，一方面引掖不革命……"这种解释，更不足为"厉行党治"上充分的理由。谁是革命，谁是反革命，谁是不革命，实在难得公平的定义。在汪精卫先生眼光里，蒋介石主席是反革命，在蒋主席眼光里，汪先生是反革命，是之谓此亦一是非，彼亦一是非。南京认韩复榘为革命，石友三为反革命；北平认石友三为革命，韩复榘为反革命，谁是革命，谁是反革命，不但我们不知道，韩石本人或者亦不知道。然则"确立革命政权"，以"厉行党治"的话，在如今中国，又拿什么做标准？结果人人都是革命，人人都是反革命，人人都可说"厉行党治"的话了。

上面这段文字，总括起来，我们是绝对的反对独裁制度。我们反对永久的独裁制度，我们亦反对暂时的独裁制度。我们反对任何党所主张的独裁制度，我们反对任何人所解释的独裁制度。我们的理由是独裁制度根本不能达到国家的目的。

……

我们要财政管理权

——什么是预算制

《新月》，第 3 卷第 2 期，1930 年 4 月 10 日

罗隆基

　　整理财政，居然又成为很时髦的题目。南京蒋主席最近发表一篇整理内政的文章。他主张实行预算制。宋子文部长这一二年来亦屡屡以预算制相号召，时机到了，我们应该让蒋主席、宋部长，及一切的当局，知道什么是预算制。

　　国家预算制是国民直接或间接批准，政府每年的收入和支出的一种制度。

　　根据这种定义，预算制就是人民行使国家财政管理权的一种制度。蒋主席、宋部长等主张实行预算制，倘使他们的命意是今后国家的收入和支出，要经过国民合法代表机关的批准，这种主张是我们国民赞同并拥护的。倘使所谓预算制者，是指财政部或几个政府要人或财政会议等机关所产生的一种财政上数目的计划，这种计划，并不须经过人民的批准，人民依然只有担负国家财政上的义务，没有管理国家财政的实权，这种制度不是预算制。这种冒牌的预算制，不是今日人民的要求。人民对这种预算制不能赞同，更不能拥护。

　　预算这个词，是从西文的 Budget 一词翻译过来的。词的本意在英文方面是"钱袋"、"荷包"、"衣袋"之类。英国人民取得了国家财政管理权以后，借"柏格提"（Budget）这词来代表人民批准政府每年的收入和支出的一种制度。十八世纪法国革命以后，人民渐渐的取得了财政管理权，"柏格提"（Budget）这词亦慢慢约流行于法国了。如今"柏格提"已成政治学和财政学上一个专门名词。他有特别的含意。他的含意，照我的定义，是：

　　"国民直接或间接批准政府每年的收入和支出"。

　　这种定义不是我个人的杜撰。法国学者司托姆（René Stourm）在他的《预算制》那本书里，这样的说：

他们最好把预算当做国会的法案看。他不是单单一个统计表或账目。

司托姆的预算的定义是：

国家的预算是一件公文，他包括公家的收入和支出上预先批准了的计划。

这里应注重的是"批准"两字。预算制不只是经济的问题，是法律的问题。预算制固然是计划怎样收入，怎样支出。预算制更重要点是收入上如何取得法律上的根据，支出上如何取得法律上的根据。所谓法律上的根据，就是在收入或支出上，得到人民的允许。允许两字，就是司托姆定义里的"批准"。

预算制是指国民批准政府的收入和支出的制度，这可以拿英法等国以往和现在的事实来证明。

人民取得财政管理权最早的是英国。"任何赋税，必须得到人民的批准"，这是英国很早的法典。麦克雷（Macauley）在他的《英国史》上说：

这种权利（指人民批准赋税的权利）是起源很早的。为其早，所以没有人能确定其起源的日期。他是从"皇帝不经国会同意，不能立法"这个原则上产生出来的。

麦克雷在同一书里，又说：

英国没有一个法典上没有注明这条原则。他是散见英国各法典中，并且，更要紧，他已经深深印刻在英国人的心上。英国的政党都公认英国的基本法典是否认皇帝不经人民代表的同意可以公布法律，征收赋税，蓄养军队的。

英国历史家司达布斯（Stubbs）在他的《英国宪政史》上，亦认为"赋税必经人民同意"的法典，在十四世纪末年（Richard ll，1377～1399）已经成立了，他并且相信《大宪章》（1215）中"不经议会承认，皇帝不得征收军役代偿税（Scutage）"这一类的规定，已可算人民管理财政权的起点。

在十七世纪初年司徒亚提朝（Stuart Period）时代，詹姆斯第一（1603～1625）查理士第一（1625～1649）几个皇帝，想根本推翻人民管理财政权的法典，激起一六二八年的《人权说帖》，和一六四二年的英国革命。

《人权说帖》第一条就说：

> 不经国会同意，无论何人不被强迫缴纳任何礼物、公债，乐输、赋税。

这种条文，查理士第一在一六二八年六月七日盖章承认。查理士不能遵守这种法典，又成为《人权说帖》后二十余年间人民和皇帝冲突的焦点。亨浦顿（Hempden）之流，宁愿到伦顿塔监狱受痛苦，拒绝缴纳二十先令的赋税，就可以看见当时人民对财政管理权的重视。

司托姆说：

> 在那二十三年（一六二九～一六四二）的纷争时期中预算制问题的讨论，影响了当时英国的命运，实无疑义。捐输的问题，使皇帝不得不时时召集国会；捐输问题的讨论，使君民间的仇恨日益深切，使人民为他们的权利作坚决的奋斗。最后依然是违法赋税，特别是"海军代偿税"（Ship－Money），成为人民革命的近因……。

读了这一段短文，我们就知道一六四二年英国的国会为什么革命，一六四九年查理士第一为什么被杀。

司托姆又说：

> 建设专制的政府，征收不经国会同意的赋税，一六四八年以前的皇帝与复辟后的皇帝，同出一辙。他们这种态度，在不同的时代，得到同样的结局。

我们又知道一六八八年的革命，重要的争点依然是人民的财政管理权。维【威】廉第三即位的时候，在《人权条文》上，于财政管理权即重新加以规定。《人权条文》中之一，说：

> 凡一切赋税的征收，不照国会通过的手续或逾越国会规定之时期
> 者即为违法。

从此，英国人民批准国家收入的原则稳定了。皇帝倘无激起革命的胆量和决心，绝对不敢再违犯这种法典。

英国人民且利用一六八八年革命的机会，在财政制度上，做进一步的改革。维【威】廉第三即位以后，国会将皇帝私款与国家公款严格划分；皇室的开支与国家的开支，都要经国会的通过。

这就是英国人民取得批准国家收入与支出的一段经过。这就是英国预算制成立的历史。自然，今日英国的预算制，在编制的技术上，在款项的分配上，在立法机关批准的手续上，与前相较，有许多变更，有许多进步。然而法律上的根据依然如此：预算制是人民批准政府每年的收入和支出的一种制度。

"不经人民同意，不纳赋税"，这种原则，在法国历史上亦是很早就出现了。在一四八三年，法国的代表大会（EtatsGeneraux）曾经这样宣言过：

> 从今以后，倘不召集代表大会，不经代表大会的同意，不得向人
> 民征收赋税。

这种原则，在一六一四年至一七八九年中并未为法国皇帝所重视，确为事实。然而"不得国人同意，不得征收任何赋税"这种法律，始终并未取消。一七八九年代表大会的召集，原因就在当日的巴理门（Parliament）坚持非经大会同意，不许征收赋税。人民财政管理权的纷争，的确是法国第一次革命的导火线。

一七八九年六月十七日，法国的"全国大会"（National Assembly）又这样宣言：

> 从今以后，赋税的批准权，完全在国民手里。

从这时候起，法国的一切宪法，大半都有上面这样的规定，人民批准国家的收入，从这时候起，渐渐得到法律的保障了。

七九〇年，国家的法律又把皇室用费与国家公费严格划分。国家一切开支，从今后亦须得到人民代表的同意。人民批准支出的权利又到手了。在拿破

仑第一与拿破仑第三的时代，人民的财政管理权曾经几次动摇。那是暂时的破坏，不是永远的消灭。从一八七五年起，直到如今，法国人民的财政管理权，没有被政府侵犯过。这是法国人民取得批准政府每年财政收入和支出的经过，这又是法国预算制成立的历史。

我们引证了这些历史事实，目的就在说明这一点：

> 预算制不是指国家财政上预先的统计或款项上预先的支配的一种计划，是国民批准政府每年的收入和支出的一种制度。

不只英、法是这样。我们检查目前文明国的法典，哪一国没有"国会通过政府的收入和支出"的规定？我们检查目前一切文明国家的财政制度，在什么国家，不经人民同意，政府可以任意征收赋税？不经人民同意，政府可以任意开支公款？收入要人民预先的同意，支出要人民预先的同意，这才是预算制！

我们现在又回到中国整理财政问题上来了。我们如今不埋怨政府的苛捐杂税，只问政府的一切收入，得到了人民同意了没有？不责备政府的虚耗白费，只问政府的一切开支，得到了人民的同意了没有？如今政府的一切收入和开支，姑无论账目怎样，法律上的根据在那里？所以关于财政整理一层，我个人的主张，先谈法律，后谈经济。

国家财政，在法律上必具的条件，应该如此：

（一）不得人民同意，政府不得强行征收任何赋税、公债、乐输。

（二）不经人民同意，政府不得任意分配并开支国家的收入。

（三）国家的款项不得移作私人团体的用款。

要这三条法律上的原则成立了，才谈得到预算制。实际上，不承认上列三条原则，亦无预算制之可言。（一）、（二）两条原则，这里用不着解释。第三条，"私人团体"我们是指国民党说的。根据宋部长的报告，我们知道党费每年四百万元是列在国家开支之内。国民党应不应执政，是另一问题；执政的国民党应不应由国家供给党费，另为一问题。后一点，在世界各国里找不出先例来的。部分的国民的组织，全体国民担负其费用，无论用什么论理或法理来讲，是站脚不住的，服务国家的党员，他们是官吏，他们领了公家的薪金，不应再索报酬。通常的党员，我们小民没有供给费用的义务。国家供给党费，是把党放在特殊的地位，把党员看做特殊阶级，这与民主原则根本违背。国民党的权利，非党员的小民享受不到的。凭什么我们要担任一种无权利的义务？"没有代议士，没有赋税"，非党员担任党费，与上面这条原则，距离太远了。国民党的收入和支出，非党员不能过问，这与人民管理财政权的原则，距离更远了。要预算制的成立，这种财政上公私不分的弊病，非先纠正不可。

最后，我总结我这篇文章的大意。

预算制不只是经济的问题，是法律的问题。预算制是人民合法代表机关批准政府每年收入和支出的制度。我们如今的要求，不是财政部在国家的收入和支出上一个预先的通盘的计划，我们要我们应有的财政管理权。

资本主义欤？共产主义欤？

《东方杂志》，第 28 卷第 24 号，1931 年 12 月

马寅初

马寅初教授向倾向于资本主义，近因鉴于世界经济之衰落，各国失业恐慌之危机，对于资本主义深致怀疑，且主张中国今后宜采仿俄国有计划的生产，以促国民经济之进步。本篇系马氏于九月中在中社演讲，而由该社社员贺君笔记其要点之文稿，载在该社出版之第一卷第八号《新社会》半月刊。转录于后，以见马氏最近思想之变迁。

记者

满洲问题将来为世界共产主义与资本主义激烈战争之导火线，乃经济问题，非政治问题。日本占据满洲，所以阻止俄国共产主义之向外发展，中国处身其间，将取资本主义而舍共产主义乎？抑取共产主义而舍资本主义乎？关系重大，不可不加研究。所谓知己知彼，百战百胜者是也。现在先讲资本主义。

资本主义最初以自由竞争为主，虽有促进进步发明等之效力，但其流弊极大，产业受其淘汰者不知凡几，并足以召起社会之恐慌。盖自由竞争中生产者各不相谋，生产之多寡恒受物价之支配，物价高，则共同提高生产。结果供过于求，各业均发生生产过剩。资本家固受损失，工人亦受失业之害，而股票价格与物价之跌落亦因之而起。受其影响者，不止劳资二方，社会至此发生绝大恐慌与绝大混乱。资本家至此，知自由竞争之不足恃，乃起而为种种专利之组织。此种组织约分四种。（一）"卡泰尔"（Kartelle）其原则有三：（A）最低生产；（B）最高工资；（C）市场分配。但黠者不愿遵守第三原则。如甲本定甲处为其市场，后见乙处市场较优，乃移售其货于乙处，于是"卡泰尔"解散。其次曰（二）"生狄克脱"（syndicate）。此项组织，生产者无商务上之自由，而有技术上之自由。久之亦难维持。因既有生产之自由，则各生产者尽量生产，结

果利害冲突。于是有（三）"脱拉斯脱"（Trust）之产生。美国盛行之此种制度。生产者技术上与商务上均无自主，他们毫无独立性质，完全受"脱拉斯脱"之支配。以生产言，如某产业生产若干，或甲代乙生产，均由"脱拉斯脱"指定之。各产业以自己股票向"脱拉斯脱"调换股票，其兑换率则按市价计算。因此，利益均沾，彼此可不竞争。就此为横的联合，而无纵的联合。故其他产业常抬高物价，致"脱拉斯脱"难以获利。最后为（四）"康勃艾"（Combine）。其组织包括各种产业。纵的横的，应有尽有。以上为世界资本主义国家产业组织之演进。然今日号称世界最富之美国，尚多乞丐盗贼，不能说是富国。国内惟少数强有力者，得享受极华贵之生活，贫者愈贫，富者愈富，资本主义之未尽善，于此可见。次略谈共产主义。

据马克思说，共产主义仅能实行于资本主义极发达之国家。若中国者生产落后，其相差程度尚远，何足以言共产？俄国如依马克思之主张，实亦未至其时。列宁倡行共产主义，并非依马氏所定之步骤。故俄国共产主义含有列宁之特别色彩。俄国共产主义实行之效果如何？我们未得其详。总之，共产主义不能适用于中国。

上述二种主义，既均不适用于中国，则中国将采取何种主义乎？本人向倾向于资本主义，但现在已觉极端资本主义不能施行于中国，极端共产主义亦不适用。我们应舍短取长，采行第三途径。即一面作有计划之生产，一面保留私产制度。后者与俄国情形相反，因俄国现在已取消私产制度。前者则与俄国相同，盖俄国对于各种生产均有计划。所谓有计划生产，即召集经济会议，令全国实业团体，各界各派代表，会议生产办法，先计划各种基本实业，至小产业则可从缓。俄国计划产业，完全取消盈利。中国应保持相当盈利，而由政府代表消费之人民以防生产者之操纵。成功后复以法律保障之。如是，则将来世界无论何种主义战胜（资本主义或共产主义），中国均可保持经济调和之状态。

我们应注意我们计划；应适应环境，否则将甚危险。现在世界情形已非如以前各经济家所说常为"常态"（normal），又如新经济家所说日在推移，无所谓"常态"。吾人安可不求适应环境乎？

中国现代化问题专辑

原载《申报月刊》1933 年 7 月 15 日 2 卷 7 号

杨端六　陶孟如　张良辅

一、中国现代化之先决问题

中国人有一个根深蒂固的观念，是"物质救国"。这观念自从前清维新运动起，一直到现在，占据了朝野名士的脑筋。他们以为中国之所以积弱不振，并不是别的方面赶不上别人，所缺少的就只在枪炮机器。如果我们有了这些东西，还怕什么日本人？还怕什么西洋人？殊不知甲午之役，我们的战舰比日本的大得多，为什么一败涂地？此次九一八事件未发生以前，沈阳兵工厂的枪炮至少比十九路军多些好些，飞行机几百架，为什么也不用一次？可见物质的设备虽然是不可少的，但此外有一个重要条件，就是要有人去用它。譬如一个二十世纪的青年，他固然没有钱不能发展，但仅仅有钱，若是自己不能用，那就会变成穷人。这种浅明的道理，说破了不值半文钱，但是许多聪明才智之士，总看不到。今日政府当局的人，有的思想陈旧至于诵经念佛，有的道德堕落至于贪赃枉法，大多数的人则彼此徇情顾面子，明知那些人对于国家社会有损无益而不肯屏弃他们。还有一部分贤明之士，总不肯疏远那些饭桶人才的亲戚，必定要把他们摆在极重要的地位。有此种种原因，所以政治不能上轨道。至于教育方面，说来也很可怜。有的把学校比农村，只要教员学生都有饭吃，就是办教育，用不得什么图书仪器的设备，高楼大厦的建筑。有的以为文法等科无补实用，最好一律停办，专开扩充物质方面的教育。前者的弊病流于空疏，后者的弊病流于呆板。他们都不知道把精神文明建筑在物质文明之上，所以办学几十年，没有几个人能替国家担负重任。除学校教育以外，社会教育也不能充分发挥。譬如新闻纸，如果选择材料更为慎重，阅报的人必定增加不少的正当观念，而今日各报大都一方面狃于习惯，一方面为扩充销路起见，不肯把许多迷信不道德的消息废弃。中华民族本是教育程度不足的人民，纵令掌握教育权柄的人拼命地急起直追，还不知道何时才看见有进步，现在大家都在开倒车，人民怎样能够"现代化"？政治的影响是由上而下的，教育的影响是由下而上的。现在要想学德意俄，我们没有希特勒、墨索里尼、斯大林；要想学英美，我们又没有自由开化的民众。这个困难问题真是不容易解决！

二、中国现代化问题

在答复申报月刊社所提出的问题之先，我们必须将"现代化"的意义认清。按申报月刊的征文启事里所说的"现代化"似乎有广狭二义。广义的现代化包含社会的许多方面，狭义的现代化，也就是申报月刊社所认为主要的，乃限于经济的一方面，那么所谓中国现代化便是产业革命与经济改造了。

中国现代化的困难与障碍是什么？有的人说是政治不良，有的人说是帝国主义者的侵略，有的人说是科学不发达。这些种说法当然各有部分的真理，但是究嫌笼统，并没有对于问题全体做一番精细的、彻底的检讨。中国现代化的企图，正如征文启事上所说，不始于今日，已经有了几十年的历史，而中国的疆土又是这样的广大，包含着若干文化程度经济程度不同的区域，因此之故，中国现代化的困难与障碍必不永远是一个或数个，必不到处是一个或数个，必然依时依地而异，其重要之程度也必依时依地而变化。例如戊戌的变法，辛亥的革命，张之洞在两湖进行新政，张謇推行盐铁政策，各时代的困难便不全相同，即是相同的，其轻重之程度在各时各地也必然相异。

现代化乃是一个程序，它包括着许多的事业的推行与进展，如建设铁路，开发矿山，设立钢铁厂，都是现代化的一部分。它们所遇的困难与障碍，有相同的，也有许多不相同的，我们应该分别观察，而不应该囫囵地讨论。一种事业自开始以后，它的进行必然不断地遇见困难，它的成就便是努力地胜过诸般困难与障碍的结果。在理论上，我们可以将困难与障碍简单化，但是在实际上便不能如此了。说起来，事情好像容易，做起来，与真的事实一接触，事情可就难了。

以上是说中国现代化的困难和障碍绝不是一言两语所能尽。甚至可以说，不是文字所能尽。若问中国现代化的先决的条件，我们却可以举出下列两点：

一、教育，特别是科学的教育与做事的教育。我们的人民的知识太幼稚了，对于物质的认识太缺乏了，办事的能力太低了。提高知识与做事的能力，非从教育下手不可。

二、政府的廉洁与效率。一切的事业虽然不必专等着政府去做，但廉洁的政府却是一切事业进步必不可缺的条件，而有效率的政府也是辅助一切事业进行最有用的条件。

这样的政府不存在，现代化是无望的。

为急速的实现中国现代化，不能不借用外国资本。因为须借用外国资本，又因为环绕我们的（除一国以外），与我国经济与政治有密切关系的都是资本主义的国家，我们便不能采用急进的社会主义。假使政府真有力量，社会主义性质的立法当然可以采用，也可以多少减轻资本制度的偏弊。社会主义的经济，在进行现代化的期间，事实上未必可能，但我们却应以之为现代化的终极的目标。社会主义经济的方式有多种，至于应采何种在本文内可以不必讨论了。

三、中国现代化的障碍和方式

中国现代化，诚如征稿启事所说，虽然包括政治文化学术及社会制度各方面，但其主要的含义，却是关于经济方面的。因为经济关系的变迁是必需继之以政治文化学术等上层社会结构之变迁的。所以我这里所说的现代化自然专指经济方面，尤其是工业化与机械化而言。

中国现代化的困难和障碍，并不如一般人所说的是缺乏资本与新式技术，而很明显的是国际资本帝国主义者，帝国主义的依生者，封建势力的余孽以及那些"佛乘飞机"之西学为用的中西文化融和论者。帝国主义者为要销售其国内的过剩生产而维持资本主义之生存起见，是永远要使中国处于次殖民地的地位供给他们贱价的原料，销售他们过剩的产品，而绝不愿中国之现代化的。帝国主义者的最初侵略中国方式是商品输入，现在这时代早已过去了。帝国主义者现在侵略中国的方式是资金的输入；在中国境内建立工厂，利用中国的贱价人工与原料，免避关税的征收与运费的浪费，并可免避外货的名目，而在中国境内畅销。现在中国的新兴工业假如不是全为外资所创的，那么就是合股或在金融上受他们影响的，真正中国民族资本的工业必然要遭受帝国主义者之多方的压迫的。

帝国主义的依生者，为军阀官僚、买办阶级之类，因为是寄生于帝国主义者之上的，所以也随着帝国主义者为中国现代化的障碍物。隐蔽于残余封建势力如下的土豪劣绅，甘地之"手摇纺机"的崇拜者以及"佛乘飞机"的中西文化调和论者，也都是在中国现代化路上所该铲除的障碍物。

我们明了了中国现代化的困难和障碍，那么促进现代化所需要的先决条件就是排除这些困难和障碍。

至于中国现代化当采取哪一种方式，那么第一这当然是社会主义的，只有在社会主义的制度下，生产与分配才有合理的处置。现在主要资本主义国家所遭遇的严重经济恐慌大部是由于生产与分配方法不合理的缘故。我们现在难道也愿意像他们样的在伦敦忙着开世界经济会议吗？其次，国民资本所自发的现代化自然是较好的，但是中国现在有巨大的资本吗？所以外国资本所促成的现代化，也并不是完全要不得的，只要我们不为外资所利用而是利用外资。当然，像《独立评论》派所主张之变相的国际共管的现代化是绝对不能采行的，即如《南美三小国借外资与国》书中所说的那种现代化也是中国所绝对要不得的，因为我们都很明显地知道，南美诸小国都不过是英美二大帝国主义者的附庸罢了。这里所谓利用外资，最普通的例就是苏联所行的"特许事业"（Concession）。

……

建国问题引论

《独立评论》，第 77 号，1933 年 11 月 19 日

胡 适

前几天，孟心史先生来谈，他说："现在人人都说中国应该现代化，究竟什么叫做'现代化'"？我们谈论之后，他回去就写了一篇很有风趣又很有见地的长文，题为《现代化与先务急》（登在本期）。他嫌"现代化"太笼统，不如中国老话"当务之为急"。他引孟子的话"尧、舜之知而不遍物，急先务也"，说"急先务"就是"自审于国之所当行者即行之"。他说，用"急先务"作标准，"则先决之问题亦必即为所急之先务矣"。

"现代化"的问题，在本年七月的《申报月刊》上曾有很多位学者参加讨论，论文有二十六篇之多，文字约有十万字。我们读了这二十六篇现代化的讨论，真不免要和孟先生表同情：这些论文好像是彼此互相打消，一方面说，"使中国现代化，最急需的是在整个地实行社会主义的统制经济和集体生产"（罗吟圃先生的论文，页三三）；一方面也有人说"中国生产之现代化应采个人主义"，"欲使中国现代化，以采用私人资本主义为宜"（唐庆增先生的论文，页六二）；同时又有人说，"中国不是单纯的资本主义社会，所以不需要社会主义革命；它也不是单纯的封建主义社会，所以不需要欧美式的资本主义化；它仅是介于两者中间的复式社会，很可以而且需要采取非资本主义的路线"（董之学先生的论文，页五八）。我们看了这十万字的讨论，真有点像戏台上的潘老丈说的，"你说了，我更糊涂了"。这种讨论所以没有结果，正因为一说到"现代化"，我们不能不先问问"现代"是什么，我们要化成那一种现代？这就是孟先生说的："必有一形成之现代，而后从而化之"。那个"形成的现代"是什么呢？一九一七年以前的欧、美、是不是已够不上"现代"的尊称了？一九一七年以来的苏俄，是不是"形成了的现代"呢？

在《申报月刊》的讨论上，又有吴泽霖先生的论文（页九），对于"中国

现代化"的问题发生根本的疑问。他说：

> 文化是一个错误尝试的过程，中古式的文化当然是走错的歧路，
> "现代"式的文化也未免不是一条塞底的胡同。人类真正的出路，现在
> 正还在摸索着。

但他又说：

> 我们以为中国现在所迫切需要的，不是已告失败的现代化，乃是
> 正在萌芽的社会化。现代的物质文明当然为这种新文化所拥护而维持
> 的；现代的精神蛮性（Spiritual Barbarism）却是它改造的目标。在物
> 质生活方面，当然仍旧尽量应用科学，它更将进一步的把科学加以人
> 化（Humanization）。

如此说来，我们此时还没有法子寻得一个"形成之现代"做我们现代化的目标。
我们至多只能指着一个"正在萌芽的社会化"做我们的理想境界。

这种迟疑，这种种的矛盾，都是历史演变的结果。在三十年前，主张"维
新"的人，即是当日主张现代化的人，对于所谓"新"，决没有我们今日这样的
迟疑与矛盾。当日虽然也有君主立宪与民主共和的争论，但在他们的想象中的
西洋文明，却没有多大的疑义。试读梁任公先生的《新民说》，他那样热烈提倡
的新民的新德性，如独立、自由、自治、自尊、自立、冒险、进步、尚武、爱
国、权利思想……无一项不是那十九世纪的安格鲁撒克逊民族最自夸的德性。
那时代的中国知识界的理想的西洋文明，只是所谓维多利亚时代的西欧文明：
精神是爱自由的个人主义，生产方法是私人资本主义，政治组织是英国遗风的
代议政治。当时的知识领袖对于西洋文明的认识本来还没有多大异义，所以当
时能有梁先生那样热烈的、专一的信仰崇拜。然而在西洋各国，早已有怀疑的
呼声起来了。社会主义的理论与实际运动早已起于欧洲，那十八、十九两世纪
的个人主义的风气，早已招致很严厉的批评了。梁启超先生还不曾受到此种及
个人主义的熏染，另一位中国领袖孙中山先生却已从亨利乔治（Henry George）
的著作里得着此种社会化的理论了。欧战以后，苏俄的共产革命震动了全世界
人的视听；最近十年中，苏俄建设的成绩更引起了全世界人的注意。于是马克
思、列宁一派的思想就成了世间最新鲜动人的思潮，其结果就成了"一切价值
的重行估定"，个人主义的光芒远不如社会主义的光耀动人了；个人财产神圣的

理论远不如共产及计划经济的时髦了；世界企羡的英国议会政治也被诋毁为资本主义的副产制度了。凡是维多利亚时代最夸耀的西欧文明，在这种新估计里，都变成了犯罪的，带血腥的污玷了。因为西洋文明本身的估价已有了绝不同的看法，所以"新"与"现代"也就都成了争论的问题了。中国的多数青年，本来就不曾领会得十九世纪西洋文明有什么永久的价值；现在听见西方有人出头攻击西欧文明，而且攻击的论调又恰恰投合中国向来重农抑商的传统思想，不知不觉之中，最容易囫囵吞下去；所以不上十五年，中国青年人的议论就几乎全倾向于抹煞一九一七年以前的西洋文明了。有些人自然是真心信仰苏俄的伟大的，坚苦卓绝的大试验的。有些人却不免有吠声之犬的嫌疑，因为他们绝不曾梦想到西欧文明与美国文明是什么样子。然而无论如何，中国人经过了这十五年的思想上的大变化，文化评判上的大翻案，再也不会回到新民丛报时代那样无异议的歌颂维多利亚时代的西洋文明了。今日国内人士对于"现代化"的迟疑与矛盾，都只是这十几年来文化翻案的结果。

我们要的现代文化究竟是什么，这个问题在今日已成了很不容易解答的了。因此，"现代化"差不多只是一种很广泛的空谈，至今还没有确定的界说。既不能明定现代的目标，自然不能有一致的步骤与程序。不但如此，大家对于"现代"的见解，显然有相背驰的，所以不但不能一致协力，还有彼此互相消灭的浪费。若一九一七年以前的西洋文明都不足取法，那么，这几十年的一点点改革工作，都不值得我们的留恋，也许都得一把劫火毁灭了才快一部分人的心愿。若私家的工商业都不应该存在，那么，中国的生产事业都只好停顿下来，静候中国的列宁与斯大林的出现。若近二十年的"文化运动"都只是如陈高佣先生（上述《申报月刊》页五〇——五一）说的"西洋近代的资本主义文化"，那么，我们的教育学术也都得根本打倒，恭候那货真价实的真正现代文化的来临。更可怜的，是近年许多青年人与中年人"本其所信，埋头苦干"，而因为目的不同，方向背驰，所以有互相压迫，互相残杀的惨酷行为。今日国中各地的杀气腾腾，岂不是几种不相容的主义在那儿火并，同是要把国家社会做到各人所信为"现代化"的地位，结果竟至于相仇杀，相屠相灭，这岂不是今日最可痛心的一件事！

怪不得孟心史先生要提出抗议。他说："不要再乱谈现代化了，我们应该大家平心静气商量出什么是今日的当务之急。"

然而"当务之急"也是一个相对的观念，也可以引起无穷的纷争。孟先生的办法是：

取现代已有之成法，聚深通世界国情政情之士，条列其可以移用
于吾国者，与不必移用于吾国者，质诸当局，证之国论，又加审量其
间，而后定其孰为最急之先务。既定之后，即为吾国当务之急。

　　这个办法也是不容易施行的。因为"何者可移用于吾国"，和"孰为最急之先
务"，这两个问题的答案也都依靠各人的社会政治思想。唐庆增先生说私人资本
主义适宜于中国的生产；罗吟圃先生必定说"在中国目下的现况，无论从那一
方面观察起来，经济上的个人主义是万万行不得的"。在这种歧异不相容的意见
之下，谁配做最终的判决人呢？至于何者为先务也必有同样的歧异。一部分人
必要先打倒帝国主义，一部分人必说先须剿共，另一部分人必要先推国民党的
政权。也许有人要先从教育下手，也许有不少的人要先买飞机重炮。也许还有
不少的人（如今日广东的领袖）要先读孟先生说的六经四子！孟心史先生悬想
的国是会议或先务会议，依我看来，必至于闹到全武行对打而散。所以"急先
务"好像是比那广泛的"现代化"简明多了，然而到底还不能免于分歧与争执。
何者为先务，与何者为现代，同样的不容易决定。

　　我个人近年常常想过，我们这几十年的革新工作，无论是缓和的改良运动，
或是急进的革命工作，都犯了一个大毛病，就是太偏重主义，而忽略了用主义
来帮助解决的问题。主义起于问题，而迷信主义的人往往只记得主义而忘了问
题。"现代化"也只是一个问题，这个问题的明白说法应该是这样的："怎样解
决中国的种种困难，使她在这个现代世界里可以立脚，可以安稳过日子。"中国
的现代化只是怎样建设起一个站得住的中国，使她在这个现代世界里可以占一
个安全平等的地位。问题在于建立中国，不在于建立某种主义。一切主义都只
是一些汤头歌诀，他们的用处只在于供医生的参考采择，可以在某种症候之下
医治病人的某种苦痛。医生不可只记得汤头歌诀，而忘了病人的苦痛；我们也
不可只记得主义，而忘了我们要用主义来救治建立的祖国。

　　我们都应该回头去想想，革命是为什么？岂不是为了要建立一个更好的中
国？立政府是为什么？岂不是为了要做这建国的事业？练兵是为什么？岂不是
为了要捍卫这个国家？现代化是为什么？岂不是为了要使这个国家能站在这个
现代世界里？——这一切的工作，本来都只是为了要建立一个更满人意的国家。

　　这个大问题不是一个主义就可以解决的，也不是短时期就能解决的。这件
建国的工作是一件极巨大，极困难，极复杂的工作。在这件大工作的历程上，

一切工具，一切人才，一切学问知识，一切理论主义，一切制度方式，都有供参考采择的作用。譬如建筑一所大厦，凡可以应用的材料，不管他来自何方，都可以采用；凡可以供用的匠人，不管他挂着什么字号招牌，都可以雇用。然而我们不要忘了，问题是造这大厦。若大家忘了本题，锄头同锯子打架，木匠同石匠争风，大理石同花岗石火并，这大厦就造不成了。

现在的社会思想家，大都没有认识这个当前问题。他们忘了这是一个绝顶繁难的大问题，其中包含着无数的专门技术问题。他们把它错看做一个锄头或锯子的小问题了（上述《申报月刊》的现代化讨论，差不多把中国现代化的问题完全看做生产的问题）。欧洲人的国家，根本就没有这个建立国家的大问题，因为他们的国家都是早已成立的了。因此他们能有余力来讨论他们的社会问题，生产问题，分配问题，等等。然而在我们这国内，国家还不成个国家，政府还不成个政府；好像一个破帐篷在狂风暴雨里，挡不得风，遮不得雨；这时候我们那里配谈什么生产分配制度的根本改造！

我不是说生产分配等问题是小问题。我只是说，在中国的现状之下，国家生存的问题没有办法之前，那些问题都无法解决。例如土地问题岂不重要，然而在江西湖北国军赤军连年作战的状态之下，土地问题是否能有满意的解决？一切赤区的土地新支配，是否于人民有多大实惠？这种支配的办法是否值得这连年血战的牺牲的代价？一方面是少数人抱着某种社会经济的主张，就去干武装的革命；一方面是当国的政府为了自卫起见，也就不惜积聚全国的精锐兵力去围剿。结果是人民受征战的大祸，国家蒙危亡的危险；政府所辖区域内的积极政治无一可办，而赤区内的社会问题，又岂能在这种苦战的状态之下得着永久的解决了吗？

近两年的国难，似乎应该可以提醒一般人的迷梦了。今日当前的大问题依旧是建立国家的问题：国家有了生存的能力，政府有了捍卫国家的能力，其他的社会经济问题也许有渐渐救济解决的办法。国家若陷入了不能自存的地步，外患侵入之后，一切社会革命的试验也只能和现存的一切政制同受敌人铁蹄的蹂躏，决不会有中国亡了或残破了，而某地的赤色革命区域可以幸免的。

所以我们提议：大家应该用全副心思才力来想想我们当前的根本问题，就是怎样建立起一个可以生存于世间的国家的问题。这问题不完全是"师法外国"的问题，因为我们一面参考外国的制度方法，一面也许可以从我们自己的几千年历史里得着一点有用的教训。这问题也不完全是"必有一形成之现代，而后从而化之"的问题，因为一来此时的世界正在演变之中，无有一个已形成的现代；二来我们的病状太危险，底子太虚弱，恐怕还没有急骤追随世界先进国家的能力。这问题也不是一个"急先务"的问题，因为这个国家满身是病痛，医头固是先务，医脚也是先务；兴利固是先务，除弊也是先务；外交固是先务，内政更是先务；学术研究固是先务，整顿招商局也是先务。

我前几年曾说过：我们只有一条路，就是认清了我们的问题，集合全国的人才智力，充分采用世界的科学知识与方法，一步一步的作自觉的改革，在那自觉的指导之下一点一滴地收不断的改革之全功。

我们此后想把我们对这个建国问题的各方面的思考的结果，随时陆续写出来，请关心这问题的人时时指教匡正。

革命与专制

《独立评论》，第 80 号，1933 年 12 月 10 日

蒋廷黻

自闽变的消息传出以后，全国人士都觉得国家的前途是漆黑的。中国现在似乎到了一种田地，不革命没有出路，革命也是没有出路。

你说不革命吧，这个政府确不满人意。要想使它满人意，单凭理论是不行的。倘若你手无枪杆，无论你怎样有理，政府——上自中央，下至县市——充其量，都是忌而不顾的。因为政府倘若要顾的话，不是政府里面的人的私利受损失，就是外面有枪杆的人的私利受损失。胡汉民先生近来说，政府这两年来没有做一件好事。这句话，一方面是过分，一方面是不足。过分，因为好事确做过，但不济于事，且所做的好事恐怕还抵不过所做的坏事。不足，因为不但这两年的政府是如此，近二十年的政府何尝又不是如此？其实，中国近二十年来没有一个差强人意的政府，也没有一个罪恶贯盈的政府。极好极坏的政府都只在地方实现过，没有在中央实现过。因为中央就是有意做好，它也没有能力来全做好；中央就是有意作恶，它也没有能力来作极恶。这二十年来，从袁世凯到蒋介石，各种党派，各种人物，都当过政，大致都是如此的。照我个人看起来，就是北洋军阀如袁、段、吴、张，都是想做好的，但都是无了不得的成绩可言。因为他们的力量都费在对付政敌上去了。在对付政敌的时候，他们就不得不牺牲建设来养军，不得不只顾成败，不择手段。问题不是人的问题，是环境的问题。在这个环境里，无论是谁都做不出大好事来。中国基本的形势是：政权不统一，政府不得好。

你说革命罢，我们的革命总是愈革愈不革。假若我们说，我们有个真实为人民谋利益，为国家求富强的革命党，它能济事么？在现今割据的环境之下，它能以全盘精力来改造社会么？它断然也是不能的。它的精力也会费在对付政敌上。它也必须打仗，必须练军，必须筹饷。在它的统治之下，无论它怎样想

为人民谋利益，人民的负担也是不能减轻的。且在这环境里，它也不能择手段。附和者只好联络或收容。久而久之，所谓革命军大半就不是革命军了，所谓革命党也不革命，只争地盘，抢官做了。等到事情过去以后，人民只出了代价，绝没有得着收获。

这个代价之高，是我们不可思议的。我们中国近二十年为革命而牺牲的生命财产，人民为革命所受的痛苦，谁能统计呢？此外因内争而致各派竞相卖国更不堪设想！孙中山先生革命目的之纯洁大概是国人所共认的。但二次革命失败以后，他也不惜出重价以谋日人的协助。民国三年五月十一日，他写给大隈伯的信有这样一段：

> 愿以革命军之自力，而无援助，则其收功之迟速难易非可预期。……日本与中国地势接近，利害密切，求革命之助以日本为先者，势也。……日本既助中国，改良其政教，开发天然之富源，则两国上自政府，下至人民，相互亲善之关系，必非他国之所能同。可开放中国全国之市场，以惠日本之工商，日本不害独占贸易上之利益。……中国恢复关税自主权，则当与日本关税同盟，日本制造品销入中国者免税，中国原料输入日本者亦免税。

孙先生不但愿意出此大价，并且要大隈伯知道他所出的价是比袁世凯所愿意出的还大。在这封书内，他继续又说：

> 现在之中国，以袁世凯当国，彼不审东亚之大势，佯与日本周旋，而阴事排斥，虽有均等之机会，日本亦不能与他人相驰逐。近如汉冶萍事件，招商局事件，延长煤油事件，或政府依违其间，而唆使民间反对，或其权利已许日本，而翻授之他国（看参王芸生辑《六十年中国与日本》，六卷，页三四至三五）。

以孙先生的伟大人格尚且出此，其他革命家不屑说了。中国现在谈革命，就离不开内战。一加入战争，无论是对内或对外的战争，那就无暇择手段了。这也不是个人的问题，是环境的问题。比较说来，已得权者给外人的利总是比未得权者要低些。此中心理，孙先生也说过：

就另一方面言，则中国革命党事前无一强国以为助，其希望亦难达到。故现时革命党望助至切，而日本能助革命党，则有大利。所谓相需至殷，相成至大者此也。

革命党既然靠外援来夺取政权，执政者亦只能以同样手段对付。民国三年八月十三日袁政府的外交总长孙宝琦给驻日公使陆宗舆的电报有这一段："我政府正筹中日免除根本误会，以图经济联络之法"。后四天的电报又说：

前小幡面告，日政府确有取缔乱党之意，望代达主座。日前又提议，中国如愿日本实行，可提出希望条件，惟须有交换利益，日本方可对付。

这样的革命，多革一次，中国就多革去一块。久而久之，中国就会革完了，读者不要以为我故意夸大其词。孙、袁的竞争不过是个例子。假若不为篇幅所限，我可证明民国以来的外交，没有一次外交当局不受内战的掣肘；我更能证明没有一次内战没有被外人利用来做侵略的工具。九一八事变为什么在民国二十年的九一八发生呢？一则因为彼时远东无国际势力的均衡，二则因为日本人知道彼时中央为江西共党所累，为西南反蒋运动所制，绝无能力来抵抗。在中国近年的革命，虽其目的十分纯洁，其自然的影响是国权和国土的丧失。我们没有革命的能力和革命的资格。在我们这个国家，革命是宗败家灭国的奢侈品。

这是就目的纯洁的革命说。但是谁能担保目的是纯洁呢？谁敢说中国今日能有一个"为人民谋利益，为国家求富强的革命党"呢？我们平日批评西洋的政治，说是资产阶级压迫劳工的政治。无论如何，西洋至少尚有为阶级谋利益的政治，我们连这个都没有。我们的政治都是为个人及其亲戚朋友谋利益的政治。所谓革命家，十之八九不是失意的政客，就是有野心的军人；加入革命的普通人员不是无出路的青年，就是无饭吃而目不识丁的农民。这种人，如革命能改除一时的痛苦就革命，如做汉奸能解除目前的痛苦就做汉奸。拿这种材料来作建设理想社会的基础，那是不可能的。

从历史上看来，这种现象是极自然的，那一国都不是例外。西洋英、法、俄诸革命先进国，原先都与中国一样，有内乱而无革命。如同英国，在十五世纪，所谓玫瑰战争，也是打来打去，绝无成绩的。在十五世纪末年，亨利七世统一了英国而起始所谓顿头朝代（Tudor Dynasty）百年的专制。在这百年之内，英人得休息生养，精神上及物质上成了一个民族国家（National state）。等到十七世纪，政治的冲突于是得形成实在的革命。史学家共认，没有十六世纪顿头的专制，就不能有十七世纪的革命。法国在十六世纪正处内乱时期。奇斯（Guise）及布彭（Bourbon）两系的循环战争闹得民不聊生。彼时有识之士如Bodin 及 L'Hopital 一流人物就大提倡息争主义，以息争为法国第一急务。在这种思想潮流之中，看透了内战的全无意义，及绝不能有意义，于是布彭朝的路易四世收拾了时局，建设了二百年布彭专制的基础。经过路易十四光明专制之后，法国也成了一个民族国家。于是在十八世纪末年，政治一起冲突，法人就能真正革命。因为专制的布彭朝培养了法人的革命力量，换句话说，经过布彭朝的专制，革命不致引起割据，民族的意识太深了，不容割据发生，王权虽打倒了，社会上有现成的阶级能作新政权的中心；外国虽想趁机渔利，法人的物质及精神文化均足以抵御外侮。所以法国史家常说，布彭朝有功于法国十八世纪末年的革命。俄国亦复如此。在十六世纪末年及十七世初年，俄国也只能有内乱，不能有革命。经过罗马罗夫朝三百年的专制，然后列宁及杜落斯基始能造成他们的伟业。世人徒知列宁推倒了罗马罗夫朝代，忽略了这朝代给革命家留下了很可贵的产业。第一，俄国在这三百年内，从一个朝代国家（dynastic state）长成为一个民族国家。革命就不能有割据的流弊。第二，专制的罗马罗夫朝养成一个知识阶级能当新政权的中核。第三，专制时代提高了俄国的物质文明，使援助白党的外人无能为力。

中国现在的局面正像英国未经顿头专制，法国未经布彭专制，俄国未经罗马罗夫专制以前的形势一样。我们现在也只能有内乱，不能有真正的革命。我们虽经过几千年的专制，不幸我们的专制君主，因为环境的特别，没有尽他们的历史职责。满清给民国的遗产是极坏的，不够作革命的资本的。第一，我们的国家仍旧是个朝代国家，不是个民族国家。一般人民的公忠是对个人或家庭或地方的，不是对国家的。第二，我们的专制君主并没有遗留可作新政权中心的阶级。其实中国专制政体的历史使命就是摧残皇室以外一切可作政权中心的阶级和制度。结果，皇室倒了，国家就成一盘散沙了。第三，在专制政体之下，我们的物质文明太落伍了。我们一起革命，外人就能渔利，我们简直无抵抗的能力。

总之，各国的政治史都分为两个阶段，第一是建国，第二步才是用国来谋幸福。我们第一步工作还没有做，谈不到第二步。西人有个格言，说更好的往往是好的敌人。中国现在的所谓革命，就是建国的一个大障碍。现在在中国做国民，应该把内战用客观的态度，当做一种历史的过程看，如同医生研究生理一样。统一的势力是我们国体的生长力，我们应该培养；破坏统一的势力是我们国体的病菌，我们应该剪除。我们现在的问题是国家存在与不存在的问题，不是哪种国家的问题。

十二月三日

建国与专制

胡 适

上期蒋廷黻先生发表了一篇《革命与专制》，根据欧洲的近世史立论，说：

中国现在的局面，正像英国未经顿头【今译都铎】专制、法国未经布彭【今译波旁】专制、俄国未经罗马罗夫【今译罗曼诺夫】专制以前的形势一样。我们现在也只能有内乱，不能有真正的革命。我们虽经过几千年的专制，不幸我们的专制君主，因为环境的特别，没有尽他们的历史职责。满清给民国的遗产是极坏的，不够做革命的资本的。第一，我们的国家仍旧是个朝代国家，不是个民族国家。一班人民的公忠是对个人或家庭或地方的，不是对国家的。第二，我们的专制君主并没有遗留可做新政权中心的阶级。其实中国专制政体的历史使命就是摧残皇室以外一切可做政权中心的阶级和制度。结果，皇室倒了，国家就成一盘散沙了。第三，在专制政体之下，我们的物质文明太落伍了。我们一起革命，外人就能渔利，我们简直无抵抗的能力。

蒋先生的结论是要指出：

各国的政治史都分为两个阶段：第一是建国，第二步才是用国来谋幸福。我们第一步工作还没有做，谈不到第二步。

"我们没有革命的能力和革命的资格。"

他的大意，不过如此。

可是他给了这篇文章一个很引人注意的标题，叫做《革命与专制》。他列举了英法俄三个国家的历史：英国若不经过十六世纪的顿头朝（Tudor 钱端升先生译为推铎尔朝）的专制，就不能有十七世纪的革命；法国若不经过二百年波旁（Bourbon）的专制，也就不会有十八世纪的大革命；俄国若不经过罗马罗夫三百年的专制，列宁和托洛斯基也就未见得能造成他们的革命伟业。我们读了他的历史引证，又回想到他的标题，不能不推想到三个问题：（1）专制是否建国的必要阶段？（2）中国经过了几千年的专制，为什么还没有做到建国的历史使命，还没有造成一个民族国家？我们还可以进一步追问：（3）中国的旧式专制既然没有做到建国的职责我们今后建国是否还得经过一度的新式专制？

我想读了蒋先生那篇文章的人，大概都不免发生这三个推想。蒋先生将来一定还有更详细的说明。我现在先把我个人对于这三点的意见写出来，请蒋先生和读者指教。

（一）专制是否建国的必要阶段？

关于这一点，我的观察和蒋先生有一个根本的不同。蒋先生所举的英法俄三国的历史，在我看来，只是那三个国家的建国史，而建国的范围很广，原因很复杂，我们不能单指"专制"一项做建国的原因或条件。我们可以说那三个朝代（英的顿头，法的布彭，俄的罗马罗夫）是建国的时代；但我们不能证明那三个国家的建立都是由于专制。英国的顿头一朝的历史，最可以说明这一点，亨利七八两世做到了统一的功绩，亨利八世的一个儿子和两个女儿继续王位，尤其是他的小女儿伊丽莎白女王享国最久，史家称为伊丽莎白时代。英吉利民族在这一百年之中，成为一个强盛的民族国家，是有种种原因的。顿头一朝的几个君主虽然也有很专制的，如玛丽女王在三四年间因宗教罪过烧杀男女异教徒至三百人之多，但这种专制的行为只够引起人民很严重的反抗，而不能增民族国家的建立，玛丽女王的末年是英国人民最痛恨的；她的恢复天主教的政策，也是最违反民意的行为。史家说她的时代的英国是几百年来最紊乱的时代，"不但法纪废弛，无领袖，无武备，无精神，无统一性，平时战时俱受侮辱；而且无论从哪一方面讲，英国只是西班牙的一个附庸国"。（钱端升译屈勒味林的《英国史》，页四〇九）顿头一朝的两个英主，前有亨利八世，后有伊丽莎白，都能利用英国人民的心理，脱离罗马教皇的管辖，树立英国国教，扶植国会，培养国力，提倡本国方兴的文化。凡此种种，固然也可说是开明的专制。但英国民族国家的造成，并不全靠君主之力。英国语的新文学的产生与传播，英文翻译的《圣经》与《祈祷书》的流行，牛津与剑桥两大学的势力，伦敦的成为英国的政治经济文化中心，纺织业的长足的发展，中级社会的兴起：这些都是造成民族国家的重要因子。这种种因子大都不是在这一个朝代发生的，它们的起源往往都远在顿头朝之前；不过在这百年的统一和平时代，它们的发展自然更快了。

蒋先生的本意大概也只是要说统一的政权是建国的必要条件；不过他用了"专制"一个名词来包括政权的统一，就不免容易使人联想到那无限的独裁政治上去。其实政权统一不一定就是独裁政治。英国的亨利第八时代正是国会的势力抬头的时代：国会议员从此有不受逮捕的保障，而国王建立新国教也须借国会的力量。所以我们与其说专制是建国的必要阶段，不如说政权统一是建国的条件，而政权统一固不必全学罗马罗夫朝的独裁政治。

（二）中国几千年的专制何以不曾造成民族国家？

关于这一点。我和蒋先生也有不同的看法。照广义的说法，中国不能不说是早已形成的民族国家。我们现在感觉欠缺的，只是这个中国民族国家还够不上近代民族国家的巩固性与统一性，在民的自觉上，在语言文字的统一上，在历史文化的统一上，在政治制度（包括考试，任官，法律，等等）的统一与持续上——在这些条件下，中国这两千年来都够得上一个民族的国家。其间虽有外族统治的时期，而在那些时期，民的自觉心更特别显露，历久而不衰，终于产生刘裕、朱元璋、洪秀全、孙文一流的民族英雄起来做民族革命的运动。我们今日所有的建国的资本，还是这两千年遗留下来的这个民族国家的自觉心。

这个民族的国家，不能不说是两千年的统一政权的遗产。最重要的是那个最光荣的两汉帝国的四百年的统一。我们至今是"汉人"，这就是汉朝四百年造成的民族自觉心的结果。其次是唐朝的三百年的统一，使那些新兴的南方民族至今还自称是"唐人"。有了汉唐两个长期的统一，我们才养成了一个整个中国民族的观念。我们读宋明两朝的遗民的文献，虽然好像都不脱忠于一个朝代的见解，其实朝代与君主都不过是民族国家的一种具体的象征。不然，何以蒙古失国后无人编纂元遗民录？何以满清失国后一班遗老只成社会上的笑柄而已？我们所以特别表同情于宋明两代的遗民，这正可以表现中国早已成为一个民族的国家，这种思古的同情并不起于今日新的民族思想兴起的时代，其种子早下在汉唐盛世，在蒙古满洲入主中国的时期已有很悲壮的表现了。

至于蒋先生指出的三种缺陷，只可以证明旧日的社会与政治的恶果，而不足以证明中国不是一个民族的国家。第一，"一班人民的公忠是对个人或家族或地方的，不是对国家的"。这是因为旧日国家的权力本来不能直接达到一般人民，在那"天高皇帝远"的情势之下，非有高等的知识，谁能超过那直接影响他的生活的亲属而对那抽象的国家表示公忠呢？十八世纪的英国名人布尔克（Burke）【今译柏克】曾说："要人爱国家，国家必须可爱才行。"难道我们因此就说十八世纪的英国还不成一个民族的国家吗？今日一般人民的不能爱国家，一半是因为人民的教育不够，不容易想象一个国家；一半是因为国家实在没有恩惠到人民。

第二，"我们的专制君主并没有遗留可做新政权中心的阶级。其实中国专制政体的历史使命就是摧残皇室以外一切可做政权中心的阶级和制度"。欧洲各国都是新从封建时代出来，旧日的统治阶级还存在，尤其是统治阶级的最下层，武士的阶级，所以政权的转移是逐渐由旧统治阶级移归那新兴的中等社会的领袖阶级，更逐渐移到更广大的民众。我们的封建时代崩溃太早了，两千年来就没有一个统治阶级。科举的制度发达以后，连"士族"都不固定了。我们又没有像英国那样的"冢子袭产制"，遗产总是诸子均分，所以世家大族没有能维持到几代而不衰微的。这是中国的社会结构太平民化的结果，虽有专制君主有意维持某种特殊阶级（如满清之维持八旗氏族），终敌不住那平民化的自然倾向。辛亥革命之后，那些君主立宪党也无处可以请出一个中国家族来做那候补的皇室，于是竟有人想到衍圣公的一门！因为今日中国社会本无"可做新政权中心的阶级"，所以我们的建国（建立一个在现代世界里站得住的国家）事业比欧美、日本要困难无数倍。但这是一个政权中心的问题，而不是民族国家的问题。

第三，蒋先生又说："在专制政体之下，我们的物质文明太落伍了。"物质文明的落后，是由于我们的知识不够，人才不够，又因为旧式的民族自大心的抵抗，不肯急起直追。这是和专制政体无大关系的，也不足以证明中国不是一个民族国家。

以上所说，只讨论了蒋先生的论文引起的两点。我的意思只是要指出：第一，建国固然要统一政权，但统一政权不一定要靠独裁专制。第二，我们今日要谈的"建国"，不单是要建设一个民族的国家。中国自从两汉以来，已可以算是一个民族国家了。我们所谓"建国"，只是要使这个中国民族国家在现代世界里站得住脚。

还有第三个问题：中国的旧式专制既然没有做到建国的大业，我们今日的建国事业是否还得经过一度的新式专制？这个问题，今天谈不了，且留在将来再谈。

二十二，十二，十一

再论建国与专制

《独立评论》，第82号，1933年12月24日

胡　适

上一期我讨论蒋廷黻先生的《革命与专制》，曾提出一个主张，说建国固然要统一政权，但统一政权不一定要靠独裁专制。我们现在要讨论一个比较更迫切的问题：中国的旧式专制既然没有做到建国的大业，我们今日的建国事业是不是还得经过一度的新式专制呢？

这个问题，并不算是新问题，只是二十多年前《新民丛报》和《民报》讨论的"开明专制"问题的旧事重提而已。在那时候，梁任公先生曾下定义如下：

> 发表其权力于形式，以束缚人一部分之自由，谓之制。专制者，一国中有制者，有被制者，制者全立于被制者之外，而专断以规定国家机关之行动者也。由专断而以不良的形式发表其权力，谓之野蛮专制。由专断而以良的形式发表其权力，谓之开明专制。凡专制者以能制之主体的利益为标准，谓之野蛮专制；以所专制之客体的利益为标准，谓之开明专制（《饮冰室文集》，乙丑重编本，卷二十九，页三五—四一）。

现时有些人心目中所悬想的新式专制，大概不过是当年梁任公先生所悬想的那种以国家人民的利益为标准的开明专制而已。当时梁先生又引日本法学者笕克彦的话，说"开明专制，以发达人民为目的者也"，这和现在一部分人所号召的"训政"更相近了。所以当时《民报》社中有署名"思黄"的，也主张革命之后须先行开明专制。当时孙中山先生还不曾提出"军政，训政，宪政"三时期的主张，那时他的三期论的第二期还叫做"约法"时期，是立宪期的准备。"思黄"所说，似是指那"约法"时期的开明专制。汪精卫先生在当时虽声明"与

思黄所见稍异"，但他也承认"政权生大变动之后，权力散漫，于是有以立宪为目的，而以开明专制为达此目的之手段者"。这正是后来的"训政"论。

平心而论，二十多年前，民党与非民党都承认开明专制是立宪政治的过渡办法。梁任公说：

> 若普通国家则必经过开明专制时代，而此时代不必太长，且不能太长；经过之后，即进于立宪：此国家进步之顺序也。若经过之后而复退于野蛮专制，则必生革命。革命之后，再经一度开明专制，乃进于立宪。故开明专制者，实立宪之过渡也，立宪之预备也（同上书，页五四）。

《民报》里的"思黄"说：

> 吾侪以为欲救中国，惟有兴民权，改民主。而入手之方则先以开明专制，以为兴民权改民主之预备。最初之手段则革命也（同上书，页八一引）。

《民报》与《新民丛报》走上一条路线去了。他们所争的，其实不在开明专制，而在"最初之手段"是不是革命。梁氏希望当日的中国能行开明专制，逐渐过渡到立宪，可以避免种族革命与政治革命。而革命党人根本上就不承认当日的中国政府有行开明专制的资格，所以他们要先革命。汪精卫说：

> 论者须知行开明专制者必有二条件：第一则其人必须有非常英杰之才，第二则其人必须为众所推戴。如法之拿破仑第一，普之腓力特列第二，是其例也（汪氏全文引见同上书，卷三十，页三五—五八。此语在页四七）。

当日的政府确然没有这些条件，所以辛亥革命起来之后，梁任公作文论"新中国建设问题"，也不能不承认：

> 吾盖误矣！……民之所厌，虽与之天下，岂能一朝居（同上书，卷三四，页十五）！

这一段二十多年前的政论之争，是值得我们今日回忆的。二十多年以来，种族革命是过去了，政治革命也闹了二十二年，国民党的训政也训了五六年了。当年反对革命而主张开明专制的人，早已放弃他的主张了。现在梦想一种新式专制的人，多数是在早一个时期曾经赞成革命，或者竟是实行革命的人。这个政治思想的分野的骤变，也是时代变迁的一种结果。在二十多年前，民主立宪是最令人歆羡的政治制度。十几年来，人心大变了：议会政治成了资本主义的副产，专政与独裁忽然大时髦了。有些学者，虽然不全是羡慕苏俄与意大利的专制政治的成绩，至少也是感觉到中国过去二十年的空名共和的滑稽，和中国将来试行民主宪政的无望，所以也不免对于那不曾试过的开明专制抱着无穷的期望。还有些人，更是明白的要想模仿苏俄的一阶级专政，或者意大利的一党专政。他们心目中的开明专制已不像二十多年前新民丛报时代那样的简单了。现在人所谓专制，至少有三个方式：一是领袖的独裁，二是一党的专政，三是一阶级的专政（最近美国总统的独裁，是由国会暂时授予总统特权，其期限有定，其权力也有限制，那是吾国今日主张专制者所不屑采取的）。其间也有混合的方式：如国民党的民主集权的口号是第二式；如蓝衣社的拥戴社长制则是领袖独裁而不废一党专政；如共产党则是要一阶级专政，而专政者仍是那个阶级中的一个有组织的党。

我个人是反对这种种专制的。我所以反对的理由，约有这几项：

第一，我不信中国今日有能专制的人，或能专制的党，或能专制的阶级。二十多年前，《民报》驳《新民丛报》说：

开明专制者，待其人而后行。

虽然过了二十多年，这句老话还有时效。一般人只知道做共和国民需要较高的知识程度，他们不知道专制训政更需要特别高明的天才与知识。孔子在二千四百多年前曾告诉他的国君说："为君难，为臣不易。如知为君之难也，不几乎一言而兴邦乎？"今日梦想开明专制的人，都只是不知道为君之难，不知道专制训政是人世最复杂繁难的事业。拿破仑与腓力特列固然是非常杰出的人才，列宁与斯大林也是富有学问经验的天才。俄国共产党的成功不是一朝一夕的偶然事件，是百余年中整个欧洲文明教育训练出来的。就是意大利的专制也不是偶然发生的，我们不要忘了那个小小的半岛上有几十个世间最古的大学，其中有几个大学是有近千年的光荣历史的。专擅一个偌大的中国，领导四万万个阿斗，建设一个新的国家起来，这是非同小可的事，绝不是一班没有严格训练的武人政客所能梦想成功的。今日的领袖，无论是那一党那一派的健者，都可以说是我们的"眼中人物"；而我们无论如何宽恕，总看不出何处有一个够资格的"诸葛亮"，也看不出何处有十万五万受过现代教育与训练的人才可做我们专政的"诸葛亮"。所以我们可以说：今日梦想一种新式专制为建国的方法的人，好有一比，比五代时后唐明宗的每夜焚香告天，愿天早生圣人以安中国！

第二，我不信中国今日有什么有大魔力的活问题可以号召全国人的情绪与理智，使全国能站在某个领袖或某党某阶级的领导之下，造成一个新式专制的局面。我们试看苏俄、土耳其、意大利、德意志的专政历史，人才之外，还须有一个富于麻醉性的热烈问题，可以煽动全国人心，可以抓住全国少年人的热血与忠心，才可以有一个强有力的政权基础。中国这几十年中，排满的口号过去了，护法的问题过去了，打倒帝国主义的口号过去了，甚至于"抗日救国"的口号也还只够引起一年多的热心。那一个最真切，最明白的救国问题还不能团结一个当国的政党，还不能团结一个分裂的国家，这是最可痛心的教训。这两年的绝大的国难与国耻还不够号召全国的团结，难道我们还能妄想抬出一个蒋介石，或者别个蒋介石来做一个新的全国大结合的中心吗？近年也有人时时提到一个"共同信仰"的必要，但是在这个老于世故的民族里，什么口号都看得破，什么魔力都魔不动，虽有墨索里尼，虽有希特勒，虽有列宁、杜洛司基，又有什么幻术可施呢？

第三，我有一个很狂妄的僻见：我观察近几十年的世界政治，感觉到民主宪政只是一种幼稚的政治制度，最适宜于训练一个缺乏政治经验的民族。向来崇拜议会式的民主政治的人，说那是人类政治天才的最高发明；向来攻击议会政治的人，又说他是私有资本制度的附属品：这都是不合历史事实的评判。我们看惯了英、美国会与地方议会里的人物，都不能不承认那种制度是很幼稚的，那种人才也大都是很平凡的。至于说议会政治是资本主义的政治制度，那更是笑话。照资本主义的自然趋势，资本主义的社会应该有第一流人才集中的政治，应该有效率最高的"智囊团"政治，不应该让第一流的聪明才智都走到科学工业的路上去，而剩下一班庸人去统治国家（柏来士〔Bryce〕的《美洲民主国》曾历数美国大总统之中很少第一流英才，但他不曾想到英国的政治领袖也不能比同时别种职业里的人才；即如名震一世的格兰斯顿，如何可比他同时的流辈如赫胥黎等人?)。有许多幼稚民族很早就有民主政治，正不足奇怪。民主政治的好处在于不甚需要出类拔萃的人才；在于可以逐渐推广政权，有伸缩的余地；在于"集思广益"，使许多阿斗把他们的平凡常识凑起来也可以勉强对付；在于给多数平庸的人有个参加政治的机会，可以训练他们爱护自己的权利。总而言之，民主政治是常识的政治，而开明专制是特别英杰的政治。特别英杰不可必得，而常识比较容易训练。在我们这样缺乏人才的国家，最好的政治训练是一种可以逐渐推广政权的民主宪政。中国的阿斗固然应该受训练，中国的诸葛亮也应该多受一点训练。而我们看看世界的政治制度，只有民主宪政是最幼稚的政治学校，最适宜于收容我们这种幼稚阿斗。我们小心翼翼的经过三五十年的民主宪政的训练之后，将来也许可以有发愤实行一种开明专制的机会。这种僻见，好像是戏言，其实是慎重考虑的结果，我认为值得研究政治思想的学者的思考的。

二十二，十二，十八夜

论专制并答胡适之先生

《独立评论》，第 83 号，1933 年 12 月 31 日

蒋廷黻

近百年世界的一种大潮流是民族主义。未统一的国家赖此主义得着统一了，如德意志、意大利。已统一而地方分权的国家赖此主义提高中央的权力了，如日本的尊王废藩，如美国联邦政府的权威的自然长进。在这种普及世界的大潮流之下，我们这个国家反从统一退到割据的局面。这是什么缘故呢？

近代的国家每有革命，其结果之一总是统一愈加巩固及中央政府权力的提高。帝俄已是一个统一集权的国家，但是现在的苏俄更加统一，更加集权。德国革命后的一九一九年的宪法比毕士麦一八七一年所定的宪法就统一集权的多，而今年国社党的革命又进一步。法国在十七、十八世纪也已成为统一集权的国家，但十八世纪末年革命的主要使命之一就是铲除各区域的差别，成立法人所谓一整个，不可分离的法国（France, one and indivisible）。我们的革命反把统一的局面革失了，而产生二十余年的割据内乱。这又是什么缘故呢？

这是一个何等痛心，何等重要的问题！中国士大夫近年关于什么政治、经济问题都讨论到了，唯独对于这个基本问题没有人去研究，去注意。因其如此，所以我们对于本国的政治没有认识。因为没有认识，所以我们才高谈，畅谈，专谈西洋的自由主义及代表制度，共产主义及党治制度，而我们愈多谈西洋的主义和制度，我们的国家就愈乱了，就愈分崩离析了。西洋的政治和中国的政治截然是两件事。在我的眼光里，这是一件明明白白的事实，排在我们的面前。我们若忽略这个事实，不但现在的汪精卫，蒋介石，国民党无能为力，即汪精卫失败以后的汪精卫，蒋介石失败以后的蒋介石，国民党失败以后的任何党，任何派都将无能为力。

我们平素好骂军阀——其实他们应该受骂；我们平素好归罪于军阀——其实他们真是罪恶贯盈；我们说，军阀把中国弄到这种田地。这种话当然是有理

的，但是反面的话更加有理；不是军阀把中国弄到这种田地，是这样的中国始能产生军阀。毛病不在军阀，在中国人的意态和物质状况。我们试先研究这种意态。

民国以来，我们政界有一种极普遍的现象。有许多军阀高倡"保境安民"主义，如历年的山西——稍有例外——现在的山东、广东、广西诸省。最奇怪的是，民众渴望"保境安民"，不少的士大夫赞扬"保境安民"。民国以来的"模范省"和"模范省长"都是保境安民的省分和省长。我们仔细想想，这是一种什么意态？军阀割据的心理基础不在乎此吗？这种意态普遍的国家能算得一个"民族国家"吗？这是有省而无国；军阀利用之，于是成立割据。

我们反过来看看别国的形式又怎样。法、德两国领土太小，不能与中国比，所以我们不必讨论。俄国的面积比中国还大。上次大革命的时候，革命党与反革命党，一样的，同等的，无偏安的心思，更无割据的心思。西伯利亚，在中国军阀的眼光里岂不是一个很好的地盘？当年白党领袖柯车克（Kolchak）很可据此以成区域的政权。虽有人对他作这种建议，他和他的同志都以为这种计划是反俄国历史，背俄国人民意态，断乎不可为，不能为的。就是在西伯利亚东部的无赖之徒，倘被日人利用以遂日人宰割的野心，无论日人怎样联络，就为俄国正人君子所不耻。白俄与赤俄虽势不两立，但两党均信俄国是一整个的，不可分离的俄国。为贯彻主义而割据俄国，他们尚且不为。与我们比起来，真有天壤的分别了。此无他，中、俄两国人民的意态不同：中国人的头脑里有省界，俄国人的头脑里无省界。

我在留学时代，常听外人谈中国人畛域之见之深。我当时很不以为然，心中常想外人的观察是肤浅。等到回国以后，仔细一看，始发现外人的观察实很深刻。中央政府的各部，无论在北京时代，或在现在的南京，部长是那一省的人，部中的职员就以他同省的人居多，甚至于一部成为一省的会馆。在大学里，同乡会与各种学会同等的活动。一省之内又有同路或同县的畛域之分。湖南有省议会的时候，议员就分东路、中路、西路而从事活动。现在何键在湖南的成绩总算过得去，然而湖南士大夫批评者很不少，因为他所用的人大半是他同县醴陵的人。

因为中国人有省界、县界的观念，所以割据得成家常便饭；又因为中国人的穷，所以军阀得养私有的军队。日本人费少许钱财，就能雇中国贫民来杀中国贫民，"聘"中国士大夫来对付其他的中国士大夫。这还算一个民族国家么？"私有军队"这四个字就能大半解释中国之所以产生军阀。一般民众既无国家观念，又为饥寒所迫，何乐不为军阀的战品？自国民革命军北伐以后，军队里面也有种种救国救民的宣传标语，好像中国一部分的军队已经革命化，国家化了。我承认我们的军队近年在意态上（当然也在军器上）有相当的进步，但是我们不要忘记一般兵士倘有忠心，还是私忠（对官长）比公忠（对国家）要紧。我们更不要忘记公忠必须有相当的环境及相当的时期始能培养出来，不是你我写一篇文章，演一次说可以唤起的。

总而言之，军阀的割据是环境的产物。环境一日不变，割据就难免。在这种环境里，无论革命家播怎样好的种子，收获的是割据的军阀。

那么，我们要继续问，什么样的环境，什么样的政治、社会、经济状况始能促成统一，避免割据？第一，我们必须有一个中央政府。我不求这个政府的开明，虽它愈开明愈好。我也不求这个政府是英、德、俄式集权政府。近来福建标榜联邦，如果我们中央的权力能如北美合众国中央政府的权力，那我也心满意足了。我只求中央能维持全国的大治安，换句话说，能取缔内战及内乱；此外，中央在其职权以内所发的号令，各省必须遵从，换句话说，全国必须承认它是中央。有了个这样的政府，我以为我们的环境就自然而然的会现代化。请读者不要误会，我不是一个无为主义者，我想适之先生也不是为无为主义而提倡无为主义。我不过觉得我们在此时候，不要贪多而全失。所以我所要求的是政治的最低限度的条件：有一个中央政府。

有了个这样的中央政府，教育、工商业及交通就自然而然的会进步。甲午以前，维新派的领袖如奕䜣、文祥、曾、左、李诸人都是在朝，在野的人十之八九都比他们还守旧。甲午以后，民间的维新运动就比在朝者急进多了。现在我们如能有个担任现代化事业的政府固好；没有，只要政府维持大治安，民间的事业有民间的领袖会去推行。就是在这二十年的内乱之中，民族的基本事业如教育，工商业，及交通尚有相当的进步，不过为内战及内乱所阻，进步很慢就是了。一旦这阻力能除却，那我们的进步就会快的多了。在这里，我们要注意，这种进步均是与割据的势力相反的。一个现代的银行和现代的工厂都是超省界的，甚至超国界的。一条铁路的统一人民意态的功效是很大的。人民衣食有着而又受了相当现代化教育，就不甘心作军阀私争的战品。

以上我所讲的都不成大问题。国人的意见也没有什么大冲突。引起辩论的是过渡方法的问题。适之先生相信我们不须经过新式的专制。他相信我们现在就能行，就应行维多利亚时代的自由主义和代表制度。从理想说来，我以为这种制度比任何专制都好，从事实上看起来，我以为这种制度绝不能行。人民不要选举代表；代表也不代表什么人。代表在议会说的话，不过是话而已。中国近二十年的内争，是任何议会所能制止的吗？假若我们能够产生国会，而这国会又通过议案，要某军人解除兵柄，你想这个议案能发生效力吗？只要政权在军人手里，如现在这样；又只要民众乐为军人所使用，又如现在这样，你的国会有一连兵就可解散了。何况中国新知识阶级对于这种古典的代表制度绝无信仰呢？

几年前，适之先生还提议过割据的妥协。他的意思，就是割据让它割据，但大家成一妥协，一方面不彼此打仗，一方面共拥一个权力较小的中央政府。如能做得到，这个提议我倒赞成，因为这种妥协能给上文所讲的各种现代化的事业一个机会去长进。可惜这种妥协绝不能成立，正如国际裁军会议不能成功一样。

此外还有现在福建的方法，再来一次的革命。我认为这个方法也行不通，因为在现今中国这种状况之下，一切革命都形成割据，都会内乱化。这是我在本刊第八十期已经讨论过的。

我以为唯一的过渡方法是个人专制。我的理由可以简单的说明出来。

第一，中国的现状是数十人的专制。市是专制的，省也是专制的。人民在国内行动不过从一个专制区域行到另一个专制区域。至于权利的保障，处处都是没有的。我所提倡的是拿一个大专制来取消这一些小专制。大专制势必取消各地小专制，不然，大专制就不能存在。从人民立场看起来，他们的真正敌人也是各地的小专制。正如英国的顿头，法国的布彭，俄国的罗马罗夫，他们专制的对象是各地的诸侯，直接压迫人民的也是各地的诸侯，所以君主专制在这些国内会受人民的欢迎。我们简直把中国政治认错了。我们以为近二十年来想统一中国的人如袁、吴等把人民作为他们的敌人。我们未免自抬身价了。严格说来，我们不配作他们的敌人，因为我们有什么力量呢？我们实际也不愿作他们的敌人，因为我们并不反对统一。统一的敌人是二等军阀和附和二等军阀的政客，每逢统一有成功可能的时候，二等军阀就联合起来，假打倒专制的名，来破坏统一。士大夫阶级反对专制的议论，不是背西洋教科书，就是二等军阀恐惧心、忌妒心的反映。中国现在专制的对象不是人民，是二等军阀。从人民的立场看，个人的大专制是有利的。

第二，我们以为个人的专制来统一中国的可能，比任何其他方式可能性较高。破坏统一的就是二等军阀，不是人民，统一的问题，就成为取消二等军阀的问题。他们既以握兵柄而割据地方，那么，唯独更大的武力能打倒他们。中国人的私忠既过于公忠，以个人为中心比较容易产生大武力。这个为中心的个人必须具有相当的资格，以往当局的人及现在当局的人是否具有这种资格，那是人的问题；我这里所要讨论的是制度的问题。适之先生引《民报》驳《新民丛报》的话来为难我，说："开明专制者待其人而后行"。他不信"中国今日有能专制的人"。中国今日有无其人，我也不知道。不过我们要注意，我所注重的是能统一中国的人；"开明"是个抽象的名词，恐怕各人各有其界说。我们更加要注意，以袁世凯及吴佩孚一流的人物，离统一的目的，仅功亏一篑了。

第三，不少的读者对于我的《革命与专制》一文要问：两千年来的专制不济于事，再加上一短期的专制就能济事吗？两千年来，中国有朝代的变更，无政制及国情的变更，因为环境始终是一样的。现在外人除加在我们身上极大的压力以外，又供给了我们科学与机械。这两个东西不是任何专制政府所愿拒绝的，所能拒绝的。就是政府完全无为，只要它能维持治安，这两个东西就要改造中国，给她一个新生命。

民主政治乎？极权国家乎？

《东方杂志》，第 31 卷第 1 号，1934 年 1 月 1 日

瑞　升①

近十余年来，为了种种不同的缘故，民主政治益见衰颓，而与民主政治处相反地位的各式独裁制度则转获相当的成功。我自己于三四年前尝写过关于《民主政治的危机及将来》的一文，在归结时我尚"对于平民政治，希望无穷，我更断定凡背了平民而独裁的政治终将归于无成"②。我现在对于以平民为主体的政治固仍有无穷的希望，而对于漠视平民利益的独裁制度固仍丝毫不减其厌恶；然对于有组织、有理想，能为民众谋真实福利的政治制度，纵是独裁制度，我也不能不刮目相看③。

我于这篇文章中将先论民主政治的衰颓，次及现代各种比较成功的独裁的内容。从两者的比较中我将探索在最近将来或可流行的制度，从而更推论及中国应采的制度。

一、民主政治的衰颓

民主政治在西文叫做"德谟克来西"。"德谟克来西"本应专指政治上的一种体制而言。然常有用以表示经济上、社会上、甚或礼仪上的一种状态者，而美国式的社会学家尤喜作广泛无定之论。我们今所论的民主政治是指一班通认为民主国家，如英、美、法、瑞、比、荷等国的政制而言，是指具体的，现实

---

① 即钱端升。——编注。

② "极权国家"为"Totalitarian State"一词的试译。

③ 见拙者，《德谟克拉西的危机及将来》，国立武汉大学《社会科学季刊》，第一卷，第二五至五〇页。

的一种制度，而不是指抽象的一种理想，或实现无期的一种希望①。

那么，英、美等民主国家有那些共同之点呢？第一，在这些国家中，各个人民，无论是挟资亿万的大地主大资本家，或是贫无所有的农民工人，在法律上是一概平等的。第二，国家的权力有限，而个人保留着若干的所谓自由权；国家如欲伸张其权力或限制人民的自由，则须依照一定的制宪程序，所谓制宪程序者大概都含有人民直接对某事表示意见之意在内②。第三，人民有一代议机关，依个人平等的原则选出，较富有阶级操纵较贫穷阶级的事实则法律一概不问。第四，议会中同时有两个或两个以上的政党存在，互相监督，且轮替执政。第五，为保障人权及限制国家权力起见，政府采分权制；没有一个国家机关，无论立法、行政，或司法，能独揽国家一切的大权。

上述的固不能算是民主政治的定义，但民主政治的重要精彩实不过此。本文所论列的民主政治即是这样的一种政制。

当二十世纪的初年，稍具进步眼光的人们几全体认民主政治为绝对最良的制度。凡未采用民治的国家，其统治者且常带多少心虚及自惭的口吻。所以当大战后期威尔逊总统以"使民主政治得安全存在于全世界"为号召时，无论是协约方面的帝俄，或是中欧方面的帝德，皆表示可以商议的态度。然欧战的结局实为民主政治最后一次的凯旋。欧战终结而后，已经民主的几国在形式上虽仍回到战前的常态，新兴的国家虽几乎一致地采用民主宪法，但民主政治的基础则早因苏俄革命的震荡，及各国战时政府权力无限的膨胀而受暗伤，一九二二年墨索里尼的法西斯蒂主义在意大利获到胜利后，则民主政治受到更严重的打击。俄国本不是民主国家，故共产党的独裁，在民主政治者的眼光看起来，只是以暴易暴。意大利至少在形式上，也是民主国家。故法西斯蒂的勃起，对于民主政治更有深刻的影响。然共产独裁及法西斯蒂主义初时仅是一种革命的现象，既无成绩可言，也无持久的把握，故拥护民主政治者尚可不太悲观。到了一九三〇年左右，则形势又大变。两者不特均有持久的趋势，且在施政上亦有显著的成绩。而此成绩者不特优于俄、意曩日之所有，即以比所谓民主先进国家的造诣，亦无逊色。这样一来，不特民主政治自身的缺点暴露无遗，且代

① 我于《德谟克拉西的危机及将来》的一文中尝以"平民政治"译德谟克来西。如政治而真能由平民主持，且为平民谋福利，恐反对者将世无一人。然英、美等国的政治既不是真正的平民政治，故我不用"平民政治"一词，而用比较中立的"民主政治"。

② 英国无成文宪法，因之宪法与法律之间无分别。但重要的政制及人民的自由权有变更时，也必经过民意直接的表示，故在事实上，英国与别国无分别。

替民主政治的制度之堪采用也得了事实上的证明。这实是民主政治空前的大打击。然拥护民主政治者尚有说焉。他们可诋俄、意民智未开，工业不发达，故独裁易乘，而民治难行，至于先进国家则固仍以民治为最良政体①。但一九三三年希特勒主义之披靡于人民政治能力素号发达的德国，则更为民主政治之致命伤。政治制度之为物，本不能凭好恶为取舍，而应凭其实际上的表现为从违。民治制度的弱点既未能末减，而代替民治的制度则转能表现其优长之点。又何怪民治制度已动摇到了近年为更烈呢？

民主政治衰颓的最大原因，自然是无产者阶级意识的发达，及国家经济职务的增加。马克思派的社会主义者一方提醒无产阶级的阶级意识，一方则痛诋民主政治的虚伪，及无产阶级之无权问政。姑无论马克思派之所指摘者是否事实，但大多数国家的无产阶级对于民主政治因而发生一种根本上的不信任，则为事实。暴烈者以打倒民主政治为职志，如入国会，则专以捣乱为能事；温和者亦从不肯尽政党应尽的义务②。故民主政治的失败，无产阶级的不合作实为重大原因。

然无产阶级的不合作，不能即算是民主政治本身的弱点；犹之我们不能因拿破仑三世之称帝而遽为第二共和病。如果有人能祛除无产阶级的误会，而且在实际上确予无产阶级以握政权的机会，则民主政治仍不会因无产阶级的存在而失败。然民主国家之不能应付现代国家的经济问题，无法完成现代国家的经济职务，则实是民主政治难以补救，或竟不能补救的弱点。现代的国家已不复是一个警察国家，所以国家的经济职务繁而且重。而且现在又是经济的民族主义澎湃时代，国与国间的经济战至为剧烈，故国家常有采取敏捷的处置的必要。然在民主国家，则国家权力有限制，而个人的自由受保障；议会虽号称代表人民，但与国中生产的组织无关；且议会中的各个政党又复互相牵制，使议会不能为敏捷有力的决议；议会即有决议，行政人员亦未必能实行。因此种种，民主国家的生产及消费乃不能维持其应有的均衡，而生产力的增加亦至极迟缓。除了上述的二者而外，民主政治尚有其他种种崩溃的现象。工人的骚动足以影响国家的治安；党争的剧烈足以减少法律的尊严；行政权的增加及立法机关的

---

① 有好些人向以为民治在工业国较易实行，而农业国则独裁易于持久。日内瓦大学校长 W. E. Rappard 即持此说。

② 无产阶级所组织的政党，其能完全接受民主政治者不多见。德国近十余年的社会民主党即此中的一个，然它卒因此而致有今日的毁灭。参阅 Heinrich Ströbel, *Die Deutsche Revolution：Ihr Unglück，und ihre Rettung*。

退让，足以破坏两权的平衡。然此种种直接间接殆皆由前述两大弱点所引起，所酿成，故不必细说。

二、现代的独裁制度及极权国家之诞生

近年来采用一党或一人独裁之制度者甚多，而最成功者则为俄国的苏维埃制，意大利的法西斯蒂主义，及土耳其的凯末尔。德国的希特勒主义也有成功的模样。这些制度的详细情形非一篇短短文章之所能尽述。本篇之所要述及者，仅是这些制度有异于民主政治的方面。

俄、意、土、德诸国虽在经济上有左倾、右倾之大别，而在政治上则共同之点甚多。它们尽是独裁的国家。国家的权力无限，而这无限的权力则由一党专享。党之内则又大多有一权力无限的领袖①。所以称它们为一党独裁的国家可，称它们为一人独裁的国家也可。它们也有代表机关之设，或仍称国会，或称苏维埃代表大会，但这些都不是民主国家的议会可比，都不是建筑于人民自由平等选举的基础上的，而都是独裁的党可以包办，或至少可以占绝对优势的团体。

因为俄、意、土、德等国的国家权力是无限的，所以它们在经济及文化上的设施，也和民主国家有南辕北辙的悬殊。它们变法极易，而对于人民的强制力亦较大。国家可以经营民主国家所从未经营的事业，国家也可以限制民主国家所绝不敢限制的个人权利。结果它们对内可以消除各职业及各阶级间无谓的纷扰及自相抵制，如罢工、停业及竞卖等等，而对外则可以举全国的力量以应付国际间的经济斗争。固然诸国之间经济、社会及文化上的努力也不能谓为已得到完全的成功，但以比民主国家，则确有指挥若定的好处。

分别言之，俄国的独裁建筑在苏维埃之上，而各级的苏维埃，虽不尽为共产党人，但因受制于共产党，故与共产党人之一手包办者无别。共产党虽仅有党员二百万，但因其为有组织，有理想，有计划的团体，故能削平反侧，且禁止别的政党的存在。它一方操纵选举，一方又做感化人民的工作。按照共党的主义，只劳动者享公权，而不劳动者则无权；只国家得有产业，而人民不得有私产。因之，一切工商企业俱由国家经营。苏联宪法中类似人权一类的宣言其效用不在保障人权，而在伸张国家的权力。宪法、法律与命令三者之间，俱无

①　俄稍不同。

法理上的分别。立法、行政及司法三权之间，亦无厘分。总言之，国家之权是无限制的，国家不受法律之拘束，法律仅是国家行使职务时的一种工具。

共产独裁的成绩是人民的平等自立，及全国高速度的工业化。其最为世人不满的地方则为旧式自由之无存。俄人只能服从国家的命令而工作，但不能自行其是。

意大利是法西斯蒂党的独裁。法西斯蒂党的各种党员约有四百万人。党虽也有执行会及评议大会，但党魁墨索里尼有发号施令之全权；他在法西斯蒂党内的地位，尤高出于斯大林辈在俄国共产党内的地位。

意大利在形式上虽仍奉一八四八的民主宪法，但实则已变成所谓"会社国家"。在这新国家中，只会社有地位，而个人则没有地位。意大利一切生产的人民就其所事的职业而分隶于七种不同的会社。这七种职业即自由职业、工业、农业、商业、海空运输业、陆地及内河运输业及银行业。除了自由职业无劳、资之分外，其余六种，劳、资两方，皆分别组织。自一地一场所推而及于全国，自下级而上级，七种职业皆有系统完整的组织。是以全国从事工业的各种工会联合而成全国工业联合工会，全国从事工业的企业家则联合而成全国工业协会。各业联合工会复合组成全国总工会。然这些联合工会及协会俱是法西斯蒂党的工会及协会受法西斯蒂党的指挥。各地各处劳、资两方的组织又根据平等的原则合组"会社"，以便依照法律解决劳，资间的纠纷①。中央又有会社部②及全国会社会议之设③。会社部为行政各部之一，职在联络并统率劳、资两方面的各种组织。会社会议则（因全国会社的组织尚未完成）暂由全国各联合工会及全国各业协会推举代表组织，职在讨论关于生产及其他的经济问题。国会虽依旧存在，但国会议员的候补者，由各业的全国联合工会及协会分别推出，选举等于这些团体所举的代表的批准。国会议员仅是会社的代表而不是数千万个人的代表。而且经济的法律须先经会社会议的讨论，故会社的重要益形显著。

简单言之，法西斯蒂党是意大利的统治者，而会社则为国家执行其职务时的工具。

因有法西斯蒂党的独裁，劳、资自相残杀的冲突已不发生。生产的效率亦远过于一九二二年以前。私产虽无限制，但劳工的状况也已大有改良。且国家如欲限制私产，亦无不可。法西斯蒂主义为世诟病的地方也是私人无政治上的

---

① 一九二六、四、三日《劳工关系法律制裁法》。
② 一九二六、七、二日《会社部法》。
③ 一九三〇年、三、二〇日《全国会社会议法》。

自由。

土耳其的宪法是民主的，但实际上则是国民党的独裁，而克迈尔【凯末尔】则为唯一的党魁。土耳其固然也有国会，也有选举，但别的政党既不能存在，则国会直接是国民党的集团，而间接则是凯末尔的工具。

俄罗斯行共产，意大利尊会社，即德意志也有所谓中心思想，土耳其的国民党则除了致力于国家的独立及人民的近代化的工作外，并未牢守一种经济上的主义。但国民党既握有军权、政权及组织人民团体之权，国家的权力自然也无限制。政府如欲将一切生产事业收归国家经营，它也是有这权的。

凯末尔独裁已一方面使土耳其脱离了帝国主义的压迫，另一方面提高了土耳其人的文化。教育发达，迷信破除，女子解放，交通便利，凡此俱为凯末尔独裁几年来的成绩。这些我们认为独裁的成绩，因为如不独裁，则这些富于革命性的设施是不易，甚或无法实行的。

德意志民族社会党的独裁尚未满一年，故不易言其成绩。不但成绩难言，即其政策有时亦欠鲜明，然它多少和法西斯蒂主义相似，则是可以说定的。第一，希特勒自称为"领袖者"；这和墨索里尼之自称为"首领"①，是一致的。第二，德国的劳、资团体虽未能如意大利的组织整齐，但比别的国家也向来高出一等，故国社党在所谓"同治"② 政策之下，也将全国一切生产会社，如德意志商业协会等置于民社党人领导之下；其过去历史和民社主义相差太远者，如社会民主党的工会等等，则一律勒令解散。第三，根据同样的理论，民社党将德国一切的政党或则归并于国社党，或则禁止其存在。因此种种设施，德国的宪法虽尚未变更，而国权则已统于一党。国会为民社党一党的国会。国会既可修改宪法，伸张国家权力，限制人民自由，民社党自可无须形式上的革命或流血的革命，而取到无限制的威权。无论为政治的或为经济的。民社党人本以造成所谓"极权国家"为号召。"极权国家"者，盖即指国家权力无限之意，而此无限的权力则寄于民社党③。

希特勒独裁的成绩，在经济方面尚无具体的表现，但在政治方面则已消灭了一切的党争，并已提高了德意志的国际地位。它所以被人訾议的理由与别的独裁相同。但它之反犹太主义则更为世人所一致攻击。

---

① 墨索里尼称 IlDuce，希特勒称 Der Führer。

② Gleichschaltung 一字不易解，更不易译，应作一切受同一的管理，且通力合作之意。

③ "极权国家"一词在意、德为流行的名词。俄之共产党及土之国民党固不以此自称其国家，但俄、土两国的权力既无限，它们自然也是一种极权国家。

三、何者为适宜于现代的制度

民主政治的衰败及独裁制度的比较成功绝不是一时偶然的现象，而是近代经济制度所造成的一种必然的趋势。据我的推测，近年来民族主义的空前发达也将使民主政治更站不住，而独裁制度更盛行。

民族主义自欧战以后确比从前更见普及，更趋浓厚。国际间的组织及合作在欧战以后固也大有进步，但民族主义并不因之而见缓和。而且在最近的将来，它只会更盛而不会衰减。现代民族主义的表现有二：一为国家经济力量的增进，一为军备的注意。两者本是相连的，但前者尤有基本的重要。因为工业发达，而生产力量伟大的国家不难于短时期内增加军备，而工业不发达，生产力量不大的国家，即有比较完整的军备，亦难持久。工业化本是近代社会的自然的倾向，再加上民族争存的需要，在最近的将来，工业较不发达的国家势必求于最短期内发展工业，而较发达的则势必求维持它们向有的比较优越的地位。在这种尖锐化的竞争的过程之中，凡比较敏捷不浪费的制度将为大家所采纳，而比较迟钝浪费的制度将为大家所废弃。不论在那一个国家，统制经济迟早将为必由之路，因为不采用统制经济政策者，其生产必将落后。

如果经济的民族主义并不十分发达，民主国家本不妨维持其向有的制度，而徐图改善。但经济的民族主义既如今之发达，则没有一个国家敢长取一种放任的态度。为增进其生产力或维持其向有的优越地位起见，任何牺牲，亦将为各民族所忍受。由上面的比较我们认为民主政治是不宜于统制经济的，故民主政治的衰败将为必然的趋势。

代民主政治而起的制度已实现者一为苏维埃制，一为法西斯蒂制。我们认为这两种制度俱要比民主政治较适宜于统制经济①；但这并不是说，除了这两种制度外，它种代替物别无存在的可能。我的意思刚是相反。我以为英、美一旦变更现在的生产方法，而采用统制经济时，其所采的政治制度大概不会是意大利式的法西斯蒂主义，更不会是俄国式的共产独裁。穿了制服，拿了短棍，在街上示威，多数英、美人不会做；开宗明义就将私产取消，多数英、美人恐不肯做。英、美所赖以实现统制经济的制度，或将为一种知识阶级及资产阶级（即旧日的统治阶级）的联合独裁，但独裁的目的则在发展民族的经济，且不自

---

① 严格的说起来，意大利并无统制经济，但会社会议是能担负这种大事的。

私地增进平民的生活，而不在为资产阶级自己谋特殊的享受。我所以有此推测者，因为英、美的统治阶级是最能见机而作的。但这种推测当然很有错误之可能①。

我以为阶级斗争之说虽有马克思的辩证法为后盾，但在民族主义的高潮之下，或将无从实现。上一次的世界大战已证明了民族主义的势力可以打破阶级的观念。在下一次世界大战时，恐怕也只有民族之争而无阶级之争。纯粹的共产主义，应无疑的包含阶级斗争及世界无产阶级的大联合。但苏俄现行的共产制度已专注重于民族经济的发展，而忽略于无产阶级的世界革命。我深疑今后继民主政治而起的制度，无论自号为共产，或为社会主义，或为会社主义，其注意之点将为民族的经济实力之如何培养，而从前尝引起剧烈争论的革命理论，如阶级斗争或小资产阶级反动说等等，则将置于脑后。

英、美、法等民主国家终将采用何种制度，是无法推测的。不要说英、美、法，即俄、意、德现行的独裁制将演成何种的最后制度，我们也难悬拟。我所敢言的只有三点：第一，民主政治是非放弃不可的。这点我认为已有充分的说明。第二，紧接民主政治而起的大概会是一种独裁制度。第三，在民族情绪没有减低以前，国家的权力一定是无所不包的——即极权国家。

何以独裁是少不了的一种过渡制度呢？因为独裁是一种最有力的制度。苟不用独裁，则民治时代一盘散沙式的生产制度将无法可以纠正过来。今举一例以明我说。英国一班基尔特社会主义者，总以基尔特社会主义为实现工业民治的理想制度。然基尔特社会主义即能实现，亦不能收统制民族的生产能力之效。它缺乏一种强制力，它无法令全国合作。只有独裁能纠正民治时代的散漫，而强迫人民服从以全民族的利益，为目的的经济计划。

就独裁而论，一党的独裁，自比一人的独裁为优。因为一党的独裁不发生继承的困难，而一人的独裁则独裁者的死亡易发生重大的变动。或者我们可以这样说：在党内独裁之下，即发生继承问题，也不至如在一人独裁制之下那样严重的。

我应当声明，这里所谓的独裁当然不是指普通一般人的所谓独裁。这里所谓独裁一定要独裁者——无论是一人，或一群人，或一党——能有组织，有理想，能为民众谋实际的福利，能对现代经济制度有认识，能克苦耐劳，先天下

---

① Lord Eustace Percy 为拥护民主政治甚力之一人，但他今所主张的议会政府是须采用意大利的会社观念，且出以牺牲自己的精神的。

之忧而忧，后天下之乐而乐。我们上面所述比较成功的四个独裁，无论是共产党领袖，或是墨索里尼，或是凯末尔，或是希特勒，其中有的对经济制度的认识尚嫌薄弱，但其他各条件，大都俱是具备的。

独裁的最大危险之一即是极易引起国际间的战争，而民主政治则比较足以阻止战争的发生。这种看法容许是不确的。上次的大战，俄、德等国固然乐于一试，即英、法等国亦何尝踌躇？而且现在的俄、意等国，亦并不太乐于作战。即使上说是确的话，我也以为与宏旨无关。第二次的世界大战，总是难以幸免的。独裁及统制经济之所以深得民心者，正因它们之较便于备战。故我们可说备战是因，而独裁是果。

有人也许要问如果独裁，统制经济，民治的放弃等等皆为预备民族间的斗争而起，则何不索性将根本问题予以解决？何不想法根本消除民族斗争的原因？我的答复是，人类的计划多少须和今生有关，而不能过远，或过重理想。过远过空，便失了实际的意味。我们尽可痛惜民族主义之太趋极端，民族间的大战，距今一、二百年之人尽可视为人类最愚蠢的举动，但民族主义的澎湃在今为一种难以阻止的巨浪，求民族的自存，为我们当今的急务。苟只有独裁能增加民族的经济实力，则独裁便是无可幸免的制度。

而且大家对于独裁也不必一味害怕。若以大多数人民的福利而论，独裁也不见得不及民主政治。上述四个国家的独裁者，虽对于少数人取缔极严，如苏俄之于资本家，德国之于犹太人，然它们之能为大多数人谋福利，则是不容否认的事实。苏俄的选举为一个阶级的选举可以不算外，其余之国的选民（与未有独裁前的选民大致一样），皆尝以绝大的多数来表示对于独裁者的信任。

赞成民主政治者一方提倡个人自由，一方又声言民治为大多数人福利的保障。然独裁既真能为大多数人（几乎是全体人民）增进福利，则又乌能因少数人的自由之被剥夺，而硬要维持谋福不及独裁的民治①？

政治制度是一最现实的东西，不能永久地为我们的感情所牵制。我们的感情，因为过去的习惯及环境的关系，对于新制，尤其是束缚自由的新制，总不免有一种热烈的反感。我们反对极权国家的最大理由，仍是个人之无自由。然我们于推重个人自由时，我们常不免过分重视个人对于事物之标准或价值。实则个人的估价离了社会的估价，是无意义的②。卫生的设施如隔离及检查等等，

---

① 同样理由，西班牙数年前的独裁当然还不及民治。

② 这类我所说个人估价及社会估价，即 individual values 及 social values 之意。

对于社会有益而对于健全的个人则为害。独出心裁的一件衣服对于个人似为一得，然往往耗费许多物料及人力，转不如服一制服之为佳。在极端【权】国家，个人的价值固有降到零点，而社会价值成为一切估价的标准之势，然这绝不是文化的退步。所以人类的成见迟早总须加以改正的。

四、中国将来的政制

说到我们中国，我们是除了所谓旧文化——古董式的文化——外，一切落后，尤其是经济落后的国家。我们第一个急务是怎样的急起直追，求为一个比较有实力的国家，庶几最可怕最惨酷的世界大战到临时，我们已不是一个毫不足轻重的国家。关于这一点，国人几乎是全体一致的。不过关于达到这目的的方法，则说者各异。有的以为应从平民教育着手，有的以为应从增进人民健康着手，有的以为应从开放党禁，提倡民治着手，有的以为应从分治合作，不再内战，埋头建设着手。但我以为，我国应经的途径是和别国无异的。无论是增进人民的知识及健康也好，或增加人民生产能力也好，没有一个强有力的政府，必绝对无成的。欲有一强有力的政府，则提倡民主政治，不但是缓不济急，更是缘木求鱼。欲求达到英、美那样的民治，即在最佳的情形之下，也非十年、二十年所可办到。而且即使得到英、美那样的民治后，国家也是弱而无力，不足以与别的民族作经济上的竞争。

我以为中国所需要者也是一个有能力，有理想的独裁。中国急需于最短时期内成一具有相当实力的国家。欲使全国工业化，绝非一二十年内能够做到，但在一二十年内沿海各省务须使有高度的工业化，而内地各省的农业则能与沿海的工业相依辅。只有这样，我们才能于下次世界大战时一方可以给敌人以相当的抵抗力，而一方又可以见重于友邦。欲达到工业化沿海各省的目的，则国家非具有极权国家所具有的力量不可。而要使国家有这种权力，则又非赖深得民心的独裁制度不为功。

这样的独裁制度，本不是国民党的三民主义所不能容的。三民主义中的民权本不是我上面所指的民主政治，而民生主义则本是为民众谋福利的政策。所谓党治、训政及一党独裁，从最后的解析说起来，本是一件东西。所以如果国民党能独裁，一方铲除破坏统一及阻碍中国近代化的阶级，一方则偏重于大多数人民的利益，则这种独裁的结果，必定可以增加国家的权力，增进民族的经济地位，并得到大多数人民的赞助。

像中国这样一个一盘散沙，民智落后，能力微弱的民族我们尚望其能进而成为一个近代国家，则国民党中兴，国民党能成为有力的独裁者的希望，自然也不是没有。不过像它过去那样地缺乏能力，缺乏目的，则它当然不能成为独裁者，更不要说是成功的独裁者。

究竟国民党是否有独裁中国的可能，如果没有，何人或何党将为中国的独裁者，这些是本文范围以外之事，故不必再予推测。我所要重复说的是：中国需要生产上极敏捷的进步，而要达到这目的，则最好有一有力，而又以全民族的福利为目标的独裁。为早使这独裁能实现起见，我们再不要耗费精力于永不易得到，且得到了也无实力的民主政治的提倡，我们更要防止残民以逞的独裁之发生。

一切的制度本是有时代性的。民主政治在五十年前的英国，尚为统治阶级所视为不经的，危险的思想，但到了一九〇〇以后，即保守党亦视为天经及地义。我们中有些人——我自己即是一个——本是受过民主政治极久的熏陶的，这些人对于反民主政治的各种制度，自然看了极不顺眼。但如果我们要使中国成为一个强有力的近代国家，我们恐怕也非改变我们的成见不可。

政治统一的途径

《独立评论》，第 86 号，1934 年 1 月 21 日

胡　适

凡梦想"武力统一"的人，大概都是对于别的统一方法都抱悲观了。例如吴景超先生（本刊八十四号）指出三种其他方式的不可能：第一"开放政权"于统一是无补的；第二"联省自治"实际上便是拥护群雄割据的局面；第三"以建设谋统一"，也得先设法早日脱离割据的时期。因为吴先生认这几条路都走不通，所以他说：

> 在群雄割据的时期内，除却武力统一的方式外，我们看不出还有什么别的方式可以完成统一的使命。

又如蒋廷黻先生（本刊八十三号）也指出其他方法的绝不能行：第一是"维多利亚时代的自由主义和代表制度"绝不能行；第二是"割据的妥协"也绝不能成立；第三是"再来一次的革命"也行不通。因为这些方法都绝不能行，所以他说"唯一的过渡方法是个人专制"，是"拿一个大专制来取消一些小专制"，是拿更大的武力打倒一切二等军阀。

武力统一的困难，我在上一期（八十五号）已经说过了。其实这种统一方式的困难，蒋、吴两先生也都感觉得到。蒋先生说：

> 中国人的私忠既过于公忠，以个人为中心比较容易产生大武力。

他应该料得到：冯玉祥也曾这样想过，也曾这样做过；张作霖、张学良也曾这样想过做过；现在的许多割据领袖也都在那儿如法炮制，"以个人为中心，产生大武力"。人人都要造成那"更大的武力"，所以武力统一终不可能。蒋先生

又说：

> 这个为中心的个人必须具有相当的资格。

既然说是"必须"，这就是一个必要的条件了。我说中国没有能专制的人；蒋先生也只能说：

> 中国今日有无其人，我也不知道。

那么，蒋先生也不知道今日中国有无具备那"必须"条件的中心人物，他的统一武力论也就很脆弱了。

吴先生的武力统一论也有同样的困难。他也承认：

> 武力虽然重要，而运用此武力的，还要一个能干的领袖。这位领袖至少应具下列几个条件：
>
> 第一，他要有为国为民的声望，这种声望是建筑在领袖的行为上面的。……
>
> 第二，他要有知人善用之明，要网罗国内第一流人物，来与他合作。……
>
> 第三，他要有开诚布公的胸怀，要使得与他接近的人都觉得他真是"推赤心置人腹中"。……
>
> 现在的革命事业有国际背景在内，所以当领袖的人……还应当有现代的眼光，以及一个高明的外交政策。

可是吴先生也不能指出我们现在已有了这样一位领袖。他只能说：

> 根据时势造英雄的原则，这种领袖迟早总要出现的。

假如我们大家每夜焚香告天的祈祷终无灵应，这种领袖终不出现，那么，中国又怎么办呢？这样看来，吴先生的武力统一论的希望也是很脆弱的。

总而言之，武力统一的困难，依我们二个人这回讨论的结果，至少有二点。第一是中国今日的"意态"不容许（看第八十五号）。

第二是中国今日的"物质状况"不容许（看第八十五号）。

第三是中国今日还没有具备那些"必须"条件的领袖。

我们现在可以回到我上次提出的问题：如何能缩短这个割据时期？如何能在这个割据时期做到建国的大事业？

换句话说，假如此时没有用武力统一全国的希望，我们还有法子建设起一个统一的国家来吗？

我所设想的统一方法，简单说来，只是用政治制度来逐渐养成全国的向心力，来逐渐造成一种对国家"公忠"去替代今日的"私忠"。

中国统一的破坏，由于各省缺乏向心力，就成了一个割据的局面。这个局面的形成，不完全是这二十多年的事，是太平天国乱后逐渐造成的。清朝盛时，督抚都不用武人，而各地驻军甚少。当时所以能维系住一个统一局面，全靠制度的运用。任官全出于中央，而中央任官有一定的制度：科举是全国一致的，升迁调转是有一定的资格限制的，而文官统辖武官（自中央以至各省）也是一致的。科举制度虽然不切实用，但人人都承认它的公道无私；老生宿儒应考到头发白了，也只能叹口气说"场中不论文"！他不怨那科举制度本身的不公。知识阶级都感觉有"正途出身"：贫家子弟用了苦工夫，都可以希冀状元、宰相的光荣。重名轻武的风气造成之后，武官自觉得他们应该受文人的统治，所以文人管兵部，巡抚掌兵权，人人都认为当然的道理。

太平天国之乱，把那个"纸老虎"打破了。政府的军队不能平乱，而平乱的大功全靠新起的乡兵与募兵。湘军虽然多数遣散了，淮军继续存在，成为新式军队的起点。平乱之后，各省督抚虽然仍是文人，可是这些封疆大吏多是带过兵立过战功的，又往往负一时盛名，他们的声望远在中央政府的一班庸碌大官之上。从此以后，"内轻外重"的局势已造成了。到了庚子年（一九〇〇），宫廷与政府迷信拳匪，造成了国际大祸，内旨令沿江沿海各省督抚招集义和团攻打洋人，北方有山东巡抚袁世凯不受命，南方两江总督刘坤一与两湖总督张之洞也都不奉诏，并且提倡保障东南的政策。当时端王与刚毅都主张要严厉的惩罚刘、张，但想不出执行的有效方法来。这是各省对中央独立的起点。十年之后，辛亥（一九一一）革命起来，各省相继响应，主其事的虽有文人，但反正的新军将领往往成为实际上的领袖。南北统一之后，北方政权渐归北洋的将领；南方各省的有力军人，也渐渐成为各省的领袖。民国三、四年以后，虽有军民分治的试验，而各省大权都移归军人，就成割据的局面。

辛亥革命以后，从前所有一切维系统一的制度都崩坏了。中央政府没有任官权，没有军权，没有赋税权；而各省的督军都自由招兵，自由作战，自由扣留国税，自由任命官吏。到了后来，有力的督军还要干预中央的政治，中央政府就变成军人的附属品了。离心力的极端发展，造成了一个四分五裂的局面。

民国十五年，国民革命军北伐，打开了一个新的局面。当时的主要旗帜是民族主义，对外是打倒帝国主义，对内是建立一个统一的民族国家。统一的中心在国民党，要以党治军，以党当政，党权高于一切。这一套的新组织与新纪律，在当时真有"无坚不摧"的威风。无主义又无组织的旧势力，都抵不住这新潮流的震撼。不到三年，就做到了统一全国的大事业。

但这一回的新统一里也含有不少的离心势力。政权属于党，而党不幸先分裂了。党中本有从极右到极左的成分，后来一分为国、共，再分为国民党内的各派、三分为以个人为中心的各系。党中又因为原来没有计划到分派的处理方法，从没有准备怎样用和平法律手段来移转政权的方法，所以一到分裂时就不能不互相斗争，而斗争的方法又有时各各倚靠一部分的军人，用机关枪对打。党争要倚靠军队，党就不能治军了。新起的军事领袖，虽然比旧日北洋军阀高明的多了，然而其中始终没有出一个像刘邦那样"恢廓大度"或像刘秀那样"推赤心置人腹中"的伟大人物。所以党争之外，又加上了领袖与领袖的斗争。其中虽有比较优胜的领袖至今还能保持最优胜的势力，然而那分裂的局势终无法收拾：第一是党争无法解决，第二是私怨无法消灭，从党争变到个人恩怨，从党中心变到个人中心，越变离心力越大了。

在这个割据局势之下，有什么法子可以逐渐减除各省的离心力，而逐渐养成全国的向心力呢？有什么法子可以逐渐造一种对国家的"公忠"来替代今日的"私忠"呢？

我们要认清，几十年来割据的局势的造成是因为旧日维系统一的种种制度完全崩坏了，而我们至今还没有建立起什么可以替代他们的新制度。当日"以党治国"的制度，确是一个新制度，如果行得通，也许可以维系一个统一的政权。但民国十六年国、共的分裂，就早已显示这个制度的自身无法维持下去了，因为党已不能治党了，也不能治军了，如何还能治国呢？党的自身已不能统一了，如何能维系一国的统一呢？

古人说的好："时移则事异，事异则备变"。旧制度已崩坏了，我们就应该研究新的需要，建立新的制度去替代那无法挽回的旧制度。今日政治上的许多毛病，都只是制度不良的结果。即如蒋廷黻先生指出的，中央政府的各部，无论在北京时代，或在现在的南京，部长是哪一省的人，部中的职员就以他同省的人居多，甚至于一部成为一省的会馆。

他说这是因为中国人的头脑里有省界。其实省界是人人有的，并不限于中国人。美国国会的议员，那一个不替他的选举区争权利？不过他们的国家有较好的制度，所以他一旦做了部长，他决不能把他的贵部变成他的同乡会馆。蒋先生指出的笑柄，只消一点点制度上的改革就可以消灭了。

回到国家统一的问题，我们主张，今日必须建立一个中央与各省互相联贯的中央政府制度，方才可以有一个统一国家的起点。

从前的帝国时代，中央与各省的联贯，全靠任官权之在中央：不但督抚藩臬是由中央派出的，州县官也是由中央分发到省的；外官可以回中央去做京官，京官可以派出去做外官；江苏人可以做甘肃的官，云南人也可以做山东的官。自从割据的局势形成以后，割据的区域里中央不能任官，至多只能追认原有的官吏，加以任命而已。任官权分在各省之后，中央与各省就没有联贯的方法了。省与中央越离越远，所以只有小割据，而没有统一国家的形态了。

我们相信有许多的政治方法可以逐渐挽回这种分裂的趋势。这篇短文里不能详细多举例子。我们可以举出"国会"一个制度来做一个最重要的例。国会不是蒋廷黻先生所嘲笑的"维多利亚时代的自由主义和代表制度"。国会的功用是要建立一个中央与各省交通联贯的中枢。它是统一国家的一个最明显的象征，是全国向心力的起点。旧日的统一全靠中央任命官吏去统治各省。如今此事既然做不到了，统一的方式应是反其道而行之，要各省选出人来统治中央，要各省的人来参加中央的政治，来监督中央，帮助中央统治全国。这是国会的根本意义。

蒋廷黻先生一定不赞成这个主张，他曾说：

人民不要选举代表，代表也不代表什么人。代表在议会说的话，不过是话而已。中国近二十年的内争是任何议会所能制止的吗？假若我们能够产生国会，而这国会又通过议案，要某军人解除兵柄，你想这个议案能发生效力吗？只要政权在军人手裏，……你的国会有一连兵就可解散了。

这些话都是过虑，有成见的过虑。第一，人民最不要纳租税，然而他也居然纳租税，岂非怪事？所以蒋先生也不必过虑人民不要选举代表。第二，议会能有多少权力，如今谈不到。不过我们前几天还看见报上记载着，立法院"在悲愤中"勉强通过了一万万元的公债案。一个确然"不代表什么人"的立法院也会"悲愤"，蒋先生也许可以看见一个代表全国的议会发起大"悲愤"来制止内战，谁敢保没有这一天呢？第三，一连兵诚然可以解散国会，正如一个警察可以封闭你我的《独立评论》一样容易。然而曹锟要做大总统，他用一连兵也就可以包围国会了，何必要花五千元一票去贿选呢？马君武先生曾说：曹锟肯花五千元一票去贿选，正可以使我们对于民主宪政抱乐观，因为那个国会的选举票在曹锟的眼里至少还值得四十万元的代价。况且有了贿选的国会，也就可以有贿不动的国会；有了一连兵解散得的国会，也就可以有十师兵解散不了的国会。

不过这都不是眼前的话。现在我要请大家注意的只是要一个连贯中央与各省的国家机关，要建立一个象征全国全民族的机关。各省要捣乱，就请到国会里来大家一块儿捣乱。各省要建设，就请到国会里来大家一块儿建设。无论如何，总比"机关枪对打"要文明一点。让各省的人到中央来参加全国的政治，这是养成各地方向心力的最有效的一步。

十八世纪的英国政治家贝尔克（Burke）曾说，"若要人爱国，国家须要可爱"。若要全国人拥护国家，国家也须要全国人拥护。现在最奇怪的现状是把党放在国家上面。这样如何能养成"公忠"？国会是代表全国的议会，是一个有形的国家象征，人民参加国会的选举，就是直接对那个高于一切的国家尽义务。现在全国没有一个可以代表整个国家的机关，也没有一个国家可以使人民有参加干预的机会，人民又从何处去报效他的"公忠"呢？

我只举这一个国会制度，已占了这许多篇幅了。我的意思只是要说明今日需要这种挽救全国离心力的政治制度，国会不过是一实例而已。其他促进统一的制度，将来有机会再谈。

二十三，一，十六晨

建国与政制问题

《国闻周报》，第 11 卷第 26 期，1934 年 7 月 2 日

张佛泉

中国到底需要怎样的一种政制？这是一个很重要的问题。从去年立法院起始创制宪法草案以来，一直到现在，有政治趣味的人，甚至没有多大政治趣味的人，几乎都很注意这个问题。国内刊物最认真讨论政制问题的，恐怕便是《独立评论》。从第八十期蒋廷黻教授一篇短文起，一直到现在，笔战还没有打完。《国闻周报》的读者，如果对于"专制"、"民主"之争，早已注意过，那么读过我这里的导论之后，希望在我们这大家的《周报》上也热烈地一同讨论一番。如果始终还没得读过《独立评论》上的文章，我劝读者去读一下，文章内容好坏，读者可自去下判断，但是写那些文章的，我可以先预告读者，都是出之以极诚恳的态度的。我们这里也努力以那种态度讨论政治问题。

近一二年来，我们常听到以建设求统一的呼声。汪精卫先生是善于词令的。我们大概都觉得以建设求统一的说法，的确是漂亮。有一位张弘先生又更进一步提出以建设来建国。他说："然则中国就简直没有出路吗？还是有。是什么？是以建设来建国，是以建设求统一。以建设求统一，这是可能的……至于说到建国，则更非加紧建设不可……"（《独立评论》第一〇四号，九页至十页）。

以建设求统一，和以建设求建国的说法，在近来是一种很受人欢迎的理论。现在有许多人相信建设是中国的出路。国人大声急呼中国立须工业化的，也正因出于同一见地。

我们对于这种说法，须先予以分析。我以为以建设求统一，和以建设求建国，并不完全是一件事。以建设求统一的意义，可以含蓄着，根据国内某一隅，施行高度的建设和工业化的工作。按这种理论，可以先假定所根据的某一隅（比如说，我国的江、浙），政治已经是相当开明，至少政治已经不是经济建设的障碍。这样，由某一隅的 intensive 发展，以优越的经济力量，再来控制领导

其他部分（如我国的西北各省），这样便可以达到统一的局面。这种说法在理论上有无毛病（尤其是先假定某隅的政治已相当的开明），我们可以不必深究，但是如果政治当局愿以此说与民众相号召，我以为也没有什么不可的。

至于以建设谋建国的说法，在意义上，则稍有不同。这种说法，尤其是出于讨论政治问题者的口中时，于逻辑上恐更有舛误。最明显的，这种说法似乎是已窃取论点（begging of the question），是以闪避问题的方法，来回答问题，是以车放在了马的前面。为什么呢？因为我们所以在这里对政治问题刺刺不休的，就正以政治不上轨道，便不能开始建设。胡适之先生不反对建设，而却提倡政治无为主义，恐怕也就正因为就实况论，若由政府领导建设则只有伤民，而不会利民的，只有以公共建设经费拨为私人建设费用的。抽象地说，按这一派的思路，是认为政治比经济有在先性的。唯物史观论者，以为政治及其他上层建筑是受经济支配与规定的，但若轮到改造经济结构，重定分配方法的时候，却一样不得不借用政治力量。所以极端社会主义者，主张以"骤变"（Revolution）的方式改革社会的，必先从有政治性的组织下手，必先求抓得政权。再看个人资本主义之所以发达，和最近各大工业国挽救经济衰落所用的方法，无一不是借重政治力量的。现代的政治，几乎完全是为应付经济问题的，政治似乎已成了经济的婢仆（handmaid），但是愈是这样，才越见得如政治本身都有问题时，则经济建设恐更不易谈到（关于政治比经济重要一点，参看新近出版之 *Foreign Affairs*，April，1934 "politics Versus Economics" 一文）。

不但政治如果不上轨道，经济建设很难进行，即使能有相当的建设，这种建设也多半是供奸人滥用的。比如中国有许多借外资筑成的铁路，当然我们不能一笔抹杀这些铁路所给我们的利益，但是因为军阀的滥用，铁路也不知有多少次曾助纣为虐。还有很明显的一个例，便是比较新式军队的成立，这种队伍几乎是御侮不足，祸国有余的。

总之，以建设求政治出路的说法，我以为我们不应过于相信。理由有两个：一、经济建设须借助开明政治；二、政治如紊乱，即有建设，亦不能收建设的利益，并且也不一定能促进政治上轨道。

以专制建国一说，也应予以批评的分析。

蒋廷黻教授主张以个人专制，来统制过渡的中国。他的主张很勇敢，并且很可以代表国人由畏忌政权渐转为需要政权的趋势。

对中国政治问题，稍曾用过思想的，都立刻能发现，以中国的历史背景，和实际环境而论，我们现在实不配谈议会政治。人民知识低，思想不合乎现代潮流，没有对政治发生兴趣的习惯等，都是民治的大障碍。此所以梁任公先生在满清未倒以前，主张先施行开明专制，革命成功之后，又主张施行保育政策；此所以孙中山先生主张在军事时期之后，须经过一训政时期，然后才到宪政时期。并且就民初的历史看，国民党人当时不肯听从中山先生的训政主张，一直施行起议会政治，夸张的国民党多数党的国会，因为没有民众的拥护，不久便被北洋军阀压服下去。不但如此，反动势力并由此摆到极右端点，袁世凯竟做起皇帝来。在这以后，便是混战无政府时代，一直到国民政府北伐成功后另划一新时代为止。所以民初十几年的历史，可以当做试行议会政治不成功的历史看。

我们要问为什么议会政治不成功，便立刻得到无政府状态呢？原因虽然很多，我以为不明白究竟该怎样运用议会政治却是一个极大的原因。在我国初期议会政治史中，吾人所犯的最大弊病，便在不知树立政权，不但不知树立政权，并且还要用尽全力摧毁政权，和拆散政权。

但我们主张行政权的统一与加强，不必立刻便主张个人专制。我深信个人专制，在现代的中国是绝对再谈不到的。我们若谈专制，最多也只能谈一谈一党专政。

论到一党专政，我们再不妨温一温近几年的历史。

我觉得关于革命成功后的"训政"政治，我们应当有一点须先认清。这一点便是，国民政府在实际上所施行的"训政"，与中山先生在理论上所计划的训政，有一个最大分别在。中山先生的训政论，虽然没有极详细的说明，但我们可推定，他绝没有不容许国民党外的政党之存在与滋生。因为民治基本条件，便须有一个以上的政党，互相角逐，互相砥砺。只有在国民党以外，也有大政党从民间滋长起来，经国民党扶植起来，然后由一个以上的政党互以政纲求决于民众，政党再互相竞选，因之可以引起民众政治趣味，灌输民众政治知识，促成民众政治组织时，才可以达到宪政时期。国民政府所采用的实际"训政"政策，却太含苏俄式的或法西斯式的"专政"味道了。这时期的最基础的标语，便是"党权高于一切"、"党外无党"。所以凡与国民党性质不同的政治组织，国民党都要以优越势力去排斥。我认为，如果我们以一党专政为最后政治理想，这种办法当然也可以硬干下去。不过假若实际采用"党外无党"的一党专政政策，而同时却又以宪政为几年后的目标，则如非英雄欺人，便成缘木求鱼了！

上面证明我们并没有实行过训政，只采用过专政。而专政政治到现在呢？虽然我们不好说已完全失败，但至少也总须说不大成功。不然，为什么立法院要创制宪法草案，提早施行宪政呢？

我们现在要问中国实行"专政"为什么不能成功。这是一个必须要追究的问题。

粗略回答起这问题时，我们可以说中国实行一党"专政"不易成功的原因，至少有两个：一个是，活动政治的人道德力不够强；一个是，宗教热不够强。

我们说政治领袖的道德有问题，并不是说活动政治的人没有道德。我们只说：照目前一般中国人——连领袖在内——的道德力来论，是不够实行专政用的。我们必须承认苏俄的共产主义，意大利的法西斯主义，德国的希特勒主义，是由一种极热烈的道德作出发点的。这三种主义，第一先教人以整个国家（苏俄现时实际上也只以国家为对象）为出发点。个人须与国同证（identify），个人须忘去自私的妄念，个人须为国牺牲一切。道德哲学上所谓利他主义（Altruism）的气味是极浓的。至少他们那一套伦理，与中国几千年来的传统伦理观念——由确定自我（self affirmation）再推到家，国，天下——在精神上，在系统上都有很大分别的。并且共产主义与法西斯主义之以社会、国家为出发点的道德，在西洋也并不是人人都可以随便做到的。我们目前的中国，正当旧道德失去束缚力量，而新道德观念未养成之前，居然便做起需要最大道德力的政治团体活动，结果不好，并不是什么奇怪的事。国民党不论，即就中国的共产党来说，在重重压迫之下，本来更该团结，然而内部却一样常发生纠纷，和黑漆一团的暗斗。这从许多自首的共党所发表的声明书中，便可以窥见一斑的。

另外一点便是宗教热力的问题。我们必须承认，俄、意、德各国专政的政党，是一种富有宗教性的组织。这一点与英、美各政党近乎营业组织的，很有不同。我记得，牛津大学教授 Zimmern 氏一次在讲演时特别提出说，德国近来国社党的运动是一种旧有的德国精神回活。这种精神便是宗教与政治两种力量又打在一起。这话当然同时可以适用到俄国与意大利。这几国的民族都是特别富有宗教热力，富有感情，多产诗人和音乐家的。共产党之出于苏俄，法西斯派之出于德、意，大概都不是偶然的事。

我们中国人若与欧洲人比，恐怕与英国人相近些，富于常识，理智常能抑制感情，所以不大适宜需要热情的组织。并且就已往的事纪看，我国人的情感有时可以在破坏方面发泄，真真以极热的情感努力长期建设的例，似乎不易举。

总之，以个人专制求建国之一说，根本没有讨论的必要；一党专政，就所需基本条件与近几年来的历史看，在中国能成功的机会，似乎也不大。不过我们同情这一派人的要求强大政权的情调。

现在要提出我们的主张。我们的主张是与民主政治相近的。

胡适之先生近来常提到民主政治是最幼稚的政治，所以容易学。却又有好些人指出只有"说英国话的人民"实行民主政治才能成功，其余的许多国家，都因试行民治得到很坏的结果。又有人指出，欧洲只有在莱茵河以西才真有民主政治（见 *The Contemporary Review*，Jannary，1934，"The Breakdown of Democracy"，Prof. Ernest Barker）。我以为，若真以英、美的民治作标准，恐怕学他们也不易一时学到，这里包含着教育、自治习惯、整个历史的问题。但若就政治制度而论，我们终须相信民治的危险是最少的。我们尤不能惑于英、美人自信过甚的谩词。

不过我们一提到民治，须立刻破除国人几点误解。每疑国人一提到民治，便以为民治的效率过低，和有筑室道谋的弊病。我们便先就这两点来论。

近来我常常论到三权鼎立论的错误。我以为，民治的秘诀并不在权力分立，乃在集中权力却同时加以设而不轻用的最后控制。我最喜欢把行政机关比做孙悟空，将国会（更正确地须说整个选民〔Electorate〕）比做唐僧。真有取经本领的是孙悟空，而不是唐僧，但猴子非有紧箍咒来拘束不可，不然他便要造反。照现在的英、美实际政治论，我们几乎可以说，立法实是由名为行政机关的主动，而名为立法机关的却只变成批准或否决（美式大总统的权力）的机关了。还有这种由一个机关发动，而由另一机关于必要时加以制止的方式，与以前所说的制衡原理（Principle of Check and Balance）也有分别，并且分别还很大。若仍用"制衡"的名词，我们可以说理想的政府，只求有"制"，而不求有"衡"。"制"只是为应付变局，"衡"绝不能成为常态。常"制"已足以妨碍机构的进行，若真势力均衡，恐一切动进唯有停止。

我国承专制及革命之余，又惑于权力分立之说，所以极自然地有摧残行政权，加强立法权的趋势。这是最大的一桩错误。梁任公先生在民国二年已经有过很锋利的论说，现在引一大段如下：

> 要之，国家乘专制之旧者，当局每猜忌国会，若芒在背；而当人民新心醉于宪政之时，则国会万能说必起，其视政府，亦必若虎兕，必柙之然后即安也。夫并世无论何国，其国会皆后起之新机关，而政府存立之历史，远在其前。是故无国会而能成国家者有之矣，无政府而能成国家者未之前闻。平心论之，国家之所以设国会，实欲假途于此以求得一理想的政府而已。所谓理想的政府，其条件有二，一曰善

良，二曰强固。何谓善良？常兢兢焉思所以袭行国家之天职，斯善良矣。何谓强固？其力实足以袭行国家之天职而无所挠败，斯强固矣。夫欲为国家得善良之政府，此数千年来东西无量数之贤哲所焦思以求索也。而操券必获之道，终未由见。其比较的可恃者，则以人类之通性，必赖有督责于其旁者，乃易趋善焉。言莫余违，则陷于恶而不自知也。故各国之有国会，其本来之动机，乃专为防闲政府而设，此无容讳者也。防闲之遂能使之趋于善良与否，要当视防闲者与被防闲者之性格各各何如。假如以瞽相瞽，以狂监狂，狂瞽相益，终未从骤易而为圣明。故谓但有国会而政府立即可以善良，此空华之论也。虽然，苟使其国民之品性，非极下流，则既建此监督机关，自必有贤能厕乎其间，而当轴者自必量力乃进，滥竽者稀。既进矣，又常有所敬惮，不敢自恣而兢兢勉于善。故国会之设，实为比较的求良政府之良手段，此各国经过之明效大验也。各国初设国会伊始，其民既疾首蹙额于曩畴之专制，复狃于先进国之成效而过信之，动则欲专张国会之力，使极其防闲政府之能事。其敝也，能否由此道以求得善良之政府，尚在不可知之数，而强固之政府，先已无由自存。其在偏壤寡民之国，人莫以为虞者，苟其人民富于自治之性，不甚仰保育于其上，则此等政府，犹或可以系国于不敝（若瑞士正其例也，比利时亦近之）。而不然者，内之有浮动杰黠之氓，而政府威信不足以资镇服，若以朽索驭六马，刹那刹那，可以颠顿，民亦狎而玩之，而日益以难治也；外之则强邻四逼，所与处皆长蛇封豕，其所以应付之策划，非可以播于众也，且难于与民虑始也，而防闲之力过大，无论以何人当其冲，皆束缚驰骤而未由展布，其极也，则贤才短气，而唯脂韦突梯之夫乐承其乏，则国家坠于冥冥之中矣。是故并世诸立宪国，当其革政伊始，人民之从事者，莫不以防闲政府为唯一之职志。政府之与国会，恒相互侧目而视。迨其稍进，则必渐作协恭和衷之计，更进而至于阁会合一，则并世宪政之极轨矣。夫阁会合一，非政党发达成熟如英国者，固不可致，此其植基在政治教育，非纸上之宪法所能奏功也。然国家若有楛窳之宪法，则可以阻人民使不得遵此向上之路。夫人民曷为能遵此向上之路，由于自觉者半，由于国家导掖之者亦半。行国家导掖之天职者厥唯政府，国家而有楛窳之宪法，则或政府不尽此天职而莫之能监察也，或政府虽欲尽此天职而未由自展也（坐此，不能得强固政府）。

吾愿他日制宪者，当常念国会之设，实借以为求得善强政府之一手段。政府譬则发动机，国会譬则制动机。有发而无制，固不可也；缘制而不能发，尤不可也……（乙丑重编《饮冰室文集》第三集〔一〕，第四十七卷，癸丑论《宪法之三大精神》）。

上面所引任公先生一节文章，是极重要的。只可惜梁先生没有一而再，再而三地发挥这意见。更可惜当时的人们没有远见，不能了解梁先生所说的话有若何深意。至终还是因为不能慎用国会的潜蓄势力，整个民治机关被袁世凯捣毁，引起了长期的混战，至使人民到现在还都怀疑民治（*Fortnightly Review*，July，1933 号中，J. H. Harley 有 "A Defence of Democracy" 一文，其中证明苏俄、意、德，之所以走到狄克推多路上去的原故，大部是由于不懂怎样利用民治，遇到许多 "Legislative deadlock"，才逼到专制的路上去。他的文章很值得注意）。

现在让我重复地说，在民治政体之下，一样可以得到效率极高的政权（参阅六月二十三日《大公报》社评）。并且就我们二十余年的民治史来看，就紧张的时势来看，扩大行政的发动权，增强国会的防制权，是我们目前最适当的出路（参阅六月一日《大公报》社评）。民治自身的弊病并不多，只看我们晓得利用它与否。

另外一点关于民治的错解，便是常听说的"筑室道谋"各党倾轧的弊病。这一点很值得解释。因为我们解释这一点，同时还可以指出，民治与狄克推多制几乎都是一党专政的。人们好像多以为议会政治是选许多议员到国会坐在一起去讨论国家大事，报纸上常载某国国会为某问题有极剧烈的辩论，其实完全没有那么一回事。所谓"国会辩论"（Parliamentary Debate）也者，早就成了历史上的名词。一个议案能否通过，完全要看当权政党愿否通过。所以通过议案的不是"议"员，实是"党"员，顶着"议员"头衔的"党员"。

并且无管英国内阁式的或美国总统式的民治的理想，都须是一党专政，在握得政权之后要专政。这一点以英内阁式的制度作比例最明显。比如保守党在大选后，得到下院议员的大多数，保守党登台之后，便是保守党"独裁"，首相的"独裁"。其余在大选时被战败的，便几乎不得参预政事。他们的批评与攻击，对于在朝党的政策也不会有若何反应。在民治之下，各政党有竞争，有倾轧，但它们的竞争与倾轧只是在握得政权之先，而绝不是在握得政权之后！握得政权之后，登了正式舞台之后，再有争斗，便成为政府的大忌！

所以我们几乎敢说，一党专政的好处（即在当政时，得由一党负责，自由处理国务），在民治政治中一样可以得到，不过民治能使人民在选举时有所选择，能随时运用最后的主人权，而在狄克推多制下没有这些好处罢了。

我并无意对民治做无保留地颂赞。我只急于指出，民治如运用得法，在政权与效率上，都不一定比狄克推多制为小。并且施行民治总比施行专制的危险少一些。

现在将全文总结起来：在第一节我们指出政治开明是经济建设的先决条件；在第二节我们指出狄克推多制在我国的困难；在最后一节我们分析了民治的两种特性。蒋介石先生论剿匪的工作在三分军事，七分政治。这句话，我想可以运用到整个目前的中国。并且中国现在的军事实已到了可以结束，应该结束的时候了。所以政治问题，实是目前最重要的。民初的议会专横制，惹起了军阀的混战。国民党的一党专政，因为党外没有阻力，党内分子便也失去未成功前的精神。现在似乎只有在严格民选机关严防之下，增强行政权的制度为最合理。

民主政治与独裁政治

《独立评论》第 133 期 1934 年 12 月 30 日

丁文江

近几月来我们许多朋友常常讨论这个问题，而主张极其不一致。蒋廷黻先生是赞成独裁的（参见《独立评论》第八十和八十三号），胡适之先生是主张民主的（参见《独立评论》第八十五号）。最近胡先生又因汪蒋两先生感电有"中国今日之环境与时代，实无产生意俄政制之必要与可能"的话，作文批评钱端升先生在《东方杂志》所发表的《民主政治乎？极权国家乎？》（参见《独立评论》第一三〇号），申说他以前的主张。

胡先生以为独裁不是必要的：因为独裁（一）不能促进钱端升先生所希望的沿海各省工业化；（二）不能达到蒋廷黻先生所希望的统一政权。他又不信（一）中国今日有能独裁的人、党或是阶级。（二）中国今日有可以号召全国人的情绪与理智的活问题，使全国能站在某领袖某党某阶级之领导之下造成一个新式的专制。（三）中国民族今日知识经验够不上干那需要高等知识与技术的现代独裁政治，所以他以为独裁是不可能的。

平心而论，中国今日没有独裁的可能是大家应该承认的。汪蒋两先生是当国的政党的领袖。他们都说，"中国今日之环境与时代，实无产生意俄政制之可能"，然则他们一定是承认中国今日没有能独裁的人或是党。

独裁政治不可能，民主政治是可能的吗？这当然要看"民主"两个字是怎样的解释。假如民主政治是要根据于普选——就是凡是成年的人都要有选举权，然后算是民主政治，则民主政治在中国今日不可能的程度远在独裁政治之上。因为中国今日是否有能独裁的人或是党，还是个信仰问题——我们不信有这种人或是党，别人也许相信。至于中华民国的人民百分之八十或是百分之七十五以上是不识字的，不识字的人不能行使选举权，是大家应该承认的。若是所谓民主政治是相对的，是逐渐推广的，则当然有讨论的余地了，前清的谘议局和民国的国会都是"可能"过的了。不过这是不是我们所谓民主政治?

近年以来许多人——不赞成独裁的人如威尔士 H. G. Wolls【今译威尔斯】,如罗素 Beltrand Russel——都觉得真正的平民政治事实上不可能。维多利亚时代的人以为大家都识字,选举权普遍,政权当然是在选举人手里的了。近几十年来的经验才知道是不然。多数人对于政治根本没有兴趣,他们识了字是看体育新闻 Sporting news,读侦探小说。政治上的问题除非是为他们直接有利害关系的,他们绝不愿意过问。同时靠政治吃饭的人又发明了一种骗人的利器——宣传。宣传是要组织的,组织是要钱的,于是就是在西欧选举权普遍的国家,实际的政权旁落在出党费、开报馆、办无线电广播的人手里。所以现在连反对独裁的人对于民主政治都发生了很大的疑问。

胡适之先生说,"民主宪政只是一种幼稚的政治制度,最适宜于训练一个缺乏政治经验的民族"。这句话是不可靠的,理论的根据我们姑不讨论;事实上看起来,民主宪政有相当成绩的国家,都是政治经验最丰富的民族;反过来说,政治经验比较缺乏的民族,如俄、如意、如德,都放弃了民主政治,采用了独裁制度,足见民主宪政不是如胡适之先生所说的那样幼稚的。"民主政治只要有选举资格的选人能好好地使用他们的公权"。不错的,但是这就是世界上最困难的一件事。所有行民主宪政的先进的国家,都还没有做到这个地步。

胡先生说,"民主政治的好处在于不甚需要出类拔萃人才……在于集思广益,使许多阿斗把他们的平凡常识凑起来也可以勉强应付"。他似乎相信,"两个臭皮匠,凑起来是个诸葛亮",他太乐观了。事实上两个臭皮匠,凑起来依然是两个臭皮匠!胡适之先生似乎以为专门技术人才是行独裁政治需要的。事实上在任何政治制度之下,民主也好,独裁也好,如果国家是现代式的,胡先生所举的一百五十万个专家一个也少不了的!英美政治以前比较的简单,因为他们是实行正统经济学的放任主义的 Laisseztaire,与政制无关。现在英国也要有专家政治,美国也要有"智囊团"了,因为放任经济主义在英美也不能存在了。岂但英美,连落伍的中国银出口也要加税了,这都是时代的表示。

"苏俄与意大利都不是容易学的",这话当然是不错的。但是没有问题,英法美比苏俄与意大利更是要难学。"领导四万万个阿斗,建设一个新的国家"当然是"非同小可的事"。但是要四万万个阿斗自己领导自己,新的国家是永久建设不起来。

所以我的结论是在今日的中国,独裁政治与民主政治都是不可能的,但是民主政治不可能的程度比独裁政治更大。凡胡适之先生所举的独裁政治的困难和需要，都是实行民主政治所不可免的困难和需要，而且程度加大。实行民主政治，一定要有普通的教育、完备的交通、健全的政党、宽裕的经济。实行独裁政治所需要的条件或者不至于如此的苛刻。

"可能"的程度如彼，"必要"的问题如何？我以为这个答案是很明显的。中国的政治完全在革命期中，而且在内战期中，在这种状况之下，民主政治根本还谈不到，独裁政治当然是不可避免的。汪蒋两先生尽管通电说独裁政治不是必要，而事实上国民政府何尝不是变相的独裁，不过不是蒋廷黻钱端升两先生理想的独裁而已。岂但我们的政治没有脱离革命的方式，我们的国家正遇着空前的外患——不久或者要遇着空前的经济恐慌。在没有度过这双重国难以前，要讲民主政治，是不切事实的。胡适之先生自己说，美国"到了近年的非常大危机，国会授权给大总统，让他试行新式的独裁"，我们的国难十倍于美，除去了独裁政治还有旁的路可走吗？

"试行新式的独裁"！我们应该注意"新式"二字，因为新式的独裁与旧式的专制是根本不能相容。胡先生说，"打倒专制"的口号可以使统一不能成功，这是真的。但是大家要打倒的是改头换面的旧式的专制，并不是新式的独裁。独裁如何才可以算是"新式"，我以为有以下的几个条件：

一、独裁的首领要完全以国家的利害为利害。

二、独裁的首领要彻底了解现代化国家的性质。

三、独裁的首领要能够利用全国的专门人材。

四、独裁的首领要利用目前的国难问题来号召全国有参与政治资格的人的情绪与理智，使他们站在一个旗帜之下。

我已经说过，目前的中国这种独裁还是不可能的。但是我们大家应该努力使它于最短期内变为可能。放弃民主政治的主张就是这种努力的第一个步骤。

十二月十八日《大公报》星期论文

答丁在君先生论民主与独裁

胡 适

丁在君先生的星期论文被飞机耽误了，直到星期二（十二月十八日）始登出。我仔细读了两遍，很感觉失望。他对于英美的民主政治实在不很了解，所以他不能了解我说的民治是幼稚园政治的话。民主政治的好处正在它能使那大多数"看体育新闻，读侦探小说"的人每"逢时逢节"都得到选举场里想想一两分钟的国家大事。平常人的政治兴趣不过尔尔，平常人的政治能力也不过尔尔。然而从历史上看来，这班阿斗用他们"看体育新闻，读便宜小说"的余闲来参加政治，也不见得怎样太糊涂。即如英国，那些包办"骗人的利器"的人们，当真能欺骗民众于永久，当真能长期把持政权了吗？伦敦的报纸，除了《每日前锋》（Herald）外，可以说全是保守党的。在几年之前，《前锋》报（工党报）的销路小极了，直到最近几年中，他们才采用"读者保险"计划，才能与其他通行的大报竞争。然而英国在这几十年中，保守党是否永执政权？工党何以也能两度大胜利？自由党的得政权以及后来的瓦解——更奇怪了——却正和他们的党费的盈绌成反比例！美国的全国财权当然是操在共和党的手里，然而我留学以来，不过二十四年，已看见民主党三度执政了。可见这班看棒球新闻、读侦探小说、看便宜电影、听 Jazz【今译爵士】音乐的阿斗，也不是永久可欺骗的啊！所以林肯说得最公允："你可以欺骗民众于一时，而不能欺骗他们于永久。"英美的民主政治虽然使威尔斯、罗素诸人不满意，却正可证明我意见是不错的。英美国家知道绝大多数的阿斗是不配干预政治，也不爱干预政治的，所以充分容许他们去看棒球、看赛马、看 Cricket【今译板球】、看电影，只要他们"逢时逢节"来画个诺，投张票，做个临时诸葛亮，就行了。这正是幼稚园的政治，这种"政治经验"是不难学得的。（请注意：我不曾说过："民主政治是要根据于普选"。我明明说过："民主政治的好处在于……可以逐渐推广政权，有伸缩的余地"。英国的民权，从古以来，只是跟着时代逐渐推广，普选是昨日的事。所以说普选"然后算是民主政治"是不合历史也不合逻辑的。)

现代的独裁政治可就大不同了。独裁政治的要点在于长期专政,在于不让那绝大多数阿斗来画诺投票。然而在二十世纪里,那是不容易办到的,因为阿斗曾鼓噪造反的。所以现代的专制魔王想出一个好法子来,叫一小部分的阿斗来挂一个专政的招牌,他们却在那招牌之下来独裁。俄国的二百万共产党、意大利的四百万法西斯党,即是那长期专政的工具。这样的政治与民主政治大不同之点在于过度利用那班专政阿斗的"权力欲",在于用种种"骗人的利器"哄得那班平日"看体育新闻,读侦探小说"的阿斗人人自以为是专政的主人:不但"逢时逢节"去做画诺投票的事,并且天天以"干部"自居,天天血脉贲张地拥护独裁,压迫异己,诛夷反动。

换句话说:民治国家的阿斗不用天天干政,然而逢时逢节他们干政的时候,可以画"诺",也可以画"No"。独裁政治之下的阿斗,天天自以为专政,然而他们只能画"诺"而不能画"No"。所以民主国家的阿斗易学,而独裁国家的阿斗难为。民主国家有失政时,还有挽救的法子,法子也很简单,只消把"诺"字改做"No"字就行了。独裁国家的阿斗无权可以说一个"No"字,所以丁在君先生也只能焚香告天,盼望那个独裁的首领要全知全德,"要完全以国家的利害为利害,要彻底了解现代化国家的性质,要能够利用全国的专门人才"。万一如此,就糟糕了。

在君先生难道闭了眼睛,不看见独裁国家的"靠政治吃饭的人"也充分利用"骗人的利器——宣传"吗?他难道不知道在意德等国里这种利器的利用比在英在美在法更厉害得多吗?所不同的是:"在西欧选举权普遍的国家",宣传的法螺吹过之后,那些"出党费、开报馆、办无线电广播的人"终无法叫那绝大多数的阿斗不画一个 No 字。而在独裁国家里,就不容易制造出一个 No 字来,同是"骗人的利器",其效用不同,如此而已。

独裁政治之难学,不光是"独裁的首领"难得,也不单是专门人才难得,还有那二百万或四百万的"专政阿斗"最不易得。凡独裁政制之下,往往有许多残暴不合理的行为,并非是因为那独裁首领要如此做,只是因为(如丁在君先生说的)"多数人对于政治根本没有兴趣",你要他们丢了棒球新闻来做你的棒喝团,抛了侦探小说来做你的冲锋队,你就不能太摆上等人的臭架子,东也有所不为,西也有所不为。你只好充分利用他们的劣根性,给他们糖吃,给他们血喝,才能令他们死心塌地替你喊万岁,替你划除反动,替你拥护独裁。独裁政治的成绩的大小,和独裁政制之下民众与国家受的福利或祸害,往往系于这二百万或四百万的"专政阿斗"的程度与经验。这是一个国家的生死关头。学者立言，为国家谋福，为生民立命，在这种紧要关头，是可以一言兴邦、一言丧邦的。岂可以用"实行独裁政治所需要的条件或者不至于如此的苛刻"一类的模棱论调轻轻放过呢？

今日提倡独裁的危险，岂但是"教猱升木"而已，简直是教三岁孩子放火。钱端升先生说："我们更要防止残民以逞的独裁之发生。"丁在君先生也说："大家要打倒的是改头换面的旧式的专制。"我可以断断地预言：中国今日若真走上独裁的政治，所得的决不会是新式的独裁，而一定是那残民以逞的旧式专制。

二十三，十二，十八

中国无独裁的必要与可能

《独立评论》，第 130 号，1934 年 12 月 9 日

胡 适

本月二十七日汪精卫、蒋介石两先生联名通电全国，电尾有这样的一句话：

> 盖中国今日之环境与时代，实无产生意、俄政制之必要与可能也。

同日蒋介石先生答复日本大阪《每日新闻》记者的访问时，也有这样的一句话：

> 中国与意大利、德意志、土耳其国情不同，故无独裁之必要。

在今日不少的政客与学者公然鼓吹中国应采独裁政制的空气里，上述的两句宣言是值得全国的注意的。

"感"电说中国今日的环境与时代，实无产生独裁政制的"必要"与"可能"，这都是拥护独裁的人们不愿意听的话。我们姑且不问这种宣言含有多大的诚意，这个结论我们认为不错。现在我们把这个结论的两层分开来讨论。

先论中国今日没有独裁的"必要"。

近年来主张中国有独裁政制的必要的学者，要算蒋廷黻先生和钱端升先生。钱端升先生在《民主政治乎？极权国家乎？》一篇长文（《东方杂志》第三十一卷一号）里说：

> 我以为中国所需要者也是一个有能力，有理想的独裁。中国急需于最短时期内成一具有相当实力的国家。……在一二十年内沿海各省务须使有高度的工业化，而内地各省的农业则能与沿海的工业相依辅。……欲达到工业化沿海各省的目的，则国家非具有极权国家所具

有的力量不可。而要使国家有这种权力，则又非赖深得民心的独裁制度不为功。

钱先生的大目的——沿海各省的工业化——本身就是很可怀疑的问题，因为沿海各省很少具有工业区域的基本条件（如煤、铁的产地）的。况且在现时的国际形势之下，一个没有海军的国家，是无力保护他的沿海工业的，所以先见的人都主张要建设内地的经济中心。况且中国工业化绝不是单靠政府力量的。工业化所需要的条件很复杂，政府的力量虽大，也不能做无米之炊，不能赤手空拳的剪纸作马，撒豆成兵。政府有了极度的权力，就能有资本了吗？就能有人才了吗？就能有原料了吗？单说人才一项，苏俄的五年计划，就需要一百五十万个专家。这不是有了独裁的极权就能变化出来的。所以如果独裁的要求只是为了"工业化沿海各省的目的"，我们不信独裁是必要的。

蒋廷黻先生所以主张独裁，是因为要统一政权。他的议论见于《独立评论》第八十号和第八三号，大旨是这样的：

> 我们必须有一个中央政府。……中国的现状是数十人的专制。……我所提倡的是拿一个大专制来取消这一些小专制。……破坏统一的就是二等军阀；统一的问题，就成为取消二等军阀的问题。……唯独更大的武力能打倒他们。中国人的私忠既过于公忠，以个人为中心比较容易产生大武力。

所以他主张用个人专制做到武力统一。

这些议论，我们从前已经讨论过了（《独立》八五号）。总括说来，问题不是蒋先生看的这样简单。将先生自己也说过：

> 毛病不在军阀，在中国人的意态和物质状况。

既然"毛病不在军阀"，我们就不能说"统一的问题就成为取消二等军阀的问题"了。两个月削平了桂系，六个月打倒了阎、冯，然而中国至今还是不曾统一。这五年的教训还不够清楚吗？这里面的真原因就在所谓"中国人的意态和物质状况"了。说也奇怪，武力打不倒的，有时候某种"意态"居然能做到武力所不能做的奇迹！满清的颠覆，当然不是武力之功，当然是一种思想潮流的力量。袁世凯帝制的推翻，也不是武力之功，也是一种新"意态"的力量。民国十七年张作霖的自动出关，也不是武力之功，也是某种"意态"使他不能不走的。今日统一的障碍也不完全是二等军阀的武力，某些"意态"也是很有力量的。共产党的中心意态，不用说了。"反对独裁"也是今日不能统一的一个重要原因。蒋廷黻先生也说过：

> 每逢统一有成功可能的时候，二等军阀就联合起来，假打倒专制的名，来破坏统一。

"打倒专制"的口号可以使统一不能成功，这就是一个新时代的新意态的力量，不是刘邦、朱元璋的老把戏所能应付的了。吴景超先生曾分析中国历史上的内乱，建立他的内乱八阶段说（《独立》第八四号），也以为只有武力统一可以完成统一的使命。但他忘了他那八阶段里没有"打倒独裁"一类的阶段。这一类的新意态不是武力能够永久压伏的。在今日这些新意态已成不可视的力量的时代，独裁绝不是统一政权的方法。所以从统一政权的观点看，我们也不信独裁制度是必要的。

其次，我们可以讨论中国今日没有独裁的"可能"。

我在《独立》第八二号里曾提出三点来说明独裁政治在中国今日的不可能：第一，我不信中国今日有能独裁的人，或能独裁的党，或能独裁的阶级。第二，我不信中国今日有什么有大魔力的活问题可以号召全国人的情绪与理智，使全国能站在某个领袖或某党、某阶级的领导之下，造成一个新式专制的局面。第三，我不信中国民族今日的知识经验够得上干那需要高等知识与技术的现代独裁政治。

这三点，我至今不曾得着一个满意的答复。这三点之中，我自己认为最重要的是那第三点。我说：

> 我观察近几十年的世界政治，感觉到民主宪政只是一种幼稚的政治制度，最适宜于训练一个缺乏政治经验的民族。……民主政治的好处在于不甚需要出类拔萃的人才；在于可以逐渐推广政权，有伸缩的余地；在于集思广益，使许多阿斗把他们的平凡常识凑起来也可以勉强对付；在于给多数平庸的人有个参加政治的机会，可以训练他们爱护自己的权利。总而言之，民主政治是常识的政治，而开明专制是特

别英杰的政治。特别英杰不可必得，而常识比较容易训练。在我们这样缺乏人才的国家，最好的政治训练是一种可以逐渐推广政权的民主宪政。

我又说：

> 今日梦想开明专制（新式独裁）的人，都只是不知道专制训政是人世最复杂繁难的事业。……专擅一个偌大的中国，领导四万万个阿斗，建设一个新的国家起来，这是非同小可的事，绝不是一班没有严格训练的武人政客所能梦想成功的。

我这个看法，换句话说，就是说：民主政治是幼稚园的政治，而现代式的独裁可以说是研究院的政治。这个见解在这一年中似乎不曾引起国内政治学者的注意，这大概是因为这个见解实在太不合政治学书里的普通见解了。其实我这个说法虽然骇人听闻，却是平心观察事实得来的结论。试看英国的民主政治，向来是常识的政治，英国人也向来自夸"混混过"（Muddling Through）的政治；直到最近几十年中，一班先知先觉才提倡专门技术知识在政治上的重要；费宾会（The Fabian Society）的运动，最可以代表这个新的觉悟。大战的后期和最近经济恐慌时期，国家权力特别伸张时，专家的政治才有大规模试行的可能。试看美国的民主政治，那一方面不是很幼稚的政治？直到最近一年半之中，才有所谓"智囊团"的政治出现于美国，这正是因为平时的民主政治并不需要特殊的专家技术，而到了近年的非常大危机，国会授权给大总统，让他试行新式的独裁，这时候大家才感觉到"智囊团"的需要了。英、美都是民主政治的发祥地，而专家的政治（"智囊团"的政治）却直到最近期才发生，这正可证明民主政治是幼稚的，而需要最高等的专门技术的现代独裁乃真是最高等的研究科政治。

所以我说，我们这样一个知识太低，经验又太幼稚的民族，在这最近的将来，怕没有试行新式独裁政治的资格。新式的独裁政治并不是单靠一个领袖的圣明的——虽然领袖占一个绝重要的地位——乃是要靠那无数专门技术人才的。我们从前听丁文江先生说（《独立》第一一四号）苏俄的地质探矿联合局有三千个地质家，在野外工作的有二千队，我们都不免吓一大跳。现在陈西滢先生在上期《独立》里说，苏俄自从实行五年计划以来，据官方的统计，需用一百五十万专家，其中工业方面需用四十四万工程师及专家；农业方面需用九万高级的，三十六万中级的专家，森林方面需用一万一千高级的和二万七千中级的专家；交通方面需用三万高级的和十二万中级的专家。这种骇人的统计，是今日高谈新式独裁政制的人们万不可忽视的。民主政治只要有选举资格的选人能好好的使用他们的公权：这种训练是不难的（我在美国观察过两次大选举，许多次地方选举，看见许多知识程度很低的公民都能运用他们的选举权）。新式独裁政治不但需要一个很大的"智囊团"做总脑筋，还需要整百万的专家做耳目手足：这种需要是不容易供给的。

苏俄与意大利都不是容易学的。意大利有两个一千年的大学；五百年以上的大学是遍地都有的。苏俄也有近二百年的大学。他们又都有整个的欧洲做他们的学校与训练所。我们呢？我们号称五千年文明古国，而没有一个满四十年的大学。专门人才的训练从那里来？领袖人才的教育又从那里来？所以钱端升先生期望的那个"有能力，有理想的独裁"，蒋廷黻先生期望的那个开明专制，在中国今日都是不可能的。

在这个时候，不少的学者和政客鼓吹独裁的政治，而他们心目中比较最有独裁资格的领袖却公然向全国宣言："中国今日之环境与时代实无产生意、俄政制之必要与可能"。只此一端已可证中国今日实无独裁的可能了。这个宣言的发表，表示在今日有发表这样一个宣言的必要。而在今日何以有这样一个宣言的必要呢？岂不是因为"中国人的意态和物质状况"（"环境与时代"）都不容许"义、俄政制"的产生吗？

我们很诚恳的赞成这个宣言，并且很诚恳的希望作此宣言的人不要忘了这样严重的一个宣言。

廿三，十二，三

民治与独裁

——对于丁文江先生《民主政治与独裁政治》的批评

《国闻周报》第 12 卷第 1 期，1935 年 1 月 1 日

陶孟和

近几月来，民治与独裁的论争，甚嚣尘上。我最近所读到的是丁文江先生在《大公报》（二十三年十二月十八日）上所发表的《民主政治与独裁政治》的一篇文章。在《大公报》的星期论文笔者之中，不容疑的，丁先生是极有力的一个。他这篇文章，有事实，有理论，有主张，条理清楚，文笔流畅，说得实在娓娓动人。如果读者接受丁先生的假定，遵循他的逻辑，再承受他的文字的催眠，我敢说他一定会变成一个丁氏独裁主义的信仰者。不幸我还不肯自居这个，虽然他是我的一个"畏友"。现在让我来对于他这篇堂皇的文章，戳几个窟窿吧。

一

大凡关于政治、经济或社会的文章，不外取两种态度，一种是承认现状，对于现状视为当然的，一种是不承认现状，以为现状是应该改变的。后一种又可分为两派，一派是绝对的不承认现状，马上要将现状改变，于是不惜用种种非常的手段，革命的方法，以达到他的目的。革命论者、革命实行家，都属于此派。另一派虽然不肯承认现状，但是知道现状不是马上可以改变的，他不满意现状，但他知道还有一个与现状完全不同的理想的世界，做他的努力的目标，他并且知道这个努力的目标是要就着现状做起，经过相当的时间，才可以达到的。一般的知识分子，开明的中产阶级，三十岁以上的人们，大概都属于此派。承认现状的可以称为现状主义者，或实际主义者（realist），这一派的政论家或政治家，就是德国人所谓 Realpolitiker。后两派，一个可以称为革命的理想主义

者，一个可以称为现实主义的理想主义者或理想主义的现实主义者。第一种只看见眼前的事物，忘记了旁的，只求对付目前，不管任何远大的前程。第二种不管眼前，只管将来，以为破坏了现在，所企望的将来即可到临。这样的人以为一个残破，污秽，芜杂的庭院，只要完全打扫干净，便可以发现一个雅洁的，草木繁茂的花园。第三种，用比喻来说，是站在臭泥塘里，认识泥塘的性质，努力收拾这个环境，而同时时时想着近旁由泥塘改变了的美丽的花园，企图达到那样的境地。这样的人，换一个比喻来说，是踏实的站在地上，兢兢业业的工作，而时时仰望着天上的星斗。

我们的丁先生，在这篇文章所表现的，是上文所说的第一种。他只看见中国人民百分之七十五至八十不识字，只看见四万万个阿斗，只看见几个欧西国家民治的蚀晦，只看见今日中国"变相的独裁"，他便按着这些事情决定他的方案。他与第一种人不完全相同的，是他还承认中国的政治应该多少改变，但他与那一种人相同的，是他牵就现状，将现状十分的重视，而并没有指给我们中国政治演化的目标。他所举出的四个条件，只是应该如何做独裁的首领，他并没有清楚的说明为什么要独裁，他并没有告诉我们独裁之后，还有什么，还应该有什么。丁先生的文章给我们的印象好像是中国人民要永远做阿斗，永远不会识字，应该永远受新式独裁的统治。注意实际的人当然要顾虑目前，但实际再加上远见，再加上些或者是丁先生所看不起的理想，也一定是更妥当，更有益的办法。实际主义者未必肯接受这个道理吧。

二

关于独裁与民治的问题，说起来话长。现在只得就丁先生所讨论的几点讨论之。丁先生极显明的主张他所谓"新式的独裁"。他叫大家"放弃民主政治的主张"。但最奇怪的在前边的一节里，他又说"若是所谓民主政治是相对的，是逐渐推广的，则当然有讨论的余地了"。何谓讨论的余地，我们不十分了解，只供讨论，还是可以嵌入他的方案之中。如果这句话表示他的本心，表示他还没有完全摆脱掉他的民治的观念，那么他叫人放弃民治的主张，不过是设法增加他自己的主张的力量。按心理分析法说，不过是坚强他自己的独裁的信仰而已。

丁先生唾弃民治。他征引了事实与人物做根据。诚如丁先生所说，西欧的民治并没有如一般人所期望的发展，因此也就引起了多少人的失望与怀疑。但是我们要注意，不要曲解了这些事实与议论。关于议论，据我所知道的，如梅因（Sir Henry Maine），如麦洛克（W. H. Mallock）均诋毁民治，但并未赞成独裁，如丁先生所引的威尔士与罗素，均对民治表示失望与悲观，但绝对不会赞成独裁。丁先生没有看见他们对于意、德独裁的评论吗？威尔士在他最近出版的《自传》里有两三页形容他在十三岁时的心境，他讥诮的说，这正是今日德国国社党的心境。总之，民治有破绽是一事，因为他有破绽便不得不采用独裁又是一事，当中还有许多问题，但丁先生未免跳的太快了。

丁先生罗列事实证明民治的失败。但丁先生却忽略了与此相连的事实。凡是一种学说，都受时间上，环境上的限制。在理论上，在抽象的原则上，一个学说也许可以永远成立，但在实施上，在制度上，在实际的生命上，则因时间与环境的不同，不能不加以适应的变更。西欧的民治理想远承希腊，近受十八世纪民权的影响，简单说，是工业革新前的产物。十九世纪在欧洲是起空前变化的世纪。工商业的发展与高级的资本主义的形成，大大的改变了社会全体的形象。民治主义所日陷残缺，大部分要让经济的变动负责任。丁先生说在民治下，人民并不注意政治。我们要问，每日要在机声喧嚣的黑暗房间里，做单调的工作八、九小时，他还有精神，还有兴味，去注意政治吗？这样的人如何能聪明的行使他的选举权呢？丁先生又说现在"实际的政权旁落在出党费，开报馆，办无线电广播的人手里"。我们要问，在经济不平等状况之下，一般无资财的人有何办法呢？我们还要问，丁先生是否宁愿如在意、德诸国，一切宣传的机关全让一个选克推多去包办呢？

人类本是有许多缺点（imperfect）的动物。至今人类还没有发现完美的共同生活的方式，还没有实现一种完全无缺的制度。所有的政治制度都不过是残缺的程度问题，我们与丁先生不同的，所以相信民治制度，正因为他比一切其他的制度，缺点较少，并且有健全的主义的基础。如果民治制度发生破绽，那是时间上，环境上问题，我们应该设法补救。丁先生没有看见，就是没落的资本制度，世界上大部分的人还在那里努力挽救，整顿吗？何以对于有十分合理的基础的民治制度，并不是因为他自身的缘故，而发生破绽，便撒手放弃呢？

三

独裁与民治的理论，非本文所能尽，但有几点，不妨顺便说一说。

现代民治的发展昭示我们一个最可注意的事实，便是避免革命的苦痛。政治的变动可以用渐进的，平和的方法，不必用激烈的外科手术。民治最发展的英、美、法三国的历史，可以做我们最好的教训。丁先生如果留心南美各国独裁政治的演化，更可以得到最明显的民治的对照。这是主张独裁政治的人应该深思的。

近年意、德诸国独裁的成功，诚然给我们一种兴奋剂。这种独裁政府，有一位美国教授起的名字最好，是一种危机时代的政府（crisis government）。欧洲大战之后，各国百孔千疮，社会、经济、财政、产业，无不陷于不可收拾状态之中。在一个政府硬闯，瞎撞，差不多要束手待毙的时候，于是一个最能应用心理的人，因缘时会，便做了迭克推多。我们应该注意，所有现在欧洲独裁的国家，即发现危机的政府的国家，全都是民治经验最短，民治的传统最脆弱的国家。在英国，毛斯雷（法西斯党领袖）闹了许久，声势完全衰落了。法国本年经了多少次公然的，暗中的举动，依然维持他的宪政的常轨。美国的罗斯福，遇到了空前的危机，至今没有做成——大概他也不想做——迭克推多。至于欧洲变了独裁的国家到底可以有什么收获，还要看将来，我们现在所得的消息，还是矛盾的，虽然毁之者多而誉之者少。苏俄的经济制度与社会制度与资本国家的不同，他在物质方面的成绩，确有把握，但是长久俯伏于独裁下的人民，将来成了什么样子，还在未可知之数。

独裁与民治的一个差别是出发点的不同。独裁注重在特出的人才，英雄，豪杰；民治承认每个人都有价值，虽然同时也承认人的差异，也承认领袖。因为独裁注重特才，所以以一般人为无足重轻（所以两个臭皮匠是无用的），有时不惜牺牲若干人的性命，以发展他自己。民治则使每个人都得发展，然后可以得全体，国家或民族的发展。这样的发展才是真的发展。所以有人比较独裁与民治的安稳问题，以为民治好似一个金字塔，而独裁却好似一个倒立的金字塔。如果一旦独裁者不幸，不能行使他的职务，金字塔便颠覆了。

中国当此危急存亡的时候，当然以救亡图存为我们当前的急务。丁先生或者以为以上所说的未免空洞，而不切于事实。但是我们要知道发展民族巩固国家并没有捷径可寻。不是有了新式的独裁者，四万万的人便不去做阿斗了。况且发展的方向，如不慎重，将有不可收拾之虞。南美诸国家是我们的殷鉴啊。

一年来关于民治与独裁的讨论

《东方杂志》，第32卷第1号，1935年1月1日

胡 适

　　《东方杂志》社为明年元旦号征文，出了一个"过去一年之回顾"的题目。我想这个题目太大了，我只能挑出一个范围比较不大的题来谈谈。

　　这一年中，有一个问题引起了好几个人的讨论，因此引起了不少的注意。这个问题，钱端升先生在《东方杂志》里称为"民主政治乎？极权国家乎？"但在别处，我们泛称为"民治与独裁"的问题。说的具体一点，讨论的中心是"中国将来的政治制度应该是独裁呢？还是民主立宪呢？"这个问题至今还是我们眼前急待解答的问题，所以我借《东方》征文的机会，把这一年来的讨论的要点，收集在一块，做一个提要；遇必要时，我也加上一点批评的意见。

※　　　　　※　　　　　※

　　这个问题的发生，当然是因为这三年的国难时期中一般人不能不感觉到国家统一政权的迫切，所以有些人就自然想寻出一条统一的捷径。所以政党中人的言论与活动，时时有拥护领袖独裁政制的倾向。政党以外的舆论机关也有时发表同样主张的言论。去年十一月中，福建忽然有独立组织"人民革命政府"的举动，这事件更使一般人畏惧一个已够分裂的国家或者还有更破碎分裂的危险。去年十二月初，清华大学历史教授蒋廷黻先生发表了一篇《革命与专制》（《独立评论》第八十号），他的主旨是反对革命的，所以他很沉痛的指出，革命的动机无论如何纯洁，结果往往连累国家失地丧权。他因此推论到为什么我们中国只能有内乱而不能有真正的革命，他的答案是：中国还没有经过一个专制时代，所以还没有建立一个民族的国家，还没有做到"建国"的第一步工作。必须先用专制（如英国顿头朝的百年专制，如法国布彭朝的光明专制，甚至于如俄国罗马罗夫朝的专制）来做到"建国"，然后可以"用国来谋幸福"。

　　对于蒋廷黻先生的主张，我在同月里先后发表了两篇答辩。第一篇《建国

与专制》（《独立》第八十一号）提出了两个问题：

（一）专制是否建国的必要阶段？

（二）中国何以至今不曾造成一个民族国家？

关于（一）项，我的意见是：建国并不一定要靠专制。即如英国的顿头（Tudor）一朝，正是议会政治的抬头时代，又是商业与文艺的发达时代，何尝单靠专制。关于（二）项，我的答案是：中国自从两汉以来，已形成了一个"民族国家"了。"我们今日所有的建国的资本，还是这两千年遗留下来的这个民族国家的自觉心"。

在我的第二篇文字《再论建国与专制》（《独立》第八十二号）里，我提出了蒋先生原文暗示的第三个问题：

中国的旧式专制既然没有做到建国的大业，我们今日的建国事业是不是还得经过一度的新式专制呢？

我在那一篇里，表示我自己是反对中国采用种种专制或独裁的政制的，因为我不承认中国今日有专制或独裁的可能。我提出三项专制不可能的理由：

第一，我不信中国今日有能专制的人，或能专制的党，或能专制的阶级。今日梦想开明专制的人，都只是不知专制训政是人世最复杂繁难的事业。

第二，我不信中国今日有什么有大魔力的活问题可以号召全国人的情绪与理智，使全国能站在某个领袖或某党、某阶级的领导之下，造成一个新式专制的局面。

第三，我观察世界各国的政治，不能不承认民主政治只是一种幼稚的政治制度，最适宜于训练一个缺乏政治经验的民族；而现代的独裁政治是一种特别英杰的政治，是需要很大多数的专家的政治，在中国今日是做不到的。

我提出的这三项理由，至今不曾得着一个满意的答辩。这三点之中，我自己认为比较最重要的还是那第三点，然而这一点似乎最不能引起政治学者的注意，这大概是因为学政治的人都受了教科书的蒙蔽，误信议会式的民主政治需要很高等的公民知识程度，而专制与独裁只需要少数人的操纵，所以他们（例如蒋廷黻先生）总觉得我这个见解是有意开玩笑的，不值得一驳的。

我现在郑重的说明，我近年观察考虑的结果，深信英、美式的民主政治是幼稚园的政治，而近十年中出现的新式独裁政治真是一种研究院的政治；前者是可以勉强企及的，而后者是很不容易轻试的。有些幼稚民族，很早就有一种民主政治，毫不足奇怪。民主治政【政治】的好处正在于不需要出类拔萃的人才；在于可以逐渐推广政权，有伸缩的余地；在于集思广益，"三个臭皮匠，凑成一个诸葛亮"；在于可以训练多数平凡的人参加政治。民主政治只需要那些有选举权的公民能运用他们的选举权，这种能力是不难训练的。凡知道英、美政治的人，都知道他们的国会与地方议会都不需要特别出色的专家人才；而他们的选民很少是能读《伦敦太晤士报》或《曼哲斯脱高丁报》的。可是近十年中起来的现代独裁政治（如俄、意、美国现时），就大不同了。这种政治的特色不仅仅在于政权的集中与弘大，而在于充分集中专家人才，把政府造成一个完全技术的机关，把政治变成一种最复杂纷繁的专门技术事业，用计日程功的方法来经营国家人民的福利。这种政治是人类历史上的新鲜局面：他不但需要一个高等的"智囊团"来做神经中枢，还需要整百万的专门人才来做手足耳目。这种局面不是在短时期中可以赶造得成的（俄国今日需要的一百五十万的专家，固然一部分是赶造成的，然而我们不要忘了俄国有二百年的大学与科学院，还有整个欧洲做他们的学术外府）。兢兢业业的学民主政治，刻鹄不成也许还像只鸭子；若妄想在一个没有高等学术的国家造成现代式的独裁政治，那就真要做到画虎不成反类狗了。

　　　　　　　※　　　　　　※　　　　　　※

以上的讨论都在民国二十二年的年底。二十三年一月中出来了三篇拥护独裁的文字：

　　（一）钱端升先生的《民主政治乎？极权国家乎？》（《东方杂志》第三十一卷第一号）。

　　（二）蒋廷黻先生的《论专制，并答胡适之先生》（《独立》第八十三号）。

　　（三）吴景超先生的《革命与建国》（《独立》第八十四号）。

钱端升先生的文章分成四节。第一节泛论"民主政治的衰颓",叙述欧战后民主政治所以衰颓,是因为两个大原因:一是无产阶级的不合作,一是民主政治的不能应付现代国家的经济问题。第二节叙"现代的独裁制度及极权国家之诞生",分说苏俄、意大利、土耳其、德国的独裁政权的性质。第三节论"何者为适宜于现代的制度"?在这一节里,钱先生指出,经济的民族主义的发达,使各国都不得不采用统制经济;而俄、意两国的独裁制,都比民主政治更适宜于统制经济。但钱先生也指出英、美人也许用"一种知识阶级及资产阶级的联合独裁"来实现统制经济。钱先生说:

> 我所敢言的只有三点:第一,民主政治是非放弃不可的。第二,紧接民主政治而起的大概会是一种独裁制度。第三,在民族情绪没有减低以前,国家的权力是无所不包的——即极权国家(Totalitarian State)。

他又对我们说:

> 大家对于独裁也不必一味害怕。若以大多数人民的福利而论,独裁也不见得不及民主政治。……独裁既真能为大多数人(几乎是全体人民)增进福利,则又乌能因少数人的自由之被剥夺,而硬要维持谋福利不及独裁的民治?

钱先生的第四节论"中国将来的政制",他说:

> 我以为中国所需要者也是一个有能力,有理想的独裁。中国急需于最短时期内成一具有相当实力的国家。……在一、二十年内沿海各省务须使有高度的工业化,而内地各省的农业则能与沿海的工业相依辅。……欲达到工业化沿海各省的目的,则国家非具有极权国家所具有的力量不可。而要使国家有这种权力,则又非赖深得民心的独裁制度不为功。

钱先生最后的结论是:

一切制度本是有时代性的。民主政治在五十年前的英国，尚为统治阶级所视为不经的，危险的思想，但到了一九〇〇以后，即保守党亦视为天经地义了。我们中有些人——我自己即是一个——本是受过民主政治极久的熏陶的，这些人对于反民主政治的各种制度，自然看了极不顺眼。但如果我们要使中国成为一个强有力的近代国家，我们恐怕也非改变我们的成见不可。

钱端升先生这篇文章是这一年中讨论这个大问题的一篇最有条理又最恳挚动人的文章。可惜此文发表以来，还不曾得着国中政治学者的批评与讨论。我虽然不是政治学者，却也是"受过民主政治极久的熏陶的"一个人，很想在这里对他这篇长文的主旨提出一点"门外汉"的意见。

先讨论他的概论世界政治制度趋势的部分。我要向他指出两点。第一，他说"欧战的结局实为民主政治最后一次的凯旋"，他固然可以举俄、意、土、德诸国作例，但历史的大趋势不能完全取证于十几年的短期事实。若把眼光放的远一点，我们也可以说欧战的终局，实在是民主政治进入一个伟大的新发展的开始。这个新发展，在数量的方面是民主政治差不多征服了全欧洲：从俄、德、奥、土，四个最根深蒂固的帝制的颠覆，直到最近西班牙的革命和南斯拉夫专制王亚历山大的被刺，都是这一个大趋势的实例。在质的方面，这个新发展的最可注意之点，在于无产阶级的政治权力的骤增，与民主政治的社会化的大倾向。前者的表现实例，有苏俄的无产阶级专政，有英国劳工党的两度执政权：这都是大战前很少人敢于想象的事。后者的实例更多了。在十九世纪下半以来，各国早已感觉十八世纪的极端个人主义的民治主义是不够用了；一切"社会的立法"，都是民主政治社会化的表现。在大战时，国家权力骤增，民族生存的需要使多数个人不能不牺牲向来视为神圣的自由权利。大战之后，这个趋势继续发展，就使许多民治国家呈现社会主义化的现象。至于苏俄的以纯粹社会主义立国，更不用说了。凡能放大眼光观察世变的人，都可以明白十八、十九世纪的民主革命，和十九世纪中叶以后的社会主义运动，并不是两个相反的潮流，乃是一个大运动的两个相连贯又相补充的阶段；乃是那个民治运动的两个连续的大阶段。所以我们可以说：欧战以来十几年中，民主政治不但不曾衰颓崩溃，竟是在量的方面有了长足的进展，在质的方面也走上了一条更伟大的新发展的路。读史的人若单指出某种形式上的不合革一美范型，就认为民主政治的衰颓，这是我们认为大错误的。钱先生文中曾指出苏俄的共产党有二百万人，意大利的法西斯蒂党有四百万人。试问二十年前，苏俄能有二百万人专政吗？意大利能有四百万人专政吗？

第二，钱先生把"经济的民族主义"认作需要统制经济的主要原因，而统制经济的要求又是独裁"无可幸免"的主要原因。我们对于这段理论颇怀疑作者未免忽略了一些同样重要的事实。

（一）"经济的民族主义"不是每个国家能做到的。全世界有此资格的，只有美国、俄国、不列颠帝国，这三国在天然富源上和经济组织上，都充分够得上"经济的民族主义"的资格。其次是日本、意大利、法国、德国，他们都受天然或历史的限制，原料的供给远不能比上述的三国，他们的高度工业化是很大的努力的结果。然而他们的"经济的民族主义"，正因为不能不用侵略或倾销一类的方法来补救天然的缺陷，都成为国际战争的地雷，将来一触即爆发，现在正不知能支持到若干时日。这七国之外，世界无一国能有"经济的民族主义"的资格——中国包括在内，因为中国是地大而物不博的，重工业的发展是很少希望的——所以钱先生的议论的适用的范围是很有限的。

（二）在欧洲已有一些小国家试行了各种自由组合的合作制度，如消费合作、生产合作、运输合作等，他们的成绩是很好的，而他们的方法并不是独裁政治之下的经济统制。这些方法当然也可以算是计划的经济，只不需要独裁的政治而已。

（三）英，美民治国家在近年也有走上计划的经济的倾向，但这几年的事实都能使我们明白英、美的计划经济（除战时非常状态外）大概不会走上意、俄的方式；也不是钱先生所推测的"知识阶级及资产阶级（即旧日的统治阶级）的联合独裁"；而成者是一种知识阶级、资产阶级、劳工阶级三方面合作的社会化的民主政治。英国近三年的"国民政府"与美国近一年多的罗斯福"复兴政策"都不是撇开劳工的；在英国的工党当然已是统治势力的一部分了；就在美国，复兴政策的精神正在用政府的力量使劳工势力抬头，劳工的力量是政府制裁资本家的重要工具的一种。美国的政治向来受十八世纪的分权论的影响过大，行政部太受牵掣，所以去年国会骤然将大权授与总统，就使世界震惊，以为美国也行独裁了。但这种大权，国会可以随时收回；国会不收回时，每两年人民可以改换国会，每四年人民可以改换总统；罗斯福的背后绝没有棒喝团或冲锋队可以维持他的政权不倒的。所以这种政治不能算是独裁的政治，只是一种因社会化的需要而行政权力高度增加的新式民主政治而已。

（四）我们不要忘了，英、美近年的行政权增高，与计划的经济的运动，都是为了要救济国内的经济恐慌，不是为了"经济的民族主义"的推进，更不是为了"预备民族间的斗争而起"。

总之，钱先生的概论部分，我们初看了都觉得很动人，细看了就不能完全叫人心服。他把"民主政治"的定义下的太狭窄了，所以他不能承认欧战后的民治主义的发展。他又把"经济的民族主义"看的太普遍了，故武断"不论在哪一个国家"都不能免统制经济，也就不能幸免独裁的政制了。

最后我要讨论他的中国需要独裁论（引见上文）。他所以主张中国需要独裁制度，为的是要沿海各省的工业化。这个理论是很短见的。第一，沿海各省根本上就很少具有工业区域的基本条件的，如煤铁产地等等。第二，在现时的国际形势之下，一个没有海军的国家是无力保护他的沿海工业的。所以翁文灏、陶希圣诸先生都曾主张要建设内地的经济中心。第三，中国的工业化，不能单靠政府权力无限的增加。无限的权力不能凭空添出资本，不能随便印纸作现金，不能从空中生出许多必需的专门人才来，不能在短时期中征服一个放任惯了的无政府态度的民族习惯。钱先生的中国独裁论，我们不能认为有充足理由的。

※　　　　　　※　　　　　　※

和钱先生的文章同月发表的，还有蒋廷黻、吴景超两先生的文字。蒋先生的《论专制》一文的大旨是这样的：

> 我们必须有一个中央政府。……中国的现状是数十人的专制。……我所提倡的是拿一个大专制来取消这一些小专制。……破坏统一的就是二等军阀；统一的问题就成为取消二等军阀的问题。……唯独更大的武力能打倒他们。中国人的私忠既过于公忠，以个人为中心比较容易产生大武力。

他的专制论，其实只是主张武力统一。

吴景超先生的《革命与建国》是根据他从前研究中国内乱史的结论出发的。他分析中国的内乱（例如楚、汉之争）的结果，觉得每次内乱可以分为三个时期，八个阶段：

> 第一时期　苛政→人民不安→革命→现状推翻。
> 第二时期　群雄争帆→统一完成。
> 第三时期　善政→和平恢复。

他指出，我们今日还在第二时期的"群雄争权"阶段，在这时期内，"除却武力统一的方式外，我们看不出还有什么别的方式可以完成统一的使命"（《独立》第八十四号）。

因为这两篇都主张武力统一，所以我在《独立》第八十五号发表了一篇《武力统一论》答复他们两位。在这一篇里，我指出这二十年中，统一所以不曾完成，"毛病不在军阀，在中国的意态和物质状况"。这句话本是蒋先生说的，但我说的"意态"是指中国知识思想界的种种冲突矛盾的社会政治潮流，包括"打倒专制"的喊声，共产党的思想和运动，"反对内战"的口号，以及在外患国耻下造成的一种新民族观念。我说的"物质状况"是指中国疆域之大，交通之不便。我说：

> 简单的说，中国人今日的新意态不容许无名的内战；中国的物质状况也不容许那一点子中央军去做西征南伐的武力统一工作。

在几个月之后，我在《中国无独裁的必要与可能》一篇里（《独立》第一三〇号），重提到这个问题：

> 今日统一的障碍也不完全是二等军阀的武力，某些"意态"也是很有力量的。共产党的中心意态，不用说了。"反对独裁"也是今日不能统一的一个重要原因。蒋廷黻先生也说过："每逢统一有成功可能的时候，二等军阀就联合起来，假打倒专制的名，来破坏统一。""打倒专制"的口号可以使统一不能成功，这就是一个新时代的新意态的力量，不是刘邦、朱元璋的老把戏所能应付的了。吴景超先生曾分析中国历史上的内乱，建立他的内乱八阶段说（《独立》第八四号），也以为只有武力统一可以完成统一的使命。但他忘了他那八阶段里没有"打倒独裁"一类的阶段。这一类的新意态不是武力能够永久压伏的。在今日这些新意态已成不可无视的力量的时代，独裁决不是统一政权的方法。所以从统一政权的观点看，我们也不信独裁制度是必要的。

我在《独立》第八十六号又发表了一篇《政治统一的途径》，我说：

我们要认清，几十年来割据的局势的造成是因为旧日维系统一的种种制度完全崩坏了，而我们至今还没有建立起什么可以替代他们的新制度。

所以我主张今日必须建立起一个中央与各省互相联贯的中央政府制度，方才有个统一国家的起点。我在那篇文字里举出"国会"的制度做一个例子。我说：

> 国会的功用是要建立一个中央与各省交通联贯的中枢。它是统一国家的一个最明显的象征，是全国向心力的起点。旧日的统一全靠中央任命官吏去统治各省。如今此事既然做不到了，统一的方式应该是反其道而行之，要各省选出人来统治中央，要各省的人来参加中央的政治，帮助中央统一全国。这是国会的意义。

我至今还相信这种民主政治的方式是国家统一的最有效方法。

常燕生先生在太原读了《独立》上的讨论，写了一篇《建国问题平议》（《独立》第八十八号）。他不赞成武力统一，也不赞成专制与独裁。他那篇文章里有几段很精彩的议论，例如他论民治思想的势力：

> 我们诚然知道在中国今日谈民治，是很幼稚，很可怜的。然而就这一点幼稚可怜的思想，也不可以完全忽视。三百年的满清政府是被这个思想打倒的，袁世凯的中华帝国也是被这思想打倒的。民治主义在今日中国，正所谓"成事不足，败事有余"。

又如他论独裁政治在中国所以不能成功：

> 中国传统地是一个无治主义的国家，中国民族传统地是一个无治主义的民族，服从领袖的心是有限的，崇拜英雄的心是有限的，遵守严格纪律的心是有限的。在俄国，斯大林可以开除托洛斯基；在中国，手创共产党的陈独秀不免落伍。这就是两个民族根本的异点。特别是在现在轻薄成风的社会，以骂人为时髦，以挖苦人为幽默，以成人之美为有作用，学生可以随便驱逐师长，军队可以随便反对长官的时候，

而希望任何形式的专制可以成功，这是梦想。

所以他虽然主张"中国要谈建设，要谈统一，必须先从创造中心势力入手"，他却相信那个中心势力"应该使人民爱之如慈母，奉之如严师，至少也要使大家觉得彼善于此"。他相信中央政府并不是没有控制地方割据势力的工具。他说：

> 这工具就是民意。古代的霸主得力的秘诀是"尊王室"，现在王室没有了，但四万万国民就都是天子。天子是无实力的，但霸主偏要把他尊重起来，因为这样才可以制诸侯的跋扈。现在的国民实力并不比古之天子更弱，中心实力派应该抓住这个有力的工具。

他的结论是：

> 国家的真正统一，只有在这样民权伸张之后才能实现。武力统一和专制的结果，只有使人民敢怒而不敢言，地方实力派反得挟扶民意以与所谓中央者抵抗，国家统一是永远无办法的。

常燕生先生的见解，我很赞同。他劝中央实力派学古人"挟天子以令诸侯"的秘诀，把人民当作天子，善用民心民意来做统一的工具，这话好像是迂腐，其实是很近情理的议论。我说的国会制度也就是实行这个意思的一个方法。有位署名"寿生"的青年人发表了一篇《试谈专制问题》（《独立》第八十六号），他指出现代独裁政治其实都是他所谓"旨趣专制"，而不是古代的"权力专制"。如意大利和苏俄的独裁政治其实是许多人因旨趣的赞同而愿望其实现的行动。"寿生"先生这个观察是不错的。他又指出民主国家的议会制度也是一种"旨趣专制"，也是"以理论来征服人民，是取获人民的信心，是以他们的意见酿成全国的意见"；"不过英、美的旨趣专制是多元的，互换的，而意俄是一尊的，欲无限的延长其旨趣罢了"。我也曾说过，今日的中国实在没有一种有魔力的"旨趣"可以号召全国人的感情与理智，所以独裁政治的无法成功，只是因为今日大家口头背诵宣传的和强迫小孩子记诵的一些主义都没有成为全国人民的信仰的魔力了。只有那个"成事不足，败事有余"的民治思想，在今日还有不少的潜势力。不但满清帝制是这个思想打倒的，不但袁世凯、张勋是这个思想打倒的，不但曹锟、张作霖是这个思想打倒的——就是十六年的清共，南京政权的成立，根本上都还是因为这个民权民治的思想在人心目中，所以不能长久忍受那个暴民专制的局面。这个思想所以能有如许大的潜势力，是因为他究竟有过比较长时期的宣传，究竟有比较容易叫人悦服的理论上的根据，究竟有英、美、法等国的历史成绩叫人信得过，所以"民主政治是资本主义的副产物"一类的幼稚见解，终久不能动摇中国成年一辈人（就是受过二三十年的民治思想宣传的一辈人）对于民权民治思想的信念。这里面也许还有更深刻的民族历史的原因：中国的社会构造是经过二千年的平民化了的，加上二千年的"天高皇帝远"的放任政治养成的"无治主义的民族性"，这都是近于民主政治而甚远于铁纪律的独裁政治的。以此种种原因，我绝对相信常燕生先生的从民权伸张做到国家统一的议论。在一个长时期民治训练之后，国家统一了，政治能力提高了，组织也健全了，物质状况也进步了，那时候，在非常状态之下，在非常得全国人心的伟大领袖之下，也许万一有一种现代的"旨趣独裁"的可能。但在今日的一切状况之下，一切歌颂独裁的理论都是不切事实的梦想。

※　　　　　※　　　　　※

一年中"民治与独裁"的问题的讨论，要点不过如此。在这一年中，有一个很奇怪的矛盾现象：一方面是党部人员公然鼓吹"领袖独裁政治"，而一方面又是政府郑重的进行制定宪法的工作，正式准备开始所谓"宪政时期"。已公布的宪法草案，是经过一年的讨论与修正的结果，这几天就要提交五中全会去议决了。然而"领袖独裁"的喊声并不因此而降低。最近（十月二十日）北平出版的《人民评论》第五十七期上有《斥胡适之自由思想》一文，有这样的议论：

> 吾人主张党政一体由党产生党魁以宣布独裁，乃救时之良剂。时至今日，已届非常之变局，急起救亡，唯在领袖独裁制之实现。

同一期里，又有《为五全大会代表进一言》一文，其中有这样的建议：

> 国民党第五次全国代表大会行将举行，我人对此早有一根本之建议：即由党产生党魁以宣布独裁，既不必再循训政之故辙，亦不必急于召开空洞无物，徒供军阀政客贪污土劣利用之国民大会。而党务之推动及政治之设施，则于党魁兼摄行政领袖之后，以少壮干部及缔制人才为之辅，大刀阔斧，斩除党内之腐恶分子及行政机关之贪污官吏，

为党国造一新局面。……

然而在十一月二十七日，汪精卫、蒋介石两先生联名通电全国，其中却有这样一句重要的宣言：

盖中国今日之环境与时代，实无产生意、俄政制之必要与可能也。

同日蒋介石先生发表他答复日本大阪《每日新闻》记者的谈话，其中也有这样一句重要的宣言：

中国与意大利、德意志、土耳其国情不同，故无独裁之必要。

我个人当然是欢迎汪、蒋两先生这种宣言的。他们承认中国今日无独裁的必要与可能，这种见解，很可以对一般求治过急的人们下一种忠告。在这个国家和平统一最有希望的时机，在中央政府将要正式实行民主宪政的时期，这种郑重宣言是最需要的。

二十三，十二，九

从民主与独裁的讨论里求得一个共同政治信仰

胡　适

　　出游了五个星期，回家又得了流行感冒，在床上睡了五六天。在病榻上得着《大公报》催促星期论文的通告，只好把这一个多月的报纸杂志寻出来翻看一遍，看看有什么材料和"灵感"。一大堆旧报里，最使感觉兴趣的是一班朋友在三四十天里发表的讨论"民主与独裁"的许多文章。其中我读到的有吴景超先生的《中国的政制问题》（十二月三十日《大公报》星期论文，《独立评论》一三四号转载）。张熙若先生的《独裁与国难》（一月十三日《大公报》星期论文）。陶孟和先生的《民治与独裁》（《国闻周报》新年号）；陈之迈先生和陶希圣先生的两篇《民主与独裁》（《独立评论》一三六号）；丁文江先生的《再论民治与独裁》）（一月二十日《大公报》星期论文，《独立评论》一三七号转载）。我现在把我读了这些文字以后的几点感想写出来，虽然是旧事重提，但在我个人看来，这个讨论了一年多的老题目，这回经过了这几位学者的分析——尤其是吴景超、陈之迈两先生的清楚明锐的分析——已可算是得着了一点新的意义了。

　　吴景超先生把这个问题分成三方面：（一）中国现在行的是什么政制？这是一个事实问题。（二）我们愿意要有一种什么政制？是一个价值问题。（三）怎样可以做到我们愿望的政制？这是一个技术问题。他的结论是：在事实上，"中国现在的政治是一党独裁的政治，而在这一党独裁的政治中，少数的领袖占有很大的势力"。在价值问题上，"中国的知识阶级多数是偏向民主政治的，就是国民党在理论上，也是赞成民主政治的"。在技术问题上，他以为实行民主政治的条件还未完备，但"大部分是可以教育的方式完成的。"

　　陈之迈先生的六千多字的长文，他的主要论点是："被治者有和平的方法来产生及推倒（更换）统治者，这是民主政治的神髓，抓住了这层便有了民主政治。"所以他指出汪蒋感电说的"国内问题取决于政治，不取决于武力"正是民主政治的根本。所以他的结论是：

> 我个人则以为中国目前的现状，理论上、实际上都应该把"国内问题取决于政治而不取决于武力"，因此绝对没有瞎着眼去学人家独裁的道理。……同时我们对于民主政治，不可陈义太高，太重理想，而着眼于把它的根本一把抓住。对于现存的带民主色彩的制度，如目前的国民党全代会，能代表一部分应有选权的人民，并能产生稍为类似内阁制的政府，应认为是一种进步。对……宪草里规定的国民大会，则应努力使它成功。

我对于陈之迈先生的主张，可以说是完全同意。他颇嫌我把民主政治看得太容易，太幼稚。其实我的本意正是和他一样，要人"对于民主政治不可陈义太高，太重理想"，所以我说民主宪政只是一种幼稚的政治，最适宜于训练一个缺乏政治经验的民族。许多太崇高民主政治的人，只因为把民主宪政看做太高不可攀的"理智的政治"了，所以不承认我们能试行民治，所以主张必须有一个过渡的时期，或是训政，或是开明专制，或是独裁，这真是王荆公的诗说的"扰扰堕轮回，只缘疑这个"了！

陈之迈先生劝我们对于现有的一切稍带民主色彩的制度应该认为一种进步，都应该努力使它成功。这个意见最可以补充吴景超先生所谓"技术问题"一项。民主政治的好处正在于教人人都进幼稚园，从幼稚园里淘炼到进中学大学。陈之迈先生虽然不赞成我的民治幼稚观，他的劝告却正是劝人进幼稚园的办法。这个看法是富有历史眼光的，是很正确的历史看法。陶希圣先生也说："现行的党治，在党外的人已经看着是独裁，在党内还有人以为算不得独裁。"陈之迈先生从历史演变的立场去看，老实承认国民党的现行制度还是一种"带民主色彩的制度"；固然（如陶希圣先生说的）"即令按照《建国大纲》召开国民大会，那个誓行三民主义的县民代表会议也与多党议会不同"，虽然如此，陈之迈先生也愿意承认这是一种进步，一种收获，我们应该努力使它成功。为什么呢？因为这都是走民主政治的路线：这都是"国内问题取决于政治而不取决于武力"的途径。

陶希圣先生说："胡适之先生主张的民主政治，很显然的是议会政治。"关于这一点，我在这里要声明：我所主张的议会是很有伸缩的余地的：从民元的临时参议院，到将来普选产生的国会——凡是代表全国的各个区域，象征一个统一国家，做全国的各个部分与中央政府的合法维系，而有权可以用和平的方法来转移政权的，都不违反我想象中的议会。我们有历史眼光的人，当然不妄想"把在英美实行而有成效的民主政治硬搬到中国来"，但是我们当然也不轻视一切逐渐走向民主政治的尝试与练习。

陶希圣先生又说："如果以议会政治论和国民党相争，国民党内没有人能够同意。"我们现在也可以很明白地告诉陶先生和国民党的朋友：我们现在并不愿意"以议会政治论和国民党相争"，因为依我们的看法，国民党的"法源"，《建国大纲》的第十四条和二十四条都是一种议会政治论。所以新宪草规定的国民大会、立法院、监察院、省参议会、县议会等，都是议会政治的几种方式。国民党如果不推翻孙中山先生的遗教，迟早总得走上民主宪政的路。而在这样走上民主宪政的过程上，国民党是可以得着党外关心国事的人的好意的赞助的。

反过来说，我们恐怕，今日有许多求治过急的人的梦想领袖独裁，是不但不能得着党外的同情，还可以引起党内的破裂与内讧的。宪政有中山先生的遗教做根据，是无法隐讳的；独裁的政制如果实现，将来必有人抬出中山遗教来做"护法""救党"的运动。求统一而反致分裂，求救国难而反增加国家的危机，古人说的"欲速则不达"的名言是不可不使我们三思熟虑的。

所以我们为国家民族的前途计，无论党内或党外的人，都应该平心静气考虑一条最低限度的共同信仰，大略如陈之迈先生指出的路线，即是汪蒋两先生感电提出的"国内问题取决于政治而不取决于武力"的坦坦大路。党内的人应该尊重孙中山先生的遗教，尊重党内重要领袖的公开宣言，大家努力促进宪政的成功；党外的人也应该明白中山先生手创的政党是以民主宪政为最高理想的，大家都应该承认眼前一切"带民主色彩的制度"（如新宪法草案之类），都是实现民主宪政的历史步骤，都是一种进步的努力，都值得我们的诚意的赞助使它早日实现的。

我们深信，只有这样的一个最低限度的共同信仰可以号召全国人民的感情与理智，使这个飘摇的国家散漫的民族联合起来做一致向上的努力！

二十四，二，十五

政制改革的大路

《独立评论》，第 163 号，1935 年 8 月 11 日

胡　适

《独立》第一六二号有两篇讨论政制改革的文章。一篇是陈之迈先生的《政制改革的必要》，一篇是钱端升先生的《对于六中全会的期望》。他们两位同有两个大前提：

（1）今日的改制有改革的必要。

（2）今日不必开放政权，取消党治。

讲到具体主张，他们就不同了。陈之迈先生主张两点：

（1）承认国民党里各种派别，让它们组织起公开的集团，各提出政纲来，由中执委拣选一个集团来组织政府。到了中执委不信任政府时，可以更换政府，另推别个集团来组织政府。

（2）中政会的组织应改革：中政会是代表中执委监督政府的机关，政府须对它负责，故中政会里须有代表两个政团以上的中执委。政府不能履行它的政纲时，中政会得召集中执委全会来更换政府。

钱端升先生主张三点：

（1）党内各派应在一个最高领袖之下团结起来——这个领袖，钱先生承认只有蒋介石先生最适宜。

（2）蒋先生虽做最高领袖，但不宜做一个独裁者——只可做一个"不居名而有其实的最高领袖"。

（3）改革中政会议的组织，人数减至十五人至二十人，委员绝对不兼任何官职，任何官员亦绝对不参加决议。

在这六中全会将召集之时，中枢政制将有个改革的机会，我们当然欢迎政制改革的讨论。现在这种讨论已由钱、陈两位政治学者开始了。我们盼望关心国事的人都认真想想这些问题，都参加这种讨论。我虽不是政治学者，读了钱、陈两位先生的文章，也有一点门外汉的意见，现在写出来，请他们两位和别位政论家切实指教。

* * *

先讨论他们共同的大前提。

关于今日有改革政制的必要，我完全赞同。钱先生说：

> 中央现行的政制，既不合政治学原理，又不适目前的国情，无怪其既无力量，又无效率。

陈先生也说：

> 现在的政治制度根本有不妥当的地方。

这都是我完全同意的。

但是钱、陈二先生都不主张开放政权，解除党治。这一个前提，我始终不很能了解。钱先生说：

> 我们的讨论仍以党治为出发点，因为我们深信在此国难严重之中，维持党政府的系统为最方便的改良内政之道。

陈先生说：

> 我的意思并不是说现在要开放政权，叫别的人组织别的党在国民党的卧榻之旁鼾睡。这是不可能的事实：在民主政治未曾确立以前没有主权者来裁判那个政党应当执政，那个政党应当下台，现在未研民选的把戏是不会比民初或民二十高明多少的；事实上我们目今也找不

到一班人能组织一个政党和那创造共和提倡三民主义的国民党抗衡的，勉强开放党禁，只有重新开演民初党派合纵连横的怪剧。

这些理由，我看都不很充足。第一，维持党政府的系统并不一定是"最方便的改良内政之道"。这个道理很容易说明："党的内部组织不健全，派别是分歧的，并且没有一个集团有力量消灭其他的集团，不特在各省如此，在中央亦是如此。"这是陈先生的话。这样的状态是不是最方便的改良内政之道？就拿钱先生主张的最高领袖制来说吧，钱先生也说："七八年来，党的分裂，党的不能团结，几无不以反蒋，或不与蒋合作为主因"。这样的状态是不是最方便的改革政制的条件？

第二，陈先生顾虑到"在民主政治未曾确立以前，没有主权者来裁判哪个政党应当执政，哪个政党应当下台"。这也不成问题。在宪法修正稿里，这个主权者是国民大会和国民委员会。在宪法草案里，这个主权者是国民大会。在宪草的总统制之下，总统就可以任免行政院长。这都是主持政权更替的合法机关。

第三，陈先生又说："事实上我们目今也找不到一班人能组织一个政权和那创造共和提倡三民主义的国民党抗衡的"。这正是不妨开放政权的绝好理由。在最近期间，国民党的政权是很稳固，不怕新兴的政党起来夺取的。但因为开放之后，政权有个可以被人取而代之的可能，国民党的政权也许可以比现在干的更高明一点。今日党治的腐败，大半是由于没有合法的政敌的监督。树立一个或多个竞争的政党，正是改良国民党自身的最好方法。

我们为"那创造共和提倡三民主义的国民党"设想，此时正是绝好的开放政权的时机了。在一个多月之前，中央曾因华北问题取消了河北全省和平、津两市的党部，党内无人抗议，党外也无人抗议，政府也无法抗拒。其实在党权高于一切的政体之下，取消一个大省的党部，就等于英国取消国会一样的严重。这样严重的事件，应该可以使党内贤明的领袖大觉大悟了。这样的政权是很难维持下去的。救济的方法，只有抛弃党治，公开政权的一条路子。

抛弃党治，公开政权，这不是说国民党立即下野。我的意思是说，国民党将来的政权应该建立在一个新的又更巩固的基础之上。那个新基础就是用宪法做基础，在宪政之下，接受人民的命令，执掌政权。上文已说过，我们眼前决不会有第二个政党可以同国民党抗衡的。不过在那个新的政制之下，名义是正的，人心是顺的，所以基础就也更稳固了。

所以我主张，改革政制的基本前提是放弃党治；而放弃党治的正当方法是提早颁布宪法，实行宪政。这是改革政制的大路。

＊　　＊　　＊

次谈钱、陈两先生的具体主张。

陈先生不主张党外有党，却主张党内有派，他要国民党内各派都分化成公开的政团，公开的提出政纲来作政治的竞争。"党内无派"的口号久已抛弃了，当日创此半句口号的人也早已建立新派系了。还有那上半句"党外无党"，也没有存在的理由。既许党内有派，何以不许党外有党？如果有负责任的国民提出"具体的应付内政外交的策略"，何以不许在国民党各派以外去组织政党？

老实说，我是不赞成政党政治的。我不信民主政治必须经过政党政治的一个阶段。此话说来太长，现在表过不提。我只要说，我不赞成政党，我尤不赞成"党权高于一切"的奇谈。我的常识告诉我：人民的福利高于一切，国家的生命高于一切。如果此时可以自由组党，我也不会加入任何党去的。可是我的意思总觉得，为公道计，为收拾全国人心计，国民党应该公开政权，容许全国人民自由组织政治团体。

陈、钱两先生都提到国民党内部的团结问题。陈先生要用分化合作的方式来谋党内的团结，钱先生要在一个最高领袖之下谋党内的团结。我要指出一个重要观点：今日需要团结的，是全国的人心，不是三五个不合作的老头子，也不是三五组不合作的私人派系。陈、钱两先生的方案，都只顾到那三五人，或三五小组，而都忽略了那更广大的全国人心。斯大林放逐了托洛茨基，何妨于他建国的大计，我们现在读托洛茨基的《自传》，最感觉不愉快的是他那悻悻然刻画私人党争的琐细，把斯大林、齐诺维夫诸人都骂的不值半个纸卢布。其实最要紧的是要问：抓住政权的人们是不是真能拼命做出一点建国的成绩来，使绝大多数人的心理都公认他们抓住政权不是为一二人或某一组的私利？

所以今日当前的问题，不是三五人的合作不合作，也不是三五个小组的团结不团结。今日的真问题是收拾全国的人心。当九一八事件之后，政府的领袖首先谋党内的团结，开了许久的团结会议，结果还是至今没有团结成功。然而这四年的国难，却渐渐使得国家统一大进步了。今日政府力量之强，远过四年前的状况，这是有目共睹的事实。四年中政治统一的进步，并不是由于三五个人的团结；今日政府的弱点也并不是由于三五个人的不合作。

这四年的历史的教训是：统一全国容易，团结党内很难。全国的人心是容易收拾的：当淞沪血战的时期，全国的人真是"万众一心"的拥护十九路军。但福建的"人民政府"起来时，十九路军的枪尖转向内，就不能得到各地的响应了。这样"捷如影响"的反应，难道我们不看见！党内的私斗就不同了。他们的争点或是私怨，或是私利，又往往不敢公然承认，总要借几个大名目、大口号来作遮掩。他们骂政府不抗敌，他们自己抗敌了吗？他们骂政府贪污，他们自己不贪污了吗？他们骂政府压迫言论自由，他们自己真容许言论自由了吗？在这种私斗重于公谊的态度之下，党内的团结是很难做到的。

所以我主张，政制改革的下手方法是要把眼光放大些，着眼要在全国人心的团结，而不在党内三五人的团结。能团结全国人心了，那三五人也不会永远高蹈东海之滨的；若不能团结全国的人心，即使一两个天下之大老扶杖来归，也何补于政治的改革，何益于建国的大计？

而今日收拾全国人心的方法，除了一致御侮之外，莫如废除党治，公开政权，实行宪政。在实政之下，党内如有不能合作的领袖，他们尽可以自由分化，另组政党。如此，则党内派别的分歧，首领的不合作，都不了而自了了。

这是政制改革的大路。

＊　＊　＊

其次，钱、陈两先生都主张改革中政会议。在我提出的宪政前提之下，中政会议本不成问题。钱、陈二先生要的是一个和平更替政权的机关。我在上文已说过，在宪政之下，这个和平更替政权的机关是国民大会。宪法初稿和修正稿都有"行政院设院长一人，由总统提经国民大会或国民委员会之同意，任免之"一条。去年立法院最后通过的宪法草案把这个国民委员会取消了。宪草在中政会议审查时是否还可以修正，现在我们不能预言。但无论如何，在宪法之下，我们不愁没有一个合法的政权更替的机关。

中政会议的全名是"中国国民党中央政治会议"。在现在的党治之下，党内重要领袖都要管部管院；既管院部了，又都不愿上头有个最后决议的机关管住他们，所以他们又都要兼任中政会议的委员，结果当然成了陈先生说的"监督者和被监督者，负责者和负责的对象，同是一班人"的怪现象。钱、陈两位都主张把"这两个东西分开"，但他们都不明白这个怪现象所以形成的事实。原来国民党的党政组织太繁重了，事实上一个部长只是一个第六级的小官，部长之上有院长，院长之上有五院合组的国民政府，政府之上有中政会议，中政会议之上有中执委全会，最后还有全国代表大会。四中全会改革的国民政府组织法，把行政院升作政府，把国民政府主席改作盖印画诺的机关，于是这六层宝塔并作四级。然而最重要的可以冲突的两级——五院与中政会议——依然存在。既舍不得部院的实权，又不愿得了实权而反受人管辖牵制，于是非兼职不可了。

事实上，政府的决议如果天天有被中政会议否决的危险，也不是行政效率上所应该有的事。所以这种办法也自有它存在的理由。钱、陈二位的建议，完全不能解决这个事实上的困难，我可以断定这个办法是不会被接受的。

当九一八事变之后，上海南京大谈全国团结，当时就有人建议，把中政会议放大，请党外名人加入十八人。吴稚晖先生就指出中政会议是"中国国民党中央政治会议"，加入的党外委员必须有中委两人的介绍，加入党籍。可是那就又不成其为"开放政权"的表示了。于是一场议论终于没办法而散。现在钱端升先生又提议中政会议"少数不妨为国内其他的领袖"，"非党员的领袖不妨由全会特予党籍"。这个办法正是四年前的老话。我想"国内其他的领袖"恐怕不十分热心接受这种特予的荣誉吧。

所以中政会议是无法改革的。因为它是代表党来监督政府的，现在党的势力实不能监督政府，而政府也实不愿受党的监督，于是只有自己监督自己了。

所以改革中政会议也不如实行宪政，让人民的代表机关来监督政府。这是改革政制的大路。

*　*　*

最后，我们可以谈谈钱先生要请蒋介石先生作最高领袖但又不要他独裁的主张。

第一，钱先生为什么一面要蒋先生做党内的最高领袖，一面又要我们党外人"一致的拥护承认"呢？蒋先生是不是一个党的最高领袖，那不过是一党的私事，于我们何干？何必要我们"非党员，不反蒋，而又多少能领导国民的人们"来拥护他？承认他？况且我们党外人又如何能"力促党内非蒋各派……拥他为领袖"？例如钱先生说的胡展堂先生的态度，岂是我们党外人能转移的吗？

我要用孟子的话对钱先生说："先生之志则大矣，先生之号则不可"。我们此时需要一个伟大的领袖来领导解救国难，但是这个领袖必须是一国的领袖，而不是一党一派的领袖。他自己尽可以继续站在党内做一党的领袖，正如他尽可以站在军中做一军的领袖一样。但他的眼光必须远超出党的利益之外，必须看到整个国家的利益。不能如此的，决不够资格做一国的领袖。

蒋介石先生在今日确有做一国领袖的资格，这并不是因为"他最有实力"，最有实力的人往往未必能做一国的领袖。他的资格正是钱先生说的"他近几年来所得到的进步"。他长进了，气度变阔大了，态度变和平了。他的见解也许有错误，他的措施也许有很不能满人意的，但大家渐渐承认他不是自私的，也不是为一党一派人谋利益的。在这几年之中，全国人心目中渐渐感觉到他一个人总在那里埋头苦干，挺起肩膊来挑担子，不辞劳苦，不避怨谤，并且"能相当的容纳异己者的要求，尊重异己者的看法"。在这一个没有领袖人才教育的国家里，这样一个能跟着经验长进的人物，当然要逐渐得着国人的承认。

所以蒋先生之成为全国公认的领袖，是个事实的问题，因为全国没有一个别人能和他竞争这个领袖的地位。

但是钱先生又说："蒋先生不应做独裁者"。这个主张出于主张极权主义的钱端升先生的笔下，是很可惊异，也很可佩服的。

只可惜钱先生没有充分说明蒋先生应该如何做方才可以做最高领袖而又不独裁。他只说：

（1）在名义上，此时绝不宜为总理及总统。

（2）务须做事比普通领袖多，责任比普通领袖重，而名义及享受则无别别的领袖。

（3）他应继续为最高的军事长官。其他的事项，得主管院及中政会的同意后，亦可划归军事机关全权办理，但为保持行政系统起见，不应轻易支划。蒋先生应留意于大政方针的贯彻，及国民自卫力量的充实。但为分工合作起见，应充分信赖其他人材来分司各部行政。二三年来南京各机关的缺乏推动能力，是不足为训的。

这里的三点，应该合看。他不宜做总理或总统，只应继续做军事最高领袖。他的责任应该划分清楚，应该充分信赖各部主管长官，使他们积极负责，他不应越俎代谋。

钱先生提出的三点，前两点是蒋先生能做的，后一点是他不容易做到的。蒋介石先生的最大缺点在于他不能把他自己的权限明白规定，在于他爱干涉他的职权以外的事。军事之外，内政，外交，财政，教育，实业，交通，烟禁，卫生，中央的和各省的，都往往有他个人积极干预的痕迹。其实这不是独裁，只是打杂；这不是总揽万机，只是侵官。打杂是事实上决不会做得好的，因为天下没有万知万能的人，所以也没有一个能兼百官之事。侵官之害，能使主管官吏不能负责做事。譬如一个校长时常干预教务长的事，则教务长的命令必不能被人看做最后的决定，而人人皆想侥幸，事事皆要越过教务长而请命于校长。如此则校长变成教务长，而教务长无事可办了。结果是校长忙的要命，而教务的事也终于办不好。所以古人说：

> 庖人虽不善庖，尸祝不越俎而代之矣。

又说：

> 处尊位者如尸，守官者如祝宰。尸虽能剥狗烧羔，弗为也；弗能，
> 无亏也。俎豆之列次，黍稷之先后，虽知，弗教也；弗能，无害也。

这两段政治哲学，都是蒋先生应该考虑的。蒋先生的地位，和墨索里尼不同，和希特勒也不同。他的特殊地位是双重的，一面他是一个全国的领袖，一面他又是一个军事最高长官。以前者的资格，他应该实行"处尊位者如尸"的哲学；以后者的资格，他却应该实行"守官者如祝宰"的哲学。军事长官是"守官"之责，有他的专门职责；有专守的职责，而干预其他部分的职责，就成了尸祝越俎而干预庖人，他的敌人就可以说他"军人干政"了。最高领袖是"处高位"，他的任务是自居于无知，而以众人之所知为知；自处于无能，而以众人之所能为能；自安于无为，而以众人之所为为为。凡察察以为明，琐琐以为能，都不是做最高领袖之道。

所以钱先生说的最高领袖而不独裁，正是明白政治原理的学人的看法。可惜他没有明白指出蒋先生的双重地位，所以他说的方案还不能说的透彻。透彻的说法，好像应该是这样的：蒋先生应该认清他的"官守"，明定他的权限，不可用军事最高长官的命令来干预他的"官守"以外的政事。同时，他的领袖地位使他当然与闻国家的大政方针，他在这一方面应该自处于备政府咨询的地位，而不当取直接干预的方式。最浅近的比例是日本的西园寺公，西园寺无一兵一卒，而每次国家的政府首领都由他决定，决定之后他即退藏于密，不再干预。西园寺的地位完全是备政府咨询顾问而已，而他越谦退，他的地位却越隆高，他的意见越有效力。何况今日一个掌握全国军事大权的最高领袖呢？

这是我为钱先生的"最高领袖而不独裁"的主张下的解释。这三年多，蒋先生的声望的增高，毁谤的减少，其间也很得力于他的让出国民政府主席，让出行政院，而用全力做他的军事职责。蒋、汪合作的大功效在此。因为他不当政府的正面，独裁的形式减少了，所以他的领袖地位更增高了。这也可以证明最高的领袖不必采取独裁的方式。

倘使蒋先生能明白这段历史的教训，他应该用他的声望与地位，毅然进一

步作宪政的主张，毅然出来拥护宪法草案，促进宪政的实行，使国家政制有一个根本改革的机会，使政府各部分的权限都有一个宪法的规定，使全国的政权重新建立在宪法的基础之上；而他自己则不做总统，不组政府，始终用全力为国家充实自卫的力量，用其余力备政府的咨询顾问，作一个有实力的西园寺公，作一个不做总统的兴登堡——倘使他能如此做，那才是真正做到了不独裁的全国最高领袖。只有一个守法护宪的领袖是真正不独裁而可以得全国拥戴的最高领袖。那是政制改革的大路。

二十四，八，五夜

我为什么相信民治

《独立评论》，第 240 号，1937 年 6 月 27 日

张熙若

我在上期《独立》里《民主政治当真是幼稚的政制吗?》一文里指出胡适之先生"民主政治是一种幼稚的政治制度"那种奇特的见解的"不可通的"地方。在那篇文章里，我指出胡先生那种议论在逻辑及事实两方都不可通。但那还只是拿胡先生自己的话去驳胡先生，只能认为是消极的证明民主政治并非幼稚的政治制度。本篇第一意旨乃是要拿普通一般赞成民治的人的理由，连我自己的包括在内，去证明民治并非幼稚的政治制度，去证明民治，在原则上及大体上，乃是人类的聪明，至现时止，所发明的最高明的政治制度。

民主政治所以不是幼稚的而是最高等的政治制度的理由甚多，举其要者言之，约有以下数端。

第一，民主政治的最要精神便在它是以所谓"被治者的同意"（为方便计，借用政治学中一句熟语，希望胡先生能原谅）作一切政治设施或活动的根据。十八世纪中美国革命时最足以代表那个革命的口号是"不出代议士，不纳租税"。"出代议士"就是被治者表示"同意"的一种方法。法国革命也可以说是为反对"朕即国家"一类的专制精神的。反对"朕即国家"就是反对抹杀人民，就是反对蔑视"被治者的同意"。这都是近代民主政治发展史上几件公认的事实，用不着多说。

但是"同意"的反面就是"不同意"。民主政治的真精神，在消极方面，就是治者能够允许被治者不同意，就是政府能够接受人民异于自己的主张的主张。假如人民对于政府不同意，而政府又不能允许人民不同意，结果政府自然将用武力强迫人民，使他们不能不服从，不敢不服从。拿武力压迫出来的服从是所谓"以力服人"。拿"同意"作根据的服从是所谓"中心悦而诚服也"的服从，是"以理服人"。自古以来，只有民治是适用"以理服人"的原则的政

治制度。其他一切政治制度，尤其是独裁，各种形式的独裁，都是"以力服人"的政治制度。亚里士多德说，统治和其他许多东西一样也有高等下等的区别；统治奴隶是下等的统治；也就是这个道理。

做人的困难就是他有讲道理的义务。我们不讲道理则已，若讲道理，就不能不承认"理"比"力"在道德价值上是高一等的东西。既然如此，那"以理服人"和"以力服人"的两种政治制度，哪一种是"幼稚"，哪一种是"高等"，还有争辩的余地吗？这是我赞成民治的最要理由。若是这个理由不能成立，其他任何理由就都更难成立，也就都没有成立的必要了。

第二，民主政治虽然在原则上是比其他任何政制都高明的一种政治制度，但是在事实上它须在两种条件之下才有实现的可能。（一）一般人民须要有相当的智识，须要有了解普通政治问题的能力。有了这种智识和能力，才有赞成这个政策或反对那个人选的资格，才能认清宣传的真假，才能不为另有作用的政客们所欺骗。这本是民主政治最难的一点。民主政治，在现在或将来，若要真正成功，必须克服这一点。这不但是反对民治的人所乐于指出的一点，就是赞成民治的人，也应该时时让大家注意这一点。罗素、韦尔士、拉斯克、杜威、黎蒲满几位英美赞成民治的理论家，也都认为这是现在或将来民主政治成败的最大关键。承认这一点，并不见得就须反对民治；反之，要提倡民治，便非首先承认并且努力克服这一点不可。（二）一般人民对于政治不但要有相当的智识，并且还须有极大的兴趣与关心。一个人对于一件事没有智识，完全不懂，固然不行；有了智识而无兴趣，不愿管它，不屑管它，也是不行。因为在你不愿管不屑管的当儿，别人就会假借你的意思替你管了。常常替你管的结果，民治就变成徒有其名而无其实了。要使人民对于政治有相当的智识比较的还容易，要使他们有长久的兴趣却就更难了。然而民治要真正成功，又非人民对于政治既有智识且有兴趣不可。

可是政治的智识与兴趣都是教育的结果，都不是本能的表现，都不是幼稚的反应。所以我以为民主政治并不是一种幼稚的容易的政治制度，而是需要相当高的政治训练才有实现的可能的。

胡适之先生当然不以这话为然。他曾有下列一段议论：

> 民主政治的好处正在他能使那大多数"看体育新闻，读侦探小说"的人每"逢时逢节"都得到选举场裏想想一两分钟的国家大事。平常人的政治兴趣不过尔尔。平常人的政治能力也不过尔尔。……英、

美国家知道绝大多数的阿斗是不配干预政治，也不爱干预政治的，所以充分容许他们去看棒球，看赛马，看Cricket，看电影，只要他们"逢时逢节"来画个诺，投张票，做个临时诸葛亮，就行了（《独立》第一三三期及第二三六期）。

胡先生这段议论虽然可以说相当的代表英、美今日的事实，但是我们须知这些事实正是英、美今日的民治不高明的地方，这些事实正是提倡民治的罗素及韦尔士等人所最担忧的地方。胡先生是遇事容易犯乐观病的，是往往以现实为理想的。假如让"不配干预政治"的人"逢时逢节"对于国家大事去糊里糊涂的"画画诺"或"画画否"，就算是民治，就算是合理的或可能的民治，那么，这种民治，提倡不提倡，就都无关紧要了。因为这种政治并非真正的民主政治，只是一种"民棍政治"（demagogism），这些"不配干预政治"的人，只是政客们的利用品罢了。我们只应提倡民主政治，绝不应提倡民棍政治。民棍政治或者是民主政治发展史上一种很难避免的现象，但这至多只是一个阶段而非终极，是不值得称赞的。

第三，现代的民主政治离不开代议制度，但是代议制度若要运用得宜，使它真能达到代表民意的目的，却就极端的不容易。在原则上，卢梭在一百七十多年以前反对代议政治的理由并不是完全没有道理的。假使卢梭有十九世纪以来实行代议政治的经验，他反对的理由自然就更要多了。

代议制度有以下数种主要困难：（一）在事实上一个选民不大容易选他理想上所要选的人，他只能在各党推出来的候选人中挑选他反对较少的一个人或一群人。（二）他的判断须靠事实做根据，但是政党所供给他的事实多半是有作用，不可靠。（三）代表一经选出，在事实及理论上，并不能，且不必，代表他。这几种困难都是不容易解决的，至少并非幼稚的简陋方法所可解决的。

如此，在政治原理方面，在实现条件方面，在实际运用方面，我都认为民主政治并非如胡适之先生所说是一种幼稚的政治制度；反之，它实在是一种极高明极高等的政治制度。

这里立刻有一问题发生，就是：民主政治既然是一种高等的政治制度而我们的政治经验又极简陋，如何能实行它呢？我的答案极其简单，就是：民主政治既然是最合理的政治制度，我们的程度再低，也应该去学它。我相信民主政治的最要理由就是因为它是一种值得学的东西。别的政治制度，就是容易学，若不值得，也不必学。这是一个价值问题，不应忽略过去。其次，现在因为各种工具发达的原故，社会进化甚速，我们增进人民智识的效率也就甚大，从前数百年做不到的事情，现在十数年或数年便可作到，所以就是在"学会的可能"方面讲，只要我们肯真心努力去学，并不是没有把握的。

民治在原则方面既是应学，在实际方面又属能学，那我们又何苦不学呢？何况在其他许多事实方面，例如民主政治可以提高国民人格及减少革命发生等，又有几种更应学的重要道理呢？

假如真要学，那就只有一条路可以走通。这条路就是先由低度的民治做起，逐渐扩充范围，提高程度，以期在不远的将来可以进步到高度的民治。我们一方不应因为民治可以由低度做起，便误认它为幼稚的政治制度；同时另一方面也不应因为它是很高明的政治制度，又不先由低度做起。"登高必自卑"，这是一种不易之理。

新生活运动

为新生活运动进一解

胡 适

蒋介石先生近日在南昌发起新生活运动，一个月之中新生活的呼声好像传遍了全国，各地都有军政各界的领袖出来提倡这个运动。前天报载中央党部决议"交中央组织宣传民运三委员会及内政教育两部会同拟具新生活运动推行办法"，很像是要用政府的权力来推行这个运动了。

蒋介石先生是一个有宗教热诚的人；前几年，当国内许多青年人"打倒宗教"的喊声正狂热的时代，他能不顾一切非笑，毅然领受基督教的洗礼。他虽有很大的权力，居很高的地位，他的生活是简单的、勤苦的、有规律的。我在汉口看见他请客，只用简单的几个饭菜，没有酒，也没有烟卷。因为他自己能实行一种合于常识的生活，又因为他自己本有一种宗教信心，所以他最近公开提倡这个新生活运动，想在二个月之内造成一个"新南昌"，想在半年之内"风动全国，使全体国民的生活都能普遍的革新"。我们读他二月十九日的讲演，字里行间都使我们感觉到一个宗教家的热诚。有了这种热诚，又有那身体力行的榜样，我们可以想象他在南昌倡导的新生活，应该有不少的成绩。

我们看南昌印出来的《新生活须知》小册子，所开九十六条（规矩五十四项，清洁四十二项）都是很平常的常识的生活，没有什么不近人情的过分要求，其中大部分是个人的清洁与整饬，一部分是公共场所应守的规矩，大体上诚如蒋介石先生说的，不过是一些"蔬米布帛"、"家常便饭"，一个民族的日常生活应该有一个最低限度的水准。蒋先生这回所提倡的新生活，也不过是他期望我们这个民族应该有的一个最低限度的水准。这自然是我们应该赞成的。

但我们观察最近一个月来这个运动的趋势，我们不能不感觉一点过虑。我们很诚恳地提出一点意见，供这个运动的倡导者考虑。

第一，我们不可太夸张这种新生活的效能。《须知》小册子上的九十六条，不过是一个文明人最低限度的常识生活，这里面并没有什么救国灵方，也不会有什么复兴民族的奇迹。"纽扣要扣好，鞋子要穿好，饭屑不乱抛，碗筷要摆好，喝嚼勿出声，不嫖不赌，不吃鸦片烟，……"做到了这九十六样，也不过是学会了一个最低限度的人样子。我们现在所以要提倡这些人样子，只是因为我们这个民族里还有许多人不够这种人样子。九十六件，件件俱全，也只够得上一个人的本分。即如做官不贪污（不在这九十六条之内），乃是做官的本分；此外他还得有别种治事安人的本领，方才可以做出治事安人的成绩。救国与复兴民族，都得靠知识与技能——都得靠最高等的知识与最高等的技能，和纽扣碗筷的形式决不相干。认清了目标，大家勉力学一点最低限度的文明人样子，这是值得鼓励的。但是过分夸张这种常识运动的效果，说这就是"报仇雪耻"的法门，那是要贻笑于世人的。

第二，我们要认清楚，新生活运动应该是一个教育的运动，而不是一个政治运动。生活是习惯，道德是习惯。古人说："由是而之焉之谓道；足乎己，无待于外之谓德。"这个说法是不错的。朝一个方向走，久而久之，成了习惯，成了品行，就是道德。宣传的功用只在指明一个应该走的方向，使人明白某种目标是应该做到的，某种习惯是应该改革的，使人把不自觉的习惯变成自觉的努力的对象，这是改革习惯的起点。但生活习惯改革，不是开会贴标语所能收效的。政府必须明白什么是它能做的，什么是它不能做的。把一些生活常识编到小学教科书里去，用一些生活常识做学校考绩的标准，用政府力量举办公众卫生，用警察的力量禁止一些妨害公安与公共卫生的行为，官吏公仆用一些生活标准来互相戒约——这些是政府所能做的。此外便都是家庭教育与人格感化的事，不在政府的努力范围之内了。近二三十年中，许多生活习惯的改革，如学校运动场上的道德，如电车中的让座给妇女与老人，如婚丧礼的变简单，都是教育进步的自然结果。若靠一班生活习惯早已固定的官僚政客来开会提倡新生活，那只可以引起种种揣摩风气、虚应故事的恶习惯，只可以增加虚伪而已。十年前山西的洗心社和自省堂，不可以做我们的好镜子吗？（民国八年我在太原一个自省堂里参观，台上一位大官正讲经书，我面前一个中学生正拿着粉笔在他的同学制服上画一个乌龟！）

第三，我们不要忘了生活的基础是经济的、物质的。许多坏习惯都是贫穷的陋巷里的产物。人民的一般经济生活太低了，决不会有良好的生活习惯。"拾到东西，交还原人"（九十六条之一），在西洋是做到的了；我们看欧美车站上和报纸上"拾物招领"的广告，看他们乡村里夜不闭户的美俗，回忆中国劝善书上所记载的许多"拾金不昧"的果报故事，我们真十分感觉惭愧。生活提高了，知识高了，不但"道不拾遗"，拾了遗物还会花钱去登报招领。在我们这个国家，父母教儿女背着篮子，拿着铁签，到处向垃圾堆里去寻一块半块不曾烧完的煤球，或一片半片极污秽的破布。虽有"拾金不昧，拜相封侯"的宗教，有何益哉?《儒林外史》说万雪斋家的盐船搁了浅，就有几百人划了小船来抢盐，却没有人来救人。贫穷的乡下人自然不足怪，《儒林外史》又写一位品学兼优的余大先生，出去"打抽丰"，州官教他替一件命案说人情，可以得百余两银子，他就高高兴兴地拿了银子回家去替父母做坟。做书的人毫不觉得这是不道德的事。又如今日的大学学生——甚至于大学教授——假期回家，往往到处托人弄火车免票，他们毫不觉得这样因私事而用公家的免票就是贪污的行为。凡此种种，都是因为生活太穷，眼光只看见小钱，看不见道德。提倡新生活的人不可忘记：政府的第一责任是要叫人民能生活，第二责任是要提高他们的生活力，最后一步才是教他们过新生活。

新生活运动纲要

蒋介石

甲　新生活运动之主旨

新生活运动者，我全体国民之生活革命也，以最简易而最急切之方法，涤除我国民不合时代不适环境之习性，使趋向于适合时代与环境之生活；质言之，即求国民之生活合理化，而以中华民族固有之德性——"礼义廉耻"为基准也。

我中华民族本为"重礼义"、"明廉耻"之民族，而"礼义廉耻"之于今日之建国，则尤为迫切而不可须臾缓也。

我中华民族有五千年之文化，其食衣住行之法则，本极高尚；时至今日，反有粗野卑陋之状态，而不免流为非人的生活者，厥为"礼义廉耻"不张之故。

我中华民国有三千五百万方里之土地，其食衣住行之资源，本极丰富；时至今日，反多争盗窃乞之现象，而不免流为非人的生活者，厥为"礼义廉耻"不张之故。

我中华民国有四万万之人民，其食衣住行之组织，本极巩固；时至今日，反呈乱邪昏懦之现状，而不免流为非人的生活者，厥为"礼义廉耻"不张之故。

今欲以优美之艺术，易其粗野卑陋之习尚，以固有之品性，化其争盗窃乞之行为，固有待于"礼义廉耻"之复张；然在此乱邪昏懦状态之下，社会秩序纷乱，邪说横行，人多沉迷陷溺，莫知所从，故施政施教，都如搏沙捕风，未易见效；振衣者，必挈其领，提网者，必挈其纲，若欲改善今日国民之生活，自纠正其乱邪昏懦，陷溺沉迷之风始，此新生活运动之所以为今日立国救民唯一之要道也。

乙　新生活运动之认识

一　何为"生活"

孙总理曰："民生就是人民的生活，社会的生存，国民的生计，群众的生命。"是民生虽分为四个方面，而生活实为其他三者之总表现；盖生存重保障，生计重发展，生命重繁衍，而凡为达成保障、发展与繁衍之种种行为，便是生活。换言之，生活即是人生一切活动之总称。

二　何为"新"生活

为欲繁衍生命、保障生存、发展生计而表现之一切行为，因时代与环境之递嬗变迁，而呈现不同之形式，演化不同之方法；时不可留，环境亦随之而异，唯能"苟日新，日日新，又日新"者，始得畅遂其生。凡民族之生活，当其祈求适合时代与环境时，必须补偏救弊，一变其旧有生活之趋向，此即谓之"新"的生活。

三　何为新生活"运动"

人民生活之满足，固有赖于政治之教养，和各种制度之尽善推行；但政治上各种制度之推行，与社会风俗习惯之关系，至为密切；每当旧制度崩溃，新制度代兴之时，苟不知提倡与其新制度相适应之风气，以为推行之助，则新制度每为之纡回颠踬，莫由展其效能，必须风以动之，教以化之，而后其政始得为之治也。水流湿，火就燥，社会运动之效用，正所以为之湿为之燥而已；故任何国家于革故鼎新之际，恒以"转移风气"为先，盖其力较政教为尤大，其用较政教为尤广，而其需要亦较政教为尤急也。此种"转移风气"之工作，即所谓新生活的"运动"，此运动之进行，端赖国民人人之自觉其需要，发乎己，应乎人，由近及远，由浅入深，能修其身，所以立一家之风；能治其家，所以立一乡之风；与政教相辅而行，而常在政教之先，与政教相得益彰，然不赖政教之力而始着者也。

丙　新生活运动之目的

一　为何需要"新生活"

今日吾国社会，一般心理，苟且萎靡，其发现于行为者，不分善恶，不辨公私，不知本末。善恶不分，故是非混淆；公私不辨，故取予不当；本末不明，故先后倒置；于是官吏则虚伪贪污，人民则散漫麻木，青年则堕落放纵，成人则腐败昏庸，富者则繁琐浮华，穷者则卑污混乱；其结果遂使国家纪纲废弛，社会秩序破坏，天灾不能抗，人祸不能弭，内忧纷至，外侮频仍，乃至个人、社会、国家与民族同受其害；若长此不变，则虽欲苟延其鄙野的非人的生活亦不可得！故欲繁衍我群众之生命，保障我社会之生存，发展我国民之生计，非将上述各种病态，扫除而廓清之，并易之以合理的新生活不为功。

二　为何需要"新生活运动"

欲建立人民现代之生活，造成一个新社会，自不能无需于政治，尤其是需要教育。但过去中国之教育，乃至一切政治，皆病于虚与伪，唯其虚与伪，故法令无效，技术无用，机械无能。官守相同，效率终异；技术相同，成就各殊；机械相同，功用不一。今欲求法令与技术之有效，其关键不在法令与技术之本身，而在使用法令技术之人；欲求机械有效，其关键亦不在机械之本身，而在运用机械者之精神如何？人之臧否，固关乎政教，而社会习尚所予人之熏陶锻炼，其效力迅速而普及，实非任何政教制度所能比拟。关于政教制度诸问题，政府方从事于改造，自不必赘；值此国家存亡危急之时，吾人若不愿束手待毙者，应不坐俟其自然的推演，必以非常手段，谋社会之更新；质言之，当以劲疾之风，扫除社会上污秽之恶习；更以熏和之风，培养社会上之生机与正气；负此重大使命者，唯新生活之运动。

丁　新生活运动之内容

一　新生活运动之规律

新生活运动，就是提倡"礼义廉耻"的规律生活。以"礼义廉耻"之素行，习之于日常生活——"食衣住行"四事之中，故"礼义廉耻"者，乃发民德以成民事，为待人、处事、持躬、接物之中心规律；违反此规律者，无论其个人、国家与民族，未有不为之败亡者。持怀疑论者，约有二端：

其一，谓"礼义廉耻"不过是一种美善的行为，但恐智识技能不若人，则德行虽美善，亦不足救国，此说殆未谙本末先后之义。人因求行为之完善，而后有智识技能之需要；否则，智识技能不过为济奸作恶之具。"礼义廉耻"者，乃为社会为团体为国家唯一之规律，反乎"礼义廉耻"之行为，其智识技能适足以损人，结果亦不能有利于己，败群害国而已；故"礼义廉耻"不独可以救国，且所以立国。

其二，谓"礼义廉耻"不过是一种节文，冻馁不给，节文何用？推此说者之意向，乃由于管子"衣食足而后知荣辱，仓廪实而后知礼节"二语之误解而来；殊不知"礼义廉耻"为人之本，未能为人，何有衣食？盖管子此言，仅示一方，综其治平之要，仍以四维为先。盖有"礼义廉耻"之社会，衣食不足，可以人力足之；仓廪不实，可以人力实之。无"礼义廉耻"之社会，衣食不足，争之盗之仍不得足；仓廪不实，为窃为乞仍不得实。"礼义廉耻"之行为，乃纠正争盗窃乞之行为，所谓以正当方法求其足，求其实耳；故反乎"礼义廉耻"之行为者，衣食不足，仓廪不实，终不得实；即使已足已实，而以争盗窃乞行为施于人与人之间，衣食虽足亦不能用，仓廪虽实亦不能享矣！世界最富足之都市，往往盗匪亦最多，此其明证；而今日一般"汉奸""奴才""国贼""共匪"与乎"贪官污吏"等等，察其作恶之由，岂皆为饥寒所驱使？只忘其固有"礼义廉耻"之本心耳。"礼义廉耻"之重要如此，故必须以"礼义廉耻"为生活之规律。

二 "礼义廉耻"之解释

"礼义廉耻"，古今立国之常经，然依时间与空间之不同，自各成其新义；吾人应用于今日待人、处事、接物、持躬之间，得为简要之解释如下：

"礼"是规规矩矩的态度。

"义"是正正当当的行为。

"廉"是清清白白的辨别。

"耻"是切切实实的觉悟。

礼者，理也：理之在自然界者，谓之定律；理之在社会中者，谓之规律；

理之在国家者，谓之纪律；人之行为，能以此三律为准绳，谓之守规矩，凡守规矩之行为的表现，谓之规规矩矩的态度。

义者，宜也：宜即人之正当行为，依乎礼——即合于自然定律、社会规律与国家纪律者，谓之正当行为；行而不正当，或知其正当而不行，皆不得谓之义。

廉者，明也：能辨别是非之谓也，合乎礼义为是，反乎礼义为非；知其是而取之，知其非而舍之，此之谓清清白白的辨别。

耻者，知也：即知有羞恶之心也，己之行为，若不合礼义与廉，而觉其可耻者，谓之羞；人之行为，若不合礼义与廉，而觉其可耻者，谓之恶；唯羞恶之念，恒有过与不及之弊，故觉悟要在切实，有切实之羞，必力图上进；有切实之恶，必力行湔雪；此之谓切切实实的觉悟。

礼义廉耻之解释，既如上述，可知耻是行为之动机，廉是行为之向导，义是行为之履践，礼是行为之表现；四者相连贯，发于耻，明于廉，行于义，而形之于礼，相需相成，缺一不可；否则，礼无义则奸，礼无廉则侈，礼无耻则诌，此奸、侈、诌，皆似礼而非礼者也。

义无礼则犯，义无廉则滥，义无耻则妄，此犯、滥、妄，皆似义而非义者也。

廉无礼则伪，廉无义则吝，廉无耻则污，此伪、吝、污，皆似廉而非廉者也。

耻无礼则乱，耻无义则忿，耻无廉则丑，皆似有耻而无耻者也。是诚所谓"耻非所耻"，则耻荡然矣。如果其礼为非礼之礼，义为不义之义，廉为无廉之廉，则"礼义廉耻"适足以济其奸，犯伪乱者之私而已，可不辨乎！

三 食衣住行之解释

食衣住行之遂行条件有二：一为物质的资料，一为精神的表现。物质的资料即食物、衣服、房屋、道路、舟车等是也；精神的表现，即饮食、服御、居住、行走等是也。

唯"行"之一字，有广狭二义：狭义之行，训为行走，广义之行，训为行动；故以广义言之，"食衣住行"之一切动作，无一不可纳诸"行"之范畴，而狭义之行，只为"行"之一端耳。

由此吾人可知，三民主义之"食衣住行"，仍注重物质资料之解决，而"行"之一字，系从一面的名词之解释，观于建国大纲中"政府当与人民协力，共谋农业之发展，以足民食；共谋织造之发展，以裕民衣；建筑大计划之各式屋舍，以乐民居；修治道路运河，以利民行"一段可以知矣；至现在新生活运动中之"食衣住行"之"行"字，乃兼有广狭之义，吾之"行的哲学"意亦在此，观于前章新生活运动内容之所述，其大意可得而知也。

四 "礼义廉耻"与食衣住行之关系

食衣住行之遂行条件，由物质与行动两事而具备，已于前章详言之；"行"之为训，有广狭之义：广义之行，其于"礼义廉耻"之关系，亦见于"礼义廉耻"之解释一章，兹俱不赘；今所欲言者，为"礼义廉耻"如何直接表现于食衣住行之中。

食衣住行之遂行，可分为资料之获得、品质之选择与方式之运用的三个方面，今试分别言之。

一、资料之获得应合乎廉——廉者明也，应明其分，苟非其分，一介莫取；质言之，食衣住行之资料，须以自己劳力换得，或以正当名分取予；若争夺依赖，固所不可，即施让赠与，亦所不屑。先儒所谓"失节事大，饿死事小"，即此意也。

二、品质之选择应合乎义——义者宜也，须因人制宜、因时制宜、因地制宜与因位制宜。何谓因人制宜？老者衣帛食肉不负载于道路，宜于饱暖舒闲，而少年仅以不饥不寒为足，宜于刻苦锻炼也；何谓因时制宜？四季寒暖不同，饮食起居宜顺时调节，以与气候相适应也；何谓因地制宜？南北土壤气候不齐，近山滨水，生活习惯亦异，宜依地为良，以与环境相适应也；何谓因位制宜？或临万民以执法，或帅三军以御敌，必有一定体制，始足以见威仪自葳所事，要在不卑不亢、毋泰毋啬、因其地位之上下以制宜也。

三、方式之运用应合乎礼——礼者理也，（一）须合乎自然的定律，（二）须合乎社会的规律，（三）须合乎国家的纪律，其具体事项，列举于"新生活须知"，兹不具论。

"礼义廉耻"之互相连贯，前已言之；食衣住行之必合乎礼义廉耻，其间亦互相连贯，固无待言。无论其为资料之获得，品质之选择，方式之运用，皆有密切之关系；如三者有一失礼、亡义，与不廉之事，即成为生活污点，皆当引以为耻也。

戊　新生活运动之方法

一　运动之责任

一、全部运动，由南昌新生活运动促进会主持之，各省市县如有发起同样运动者，乃可设会，但县会应受其省市会之指导，而免分歧。

二、省市县会应由省市县中最高行政长官主持之，以省党部、民政厅（或社会局）、教育厅（或教育局）、公安局及军事机关各派高级人员一名，社会各公法团亦公派负责人员若干人共同组织之，以资划一。

三、乡村农人由区保甲长，工人由厂长或工会负责人，商人由各业公会负责人，学生由校长教职员，军队由政训处长与主管长官或军队党部负责人员，公务员由各该机关主管官，家庭妇女由妇女协会，负责提倡，仍须由当地促进会派人指导之。

二　运动之工作

分调查、设计、推行三项。

三　运动之费用

一切费用应极力节省，由发起人与主持之人或当地政府筹给，但不得向外募捐。

四　运动之事项

由南昌促进会决定分发，先从规矩与清洁两种运动开始进行。

五　运动之程式

一、由自己做起，再求之他人。

二、由公务人员做起，再推之民众。

三、由简要之事做起，再及其次。

四、由不费钱不费时不费力之事做起，再行其余。

五、由机关团体，及公共场所，如学校、公署、车站、码头、戏馆、公园、会场等做起，再求之于全体之社会。

六　运动之方式

一、先以教导，后以检阅——教导是以身教、口教，再以图画、文字、戏剧、电影为教；检阅是由促进会派人查考或由其本处每年分季比赛，评定甲乙以奖勉之。

二、除原有隶属之关系（如长官之于部下，父兄之于子弟，教员之于学生等）外，不得干涉；一般普通朋友性质者，只可劝导而已。

七　运动之时间

一切运动，只可在公余及休假等闲暇之时间行之，不可耽误本业。

己　结　论

要之，新生活运动者，即除去不合理之生活，代之以合理之生活。如何能使国民之生活合理？曰必提倡以"礼义廉耻"为日常生活之规律。

一、提倡"礼义廉耻"使反乎粗野卑陋之行为，求国民生活之艺术化。艺术者，非少数有产阶级之装饰，乃无男女老幼贫富阶级之分，实为我全体民众生活之准绳，所谓人的生活与非人的生活之分野，即在于此；凡人欲尽其所以为人之道，舍此莫由，故必以艺术"持躬待人"者，始能尽互助之天职。中国古代"礼、乐、射、御、书、数"之六艺，现今反为东西列强建国主要之艺术，殊不知此即我中华民族持躬待人、修齐治平最优美之固有的艺术，现在社会之所以猜忌、嫉妒、怨恨、倾轧者，皆遗忘此艺术陶养而生之病态也，必以艺术"治事接物"，始能收整齐完善、利用厚生之宏效，而其要旨莫过于格物致知，明辨本末，器求创造，术尚精微，能如是则粗野错乱、简陋卑劣诸弊自除。

二、提倡"礼义廉耻"使反乎争盗窃乞之行为，求国民之生活生产化。中国之贫，由于生之者寡，食之者众，凡不生而食者，其食之所资，不出于劫夺，必出于依赖，而皆由于不知"礼义廉耻"为之也。故必须使生活生产化，而后勤以开源，俭以节流，知奢侈不逊之非礼，不劳而获之可耻；昔者齐楚之所以霸，今者意德之所以强，胥赖是耳。故救中国之贫困，弭中国之乱源，其道莫要于此。

三、提倡"礼义廉耻"使反乎乱邪昏懦之行为，求国民之生活军事化。国不能战，无以为国，广土众民，徒资寇盗；救国之弱，唯有尚武！方今赤匪充斥，内乱未已，版土日蹙，外侮频仍，帝国主义者与汉奸赤匪，内外勾结，皆挟其全力，以压迫我民族，破坏我国家。吾人欲救此危机，完成其安内攘外之目的，亦非准备全国国民之军事化，不足以图存；而军事化之前提，即在养成国民生活之整齐、清洁、简单、朴素、迅速、确实之习性，以求其共同一致之守秩序、重组织、尽责任、尚纪律，而随时能为国家与民族同仇敌忾，捐躯牺牲，尽忠报国也。综合上述诸义，约而言之，国民生活如何始得高尚？曰生活艺术化；国民生活如何始得富足？曰生活生产化；国民生活如何始得巩固？曰生活军事化；三者实现，是谓生活合理化。合理化所赖以实现之规律，曰"礼义廉耻"；"礼义廉耻"所赖以实现之事项，曰"食衣住行"；使我全体国民以"礼义廉耻"为规律，实现之于"食衣住行"之中，则生活之内容充足，条件具备，是谓生活革命之完成，而我中华民族复兴之基础，亦即奠定于此。

在国民党中央党部孔子诞辰纪念会上的讲演词

国民党中央执行委员会秘书处档案 1934 年 8 月 27 日

汪精卫

上月中央党部决定，以八月二十七日为先师孔子诞辰纪念日，举行隆重的典礼，这所含的意思，是很重大的。本来国人对于孔子，向来有两种不同的见解，其一欲以儒教为宗教，以孔子为教主，以为这样才能与释迦牟尼、耶稣基督、穆罕默德相敌。以为人有宗教，我也有，人有教主，我也有。这种见解，未免牵强，凡是读过孔子的历史和著述的人，都知道孔子没有一点宗教的色彩，除了经书之外，绝没一些可以牵强附会的地方。季路问事鬼神，孔子答，"未能事人，焉能事鬼"，问死，孔子答，"未知生，焉知死"，这是很显明的。至于"祭如在，祭神如神在"，这两个如字，尤其活灵活现，所以儒教为宗教，以孔子为教主，完全是牵强。本来宗教的最大目的是信仰，而其最大作用，是使人类有共同信仰。一个人如果没有信仰，则其一切思想行为，都失却意义。正如一只船，没有罗盘针一样，一个民族，如果没有其共同的信仰，则其思想行为，不能集中，力量不大，不能生存竞争，正如一盘散沙一样。儒教虽然不是宗教，而于人生则定了信仰，且定了共同的信仰。孔子"大道之行也，天下为公"，以至"是谓大同"那一段说话，将伦理政治，种种原则，融合起来，成为一个理想的人类社会，这是儒教的信仰，这是儒教的共同信仰。自从孔子定了这个理想之后，直至最近四五十年，总理出来，方才把这种理想，努力地期其实现，总理一生，每逢题字，必先是"天下为公"，其念念不忘于此，而大同学说，实是三民主义之基础。中国民族的共同信仰，有孔子指示于前，总理宣导于后，总理虽然也和孔子一样，一生辛苦，不能及身见其理想之实现，而中国民族有了这共同信仰，自然有复兴之机会，有宗教，没宗教，另是一个问题。总之，一个人有了信仰，便不是白活；一个民族有了共同信仰，便有以自存。至于其二，则恰与其一相反，其一是尊崇孔子，而不知所以尊崇之道；其二是菲薄孔子，或以为孔子的学说有许多错误，造成了中国民族的罪恶，如今正要推倒他，或以为孔子的学说已经陈旧过时，不适于现代。这些议论，不但糊涂而且荒谬，我们试想一想，我们今日所有的文化和一切学术思想，哪一样不是导源于孔子的呢？哪一样不是孔子传授我们的呢？孔子以前，中国固然已有了文化，已有学术思想，但是没有孔子将它整理出一个系统，则绝不会流传至今。诗、书、易、礼、春秋，包含伦理、政治，以至文学等等，是中国文化及一切学术思想的桢干。而诗、书、易、礼、春秋，每一个字都是由孔子传授我们的，我们对于这样一个伟大的导师，加以菲薄，真是忘恩负义之尤。如今乡村人家之每逢宴会，必先醊酒于地，以祭始为饮食之人，这种报本的心事，如果抛弃，民族的堕落，便不可复救了。孔子将这样伟大的文化和学术思想传授我们，自然只望我们发挥光大，与时俱新，所以孔子教人"日新其德"，"准德"。我们不能尽此承先启后的责任，却将现在的残废衰弱，统统归咎于二千余年前的导师，这种思想是何等的荒谬呢？须知道所谓文化和学术思想，是过去现在一切人类智识的总和，每一个人类在空间里占了几尺的地位，在时间里占了几十年的寿命，便应该将所有智识贡献出来，归入总和里头，使之继续发达。所以我们努力现在，即在于继续过去，使之不断；启发将来，使之不已。诅咒过去荒谬，与诅咒将来，同为不可恕的罪恶。最近几十年来，有些人说儒教所以独尊，是因为汉武帝以后，尊崇儒教，黜斥百家的缘故。这些思想，是抄袭得来的，不正确的。须知道汉武帝以前，虽然也有诸子百家，不过各成一家之言，如老子道德经、庄子南华经之类，绝没有如孔子的删诗书，定礼乐，赞周易，修春秋，将孔子以前的中国文化，及一切学术思想，整理起来，成为一个系统。传之后人，遇着秦火，也烧不绝，口传手抄，依然完整。遇着外寇侵入，虽征服了中国的政治、军事，却征服不了中国的文化及一切学术思想。中国民族，国虽亡，种不灭，仍得由此复兴，使征服的民族，反处于被征服的地位。我们认识了这一点，便知道孔子不但是中国四千余年文化之总代表，而实在是中国四万万人的智识之父，绝不能与诸子百家相提并论。我们没有教主，而有这样一个先师，为我们一切智识的先导，这不但是中国的光荣，也是我们的幸福，加以菲薄，真是全无意识。此次中央党部矫正了以上两种不合理的思想，郑重决议，每年举行先师诞辰纪念日，无论政府机关，以至学校，以至各种团体，一律至诚至敬，同心举行，便是这个意思。

先师孔子的伟大，决不是短时间所能申说，尤其不是浅陋的如兄弟所能窥测，兄弟今日所能贡献于各位的，只有一两点感想。兄弟以为道德的精神是万古不易的；而道德的内容条件是与时俱进的。试拿仁字来说，孔子之言仁，与释迦牟尼之言慈悲、耶稣基督之言博爱一样的，是万古不易的原则。一个人如没有仁爱的心，等于没有世界，没有人类。换句话说，如果要有世界，有人类，便要有仁爱的心，这是毫无疑义的。至于仁的条件及内容呢？那就与时俱进了。举一个例，孔子说"为人君止于仁"。孔子的理想是"天下为公，选贤与能"，而其时代则"天下为家，大人世及以为礼"，所以孔子只说既为人君便须止于仁。如今呢，国民平等，没有所谓君臣上下，这是说仁字是万古不易的，而仁的条件内容，是与时俱进的。再举个例，孔子没有反对纳妾，没有反对蓄奴婢，只主张"亲亲而仁民，仁民而爱物"。如今呢，纳妾蓄奴婢，虐待之固是罪恶，善待之亦是罪恶，根本纳妾蓄奴婢，便是罪恶，这是说仁是万古不易的，而仁的内容与条件，是与时俱进的。孔子以后，我们不能将仁字发挥尽致，使中国早早成为一个自由平等、相亲相爱的社会，而却任令一班宋儒由主张尊君而造出土芥人民的学说，正如黄梨洲所谓"虽以桀纣之暴，犹谓汤武不应诛之"，率性将四万万人当做毛虾鱼子，把来供给一条大鲸鱼吞食，这是何等的不仁。由主张多妻而造出禁锢妇女的学说，甚至看着皇帝把人做太监，甚至看着士大夫家将妇女缠足起来，犹恬然不为怪，这又是何等的不仁。这些均可以证明，如果道德的条件内容，不能与时俱进，则道德的意义成为空言，甚至被人利用，成为一种残暴的工具。

再拿礼字来说，我们知道，儒教就原则说，最重的是仁，就实施说，最重的是礼，礼也是万古不易的。如果一个人在荒岛上可以无礼，有了两个人以上，便有了交际了，有了交际，便得有了礼了。仁是相人偶，是说仁字是行于人与人之间。有了仁，人与人之间才有所谓互助。礼也是相人偶，行于人与人之间。有了礼，人与人之间才有所谓交际。所以礼是万古不易的。但是礼的内容条件呢？也非与时俱进不可。举一个例，孔子主张拜跪的，这是因为孔子的时代还是席地而坐，所以将拜跪来表示恭敬，是很方便。后来换了桌椅了，地上不铺席了，还要磕头下跪，这是什么意思，自然便改为鞠躬及作揖打拱了。这是说礼是万古不易的，而礼的内容条件是与时俱进的。孔子以后用了桌椅的人，还是保持磕头下跪的习惯，直至民国以后，还要偷偷举行，不如此不能算得意，不如此不够算排场，这是后人的工作，与孔子有什么相干？大概说来，古时的礼，其用意在定尊卑，辨名分；今日的礼，其用意在制定社会交际之规则，使人人平等，人人互相亲爱。孔子以后，中国儒者专注重于以礼来维持阶级，不注意于以礼来维持社会，所以中国号称礼仪之邦，而人与人之间之言语举动，较之欧美，真是有文野之分。举个极普通的例来说，在欧洲都会，譬如两个行人偶然相碰，他们自然会一面脱下帽子示敬示歉，一面仍旧急急走他的路。中国呢？只怕至少瞪一眼，不然，便骂一声出来了。中国号称以孝治天下，而开口便侮辱人家的母亲，甚至祖宗妹子等等，这是什么缘故呢？是因为对于礼的条件内容不能时时注意，使之日新其德。从前社会是疏远的，简单的；如今已经渐渐地密接起来，复杂起来了。那么，便应该更新礼的条件内容，使能与此密接复杂的社会情态相应，还是要训练的，这是要当做救亡图存一样的重要工作，因为没有仁爱不能合群，没有礼也不能合群，则其前途只有亡国，只有灭种，有何救亡图存可说。

以上所说，将一个仁字和一个礼字来证明道德的精神是万古不易的，而道德的内容条件是与时俱进的，所以孔子说，"虽百世可知也"，而孟子又说"孔子圣之时者也"。这两句说话，绝不是冲突，绝不是矛盾，而实在是一贯的道理。"孔子圣之时者也。""时"是什么时，是现代，是摩登，孔子圣之现代者也，圣之摩登者也。对于无论哪一种道德，以至哪一种政治经济等等制度，都不应只认其原则，而不计其条件内容，务使条件内容合理化、进步化，使过去现在将来连续起来，做一条线，直直地向上走，向光明走，这样中国民族在现代世界，才站得住，这个道理，已经有先师孔子指示于前了，我们纪念先师孔子诞辰，便须念及中国在现代世界是否站得住，是否站得住在自由平等的地位。

在孔子诞辰纪念会上的演说

江苏吴县的演说辞 1935 年 8 月 27 日

章太炎

今日为纪念孔子诞辰，开此大会，且先之以祭祀。在孔子固不在此一祭，而在国人心理中则不得不纪念之。从前圣朝列入中祀，清末始升为大祀，民国初元犹然。祭孔与祭祀鬼神不同，大家须知我辈祭孔系纪念至圣先师，与宗教家心目中之鬼神迥不相牟也。尊重孔子是应当的，若认为宗教之教主则大误矣。孔子所应尊重者在何几点？从前天坛宪法以孔子之道为修身之大本，说亦近是，实则犹不止于此。自生民以来，未有甚于孔子，虽关于人事者较少，无意、无必、无固、无我，所谓子绝四者，佛教独然。现为救世计，亦不必讲太高远之道，最平易成近之道，是为人伦，为儒。孔子云"行己有耻，使于四方，不辱君命，可以为士矣"。又云"见利思义，见危授命，久要不忘平生之言，亦可以为成人矣"。人苟能做到此八句，人心世道之坏，决不至如今日之甚。从春秋到今日，二千四百年，一切环境，当然迭有变迁，具体的政治，《论语》不讲，《论语》单讲抽象的政治，道德齐礼，古今无异。宋赵普之半部《论语》治天下，半部《论语》治太平，果然欺人之语，然彼何不说半部《周礼》乎？《周礼》具体的，《论语》抽象的，故后者可行，而前者不可行也。

复次，中国立国根本在民族主义，三民主义中亦讲及之。孔子称赞管仲而曰"微管仲吾其披发左衽矣"。内中国外夷狄，后人以为《春秋》之大义。孔子之自议者为夷狄之有君，不如诸夏之无也。盖言夷狄虽有君，犹不如诸夏之无君。朱子反之，遂成倒语。皇侃《论语新疏》，中国以前久成佚书，后从日本得来。清修《四库》，觉对于此节引申阐发处，颇触忌讳，遂讳其原文；原增鲍氏刻知不足斋丛书，亦讳其语。而东洋书庄中则抄本、刻本均与中国本相反。晋孙绰《文选》中《天台山赋》之著作者有语云，诸夏有时无君，道不荆棘；夷狄强者为主，形同禽兽。即本此。邢昺疏尚存在其意义亦然也。此最痛切语，要之，从孔子以来二千余年，中国人人受外国欺侮，不知凡几。自汉以来，迭受外人欺侮，无有不能恢复者，晋受五胡逼至江南而尚不与之通款，南宋则甚至称臣称侄，元则不必论矣。然韩林儿辈并不读书，尚能恢复一部分故业，无他，孔子学说深中于人心耳。明末满人攘我神州近三百年，我人今日独能恢复我固有之国土，盖亦以儒者提倡民族主义已深入人心，故满夷一推倒，即能还我中原耳。今日国难当前，尊重孔子犹为当务之急。纪念孔子，必须以自己身体当孔子看，又须将中华民族当孔子看。如此纪念，方得纪念之道也。

国民人格之培养

《独立评论》，第150号，1935年5月12日

张熙若

凡稍有现代政治常识的人大概都听见过下面一句似浅近而实深刻的话，就是：要有健全的国家须有健全的人民。若是把这句平凡的话说得稍微玄妙点，我们可以说：国家就是人民的返照。有怎样的人民便有怎样的国家，有怎样的人民便只能有怎样的国家。举一个极显明的例子：有今日英、美、德、法之人民才能有今日英，美、德、法之国家，有今日中国之人民心只能有今日中国之国家。这似乎是"民为邦本"的另一解释。庄子说："水之积也不厚，则其负大舟也无力"。民犹水也，国犹舟也，欲行大舟，先蓄厚水，这是物理之自然，这也是政理之自然。

中国以往的人民，和欧洲十八世纪以前的人民一样，在政治上是被动的，是没有地位的。圣君贤相所要求于他们的是服从，哲人大师所教诲于他们的也是一个"忠"字。国家本是帝王的私产，人民不过是他们的子民。宗法社会的国家组织和政治理论本来不限于东西都是这样的，不同的地方就是中国把"君父"、"臣子"、"忠孝"一套的理论弄得特别系统化而又深入人心罢了。这样的一个论理观念在从前的旧社会上似乎也颇够用，不然恐旧就不会有那样长久的历史。不过数十年来，自欧、美的宪政、民治种种学说随着它们的坚甲利兵传播到东方以来，这些旧式的政治组织和政治理论就根本发生动摇。辛亥革命就是自由、平等、独立、自治种种新学说战胜了君臣、父子、夫妇、兄弟诸种旧理论的纪念碑。

不过辛亥革命只是近代中国政治维新及一切社会改革的起点。因为只是一个起点，所以当时的领袖人物大多数只略知欧、美民治的形式而不了解其精神，其所抄袭模仿的自然也只是些皮毛而非神髓。到了五四运动以后，大家才渐渐捉摸到欧，美民治的根本。这个根本是什么？毫无疑义的，是个人解放。欧洲

自文艺复兴和宗教改革以后，不等到十八世纪的政治革命，社会组织的单位和基础早已由团体（如教会、家庭、行会等）而变为个人了。初则个人与团体冲突，终则团体为个人所征服，而以给个人服务为它存在的唯一理由。因为个人的生活是多方面的，所以他的解放也是多方面的。不过其中最要紧的一种，提纲挈领的说，当然是所谓思想解放。思想是行为之母，思想解放了，行为也就不能再接受从前的旧束缚了。自旧社会、旧道德的立场去看，这些新思想自然都是洪水猛兽，但自新世界、新理想看来，这些新思想却又是创造的灵魂和发明的推动力。思想解放之后，昔日受压制，作刍狗，只为他人做工具，没有独立存在价值的个人，一旦忽变为宇宙的中心，生命的主宰。这是人类历史上一大进步！说得客气点，这至少也是人类历史上一大变动。没有个人解放，是不会有现代的科学的，是不会有现代的一切文化的。区区民治政治不过是个人解放的诸种自然影响之一，虽然它的关系也是很大。这个个人解放的历史大潮流具有一种不可抵抗的征服力和很难避免的传染性。它所经过的地方，除非文化过于幼稚，不了解什么叫作"人的尊严"，或社会发展完全畸形，个人丝毫没有自我的存在，是没有不受它的震动的。民国八年的五四运动及民国十五六年的国民革命，都是由这个震动所发出的光辉。

由个人解放所发生的政治理论自然是所谓个人主义。十八世纪中美、法两国的革命，都是这个人主义所放的异彩。它的成就，它的影响，是人所共知的。固然，个人主义在理论上是有极大的缺陷的，在事实上也有很大的流弊，尤其在经济方面。欧洲十九世纪后半期所发生的社会主义及集团主义就是为矫正个人主义的流弊的。这都是历史事实和教训，于我们是有借鉴之益的。

不过一个东西有它的好处，往往也有它的坏处；一切思想，一切主义，都可作如此观。个人主义的政治理论自然也不能是例外。但是我们不可因为看见一个东西弱点便将它的优点一概抹煞，完全忘记。天下本无完美的东西，生活原是选择，若必尽美尽善而后用之，生命将变为不可能。取长舍短是一切选择的标准。

个人主义的政治哲学的优点是在承认（一）一切社会组织的的目都是为人的，而不是为越出于人以上的任何对象，如上帝、帝王、或其他的东西的；（二）一切社会组织的权力都是由构成这些组织的人们来的，而且永远属于这些人们；（三）一切社会组织都应该而且也必须直接或间接由构成它们的人们自行管理。这些学说的中心思想是大致不错的。可是这样一来，个人便变成一切社会组织的来源，基础和归宿，他便变成他的生命的主人翁，他便变成宇宙的中心。

这还只是个人主义的政治哲学的大致轮廓。若是更进一步说，我们立刻会发现个人主义的政治哲学的神髓，至少在它的故乡英国，全在承认政治上一切是非的最终判断者是个人而非国家或政府，全在承认个人有批评政府之权，说得更具体点，全在承认思想自由和言论自由。因为个人是最终的判断者，所以举世皆以为是而我尽可以为非，或者举世皆以为非而我尽可以为是；因有言论自由，所以我可将我所认为是的贡献于他人和国家之前，希望他人和国家能比较优劣而为妥善的采择。我所以服从国家的道理，完全是因为在我的良心上它是对的，并不是因为它的命令强迫我服从；反之，若是在我的良心上它是错的，那我为尽我做人的责任，只有批评或反对。国家并不是真理的垄断者。它所认为是的，须与个人所为是的，在个人的良心上作一理智的竞争。光凭威权的压制是不能折服人心的，是无理性可言的政治。

一个个人若有发泄他的良心所认为不对的机会，若有表示他的理智所反对的自由，那时他才能觉得他与国家的密切关系，他才能感觉他做人的尊严和价值，他才能真爱让他的国家。试问这样一个人格是何等可敬，这样一个国民是何等可贵！一个国家有以上这样一个国民，比有成千成万的工具性的群众有利的多。现代民治的成败，全视此等国民的人数多寡而定，而民治在大体上又是今日政治上的康庄大道，其他炫耀一时的政象都是旁门左道，不久还归消灭，不足以为法。在理论上，除过民治只有共产，而广义的讲共产也只是民治的推广，而非其推翻。

上面说过，个人主义在理论上及事实上都有许多缺陷和流弊，但以个人的良心为判断政治上是非之最终标准，却毫无疑义是它的最大优点，是它的最高价值。个人的良心固然不见得一定是对的，但是经验告诉我们，比它更对、更可靠的标准是没有的。讲到底，政治是为人的，为人的事还是拿人去作标准比较可靠些。至少，它还有养成忠诚勇敢的人格的用处。此种人格在任何政制下（除过与此种人格根本冲突的政制），都是有无上价值的，都应该大量的培养的。

今日中国的政治领袖是应该特别注意为国家培养这种人格的，因为中国数千年来专制政治下的人民都是被动的，都是对于国事漠不关心的，都是没有国民人格的。今日若能多多培养此种人材，国事不怕没有人担负。救国是一种伟大的事业，伟大的事业唯有有伟大人格者才能胜任。

本来五四运动和民国十五六年的国民革命运动是走向这个方向的。不过后来不幸因为发生清党的需要，使政府当局于清党之后走入矫枉过正的途径，对于稍有批评精神、反抗勇气的青年，都与以极严厉的处置。同时又提倡统一思想，铲除反动种种运动，结果思想固然无从统一，真正的反动也不见得能够铲除，徒然的又丧失了许多有志气有能力的好国民真人格，此事说来真可痛心。我认为这都是不必有的牺牲，这都是极错误的办法。今后若不改弦更张，国家是没有生路的。修明政治是唯一的生路，而培养国民对于政府措施敢批评反抗（自然非指武力暴动）的智勇精神与人格，尤为当务之急。

（转载五月五日《大公报》星期论文）

再论国民人格

《独立评论》，第 152 号，1935 年 5 月 26 日

张熙若

我在《国民人格之培养》（五月五日《大公报》星期论文）一文里曾说：（一）个人解放是现代一切文化的基础；（二）个人主义的优点在能养成忠诚勇敢的人格，此种人格在任何政制下都有无上的价值，都应该大量的培养；（三）中国今日急需培养此种人格，以立国本而救国难。惟因篇幅关系，未能尽所欲言。兹作此篇，聊为补充。

胡适之先生在他的《个人自由与社会进步》（《独立评论》第一五〇号）一文中说："这年头是'五四运动'最不时髦的年头"。我觉得在这个年头谈"人格"，尤其"国民人格"，更有令人目为腐化的可能。所幸我们说话并非要趋时髦，也不怕人家指为任何什么化。只要将自己良心所认为对的或不对的忠实的说出来，尽尽自己做国民的责任，那就是了。管它时髦不时髦，什么化不什么化。人的思想和社会的转变是很奇特的，有时说不时髦的话反变为尽国民责任最迫切的要求。

我所以提倡个人解放和培养国民人格的理由，是因为在中国历史进化的现阶段中，这个解放是绝对的必要的，这种人格是无论如何离了不可的。这个解放若能比较的彻底一分，社会的新基础也就比较的稳固一分；具有此种人格的人若能多几个，担当国事的人也就多几个。这两者都是建设新中国的必要条件。此种条件若不充分的存在，新国家不是根本建设不起来就是表面上勉强建设起来，骨子里还是不健全，不能有很大的发展。

中国数千年来的社会中是只有团体，没有个人的。一个人只是家族的一分子，而不是一个个人，只是构成社会的一个无关重要的单位，而不是一个有独立存在的个人。他的生命，他的思想，他的行为，他的价值，都是拿团体做规矩做标准。离开团体，他就没有意义。离开团体，他就不存在。拿现代眼光看，

这样一个人自然是一个不发展的人。不发展的人所造成的社会自然也是不发展的社会。

这种现象本是人类进化史上一种普遍的现象，并不限于中国。不过不幸这种现象在中国比在西洋各国存在的特别长久了三四百年。到了辛亥革命以后，才渐渐动摇。到了五四运动以后，才大大改观。所谓个人解放，就是要将数千年来受重重束缚，重重压制，不自由，不独立，没有本身存在价值，没有个人人格，聪明才智受销磨，能力本事受挫折的一个可怜虫解放了，使他为他自己的生命的主宰，使他尽量的发展他的天赋品性中的各种美德而为社会一健全分子——使他为人。个人解放在西洋所发生的效果是现代文化，现代社会。中国如能离开世界而独立，或者也不一定要有现代文化现代社会。假如不能，那就不能不接受这种文化，不能不建设这种社会。不过，话又说回来，现代文化和现代社会的源泉是个人解放。若是没有个人解放，就不会有现代文化和现代社会，有之亦必是残缺不足观的。

因为以往的中国人太受束缚，太不自由，所以现在解放必须相当的彻底，才能矫正已往的倾向和习惯。因为以往的中国人易于受权势的压制，官廷的侵陵，武力的威胁，养成一种不抵抗，甘屈服的第二天性，所以现在应该特别提倡勇敢的精神，保护不畏强暴的人格。孟子所说的"富贵不能淫，贫贱不能移，威武不能屈"的神圣人格，在今日是应极力设法实现的增多的。别的古可以不复，这个古不可复；别的经可以不读，这个经不可不读。西洋人最鄙视的是怯懦。别的西化可以不要，这种西化不可不要。

但是不幸的很，"五四运动"后甫见萌芽的个人解放与人格培养，经过这几年的严厉制裁后，竟然日见消沉。弄到现在，眼看把一个尚未完全脱离家庭束缚的小孩子，可压服在国家的大帽子底下，使他动弹不得，呼吸不得。又因国家的威权比家庭的大的多，且无自然的情感为之缓冲，所以他的压迫，他的不自由，他的销磨挫折，也就比较的更深一层，更厉害数倍。国家同个人一样，幼年时心身发育若不完全，成人后的发展造就一定是很有限的。谁也知道，中国春秋、战国时的思想是极其发达，文化是甚高。两千多年以来所饮的文化酒浆都是那时酝酿出来的。但是两千多年以来何以不能继续的再做新酿而必须饮此旧醅呢？谁也知道，最大的原因是因为秦朝的焚书坑儒和汉朝的罢黜百家。有人说中国是一个衰病的老人，我看它只是一个发育不全的小孩子。"五四运动"前后的思想解放运动，本有医治这个发育不全的效力和希望。不幸社会上相信西医的人太少，这剂西药经过浅尝之后，又改用中医。稍微念过几天教科书的小孩子都知道，为中国文化计，秦始皇不应该焚书坑儒，汉武帝不应该罢黜百家。但是有几个人的真能感觉我们现在又在重演这种历史悲剧？难道这个发育不全的小孩子要教他终身残废不成？

固然，个人不能离开国家而存在；国家的生存发生危险的时候，个人的自由就要受减缩，个人的生命就应受牺牲。这几年大家所提倡的"有国家的自由，没有个人的自由"的口号，不是完全没有理由的。铲除恶化，消灭反动的工作，也是能得相当的同情的。大我不存，小我亦将无附丽，这是很明显的道理，这也是一般人所能谅解所能尊重的。

不过一件事情常常是有两方面的道理。个人固然不能离开国家而存在，国家又何尝能离开个人而存在？而且，讲到底，国家还是为个人而存在的，个人并不是为国家而存在的。国家只是一个制度，一个工具。它除过为人谋福利外，别无存在的理由。这个制度，这个工具，在人的生活中虽极重要，但毕竟还只是一个为人享受受人利用的东西。谈政治若不把这个宾主关系分别清楚，不但是不通，并且是很危险的。

近年来中国政治上使人最感不安的就是倒置这种宾主关系的倾向。国家（其实就是政府）高于一切，绝对的服从，无条件的拥护，思想要统一，行为要纪律化，批评是反动，不赞成是叛逆，全国的人最好都变成接受命令的机械，社会才能进步，国家才能得救，运用政治的人才觉得真正成功！外国人想拿机械造人，我们偏要拿人做机械。这种工业化在今日实在没有提倡的必要。

假使国家果真是不能作非，政府是的确万能，那么，绝对的服从，无条件的拥护，至少还有实际上的利益。不过不幸经验告诉我们，世上没有这样的国家和政府。最简单的理由就是因为政府是由人组织的，不是由神组织的。政府中人与我们普通人一样，他们的理智也是半偏不全的，他们的经验也是有限的，他们的操守也是容易受诱惑的。以实际上如此平常如此不可靠的人而假之以理论上无所不包无所不能的权力，结果焉能不危险。外国提倡政权须受限制的人不全是傻子。

权力对于运用它的人们有一种侵蚀的力量，有一种腐化的毒素。这种侵蚀腐化的象征便是滥用权力。坏的统制者固然逃不掉此种侵蚀与腐化，就是再好的统制者，若不受限制，也很难抵抗滥用的引诱。某种限制权力的特殊方法，例如分权，不见得一定有效，但是权力应受限制的原则却是毫无问题的。经验告诉我们，接受批评容纳意见是有效方法中最重要的一种。

而且自另一方面看，一个国民若是不能讲他的良心所要讲的话，结果他将不讲话；不讲话的结果，他就失掉他做国民的真正意义，他就与国家断绝道德的关系。一个人因不能做忠实的国民而与国家断绝道德的关系，是一种很危险的现象。所以英国人早就发现"以改革为保守"的聪明办法。国民的服从应该是由感动得来的，不应该是由强迫得来的。亚里士多德曾说：统制是有优劣的区别的；有上等的统制，有下等的统制；统制奴隶是下等的统制；下等的统制根本就不配称统制。

　　总之，国家不过是个人的集合体；没有健全的个人，不会有健全的国家。历史的机会不可糟蹋，民族的生命不可戕贼。完成个人解放，培养国民人格，是建设新社会新国家的基本工作；所有偷巧，取捷径的办法都是没有真正出路的。

新启蒙运动、中国社会史及社会性质的论争

封建制度论（节录）

原载《读书杂志》中国社会史论战专论，

第 1 辑，1931 年 11 月 1 日

王亚南

……

五　中国封建制度之分解

中国的封建制度，自何时始，至何时终，这个界线不划分清楚，必无从捉住中国封建制度的真相。但要这个界线，又不免惹起许多争论。因为有的人说，中国封建制，起于黄帝时代，周之封建，不过折衷夏殷诸代而定妥的罢了。日本高桑驹吉云："中国之封建制，据云起于黄帝之时。黄帝之为天子也，大约一面令那些归服了的各部君长使各安于其旧领土；一面对于那些有功劳的，各各分给以征服地。于此，我们才认出了封建制度来。世言舜定众后朝觐之制，又言夏禹王为涂山之会时，执玉帛者万国，又言武王伐纣时，诸侯之来会者八百，那么，我们便可知道唐虞夏殷之世，也是在行封建制，所以中国的上世，封建制已行得很久。周之封建，是折衷夏殷遗制而定妥的。"（见李译《中国文化史》第三五——三六页）此说当否，容后再行论及。而在另一方面，现在又有人说，中国迄今还是行着封建制度。若是，中国自古至今，就彻头彻尾是一个封建的国家了。为避免理论的混淆，我关于这点，也暂不欲置辨。言中国封建制度，以见于周室者为代表，更进，以周室施行的封建制为标准，来衡定周以前是否有封建制存在，周以后是否尚为封建社会，我想，这总该是可以的吧。而且，要把中国的封建制度，与欧洲和日本的封建制度比较，也非先提出一个标准的中国封建制度不可，换言之，说是非对于周之封建制度，加以检讨不可。

周武王伐纣成功，即位天子后，乃采用封建制，大封宗室功臣及前代帝王

之后，其制，系将诸侯分为公、侯、伯、子、男五等的爵位。公侯与以方百里之地，称大国，伯与以方七十里之地，称中国，子男与以方五十里之地，称小国，不满五十里者称附庸，使隶属于大国。大国置三军（每军一万二千五百人），中国置二军，小国置一军。又中央地方千里，是为王畿，以充王宫之采邑。计大国九，中国二十一，小国六十三，凡九十三国，而畿外五国为属，二属为连，三连为卒，七卒为州，天下共分九州，州有伯，卒有正，连有帅，属有长，使之制驭地方，故周初之期，有谓诸侯之数，凡千八百国云。

周室把全国土地，依着这个制度分给大小诸侯。但各诸侯对于其所辖境内的人民，保有怎样一种关系呢？申言之，人民是在哪种形式上对于诸侯曲尽其课加的义务呢？关于这一点，我们可以由周之田制及其税法，窥知一个大概。

田制在夏殷以前，无可稽考。太古时，田野未辟，人民各自开拓其土地，故土地或系私有。此后不知在何年代，土地悉收入官，然后再转贷与人民，于是纳贡赋而颁田收授之制以起。夏行贡法，以田五十亩为一间，唯十间为一组而授之十家，使各各上纳其五亩之收获。殷采井田制，行助法，将一区七十亩之田九区即六百三十亩，区划成井字，以中央的一区为公田，其余皆作私田。凡八家，则与以一井之田，使共耕公田，而以其收获上纳。至周，乃折衷夏殷之制，而行彻法。其法与殷大概相同，不过周之井田，每区为百亩，每井为九百亩。人民年二十，则受田百亩，至六十乃归还其田，次子称余夫，年十六即受田二十五亩。田制之崖略如此，再看其税法。

周之税法，有种种名色。其由公田收获纳入的，称为粟米之征；别有令纳绢布若干的，称为布缕之征；又每年使用人民为夫役，则是力役之征。此外又有所谓山泽之征、漆林之征等等。这一切税收，都是人民照例贡献诸侯的。

中国历代法制，以周为最完备。其关于封建设备，若网在纲，秩然有序。吾人今日看来，犹不能不承认其严密而整栉。但制度之体制虽如此，实行起来究是怎样呢？

西周盛时，王权大张，所谓封建制度，一时或如实施行。然武王对分之后不久，其亲弟管叔蔡叔即辅纣子武庚以叛，弄得周公居东三年，方始荡平。这是成王时事。成王之后为康王，康王之世，海内尚称平安。可是一到昭王穆王，周室就开始衰微了。厉王为国人所逐，幽王为犬戎所弒，王权之失坠，已可见一斑。陵夷至于平王，竟因戎狄的威逼，而东迁洛阳了。不过，王室虽然一天微弱一天，有些诸侯，却正乘着王室日微的机遇，一天一天的强大起来。周之初期，诸侯差不多有一千八百之数，到了春秋时代，大并小，强兼弱，看看只剩下一百六十余国了。往后，周室益加不振，诸侯就益加攘夺兼并得厉害。以子爵僭称王者有之，以侯爵降为男者有之，降及战国之世，所余者仅七强国及二三小诸侯而已。前此谨严之封建制度，早已完全破坏无余了。

不过，周室之衰，虽不免予众诸侯以兼并攘夺之机，致封建制度趋于崩坏，但周初千八百诸侯，至春秋只剩百六十余国，至战国时更只剩七国的这个迅速递减过程，就王室集权的封建制度说，虽在日益崩毁，可是就诸侯分权的封建制度说，却又无妨说是在长足的发展。由千八百国并合而为七国，其势力膨胀，该是何等雄厚。然而这种"成也毁也"的经过，都是表面的、限于政治方面的现象。若一根究当时社会经济变迁之实况，我们就知道封建制度之不能维持，那是有它必然的命运的。现在且就下列诸点，加以说明：

第一，周之封建制度，是以一种特殊的土地制即所谓井田制度为基础。井田制对于封建制度有几种作用：一、土地公有，按人分配，农民乃不致因过富过贫，离去乡井，使诸侯赖以生存享乐之税收无着；二、获取公田收获，作为粟米之征，乃最省事之税法；三、周之兵制，即以井田为准。比如王畿地方千里，约可得井田六十四万，即一万甸（六十四井为一甸）。而方里为井（八家），四井为邑（三十二家），四邑为丘（一百二十八家），四丘为甸（五百一十二家）。当征集时，以丘与甸为基础，则丘出戎马一匹，牛三头；甸出兵车一乘，戎马四匹，牛十二头，甲兵三人，步卒七十二人，人夫二十五人，总计凡百人，故天子有兵车万乘，号称万乘之君。所谓千乘之国、百乘之家云云，要皆依此计算。总之，井田不独为封建诸侯所托命，且能在征兵取税上，给予封建诸侯以极大的便利。然自兼并攘夺之局面成，井田乃日趋破坏。下逮战国，魏李悝昌言尽地之力，秦商鞅更干脆地废井田，开阡陌，各国尤而效之，于是井田之制荡然，而封建之步调乱，封建之根基动矣。

第二，不过，井田制度对于诸侯之征兵纳税，虽有不少的便利。但同时对于封建诸侯任意征兵，任意收税，却又似乎成了一个妨碍。所以他们也乐得把这种制度破坏完事。可是，井田制破坏之究竟的结果怎样呢？其一是封建诸侯对于其被剥削者农民的直接榨取关系，开始隔离，在他们两者中间，插入一个专以聚敛为事的中间层，有如陪臣宰官之类，往后，封建诸侯的兵力财力，就完全操在这班人手里了。他们一有机会，立刻就能够把封建诸侯推翻。三家分晋，田氏篡齐，都是基于这种事实。此外，还有一种结果是：诸侯间无有止息的战争，固然怪不得他们对于布粟之征，力役之征，分外强制的苛求，但井田制既坏，那些陪臣宰官对于农民的苛求，就加倍厉害了。因为，他们一方面要多征多收，以取悦其主人——封建诸侯——同时又要多征多收，以为自己中饱。这样下来，农民除了死，就只好跑了。所以"壮者散之四方，老弱转乎沟壑"。到后来，诸侯辈的钱粮兵马，也无出处，秦之得以兼吞六国，这当然是一部分原因。

第三，封建诸侯们的相互构怨，相互混战，为了什么呢？很显明的，"辟土地"，或者"争地以战"，"争城以战"。"有土此有财"，这是他们的口号。不过，依我想，春秋时代的战争主要虽是为了土地，到了战国之世，小国变成了大国，对于土地一层，似乎不甚急切。要紧的还是耕植土地的农民。当时载籍，虽不见"争民以战"之文字，但各国诸侯对于"民"的要求，却是非常紧迫。梁惠王问孟子说："寡人之于国也，尽心焉耳矣，河内凶，则移其民于河东，河东凶亦然。察邻国之政，无如寡人之用心者，邻国之民不加少，寡人之民不加多，何也？"由这一问，我们就知道他是在如何努力"争取人民"。孟子是一个顶会观风讲话的人，他很了解各国国情和国君心理。他不论见了梁惠王、齐宣王或滕文公，总是大讲其保民的仁政。并且鼓励国君说，王欲行仁政，则"民之归之也，如水之就下"，或者"耕者皆欲耕于王之野，商贾皆欲立于王之市，行旅皆欲出于王之途，天下之欲疾其君者，皆欲赴愬于王"（大意如此，记不清原文——南）。总之，当时诸侯，已十分感到无民之痛了。但他们欲固其封国，或欲辟土地，又只有尽量搜括现在的农民。农民日益减少了，他们的搜括却并未减少，甚且要增加。结局，民益穷，财益匮，待到变法图强、休养有年的秦兵一来，封建诸侯的命运，就于是乎终焉。

第四，封建诸侯们无止息的争夺战，对于农村虽破毁备至，但对于商业，却有不少的贡献。这可以从几方面来说。一、封建制度的社会，最重等级。左传昭公十年，尹无宇说："天子经略，诸侯正封，古之制也。……天有十日，人有十等，下所以事上，上所以共神也。故王臣公，公臣大，大臣士，士臣皂，皂臣舆，舆臣隶，隶臣僚，僚臣仆，仆臣台，马有圉，牛有枚，以待百事。"又《管子》云："士之子恒为士，农之子恒为农，工商之子恒为工商。"这种阶级制度，不仅决定了一个人本身的命运，并且连其子孙的命运也决定了。我们知道："封建社会是重农轻商的。商人的地位，当可想见。但自诸侯辈争夺起来之后，存亡兴替，就没有定准了。昨日的公侯，今日说不定变成了穷光蛋，今日的穷光蛋，明日说不定要成为大人物。贩牛的宁戚、卖作奴隶的百里奚、郑国商人弘高，不都跳上了政治舞台吗？总之，封建的阶级，是渐渐打破了，一向被人轻视的商人，这才抬起头来。不过，徒是这种心理的改变，还不够促进商业。二、古代商业，都为现物交换性质。迨封建之局面成，百里一大国，五十里一小国，国境的限制，又加以交通的障碍，所以商业只限于小的范围内，颇难发达。自各国兼并起来，国境既经扩张，商业范围，亦随之拓展。而且军事对于促进交通，甚有效力。交通便，范围广，商业游刃有余地了。加之，三、当时农民被迫离乡者，一部分死于沟壑，一部分变为匪盗乞丐，还有一部分则麇集城市，借点小资本，经营小工业小商业。城市人口集多了，且为浪费的统治者驻节之所，无怪商业很快地发达起来。商业资本的膨胀和高利贷资本的流通，那已经表示封建制度所由建立的土地资本，失其原来的作用了。结局，封建社会的解体，就成了一种必然的现象。

……

七　妨碍中国资本主义经济发达之原因

欧洲封建制度崩溃后，接着就是重商主义的天下，商业资本之发达，那是无待细说的。往后重商主义之恶影响，虽曾引起重农学派的反对，但近代式的工业资本主义，却就在重商主义发展的基础上发达起来了。

其在日本，那种发达是更为迅速的。日本封建制度随着废藩置县而宣告终局以后，它那孕育乃至成就于封建制度下的货币经济制度，不久，就让渡其支配的地位于工业资本主义制度了。

欧洲由商业资本、高利贷资本，过渡到工业资本，约计起来，不过一两百年间事，在日本，这个转变，竟在几十年内完全成就了。中国怎样呢？

如前面所讲的，秦并六国，变封建而为郡县以前，中国的高利贷资本、商业资本，不是已有相当的发达吗？固然，"由高利贷资本、商业资本所形成的货币资本，要转化为工业资本，在乡村，会受封建制度的妨阻，在城市，会受基尔特制度的妨阻"（英译《资本论》第一卷八二三页）。但中国封建制度既经破坏，基尔特组织又无何等势力，宜可早速转化为工业资本国家。然秦后至中英鸦片战争以前，历二千年，仍沉滞淹留于商业资本状况下，而莫有起色。这原因，国内历史学家、社会学家，曾有种种说明。但我觉得，以次诸点，确是妨碍中国工业资本主义经济发达的要因。

第一，缺乏外来有力的刺激。欧洲姑不具论，日本之迅速成为工业国家，主要是由于"黑船"之汽笛，惊醒了它的昏梦。它一方面受欧美物质势力之威胁，一方面又为欧美物质文明所迷醉。所以，一经由冲动而企图维新，欧美成法俱在，模仿就得了。封建破坏了几十年，就有这样的成果，它不能不归功于西人。中国四境，向为一些游牧部落的民族。他们动不动侵扰进来，抢夺什物财宝。他们是野蛮的，与他们接触一次，除了一些恶印象外，就是增大自己的傲慢，或者说，助长我们自己不求进步的暮气。元代马哥孛罗【今译马可·波罗】东来以后，至明时复有利玛窦、艾儒略等踵至，而中国东南海岸，且有葡萄牙人之经商。不过，那时西洋的物质文明，尚未十分发达，雕虫小技，实不够折服我们。总之，中国所以长久停滞于商业资本、高利贷资本的状态的，没有外来有效的刺激，也算一个要因。

第二，传统思想妨害自然科学发达。自汉武帝崇尚儒术、罢黜百家以后，中国学术界全以孔子之思想为思想，以孔子之是非为是非。固然，推崇孔道，既已是由于当时的客观趋势使然，但孔道推崇的结果，却把那种趋势变得更僵了。孔子不言利，不讲力，更瞧不起形下之器，尊孔者遂变本加厉，排斥一切物质文明了。……

第三，没有奖励工业的政策，这一点，与前两者是密切相关联的。中国统治者的统治术，一向是请教儒者，儒者又老是那一套意见。加之，锁国几千年，从没有一个有力刺激，使其向工业方面注意，所以工业政策这类字样，从不曾在统治者的治国大经中出现过，但发展实业，又非有政府的协助奖励不可。日本工业发展之迅速，虽说有西洋为其仿效的榜样，但政府督励之功，实关重要。奖励金、补助金之设置，实业公债之发行，实业专门人材之造就，保护关税之实施，银行制度之改善，举凡一切便利工商促进工商之事项，无不努力推行。日本之有今日，固非偶然也。

第四，土地投资之普遍化。井田制破坏后，土地之流动性异常之大，经商发财的，做官发财的，苦于钱无用处，只好买土地；农民因兵灾水旱弄穷了的，贵族官僚因政变或浪费陷于困境，若有了土地，就只好卖土地。土地买卖之风盛行，对于实业发展，为一个致命的打击，因为资本都向土地上了，实业方向，就没有发达的可能。可是一般人为什么不肯向工业上投资，却把资本购置土地呢？这是因为：一、中国社会是常常发生动乱的，而中国战争的目标，又多半是在"取城"或"占领城市"，至若城市以外的地方，那不过经过一下罢了，攻者守者，都不在乎。小工业商业都在城市方面，而且工商业的财产，又没有土地那样稳妥确实，所以中国商人一发了财，他除了用以放债取息之外，就把大部分资本拿去购买土地，甚至连商业也不干了。至若利得微薄的粗制造业，儒者固然耻之，商人亦不屑就也。二、土地可以装饰门面，抬高自己的社会地位。缙绅先生是要土地的，因为未达时，他可借此过隐士生活，且可借此武断乡曲。在朝的达官贵人也是要土地的，因为一旦"致士"或下野，使非有庄田别墅无以保持身份。商人的地位，本不大高明，有了土地，他就可伍于儒林，威加有众。三、中国土地的产出量非常之大，多半的土地，每年可以收获两度乃至三度。加之中国统治者对于农田水利，向颇注意。产额加大，地租必多。有利可图，无怪人皆乐于投资土地。四、在中国，高利贷的风习，与购买土地的风习，同样普遍。究其原因，这两者实有相辅相成的关系。因为购地收租，即可抽出高利贷的资本，高利贷的结果，借方——一般农民及少数穷贵族——愈益贫困，卒至以其土地作为抵偿。达官贵人——中国达官贵人放债的事例颇多——商人，都是有钱出借的，所以他们结果都成了大小地主。商业资本、高利贷资本与土地投资资本扭结一团，对于工业发展遂成了一个有力的阻碍。

妨碍中国资本主义经济发展的原因，或不止此，但主要原因，总不外这几点。

八　论证今日中国尚为封建社会之无根据

要论证今日中国尚为封建社会，论证者一定有所根据，申言之，他一定是把过去中国、欧洲或日本实行封建制度时代的社会实况，来与今日中国社会的实况比较，比较的结果，他发现了，今日中国社会的实况，简直与那时一般无二，至少是大同小异。于是他断定，中国今日，尚有封建制度存在，今日中国的社会，尚是一个封建社会。

……

现在，姑且假定一切中国社会之尚论者（无论中国人或外国人），都于中国古代封建制度有相当认识，都是以中国古代封建制度为根据。但推论下来的结果怎样呢？在我想，他们总该承认：今日中国实没有封建制度存在，今日中国的社会，并非封建社会。如其他们硬抽出了相反的结论，那，我就只有惊怪，只有说他们没有根据。

中国古代的封建制度，我在前面已论述其大概了。此刻，我还想就其主要特征补述几句。

孔子删书，断自唐虞，唐虞以前，是无可征考的。但由唐虞以后至西周之初，那又是完全靠得住的吗？关于这点，现在正有许多学者在怀疑；从而，周初那个秩然有序的封建制度本身，究否存在过、实施过，也就发生问题了。不过，为避免理论支离起见，这里无须谈到此点，还是依着史籍，把那当做实有其事的好了。

前面讲过，所谓封建制度，就是以土地资本制为基础，申言之，就是以土地领有者对于其所隶属之土地耕作者的榨取关系为基础，而形成的一种政治组织。在这种意义上，无论是中国的、欧洲的，乃至日本的封建制度，都说得通。不过，中国封建制度，不同于其他封建制，特别是欧洲式的封建制的地方，却也正可从这里看出。欧洲的封建制，是完全建立在土地制及附着于土地制之农奴制上面。农奴没有自由，不能享有土地所有权，更不能离开土地；他简直是定着于土地的一个特殊机能，而不像是人。农奴由土地收获多少，都是属于领主的。除了领主许与他的最低生活费之外，他不能取得一点。所以，领主对于土地支配权的大小，不决于土地的面积，而决于农奴的头数。像这样一种制度，自始就是不人道的、不合理的，哪能谈到什么均平。

反观中国的封建制度，那却比较进步多了，合理多了。中国周制封建制有一种特色，就是：它的基础，乃建立在一种颇有理想颇有组织的井田制度上面。如前所述，井田制的神髓，虽然一方面在禁止人民私有土地，同时，并使统治者易收统治之效，但就在这当中，人民也不是全无利益。他们对于统治者或地主应尽的义务，一是上租，一是当兵。依着井田制，人人对于这两种义务，就会不偏不倚的平均分担，而统治者对于享有这两种权利，也就有所限制，而不能任意加租、任意拉差了。因为粟米之征，只限于公田，而征集兵夫车马，亦是按着井田摊派。这样一来，我们虽不能否认统治者对于农民的剥削，但比较上，总算剥削得合理一点，公平一点。这是中国封建制度的一个大特色，抹视了这个特色，即无从认识中国的封建制度。简单一句话：中国周代的封建制，是与当时的井田制相为始终的。当时那种封建制实施的范围如何，实际究竟维持了多久，我们无从稽考，但有一点可以断言的是：中国井田制开始破坏的那天，即是中国封建制开始崩溃的那天。井田制破坏完事了，封建制也就随之告终。至若对于此后汉之分封同姓诸侯，唐之分封藩镇等等，亦抓住字面形式，称为封建制度，那就牛头不对马嘴了。历史上一切所谓制度，都有其特殊的经济基础。若不问经济发展变迁之次第如何，只一味罗列比附表面相类似的政治形态，或政治用语，结果，必大远于事实。固然，在另一方面，经济条件或社会的经济关系无大改变，亦不容以某种政治形态表面的更动而遽认其实际情况之变迁。但一种政治形态，如果完全建立在某种特殊经济组织上，那种组织崩溃了，我们就无从断定其上层建筑的政治形态之依然健在。是的，周室分封诸侯，致酿起春秋战国割据、兼并、混乱的局面。此后西汉分封诸侯，西晋分封宗室，唐代分封藩镇，都曾或大或小的演成颇相类似的混乱。迨至民国，因开国时各省置有都督，卒乃有今日这个场面，这分明是一贯的封建制度的作祟。不过，我们对于周以后这历代的政治花样，如果硬要称它是封建制度，那也不妨，因为人各有运用名词的自由。可见在运用名词时，应当表明那是与周代封建制度截然两样的东西。周之封建制度有井田制做它的经济基础，而周后历代的分封，则只限于一种政治设施。周初受封的公侯伯子男，对于其领地的农民，是统治者，亦是地主；若此后由历代分封的王公藩属，不独没有地主资格，有的且连政治统治者亦说不上。这原因，这区别，就是由于封建制度，是以土地制为基础的。徒徒君临于一定面积土地和一定数人口之上，而于土地人民不发生直接的紧密关系，换言之，他的生活，不是由其所领土地直接上租供给；他的兵力，不是由其所辖人民直接抽丁充当，那很明显的，他顶多不过是统治人民的大官吏罢了。为了扩大统治的范围，为了增进实际的支配，他也战争、掠夺、倾轧，但他胜利了，掠得的土地，却非他的私产，土地仍是人民的。他也向人民榨取、剥削，乃至压迫，但人民对于他的孝敬，早变却方式了。不是上租，而是纳税。总之，我们讨论封建制度时，当特别留意其经济基础；经济的观点拿准了，就知道周之封建制度，早随井田制破坏无余了。至迟，秦以后就全没有封建制度存在。然而现在竟有人说，今日中国，尚是一种封建社会，并且，他们的根据，都是实际经济问题上的事实。这是颇值得注意的。

原来这种意见之发生，并不始自今日。所谓"封建军阀""封建思想"一类术语，早就很流行于一般文人学士口耳之间。不过，进一步根本的论证今日中国尚为封建社会，那却是近年来由苏俄干部派发端的。干部派这种意见，颇为反对派即托洛斯基派所反对，迄今两派论争犹烈。中国思想界受此影响，故对于中国今日社会性质的问题，亦有两种正相反对的意见。赞成今日中国尚为封建社会者，所提出的论据，大抵得自外人，忘却了中国封建制度的特质。而且，即使依日本或欧洲的封建制度来权衡，亦不免有冒为比附之嫌。兹先将他们指称今日中国为封建社会之论据，分述于后。

一、就农业问题考察，现今中国农民中，有五成是租借土地。有一亩至二十亩土地之小自耕农，占全体农民四成九五，总其所有土地，不过全体耕地一成五九。有二十亩至四十亩土地之小自耕农，居全体农户之二成二七，有全体耕地之二成二八。合而言之，则此两者占全体农户之七成三，而其所有地，却只三成八。

二、中国地主，系由比较富裕之农民、官吏、商人，及土豪所构成；他们不独持有经济的权力，且掌握有行政上法律上的权力，许多省份的农民收入，有百分之七十是属于他们的。

三、中国通行的地租形式，是现物支付，是佃租制。此种形式，是半封建的社会制度的遗制，与农村资本主义一定的发展（抵押资本、高利贷资本及商业资本）相织而成。这在中世的欧洲也是特征。

四、中国现在之军阀，即属一般封建诸侯。他们君临于其所统辖的省份，常为大规模的大地主。为了征收租税，他们利用国家机关，及自己的一切权力，强征豪夺，铢求无厌。他们对于土地虽没有合法的领有权，土地不是他们祖宗的遗产，也不是他们的财产，但在实际，他们却在不断把那从土地征收的税款，作为私财。

五、帝国主义商品侵入农村，使中国农村的半自然经济渐渐破坏，广大的农民群众急剧破产，其结果，一方面促进中国农村中阶级之分化，极大多数之农民陷于贫苦深渊，同时发生极少数之富农分子。在另一方面，帝国主义维持中国之封建势力，阻碍中国资本主义之发展，因之，使中国农村经济停滞于半封建关系之下，致资本主义之发展，极感困难。

上述这诸点，大体上虽属苏俄干部派之主张（参照《新生命》第三卷第五号方峻峰先生所著：《托洛斯基派之中国社会论》），但中国主张此说之历史社会学家，亦多恃此为拥护其意见之有力根据，兹特依次逐一批难，以明究竟。

就第一点说，中国佃农对全体农民的比例；中国小自耕农所在地，对全体耕地的比例，实际是否如此，还大是疑问。现在我们就退一步认定这个统计数字是正确的吧，这于论证今日中国为封建社会有什么帮助呢？封建制度下没有"自耕农""佃农"这些名色：耕地者在欧洲是全没有自由的农奴，在中国却是计口受田的农夫，他们的统治者，同时就是他的地主。即使更退一步漫然地说，封建制度系以土地制度，即领主对于其所属农耕劳动者之榨取关系为基础。一国土既有百分之五十为地主所占有，即全土地面积之一半，已结有这种地主对佃农的榨取关系，那么，这个国家就分明是一个封建国家，至少是一个半封建国家。然而要证实这似是而非之理论的不当，我们顶好看看大家公认的资本主义国家的农村实况，就以日本为例吧。根据一九二七年的农业调查统计，日本全国干田水田总计起来，自耕地为五成四二，租借地为四成五八；又自耕农、佃农及自耕兼佃农对农家总户数的比例，自耕农为三成一二，佃农为二成六九，自耕兼佃农为四成一九。就日本这个农民农地的统计数字看来，比之前面那个对于中国农民农地任意做成的（也许可以这样说吧？）统计数字，相去也就有限了。然而我们仍不妨称日本为资本主义国家。况且，其经济基础与领主或封建诸侯绝不相同的地主，就是再多一点，其土地就是再广一点，我们也不能即此确定一个社会的封建性质。

就第二点说，中国的地主，确系由比较富裕之农民、官吏、商人及土豪所构成，但正惟其如此，就可证明中国土地的流动性；所谓"千年田地八百主"，那正是中国社会土地流动状况的写实。地主持有经济权，那是十分明显的，地主掌握有行政上法律上的权力，也有一部分是真实的，但即此就能与那既领有其土地，复统治或奴役其人民的封建领主混为一谈吗？

就第三点说，中国通行的地租形式，是现物支付，是佃租制。但资本主义国家日本，现今也还是行着"米纳"的佃租制。况且中国的佃租制，实具有投资的性质。苏俄反干部派拉狄克氏说："新中国农民之半数是佃农或半佃农。此种佃租制，不是半封建的佃租制，而是新的资本家的佃租制。大地主是投资农村之商业资本家、商人或官僚。他们以自己的钱，借贷于农村。……在中国投资于工业是很危险的，而投资于农村的事情却很简单，政府在四年前预征农民的赋税，然而农民无处可逃。穷极之农民，不得不向商人借钱，这商人做了地主，以地租的形式，从农民收取五分六分的利息（见前托洛斯基派之中国社会论）。由这段话，我们可以知道，中国的地租形式，已经不是什么封建社会的遗制，而是结合高利贷资本、商业资本而形成的一种投资形态。

就第四点说，君临于各省的军阀，有的确是大规模的大地主，但同时我们应知道，他们不但是大地主，且是大商人、大实业家呢！中国大点的新式公司，规模像样的工厂，殆莫不有军阀乃至他们御用属僚的股份。他们投资土地的动机，与投资实业动机一样，牟利而已。他们已经不靠土地来维持他们的身份了。土地到现在也实在不能抬高其身份。况且，他们的土地，也还是购买得的，不是谁个分封给他们的。其亩数虽再多，比起他所统治的面积来，那真是九牛之一毛啊！他战争，他企图兼并，但他的目的，与其说是辟土地，倒毋宁说是夺城市。是的，他对于统治地方的土地，虽没有合法的领有权，但在实际，他却在不断把那从土地征收的税款，作为私财。不过，对自己购得的土地是收租，对人民自己的土地，毕竟只能征税，收租征税在充实军阀官吏腰包的作用上，虽没有区别，然而一根究其来源，那却是一个社会是否尚有封建制度存在的指标咧！

就第五点说，帝国主义侵入中国后，中国社会确有了根本的变化。其一，以前商人投身农村购置土地的资本，现在转而用在城市新式的工商业方面了，资本既由农村流向城市，于是旧式的商业资本高利贷资本周转的形式破坏了，农村由经济停滞紧缩而陷于困境，农村失业者乃因此加多；其次，因帝国主义者在中国大开工厂，大投资本发展中国工业，所以旧农村经济关系破坏下形成的农村失业者，都有了出路，农村过剩的劳动力，亦随着资本向城市移动；再，都市工业发达的结果，农村一方面变成了都市工业消费的场所，同时又是都市所需原料供给的场所。农村对于都市的关系，已经是被动的附属的了，换言之，中国经济的重心，已经置重在工商业发达的城市了，土地这种商品，再也没有前此商业资本主义时代那样令人垂青；随后，随着都市工商业的发达，银行资本势力，也渐渐扶植起来，金融圆滑的活动，更使帝国主义资本容易向中国排泄，并与中国资产阶级的资本，发生密切联络。在这种种情形下，我们并不否认帝国主义之侵略，造出了中国农村不少的失业群，但同时我们也难否认农村失业者，由工业发展所得的救济。帝国主义延长中国军阀的生命，致阻碍中国工业资本之发达，那是事实；但它破坏中国旧式商业资本，促进中国工业资本之发展，那也是事实。这诚然是一个矛盾现象，无奈帝国主义本身发展，就是一列矛盾现象的展开啊！

由上面讨论的结果，我敢说：论证今日中国尚有封建制度存在，尚为封建社会，那实在没有根据。中国近世工业资本主义的发展，虽然是被动的、殖民地的，但总不能不说是变相的资本主义；也许说，中国资本主义发展，是颇不普遍的、畸形的，但大体上，全国确是为资本主义势力所支配，这，我们可以由种种事实、种种可靠的统计材料来解说，不过这里是讨论封建制度，不能多讲了。

论证今日中国尚为封建社会的中外学者，每喜欢把"封建社会的遗制"、"封建制度之残余"，以及"半封建制度"等话头，来撑持其意见，但，这已表示他们的自信不坚了。此外，有的学者主张，中国封建制度早崩坏了，但中国封建势力还存在着。比起所谓"遗制"，所谓"残余"，所谓"半"来，"势力"二字，当然更有躲闪余地，但同时也就更有斟酌余地。因为，如果有人诘问"封建势力"是什么，那恐怕比"遗制""残余"还要难得答复些。而且严格地说，如果承认"封建势力"的存在，同时也就不得不承认维持此"势力"之封建社会的"遗制"或"残余"的存在。这一来，反对封建制度存在的学者，便和主张封建制度存在的学者，一鼻孔出气了。

我不承认中国今日还存有封建制度，我同样不承认中国今日还存有封建势力。

一九三一年，六，一，于东京

通信（节录）

原载《读书杂志》中国社会史论战专号 1931 年 11 月 1 日

秋　原

......

前信写后，觉得还有几句话不妨在此顺便一提。

不仅中国社会发展史尚在层层的云雾之中，就是欧洲社会经济之史的发展，还有许多问题需要更深入的掘发。马克思以古代的、亚细亚的、封建的、有产者的生产方法，区分古今东西的经济基础。不幸马克思和恩格斯没有给我们以详细的分析与说明而去世了。后之论经济史者，即根据古代社会（奴隶制），封建社会（农奴制），有产者社会（工钱奴隶制）三个阶段，来划分欧洲社会之发展。于是埃及巴比伦希伯来希腊罗马社会，都给以奴隶社会的称呼。然而，比整个欧洲史还要长的埃及史，借希腊人建国到亚历山大东征的希腊史都认为是奴隶社会，我们能够轻轻满足吗？著《基督教之基础》的考茨基，著《古代资本主义》的萨尔维约里（Salvioli），著《希腊资本主义》的丘美涅夫（Tume-nev），对于古代犹太希腊罗马的社会，就不取这样过于单纯的解释；研究艺术史的霍善斯坦因和佛理采却认埃及希腊的社会，经过欧洲社会同样的阶段，即是希腊社会也经过从奴隶制到封建制，到市民制的阶段。自然，佛理采等的解释，是不能使我们同意的，至少，他没有说明社会反复之根本原因，没有说明古代希腊市民社会与文艺复兴时代市民社会，以及十八世纪欧洲市民社会之不同的姿态。然而另一方面，纯粹以奴隶社会封建社会有产者社会的过程来划分各国的社会，也是不够的。至少，忽略了这个事实：以希腊人写第一页的欧洲史，是无数不同经济生活的民族之发展所造成的一个连续；从希腊人的奴隶社会到蛮族侵入后的罗马帝国封建社会，到以意大利都市为中心的商业资本主义社会到近世布尔乔亚社会，是经过无数不同的经济生活的民族集团之破坏、复合之过程的。换言之，欧洲社会史不是一个直线的发展。我指出这些事实的意思是希望我国社会史的学者诸君对于欧洲经济史还多下点切实研究。我们即退一步不谈所谓亚细亚生产方法之性质及其特征的问题，对于欧洲经济史之发展总要有一个正确而丰富的概念。不然，在这个论战中不知要浪费多少。例如，在中国社会史论战之战上，甚至连奴隶社会封建社会商业资本社会之定义性质作用都生出许多不正确的理解的，真不知多少。"必也正名乎"，我以为这个工作也是基本重要工作之一。因此我希望国光社对于论欧洲社会史的名著，还要多加介绍；不然，徒然根据一两本讲义以及教科书式的山川均以至石滨知行《唯物史观经济史》、《经济史概论》，是不够的。

前些时有两个初见面的朋友，谈起礼锡兄的《李长吉评传》及《南北朝文学》，有些批评。自然，李长吉评传是一本草创之作，而且因为对象之狭小，是不容易做的一本书，自然还有若干可以商榷补充之处，然而大体的意见，是没有多大错误的。《南北朝文学》，虽然还没有完成，然就前半而论，无论就材料来说，就见解而说，都比《李长吉评传》好多了，并且比过去讲南北朝文学的书，可说都要高明。那位朋友自然也是时下"封建论"者，以为商业资本在历史上所演的脚色只是副作用，商业资本的作用，只是在流通过程中，不是在生产过程中，他以为以商业资本之活动来解释南北朝文学是不对的。他根本不能形成一个新的社会之基础；所以这个意见看起来似乎也有道理，其实是错误的。我当时只简单说明三点：

（一）解释 ideologie（意识形态）之历史与社会史经济史稍为有点不同，商业资本虽然不能单独形成一个社会之真实基础，但无论在奴隶社会封建社会以及近世有产者社会上，无疑它的作用是很大，而且与当时生产力发生分解及复合的作用，这虽然不能完全变更社会之基础，必然引起上层构造之多少变化。

（二）正是因为商业资本活动在流通过程中，不仅在流通过程中，尤其在消费过程中，与当时文化以莫大的影响。我们知道，在阶级社会，文化和艺术大部分是支配阶级、消费阶级之专有品；而因此，忽视商业资本在流通及消费过程中之作用来理解文艺，是不可能的。

（三）商业资本固然是从奴隶社会到现代布尔乔亚社会所共有的一种经济形态，然而商业资本最发达的时代，它比较独立地在社会上演重要脚色的时代，就是手工业最发展的时代。这时代，在欧洲就是文艺复兴期。手工业之发展（生产力），造成了商业资本的繁荣（经济），形成专制主义（Absolutism）之确立（政治）。如果忽视商业资本之作用，我们如何了解文艺复兴？文艺复兴的文化是封建文化不成？

佛理采在其名著《欧洲文学史概论》中，二、三两章就是讲商业资本主义及专制主义时代的文学。我相信，这是正确的。如何不明白商业资本在中国半封建社会史上所演的与土地资本分离融合及斗争之路，那只有如某君讲的剧史一样，开口封建，闭口封建，几千年文学之发展，成了一个大谜了。

还有许多话，不如在下次专号中再说了。

秋原又及一二，一一，一九三一

中国经济的分析及其前途之预测（节录）

原载《读书杂志》中国社会史论战专号，

第 2 辑，1932 年 3 月 1 日

刘镜园

......

四　中国现在有没有封建势力？

我们承认主要的是国际帝国主义阻害中国的生产力和资产阶级社会的发展。但是问题在此地还没有完结。中国现有的社会结构：军阀制度、官僚阶级、土豪劣绅、商业资本、高利贷者，这些阶层的结合，亦是阻滞社会进步的势力。但他们却与帝国主义沆瀣一气，他们对帝国主义极力表示无抵抗，至多是"以夷制夷"的抵抗，帝国主义亦维持他们整个阶层，不是破坏他们。这些是什么势力？大多数人说他们是封建势力，他们是封建势力吗？

普通所了解的封建势力是指与资产阶级对立的特权阶级——诸侯、贵族、领主等。可是中国因为土地买卖自由，这一阶级早已不存在了（如革命前的俄国，领主的土地不是从买卖而是从世袭得来，所以显然是封建势力）。政治上的封建势力在推翻满清后即不存在。所以如曹锟、黎元洪等都可以做大总统。

照史大林派的意见，现在的地主阶级是用的封建势力的剥削形式，所以称他们为封建势力。不过史大林派的不能自圆其说。比方，刘梦云君在本志第四五期合刊上的一篇论文，是站在史大林派的立场，承认中国有封建势力的。在他看来"地主、商人、高利贷者对中国农民实行封建式的剥削"，因此是"乡村中的封建势力"（见刘君论文六十一页）。他又举出"东洋拓殖株式会社……在东三省利用它所有的种种特权，用高利贷放款给贫民，强迫农民给它做苦工（实际上这与封建时代的徭役无异），使农民不能自由行动，把农民变为它的奴

隶"（见同页）。他又举东三省的例，指出钱庄、粮栈、当铺及杂货商对农民作种种形式的高利贷，所获赢利以月计之为十分至三十分"（见五十九—六十页）。他又说"中国民族资本家不能在工业方面立足，以至把资本拿来购买土地，收租过活，一定是因为在乡村中间他可以更厉害地剥削农民"（五十二页）。照他的这样说法，地主、商人、高利贷者、帝国主义者（东洋拓殖株式会社）、钱庄、买办、民族资产阶级一律都是封建势力。"在中国农村中，很多的地主，同时就是商人与高利贷者"（五十三页），"每一军阀，往往自己就是地主，就是买办，就是商人与高利贷者"，这正表现地主之资产阶级化。中国没有与资产阶级对立的领主，而刘君却认为这是封建势力，他理想中的资产阶级究竟在什么地方和是怎样一副面孔？

虽然刘君在其论文中六十五—六十六页盗取托罗斯基【今译托洛茨基，下同】反对派政纲的意见，指出中国资产阶级之地方性，"军阀当然也是民族资产阶级利益的代表者"（注意：却不是"封建地主"利益的代表者），然而其整篇论文是指出封建势力在中国占优势。其实军阀既已做了民族资产阶级之代表，便只有民族资产阶级占优势。刘君的本意是在指出封建势力与资产阶级的对立，但是他一走进实际生活，所举的例子，都是"封建势力"到处附在资产阶级身上，失去其对立的意义。这是因为中国的资本之异常流动性，可以任意投于工业、商业、土地、高利贷，不像欧洲过去封建贵族之与资产阶级是土地与流动资本之对峙。"封建势力"只是各派系资产阶级在争斗时互相对骂的一名词，史大林派不去阐示真理，反从而和之，使民众认为他们要反对的是"封建势力"，对于资产阶级都抱有幻想，更易受资产阶级的欺骗。

我们认为中国现在不是一封建社会，而是一资本主义社会——落后的资本主义社会。正因其落后关系，所以"封建与半封建关系无疑的是强有力的，其发生原因，一部分是由于封建时代所遗留的，一部分乃由于生产力发展的停滞，农村人口过剩，商业高利贷资本的影响而新形成的"（托罗斯基）。这是说，资产阶级承继着封建时代的剥削形式，等于"南洋群岛荷兰资本家对于中国猪仔的剥削"是采用的"奴隶主对于奴隶的剥削"形式一样。这样的剥削在落后国家岂仅限于农民与一般人民，资本家对于工人何尝不是榨取剩余价值呢？

由此，史大林派的经济分析重在阐明："凡用封建剥削形式的，均为封建势力"教条。有一位伯虎，在他的《中国经济性质》一文中有这样一句话："中国因为受帝国主义协同军阀买办豪绅地主的压榨，现在全盘经济，虽然个别部门有些进展，但是的确处在停顿和破坏的状态之下，农村里尤其厉害"（布尔塞维克，第四卷第二期八八页）。这句话言外之意即是说中国的资产阶级是被压榨者，不是压榨者，其结论当然是说它与工农平民群众有共同的利害。一等资产阶级间之对骂重新发生而且激烈化时，史大林派即在群众中为一派的资产阶级做保人，说它是进步的，反封建势力的，反帝国主义的，主张与它暂时的联合，即是重演过去联合战线的历史，重进资产阶级所安排的圈套。这便是史大林派理论之逻辑的结论。

五　中国往哪里去？

……

中国在资本主义侵入后的历史充满了战争与动乱。太平天国与义和团运动以后，中国经过了两次革命。满清因为不能适应欧洲的政治经济以改造国家，被人民推翻，承继它的北洋军阀以后也成为革命的对象，承继北洋军阀的"民族"资产阶级政权对于建国任务也表现其无能。至于在清季与民国之间的南京政府，在北洋军阀与今日南京政府之间的武汉政府，却可称为小资产阶级民主政权之开花时期，可惜不能结出果实。它表现得更没有创造能力，只有动摇、妥协和终于将政权让渡于大资产阶级。

这样，中国的历史已将其社会各阶级（除去工农阶级）都试验过了，无论他们主观上如何努力于富国强兵，振兴实业，他们并不能表现成绩，因此不能长久地掌握政权。……

中国往哪里去？这一问题将受决定于中国各阶级的行动及其努力方向。在这次辽吉事变后我们更看出它们的将来。在这次事变中，统治的军人表示其不抵抗，"逆来顺受"，求援于帝国主义之集团以抵制最横暴的帝国主义，更进而准备将中国的土地部分的送给帝国主义共管，以图一时之苟安。他们努力的方向是压榨中国人民，不用说，是杀鹅以取其蛋式的压榨，毫无保育的方策。

正如统治的军人之仰赖而又不满于国际联盟，中国的资产阶级同样是仰赖而又不满于本国统治的军人。资产阶级对现政府之中日直接交涉的尝试，锦州中立区域及国际共管天津之提议都是反对的。但是除了消极反对以外，还有什么更积极的——而且也不会有——主张呢？抵制日货，此次因为资产阶级所发动，但它们因不能长期忍受不卖日货之牺牲而时时有取消抵制的趋势。对日宣战也是资产阶级能说而不能行的。我们再就这次抵制日货声中胶济路运煤加价之事看来，一方面固然是现政府无意于保护本国工业；但另一方面，这一与资产阶级切身利害攸关的问题，仅唤起上海资产阶级（市商会、航业公会、华商纱厂联合会、丝厂业同业公会）之要求"将加价案暂行保留"，而非要求其根本取消，完全证明中国资产阶级之地方性，不顾整个自己阶级之利益。

地球绕日、月绕地球而行，中国的资产阶级拥护现政府，现政府则视国联及一般帝国主义（尤其美国）之意旨为从违。他们中间虽有矛盾、冲突、排拒，但无论如何不能逾越这一轨道。虽然资产阶级将来有向左的盘旋和反帝国主义的姿势，但是到决定的时机仍会与现存的势力妥协。今日的马占山能与日本开战似乎是一个例外，这因为他的社会背景比较简单，非如关内各地阶级矛盾之紧张。正如作者在本志第七期所指出的，摩洛哥的酋长能与法国、西班牙帝国主义决战，至于印度的资产阶级却只能对英实行不合作和非武力抵抗。如果中国的统治阶级人人能如马占山对日作战，中国在资产阶级之下即可以实现统一，走上立宪政治的轨道，取消军事独裁，开辟资本主义发展的道路。但是中国的资产阶级做梦也没有想到这样做呢。

这一切指出，中国在资产阶级统治之下，无力抗拒帝国主义的侵略，一天天的走上殖民地化的道路，即印度的道路。这当然不是说整个中国变成一国之殖民地，而是说，列强将中国瓜分以后的经营。日本在这一道路上，已猛着先鞭。

……

中国的前途，在这两极——印度与苏联——之间，或者有人认为有国际共同发展中国实业之可能。这一计划已提出了十余年，在今日的中国，这一计划之实现，仍是如提出时候那样的辽远。这不是无故的。国际共同发展中国实业，必须先假定各帝国主义间没有冲突，这一假定在实际中即不能成立。即使是帝国主义个别地投资开发中国实业，亦必须中国政治之安定。中国从过去到现在不能如俄国之不断地吸收国外资本，便是缺乏这一条件。在不断的内乱之状况下，中国的经济只有衰败。在我们以上所述的两极之间，我们还可以想象帝国主义借一笔巨大外债给中国政府，以修筑铁路，或整理币制；或者他以资本直接开发中国。但我们重复地说，帝国主义这种投资的条件还不存在，中国太分裂了，还没有一个为全国资产阶级所信任的政府。未必中国还需要一次失败的革命，打破一些国内国外的矛盾，使资产阶级与帝国主义感受着他们有被革命灭亡的威胁，因而从事于建立一较有力量的中央政府，以接受国外的投资吗？

中国的经济目前已陷于死路，如果需要革命的推动，才能前进，那么这一革命有其自己的逻辑，尤其是我们全国的民众不应忽视它的逻辑。

中国的积病太深了，非用极猛烈的药剂或手术不能医治，零碎的改良是无效的。资产阶级的因循萎靡，不惟没有解决问题的方案，而且问题的本身，他们也不敢提出来。客观的形势已指出：无产阶级值日换班的时候已经到了。

六　革命性质与政权问题

除了那些极少数的人，利于保持现状以外，大多数群众都认为革命是他们的出路。革命再也不是少数野心家煽动的结果，而是民众为了迫切要求改良自己的生活激起的直接行动。这是因为当权的资产阶级一点也不能改良。依过去历史的经验，革命虽然失败，也可以引起改良。在中国，革命的威胁却不能使统治阶级让步。江西、湖南、湖北等省流了无数农民的血，关于土地问题，我们看见仍然是维持现状。麻木疯瘫的资产阶级似乎不愿有任何动摇现状的行动。他们之衰朽无能不能解决本身任务，与压迫民众之凶狠是互相辉映的。

但是在革命运动中有一种幼稚意见，认中国现在是资产阶级掌握政权，他已成为革命之对象，因此资产阶级革命已经完结，下次革命一开始即是社会主义的革命。这样机械地割分上一次革命是资产阶级民主革命，下次革命是无产阶级社会主义革命的意见，是很错误的，与实际行程全不相合。所谓资产阶级革命即是肃清资本主义发展的障碍（虽然资产阶级自身有时也变成了这样的障碍，而在被肃清之列）革命最初的爆发，仍不脱资产阶级民主要求的范围，如反抗日本之占领辽吉，反抗军事独裁，要求民主政治，农民要求土地与取消高利贷，工人要求改良自己之生活。在这些要求的基础之上，发生资产阶级政党与无产阶级政党间之斗争。资产阶级的代表者说，这些要求是民主主义的，应当由资产阶级的政权来解决；但是无产阶级的代表者列举出过去资产阶级背叛革命的历史，而断然拒绝拥护资产阶级，主张独立地完成民主任务（当然不限于这些任务）。但是无论如何，这不是资产阶级代表资本主义、无产阶级代表社会主义直接夺取政权的斗争。

如果单纯以推翻君主专制或封建势力为民主革命已经完结之标准，则从一九一一年以后已经没有民主革命，一九二五——一九二七年的革命应当是社会主义革命了，因为依照我们的分析，北洋军阀并非代表封建势力。不过是资产阶级中最反动的部分（代表土地剥削，国库之银行）。更就历史上说，法国大革命已算彻底毁灭封建势力了，但马克思仍称一八四八年二月的法国革命为民主革命。以推翻君主或封建势力为民主革命完结，这是资产阶级民主主义者的标准，不是马克思主义者的标准。马克思主义者认民主革命的完结是在资产阶级能和平满足其要求，勿须走到革命的阵营利用群众的时候。他们只是在一八七〇年以后才宣布欧洲的民族革命时期已经完结。这与那种机械论者说中国资产阶级已取得政权，民主革命已经完结的意见毫无共同之点。

马克思主义者是不断革命之主张者。当革命起来，旧势力倾覆，新政权起而代之之时，小资产阶级民主主义者即宣告革命已经成功，已经完结，破坏时期已经过去，建设时期将到来。这样的声调在每一大革命之初期都可以听到。不断革命论者却回答说，革命没有成功，没有完结。资产阶级的政权，虽是最急进的，亦不能解决中国的民族问题、土地问题。他们要求革命之继续，认为只有无产阶级取得政权，才能圆满地解决这些问题。由此，无产阶级革命是从未完结的民主革命中生长出来的。

中国今日的社会是资本主义关系占统治地位。他是什么样的资本主义？是买办资本主义。继之而起的应当是民族资本主义，可是中国的民族资产阶级太不争气，太无出息了。打倒帝国主义的任务，它不能领导下层民众来完成，必有待于下层民众自觉的独立的努力。无产阶级政治上比资产阶级成熟得快，当资产阶级目光尚不出地方的利益之外时，无产阶级已为自己提出了全国的任务。这使我们有理由说，中国无须经过民族资本主义，可以由买办资本主义走到社会主义。换言之，中国可以无须经过如欧洲各国那样在经济上资本主义独立发展，在政治上资产阶级的民主议会制度与之相适应之时期。国家之这种跳越资产阶级民主主义的发展，必须有一条件，即是无产阶级与下层民众，脱离教条主义者的影响，为民主主义进行勇猛坚决的争斗，才能走向政权。

革命的中心问题是政权的夺取。像过去那种"四阶级的联合政府"的谰言，在下一次革命中已不能成立了，革命已经超过了这一阶段。将来革命中争斗最剧烈的，当然是工农民主专政抑无产阶级专政完成民主革命。让我们重复地说，无产阶级专政产生之直接原因，不是为了建设社会主义，而是为要彻底解决中国民族独立、国家统一与土地问题。

"工农民主专政"这一公式在俄国实现于一九一七年由二月到十月的克伦斯基政府及两重政权，这一实现充分表现其没有力量解决人民的问题，而只是抵制无产阶级革命爆发的一座堡垒。在中国的将来，它也不外这种作用：当无产阶级对资产阶级积极进攻时，做资产阶级的救命圈。所以改组派的分子革命情绪最高昂时也不反对这一口号，他们也提出"工农小资产阶级民主专政"，也说中国实现社会主义之条件不成熟，先须经过民主专政然后能走向社会主义革命。

　　但是史大林派所谓的工农民主专政，他们所着重的是与农民的联合政权。无产阶级专政抑工农民主专政，这两大倾向之争斗，无疑是由于两派对农民独立作用之估量不同。史大林派，认为中国是小资产阶级的农民占大多数，不能实现一个阶级的政权，或者说在最初一阶段不能实现，而必须留待以后的转变。他们的纲领中规定这需整个的时期，究竟农民是否能独立领导自己的革命，我们姑且拿中国眼前的事实来证明。无论史大林派如何吹嘘，说江西的农民战争是受无产阶级的领导（这样的吹嘘不是现在开始，他们不是也空喊过上次的革命已在无产阶级领导之下吗?），实际这是农民游击队脱离城市的领导，自己进行的战争。史大林派在城市写标语说"拥护红军"，"拥护苏维埃"，也就是间接承认这些城市的工人没有领导着"红军"与"苏维埃"。

　　刘梦云君在我以上所引的论文中说"在中国有些工农民主专政已经成立的区域，地主的土地已经完全没收，而且已经平均分配一切土地"（七十五页）。这样承认现在"红军"区域是已实现了工农民主专政的区域，尤其值得我们去研究最近一次工农民主专政的内容与其施设。我说最近一次，因为上一次武汉政府亦被史大林宣布为走上工农民主专政的政权。他的成绩已为众所共见的了。

　　我所根据的是史大林派自己的报纸，在他们的报纸上关于红军区域的情形从去年到今年有以下的记载：

　　"现在苏维埃区域有不经过群众会议而仅由少数群众领袖或红军领袖委派的苏维埃政府，和资产阶级式的限制群众选举等错误现象，只是闽西与赣西南彻底地实行了土地革命的政纲，此外，有些区域仍然实行得不充分，甚至于完全没有实行，有些地方已经成立了苏维埃政权，但是并不彻底地去分配土地与消灭地主阶级"，"有人以为某处的地主并不反革命……又有人以为某处的地主是革命的，是苏维埃的积极分子，所以不能没收。""富农阶级在苏维埃政权中把持"，"或者将地主驱逐出去而将土地归上层领袖所得"。（以上均见去年〔一九三〇年〕上季出版之红旗三日刊第九十七期）。不经过群众会议选举的苏维埃，已不是苏维埃，分土地不彻底的流弊更足以证明农民不能完成自己的革命。我们再看闽西和赣西南土地革命已彻底施行了的区域的情形：

　　"闽西苏维埃：农民很多武装停留在地方性的赤卫队手中，不能自由集中调度。客观上需要筹集款项助军事的扩大发展，亦因为怕农民误会，不易执行……他们为要解决经济上出入口商品的困难，常不免对商人带浓厚的采协倾向。他们不但公布保护商人，并且完全豁免商人捐税的负担（农民还要缴百分之十五的土地税），自然更不会有派款或征税的事。他们对商人自由抬高物价亦没有取缔的办法……甚至于有时候还做出要限制店员工人经济斗争的事情。"（红旗三日刊第八十七期）至于在赣西南区域的朱毛，与商人妥协，出示保护商人，也是事实。

我们在史大林派的刊物中常看见反对苏维埃区域的腐化与右倾等字句，可是这种腐化与右倾从去年到今年并不减少。今年三月八日出版的《党的建设》关于湘鄂西苏维埃区域的情形说：

"赤区的同志，大多数腐化、官僚化和右倾了，他们觉得政权已经取得，没有什么事做，整天里只是找爱人打午火等等。……苏维埃政府负责同志多不能解决群众实际要求，同时富农占三分之二，委员大多数官僚化，以致群众不信仰苏维埃，并有呼委员为老爷者。……因为群众不认识苏维埃，所以赤区以内还潜藏许多反动分子，而苏维埃对此亦没有办法。……这些现象不仅鄂西苏维埃区域内是如此，即在过去现在的赣西南也有同样的现象。"

由此看来，所谓工农民主专政，在实际上变成富农、商人、官僚分子对贫农、店员、工人的专政，已由史大林派自己供出。本来这也是农民暴动不得城市援助之自然结果。太平天国的洪杨在最初发动时也是农民暴动，到长江后有游民无产分子混入，大杀大抢，为人民所不满和害怕。在到江浙后，对商人极妥协，为江浙的商人所歌颂。李鸿章于攻下苏州后曾发大财，因为从前附太平天国的人，那时都因畏罪而向李鸿章送钱。在江西等处，我们看见，最初也是贫农等联合，起来推翻了豪绅政权，没收土地，与官军抗战，但是一等他做完这些工作以后，抬头一看，他发现上面是富农骑着他，第二天又增加了商人，第三天自己的上层也变得官僚化，做富农和商人的工具。农民政权即是这样堕落与腐化的。假使朱毛等能占领长江流域（实际上这是不可能，因为帝国主义的力量现时强大得多，又无城市工人的积极参加），也不过是于占得大城市后即与商人妥协，蹈洪杨之覆辙。所谓工农民主专政的命运将如此可悲地终结。

实在工农民主专政之为一政权形式，在历史上从来不曾有过，列宁在参加俄国革命之前，提出了这样一个假设，在一九一七年他自己就抛弃了。现在没有出息的人，不去消化历史事变之教训，只去咀嚼列宁所认为已经陈旧的公式和章句。

……

中国只有靠无产阶级专政的手段，没收中外资本的企业，大工业国营，提高农村经济，因而提高其购买力，实行有计划的生产，维持农业与工业的均衡，使中国的经济大踏步地往前进，以一洗中国落后之耻辱，以追踪先进国家之发展。这是救中国的唯一道路。中国的生产愈衰败，资产阶级愈无能，则无产阶级革命对于恢复全国经济的任务愈重大，无产阶级革命与民族民主的革命愈紧密地连系在一起而不能分开。中国无产阶级之夺取政权，不仅是解决一阶级的任务的问题，而是中国民族生死存亡所系了。

十二月十一日，上海

研究中国社会史方法论的几个先决问题 （节录）

《文史》第 1 卷第 3 期，1934 年 8 月

陈伯达

"社会是什么，进步是什么，从这样的问题出发，就等于从终点到始点。在你们还没有特别研究一种社会的构成，不能确立这个概念，不能研究真实的事实，不能在客观上分析任何社会诸关系的时候，你们从什么地方取出社会和进步一般的概念呢？"

我借引这段先哲的名言，来开始这篇文章；因为这段名言，正可作为我们许多参加关于中国社会史争论者的棒喝。

……

卡尔（指卡尔·马克思）在《〈政治经济学批判〉序言》所说的："在大体上，亚细亚的、古代的、封建的以及近代资产阶级的生产方法，可以称为社会经济形态之相连续的时代"，这一段话，成了一切公式主义者（或者口称"反对"公式主义者）超历史的历史哲学理论的唯一盾牌。齐震君在《中国社会史研究方法的商榷》（《文史》一卷二号）文中，虽则声称是反对公式主义的，可是对于这段话仍然是说："这是历史进程上必然的规律，可以普遍应用到世界各民族的身上。"可见他仍然是免不了踏上了公式主义的陷阱。"还没有特别研究一种社会的构成，……不能研究真实的事实，不能在客观上分析任何社会诸关系"，还没有普遍地研究过世界各民族真实的历史生活，你何以知道"亚细亚的、古代的、封建的和近代资产阶级的生产方法"乃是世界各民族"历史进程上必然的规律"？这是齐震君应要自问的。

……

事实告诉我们：唯物史观第一次被其创始者应用去研究资本主义社会的组织，获得了伟大的成功，给下了一个可以应用唯物史观去分析各种社会形态的光耀的标本，因为它是科学地被证实了，历史地被证实了。这在大体上是被一

般参加中国社会史争论者所知道的。数年来，风靡整个中国学术界的中国社会史争论，似乎大多数人都还以"唯物史观"或"辩证法唯物论"相标榜；敢于公开否认唯物史观的，似乎比较不多，因为如有谁公开地来做这样否定的，他的文章就不会引起人一读的兴趣。然而这种现象，并不如齐震君所说的"大体上一般战士，却已能把握着唯物的理论——正确的思考方法"一样（诚然，齐君底下还有一个"但是"的按语），这种现象只具有这样的意义，即唯物史观在中国也已具有最大的真理权威，就是那极端不高兴唯物史观的，也被迫得要在"唯物史观"的幌子底下，来做反对唯物史观的勾当了。从真切的事实来看，就会活现着这一切微妙的作用。

大部分倡谈"唯物史观"或"辩证唯物论"的中国社会史争论者，大抵是忘记了唯物辩证法一个根本的精髓，这就是：对立的矛盾之争斗，乃是事物自己运动的源泉；换言之，事物"内部"对立的矛盾之争斗，乃是一切事物发生、发展和消灭的源泉。经过这样的内部自己运动，新的东西胚胎于旧的东西之中，而从旧东西中诞生出来；这新的东西重新发展着自己所已酝酿着的矛盾，而在否定着自己。这是唯物辩证法的根本内容，也就是一切事物不可抵抗的辩证法的力量。在社会历史范围内，我们同样地遇到这个不可抵抗的辩证法。唯物史观的发现者曾经指出：人类社会历史内部的根本矛盾，乃是，社会生产力与社会生产关系的矛盾，以及由于这种生产力与生产关系的矛盾所引出的社会阶级之矛盾和争斗，而阶级社会里面，阶级之矛盾和争斗成了历史运动的动力。

……

社会史研究的任务，就在于解剖某个社会内部生产力与生产关系的统一和矛盾，把生产力发展到某阶段所决定和表现的某个社会生产关系的类型看成为某个社会经济构造。生产力与生产关系构成了统一的生产过程内部互相联结的两方面，"生产力乃是这种过程的内容，而生产关系乃是生产力在其框子内发展的社会形式"（用拉比托斯语），生产力的发展到某个阶段，造成某种生产关系，而这种生产关系又转而帮助了生产力的发展；这种生产力的发展到了另一种新的阶段，原存的生产关系已不能适应于这种发展，而且转为这种生产力发展的桎梏，于是这种矛盾的争斗，又必然要经过突变而招致新的生产关系的到来，而使原有的生产关系灭亡。这种新旧生产关系的更迭和转换，也就是新旧社会经济构造（社会形态）的更迭和转换。

如上所述，生产力与生产关系的矛盾和冲突，正是社会内容和社会形式的矛盾和冲突，这种矛盾和冲突成为社会"自己运动"的源泉，即社会发展的源泉。这不是超历史的哲学理论，而是唯物史观的先哲的研究资本主义社会内部真实的生活的时候，把这个规律描摹出来，发现出来，而从资本主义社会的发生、发展，及其必然死亡的真实历史，来证实这个规律的真理。忠实于唯物史观者，不是去把这个规律当做"教条"，而是应当从真实的社会生活中，从对于某个社会的精神分析的再现中，从这某个社会的分析与先哲对于资本主义的分析之互相比较中，去证实这个规律，启发这个规律，并发展这个规律，丰富这个规律，为什么还要发展并丰富这个规律呢？这正是一个先哲所常爱背诵的一个句子："理论是灰色的，而生活之树是常青的。"

大多数的中国社会史争论的参加者，是很少能够履行这样的任务的。举一个为陶希圣所"感觉到高度的兴趣和钦敬"的"最有光彩"的李季先生来说吧。严格说来，在李季"丰富的篇幅"里面，是很难寻出唯物史观的痕迹的，虽则李先生自以为是"深切了解马克思主义"、"深切了解西洋的经济发展史和社会形态发展史"和"深切了解中国的经济发展史和社会形态发展史"的。杜沧白给民国学院写的讲义指出李季把"文献通考"所谓"列爵曰封，分土曰建"认为是封建制度的"而且的确的定义"是荒谬的见解，这点杜君是很对的。李季的文章中，差不多都是以某个上层建筑的某个政治现象来当做某个生产方法的标准。例如他又说："武王继位于十三年剪灭殷纣，统一区宇，此举就是亚细亚生产方法告终和封建的生产方法开始的分界点"（《中国社会史的论战》第二辑，李季原文，第四十页）。其所谓"亚细亚生产方法"的理论正确与否，我们姑且拨开不谈，然而他这种说法，已就是唯心史观的一种标本。……

实在的，忽视对于生产力与生产关系的矛盾之启发，忽视对于由这种矛盾所表现的阶级矛盾之启发，这不但是中国的参加争论者为然，就是国外的参加争论者亦是犯着通病。……

……

根据什么来"划分社会发展的阶段"呢？这是数年来莫衷一是的争论。当然，我们否认有什么包罗万象的一般的社会概念。我们要从某个一定的社会经济构造的分析中，来确立某个社会概念。然而这不是说，我们无法解答关于社会发展的阶段应以什么来区别——这一个问题。诚如上面根据先哲具体的历史分析所力说过的，我们把生产力发展到某阶段所决定的某种生产关系当做某种社会发展的形式。"……生产关系的总和，构成所谓的社会关系，构成在历史发展一定阶段上并带着它所特有的一定性质的社会。古代的社会、封建的社会、资产阶级的社会，是生产关系之总和，而在人类历史的发展上各代表一个特殊的阶段。"这就是我们的答案。在争论中一部分人把剥削关系来划分社会的阶段，这点，我认为应当给以相当的修正。在阶级社会中，生产关系表现为剥削关系，而生产力与生产关系的矛盾表现为阶级的矛盾，这诚然是必要认识的；然而对于某种社会的划分和区别归根来说，还是以生产关系。我们还应了解：剥削关系不是从来就有的，在原始公社，那里没有阶级的存在，因而也没有剥削的存在，然而那里必有生产关系的存在；如果没有某种人与人之间的生产关系的存在，人就不能对于自然界进行何种生产，而且也没有什么生产力，因为生产力的各个因素（劳动力、生产工具和生产手段）要通过生产关系，才能形成为生产力，"要进到了生产关系的框子里，才从一个一个的东西，转变为劳动的、社会的生产力"（用拉比托斯语）。剥削关系也不是永久会存在的，在将来康民尼斯姆（共产主义）社会，也不会有剥削关系的存在，然而仍必有生产关系的存在。剥削关系（某种生产关系之表现）是随着生产力发展到某个阶段而出现、而发展的，而且必将随着生产力的发展而归于消灭。只有从生产力与生产关系的矛盾启发中，才能启发这种剥削关系之辩证法的过程。

不了解这种社会内部辩证法的过程——即生产力与生产关系矛盾的过程，时常就会把历史附带的条件和外部的影响来解释历史的一切。（当然，我们不否认外部的影响和附带的条件——这一些对于历史发展所发生的很大作用。外部的和附带的条件，一影响到历史内在的根基而发生作用的时候，就会由外部和附带的条件转成为内在的根基的因素。）用外部的影响来解释一切者，在关于中国历史的争论中，实在数见不鲜。……

……

……我们上面极力指示过：我们要根据活生生的具体事实来从事于某一定的社会构成的分析。然而这决不是说：我们应该把这某一个的社会构成，和其他种类的社会完全孤立起来，把它看成为鲁滨孙所漂流的孤岛。如果这样，那就是一个极大的误解。我们不是说过了吗？新东西乃是从旧东西诞生出来，马氏如果不是把资本主义社会看成是从封建社会的母胎中诞生出来，那他就无法来分析资本主义社会的诞生；再者，他如果不是从资本主义内在发展的法则看出资本主义的必然灭亡，他也就无法来指出康民尼斯姆社会的必然到来。我们现在要分析中国封建制度社会的诞生就不能不涉及原始社会的如何灭亡；要分析目前中国半封建半殖民地的社会形态，就不能不涉及中国封建社会的特殊形态，这种特殊形态之所以给中国历史停滞性的作用，以及这种停滞性为什么直到现在还会和帝国主义的势力相结合，以遏止生产力的广大发展；同时，在这里，又不能不涉及资本主义宗主国发展的法则，如何殖民地政策是这种资本主义法则所发展的结果，当资本主义发展到帝国主义阶段的时候，殖民地政策内容及其作用又是如何地变换，并如何地影响于中国社会的构造。

……

我们并不如李季一样，反对"假设"的设立（见《社会史论战》二辑，李季文 35 页）。伊里奇（指列宁）曾以为唯物观在十九世纪六十年代以前——即在马氏写《资本论》以前——曾经是天才的假设。爱森堡在《唯物辩证法与形式伦理学》往下写道：但它是"开始使对于历史的及社会的诸问题的严格科学态度成为可能的"假设。马氏根据于向着阶级争斗的直接的积极的参加，根据于黑格尔哲学之唯物的改造，根据于英国经济学及法国空想社会主义之批判，造出了这个假设。并为这个假设所引导，"采取社会经济的构造之——商品经济的体系，根据庞大的资料（他把它研究了二十五年多）很详细地分析了这构造机能及发展的法则"。爱森堡往下又引着伊氏的话说："现在，《资本论》出现以后，唯物史观早已不是假设，变为科学上已被证明的命题了"。（上述见李达等译"辩证法唯物论教程"。567—568 页）。

……

这篇文章，系在一个临时的寓所写就的，材料非常稀少；文中所有援引的译文，都系根据手头所有的书中抄录起来，译文如有不妥当处，也无从校勘，只得请读者原谅。——作者。

中国目前的文化运动（节录）

《生活》星期刊第 1 卷第 19 期，1936 年 10 月

艾思奇

......

......过去的新文化运动，是在辛亥以前的康梁时代已开始了，它的任务，在这一开始时就是反封建的。康有为的君主立宪运动，就是反封建的一个最好的表现，但这运动结果失败了，接着而来的辛亥革命，也没有把封建制度真正推翻，只把军阀的封建制代替了君主的封建制，在文化上虽然从西洋搬进了一些自由、平等、博爱的观念，但并没有明白地确定了新文化的意义，没有用新文化来动摇过孔教的一尊。五四运动是比较彻底的新文化运动，新文化在这里有了自己的科学方法，它反对迷信与独断，对于一切都要问为什么！这样和封建的文化明白地对垒起来。这一个运动自然也留下了许多新的和进步的东西，文字改革和白话文的提倡，新的科学思想和方法的介绍，对孔教的积极的攻击，以及后来一天天占势力了的新社会科学思想的出现，都不能不说是五四运动的功绩。但这一个运动的社会基础并不坚实，它没有能够打倒了自己的敌人，完成应该完成的使命。只留下了一些功绩，同时仍然让旧文化并存下去。

两次的新文化运动都没有完成，它只好把自己的战斗的血迹，和旧文化的残遗一同留传下来，目前的我们，这是这些血迹和残遗的承受者，因此我们所遭遇到的文化现象，是一个非常庞杂而不平衡的现象。

但这一个文化现象，在目前是要再来一个新的运动了。

这一个运动是怎样的东西呢？这是以爱国主义为直接的主要内容的文化运动，这一个运动的发生，是由于民族敌人的猛烈的新的进攻的刺激，是由于亡国的危机的迫切，是由于民族敌人不但要灭我们的国家，而且正在用种种方法想毁灭我们的文化。

是的，他们也曾替我们宣扬礼教，也曾派僧侣来帮忙佛化，在中国许多地

方强迫着建筑了一些寺庙。是的，他们也好像在替我们保存国粹，替我们宣扬旧文化，然而他们是要我们保存糟粕，把旧文化中的最有害毒的东西发挥出来。我们认为孔教是独断和迷信，而他们却要巩固这样的一个"教"。倘若单就孔子的伦理哲学来说，个别的部分也未尝没有可以采取的地方，譬如说"礼义廉耻"吧，倘是真正的"知耻"应用到目前的情势上来，也未尝没有用处，因为现在最大的耻是国耻。然而敌人绝不愿意我们知道这一个大耻，却替我们奖励迷信的孔教。

这样的情形下所产生的新的文化运动，和五四时代及其以前的文化运动自然是不同的。就是它以爱国主义为直接的主要内容。

五四时代及其以前的文化运动，从根本上来说，也是带着爱国主义的意义的。辛亥以前的改革是由于屡次受到帝国主义侵略的刺激，五四运动的爆发，也和国耻有密切的关系。但那时帝国主义对中国国民的侵略压迫，是通过了封建的统治势力，因此，就像政治上的运动是以反封建统治为直接目标一样，文化运动的直接目标也是旧制度和封建文化，在政治上，打倒军阀和打倒帝国主义是同样重要的，而在文化上，却特别着重反封建的运动。五四运动以前的文化运动上的爱国主义，是从改造自己出发的。但现在的运动，是在敌人的直接猛烈侵略的处境之下发动，自己改造的余裕已经没有了。敌人要并吞的是整个中国，即使是封建残遗，倘若是想走活路的话，也只有走上爱国主义的一途。所以，现在是要集中一切有爱国意义的文化成果，不管是旧的也好，新的也好，一致地去要发挥对付外敌的作用，而不单是在自己内部做反封建的工作了。

这并不是放弃反封建，封建残遗在目前，仍是最容易被敌人利用的东西，对于封建残遗的毒素，我们仍同样要抱着最大的警戒，但我们不需要五四以前那样单纯的反封建。就是封建文化的遗产或封建文化的代表者，倘若他能发挥出一定的美点，或者在爱国运动上有一点一滴的助力时，我们都可以接受他。我们还需要封建文化中有用的精粹，但我们也要毫无顾惜地排斥有毒的渣滓。我们不需要五四时代那样对旧戏持完全排出的态度，我们还需要现在被禁上演的那一些东西。我们要排斥和忠君同类的盲目征服的思想，但如果有人讲民族气节，我们仍可以接受它。

爱国主义的文化运动完全是民主主义的性质，并且是要在民主主义的精神之下结合成文化上的联合战线。不论是资本主义的文化要素也好，封建的文化要素也好，不论是实验主义也好，社会主义也好，只要你所发挥的是有用美点，都竭诚欢迎你到这运动中来。或者换一个说法，目前的新文化运动应该是一个爱国的自由竞争场。不论它的爱国兴趣浓厚也好，淡薄也好，甚至于没有一点爱国的表现也好，只要不是帮助敌人，这里都有它的一席坐位。但这运动希望它尽可能地要在爱国方面有点作用，如果它的爱国的作用愈更发挥得多，那它就愈更出色，最能够发挥这种积极性的文化，在这运动中就会占主导的地位。

......

中国资本主义的发展过程（节录）

原载《时代论谈》1卷7号 1936年7月1日

何干之

一　木乃伊——接触空气就开始腐烂

中国封建社会是长期停滞着，中国历史像龟步的爬行了二三千年，中国像一个木乃伊，封闭在真空的棺里。可是历史不是静止的，中国社会虽然是停滞着，但决不是万世不变，历史虽然是爬行但决不像一只木鸡，动也不动一动，虽然是棺里的木乃伊，但把棺盖打开，一同外界的空气接触，尸体就开始腐烂了。

"一向的完全孤立是维持旧中国的主要条件。如今这种孤立已给英国的武力所征服而开始崩溃，这与在紧密的棺内所保存的木乃伊，一旦接触了空气，就开始腐烂，是极相类的。"（卡尔《中国革命与欧洲革命》）

他这句话，力说鸦片战争在中国近百年史所起的作用。我们可以说八九十年来，中国社会所有的一切动乱和变迁，都以鸦片战争为出发点。鸦片战争是十九世纪五十年代的事件，而远在所谓重商主义（Morcantilsm）时代，欧洲的商人，早已看上了这个"地大物博，无所不有"的"天朝"。

……

我们研究资本主义的历史，应彻底了解历史转变的经济基础在哪里，谁具有最利于发展资本主义的条件，谁独霸市场的可能性也就最高。英国的产业革命，始于十八世纪末，完成于十九世纪初，由一七七〇年至一八一五年，这四十五年间，英国纺织工业的不景气，只有五年。再由一八一五至一八三四这二十年，虽然也有不景气和恐慌的日子，可是工业生产始终有膨胀的。这种生产力的发展，已经不是东印度公司独占贸易权所能包容得住，所以英国资产阶级不满贸（原稿脱字）资本主义已入了帝国主义的阶段。他们不但要求中国为一商品和原料市场，并且要求中国为一资本市场。他们所输出的资本，或以高利贷形式，附加残酷的条件，而支配中国的财政金融。他们或者投资于铁道，造成各国的势力范围，或者投资于矿山，捏了中国工业的咽喉。或者设立工厂，同中国民族工业竞争市场。想要达到这种目的，造成法律上的根据是必要的。在中日战争议和以后所成立的马关条约规定："日本国民在中国有从事工业活动的权利。"这是中国产业史上一个致命的打击，此后外国就可以在中国开工厂，以雄厚的资本做后盾，利用中国不值钱的劳动力，来直接打击中国的民族工业。光绪三十四年（一九〇八年），《中德胶济租界条约》上规定于所开各铁路的附近三十里内，允许德商开采矿产，接着各国也援用此例，中国又丧失了开矿权。

这确是不平凡的损失，外国既然可以在中国开设工厂，开采矿山，中国的民族工业哪里还能够同别人竞争，中国哪里还有建立民族工业的物质基础？因此，自中日战争后至世界大战前，外资以不平等条约做根据，于二十年间，在中国建立了支配中国经济的根基。中国经济，早已沦落为外国资本的附庸了。

……

二　殖民地化的第一步

鸦片战争之后刚八年，发生了太平天国运动。太平天国运动明明白白是鸦片战争的结果，中国民众负担不了莫大的赔款，他们的手工品敌不过机器制品，当时差不多大半人口都陷于半饥饿的状态，他们痛恨贫富不平等，要求再分配财产，要求废止财产的私有。太平天国运动终于给外国资本和中国封建势力所压服了。平了内乱之后，中国封建阶级的进步分子，眼看着非效法西洋，就不能够活命。顽固的曾国藩，也赞成派学生出洋学科学，张之洞也提倡"中学为体，西学为用"。最坚决主张创办新政的是李鸿章。他批评当时的"文人学士"，只知墨守成法，为"不变不通"，他斥驳他们把新政当做"崇尚异端"是"不可解"。他的新政就是："煤铁矿必须开采，电线铁路，必应仿设，各海口必添洋学格致书馆。"

中国的最觉悟最有眼光的统治阶级，不仅企图以中国的资本建设工业，并且预防国家最高的经济机构，受外资的束缚，所以最初外人要求在中国建筑铁路、租让矿山时，中国政府毫不迟疑地拒绝了这种要求，说是人民迷信风水。马扎尔分析当时中国政府的心理而得一个结论，他认为人民迷信风水，不过是拒绝外资的外交辞令，其实中国政府不愿意外资的侵入。他引了黎佐芬在一八七〇年所说的话："倘若经营是有利的话，那么，在任何矿区中，你都找不出风水妨害矿坑经营的条件"，而下了这样的判断："倘若在那里经营的是中国的而不是外国的资本，那么，风水事实上并不阻碍工业化"。(《中国经济大纲》一六四页)

……

一九一四年之前，帝国主义已吞没了中国的煤矿，将铁矿附属于自己的指挥下，支配了轻工业方面的最好工厂，拥有最主要的财政和货币的组织，将整个铁道交通，都攫在自己的手中，把持了对外贸易，攫得了南满一切经济的支配权，造成了开辟商埠租借地和不平等条约的制度。

三　所谓黄金时代的真相

一九一四至一九一八年，是世界大战的年头，世界大战是英德、德法、德俄的经济政治的矛盾不可调和的表现，他们格杀了四五年，毁灭了五分之一的生产力。战争是经济利害关系不可调和的表现，可是战争对于经济也起着惊人的影响。关于大战的经济意义，瓦尔加说了这样的话：

"世界战争是今日的资本主义转到没落期的过渡。

"由于世界战争极端破坏了物质的生产手段和人类的劳动力，不但生产力和资本主义的生产关系绝对不能调和，反而造成了经济混乱的状态，使今日的资本主义，转到革命的过渡时期。"

所谓革命的过渡时期就是战后总危机。战后总危机经过了三个时期：第一时期是生产、商业、金融极端混乱的时期，一九二一年到了最高峰，一九二三年是终结点。由一九二三至一九二七年为第二期，是暂时稳定、经济复兴的时期。生产一突破战前水平线以后，资本主义就过渡到第三时期。在这时期中，因为技术的进步，资本集积集中和独占进展，使资本主义的内在与外部矛盾都通通爆发了，引起了空前的大恐慌，终结了资本主义的暂时稳定。

这里我想来说说：在大战中的四五年和战后的第一期，中国资本主义经济关系，发生了什么新的变化。

大战的当中，欧洲同盟的战线，(德奥匈)完全与中国断绝了关系。协约国战线对中国的对外贸易，也不比当年，他们的工业为战事而工作，许多食粮及其他用品，反靠东方供给，印度的工业，也为战时工作，而退出中国市场。那时只增加了美国尤其日本在中国的地位。资本输出方面，欧美一时几乎和中国失了联系，只有日本在中国横冲直撞，如入无人之境。横滨正金银行的三千万元借款，西原的二万万元借款，还有汉冶萍公司的借款，在上海青岛汉口建立纺织工业，在抚顺鞍山扩大煤铁的开采，都是这几年所布置的天罗地网。

有了这种绝大的转变，所以中国的对外贸易，在入口方面并不增加，出口方面反而增加，因为入口的竞争非常软弱，出口反而增加，所以中国就强烈地感到商品的饥荒，中国的民族工业，开始猛烈地发展，尤其在纺织工业发生了极大的刺激。

大战以后的最初几年，世界的生产、商业、金融，都陷于莫大混乱的状态中。在国际关系方面，旧的关系已经破坏，而新的关系又不会建立起来，战时庞大的军费的支出和战后的战债赔偿的担子，引起了天文数字的通货膨胀。这一切，引起了国内经济政治的深刻危机。总之，在大战中，帝国主义不能不暂时放弃侵略中国。战争了结的最初六七年，帝国主义为应付混乱的经济组织和政治机构，也没有侵略殖民地的可能。遇着这个一刻千金的机会，在一九一四年后的八九年间，中国民族工业像雨后的春笋，大有万花缭乱的美观，所有工业，尤其纺织工业，有了突飞的景象。……

……

……可是我们要注意：在猛进的数字上隐藏着什么发展的倾向。原来轻工业的猛进，是帝国主义在战争前后不能侵略中国的结果，这里已埋伏着第二期世界经济稳定后中国民族工业的危机。马扎尔还指出："在这个时期工业发展的重要障碍之一，就是机器的缺乏，不能获得它们所需要的数目。总之，国内缺乏生产工具的工业部门（二〇五页）。"帝国主义在生产工具垄断，帝国主义出死力阻止殖民地半殖民地重工业的发展，是中国工业的致命伤。殖民地脱化说不能够成立。这种见解，在政治上的危险性，这里又可得一个证明。重工业方面，生产也是猛进的，可是煤矿早已落在英日的手中，铁矿早已给日本人垄断，即使中国自己的经营，也是为人家制造重工业原料，于中国工业的发展，不仅无益，反而有害。

金融财政方面，一九一三至一九二三年，外国银行由二十一家增至三十六家，分行由一百二十一家增至一百五十六家，中国银行由十九家增至二三三家，分行由一九〇家增至三八七家。外国银行的资本不易计算出来，理由是他们的总行，大多不在中国，可是它们支配了中国的财政和货币，它们并且能以海关盐税、铁路的收入，做流动资本，君临于中国银行之上。中国近代银行，只有一亿八千万金元的资本，当然没有资格同外国银行竞争。而且外国银行垄断了中国的对外贸易，民族工业又因为帝国主义和封建势力的压迫而得不到充分的发展，中国银行觉得无事可做，不得不以买卖公债投资标金为主要的事务。

在交通方面：铁道因为外国的直接投资，或间接的借款关系，早已丧失了路权。海路交通方面，马扎尔估计中国船只在十年中差不多增加十倍，在整个范围来说，江河和沿岸的船只，中国资本占百分之三二，海洋的船只占百分之十。他同时指出只在战争的时候，只在载重不感觉利害冲突的时候，只在这方面的竞争不是轮船公司为载重而是为人口出口的载重的时候，中国航业才有发展的可能，此后失了这些条件，中国在内河和海洋交通中的载重，就不是增加而是减少的。

中国民族工业，只有末路一条，中国的特殊环境是不许我们做资本主义的幻梦的。

论新启蒙运动

——第二次的新文化运动——文化上的救亡运动

《新世纪》第 1 卷第 2 期，1936 年 10 月

陈伯达

　　中国启蒙运动开始了戊戌变革运动的时候。谭嗣同的《仁学》、康有为的《大同书》，代表了这一时期的启蒙思想。谭嗣同是一个粗俗的——但却是极勇敢的——唯物论者，而且还表现了一些残缺不全的辩证法。他本是康氏的私淑弟子，但可以说是"青胜于蓝"。他在思想上的勇敢，与他临死时慷慨就义的情形，很相仿佛。他用"冲决网罗"的精神，揭穿了"中古的"中国的野蛮和残暴，唾弃了吃人的旧伦理。康氏的《大同书》，在当时并未发表，只给他几个亲近的弟子知道一个梗概，就现在所发表的《大同书》看来，这书在当时诚然是一部伟大的著作，表现了康氏之不平凡的天才；但我们应该知道，康有为的所谓"大同"，实质上，并不是"康民尼斯姆"，而只是资本主义关系之变态的写法。谭嗣同和康有为的思想，反映了当时资本主义关系在中国的出现，而且表现了中国人民已开始从"中古的"迷梦中觉醒。然而，这时代的启蒙运动，也恰和戊戌变政运动相同，并没有形成为群众运动，而只表现为几个上层思想家的叫喊。

　　辛亥革命曾把法国大革命关于"自由、平等、博爱"的口号，变成了一时流行的口头禅（其实这些口号在太平天国时代，已开始被翻印到中国来）。然而，确切说来，辛亥革命，在文化上，也并没有立即引起一个普遍的群众革新运动。革命的浅薄，使"自由、平等、博爱"的口号，也只给革命做了一时装饰的渲染。而且，随着革命的失败，袁世凯的复古、尊孔、祀天的黑潮，竟一时掩盖了"自由、平等、博爱"的声浪。

　　启蒙运动之成为文化上的群众运动，这是在五四运动的时候。以《新青年》为首的五四新文化运动，这是中国第一次以群众的姿态，向"中古的"传统思

想和外来的文化，公开宣告了反叛。"打倒孔家店"、"德谟克拉西与塞恩斯"、"提倡白话文"——这是当时新文化运动的中心口号。这种文化运动，和当时"反对××"、"打倒卖国贼"的爱国运动，完全融合在一起。确切说来，当时新文化运动的战士，都同时是爱国运动的战士，而爱国运动的战士，同时也都成了新文化运动的战士。

整个的五四运动就是爱国运动，就是民族的群众自救运动，新文化运动是文化上的群众爱国运动，是整个爱国运动之重要的部分，重要的一方面，是整个爱国运动之意识上的表现，五四运动（包括新文化运动）是一九二五——一九二七年大革命的前奏曲。

一九二五——一九二七年大革命的分裂和失败，使民族的情势来了一个大的逆转，造成了空前未有的九一八民族大惨案。九一八事变以来，中国失掉了三分之一的领土，而且在日益深刻地遭遇着民族大破灭的危机。在这里，文化上黑潮的卷土重来，是民族情势逆转的一方面的反映。签订廿一条件的袁世凯，当年所提倡的复古、尊孔、祀天等等，随着几年来国土的拱让，竟又有力地抬起头来，在各地喧扰着、招摇着。

相映成趣的，是我们的侵略者和我们的不抵抗主义者，以及各种式类的汉奸，都是一致地以复古向我们同胞号召着。侵略者和汉奸称伪国为"王道"的乐土。东京新建了孔庙，而郑孝胥则用了孔子关于"夷狄之进于中国者，则中国之"的道理，来说明中国应该接受××帝国主义的统治，恢复读经，旌表孝子，褒奖烈女——这些成了伪国唯一的德政。我们看到目前那些积极向我们提倡复古、守礼教、尊孔、礼佛的主要人物，一方面，是那血洗我们东北，进行吞灭我们全国，而要把我们四万万同胞及其子孙陷为万劫不复的奴隶的异族劫掠者；另一方面，则正是那最无气节，无廉耻，对异族忠顺，而对同胞极残忍、极贪婪的汉奸。

我们的侵略者在我们国土内，建立了许多光怪陆离的佛教团体（这在天津已可称盛极一时了），而且还在从事占地建设佛寺院（如在厦门）。许多公开的汉奸都正在给"友邦"做传教的引路者。同时，还有许多人居然对了班禅"执弟子礼甚恭"，而太虚法师也到处做起上宾来了。

现在居然有人不客气地对我们最天真的儿童，向我们最纯洁的青年们，提出了"盲从权威"和"迷信独断"的口号来了。现在居然有人不客气地告诉我们最天真的儿童，告诉最纯洁的青年们：盲从权威和迷信独断，才能"救中国"。

某些哲学的著作，充满了神秘主义，贯串了神学。

白话文也一再被人目为"离经叛道"的了，而且在许多地方横遭摧残。

数十年来，我们的先哲，我们的战士，用血，用骨肉，所建造起来的新文化果实，随着民族灾难的发展，正在被人蹂躏着。在我们这里，自由的呼喊是在被人扼制着。我们的文化，我们的新文化，正在遭逢着被毁灭的危机。我们的侵略者和各种式类的汉奸要我们回返到"中古的"时代。

为什么我们的侵略者和各种式样的汉奸，在这时候，要这样强调地来提倡复古、尊孔、礼佛、迷信和神秘主义？因为要来磨灭我们人民之爱国的意识，因为要利用这一切文化上的麻醉，使中国人民安分守己，听天由命，逆来顺受，使侵略者得顺利地来吞灭我们全民族。

有人说：孔子是中国人，"尊孔"就是在提倡中国的民族意识。其实这话是太滑稽的。某民族的一种学说、一种哲学、一种宗教，如果是适合于使人安分守己、听天由命、逆来顺受的，同时也仍可由异民族用为压迫自己民族的工具。这种例子本来是很多的，孔夫子都曾被蒙古人和满洲人用来统治过中国的，这在我们，是还"记忆犹新"的。耶稣是基督教的创造者，但他是犹太人。当基督教由奴隶的宗教变成奴隶主人的宗教以后，就是那绝端疯狂反对犹太人的现代希特拉党徒，却也是还要基督教。

我们中国旧时的帝王，不但曾经用孔教统治过我们中国的人民，同时也用过孔教来统治我们的藩邦。当现代帝国主义者，从中国的手里，掠夺去了这些藩邦以后，他们虽则驱走了中国的势力，但却保护了孔教，而且还进一步地提倡了孔教。如朝鲜，如安南这都算是彰明较著的。如果孔教可以激发民族意识的发展，各帝国主义者当然是不会做这些傻事的，恰恰相反，他们的提倡孔教，正是为要抑止那里民族意识的发展。

孔子的哲学，无疑地，是统治者的哲学，是跟从的哲学，是愚民的哲学。孔子最厌恶"反抗"（犯上），最厌恶民智的开通（孔子说："民可使由之，不可使知之"，翻译成现代语，就是："老百姓可以拿来供驱使，但不可给他们有知识"）。在这一点上，就可以说明：为什么现在我们的侵略者和汉奸们特别的喜欢着他。

我们现在需要组织全民的抵抗，来挽救民族大破灭的危机，我们必须唤起全民族自我的觉醒。所以，我们这里需要自由，需要理性，需要光明，需要热，需要新鲜的空气，需要奋斗，需要集体的力。我们反对异民族的奴役，反对旧礼教，反对复古，反对武断，反对盲从，反对迷信，反对一切的愚民政策，这就是我们当前的新启蒙运动——也就是我们当前文化上的救亡运动。在这里，我们要和一切忠心祖国的分子，一切爱国主义者，一切自由主义民主主义者，一切理性主义者，一切自然科学家……结合成最广泛的联合阵线。

我们的新启蒙运动，是当前文化上的救亡运动，也即是继续戊戌以来启蒙运动的事业，我们的新启蒙运动是五四以来更广阔，而又更深入的第二次新文化运动。五四时代的口号，如"打倒孔家店"、"德塞二先生"的口号，仍为我们的新启蒙运动所接受，而同时需要以新酒装进旧瓶，特别是要多面地具体地和目前的一般救亡运动相联结。这些口号的接受，也就是我们和五四时代的人物合作的要点，我们现在在提倡新文字，但在白话文被摧残的地方，我们同时仍当为保卫白话文而斗争。我们应当在"改革汉字"的口号下，与五四时代主张改革汉字的老前辈力谋合作。

当然，我们的新启蒙运动，和五四时代的新文化运动有着基本的不同。这里，首先就在于时代的歧异。第一，我们这时有民族的空前大灾难；第二，我们的各社会层之关系，经过一九二五——一九二七年大革命，已有了很大的更动，而民众的革命经验和作战能力，已不是五四时代所可比拟。五四时代新文化运动之哲学上的基础，虽然当时已有动的逻辑抬头，但动的逻辑并没有占领支配的地位，占领支配地位的，一般地说来，还是形式逻辑，但我们目前的新启蒙运动之哲学上的基础，动的逻辑却无疑地是占着支配的地位。大革命以来，动的逻辑的逐渐巩固和扩大自己的阵地，才使目前新启蒙运动的提出成为可能，新哲学者仍是目前新启蒙运动的主力。动的逻辑之具体的应用，并成为目前新启蒙运动的中心，而且一切问题，将要借助于动的逻辑，才能作最后合理的解决。文化运动各方面关系的变动和发展，乃是社会关系的变动和发展的反映，这里最恰当地证明着。

然而，新启蒙运动结合的范围，仍是广泛的。对于动的逻辑之承认与否，绝不是这种结合的标志。新启蒙运动结合的标志，乃是保卫祖国，开发民智。我们的救亡阵线，包括着各种复杂的社会层。这些复杂的社会层各有不同的利益，而且各有不同的动机，来参加这一致的救亡运动。所以，新启蒙运动必需尽量把握每一部分人之积极的一面。对于任何部分的人，都要绝对求全，这是不可能的。比如：有的不愿意反对孔子，不反对宗教，但却愿意传播爱国的思想，我们还是要联合他。有的在某些问题上是表现为非理性主义者，但在另一些问题上又表现为理性主义者（如赞成全国大合作，赞成民主政治），我们还是要联合他。有的人对于爱国运动的直接参加不很积极，但却仇视愚民的传统思想，但却反对神道设教，反对复古，反对独断和盲从，反对传统的历史观念，这就是间接地帮助了救亡运动，我们还是要联合他。有的人不主张拉丁化新文字，但却主张改革汉字，主张国音罗马字，我们还是联合他。即使有许多人主张中国需要"本位救国"，如果我们真的主张保卫祖国，反对复古和守旧，当然也还要联合他，新启蒙运动必要在反对宗派主义的基础上，才能够广阔地开展起来。

廿五年九月

什么是新启蒙运动

艾思奇

一个新名词在文化界出现，不是偶然的，首先在事实上文化界一定有了什么新的问题和新的要求，名词的出现，不过是反映这种要求罢了。对于新启蒙运动的名词本身，目前虽有人觉得需要斟酌，但它并不是一个空洞的口号，而是反映着一定的事实内容，这一点却谁也不能抹煞。一两年来，文化界上所发生的一种自己批判和反省的新现象，正可以说是新启蒙运动的开端，不过为了要使现象更向积极的方面发展下去，把它作为一个运动而推动起来，使全国更多的人都能共同来做，所以才有人特别有意识地把它提出来，不管人们愿意不愿意把这运动就叫做新启蒙运动，但这新运动的存在，以及它的推动的必要，却也是谁都不能抹煞的。

为什么叫做新启蒙运动呢？因为中国过去的新文化运动（以五四为最高峰）是一种启蒙运动，而现在的这一个文化运动和它有共同的地方，所以叫做新启蒙运动。

五四新文化运动的作用，在消极方面，是反对旧的封建传统文化，也就是反对那种使大众愚蒙的、只当做少数特殊人物的饰装品和御用品的旧文化，独断、迷信、吃人的不合理的教条，充满了这整个的旧文化的内容。为要对抗这种旧文化，在积极方面，就不能不建立一种新的合理的文化：用民主的自由的思想来对抗独断的教条，用科学的文化来代替迷信的愚蒙。这就是民主主义和科学精神的要求。总之，要从黑暗的中古时代的睡梦中把民众唤醒，使他们能够自觉到自己的现实的存在，这就是新文化的意义，也就是启蒙运动的意义。

为什么还需要一个新启蒙运动呢？因为旧的启蒙运动没有把它所要做的事完成。五四文化运动所提出来的任务：反对迷信愚蒙，建立科学的民主的思想等，都在极不彻底的状态之下停滞着了，新的文化完全说不上建立，所有的只是片段零碎的成绩，并且也只是保存在极少数人的手里，没有能够达到普遍化大众化的地步，传统文化屡次地死灰复燃，它的根仍然支配在民众的文化生活里，因此，同样的文化上的任务仍然遗留到现在，同样需要现在的文化运动来完成它，这就是为什么在旧启蒙运动之外还要再来一个新启蒙运动。

但正因为这样，新启蒙运动和旧启蒙运动就有不同的地方。虽然有同样的任务和要求，但因为旧启蒙运动不能够把它完成，而新启蒙运动却必须要把它完成，这里就不论在方法上和性质上，都要有很大的分别了。

第一，旧启蒙运动没有努力在广泛的民众中去建立新文化。当然，五四文化也未尝不是一种反贵族的民众的文化，但它的广泛性很有限制，特别因为人民生活还深深地在封建支配之下被压抑着的缘故，更没有办法普遍了。譬如白话文学的提倡，它建立了一种新的发表思想的工具，把文言文字的贵族性打破，这自然是划时代的进步，但谁又能否认，白话文现在仍限制在少数知识分子的圈子里，百分之八十以上的民众不是还没有读书的幸福吗？在五四时代，已经有人做过更普遍的新文学的尝试，但这只限于个别的或特殊的行动，没有成为普遍的运动，文字仍停滞在方块字里。新启蒙运动虽然不能马上打倒方块字，但它要努力获得一种新的工具，使新文化的普遍性达到最大限度，却是无疑义的。

第二，旧启蒙运动没有把它的作用实现在社会的政治经济方面，这使得它没有稳固的基础。文化运动的发生是由于政治经济方面的要求，同时它也要在政治经济上起反作用，才能够完成自己。五四运动的发生，和欧美的资本主义启蒙运动有同样的社会基础，但它没有像欧美的启蒙运动那样在政治经济上实现了自己的成果。民主思想既然没有实现为民主政治，而科学精神也没有能够把封建的经济生活加以改造，社会的生产主要的还是停止在自然的手工业的阶段，除了少数不振的民族大工业和外资的工业以外，新启蒙在这一点也是不同的，现在已经有不少的人指出它应该和政治上的民主主义、经济上的民生改善等配合着了。

第三，就因为旧启蒙运动没有在政治经济方面获得稳固基础的缘故，所以它没有建立起整个的中国自己的文化，它所留下的只是零零碎碎的成绩（如国故整理之类）和各式各样的外来文化的介绍。新启蒙运动的任务，就是要接受旧启蒙运动的这些成果，给它来一个新的综合。这一个综合是可能的，因为它有新的基础，那就是全民族的自觉，目前各派文化人对于思想文化问题所发表的意见，就是这样一个综合的开端。

总之，新启蒙运动是目前中国文化界的新活动的总名称，它的完成恐怕是需要相当时间的，目前只做到问题的提出和讨论，更重要的是实践。在范围上，这运动也应该是最广泛的。决不要误会，以为它只是提出这问题的少数人把玩的把戏。新启蒙运动问题的讨论，以及新启蒙学会的组织，都不过是为要把这已经发生的新的文化活动加以更正确更有意识的促进罢了。它的完成，是需要全国一切有文化良心的人们的共同努力的。

《国民周刊》第八期，一九三七，六